윤리학의 쟁점들 · 2

■

정의론과 사회윤리

황경식 외 지음

정의론과 사회윤리

철학과 현실사

발간사

"인간을 바꾸는 방법은 세 가지뿐이다.
시간을 달리 쓰는 것,
사는 곳을 바꾸는 것,
새로운 사람을 사귀는 것.
이 세 가지 방법이 아니면 인간은 바뀌지 않는다."
— 오마에 겐이치, 『난문쾌답』

사람이 바뀐다는 것은 참으로 어렵습니다. 톨스토이가 말한 대로, 사람들은 다른 사람을 변화시키려 하지 정작 자신을 변화시키려 하지는 않기 때문입니다. 그럼에도 오늘 우리가 변화하였다면 그것은 바로 사는 곳을 바꾸고, 시간을 달리 쓰고, 그리고 새로운 사람과 사귀었기 때문일 것입니다. 이런 면에서 보면 저를 비롯한 제자들은 큰 축복을 받은 행운아입니다. 왜냐하면 저희 제자들은 대학이라는 새로운 곳에서, 새로운 사람 황경식 교수님을 만나, 다른 사람과 달리 윤리학에 시간을 투자할 수 있었기 때문입니다. 먼저 오늘의 제자들이 있기까지 열정으로 학문을 가르쳐주시고 사랑으로 돌보아주신 황 교수님께 제자들을 대표하여 고개 숙여 깊은 감사의 마음을 올립니다.

감사의 마음을 보답하는 길을 찾는 중에 1년 전부터 황 교수님으로부터 '윤리학 사사'를 받은 몇몇 제자들이 '퇴임 준비위원회'를 구성하여 기념 논문집을 증정하는 데 마음을 같이한 다음, 여러 번 모여 머리를 맞대고 숙고에 숙고를 거듭하면서 책의 성격과 제목, 그리고 집필진을 구상하였습니다. 우선 집필진으로는 황 교수님의 제자뿐만 아니라 한국사회윤리학회 모든 회원에게까지 문호를 개방하기로 하였습니다. 스승의 은덕을 생각하면 마땅히 새로운 글로 보답해야 하지만, 현실적인 여러 어려움으로 인해 발표된 논문 가운데 집필자가 게재하기를 희망하는 논문 두 편을 수집한 다음, 준비위원회에서 편집 방향에 따라 한 편을 선정하고, 그 책 제목을 달기로 하였습니다. 그 결과 집필진들이 50여 편의 옥고를 보내주었습니다. 이를 참고로 하여 황 교수님과 함께 논의하여 '윤리학과 그 응용' 및 '정의론과 사회윤리'라는 제목으로 33편의 논문을 두 권의 책으로 출간하기로 준비위원회에서 최종 결정하여 이제 그 빛을 보게 되었습니다.

물론 여기 게재된 글들은 황 교수님이 그동안 발표하신 논문에 비해 너무 부족합니다. 그럼에도 이 책은 단순한 기념 논문집이 아니라, 한국 윤리학계의 현주소라고 감히 말할 수 있습니다. 윤리학에 관심을 갖고 연구하는 대부분의 윤리학자들이 집필진에 포함되어 있으며, 또 그로 인해 그 주제가 윤리학 전반에 거쳐 다양하기 때문입니다. 즉, 이 두 권의 책은 규범윤리학, 분석윤리학, 응용윤리학의 거의 모든 주제를 다루고 있을 뿐만 아니라, 사회윤리학의 대주제인 정의론을 다양한 관점에서 다루고 있기에 윤리학 연구에 작게나마 도움이 되리라 기대합니다.

한 송이 국화꽃을 피우기 위해 봄부터 소쩍새가 울듯이, 황 교수님의 정년퇴임을 기념하는 논문집이 출간되기까지도 많은 분들의 헌신이 있었습니다. 무엇보다 옥고를 보내주신 모든 집필진들에게 깊은 감사를 드립니다. 또 이 책의 출간을 흔쾌히 허락해 주신 철학과현실사의 전춘호 사장님의 배려에도 박수를 보냅니다. 그리고 준비위원으로 크고 작은 일을 감당해 준 후배들에게, 특히 정원규, 정원섭, 김은희 선생에게 모든 공을 돌립니다.

정년퇴임을 축하드린다는 말씀을 드리기가 송구스럽습니다. 왜냐하면 "나이는 숫자에 불과하다"는 말처럼, 황 선생님께서는 아직 너무 젊기 때문입니다. 법적으로는 퇴임의 나이이지만 건강이 젊을 뿐만 아니라, 무엇보다 학문적 열정이 너무 젊기 때문입니다. 앞으로도 후학들과 한국 윤리학의 발전을 위해 철학적 혜안이 돋보이는 더 많은 글을 황 선생님께서 집필하기를 소망하면서 발간사를 갈음합니다.

2012년 4월 20일

황경식 교수님 정년기념 논문집 발간 준비위원장 김상득

차례

■정의론과 사회윤리

1부 정의론의 문제들

2부 사회철학의 문제들

3부 사회윤리의 문제들

1부

정의론의 문제들

공정한 경기와 운의 중립화*

황경식

1. 인생이라는 불공정한 경기

샌델(Michael Sandel)의 『정의란 무엇인가』라는 책이 한국의 독서계를 마치 쓰나미처럼 훑고 지나갔다. 출간된 지 몇 개월 되지도 않아 한국 판매 1백만 부를 넘겼다니 저자마저도 놀란 한국적 신드롬이라 할 만하다. 진정 한국사회가 정의에 대한 목마름이 이다지도 심각했던 것이 사실이라면 샌델의 정의론은 한국사회가 정의사회로 변화하는 데 있어 크게 기여할 것으로 기대되는 천재일우의 기회라 할 만하다.

그러나 이 같은 야단법석을 내공이 부족한 우리 지성계의 지적 천박성을 보이는 징표로 해석하고자 하는 이들도 있으니 그리 간단한 문제는 아닌 성 싶다. 하버드 대학이라는 미국의 명문대 명강사이고 보면 샌델의 정의론이 마치 명품 구매와도 같은 지적 허영에 그치는 것이 아니길 바랄 뿐이다. 논리

---

* 이 논문은 한국철학회 2011 춘계 학술대회 "정의와 공정사회" 주제 발표 논문임.

논술에 행여 도움이 될까 싶어 많은 수험생들이 구매했다면 그것도 그리 나쁜 일만은 아니리라는 안도감이 위안이 되기도 한다.

때마침 지난해 8 · 15 경축사에서 대통령이 국정 후반기 정치적 지표로서 공정사회 실현을 내세운 것과 우연히 중첩되는 가운데 정의와 공정은 우리 사회 변화의 화두로 떠오르는 듯하다. 한때 '정의사회 구현'이라는 주제가 정치적 캐치프레이즈로 내세워진 적이 있기는 하나 부정의한 정권에 의해 주도되어 냉소적인 반응으로 인해 현실 개혁의 지도이념으로서 호소력을 갖지 못한 듯하다.

정의사회만큼 강력한 정치이념이 아닐지는 모르나 정의사회로 가는 데 있어서 해결되어야 할 최소한의 필요조건으로서 공정사회는 우리의 노력 여하에 따라 실현 가능할 뿐만 아니라 시의 적절한 현실 개혁의 가이드라인이 될 수 있을 것이다. 더욱이 최고 지도자가 반복, 강조하고 있어 그 파장은 공직사회만이 아니라 기업문화에 이르기까지 영향을 미치고 있음이 감지된다. 단지 이 같은 이념은 시장경제적 입장에 부합하는바, 신자유주의적 정치경제학과 유관하다는 태생적 한계가 있음은 인지할 필요가 있다는 것을 앞으로 논구해 가고자 한다.

우리의 인생을 100미터 경주에 비유해 보자. 그런데 문제는 우리가 이 경주에서 모두 원점에서 동시에 출발하지 않는다는 점에 있다. 많은 사람들이 원점의 가까이에서 출발하기는 하나, 일부는 50미터 전방에서 출발하는가 하면 소수의 사람은 90미터 혹은 95미터 전방에서 출발하기도 한다. 그래서 인생이라는 경기는 원천적으로 불평등한 경기라 할 수 있다. 그러나 이 같은 원천적 불평등은 자연적 사실일 뿐 그것이 부정의하다거나 불공정하다고 할 수는 없다. 정의나 공정과 같은 평가어는 우리가 그 같은 불평등을 인간적으로 처리하고 관리하는 방식에 부여할 수 있는 용어이기 때문이다.

그런데 우리 사회는 이 같은 원천적 불평등을 어떤 방식으로 처리 혹은 관리하고 있는가? 물론 우리 사회도 이 같은 불평등이나 격차를 다소간 약화 내지 완화시키고자 노력하고 있는 것을 부인하기는 어려우나 그 성과 또한 미미한 것임이 사실이다. 더욱이 가슴 아픈 사실은 이 같은 불평등이 세세대대로 대물림하고 있다는 점이다. 부모의 경제적, 사회적 조건이 자녀의 학업 성취, 입학, 취업에 이르기까지 광범위하게 상속되어 가난이 대물림되고 불평등이 구조적으로 고착화되고 있다는 것이다.

1970-2003년에 입학한 서울대 사회대생 1만여 명을 대상으로 분석한 자료를 보면 전문직, 관리직으로 이루어진 고소득 직군 자녀들의 입학률이 저소득 직군의 자녀보다 무려 16배(2003)나 높았다. 2004-2010년 서울대 신입생의 아버지 직업 변천을 보면 전문직, 경영관리직의 아버지를 둔 신입생이 2004년에 전체 신입생의 60퍼센트를 차지했는데 2010년에는 64.8퍼센트로 늘어난 반면, 농축수산업, 미숙련 노동에 종사하는 아버지를 둔 신입생 비율은 2004년 3.3퍼센트에서 2010년 1.6퍼센트로 더욱 줄어들었다. '개천에서 용나는 일'은 시간이 갈수록 불가능해지고 있는 것으로 평가된다.

한 달에 사교육비로 평균 50만 원을 지출하는 고등학생이 내신성적 3등급 이상에 속할 확률은 사교육을 전혀 받지 않았을 경우보다 2배 이상 높다.[1] 부모의 소득 수준에 따라 아이들의 꿈인 장래희망도 큰 차이가 있었다. 부모의 소득이 높고 특목고에 다니는 학생일수록 고소득 전문직을 희망하는 반면, 부모의 소득이 낮은 특성화고(옛 전문계고) 학생일수록 저소득층 직업군을 희망했다. 가난이 젊은이들의 꿈마저 가난하게 만들고 있는 것이다.[2]

취업을 비롯해서 일생을 살아가는 동안 우리 사회에서 겪어야 할 학벌, 지연 등에 따른 혹독한 차별을 생각하면 부모의 사회경제적 조건이 자녀 세대

---

1 성균관대학교 김민성 교수의 논문 「고등학교 내신성적에 대한 사교육비 지출의 효과」 참조.
2 민주노동당 권영길 의원의 조사 참조.

로 세습되고 이로 인해 신분의 양극화가 더욱 심해지는 세습적 불평등 구조를 깨는 것은 공정사회로 가기 위해 가장 먼저 타파되어야 할 절박한 과제가 아닐 수 없다.[3]

2. 공정성과 절차주의적 정의

전통적으로 정의론자들은 정의를 결과주의적 관점에서 접근해 왔다. 그런데 결과의 정의를 평가하기가 어려운 까닭은 그 결과가 다양한 요소들의 복합적인 성과라는 점, 따라서 결과의 정의를 평가하기 위해서는 경쟁적인 다원적 기준들이 갈등하게 되며 그 같은 갈등을 해결해 줄 단일한 우선의 원칙을 발견하기 어렵다는 점 때문이다.

업적, 노력, 능력, 필요 등이 대립하고 있으며, 이들의 비중을 계산하여 모두가 합의할 수 있는 단일한 기준을 제시하기가 쉽지 않은 것이다. 이 같은 결과주의적 정의관은 "각자에게 그의 X에 따라서"와 같은 정형적 정의관(patterned conception of justice)과 쉽사리 연결되며 마르크스의 "각자로부터 그의 능력에 따라서, 각자에게 그의 필요에 따라서"라는 기준 역시 이 같은 기준의 하나로 간주된다.

이상과 같은 이유 때문에 현재의 정의론자들은 결과주의적 관점에서가 아니라 결과보다는 과정을 중요시하는 절차주의적(proceduralist) 관점에서 정의에 접근하는 것이 더 합당하다는 생각에 이르게 된다. 결과의 정의를 분석, 평가하기는 쉽지 않지만 절차의 공정성이 보장될 경우 결과는 어떤 것이든 공정하고 정의롭다는 생각에 이르렀기 때문이다. 이 같은 절차주의적 정

---

3 정연주 칼럼, 「세습과 공정사회」, 『한겨레신문』, 2010년 11월 1일자.

의관은 절차를 중요시하는 민주주의(democracy as procedure) 정치의 보편화 경향과도 무관하지 않다.

플라톤의 철인왕 사상은 선(善)이 무엇이고 정의(正義)가 무엇인지에 대한 지혜를 지닌 현자, 즉 철인에 전적으로 의존해 있다. 하지만 현재의 민주주의 사상은 그 누구도 타인 위에 군림할 정도로 현자는 아니며 보통 사람들이 자유로운 대화와 토론을 통해 중지(衆智)를 모으고 정책에 반영해 나가는 과정을 중시하며 그에 바탕한 점진적 개선주의에 기대를 거는 사상이다. 이런 점에서 절차로서의 민주주의와 절차주의적 정의관은 상호 친화성을 갖는다 하겠다.

자유지상주의자(libertarian) 노직(Robert Nozick)도 그러하지만 자유주의적 평등을 내세우는 정의론자 롤즈(John Rawls)는 전형적인 절차주의적 정의론자라 할 수 있다. 롤즈는 정의를 공정성(fairness)으로 이해하고 당사자들을 공정하게 대우하는 절차를 구상, 그로부터 합의를 도출하는바, 계약론적 토대 위에 정의론을 세우고자 한다.

그러기 위해서 롤즈는 합의 당사자 모두를 공정하게 대우하는 합당한 조건들을 하나로 묶어 계약의 전제로 삼고 그로부터 합리적 추론을 통해 그들 간의 합의 결과로서 정의의 원칙들을 도출하고자 한다. 여기서 롤즈가 가장 주목하고자 하는 것은 정의의 원칙을 선택함에 있어 도덕적 관점에서 볼 때 부당하거나 편파적이고 편향적으로 작용할 요인들을 배제함으로써 당사자들을 모두 공정하게 대우하는 전제들을 구성해야 한다는 점이다.

원초적 입장(original position)으로 불리는바, 정의 원칙의 도출을 위한 전제조건들 중 특히 인지적 요건들을 묶어 롤즈는 무지의 베일(veil of ignorance)이라는 이름 아래 다루고 있다.[4] 무지의 베일은 심리적, 사회적,

4 John Rawls, *A Theory of Justice*, Harvard University Press, 1971, ch.3 참조.

경제적 일반 원칙을 가리지 않을 정도로 충분히 엷은(thin) 베일이어야 하고 편향과 편파의 소인이 될 지식들은 가릴 정도로 충분히 짙은(thick) 베일이어야 한다고 본다.

이같이 편향적, 편파적 원칙을 선택하게 할 요소로서 배제되는 지식은 개인들의 타고난 천부적 재능과 사회적 지위, 소속된 세대, 개인의 가치관 등등과 관련된 지식이다. 이 중에서 특히 천부적 능력과 사회적 지위는 태생적 행운과 불운으로서 롤즈에 따르면 도덕적 관점에서 볼때 정당 근거가 없다(arbitrary from moral point of view)는 것이다.[5] 따라서 롤즈는 정의의 출발점을 운의 중립화(neutralizing luck)에서 찾고자 한다고 할 수 있다.

3. 무지의 베일과 운의 중립화

자연적 운이건 사회적 운이건 간에 운의 지배를 그대로 방치하고서는 정의와 관련해서 우리는 어떤 합의에도 이르기 어렵다. 이를테면 천재와 천치 사이에 어떤 합의가 가능할 것인가. 또한 재벌 2세와 거지 2세 간에는 어떤 합의점에 이를 것인가. 재벌 2세는 가능한 한 기득권을 챙기려 안간힘을 쓸 것이며 쪽박밖에 깨질 것이 없는 거지 2세는 나름의 배짱을 부리게 될 것이다. 결국 어떤 합의도 결렬될 것임이 명약관화하다. 실질적 합의를 위해서는 일정한 형태의, 이를테면 이 같은 자연적, 사회적 운을 괄호 치는 무지의 베일이 불가피한 것이다.

이 같은 운의 요소가 아니고서도, 정의에 대한 실질적 합의를 위해서는, 특히 다원주의(pluralism) 사회를 살아가는 현대인들에게는 일정한 무지의 베

5 위의 책, ch.2, 12-13절.

일이 절실히 요구된다. 자유주의 사회가 전개된 이래 가치관을 중심으로 한 다원주의적 불일치는 불가피한 사회적 사실이 되었으며 이것이 정의사회를 향한 합의 도출에 있어 어떠한 걸림돌이 되어서는 안 될 것이다. 우리는 인생관, 가치관 등에 있어 견해를 달리할지라도 그 같은 다양성이 평화 공존할 수 있는 사회의 기본구조를 보장해 줄 정의의 원칙에 합의할 필요가 있기 때문이다.

또한 분배적 정의의 문제는 단지 당대인들 개인 간의 문제일 뿐만 아니라 세대 간에 있어서도 제기될 수 있다. 따라서 무지의 베일은 개인 간만이 아니고 세대 간의 정의(justice between generations) 문제에 있어서도 확대 적용될 필요가 있다. 우리는 사회발전의 초기 자수성가한 세대에 속하건 상당한 발전이 이루어진 유복한 세대에 속하건 간에 모두가 자원을 적절히 소비하고 차세대를 위해 적정한 자원을 비축할 정의의 의무를 지게 된다. 다시 말하면 세대 간의 정의 문제에 있어 모든 세대는 정의로운 절약과 저축의 원칙에 따라 삶을 영위할 의무가 있다 할 것이다.

인생을 살아가면서 우리는 갖가지 문제에 부딪치게 되고 그럴 때면 우리는 숙고를 통해 크고 작은 선택(choose)들을 수없이 행하게 된다. 그러나 사실상 우리는 자율적으로 선택할 수 있는 나이에 이르기 전에 여러 가지 관점에서 이미 선택된(chosen) 존재라 할 수 있다. '자유의지와 결정론' 등의 전문적 논의를 끌어들이지 않더라도 우리는 이미 유전적으로나 기질적으로 혹은 사회경제적 여건에 있어 이미 선택된 기반 위에서 우리의 성격과 정체성이 형성되며 그런 기반 위에서 형성된 주체로서 우리가 어떤 선택을 하게 되는 것이다. 그런 의미에서 우리의 선택은 실존철학자들의 용어를 빌리면 피투(被投)된 기투(企投)(projected projection)라 할 수 있을 것이다. 이로 인해 우리의 소위 자유로운 선택이 갖는 성격상의 한계가 불가피하다 할 것이다.

최근 일부 윤리학자들이 인간의 성품과 관련하여 운명적인 요소, 즉 도덕운(moral luck)에 주목하고 있다.[6] 이들에 따르면 인간의 모든 자율적이고 자유로운 선택이 사실은 각종의 도덕운에 의해 조건화되고 제약되어 있다는 것이다. 그중 하나는 우리가 타고난 유전적, 기질적 소인 등 이른바 태생적 운(constitutive luck)이라는 것으로 존재한다. 그리고 이 같은 초기 조건이 갖가지 여건과 환경을 만나 다양하게 발전, 전개되는 개발운(developmental luck)이 있다.

이 같은 운들에 의해 성취된 성격이나 성품이라 할지라도 갖가지 변수들과 얽히고설키는 가운데 성공과 실패가 가려지는바, 결과운(resultant luck)도 존재한다. 사실상 우리는 흔히 운칠기삼(運七技三), 즉 70퍼센트의 운과 30퍼센트의 능력이 성공의 조건이라 하나 이 같은 능력 또한 갖가지 운에 기반하고 있다고 보면 인생을 좌우하는 운의 비중이 어느 정도인지는 분명하지 않다.

그런데 이와 같은 운의 영향력이 그대로 방치된 사회는 인간다운 사회로 보기 어렵고 그야말로 약육강식하는, 정글의 법칙이 지배하는 동물의 왕국이라 할 것이다. 문화나 도의가 지배하는 것이 아니라 원색적인 자연이 모든 것을 결정하는 복불복의 사회임이 틀림없다. 여기에서 운이나 복을 타고나지 못한 사람은 억울하기 그지없을 것이나 그 같은 울분을 해소할 방도가 없는 셈이다.

이런 관점에서 볼 때 우리는 앞서 언급한 롤즈의 정의론에 따라 정의란 운의 중립화에서 시작된다는 입장에 가까이 이르게 된다. 운이란 천부적, 사회적 우연이며 그것에 대해 우리는 아무런 책임이 없는 것이다(not responsible for it). 그런 의미에서 그것은 우연적이고 운명적인 것이며 도덕적 관점에서 볼 때 정당 근거가 없다 할 것이다. 이는 행운을 타고난 사람이나 불

6 Bernard Williams(ed.), *Moral Luck*, Cambridge University Press, 1981 참조.

운을 타고난 사람 모두에 있어 동일하다고 할 수 있다. 바로 그 점에 있어서 어느 쪽에서든 간에 우리는 운명 공동체의 일원으로서 그런 공동체에 가담하고 있다고 할 수 있다.

만일 우리가 이 같은 운명들의 배정을 공동의 운명으로 받아들일 수 있다면 바로 그 지점에서 정의의 실마리가 풀릴 수 있다는 게 롤즈의 구상이다. 타고난 원천적 불평등은 단지 자연적 사실일 뿐 그를 두고 정의 여부를 논할 수는 없을 것이다. 정의는 우리가 이 같은 자연적 사실을 인간적 관점에서 처리하고 관리하는 방식에 대해 평가할 경우 문제되는 가치이다. 그럴 경우 정의로운 처리가 있고 부정의한 관리가 있다 할 것이다.

4. 기회균등, 자유방임, 자유주의

과거 우리는 미국이 기회의 땅(the land of opportunity)이라 하여 아메리칸 드림(american dream)을 시발했음을 알고 있다. 미국은 사회적 지위가 아니라 능력, 성취, 성과가 성공을 보장하는 나라로 간주되었고 가난한 자도 부자가 될 수 있고 하층민도 대통령이 될 수 있는 것으로 생각되었다. 그야말로 개천에서 용이 날 수 있는 나라라는 기대로 인해 세계 각국으로부터 이민이 몰려들었다.

그러나 사실상 기회균등의 이념은 평등주의적 외양과는 달리 다소 보수적인 함축을 지니고 있다. 기회균등은 사실상 인간의 인격이 갖는 평등한 가치(equal worth)보다는 사회적 게임에 있어 각자가 지닌 경쟁력을 최우선 기준으로 선별하는 원리이다. 이로 인해 경쟁력이 없는 자는 소외되기 마련이며 사회적 불평등이 증대할 가능성을 가짐으로써 업적주의적 계층 구조를 강화하고 영속화할 소지를 갖게 된다.

나아가서 인종차별이나 남녀차별의 관행이 오랜 세월 누적된 사회에 있어서 기회균등의 원리는 공허한 형식적 평등을 조장할 우려가 있다. 이를테면 남녀차별의 관행이 사회 곳곳에 잔존하고 있을 경우 "여성들이여 용기를 가지고 도전하세요. 남녀는 평등합니다"라는 선언은 무의미한 평등주의에 불과할 뿐이다. 진정한 평등사회를 위해서는 더욱 적극적인 차별 시정 조치(affirmative action)가 요구된다 할 것이다.

여성들에게 일정한 쿼터를 배정하거나 적정한 가점을 더해 주는 역차별(reverse discrimination) 내지 특혜 차별 정책만이 기존의 차별을 상쇄함으로써 실질적인 평등을 보장할 수 있다 할 것이다. 결국 현재 우리가 지향하는 공정사회가 단지 이와 같은 기회균등을 겨냥하는 것이라면 그것은 진정한 의미에 있어서 평등을 보장하는 것이 아니며 정의로운 사회로 나아감에 있어서 유력한 전략이 되기 어렵다 할 것이다. 그러나 기회균등이나 공정사회는 정의사회로 가기 위해 우리가 반드시 짚고 넘어가야 할 징검다리임을 놓쳐서는 안 될 것이다.

우리는 타고난 재능 등 천부적 운(우연)과 사회적 지위 등 사회적 운(우연) 등의 영향을 그대로 방임하고서도 기회균등의 원칙(principle of equal opportunity)을 내세울 수가 있다. 한때 상전의 자식은 상전이 되고 노비의 자식은 노비가 될 수밖에 없었던, 엄격한 계급 세습이 시행되던 사회에 비하면 오늘날 우리가 살고 있는 사회에서 "재능 있으면 출세하라(careers open to talents)"는 식의 기회균등은 다소 진일보된 체제라 할 수 있다.

그러나 천부적 운과 사회적 운의 영향력이 그대로 방치된 채 내세워진 기회균등의 원칙은 원초적 불평등을 기정사실화하는 가운데 운용되는 형식적 기회균등에 불과하다 할 것이다. 이런 체제 아래에서 제시되는 최소한의 국가로서 경찰국가는 결국 가진 자의 재산을 못 가진 자들로부터 보호하는 경비국가에 지나지 않는 것으로 보인다.

재능이 있으면 출세할 수 있다는, 이른바 자연적 자유체제(system of

natural liberty)는 평등한 자유를 전제로 한 자유시장경제를 기반으로 하고 있으며 이는 적어도 모든 사람들이 유리한 사회적 지위에 오를 수 있는 동등한 법적 권리를 갖는 형식적 기회균등을 내세운다.[7] 그러나 사회적 여건의 평등 내지 유사성을 보장하기 위한 노력이 없기 때문에 자산 분배는 일정 기간 동안 자연적, 사회적 우연성에 의해 강력한 영향을 받게 된다.

다시 말하면 현존하는 소득과 부의 분배는 천부적 재능과 능력의 선행적 분배가 사회적 여건 및 행운과 불운 등 우연적 변수들에 의해 개발되거나 개발되지 못했거나, 일정 기간 동안 그것이 유리하게 혹은 불리하게 이용됨으로써 나타난 누적된 결과인 것이다. 롤즈에 따르면 직감적으로 생각할 때 자연적 자유체제가 갖는 가장 뚜렷한 부정의는 도덕적 관점에서 볼 때 정당 근거가 없는 임의적인 이런 요인들로 인해서 배분의 몫이 부당하게 좌우되는 것을 허용하고 있다는 점에 있다는 것이다.

롤즈에 따르면 자유주의적(liberal) 체제는 재능이 있으면 출세할 수 있다는 요구조건에 공정한(fair) 기회균등이라는 조건을 부가시킴으로써 자유방임 체제의 부정의를 시정하기 위해 노력하는 진일보된 체제라는 것이다. 그 주요 사상은 직위가 단지 형식적 의미에서만 개방되어서는 안 되고 모든 사람이 그것을 획득할 수 있는 공정한 기회를 가져야만 한다는 것이다.

좀 더 분명히 말하면 동일한 수준의 천부적 재능과 능력을 가진 사람으로서 그것을 사용할 동일한 의향을 가진 사람들은 그들의 최초의 사회적 지위에 상관없이 동일한 성공의 전망을 가져야 한다는 것이다. 사회의 모든 계층에 있어서 유사한 동기와 능력을 가진 사람들은 대체로 교양이나 기술에 있어서 동등한 전망을 가져야 하며, 동일한 능력과 포부를 가진 사람들의 기대

7 John Rawls, 앞의 책, 12절.

치가 그들이 처한 사회적 계층에 영향을 받아서는 안 된다는 것이다.

그런데 롤즈에 따르면 자유주의 체제가 분명히 자유방임 체제보다 나은 것으로 생각되긴 하지만 거기에도 아직 결함이 있다는 것을 직감적으로 알 수 있다고 한다. 이 체제가 사회적 우연성의 영향을 감소시키는 작용을 하는 한 가지 장점이 있긴 하지만 아직도 능력과 재능의 천부적 배분에 의해 부나 소득의 분배가 결정되는 점을 허용하고 있으며 이는 도덕적 관점에서 볼 때 자의성이 일부 용납되고 있기 때문이다.[8]

소득과 부의 분배가 역사적, 사회적 행운에 의해 이루어지는 것을 허용할 이유가 없는 것과 매한가지로 천부적 능력의 분배에 의해 소득과 부의 분배가 이루어지는 것도 용납할 이유가 없다. 따라서 우리는 천부적인 운수 자체가 갖는 부당한 자의적 영향을 완화시키는 체제로 나아가야 하는 것이다.

5. 귀족주의와 민주적 평등체제

롤즈는 자신의 정의 원칙을 구현할 체제가 민주적 평등(democratic equality) 체제임을 해명하기에 앞서 자연적 귀족주의(natural aristocracy) 체제에 주목하면서 귀족주의가 갖는 나름의 장점에 대해 언급하고 있다. 물론 귀족주의에도 형식적 기회균등이 요구하는 이상으로 사회적 우연을 규제하기 위한 노력이 이루어지는 것은 아니다.

그러나 더 큰 천부적 재능을 가진 사람들에게 이익과 특권을 주는 것이 사회의 가난한 부류의 처지를 증진시키는 것에 의해 제약된다는 점, 상층에 있는 사람들에게 더 적게 주어지면 하층에 있는 사람들에게도 불이익이 될 경

---

8 위의 책, 12절 참조.

우에만 유리한 사람들의 더 나은 처지가 정의로운 것으로 간주된다는 점에서 귀족주의에 주목할 필요가 있다는 것이다. 그래서 롤즈에 이르면 바로 이 같은 논리에 의거해서 귀족에게는 귀족으로서의 의무가 있다(noblesse oblige)는 관념이 자연적 귀족주의 입장 속에 형성된다는 것이다.[9]

그런데 롤즈에 따르면 자유주의 체제나 귀족주의 체제는 모두 불안정한(unstable) 것이라 한다. 왜냐하면 우리가 분배의 몫을 결정함에 있어서 사회적 우연성이나 자연적 운수 중 어느 하나에 영향을 받게 될 경우에는 반사적으로 반드시 다른 하나의 영향도 받기 마련이기 때문이다. 그리고 도덕적 관점에서 볼 때 그 두 가지는 마찬가지로 자의적인 요소이며, 정당 근거가 없는 것이다.

이 같은 연유로 해서 롤즈는 자유주의나 귀족주의를 넘어서 자신의 정의 원칙을 가장 잘 실현하는 민주주의적 평등체제로 나아가고자 한다. 롤즈에 따르면 모든 사람을 도덕적 인격으로서 동등하게 대우하고 사회적 협동체제의 이득과 부담에 있어 사람들의 몫을 그들의 사회적 운수나 천부적 행운에 따라 평가하지 않는 한 민주주의적 평등체제는 최선의 선택이라는 것이다.

롤즈에 따르면 민주주의적 평등체제는 공정한 기회균등의 원칙과 차등 원칙(difference principle)의 결합에 의해 이루어진다고 한다. 나아가서 차등의 원칙은 기본구조의 사회적, 경제적 불평등을 판정할 특정한 입장을 선정함으로써 효율성 원칙의 불확정성을 배제하고자 한다는 것이다. 따라서 만일 평등한 자유와 공정한 기회균등이 요구하는 체제를 전제할 경우 처지가 나은 자들의 더 높은 기대치가 정당한 것으로 인정될 수 있는 유일한 조건은 그것이 사회의 최소 수혜자들(least advantaged)의 기대치를 향상시키는

9 위의 책, 12절 참조.

체제의 일부로서 작용하는 경우로 규정한다. 롤즈에 따르면 직감적으로 생각되는 것은 혜택 받은 사람들에게 더 매력적인 전망을 허용함으로써 더 혜택 받지 못한 사람들의 전망이 상향되지 않는 한 사회체제는 그러한 전망을 설정하거나 보장해서는 안 된다는 것이다.

그런데 롤즈는 각종 체제에 대한 이 같은 설명을 끝낸 뒤 자신의 공정한 기회균등의 원칙이 순수 절차적 정의(pure procedural justice)의 이념을 구현한 것이라고 해명한다. 정의가 무엇인가를 평가할 독립적 기준도 존재하고 거기에 이르는 절차도 구상할 수 있는 완전한 절차적 정의나, 정의의 독립적 기준은 존재하지만 그것에 이를 절차는 부실한 불완전한 절차적 정의와는 달리, 순수 절차적 정의는 정의를 판정할 독립적 기준은 없지만 공정한 절차가 있어서 그 절차만 따르면 내용에 상관없이 도달된 어떤 결과든 공정하고 따라서 정의임을 보장할 수 있다는 것이다.

물론 여기에서 중요한 것은 순수 절차적 정의라는 개념이 분배적 몫에 적용되기 위해서는 정의로운 제도체제가 확립되고 그것이 공평하게 운영될 것을 선결요건으로 한다. 따라서 정의로운 정치적 조직이나 사회경제적 제도의 정의로운 체제를 포함하는 정의로운 사회의 기본구조(basic structure of society)를 배경으로 해서만 정의로운 절차가 존재한다고 할 수 있을 것이다.[10]

6. 절차와 결과의 조정과 공유자산

결국 롤즈의 정의관은 정의의 제1원칙인 평등한 자유의 원칙과 제2원칙의

10 위의 책, 43절.

첫 번째 부분인 공정한 기회균등을 통해서 사회적 게임을 위한 공정한 절차를 마련하고 제2원칙의 두 번째 부분인 차등의 원칙에 의해 최소 수혜자의 관점에서 조정함으로써 절차적 공정성의 현실적 한계를 보완하는 입장으로 요약된다. 그런데 여기에서 우리는 논의의 결론 삼아 두 가지 의문을 제기함으로써 정의에 대한 성찰의 화두로 삼고자 한다. 그중 하나는 롤즈의 정의론이 과연 순수 절차적 정의인가 하는 의문이고, 다른 하나는 그의 정의론에 있어서 천부적 능력과 사회적 지위를 공유자산으로 간주한다는 기본적 직관과 관련된다.

첫째, 롤즈는 그의 정의론이 공정한 기회균등을 기반으로 하는 순수 절차적 정의관이라 말한다. 그러나 그의 공정한 기회균등의 이념이 개념적으로는 이해되지만 그것을 현실에 구현하는 데 있어서는 갖가지 장애와 한계가 있음을 그 스스로 인정하고 있다. 우선 우리가 사회적 행운을 최대한 약화 내지 완화하는 제도적 장치를 확립하는 데 성공한다 할지라도, 나아가 그 같은 사회적 행운이 자연적 행운에 영향을 미치는 부분을 보완할 수 있다는 점을 감안한다 할지라도 자연적 행운에 대해 우리가 손을 쓸 수 없는 여지는 남기 마련인 것이다. 롤즈 자신도 이 점과 관련하여 우리가 우생학적 접근을 하는 점에 대해서는 회의적이며 또한 현실적으로 그 같은 자연적 불평등의 모태인 가정(family)은 해체되기보다 존치되는 것이 더 이롭다고 가정하는 한 자연적 우연을 완벽하게 배제할 방도는 없다 할 것이다.[11]

또한 다른 측면에서 롤즈는 이른바 자유경쟁시장은 조만간 자유롭지도 경쟁적이지도 않을 가능성, 즉 시장의 실패에 대해서 보완적인 각종 장치를 마련하고 있으며 비록 시장이 글자 그대로 자유롭고 경쟁적으로 운용된다 할지

11 위의 책, 12절 참조.

라도 그것이 정의를 보장하지 못한다는 정의의 실패(justice failure)를 인정하는 한에 있어서 롤즈는 순수 절차적 정의관을 끝까지 견지하기 어려운 한계에 이르게 되는 것은 아닌지 하는 의문을 갖게 된다.[12]

이 같은 관점에서 볼 때 정의의 제2원칙의 두 번째 부분인 차등의 원칙에 있어서 최소 수혜자 최우선 고려는 순수 절차적 정의의 소산이기보다는 순수 절차적 정의의 한계에 대한 결과적 정의의 조정 내지 보완이 아닌가 하는 의문이 든다. 물론, 롤즈가 차등의 원칙 또한 원초적 입장의 당사자들에 의한 공정한 합의의 산물이라고 강변할 여지가 전혀 차단된 것은 아니지만.

다른 한 가지 의문은 최소 수혜자 최우선 배려를 중심으로 한 차등 원칙의 직관적 배경을 이루고 있는바, 천부적 능력과 사회적 지위가 도덕적 관점에서 볼 때 정당 근거가 없으며, 결국 이 같은 자연적 운과 사회적 운 양자를 공유자산(common assets)으로 간주하는 것이 정의에 대한 올바른 접근을 가능케 한다는 점과 관련된다. 우리의 의문은 우리들 중 얼마나 많은 사람들이 롤즈의 이 같은 직관을 공유하는지, 나아가 현실적으로 공유하지 않는다면 철학적으로 설득시킬 만한 정당화 논변이 어느 정도 강력한지 등이다.[13]

우선 롤즈와 다른 정의관을 제시하는 자들은 롤즈와는 다른 직관적 토대 위에 서 있다고 할 수 있다. 특히 자유지상주의적 정의관을 제시하는 노직은 롤즈의 이 같은 직관의 정당성에 의문을 제기한다. 우리에게 주어진 천부적 재능과 사회적 지위는 공유자산이라 하기보다는 우리 자신의 사적 자산이라 함이 더 직관적으로 설득력이 있다는 것이다.

여하튼 롤즈의 정의론이 비록 이상적 정의관으로서는 상당한 가치를 갖는

12 Rex Martin, *Rawls and Right*, University Press of Kansas, 1985, ch.8 "Rawlsian Economic Justice", pp.160-162.

13 John Rawls, 앞의 책, 17절 참조.

것이 사실이기는 하나 그것이 현실인들이 수용하기에는 지나치게 높은 문턱을 가진 것이어서 그 이후 많은 정의론자, 특히 고티에(David Gauthier) 같은 학자들은 롤즈 정의론의 문턱을 낮추는 과정에서 나름의 정의관을 제시하고 있다고 할 수 있다.[14] 여기에서 우리의 관심은 롤즈의 정의관이 갖는 눈높이가 너무 높은 것인지 아니면 우리들이 갖는 눈높이가 너무 낮아 그것을 대폭 끌어올려야 할지에 대해 성찰의 여지가 있다는 점이다.

7. 공정, 공평과 정의로운 사회

우리 사회에서 공정사회 담론이 시작된 이래 가족유사성을 가진 일군의 개념들이 혼용되고 있어, 담론의 명료성과 효율성을 위해 다소간 교통정리가 요긴한 듯하다. 우선 정의(正義)라는 말은 공정(公正)이라는 개념보다 정확한 규정이 어려울 것으로 보인다. 정의는 형사적 정의(criminal justice)와 같은 법적 정의와 더불어 분배적 정의(distributive justice)와 같은 사회정의까지도 함축하는 개념이다. 형사적 정의의 정당화를 위해서도 여러 측면으로부터의 고려가 요구되며, 따라서 양형의 기준 또한 애매할 수밖에 없다. 분배적 정의 또한 결과주의적 관점만이 아니라 절차주의적 관점에서 접근할 수 있으며, 결과의 정의 여부를 평가하는 데 있어서도 다원적 기준들이 상충하고 있다.

앞서 우리가 살핀 롤즈의 입장은 정의의 여러 분류들 중 분배적 정의의 문제에 국한되며 또한 이 같은 분배적 정의를 결과주의가 아니라 절차주의적 입장에서 접근하는 것으로 제한하고 있으며, 그런 의미에서 정의의 문제를

14 David Gauthier, *Morals by Agreement* 참조.

공정으로 해석(공정으로서의 정의관, justice as fairness)하고자 한다. 결과에 대한 평가 기준이 아니라 절차의 공정성을 다룸으로써 정의의 문제를 단순화하고 합당하게 접근할 수 있는 길을 선택했다고 볼 수 있다. 그러나 이 같은 접근 방식을 통해 정의의 문제가 모두 해결되는 것이 아님은 앞에서도 간단히 언급된 바 있다.

이미 앞에서도 지적된 바 있지만, 롤즈의 '공정으로서의 정의관'은 표면상 순수 절차적 정의관으로 출발하지만 이 같은 절차의 현실적 구성에 있어서는 자연적 능력과 사회적 지위의 배정 등 운의 문제를 공유자산으로 간주하는 우리의 기본적 직관을 그 기반으로 전제하고 있다.

그런데 이같이 정의에 대한 도덕적 직관이 과연 모든 사람이 공유하고 있다고 할 만큼 기본적인 것인지 아니면 모든 이를 설득시킬 만큼 철학적 정당화가 가능한지에 의문의 여지가 있음도 지적되었다. 또한 이 같은 우연적, 운명적 변수들을 완화하고 중립화하는 일 역시 현실적 제약 내지 한계에 부딪치게 됨도 지적되었다. 이 같은 과제들은 바로 순수 절차적 정의관의 이론적, 현실적 한계로 해석될 수 있을 것으로 보인다.

롤즈는 이 같은, 공정한 기회균등의 현실적 구현 과정에서 만나는 절차상의 제약 내지 한계를 결과의 조정을 통해서 보완하고자 한 듯이 보인다. 그것은 바로 정의의 두 번째 원칙, 즉 차등의 원칙에 있어서 최소 수혜자 최우선 고려를 통해 표현되고 있으며, 이 또한 그가 전제하고 있는 기본적 직관인 공유자산론에 근거한 운명 공동체관과 관련된다 할 것이다.

물론 롤즈는 최소 수혜자 최우선 고려가 순수 절차를 통한 합의의 소산이기에 그의 정의관은 순수 절차적 정의관으로 족하다는 강변을 할지 모르나 이는 설득의 근거가 다소 부족한, 무리한 논변이라 생각된다. 그것은 공정한 절차를 통한 합의의 산물이기보다는 그의 정의론이 기반하고 있는 기본적 직관으로 해석하는 것이 더 자연스러울 것으로 보인다.

만일 이 같은 해석이 나름의 정당성을 가질 수 있다고 한다면 순수 절차적 정의관으로서 롤즈의 정의론은 한계를 갖게 되며 이는 동시에 공정으로서의 정의관의 한계로 해석될 수 있을 것으로 생각된다.[15] 그렇다면 정의를 공정성으로 환원하는 절차주의적 정의관의 영역 바깥에 있는 지분, 즉 최소 수혜자 최우선 고려점을, 절차주의적 공정보다는 결과주의적 조정으로 보는 것이 자연스러워 보이며, 이는 우리의 일상 용어법상 공정(公正)보다는 오히려 평등주의적 함의를 갖는 형평 내지 공평(公平)으로 부르는 것이 더 합당하지 않을까 생각된다.

공정과 공평은 모두 영어로 'fairness'로 번역될 수밖에 없는 것이긴 하나 우리말 용어법상으로는 공정은 더 절차주의적 어감을 띠고, 공평은 평등을 함축하여 더 결과주의적 어감을 갖는 말이라 하겠다. 그런 맥락에서 우리에게는 공정 과세보다는 형평 과세나 공평 과세가 자연스러우며 공평한 게임이나 게임의 룰보다는 공정한 게임이나 게임의 룰이 더 편하게 들린다.

공정은 글자 그 자체로서도 공적 정당성(rightness) 내지 공적 올바름을 의미한다면, 공평은 공적 형평(equity) 내지 공적 평등(equality)을 가리킨다 할 것이다. 또한 공정은 자칫 형식적 평등에 그칠 우려가 있으며, 공평은 실질적 평등에의 요구로 기울 가능성이 있다. 이렇게 본다면 롤즈의 정의론은 평등한 자유 원칙이나 기회균등의 원칙에 의해 출발선(start line)에서의 공정과 최소 수혜자 최우선 고려라는 차등 원칙에 의해 종착선(finish line)에서의 공평을 요구하는 입장으로 해석될 수 있다.

오늘날 우리 사회가 진정으로 정의사회를 지향한다면 공정성에 함축된 절차적 정의를 추구하면서도 그것이 갖는 형식적 정의를 지양해야 할 것이며,

15 Plato, *Republic*, 359c–362c.

이를 위해서는 공평성에 함축된 평등주의적 요소를 보완함으로써 실질적 정의를 구현해야 할 것이다. 그런 의미에서 우리가 추구하는 사회는 절차상의 공정성과 아울러 결과적 공평성이 보완된 명실상부한 정의사회여야 할 것이다. 그런 사회는 절차상 최대의 자유와 기회가 개방되어 있는 동시에 결과적인 형평과 복지가 고려되는 사회라 할 수 있을 것이다.

8. 정의와 사랑, 그리고 운명애

정의는 올바른 사회로 가기 위해서 기본적으로 요구되는바, 개인적으로 뿐만이 아니라 사회구조적 측면에서 필수적으로 갖추어야 할 엄격하고 엄정한 덕목이다. 그러나 정의가 이다지 절실하고도 긴요하게 요청되는 덕목임에도 불구하고 현실적으로 그 실현이 어려운 까닭은 어디에 있는 것인가?

플라톤이 비유한 기게스(Gyges)의 반지가 보여주듯, 인간이 자신의 이익을 갈망하는 존재이고 또한 이익 추구의 과정이 투명하지 않은 관계로 정의와 같이 자신의 이익을 다소간 희생할 것을 요구하는 행위 수행은 동기부여에 있어 구속력이 없기 때문이다. 그래서 성인들이 정의롭기를 기대하기보다는 어린 시절부터 정의로운 행위를 반복적으로 수행하도록 가르쳐 정의로운 행위에 습관화되도록 훈련함으로써 정의의 덕을 내면화하고 내재화하는 교육이 필요한 것이다.

맹자는 자신의 저서 『맹자(孟子)』의 서두에서 양나라 혜왕이 나라를 이롭게 하는 방법을 물었을 때 이에 대한 대답 대신에, "그대는 어찌 나라를 의(義)롭게 하는 방법을 묻지 않고 이(利)롭게 하는 방법을 묻는가?" 라고 반문한다. 모두가 이익만을 추구하게 되면 서로간에 경쟁하게 되고 갈등과 불화가 양산된다. 이에 비해 모두가 인의(仁義)를 지향하게 되면 서로간에 협조와 화합이 가능해진다는 게 맹자의 논리이다.

물론 우리는 여기에서 이(利)와 의(義)를 지나치게 이원적으로 대립시킬 필요는 없다. 사실상 각자가 자신의 정당한 이득이나 몫에 만족한다면 어떤 의미에서 그것이 의(義)에 부합하는 것일 수도 있다. 이런 관점에서 『주역』에서는 "利, 義之和也"라 했으며 이를 다소 원용하면 "義, 利之和也"라고도 할 수 있을 것이다. 다시 말하면 각자의 이익이 조화를 이루면 그것이 바로 정의와 일치한다 할 것이다. 같은 관점에서 서구에서도 정의(正義)의 고전적인 정의(定義)는 "각자에게 그의 몫을 주는 것"이라 했을 것으로 보인다.[16]

그런데 앞서 지적한 바와 같이 롤즈는 이 같은 정의감의 근저에, 천부적 재능과 사회적 지위의 배정이 도덕적 관점에서 볼 때 정당 근거가 없으며 이러한 배정을 우리 모두의 공유자산으로 보는 것이 정의의 문제에 대한 올바른 접근이라는 직관이 깔려 있음을 지적했다. 이는 롤즈가 정의감의 뿌리를, 인류의 운명을 공동 운명으로 보고 운명 공동체에 동참하고자 하는, 이른바 일종의 공동 운명애에서 찾고자 함을 의미하는 것으로 보인다. 그래서 롤즈는 그의 정의론에서 자신의 정의관은 프랑스혁명의 3대 이념인 자유, 평등, 박애 중 그간 가장 그 정치경제적 함의가 논의되지 않은 박애(fraternity)의 함축과 관련된다고 한다. 이는 그의 정의관이 근세 이후 서구에 있어서 지배적이었던, 개인이 자신의 이익에 집착하는 개인주의적 인간관이 아니라 인간과 그의 운명에 대한 공감 혹은 사랑과 관련해서만 의미를 갖는다는 것을 천명한 셈이다.[17]

기독교 윤리신학자들 중에도 정의와 사랑의 관계를 이같이 해석하고자 하는 입장을 공유하면서 "정의는 최소한의 사랑이고 사랑은 정의의 완성"이라는 견해를 제시하는 학자들이 있다. 나아가 일부 윤리신학자들은 정의에 대

---

16 『孟子』, 梁惠王章句上 참조.
17 John Rawls, 앞의 책, ch.17 참조.

한 관심과 배려의 동기는 바로 사랑이며 이는 정의를 실현하고자 하는 실천 의지와 상관된 것이기도 하다는 것이다.

우리가 친구의 술잔에 술을 가득 채우고자 할 경우 가능한 유일한 방법은 그의 술잔이 넘치도록 따르는 한 길만이 있을 뿐이라는 것이다. 넘치게 따르지 않고는 우리는 그의 잔을 가득 채우기는커녕 그에 못 미치게 따를 수 있을 뿐인 것이다. 이런 의미에서 각종 종교에서는 정의보다는 그것을 능가하는 사랑, 자비, 인애를 실천적 지침으로 내세우는 이유를 이해할 수 있는 것이다. 바로 이 같은 맥락에서 사랑이 정의의 완성이라는 말이 갖는 깊은 실천적 의미를 실감하게 된다.[18]

정의의 현실적 구현을 위해서는 이상과 같은 정의감이나 인류애 혹은 실천적 의지와 같은 동기상의 조건도 필요하지만, 현실의 부정의와 그 잠재적 메커니즘을 통찰하고 분석할 수 있는 사회과학적 식견 또한 필수적이라 생각된다. 현실 인식에 기반하지 않는 막연한 열정이나 실천의지는 때때로 맹목적일 가능성도 배제하기 어렵다. 더욱이 맹목적인 현실 개혁은 자칫 현실의 부정의를 호도하거나 강화할 가능성도 있을 수 있기 때문이다.

전통적으로 부정의한 현실로부터 정의로운 세계를 꿈꾸는 방식에는 여러 가지 유형이 제시되었다. 그중 하나는 종교적인 방식으로서 이를테면 기독교에 있어서와 같이 현실의 부정의로 고통당하는 자들에게 내세의 보상을 약속함으로써 심리적 위로를 도모하는 방식이다. "의에 주린 자 천국이 저희 것"이라는 산상수훈식의 위로는 내세를 믿는 이들에게나 유효한 방식일 것이며 현실의 부정의는 그대로 방치됨으로써 오히려 이를 방조하는 어용사상이 될 우려마저 지적되고 있다. 물론 진정한 기독교 이념은 '지금 여기에' 지

18 Emil Brunner, *Justice and The Social Order*, ch.15 "Justice & Love" 참조.

상천국을 건설하는 것이라고 해석될 여지가 다분히 있지만 말이다.

또 하나 정의사회를 꿈꾸는 오도된 방식은 우리의 전통에서와 같이 현실의 부정의로 인해 유린당한 원혼들이 죽어도 눈을 감지 못하고 구천을 헤매다가 음습한 야밤에 원귀로 나타나 복수전을 벌이는 '전설의 고향식' 방법이다. 원귀가 십중팔구 소복한 여성이고 보면 과거 우리의 현실이 여인네들을 얼마나 학대하고 유린해 왔는지 여실히 보여주고 있다. 여하튼 이 같은 방식 또한 권선징악적 메시지가 있고 심리적 위안을 다소간 줄 수 있을지 모르나 부정의한 현실의 개혁과 변화에 별다른 영향력이 있다 하기 어려울 것이다. 이상에서 말한 종교적 방식이건 무속적인 방식이건 간에 이들은 모두 정의에 대한 갈망을 나타내고 있긴 하나 정의 실현의 처방에 있어 오도되거나 왜곡된 것이라 할 수 있다. 현실의 강고한 부정의는 심리적 위안으로 인해 척결될 수 있는 것이 아니고 현실 그 자체의 변혁을 통해서만 청산될 수 있을 뿐이기 때문이다.

진정한 의미의 정의 실현은 현실 개혁을 통해, 그것도 구조적 변혁을 통해서만 가능하다고 생각된다. "땅에 걸려 넘어진 자는 땅을 짚고서야 일어날 수 있다"는 말이 있듯 현실의 부정의는 그 부정의한 현실의 변화를 통해서만 성취될 수 있는 것이다. 물론 현실 변혁의 방법론에 있어서는 점진적 개혁과 급진적 혁명론 간에 합의하기 어려운 이견이 있을 수 있을 것이다.

또한 개혁의 방법론과 관련해서 종래 의식 개조와 구조 개혁 간에 논쟁도 있어 왔다. 그러나 이 같은 논쟁은 닭이 먼저냐 달걀이 먼저냐의 논쟁과도 같이 공허한 것일 수도 있다. 의식 개혁에 기반하지 않은 구조 개혁은 공허하거나 현실성이 없으며 구조 개혁에 의해 주도되지 못한 의식 개혁 또한 지속적이거나 구속력이 없을 것이기 때문이다.

9. 사회적 연대와 부채의 상환

앞서 제시해 온 우리의 정의관이나 이의 기반을 이루고 있는 롤즈의 정의관은 그 근원적인 직관의 근저에 인간과 인간의 운명, 인간들 간의 관계, 나아가 인간 공동체에 대한 나름의 이해가 잠재되어 있다. 도덕적 존재로서의 인간 이해, 인간의 운명에 대한 공유, 나아가 사회적 연대 및 그에 의거한 사회적 부채, 그리고 부채 상환의 의무로서의 정의 등이 그것이다. 사실상 천부적 재능과 사회적 지위의 배정이 도덕적 관점에서 볼 때 정당 근거가 없으며 그 배정을 공유자산으로 간주함으로써 정의에 대한 올바른 이해가 가능하다는 근본 직관은 바로 이상에서 제시한 인간관이나 사회관에서 유래한 것이라 할 수 있을 것이다. 이제 우리는 사회적 연대와 부채 상환의 의무를 좀 더 상론해 보고자 한다.[19]

근대 시민사회를 지배했던 인생관과 사회관은 일차적으로 생물학적인 기초에 바탕을 둔 것으로 볼 수가 있다. 19세기 후반 이래 다윈의 진화론이 생물학계 전반을 풍미하였는데 이는 자연도태와 적자생존의 원리로서 생물의 진화를 설명하고자 했다. 자기의 이익을 증진하기 위해 자신의 능력을 발휘하고 상호 경쟁을 하게 될 경우 각자는 자신의 부를 증진시키는 동시에 사회 전체의 복지도 증진한다는 애덤 스미스의 사상은 바로 이러한 생각에 바탕을 두고 있다.

이상과 같은 사회적 다윈주의(Social Darwinism)에 대립하는 입장을 사회적 연대주의(Social Solidarism)라 한다면 이러한 입장 역시 그 과학적 근거를 일차적으로 생물학에서 구할 수가 있다. 이는 생존경쟁을 생물 진화의

---

19 황경식, 『시민공동체를 향하여』, 민음사, 1997, 제4장 「시민사회와 시민공동체」, pp.201-215 참조.

근본 원리로 보는 데 반대하고 상호간에 유대나 협동의 사실을 생명 현상의 특징으로 생각한다. 정의론은 기본적으로 이 같은 사회적 연대주의에 기반을 두고 있는 것으로 생각된다.

이 같은 협동과 연대는 한 생명체 내에서의 생리적 분업과 협동이 서로 표리가 되어 생명 현상의 기본원리를 이루는 생리적 연대로부터 비롯해서 사회생활을 하는 생물들에 있어 개체들 간의 상호관계는 생물 진화의 정도에 따라 증대되어 진화의 최종 단계인 인류에게서 사회적 연대는 최고의 발달을 보이게 된다.

인간 사회에 있어서 성원들 간의 심리적 연대는 사회의 진화와 더불어 더욱 복잡해지고 다양해지며 이에 따라 인간의 의식 및 내용 또한 다양하고 풍부하게 되었으며, 따라서 상호 보충하고 상호 규정할 가능성도 증가되었다. 나아가 현대사회는 산업상의 분업을 위시해서 전체로서의 사회적 분업과 동시에 상호 협동을 통해 인간의 사회적 연대는 더욱 복잡한 그물망으로 구성되어 광범위한 공간적 연대를 구성하기에 이른다.

그런데 인간은 공간적으로 당대인들과 상호 의존의 관계에 의해 결합되어 있을 뿐만 아니라 시간적으로 앞선 조상들과도 관계를 맺고 있다. 우리는 육체와 그를 구성하는 온갖 유전적 소질이 먼 조상들로부터의 유산일 뿐만 아니라 우리가 사용하는 언어와 거기에 담긴 온갖 관념은 인류의 오랜 경험과 노력의 결정임을 알고 있다. 나아가서 우리가 사용하는 온갖 문명의 이기들로부터 종교, 철학, 문예, 과학, 정치, 경제 등에 이르기까지 찬란한 현대문화는 먼 조상들로부터 면면히 이어온 역사적 산물이다.

이런 의미에서 우리는 과거의 무수한 인간들에 대해서 엄청난 빚을 지고 있으며, 따라서 우리들은 조상들과 유기적인 유대관계 속에 묶여 있다. 이같이 우리는 과거의 인간들에게 빚지고 있으며 우리의 문화와 문명을 개선해서 미래에 전해야 할 책임을 지게 된다는 뜻에서 미래의 세대와도 묶여 있다. 이러한 유대에 의해 현재의 인간뿐만 아니라 과거와 미래의 인간까지도 포괄하는 개념으로서 인류라는 시공적, 입체적 연대관계가 성립하게 된다.

직접, 간접적인 연대관계의 그물망으로서의 인류 사회에서 인간은 물질생활이나 정신생활에서 언제나 타인에게 빚을 지면서 살아가고 있다. 우선 사회생활에서 갖가지 사회적 협조나 사회적 시설의 도움을 받게 되며 개인 스스로 수행할 수 있는 일에서도 사회적 요소를 배제할 수 없다. 어떤 학자가 고심해서 연구, 저술한 한 권의 책도 전적으로 자신의 힘만으로 된 것이 아니며 선현들과 동료들의 연구 결과가 그의 노력에 있어 기본 바탕을 이룬다. 또한 그가 자신의 사상을 표현하기 위해 사용하는 언어 또한 선조들로부터 전해진 것이며 언어와 지식을 습득하는 데에도 타인의 조력은 필수적이다. 두뇌를 풍부하게 하는 지식, 가슴을 채우는 감정, 마음에서 솟아나는 의욕은 연대관계에 따른 사회적 요소들이 나의 내면으로 들어온 것인 만큼 인류의 오랜 지적, 정서적, 도덕적 전통이 바로 나의 현재 삶을 조건 짓는다. 사회의 역사적 유산을 바탕으로 삼지 않고서는 나는 지적으로나 정서적으로 설 자리를 잃고 만다고 할 수 있다.

또한 우리들이 향유하는 물질문명과 재산도 사회적 협동의 소산으로 생각해야 한다. 현재 우리는 조상이 창출, 획득, 축적한 유산을 수용하며 향유하고 있다. 즉 오랜 역사를 통해 획득되고 집적된 거대한 자산이 오늘날 우리가 향유하고 있는 대부분을 이룬다. 우리의 삶에 없어서는 안 될 이러한 유산은 모두 우리 자신이 산출한 것이 아니다. 우리는 오직 우리 선인들이 남긴 이같이 거대한 부와 문화를 자기의 생활을 위해 수용할 뿐이다.

따라서 이러한 유산은 우리의 조상들이 우리에게 남겨둔 것으로서 원리상 우리 사회에 속한 것이 아니며 이러한 의미에서 우리는 그에 대해 선인으로부터 상당한 부채를 지고 있다. 나아가 우리는 우리 사회의 동료들의 협력이 아니라면 그러한 무한한 문화와 재화의 혜택 아래 삶을 영위할 수가 없다는 점에서 동료 성원들에게도 엄청난 부채를 지고 있다. 이상과 같이 우리는 과거와 더불어 동시대에 대해서도 부채를 짐으로써 이중의 부채를 지고 있다 할 것이다.

부채의 관념은 의무의 관념을 함축한다. 실제로 우리의 지적, 도덕적, 육체적 활동의 결과는 거의 전부가 우리의 소산이 아니다. 우리는 무한한 부채를 사회에 대해 지고 있으며 사회에 진 부채도 사회에 도로 갚는 것이 우리의 정당한 의무일 것이다. 타인이 있음으로써 우리의 생활이 유지, 발전되는 것이라면 이는 우리가 타인에게 빚을 지고 있는 것이다.

타인에게 지고 있는 이러한 부채에 대한 자각은 당연히 그 부채를 진 자들에게 상환할 의무의 관념을 일으키게 한다. 사회생활은 나 자신의 지속과 발전을 요구할 권리의 세계인 동시에 우리의 지속과 발전을 가능하게 하는 사회 일반에 대한 의무의 세계라 할 수 있다. 따라서 부채의 관념은 의무의 관념과 상관적이라 할 수 있다.

선인에게 진 채무의 일부는 후손에게 그것을 지불하게 된다. 즉 조상에게 진 부채는 후손에 대한 의무도 함축한다. 우리가 향유하는 거대한 문화와 부를 우리에게 전해 준 조상들은 이미 유명을 달리했기 때문에 채무를 그들에게 직접 갚을 길이 없다.[20] 우리는 조상 및 후손들과 더불어 한 동포, 한 인류로서의 유대관계를 갖는다. 우리가 조상에게 진 빚을 후손에게 갚을 경우 우리는 동포와 인류로부터 진 빚을 동포와 인류에게 도로 갚는 셈이 된다. 이러한 논거에 의해 모든 과거가 모든 미래를 향해 전승된다.

과거로부터 받은 것을 미래에 전함에 있어 우리는 그것을 더욱 개선, 증대해야 하며 그것을 훼손하거나 손상해서는 안 된다. 결국 과거에 대한 부채이

---

20 위의 책 참조.

건 현재에 대한 부채이건 간에 부채는 반드시 상환되어야 한다. 여기에서 부채는 어떻게 상환되어야 하는가, 즉 부채 상환의 공정하고 공평한 방법이 중요하다. 여하튼 앞서 논의한 정신적, 물질적 자산의 공정한 배분 방법과 아울러 부채의 공정한 상환 방법의 이면에는 정의의 이념이 함축되어 있음이 분명하다.

평등과 응분의 유기적 관계에 대한 변호*

주동률

1. 응분 개념의 구조와 평등과의 관계 유형들

사회 정책들을 선택할 때 두 가지 방향이 있다. 첫째 노선은 최선의 원칙 — 사회가 실현해야 할 이상들을 가장 잘 반영하는 원칙 — 을 먼저 가려내고, 그 원칙을 최대한 현실화할 수 있는 정책을 펴거나 그 원칙이 전혀 비현실적이라면 차선의 원칙의 현실화를 추구한다. 둘째 노선은 현실적인 정책들 중에서 최선의 원칙을 반영하는 것을 선택한다. 이상적인 상태에서라면, 즉 정책 선택 주체들이 사회에서 구현되어야 할 이상과 원칙들의 비교 평가에 합의하고 정책의 '현실성'에 대한 자기기만이 없는 상태에서는 아마도 두 노선들이 동일한 정책으로 수렴될 것이다. 그러나 이 형식논리적 결과는 현실에서는 좀처럼 일어나지 않는다. 왜냐하면 사회적 이상과 원칙들에 대한 합의

* 이 논문은 한림대학교의 학술연구지원사업에 의하여 연구되었으며, 『철학』 제85집, 한국철학회, 2005에 게재된 것임.

가능성도 적을 뿐 아니라 다른 이상을 가진 사람들은 어떤 정책이 현실적인지 아닌지에 관해서도 다른 의견을 가질 것이기 때문이다.

이 글은 첫째 노선을 전제한다. 다시 말해 최선의 이상/원칙을 먼저 찾아내고, 그것이 온전히 현실화되지 않는다 해도 그 이상에 가장 근접한 정책을 최대한 추구하는 것이 올바른 방향이라고 전제한다. 그러나 이 글은 그 이상들을 가려내는 작업이 아니다. 이 글의 둘째 전제는 분배적 정의와 관련하여 평등과 응분(desert)이 그 이상들에 포함된다는 것이다.[1] 그 전제 하에서 이 글은 두 개념들 간의 관계에 대해 논한다. 결론부터 말하자면 이 두 이상들은 유기적 관계에 있다는 것이다. 여기서 '유기적' 관계는 다음을 의미한다: 합당한 평등은 응분을 필요로 하고, 합당한 응분 개념을 구성하고 현실화할 때 결과적으로 평등한 분배에 이르게 된다.

먼저 응분 개념의 일반적 구조와 특성, 그리고 그것과 평등의 관계를 보는 주요 입장들을 살펴보자. 응분은 대개 다음의 3요소들로 구성된다고 여겨진다: "X는 Z를 가짐에 의해서 Y를 받아 마땅하다(X deserves Y *in virtue of* Z)." 응분 개념은 일상에서 다양한 양태로 나타나지만 이 글에서는 X는 개별적 인간을, Y는 X에게 긍정적 가치를 가지는 재화 혹은 복지요소들을 가리키는 것으로 제한하겠다. 응분 개념에서 중요한 쟁점들 중 하나는 소위 응분 기저(the desert basis)라고 불리는 Z의 요건을 정하는 것이다. 이에 관해서도 여러 의견들이 있지만 필자는 다음의 세 조건들이 이 글이 관련된 사례들에서 각각 필수적이고 (대개의 경우) 합하여 충분하다고 생각한다: (1) Y-**분배관련성**(distributive relevance): Z는 개인들에게 Y를 분배하는 데 관련되

1 평등, 응분과 함께 분배정의에 포함되어야 할 이상들 중 하나는 필요(need)일 것이다. 이 세 이상들이 일상적 정의 개념에 포함되어 있고 정의이론은 그것을 반영해야 한다는 주장의 사례로 David Miller, *Principles of Social Justice*, Harvard University Press, 1999 참조.

는 것으로 X가 구현하고 있는 요소들이어야 한다. (2) **측정 가능성**(measurability): X가 Z를 구현하는 정도는 원칙적으로 측정 가능해야 한다. 그 자체가 정확히 측정될 수 없는 경우에는 최소한 타인과의 관계에서 어느 정도인지에 관한 상대적 판단을 인도할 대용물(proxy)이 존재해야 한다. (3) **통제/책임 조건**(the control/responsibility condition): Z를 특정 정도로 구현하는 것이 X의 통제 하에 이루어져야 하며, 더 나아가서 X가 그 구현에 대해서 책임을 질 수 있어야 한다.[2]

일부 사람들은 이 조건들에 더해서 Z에 따른 Y 분배가 '정의 이전적(pre-justicial)' 혹은 '제도 이전적(pre-institutional)' 사실이어야 한다고 주장한다. 만약에 '응분에 따른 분배'가 단지 '정의로운 분배' 혹은 '정의로운 제도의 규칙에 따른 분배'를 의미한다면 — 이 경우 Z의 구현은 그 정의 규칙이 지정하는 요소들의 만족에 다름 아니다 — 응분 개념으로서 부분적으로나마 분배정의를 규명하려는 노력은 수포로 돌아갈 것이기 때문이다(응분에 의한 정의 규명은 순환적 주장이 된다). 앞으로 보겠지만 롤즈와 응분 논의에서 롤

2 '통제'의 정확한 의미와 양태에 관해서는 여러 해석들이 있겠지만, 이 글은 Z의 구현을 X가 의도하고 X의 의도와 노력이 그 구현에 인과적으로 (중요한) 기여를 한다는 것으로 이해한다. 이런 의미에서 X에 의해 통제된 것이 모두 X의 책임이 아닐 수 있으며, 일부 (성격이나 자질의) 경우 중요한 부분에서 '통제'되지 않은 것이 X의 책임으로 간주될 수 있다. 따라서 둘 중 하나를 선택해야 한다는 주장이 가능하다. 이 글이 주목하는 주요 사안의 경우 통제와 책임이 모두 적용되기 때문에, 하지만 경우에 따라 통제와 책임 둘 중 하나가 핵심적 역할을 하므로 둘을 병기한다(이하에서 단지 '통제조건'으로 표기될 경우 책임까지 포함하는 것으로 의도됨). 일부 경우들에서 응분 개념의 적용이 통제조건의 완화를 동반하는 것이 현실이다. 그러나 그 경우 응분의 적용은 그 자체로서 분배정의의 요소가 아니라, 더 커다란 차원에서 통제와 책임이 포함된 응분이나 정의의 다른 요소의 구현을 위한 수단적 기능을 하는 데 불과하다고 생각된다(마지막 절 참조). 응분 기저의 요건들에 대한 논의들을 일별하려면, Owen McLeod, "Desert", *Stanford Encyclopedia of Philosophy*, 2003; Serena Olsaretti, "Introduction: Debating Desert and Justice", S. Olsaretti(ed.), *Desert and Justice*, Oxford University Press, 2003 참조.

즈에 동조하는 사람들이 이런 주장을 함에 따라,[3] 응분 개념을 구출하려는 일부 논자들은 이 주장을 수용하면서 정의/제도 이전의 응분이 존재한다는 노선을 택한다.

필자가 이 조건을 따로 제시하지 않은 이유는 단순하다. 만약에 우리가 Z의 내용을 그 자체로는 도덕 혹은 정의와 무관한 X의 측면으로 채울 수 있다면 순환성 함정을 피할 수 있게 된다. 그리고 필자는 일부 응분의 경우 제도적 측면을 배제할 수 없다고 본다. 마지막 절에서 보겠지만 많은 응분 적용의 경우들은 음악계, 학교, 동아리 등 (공적인 제도는 아니라 해도) 특정 재화와 보상의 가치를 공유한 집단이나 체제를 전제하기 때문이다.

방금 암시된 대로 위의 조건들은 '응분'에 대한 **형식적** 조건들이다. Z가 무엇으로 채워질지는 Y의 내용에 따라 상황적으로 정해질 것이다. 그리고 얼마만큼의 Z 구현이 얼마만큼의 Y를 부여할 수 있는지는 다른 분배적 기준들과 연합하여 정해진다. 그러나 Z의 구현 정도가 분배적인 **하나의** 기준이기 때문에 'Z에 따른 Y 분배'는 다른 분배적 기준들이 무시할 수 없는 나름의 목소리를 가진다.

응분 개념이 상식적 정의관의 일부임은 명백하다. "정의는 개인들이 마땅히 받아야 할 것을 주는 것"이라는 생각은 유서 깊은 것이고 현재도 널리 유포되어 있다.[4] 그러나 주류 영미 윤리학이나 정치철학에서 응분 개념은 오랫

---

3 롤즈의 입장은 응분 개념이 이 조건을 만족하지 못하기 때문에 정의의 독립적 요소일 수 없다는 것이다. 롤즈 동조의 한 예로서 Samuel Scheffler, "Justice and Desert in Liberal Theory", 2001 참조. 롤즈에 동조하지 않지만 정의/제도와의 독립성 조건을 통해 많은 응분 개념들을 비판적으로 논의하는 Serena Olsaretti, *Liberty, Desert and the Market: A Philosophical Study*, Cambridge University Press, 2004, 1-3장을 참조.

4 응분 개념이 일상적 정의의 일부임을 보여주는 사회심리학적 자료에 관해서는 David Miller, 앞의 책, 6장; Kristján Kristjánsson, "Justice, Desert, and Virtue Revisited", *Social Theory and Practice* 29, 2003, pp.60-63 참조.

동안 뒷전에 머물러 있어야 했다. 이에는 롤즈의 영향력과 더불어 많은 철학자들이 응분 개념의 분배적 관련성을 아예 부정하거나 (관련성이 있더라도) 그 실효성을 의심해 왔기 때문이다. 그러나 최근에 응분은 작지만 확실한 부활의 징조를 보이고 있다. 이는 롤즈 정의론에 대한 전면적 비판의 일환으로 해석될 수도 있지만, 필자는 분배정의가 다수의 개념들을 포섭해야 한다는 인식의 결과라고 생각한다.[5]

필자와 같이 평등과 더불어 응분이 분배적 관련성을 가진다고 보는 사람들은 둘 사이의 관계에 대해서 어떤 의견을 가져야 한다. 응분이 과연 정의에 대해 관련성을 가지는지, 가진다면 평등과의 관계는 무엇인지에 대해 가능한 입장들: (1) 응분은 분배정의에서 관련성을 전혀 갖지 않는다. (1-i) 응분의 정의관련성은 다른 요소들에 개념적으로 의존한다는 점에서 파생적이다. (2) 응분은 (독자적) 정의관련성을 갖지만 인식적, 현실적 문제들 때문에 정의 논의와 실천에서 실효성이 없다(예를 들어 응분 기저의 실현 정도, 따라서 응분의 양을 확인하는 것이 현실적으로 불가능하다). 롤즈의 입장은 대개 위 유형들 모두를 포함하는 것으로 간주된다. (3) 응분의 정의관련성을 인정함과 동시에 응분(기저)의 정도를 확인하거나 그에 대한 현실적 대응물(proxy)을 확인하는 것이 가능하다. 그런데 평등과의 관계에 대해서는, (3-i) 응분의 정의관련성은 평등과 무관하다(Miller). (3-ii) 응분의 정의관련성은 (평등보다 우월하거나) 평등의 관련성을 포섭한다(Kagan). (3-iii) 응분과 평등의 정의관련성은 유기적인 관계에 있다. 그 둘은 개념적으로 혹은 그 구현에 있어서 서로를 필요로 하거나 (부분적으로, 즉 다른 요소들과 연합하여) 서로를

5 다음의 두 논문집의 출현이 이러한 부활의 상징적 표식이다. Louis P. Pojman and Owen McLeod(eds.), *What Do We Deserve?: A Reader on Justice and Desert*, Oxford University Press, 1999; Serena Olsaretti(ed.), *Desert and Justice*, Oxford University Press, 2003.

함의한다.

이미 언급된 대로 필자는 마지막 입장이 가장 합당하다고 믿는다. 이 글에서 그 입장에 대한 체계적 옹호를 시도할 수는 없지만 필자는 응분의 (독자적) 정의관련성 혹은 실효성을 부정하는 대표적 입장으로서 롤즈의 견해를, 반대로 응분이 평등의 정의관련성을 대체/흡수한다는 한 입장(Kagan)을 비판할 것이다(2, 3절). 그리고 평등과 응분이 유기적 관련을 맺는 분배적 입장의 한 가능한 모습을 묘사함으로써(2, 3절 마지막 부분과 4절) 그 둘의 정의관련성이 상호 독립적이라는 입장에 대한 대안을 시사하고자 한다.

2. 롤즈의 응분 개념 폐기: 비판적 검토

롤즈가 자신의 정의론을 확립하는 가운데 포함시킨 응분에 관한 논의들은 명백한 모순까지는 아니더라도 내적인 긴장을 품고 있다. 그는 한편으로 어떤 것이 개인들이 자신의 통제/책임 하에 구현한 것이 아니기 **때문에** 분배의 기준으로 사용될 수 없다는 주장을 한다. 이 주장은 분배의 기준이 되는 그 어떤 것도 개인적 통제/책임 조건을 만족해야 한다는 것을 함축한다(그리고 1절의 논의에 의하면 통제조건을 만족하는 것은 응분 개념의 후보가 될 수 있다). 그러나 막상 롤즈가 결과적으로 내어놓은 분배정의 기준에서 개인의 통제와 책임은 핵심적 역할을 하지 않는다. 다시 말해서 개인적 통제와 책임 하에 구현된 자질이나 수행된 행위에 **따라서** 분배가 이루어져야 한다는 주장은 롤즈 정의론의 결론이 아니다. 롤즈는 명시적으로 응분이 분배 기준으로 기능할 수 없다고 주장하게 된다.[6]

롤즈에 의하면 정의로운 분배는 (자유와 기회평등의 선행 원칙들이 구현된 이후) 일차적 선(primary goods)의 수혜에서 가장 낮은 집단의 기대치를 극대화하는 것이다(차등의 원칙). 그 집단에 속한다는 것 이외에 최소 수혜자들이 자신의 통제/책임 하에서 만족해야 할 독립적 기준은 없다. 다시 말해서 (가설적인) '원초적 분배 상태'—롤즈에 의하면 그 상태 이후의 정당성을 평가하는 '수준점(benchmark)'—인 평등의 상태 이후에 자신의 결정과 선택의 결과로 자원을 탕진한 사람과 불가항력적인 불행을 당한 사람 모두 최소 수혜자에 포함될 수 있다.[7] 상위 집단에 돌아가는 몫도 그들이 만족하는 내적 기준에 의하지 않는다. 물론 롤즈에 있어서 개인들의 선택과 행위가 그들이 응당 받아야 할 몫의 결정과 전혀 무관한 것은 아니다. 개인들은 공적 규칙에 따라 사회적 기구들이 제시한 활동에 참여함으로써 어떤 보상을 받을 것이라는 '합법적 기대치(legitimate expectations)'를 갖게 된다. 정의로운 국가는 그 기대치를 존중해야 한다. 그러나 어떤 수준에서 존중할 것인지는 궁극적으로는 어떤 수준이 (선행 원칙들과 함께) 차등의 원칙을 최대한 만족하는가에 의존한다. 이때 국가는 적절한 유인(incentives)을 제공하여 생산적 재

---

6 응분 개념과 관련된 일반적 롤즈 논의로서는 다음을 참조. Jeffrey Moriarty, "Desert and Distributive Justice in A Theory of Justice", *Journal of Social Philosophy* 33, 2002; Jon Mandle, "Justice, Desert and Ideal Theory", *Social Theory and Practice* 23, 1997. 이 문단에서 제시된 응분에 대한 롤즈의 언급들의 충돌 혹은 긴장에 대한 논의는 Christopher Woodard, "Egalitarianism and Desert", *Imprints: A Journal of Analytical Socialism* 3, 1998, p.38 이하 참조.

7 롤즈 정의론이 최소 수혜자들 중에서 '응당 혜택을 받을 만한' 사람들과 그렇지 않은 사람들(the deserving vs. the undeserving poor)을 구분하지 않는다는 주장에 대한 대응들: 롤즈가 말하는 '**대표적** 최소 수혜자(the representative least advantaged person)'의 개념은 일생에 걸친 삶의 전망에서 최소 수혜자들의 일상적 전형을 지칭하므로 도박 등에 의해서 자원을 탕진한 사람들은 포함되지 않는다. 또한 롤즈 정의론은, 모든 정의론이 포함해야 하듯이 절대적으로 인간적 삶의 전망을 상실한 자들에게 최소한의 삶의 수준을 보장하는 것을 포함하는데 그 차원에서 응분을 가리는 것은 합당하지 않다. Walter Schaller, "Rawls, the Difference Principle, and Economic Inequality", *Pacific Philosophical Quarterly* 79, 1998. 그러나 롤즈의 '대표적 최소 수혜자'는 일상적인 평균적 극빈자를 지칭한다기보다는 최소 수혜자층에 속할 가능성을 염두에 둔 ('원초적 상황'에서의) 가상적 인물이라는 해석이 더 적합하다. 그리고 한 사회의 최소 수혜자층은 인간적 삶의 최저 수준 위에서 존재할 수도 있다.

능을 가진 자들의 생산력을 유도하고, 그 결과의 일부를 최소 수혜자에게 돌아가도록 한다. 그 결과 개인들에게 돌아가는 몫은 부분적으로 생산적 능력과 기여도에 의해 영향을 받는다(수혜자층들의 구분에 관계한다). 그러나 롤즈 자신을 포함해서 많은 사람들이 생산적 능력/기여도가 합당한 응분 기저가 될 수 없다고 보거니와, 롤즈에서 정의로운 분배는 생산적 기여도 자체의 패턴에 조응하는 것도 아니다. (생산적) 재능이 있는 자들과 그렇지 않은 사람들의 몫의 차이는 전자가 받아들이는 유인의 양에 달려 있으므로 재능/기여도의 차이와 무관하게 벌어질 수도 있고 좁아질 수도 있다.[8] 따라서 여전히 롤즈에게서는 개인들이 구비한 자질 혹은 행위 자체가 근본적 분배 기준은 아니다.[9]

이제 롤즈가 응분의 개념을 배척하는 직접적 논증들을 검토해 보자. 우선 롤즈는 '도덕적' 응분 혹은 덕에 따른 분배를 검토하고 두 가지 반론을 편다

---

8 재능 있는 자들이 자신의 재능(사용)을 빌미로 유인의 협상에 임하는 것을 롤즈 정의론이 허용하기 때문에 혜택의 (부당한) 격차를 줄인다는 의미에서의 평등 자체에 내재적 가치를 부여하지 않을 뿐 아니라, 차등의 원칙은 평등을 위한 (독자적) 장력을 갖지 않고 선행 원칙들(자유와 기회균등)도 그 장력에 한계가 있다는 비판에 대해서는 필자의 「롤즈와 평등주의: 경제적 혜택의 분배에 관한 철학적 논의의 한 사례」(『인문논총』 53, 서울대학교, 2005) 참조. 한 학자는 원초적 입장에서 무지의 장막 때문에 "당사자들이 일상적 의미에서 흥정할 근거를 갖지 않을 것"이라는 롤즈의 언급(John Rawls, *A Theory of Justice*, Harvard University Press, 1971[1999], p.139/120(1971/1999년판 페이지수))을 통해 롤즈 정의론이 흥정에 의한 불평등의 심화를 허용하지 않을 것임을 시사한다. 그러나 문제는 원초적 상황에서 선택될 원칙 자체가 아니라 **현실에서** 그 원칙이 적용되는 방식이다. 최소 수혜자의 처지가 '극대화된' 지점이, 그 처지의 상승이 더 이상 '객관적으로 불가능한' 지점인지 아니면 더 커다란 혜택과 재능을 가진 자들의 주관적인 협상과 선택에 의해서 결정된 지점인지가 관건이다. 롤즈 정의론 내에서 후자를 원칙적으로 배제할 방책들은 구체화되지 않았을 뿐 아니라, 롤즈 자신이 자신의 정의론이 허용하는 수혜자층들 간의 격차가 '확정된 한계'를 갖지 않다고 말하거니와(John Rawls, *Justice as Fairness: A Restatement*, Harvard University Press, 2001, p.68) 벌어진 격차가 (타당한 기저를 찾는다는 전제 하에서) 그 어떠한 응분의 차이를 대변하지도 않는다는 점이 중요하다.

9 John Rawls, *A Theory of Justice*, §48.

(여기서 '도덕적' 응분은 합당한 도덕적 기준을 만족하는 심성 혹은 행위에 의거하여 분배의 몫을 결정함을 뜻한다). (1) **순환성 논증**: 도덕적 응분/덕은 결국 행위자의 정의감(sense of justice), 그리고 후자는 정의의 원칙과 그것이 제시하는 의무 개념에 의존한다. 그리고 정의 원칙과 의무는 바로 롤즈 정의론이 도출하려는 것이므로 도덕적 응분은 그것과 독립적으로 규정될 수 없다. 응분의 정의관련성은 파생적이거나 이미 확립된 정의 기준의 축약된 언급에 불과하다. (2) **선의 다양성/국가 중립성 논증**: 자유주의 국가에서 용인되는 덕 혹은 도덕적 가치관들이 하나로 통일될 수 없고, 국가의 기본정책이 그것들 사이에서 중립을 지켜야 하기 때문에 특정 도덕적 응분의 개념이 분배 기준을 제공할 수는 없다.[10]

도덕적 응분이 아니라면 다른 두 대안들은 아마도 개인의 생산에서의 기여도, 그리고 생산에 들인 노력일 것이다. 그러나 기여도와 노력으로 이해된 응분에 대해서도 롤즈는 반대한다. (3) **'도덕적' 임의성**(moral arbitrariness) **논증**: 우선 개인이 얼마나 생산에 기여하는가는 그의 능력에 의해 결정될 터인데 이러한 능력은 결정적으로 그의 유전적/천부적 특질과 초기 가족/사회적 환경에 의존하고 이 특질과 환경은 그에게 우연적으로 주어진 것이므로 그의 응분의 기반일 수 없다. 개인이 기꺼이 얼마만큼의 노력을 기울일 것인가도 상당 부분 "그의 자연적 재능, 기술, 그리고 그에게 주어진 대안들"에 의해 영향을 받으므로 분배적 응분으로서는 합당하지 않다. (4) **실행 불가능성**(impracticability) **논증**: 비록 개인의 행위 결과 중에 천부적 재능 부분과 선

10 John Rawls, *A Theory of Justice*, pp.312-313/274-275; John Rawls, *Justice as Fairness*, p.73, pp.77-79. 롤즈는 또한 경쟁적 경제체제에서 임금이 도덕적 응분이 아니라 개인의 생산에서의 기여도, 그리고 후자는 다시 그의 재능의 희소성과 수요/공급 정도에 의존한다고도 말한다. 그러나 (분배)정의론을 구성하면서 현재 시장이 의존하는 분배 기준을 그대로 받아들일 필요는 없으며 아래에서 보겠지만 기여도 이외의 기준들도 존재한다.

택에 따른 노력 부분이 둘 다 영향을 미친다고 해도 이 두 가지를 구분하여 후자의 영향만을 추출하는 것은 현실적으로 불가능하므로 노력은 분배정의의 기준을 구성할 수 없다.[11]

필자는 도덕적 응분의 개념이 경제적, 사회적 자원의 분배 기준이 될 수 없음은 수용해야 한다고 믿는다. 우리가 찾는 것은 개인적 자원이나 복지 요소들의 분배와 관련을 갖는 내적 자질 혹은 활동인데, 어떤 개인이 단지 도덕적 성품을 소유한다는 사실 자체가 복지의 분배관련성을 가지는 것은 아니라고 생각된다. 또한 타인의 이익을 도모하는 도덕적 활동이 대부분 개인의 자발적 선택에 의한 것이고 그 결과 줄어든 그의 자원 혹은 복지를 국가가 항상 원상태로 보상할 의무는 없을 것이다.[12] 개인의 선택/통제/책임 하에 구비된 그의 측면들 중에서 필자가 보기에 분배관련성을 갖는 응분의 후보는 자신의 처지 향상을 위해서 얼마나 합리적으로 숙고하고 그 숙고를 실천했는가, 즉 그의 타산적(prudential) 노력이다. 이에 대한 논증을 여기서 펼 수는 없지만,[13] 롤즈도 원칙적 측면에서 이러한 노력이 최소한 분배적 관련성을 갖는다는 점은 인정한 듯하다: "도덕적 응분에 대한 보상에 직관적으로 가장 접근한 것으로 보이는 신조는 노력, 혹은 더 낫게는 양심적 노력에 따른 분배라는 신조일 것이다."[14] 그리고 우리가 극단적 결정론(hard determinism)을 상정하지 않는다면 최소한 행위 결과들 중 개인의 선택과 책임의 몫이 있음을 인정해야 할 것이다. 그 몫을 (타산적) 노력이라고 총칭해 보자. 롤즈의 응

11 John Rawls, *A Theory of Justice*, pp.103-104/89, p.312/274. 이 부분들은 두 판본들에서 약간의 차이를 보이고 있으며 마지막 논증은 필자가 롤즈의 텍스트를 얼마간 해석한 것이다. 기여도는 임의적이고 노력은 실행 불가능한 기준이라는 점에 응분의 딜레마가 있다는 논의는 울프의 논문이 선명하게 제시하고 있다.

12 물론 국가가 도덕적 희생을 한 개인에게 보상과 보조를 할 필요가 있을 수 있지만, 이는 그의 성품과 활동에 대한 표창과 그에 따른 명예를 수여한 것이거나 그의 희생이 바쳐진 사회적 기획을 지원함을 목표로 한다.

분에 대한 문제 제기는 결국 노력의 몫이 존재하지만 그것을 천부적 재능과 환경적 요인으로부터 구분하여 인지하는 것이 힘들다는 주장으로 귀결된다.[15]

그러나 노력의 몫을 확실하게 구분하는 것이 힘들다고 하여 롤즈처럼 그

---

13 최근에 도덕적 덕의 구현 혹은 행사가 응분의 가장 합당한 기저라는 주장이 아르네슨(Arneson, "Desert and Equality")과 크리스티안슨(Kristjánsson)에 의해 제출되었다. 아르네슨의 주장은, 행위 결과는 운에 좌우될 수 있지만 도덕적으로 옳다는 신념 하에 특정 행위를 수행하려는 결단과 의지는 개인의 선택과 통제 하에 있다는 데 근거한다. 그러나 타산적 노력도 그 자체로는 (결과와 무관하게) 개인의 선택과 통제에 달려 있다. 또한 아르네슨은, 비록 내적 상태로서의 도덕적 덕에 대한 (행위 등을 통해 외화되는) "충분히 효력 있는 대용물들(good enough proxies)"이 반드시 있어야 응분 개념이 서는 것은 아니라 해도 덕이 외적으로 발현하여 그것을 확인하는 것이 원칙적으로 가능하다고 주장한다: "만약에 자유의지가 경험적 효과를 동반하는 경험적 현상이라면, 원칙적으로 그것의 질(quality)에 대한 측정과 응분에 따른 보상이 있을 수 있다." 그러나 이러한 원칙적 (외화와 측정의) 가능성은 타산적 노력에서 더 크게 나타난다(타산적 노력은 적절한 상황에서 특정 행위로 나타나는 강한 경향을 가진다). 크리스티안슨의 입장은 타산적인 노력의 일부를 '도덕적 덕'에 포함시킨다는 약점을 이미 갖고 있지만, 그의 주요 논증들은 타산적 노력들조차 오직 도덕적으로 하자가 없는 목적과 행위를 통해 구현될 **경우에만** 응분의 기저가 되기 때문에 도덕성이 궁극적인 응분 기저라는 주장으로 수렴된다. 그러나 도덕적으로 **중립적인** 타산적 노력들이 응분 기저가 될 수 있음은 도덕성 자체만이 응분 기저라는 그의 입장을 오히려 침식한다. 더구나 부도덕하지만 타산적인 노력의 경우를 부정적(응보적, retributive) 응분과 긍정적(배분적) 응분의 벡터로 분석할 가능성도 있다(필자는 이 분석에 동의하지 않는다. 두 응분 개념들의 다양한 관계에 관해서는 Thomas Hurka, "Desert: Individualistic and Holistic", S. Olsaretti(ed.), *Desert and Justice*, 2003 참조). 더 근본적으로 조건적(conditional) 가치와 내재적(inherent) 가치는 배타적 관계에 있지 않다는 점을 인식하는 것이 여기에서 중요하다고 보인다. 다시 말해서 a라는 조건 하에서만 b가 가치를 가진다는 사실은 b의 가치가 단지 a를 위한 수단적 가치라는 것은 아니다. 나는 부도덕하지 않다는 조건 하에서 x를 친구로 사귀지만 x와의 우정을 단지 도덕적 관계를 위한 수단으로 생각하거나 x의 도덕성 **때문에** 그와 사귀는 것은 아니다. 이와 마찬가지로 도덕적으로 하자가 없을 경우에만 타산적 노력이 응분 기저가 된다고 해도 **그 경우에** 타산적 노력이 자체적으로 그 역할을 할 수 없음을 의미하는 것은 아니다.

14 John Rawls, *A Theory of Justice*, p.312/274. 여기서 '도덕적'이라는 용어는 도덕적 성품 혹은 도덕원칙의 준수라기보다는 '분배적으로 관련성이 있는'을 의미한다고 보아야 할 것이다. 롤즈의 응분 논의에서 '도덕적'이라는 용어는 이 양면적 의미 사이에서 오가는 경향이 있다. John Rawls, *Justice as Fairness*, p.74, 주 42도 참조.

역할을 완전히 도외시하는 것이 최선의 선택은 아닌 것 같다.[16] 노력의 분배 관련성을 인정한다면 최대한 그것에 따른 분배와 보상을 시도하면서 즉 최대한 노력의 외적 지표/대응물(proxy)을 찾아서 노력에 따른 보상을 실시한 이후에, 혹은 노력의 판단이 완전히 불가능한 지점에서 평등이나 최소 수혜자 우선적 분배를 시도하는 것이 분배정의론의 마땅한 노선이다. 이러한 시도의 한 예로서 뢰머(Roemer)의 '기회의 평등'의 입장을 들 수 있다. 그에 의하면 개인의 통제를 벗어난 요인들(부모의 교육과 임금 수준, 인종, 지능)로 개인들의 유형(type)을 구분한 후에, 두 개인이 자신의 유형에서 각각 도달한 교육 정도가 상대적으로 유사한 위치(예를 들어 상위 25퍼센트)에 있을 경우 — 그들이 도달한 절대적 교육기간은 다를 수 있다 — (교육기간이 결정하는) 그들의 임금을 유사하게 만드는 것이 평등주의의 목표이다(혹은 교육에 대한 정부 지출은 그들의 절대적 교육 정도를 유사하게 하는 목표를 추구해야

---

15 롤즈의 영향 아래 일견 개인적 선택으로 보이는 것에 개입하는 환경적 요소에 대한 점증하는 인식과 분배 논의가 자유의지에 관한 형이상학적 논의에 휘말리는 것을 막으려는 시도가 이 주장을 확산시키고 있다. 환경-노력을 가르는 것의 어려움으로부터 일부는 롤즈적 분배론으로(Samuel Scheffler, 앞의 글), 일부는 더욱 철저한 평등주의로 나아간다(Maureen Ramsay, "Equality and Responsibility", *Imprints: A Journal of Analytical Socialism* 7, 2004).

16 롤즈도 개인의 선택과 책임의 존재를 부인하지 않는다. 그가 분배의 단위로서 일차적 선을 택한 것이 바로 그 자원을 통해 어떤 목적을 추구하고 특정 복지 수준에 도달하는 것이 개인의 선택과 (통제 가능한) 기호에 달려 있다는 이유에서이다. John Rawls, *Political Liberalism*, Columbia University Press, 1993, p.185. 그러나 (복지뿐 아니라) 그 어떤 시점에서 개인이 활용할 수 있는 일차적 선의 양에 있어서도 개인의 (과거의) 선택/책임의 영향을 인정해야 할 것이다. 반면에 개인의 통제를 넘어선 요인들의 영향 때문에 선택과 노력의 분배적 중요성을 무시한다면, 자원으로부터 복지로의 전환 능력, 목표를 합리적으로 설정하고 추구하는 능력에 있어서도 개인이 통제할 수 없는 부분을 인정해야 할 것이다. 이 논의는 Amartya Sen, *Inequality Reexamined*, Harvard University Press, 1992, ch.5; Richard Arneson, "Rawls, Responsibility, and Distributive Justice", M. Salles and J. Weymark(eds.), *Justice, Political Liberalism & Utilitarianism: Themes from Rawls and Harsayni*, Cambridge University Press 참조.

한다). 이 주장의 배후에는 어떤 유형에 속하는지는 개인의 선택/책임 밖이지만, 한 유형 내에서는 자신의 타산적 선택과 노력 — 이 경우에는 교육기간이 그것의 부분적 외적 척도임 — 에 따라서 개인의 위치가 정해진다는 가정이 존재한다.[17] 노력의 절대적 차원(level)은 개인이 속한 유형에 의해 영향을 받지만 한 유형 내에서 노력의 정도(degree)는 개인에게 공과가 돌아간다는 것이다. 평등주의를 표방하는 분배정책은 유형들 내에서 상대적 위치가 동등한 자들의 처지를 동등하게 만드는 것을 지향해야 한다. 뢰머 자신이 이러한 '평등 기회' 입장이 (평등주의의 한 형태이면서도) '응분에 근거한(desert-based)' 입장임을 밝히고 있다.[18]

뢰머가 시사하는 중요한 점은 (평등과 함께) 응분에 따른 배분을 추구할 때 개인적 노력/선택과 그것을 넘어선 상황적 요소의 정확하고 세세한 구분을 추구할 필요는 없다는 것이다. 최소한 확실하게 개인의 선택을 벗어난 요인들 중에서 분배관련성이 있는 것들 — 위 예에서 **부모의** 교육과 임금 수준, 인종, 지능 — 을 고정한 후에 다른 모든 요인들을 개인의 책임으로 돌린다 해도 유형별 평등을 지향하는 정책은 (뢰머에 의하면 미국의) 현재 분배정책과 비교하여 커다란 차이를 노정하며 추구해야 할 많은 과제를 제출한다. 따라서 평등과 응분이 중요하다는 인식을 공유하고, 두 이상들의 실체적 내용에 관해 합의한다면 그 현실적 추구는 상당한 여파를 가져올 수 있다.[19] (이것이 이 글의 서두에서 필자가 전제한 정책 선택의 방향이다.)

정의의 원칙들이 먼저 선택되고 그 원칙들에 부합하는 모든 분배는 정의롭

---

17 뢰머의 입장에 대한 원칙론적 기술로서는 John Roemer, *Equality of Opportunity*, Harvard University Press, 1998 참조. 정책적 적용과 그 원칙에 입각한 현실 분석으로서는 "Equality of Opportunity: A Progress Report", *Social Welfare and Choice* 19, 2002와 인용된 논저들을 참조할 것.

18 John Roemer, *Equality of Opportunity*, p.15.

다고 보는 롤즈의 순수 절차적 정의관 내에서 응분의 개념은 역할이 없다. 그러나 위에서 보았듯이 롤즈의 응분에 대한 공격은 공격 대상을 잘못 겨냥했거나 과녁을 완전히 맞히지 못했다. 더 나아가서 롤즈 자신이 형식적 기회균등이나 개인들의 천부적 능력, 사회적 처지에 의한 차이를 방치한 다른 분배 이론들—혹은 차등의 원칙에 대한 자신과 다른 해석들—을 공략할 때 사용한 논증(도덕적 임의성 논증)은 응분의 중요성과 필요성을 암시한다. 따라서 **만약에** 적절한 분배관련성을 가진 응분(기저)의 확인과 측정이 (최소한 외적 대용물에 의해서 중요한 부분에서) 가능하다면 그러한 응분에 따른 분배를 추구하는 것이 분배정의의 한 기준이 될 수 있을 것이다. 애초에 '평등주의'가 개인적 노력과 선택을 완전히 무시한 획일적 평등—항상 '동일한' 양의 분배정책—을 지향하는 것이 아니라면 그것은 규범적으로 근거가 있고 현실화 가능한 기준에 따른 분배—그러한 기준을 동일한 정도로 만족한 개인들에 대한 동일한 분배—를 의미할 수밖에 없는데, 타산적 노력으로 이해된 응분 개념은 그 기준에 대한 하나의 탁월한 대안을 제공한다. 이것이 평등과 응분의 '유기적' 관계에 있어서 **전자가 후자를 필요로 한다**는, 필자의 논지의 첫 부분에 해당한다.

---

19 노력-상황의 정확한 구획 가능성에 의심을 품고 뢰머의 이론이 정책으로 구현될 수 없다는 반론에 대한 그의 대응: "나는 이러한 회의주의에 도전하려고 노력해 왔는데 이는 [교육 지출과 관련된] 두 구체적인 정책 적용의 사례들을 통해 다음을 보여줌에 의해서이다. 소수의 상황적 요인들만을 가려내고 결과에서의 모든 나머지 변화를 노력에 귀속시키는, 상대적으로 보수적인 접근을 택한다고 해도 상당히 강한 보상적(compensatory) 정책 건의들을 내놓을 수 있다. 한 개인이 빈약한 교육을 받은 부모와 함께 자라난 모든 결과들에 책임이 있다고 주장하는 것은 확실히 어려운 일이다. 따라서 내 입장에서는 상황적 요인들과 노력의 분기점을 정확하게 구획하는 힘든 철학적 신경생리학적 문제는 거의 대부분의 실제적 목적 하에서 해결될 필요가 없다. 철학자들과 심리학 학도들이 개인적 책임에 관한 우리의 관념을 더 정교하게 만들기 훨씬 이전에 사회과학은 기회를 평등하게 하는 자원 분배에 관해서 할 말이 많이 있다." John Roemer, "Equality of Opportunity: A Progress Report", p.471.

3. 평등보다는 응분이 더 핵심적 분배적 이상이라는 주장에 대해서

평등이 응분을 필요로 한다는 주장을 수용할 때 더 나아가 응분만으로 분배 논의가 충분히 가능하다는 주장을 향한 장력이 생길 수 있다. 애초에 평등주의자들이 응분을 도외시한 것은 그 개념이 (개인적 선택을 넘어선 능력에 의한) '냉정한 능력/실력주의(meritocracy)'로 귀결될 것을 두려워해서이다. 그런데 그런 의혹을 불식할 수 있는 것으로 응분을 복권시킨 후에는 오히려 응분이 평등과 그것의 분배관련성을 압박하거나 침식하는 상황이 전개될 가능성이 나타난다. 이 경향의 첨예한 예가 케이건(Kagan)의 입장이다.

그의 주장은 상대적(comparative) 응분과 비상대적(noncomparative) 응분의 구분을 시발점으로 한다. 그에 의하면 응분을 고려할 때 각 개인이 마땅히 도달해야 하는 복지의 절대적 수준이 존재하는데 이를 그는 '정점(peak)'이라고 부른다(개인의 현 복지수준이 그 정점을 초과할 수 있지만 이를 '정점'이라고 부르는 것은, 케이건에 의하면 정점에서 그의 복지수준이 상황의 좋음에 기여하는 바가 최대이기 때문이다). 가능하면 많은 개인들을 그들의 정점에 이르게 하는 것이 **비상대적** 응분의 이상이다. 각 개인의 정점이 타인들의 정점이나 그들의 현재 복지 상태에 의해 영향을 받지 않기 때문에 이것이 '비상대적' 응분이 된다. 정점에 못 미치는 것만큼이나 정점을 초과하는 것도 비상대적 응분의 관점에서는 나쁜 상황이다.

반면에 **상대적** 응분에 따르면 각자가 정점을 기준으로 동일한 위치를 점하는 것이 이상적 상태이다. 동일한 정점을 가진 두 명만이 비교 대상일 경우 한 사람의 복지수준이 정점에 있고 다른 사람이 정점 너머에 있다고 해보자. 만약 후자의 복지수준을 움직일 수 없고, 전자를 후자만큼 정점 너머로 올릴 수는 있다면 — '정점 너머로 올린다'는 표현이 가능함은 바로 앞 문단의 괄호 안의 언급 때문이다 — 비상대적 응분은 이를 금지하겠지만, 상대적 응분은 이를 요구할 것이다. 비상대적 응분이 각자가 자신의 정점에 이르는 상태를 지향한다면 상대적 응분은 개인들의 정점과 현재의 복지수준이 동등한 패턴을 그릴 것을 지향한다.[20]

케이건은 비상대적 응분에 비해 상대적 응분에 관해서는 유보적 태도를 보이지만, 포괄적 응분 논의에서는 양자의 '상대적 비중들(relative weights)'이 고려되어야 함을 암시한다.[21] 문제는 응분과 평등의 관계인데 이에 대한 그의 최종적 언급은 두 가지 해석이 가능하다: "우리가 일단 응분을 수용하면 평등 또한 수용할 이유는 없다."[22] (1) **평등은 잘못된**(misguided) **이상이다**: 우리의 직관은 때로는 평등과 어긋난다. 응분이 달성된 이후의 불평등한 결과들은 도덕적으로 용납될 수 있다: "응분의 고려 너머에는 불평등을 제거할 **더 이상의** 이유란 없다(심지어 그 불평등이 누구의 잘못이 아니라고 해도)."[23] 따라서 이 경우에도 불평등의 제거를 요구하는 이상은 잘못된 것이다. (2) **평등은 독자적 설명력이 없는**(epiphenomenal) **이상이다**: 만일 평등이 응분의 요구 **내에서만** 추구된다면 그것은 상황을 평가하는 독자적 역할을

20 개인의 현재 복지수준이 반드시 정점에 다다르는 것을 목표로 하는가 아니면 타인들이 도달한 정점 관련적 패턴에 조응하는 것을 목표로 삼는가에 따라 구분되는 비상대적-상대적 응분과는 상이한 응분 구분이 가능하다. 결국 응분의 **기저**가 구현되는 정도가 정점을 결정할 터인데 기저 자체가 개인 내적 사질만으로 구성되는지 타인들의 자질과 비교해서 정해지는지, 그리고 정점이 부분적으로 한 사회에서 분배 가능한 자원/복지요소들의 총량에 의존하는지의 여부에 따라 개인적(individualistic) 응분과 전체적(holistic) 응분의 구분이 가능하다. 이 용어들은 허카(Hurka)에게서 온 것이지만 비슷한 두 종류의 응분 구분들은 David Miller, "Comparative and Noncomparative Desert", S. Olsarerri(ed.), *Desert and Justice*, 2003; Serena Olsaretti, *Liberty, Desert and the Market: A Philosophical Study*, ch.1에서도 발견된다.

21 Shelly Kagan, "Equality and Desert", L. Pojman and O. McLeod(eds.), *What Do We Deserve? A Reader on Justice and Desert*, Oxford University Press, 1999, p.302.

22 위의 글, p.311.

23 위의 글, p.311.

갖지 않는다. 평등이 도입될 경우 그것의 관련성은 상대적 응분에 의해 완전히 결정된다.[24]

(1) **잘못된**(misguided) **이상이라는 비판**: 이 비판은 평등이 두 사람 중에 낮은 복지를 가진 사람의 처지 향상을 명하는 반면 응분의 고려는 그것을 명하지 않거나 금지하는 경우가 있고 그 경우 우리의 직관이 후자를 지지한다는 주장에 근거한다. 케이건이 주목하는 평등은 물론 무조건적으로 획일적 동일 분배를 목표로 한 엄격한 평등(strict equality)이나 무조건적으로 낮은 복지 수혜자를 차등적으로 우선시하는 입장(weighted beneficence)이 아니라, 동일한 응분을 획득한 자들에게 동일한 정점을 부여하고 단지 (상대적) 응분에서 동일한 자격을 갖춘 자들 중에서는 낮은 복지수준에 있는 자들에게 (평등을 위해 그들의 복지를 먼저 올려야 한다는 의미에서) '**특별**대우(*extra* boost)'를 하는 입장(**제한적** 평등, *restricted* equality)이다. (이하에서 '평등'은 어떤 식으로든 응분이 감안된 평등을 의미함.)

A보다 B가 높은 정점을 가지지만 — 즉 B가 A보다 응당 받아야 할 몫이 더 많음. 그들이 정점에서 상황에 최대의 기여를 할 때 B가 A보다 더 높은 복지에 있어야 함 — 둘의 복지수준이 다 자신들의 정점에서 동일한 거리로 못 미치는 지점에 있다고 가정하자. 이는 비상대적 응분에 의하면 이상적 상태는 아니지만 상대적 응분은 일단 달성된 상태이다. 우리가 복지 향상에서 한 사람만 고려할 수 있거나 우선성을 부여해야 한다면 누구를 선택해야 하는가? 평등의 입장에서는 낮은 복지 상태에 있는 A를 특별대우하겠지만, 응분에 근거한 고려는 둘 사이에 차이를 두지 않거나 (케이건의) 직관적 판단에 의하면 오히려 더 응분을 많이 쌓은 B에게 우선성을 주어야 한다. 이 점에서 평등

24 평등에 대한 케이건의 입장을 나타내는 두 용어들은 그가 아닌 필자의 것임.

과 응분은 분배적으로 상반된 신호를 보내고 (케이건의 직관에 의하면) 응분 쪽이 더 그럴듯한 기준을 표방한다는 것이다.[25]

평등 옹호론자는 두 방향에서 케이건에 답할 수 있다. 첫째, 평등은 정점들에서 절대적으로 동일한 거리에 있을 경우 낮은 복지수준에 있는 사람에게 언제나 우선성을 준다는 입장일 필요가 없다. 케이건 자신이 상대적 응분에서 가정할 수 있는 것들 중 하나가 높은 정점을 가질수록 — '마땅히' 받아야 할 몫이 높을수록 — 그 정점으로부터 일정 거리에 있는 사람은, 낮은 정점으로부터 동일한 거리에 있는 사람보다 더 강한 '**특수한** 응분 요구(*specific* desert claim)'를 갖는다고 말한다. 이는 한 단위의 복지 향상을 가져올 때 그의 향상이 (낮은 정점을 가진 자에게 주어진 같은 단위의 향상보다) 더 많은 가치를 갖는다는 말이다. 또한 케이건은 고려하지 않고 있지만 직관적인 가정으로서 높은 정점(응분의 몫)에 이르는 것은 낮은 정점에 이르는 것보다 상황에 더 많은 가치를 더한다고 해보자. 이 경우 응분을 감안한 평등의 옹호자는 단지 자신의 정점에서 같은 절대적 거리로 미달한 위치에 있다고 해서 낮은 복지수준에 있는 사람들을 '특별대우'하지 않을 것이다. 오히려 정점으로부터 동일한 거리로 못 미친다면 높은 정점을 가진 사람의 복지 향상에 우선성을 부여할 가능성이 있다. 그의 복지를 향상하는 것이 **응분이 감안된** 평등

25 이 경우는 케이건이 '**두** 정점 사례(*Twin* Peaks)'라고 부르는 것이다. 그는 또한 A가 자신의 정점보다 못 미치는 상태에 있고 B의 정점이 A의 정점보다 낮은 지점에서 점차로 높아져서 A의 정점을 지나고 자신의 현재 상태를 넘어서는 역동적 사례(**움직이는** 정점, *Moving* Peaks)를 검토한다. 이 경우 평등의 관점을 유지하면 낮은 복지를 누리는 A에게 부여되었던 '특별대우'가, A와 B의 모든 응분 자격이 동일하게 되는 지점(무차별 지점, indifference point)에서 현저하게 줄어드는 — 거의 제로가 되는 — 현상(a marked discontinuity)이 일어나야 하는데, 케이건의 직관에는 이러한 현상이 입력되지 않는다고 주장한다. Shelly Kagan, 앞의 글, pp.309-310. 필자는 이 복잡한 현상도 결국 평등이 복지가 낮은 개인에게 언제 어떤 이유에서 '특별대우'를 하는가를 논하면서 동시에 처리된다고 생각한다.

의 이상에 더 부합하기 때문이다.

둘째, 더 근본적으로 평등주의자는 케이건이 주장하는바 응분의 관점에서 개인들이 마땅히 도달해야 하는 **절대적인** 복지수준, 즉 '정점'이 존재한다고 생각할 필요가 없다. 그는 개인들이 응분에 따라 받아야 할 몫이 상황적으로, 즉 당시에 분배될 수 있는 재화/복지 요소들의 총량에 따라 결정된다고 생각할 수 있다. 어떻게 결정되는가? 개인들이 달성한 응분 **기저**의 정도에 따라, 즉 기저의 패턴이 일정 함수(function)를 통해 응분의 몫의 패턴을 결정할 것이다(기저와 응분의 패턴이 조응하는 방식(함수)들 중에서 특히 '평등주의적인' 방식의 특징이 아래에서 제시된다). 다시 말해서 동일한 응분 기저 — 예를 들어 타산적 노력의 행사 — 를 구현한 사람들은 동일한 몫을 받아야 하지만 그 절대적 양은 변할 수도 있으며, 상이한 기저가 상이한 몫을 결정하는 다양한 방식들이 존재한다(케이건이 '정점'이 **어떻게** 정해지는지에 대한 논의를 본격적으로 개진했다면, 필자는 그가 결국 정점의 개념보다 기저에 의한 응분 몫의 결정에 더 주목했을 것이라는 생각이다). 이 경우 실상 비상대적-상대적 응분의 대조, '특수한' 응분 요구의 개념은 도입될 필요가 없다(이들은 모두 '정점'의 개념으로부터 파생된 것이다).

인간적 삶의 최소한의 기준도 만족하지 못한 자들에 대한 (응분이나 평등이 아니라 필요(need)의 이상에 의한) 무조건적 보조를 수행한 이후에, 응분의 기저가 달성된 패턴에 (평등주의적으로) 조응하는 복지의 패턴이 구현되었다고 해보자. 이 경우 물론 개인 복지의 절대적 수준에서는 차이가 있겠지만 더 이상 그 누구에게도 ('정점'과의 절대적 거리가 결정하는) '특별'대우는 주어지지 않는다. 케이건과는 다른 관점에서 상대적 응분은 달성된 것이고, 그 이후에는 응분 기저의 패턴에서 차이가 발생하지 않는 한 전체적 복지수준의 향상만이 추구될 것이다.

결론적으로 응분을 감안한 평등주의는 정점을 인정하더라도 항상 낮은 복지 수혜자에게 우선성을 부여하지 않거나, 정점을 인정하지 않고 응분 기저의 패턴에만 의존할 경우 우선성 자체를 수용하지 않을 수 있다.

(2) **독자적 설명력이 없는**(epiphenomenal) **이상이라는 비판**: 평등주의가 응분 기저가 동일하게 구현된 자들에게 동일한 몫을 할당하고 그 기저가 구현된 패턴에 따라 응분 몫을 결정한다고 해보자. 그리고 그 패턴이 유지되는 한 누구에게도 — 낮은 복지수준에 있는 자에게도 — 특별대우를 하지 않는다고 해보자. 이 경우 '잘못된' 이상이라는 비판을 면할 수는 있겠지만, 상대적 응분의 고려가 결국 평등의 고려가 가지는 규범적 중요성을 완전히 흡수한다는 주장이 제기될 수 있다. 어떻게 내용이 채워지든 상대적 응분의 요구들이 완수된다면 평등이 **더 이상** 첨가할 규범적 요구가 있는가?

필자는 이 지점에서 응분과 유리된 독자적 이상으로서 평등을 내세우는 것보다, 응분에 따른 분배라는 전제를 수용하면서도 결과적으로 평등한 분배를 산출하는 입장을 지향하는 것이 이론적으로나 현실적으로 더 합당한 노선이라고 생각한다. 이때 '평등한' 분배라 함은 응분 기저의 차이에 근거하지 않은 **부당한** 불평등이 제거되었다는 의미와 함께 개인들 간의 결과적 처지의 차이가 (예를 들어 능력 위주의 분배이론에 따를 경우보다) 상대적으로 더 작다는 의미를 담고 있다. 어떻게 응분이 감안된 평등이 이 결과를 유도할 수 있는지에 관해 두 가지 제안을 간단히 언급한다.

(i) **응분 기저의 내용과 범위에 관한 평등주의적 제한**: 평등주의자들은 합당한 응분 기저의 요소들을 채우는 데 있어서 상대적으로 검소한 태도를 가진다. 그들은 그 요소들을 (분배관련성을 가지면서도) 엄격하게 개인의 통제와 책임 하에 산출된 상태나 활동에 제한한다.[26] 물론 이 글에서 응분 기저로 제안된 타산적 **노력**의 경우에도 개인차가 존재하는 것이 사실이다. 그러나 개인들 간 커다란 격차를 유발하는바 선천적인 요인과 초기 가정/교육 환경에 강하게 영향을 받는 능력들, 시장에서의 우연적 요인과 투기적 요소 및 출발

선에의 자원 차이가 가능케 하는 흥행가(entrepreneur)적인 행위는 응분 기저에서 제외될 것이고, 장기적 삶의 전망의 분배에서 그것들의 영향을 제거하거나 줄이는 것이 응분이 감안된 평등주의 정책의 목표가 될 것이다. 최소한 그 정책 하에서 현재 존재하는 처지의 격차는 존재하지 않을 것인데, 그 이유들 중 하나는 분배 형태가 응분 기저의 패턴에 조응하는 것을 지향할 때 **기저의 차원에서** 개인들 간 차이가 줄어들기 때문에 결과적으로 **분배에서의** 차이도 줄어들게 하는 장력이 생겨난다는 것이다.

(ii) **기저와 분배 형태 사이의 평등주의적 조응 방식**: 응분 기저 차원에서 개인들 간 차이가 (다른 응분이론에서보다) 더 작다는 점 이외에도 기저의 패턴이 결과적 분배의 패턴으로 투사되는 방식에서도 평등주의적 관점이 반영될 수 있다. 뢰머의 예를 따라 각 유형 내에서의 상대적 교육기간이 통제조건과 분배관련성 조건을 만족하는 기저 — 이 글에 따르면 타산적 노력 — 를 측정하게 해주는 한 외적 대응물로 선택되었다고 해보자. 각 유형에서 동일한 상대적 위치를 차지하는 집단들의 교육에 대한 국가 지출 혹은 교육과 관련된 임금의 평등화 정책을 펴야 한다는 것이 뢰머식의 응분이 감안된 평등주의의 목표이다. 그러나 다른 상대적 위치를 차지하는 집단들 — 예를 들면 각 유형에서 교육기간이 상위 10퍼센트, 20퍼센트, 40퍼센트에 속하는 집단들 — 에 대해서 교육자원이나 임금을 어떻게 분배해야 할 것인가의 문제는 여전히 숙제로 남는다. 처음 집단(10퍼센트)이 그 다음 집단의 2배, 그리고 둘째 집단(20퍼센트)은 마지막 집단의 2배의 타산적 노력을 기울였다고 보고 분배

---

26 이 엄격한 제한이 완화된 상황에서도 응분 개념은 많이 사용된다. 누가 Z를 갖추었으므로 Y(예를 들어 A학점, 연주에서의 1등상)를 '마땅히' 받을 만하다고 말해질 때 Z는 전적으로 그의 통제/책임 하에 생성된 자질이나 활동이 아닐 수 있다. 필자가 여기서 말하는 '검소한', 따라서 평등주의적인 응분 기저는 전체적 삶의 전망과 질을 조정하는 것을 목표로 하는 국가 정도의 기구가 분배 기준으로 삼아야 할 응분/평등 조합에 관련된다(다음 절 참조).

를 이에 맞추어서 4:2:1의 비율로 할 것인가? 응분에 따른 분배라는 원칙을 수용해도 이러한 엄격한 비율(proportionality)의 원칙이 반드시 요구되는 것은 아니다.[27] 교육기간은 타산적 노력의 단지 **하나의** 외적 대응물(proxy)임을 잊지 말자. 우리는 최선의 유형 개념(부모의 교육/재산, 인종, 성, 지능 등)을 가지고 교육기간을 개인의 통제/책임 하에서 결정되는 인자로 택했지만, 실상 한 유형 내에서도 교육기간을 결정하는 다양한 집단적, 개인적 요소들에 대해서 무지하다. 따라서 교육기간의 차이가 한 유형 내에서 타산적 노력의 일부를 반영한다고 해도, 선택–상황, 능력–노력의 구획에 대한 여러 가지 인식론적 한계를 감안할 때 평등주의자들은 아마도 규범적으로 '안전한 쪽으로 실수를 하려는' 권고를 수용하여 교육기간의 상대적 차이와 결과적 분배의 차이를 단순 비례, 혹은 평행적인 관계로 간주하지 않을 것이다. 그보다는 기저상의 차이가 일정한 함수에 의해 축소되어 분배적 차이로 귀결되도록 할 것이다(예를 들어 위의 예에서 4:3:2의 분배적 패턴으로). 정확하게 어떤 함수로 기저상의 차이가 분배적 차이로 (축소) 투사될지는 그 사회의 생산력, 분배정의 관련적 에토스, 또 분배되어야 할 대상의 성질 등 여러 요인들에 의해 결정되겠지만, 통제조건이라는 원칙적 제한, 대응물을 통한 타산적 노력의 정확한 인식의 한계 등을 중시한다면 결과적 분배 차이는 늘기보다는 줄어드는 경향을 보일 것이라는 가정은 그럴듯해 보인다.

이러한 두 고려사항들은 평등이 응분을 필요로 할 뿐 아니라 **합당한 응분 개념을 구성하고 현실화할 때 평등한 분배에 이를 것**이라는, 평등–응분의 유기적 관계의 둘째 측면을 대변한다. 그 고려사항들을 수용하면 "현실적 경우

---

27 Serena Olsaretti, *Liberty, Desert and the Market: A Philosophical Study*, pp.65–66 참조.

들에서 응분에서의 차이들이 오히려 다반사일 것”이라는 케이건의 추정은 우리가 지금까지 추구한 응분의 구체적 내용 하에서는 근거가 없으며, 반면에 그가 부정하는 입장, 즉 “**실제적**(*practical*) 관점에서 상대적 응분은 평등주의로 될 경향을 가지리라”는 입장이 충분한 근거를 가진다.

4. 응분이 감안된 평등주의 분배 방식에 관한 한 묘사

지금까지의 논의에 의하면 복지요소들의 분배관련성과 통제조건, 그리고 (외적 대응물을 통한) 원칙적 측정조건을 만족하는 응분의 기저는 타산적 노력이며, 필자가 선호하는 응분이 감안된 평등주의는 각자의 응분 기저가 특정의 절대적 양의 복지를 요구하는 (케이건적) ‘정점’을 인정하지 않고 단지 응분 기저의 패턴에 (앞 절에서 제시된 바) 평등주의적으로 조응하는 복지의 패턴을 추구한다.[28]

아래에서는 결론을 대신하여 필자가 염두에 둔 응분이 감안된 평등주의적 분배 방식의 모습을 그려보겠다. 이 과정에서 통제조건이 완화된 일상적 응분 개념의 적용에 대한 해명이 포함될 것이다.

(1) **응분의 체계관련적 성격**: 필자는 응분이 많은 경우 체계를 전제로 한 개

---

28 필자가 보기에 최선의 분배적 패턴은 이전 가능한 재화의 (재)분배를 통해 응분이 감안된 평등에 최대한 접근하는 것이고 이 패턴을 **가장 높은 수준에서 유지**하는 것이다. 혹자는 이러한 마지막 희구사항(desideratum) — 평등/응분이 달성된 복지 패턴이 ‘가장 높은 수준일 것’ — 이 정의 **이후에** 도입된 이상, 예를 들면 효율성 혹은 집합적(aggregative) 요구의 반영이라고 볼 것이다. (이들에 의하면 최선의 분배는 정의가 다른 이상들과 균형을 이루는 것이다.) 다른 사람은 이 희구사항을 정의의 일부로 볼 것이다. (이 관점에 의하면 정의 자체가 다수의 이상들을 포함한다.) 필자는 이러한 차이가 다분히 순수 언어적(verbal) 쟁점만을 반영한다고 생각한다. 정의 개념의 범위를 어떻게 보든 (단일한 심리 상태로서의 공리 극대화 원칙만을 근간으로 한) 고전적 공리주의를 제외하고는 롤즈의 입장을 포함한 그 어떤 분배이론도 다수 이상들의 조정과 가감(trade- off)을 필요로 한다.

념(system-oriented notion)이라고 생각한다. 특히 응분이 구체적 보상(reward)의 옳은/공정한 분배의 기준으로 간주될 때는 더욱 그러하다. 이 체계관련성이 의미하는 바는 응분의 개념이 일군의 개인들, 그들에 의해 자신들의 복지를 위해 추구, 도모, 향수하는 것이 바람직하다고 간주되는 공유된 목표(복지-목표), 그리고 그 목표의 달성을 용이하게 하는 소질, 기술, 성향들(복지-덕목들)로 구성된 하나의 체계가 있을 때 의미를 가진다는 것이다. 필자는 이 주장을 위한 논증을 갖고 있지는 않지만 — 더구나 필자는 **오직** 체계가 전제될 때에**만** 응분이 의미를 가진다고는 생각하지 않는다 — 이것이 응분 개념의 일상적 사용에 대부분 부합하는 생각이라고 여긴다(여기서 말하는 체계는 반드시 공적인 제도(public institution)일 필요는 없다).

(2) **복지-체계[29]에서의 응분에 따른 분배**: 위의 생각을 전제한다면 많은 일상적 사회체계에서 응분에 근거한 보상이 통제조건 — 응분의 기저는 개인의 통제/책임 하에서 구현된 것이어야 한다는 조건 — 을 엄격하게 지키지 않는 이유를 이해할 수 있게 된다. 어떤 체계에서 바람직하다고 여겨지는 목표를 성취하기 위해서 때로는 그들의 성취가 완전히 선택과 노력으로부터 오는 것이 아닌 일부 성취자들에게 보상을 하는 것이 필요하다. (그러나 다른 한편으로 그들의 성취가 전적으로 선천적 재능으로부터 오거나 완전히 기계적 혹은 미리 프로그램된 방식으로 이루어져서 행위자들의 주체적 노력과 선택이 기여하는 바가 전혀 없다면, 그 성취에 대해서 수여될 적절한 보상의 크기는 무척이나 낮아질 것이다.)

복지-목표 혹은 그것의 하위 목표를 가진 많은 체계들이 존재한다. 교육,

29 여기서 복지-체계는 시민들의 복지를 관리하고 분배하는 국가 차원의 체계를 말하는 것이 아니라 복지-목표를 추구하고 복지-덕목을 배양, 확산하는 (예술계, 교육계 등) 인간 활동의 장을 말한다.

예술, 스포츠, 법 관련 체계들이 그것들이다. 이 체계들에서 보상을 위한 세 종류의 후보들과 그들에게 주어지는 두 종류의 보상들이 존재한다. 첫째 후보는 **(단순) 기여자들**((pure) contributors)이다. 그들은 **남들이** 복지-덕목과 목표들을 달성하도록 도와주지만 자신들은 관련 복지-덕목들을 (그들이 도와준 사람들만큼) 구현하거나 구사하지 못한 사람들이다(교육자들, 코치들).

둘째는 **성취자들**(achievers)이다. 그들은 복지-덕목들을 높은 정도로 갖추고 발휘해서 복지-목표들을 범례적으로 달성한 사람들이다. 마지막으로 **노력자들**(endeavorers)이 있는데 이들은 성취자들이 되도록 노력했지만 불행하게도 그 소유와 배분이 자신의 통제를 벗어난 재능과 다른 자원들의 부족으로 인해 성취자에 이르지 못한 사람들이다. **체계관련적 방식**으로는 우리는 오직 성취자들만을 보상한다. 오직 성취자들만이 교육체계에서 높은 학점을 받고, 음악체계에서 음악상과 관현악단과 연주할 기회를 부여받는다. 우리는 또한 **성취자들과 (단순) 기여자들에게 복지-목표를 도모하는 데 있어서의 효율성과 그 과정에서 그들이 지불한 (기회) 비용, 그들이 겪었던 난관들에 대해 보상한다.** 이러한 종류의 분배는 자주 엄격히 보상적 차원을 넘어서서 일정 정도의 사례(honorarium)를 유인(incentives)으로 포함하기도 한다. 이 둘째 종류의 보상은 두 가지 고려에 근거한다. 첫째로 유인을 포함한 이러한 종류의 보상을 할 명백한 **수단적 이유**(instrumental reason)가 있다. 우리가 그것을 지불하는 것은 복지-목표를 촉진하고 복지-덕목들을 확산하기 위해서이다. 둘째로 이러한 보상은 성취자들(그리고 단순 기여자들)로서 활약하는 것이 자주 그들의 삶에 비용과 손실을 가져온다는 사실에 부분적으로 기인한다. 만약에 그들의 복지-덕목/목표의 성취가 행위 주체로서의 선택, 노력, 긴장 혹은 다른 종류의 심리적/물질적 비용을 전혀 동반하지 않는다면 우리는 보상이 축소될 것이라고 짐작할 수 있다. 이것이 둘째 종류의 보상이 가진 **보상적 이유**(compensatory reason)이다. 이러한 관점에서 만약에 노력자들이 복지-덕목/목표들을 성취하기 위해서 동일한 혹은 더 높은 수준의 노력을 기울였다면 그들은 이와 관련하여 일정 정도의 보상을 받아 마땅하다고 여겨진다. 그러나 그들이 통상 받는 보상은 성취자들에게 수여된 보상보다 훨씬 낮은 수준일 것이다. 이미 보았지만 이는 복지-체계들의 지상과제가 복지-목표들을 촉진하는 것이고 보상구조는 이 사실을 반영해야 하기 때문이다. **따라서 수단적 이유에서 우리는 복지-체계들이 노력자들을 상대적으로 하지만 현저하게 낮은 수준에서 보상하는 것을 용인한다.** 동시에 우리는 노력자들이 그들의 노력과 선택이 주로 반영되는 분배적 몫을 받을 수 있도록 전반적 보상체제를 조정하는 (지금까지 언급된 복지-체계와는) 다른 체계 혹은 분배기관이 있기를 바란다.

(3) **장기적 삶의 전망과 응분**: 만약에 우리가 국가와 정부를 분배정의를 관장하는 주요 통로로 간주할 수 있다면 바로 **국가/정부가 방금 언급된 노력자-지향적인**(endeavorer-oriented) **분배적 희망사항에 부응해야 할 체계**라고 필자는 생각한다. 국가는 예술계, 교육계와 같은 의미에서 복지-체계는 아니다. 시민들은 (시민들로서는) 자신들의 복지와 관련하여 그 어떤 단일한 목표를 공유하지 않는다. 그들은 특정 복지-덕목이나 목표들을 추구하기 **위해서** 시민들이 된 것은 아니다. 그러나 국가는 자체의 특징적 목표를 갖는다. 그것은 복지-체계들의 전반적 작동과 보상구조가 공정하게, 즉 각 복지-체계의 존재이유와 본성에 맞게 수행되도록 조처한다. 그리고 **평등주의적 관점에서는** 국가의 한 주요 역할은 성취자에 이르지 못한 노력자들에게 적절한 양의 보상적(compensatory) 수당과, 복지-목표를 위한 기술과 적성을 단련하기 위해 필요한 (재)교육과 자원을 확보해 주는 것이다. 바로 개인의 복지-목표를 위한 노력, 즉 그의 타산적 덕목(의 통제된 부분)이 평등주의적 분배정의의 **궁극적** 응분 기저이기 때문이다. 이를 위해서는 시장이 가진 자원/재능의 할당적(allocative) 역할과 분배적(distributive) 역할 중 후자에 일정한

제한을 해야 할 것이다. 물론 국가의 시장 개입은 분배정의 이외의 다른 사회적 이상들도 고려하여 그 폭이 결정되어야 한다. 그리고 임금 조정이나 조세제도 등의 재분배 정책 이후에도 성취자 위주의 복지-체계에서의 응분 보상 때문에 어쩔 수 없이 남아 있는 (동일한 노력을 기울인) 개인들 간의 격차를 완전히 상쇄하는 것은 힘들기도 하고 바람직한 것이 아닐 수도 있다(효율성 등 분배정의 이외의 이상들을 고려할 때). 이 경우 임금에 기반한 경제적 차원 이외의 복지 차원들 — 문화적 차원, 시민활동 등 — 에서 전반적 삶의 전망을 평등주의적 이상에 맞도록 조정해야 할 것이다.[30]

---

30 지난 3년간 평등(주의)의 현대적 문제들, 특히 응분과 책임 개념이 평등주의에 포섭되어야 할 필요성과 포섭 방식에 관해 필자와 의견을 교환하고 이 글의 생각이 담긴 초고들에 논평을 해준 캘리포니아 대학(샌디에이고)의 아르네슨(Richard Arneson) 교수에게 감사한다.

【참고문헌】

Arneson, Richard, "Rawls, Responsibility, and Distributive Justice", M. Salles and J. Weymark(eds.), *Justice, Political Liberalism & Utilitarianism: Themes from Rawls and Harsayni*, Cambridge University Press, forthcoming.

___, "Desert and Equality" (ms, 2004).

Hurka, Thomas, "Desert: Individualistic and Holistic", S. Olsaretti(ed.), *Desert and Justice*, Oxford University Press, 2003.

Kagan, Shelly, "Equality and Desert", L. Pojman and O. McLeod(eds.), *What Do We Deserve? A Reader on Justice and Desert*, Oxford University Press, 1999.

Kristjánsson, Kristján, "Justice, Desert, and Virtue Revisited", *Social Theory and Practice* 29, 2003.

Mandle, Jon, "Justice, Desert and Ideal Theory", *Social Theory and Practice* 23, 1997.

McLeod, Owen, "Desert", *Stanford Encyclopedia of Philosophy*, 2003. http://plato. stanford.edu.

Miller, David, *Principles of Social Justice*, Harvard University Press, 1999.

___, "Comparative and Noncomparative Desert", S. Olsaretti(ed.), *Desert and Justice*, Oxford University Press, 2003.

Moriarty, Jeffrey, "Desert and Distributive Justice in *A Theory of Justice*", *Journal of Social Philosophy* 33, 2002.

___, "Against the Asymmetry of Desert", *Nous* 37, 2003.

Olsaretti, Serena(ed.), *Desert and Justice*, Oxford University Press, 2003.

___, "Introduction: Debating Desert and Justice", S. Olsaretti(ed.), *Desert and Justice*, Oxford University Press, 2003.

___, *Liberty, Desert and the Market: A Philosophical Study*, Cambridge University Press, 2004.

Pojman, Louis P. and Owen McLeod(eds.), *What Do We Deserve? A Reader on Justice and Desert*, Oxford University Press, 1999.

Ramsay, Maureen, "Equality and Responsibility", *Imprints: A Journal of Analytical Socialism*[31] 7, 2004.

Rawls, John, *A Theory of Justice*, Harvard University Press, 1971[1999].
____, *Political Liberalism*, Columbia University Press, 1993.
____, *Justice as Fairness: A Restatement*, Harvard University Press, 2001.
Roemer, John, *Equality of Opportunity*, Harvard University Press, 1998.
____, "Equality of Opportunity: A Progress Report", *Social Welfare and Choices* 19, 2002.
Schaller, Walter, "Rawls, the Difference Principle, and Economic Inequality", *Pacific Philosophical Quarterly* 79, 1998.
Scheffler, Samuel, "Justice and Desert in Liberal Theory", *Boundaries and Allegiances: Problems of Justice and Responsibility in Liberal Thought*, Oxford University Press, 2001.
Sen, Amartya, *Inequality Reexamined*, Harvard University Press, 1992.
Wolff, Jonathan, "The Dilemma of Desert", S. Olsaretti(ed.), *Desert and Justice*, Oxford University Press, 2003.
Woodard, Christopher, "Egalitarianism and Desert", *Imprints: A Journal of Analytical Socialism* 3, 1998.

31 이 학술지는 2005년부터 *Imprints: Egalitarian Theory and Practice*로 개칭됨.

정치적 자유주의와 포퓰리즘*

정원섭

1. 문제 제기

2003년 '참여 정부'가 출범하였다. 노무현 정부가 투표율 70.8퍼센트에 48.9퍼센트라는 그리 높지 않은 지지율에도 불구하고 스스로 '참여' 정부라 하는 것에 대해 그 이유를 두 가지로 유추해 볼 수 있을 것이다. 첫째 이유로 2002년 대통령 선거 과정에서 인터넷으로 대변되는 디지털 기술을 통해 흔히 정치 기피층이라 일컬어지는 20대, 30대 유권자들의 높은 지지, 즉 적극적 정치 참여 과정을 거쳐 출범했다는 현 정부의 태생적 자부심을 생각해 볼 수 있을 것이다. 둘째 이유로 기존 정치 과정에서 소외되었던 다양한 지역이나 소수 집단을 위시하여 기층 민중들이 정책 결정 과정에 '참여'할 수 있는 길을 적극적으로 열어가고자 하는 미래지향적인 정책적 의지의 표현으로 해

---

* 이 논문은 『철학연구』 제64집, 철학연구회, 2004의 별책으로 출간된 『디지털 시대의 민주주의와 포퓰리즘』, 철학과현실사, 2004에 게재된 것임. 이 글에 대하여 정중하면서도 근본적인 비판을 해준 김우택(한림대)과 박상혁(서울대)에게 감사한다.

석해 볼 수도 있을 것이다.

그러나 '참여 정부'를 바라보는 시각들은 정부 당국자들의 이러한 태생적 자부심이나 정책적 의지와는 매우 다르거나 이와 모순되는 것처럼 보인다. 심지어 일각에서는 현 정부의 정책이 "하루하루 부유하는 대중여론을 아무 원칙 없이 추종하는" 정치적 편의주의이자 포퓰리즘[1]이라 공박한다. 그에 반해 노동자, 농민 등 기층 민중들은 현 정부의 특히 경제정책들이 "보통 사람들의 어려운 사정은 외면한 채 다국적 자본의 이해관계에 이끌려" 신자유주의로 치닫고 있다며 강력히 반발하고 있다. 포퓰리즘을 기도하는 정부가 기층 민중의 요구를 무시할 수 있는가? 다국적 자본의 이해관계를 충실히 대변하는 정부가 어떻게 포퓰리즘으로 비난받을 수 있는 정책을 입안하고 집행할 수 있는가?[2]

포퓰리즘이라 할 때 흔히 연상되는 페론주의는 그 반대자들로부터는 격렬한 비판을 받았지만 적어도 아르헨티나의 기층 민중들로부터는 열화와 같은

---

1 'populism'을 '대중주의', '대중영합주의', '인기영합주의' 등으로 옮기지만 이런 번역 용어는 포퓰리즘의 의미를 제대로 살리지 못한 채 부정적 낙인 찍기 번역어이다. 반면 '민중주의'란 번역어는 1980년대 우리 사회의 변혁운동과 연관되어 계급적 성격이 과도하게 부각되는 용어이다. 홍윤기가 지적하듯이 포퓰리즘은 대중(mass)에 호소하는 것이 아니라 'people'에 호소한다는 점에서 '인민주의'라 번역하는 것이 바람직할 것이다. 홍윤기, 「포퓰리즘과 민주주의: 한국사회의 포퓰리즘 담론과 민주주의 내실화 과정을 중심으로」, 철학연구회 편, 『디지털 시대의 민주주의와 포퓰리즘』, 철학과현실사, 2004, p.287. 물론 이 용어 역시 반공의 이데올로기로 말미암아 오염되어 있는 것은 사실이지만 이제는 반공 이데올로기의 잔해를 의도적으로 그리고 적극적으로 무시할 필요가 있다고 생각한다. 필자는 이 논문에서 '포퓰리즘'으로 쓸 것이다.

2 김일영의 경우 "신자유주의와 포퓰리즘이 양립하기 어렵다는 것이 기존의 통념이지만, 최근 일부 학자들을 중심으로 '신자유주의적 포퓰리즘(neo-liberal populism)'이란 이율배반적 개념의 적용 가능성이 조심스럽게 개진되고 있다"고 소개하면서 김대중 정부에 대해 "형용모순적인 신자유주의적 관치 아래에서 포퓰리즘 전술을 선택적으로 구사한 정권"이라고 규정하기도 한다. 김일영, 「민주화, 신자유주의적 포퓰리즘, 그리고 한국: 김대중 정권과 노무현 정권을 중심으로」, 철학연구회 편, 『디지털 시대의 민주주의와 포퓰리즘』, 2004, pp.190-224.

지지를 받았다. 그러나 2003년 현재 대한민국에서 포퓰리즘이란 표현은 기층 민중의 지지는 고사하고 '참여' 정부의 각종 정책의 진정성에 대한 의구심을 증폭시키면서 정부의 정치적 결정 과정에 '참여하고자 하는 국민의 의지' 자체를 무력화하는 최고의 수사가 되고 있다. 왜냐하면 지금 '포퓰리즘'이란 말로 '참여 정부'의 정책을 비난하는 이들에게 이 용어는 '아르헨티나를 망친 주범', '허울뿐인 개혁', '정치적 편의주의', '기회주의' 등과 크게 다르지 않기 때문이다.[3]

이 글에서 필자는 19세기 미국에서 어떤 과정을 거쳐 포퓰리즘이 등장하였으며 이것이 자유주의 정치철학에 어떻게 수용 혹은 배제될 수 있는지를 검토해 봄으로써 현재 우리 사회에서 진행되고 있는 포퓰리즘 관련 논의에 우회적으로 접근해 보고자 한다. 굳이 실패한 미국의 경우를 분석의 대상으로 삼고자 하는 이유는 첫째, 포퓰리즘이 등장하게 되는 일반적인 현실적 상황뿐만 아니라 그 이상적 모습을 보고자 함이다. 남미의 포퓰리즘이 그 대종을 이루는 것은 사실이나 그것은 개혁을 지향하는 긍정적인 이상적 이념이라기보다는 개혁을 빙자한 노회한 정치가의 교묘한 술수에 대한 비난을 가리키는 말로 이해되고 있기 때문이다.

둘째 이유는 포퓰리즘에서 조금이라도 수용할 만한 긍정적 요소를 찾아보고자 하는 생각 때문이다. 만일 집권자들의 통치 행태에 대한 외부의 규정으로서 포퓰리즘과 기층 민중 내부의 요구로서 포퓰리즘이 구별될 수 있다면, 현재 우리 사회에서 비난의 대상이 되는 것은 전자의 경우이다.[4] 후자의 경우

---

3 서병훈, 「포퓰리즘」, 『동아일보』, 2000년 12월 13일자.

4 김일영과 서병훈은 이런 관점에서 포퓰리즘에 접근하고 있다. 김일영, 앞의 글; 서병훈, 「포퓰리즘과 민주주의: 플라톤의 딜레마」, 철학연구회 편, 『디지털 시대의 민주주의와 포퓰리즘』, 2004, pp.225-227.

포퓰리즘이 만일 '평등'과 '국민주권(popular sovereignty)'에 대한 소외된 주권자인 민중의 요구로 해석될 수만 있다면, 이런 요구는 배척되어야 할 것이 아니라 민주주의의 내실화란 견지에서 어떤 형태로든 반드시 수용되어야 할 것이다. 그리고 이런 요구가, 설령 현실 정치 과정에서는 여러 우연적 요인들에 의해 왜곡될 수 있다 하더라도, 이상적인 자유주의 정치사상 내부에서는 어떻게 반영될 수 있는지 살펴보고자 한다. 이를 위해 현대의 대표적인 자유주의자인 롤즈(John Rawls)의 정치철학에서 평등에 대한 요구와 국민주권 개념이 어떻게 이해될 수 있는지 살펴보고자 한다.

2. 19세기 미국의 포퓰리즘

'국가의 목적은 무엇인가?' 이 문제는 인간이 국가라는 정치 공동체 안에서 사는 한 결코 회피할 수 없는 가장 바탕이 되는 질문이라 할 것이다. 더욱이 자유와 행복을 찾아 '기회의 땅' 아메리카 신대륙으로 달려온 이민자들이 스스로 나라를 세우고자 했을 때 가장 먼저 이 문제가 제기될 수밖에 없었을 것이다. 그러나 이 문제에 대한 각자의 대답은 고향을 떠났던 이유가 저마다 다르듯 다를 수밖에 없었을 것이다. 그 결과 미국의 국부들은 헌법에 그 답안들을 구체적으로 명시하기보다는 이와 관련된 절차들을 만드는 일에 더욱 주목하였다.

'누가 이 절차를 만드는가?' 즉 공동체 구성원 모두에게 최선의 이익을 줄 수 있는 가장 합리적인 절차, 즉 가장 공정한 절차를 만들 수 있는 사람은 누구인가? 당시 소위 미국 국부들 사이에서 일반 시민들이 정부에 참여하여 적극적인 역할을 해야 한다는 점에 대하여 광범위한 합의가 있었던 것은 물론이다. 그러나 그 참여의 방식 및 정도와 관련해서는 심각한 견해 차이가 존재하였던 것이다.[5] 왜냐하면 그들은 의지와 이익의 갈등, 즉 국민의 실제 경험적 의사를 존중하는 것과 공동체 전체의 이익을 증진하는 것이 상호 갈등할 수 있다는 것을 현실 정치 과정에서 직접 체험하면서 "일반의지는 언제나 공익을 지향하지만 그러나 사람들이 심사숙고한 실제 결과가 반드시 정확한 것은 아니"라는 루소의 통찰[6]을 되새겨볼 수밖에 없었기 때문이다.

미국 국부 대부분은, 특히 매디슨(James Madison)은 "만일 뛰어난 합리적 사고 능력을 타고난 이들 중에서 대표들을 선발하여 그들이 이러한 절차들을 만들고 집행한다면, 이 규칙들은 잘 작동할 것이다"라고 생각하였다.[7] 매디슨이 말하는 이러한 대표란 결국 '천부적 능력을 타고난 사람(natural aristocracy)', 즉 엘리트들일 수밖에 없었다. 그런데 문제는 엘리트의 특수한 이해관심과 일반 국민의 이해관계가 언제나 일치하는 것은 아니라는 점이다. 이 점은 미국의 헌정사에서도 예외가 아니었다. 절차와 관련하여 매디슨이 제시한 규칙들은 미국 정치 현실에서 일반 국민을 정치 과정에서 사실상 완벽하게 배제하였을 뿐만 아니라 주정부보다는 연방정부로 정치권력을 집중하는 결과를 낳게 되면서, 주정부와 연방정부 간 갈등이 심화되는 가운데 특히 농업을 기반으로 한 남부 주들에서 농민들의 불만이 폭발하기 시작한다.[8]

1880년대에 이르자 미국 남부 및 남서부 지역 농민 단체들은 그 당시의 농민 고용 방식[9]이 불공정하다는 인식을 공유하게 된다. 1890년대에 이르러 농

---

5 J. F. Zimmerman, *Participatory Democracy*, Praeger Publishers, 1986, p.1.

6 J. J. Rousseau, *The Social Contract and Discourses*, New York: E. P. Dutton, 1913, p.25.

7 미국 헌정사에서 삼권 분립에 충실하고자 하면서도 선출된 대표로 구성된 입법부가 아니라 사법부의 우위를 인정하는 것 역시 일종의 엘리트주의로 해석될 수 있다는 김우택의 지적에 감사한다.

8 Lawrence Goodwin, *The Populist Movement: A Short History of the Agrarian Revolt in America*, Oxford University Press, 1978, p.vii.

민운동 지도자들은 헌법의 경제 관련 조항들이 일반 시민들의 이해관계와 심각하게 상충한다는 결론에 이른다. 매디슨이 주도면밀하게 고안한 헌법 개념에서는 정치체제 및 그 과정에 대해 일반 시민들이 영향을 미칠 수 있는 길이 처음부터 사실상 없었다고 할 수 있는데 그동안 이에 대한 여러 차례의 요구에도 불구하고 실질적 개선이 거의 없었던 셈이다. 당시 "미국 국민들은 정부에 더 이상 실질적으로 참여하지 못하였다. 특히 연방주의자들은 정부에서 국민을 완전히 내몰았다. (당시) 미국 정부에서 진정 두드러진 점은 '정부에서 일반 국민들은 아주 사소한 지분조차도 갖지 못하도록 그들을 완벽하게 배제하였다'는 점이다."[10]

농민들이 생각할 때 문제의 근원은 정치 규칙들을 제정 집행하는 과정에서 엘리트들이 특정한 방식으로 이해관계를 조작한다는 점이다. 따라서 그들은 이에 대한 해결책으로 정부의 궁극적 목적이란 국민의 권리와 기회의 평등을 보장하는 것이라는 점을 명시함으로써 새로운 형태의 정치적 협력을 모색하고자 하였다. 또한 농민들은 정치 분야가 올바르게 변혁되었을 때 비로소 농업 분야에도 긍정적 결과가 나타날 것이라 믿었다. 기존 체제 내에서 시도되었던 초기의 정치 개혁이 실패하자 농민들은 농민들에만 고유한 이해관계에 의존해서는 자신들의 문제조차 해결할 수 없다는 점을 인식하면서 매디슨식의 엘리트들이 장악하고 있는 당시 양대 정당에서 자신들의 이해관계를 대변할 수 있는 길이 없다는 결론에 이르렀다.[11]

---

9 'agricultural debt peonage'. 미국 남서부 지역에서 채무관계에 기초한 농업 분야 고용제도를 말한다.

10 Gordon Wood, *The Creation of the American Republic*. www.publiceye.org/tooclose/populism.html.

11 민주주의에서 핵심적 가치로 간주되는 입법, 사법, 행정의 삼권 분립에서 사법부의 우선성을 인정하는 미국의 전통 역시 엘리트주의적 해결 방식이라 할 수 있다.

정치 조직이란 으레 엘리트에 의해 장악되기 마련이고, 따라서 진정으로 기층 민중을 대변하는 정치 조직이 불가능하게 된다는 딜레마가 미국 정치에만 독특한 것은 물론 아니다. 결국 1892년 농민들은 "만민평등, 특권철폐"를 슬로건으로 삼아 '미국 인민당(US People's Party)'을 결성하여, 포크(Leonidas Lafayette Polk)를 대통령 후보로 등록하려 하였으나,[12] 그의 갑작스러운 사망과 더불어 농민운동 역시 사그라진다. 이러한 일련의 농민운동에 대하여 강단 역사학자들이 '포퓰리즘'이라 이름하였다.[13] 1892년 및 1896년 미국 대통령 선거에서 제3당의 정치적 실패는 결국 매디슨의 전통에 충실한 엘리트 중심의 양당 체제를 공고히 하는 결과를 낳았다.

이렇게 볼 때 "미국 19세기 정치에서는 영국에서처럼 보수주의자들과 자유주의들 간의 뚜렷한 구분을 찾아볼 수 없다. —1880년대와 1890년대 미국의 자생적 급진 운동을 포착할 수 있는 핵심적 용어는 '자유주의(liberal)'도 '진보주의(progressive)'도 아니다. 그것은 바로 포퓰리즘"[14]이라는 주장이 과장이라고 할 수만은 없다.

따라서 19세기 미국에서 포퓰리즘은 "보통 사람들도 합리적으로 생각하고 행동하면서 자신의 일을 스스로 결정할 능력을 지니고 있다는 세속화된 계몽주의적 신념"[15]이자 동시에 "다른 사람들을 대신하여 어떤 결정을 할 수 있는 상위의 판단 능력에 대한 불신"[16]이자, "미국 농민운동의 급진성과 인민 민주

---

12 "Equal Rights for All, Special Privilege for None"라는 슬로건은 엄격히 말하자면 미국의 7대 대통령인 잭슨(Andrew Jackson) 지지자들에서 연원한다고 해야 할 것이다.

13 Thomas E. Vass, *Equal Rights for All, Special Privilege for None, Principles of American Populism*, Unlimited Publishing, 2002, intro, p.xiii, 미국의 농민운동보다 조금 앞서 러시아에서도 나로드니키 농민운동이 있었는데, 이 운동은 1930년대 우리나라에 브나로드 운동으로 소개되어 문맹 퇴치 활동으로 구체화되었다.

14 F. O. Matthissen, *From the Heart of Europe*, New York, 1948, p.90. "liberalism", *Encyclopedia of Philosophy*, p.460 재인용.

주의(peoples democracy)를 결합한 것이다."[17] 이 점에서 19세기 미국 포퓰리즘은 거의 모든 포퓰리즘에서 공통적으로 관찰되는 "인민(the people)에 대한 호소"와 "반엘리트주의"[18]를 가장 원형적으로 보여주고 있다 할 것이다.

결과적으로 이러한 19세기 미국의 초기 포퓰리즘은 정치 과정에 대한 일반 국민의 적극적인 참여 요구를 바탕으로 반독점주의 및 트러스트 반대 정서를 대중화하면서, 당시 거대 기업의 탐욕스러운 약탈과 경제력 집중을 견제하면서, 결과적으로 선출직 공직자들에게 책임을 요구하였을 뿐만 아니라 경제 분야에서 실질적 개혁을 요구하는 기초를 마련하였다[19]는 점에서 긍정적으로 기여하였다.

3. 자유주의에서 복지와 실질적 평등

자유주의 모형에 따라 건국된 미국에서 결국 포퓰리즘이 등장하고 말았다는 사실은 자유주의가 합리적 절차만을 강조하면서 사회 전체의 복지와 실질적 평등의 요구를 충실히 반영하지 못할 경우 정치 과정에서 일반 국민이 소외될 수밖에 없으며 그 결과 국민주권이라는 민주주의의 가장 기본적인 이념에 어긋나는 길로 갈 수 있는 위험을 노정하는 것이라 할 것이다. 이 절에서

---

15 Michael Kazin, *The Populist Persuasion, An American History*, New York: Basic Books, 1995, pp.10-11.

16 Jeffrey Bell, *Populism and Elitism: Politics in the Age of Equality*, Washington D.C.: Regnery Gateway, p.3.

17 Margaret Canovan, *Populism*, New York: Harcourt Brace Jovanovich, 1891, p.51,

18 위의 책, p.293.

19 Matthew N. Lyons, *Too Close for Comfort*. www.publiceye.org/tooclose/populism.html 재인용.

는 포퓰리즘이 주장하는 복지 내지 경제적 평등과 정치적 참여라는 민주주의적 요구를 자유주의 틀 내에서 가장 정교하게 양립시켜 보고자 하는 한 가지 대표적 시도로 롤즈의 정치적 자유주의를 살펴보고자 한다.

자유주의의 특성을 어떻게 규정할 것인가에 대한 자유주의자들의 입장은 참으로 자유롭다.[20] 그럼에도 불구하고 자유를 어떻게 이해하느냐에 따라 자유주의의 전통을 로크적 전통과 루소적 전통으로 구분해 볼 수 있을 것이다.[21] 일반적으로 로크적 자유주의자들은 자유를 국가로부터 간섭의 배제로 이해하지만, 루소적 전통에 있는 이들은 자유를 자신이 수립한 국가를 매개로 이루어지는 자치로 이해한다. 로크적 전통에서 볼 때 국가를 세우는 목적은 이미 축적한 재산을 보호하는 것[22]이며 따라서 신민의 자유는 법의 침묵에 달려 있다.[23] 이에 비해 루소는 분배상 부정의하며 불평등한 사회에서 비롯되는 자유의 위험을 경계하며 개인의 자발적 참여를 위해 대의민주주의조

---

20 햄튼은 자유주의의 공통된 기본적 신념들을 다음과 같이 정리한다. 첫째, 정치사회에 있는 사람들은 자유로워야 한다는 신념. 이때 '자유'의 의미는 개인주의적으로 이해될 수도 있고 집단주의적으로도 이해될 수 있다. 둘째, 정치사회에 있는 사람들은 평등하여야 한다는 신념. '평등' 역시 순수 절차적 개념으로 이해될 수도 있고 실질적인 경제적 평등을 의미할 수도 있다. 셋째, 국가의 역할은 사람들의 평등과 자유를 고양하는 정도까지 엄격히 한정되어야 한다는 신념. 넷째, 어떤 정치사회이건, 그 사회가 정당한 사회이기 위해서는, 그 사회 내에 있는 사람들에게 정당화되어야 한다는 신념. 다섯째, 국가의 통치 수단은 이성이라는 신념이다. 즉 어떤 인생관이나 종교 또는 형이상학을 신봉하는 사람이건 적어도 정치의 영역에서는 합리적 논변과 합당한 태도를 통해 서로를 대하며 이성에 기초하여 자신의 주장을 정당화해야 한다는 신념이다. Jean Hampton, "The Common Faith of Liberalism", *Pacific Philosophic Quarterly* 75, 1994 참조. 자유주의 특성과 관련하여 다음을 참조. 노명식, 『자유주의의 원리와 역사』, 대우학술총서 인문사회과학 56, 민음사, 1991; 이근식, 『자유주의 사회경제 사상』, 한길사, 1999; 이근식 · 황경식 편, 『자유주의란 무엇인가』, 삼성경제연구소, 2001; 이근식 · 황경식 편, 『자유주의의 원류』, 철학과현실사, 2003.

21 Jean Hampton, 앞의 글, p.188.

22 J. Locke, *Second Treatise of Government*, 이극찬 옮김, 『시민정부론』, 연세대학교 출판부, 1980.

23 T. Hobbes, *Leviathan*, 한승조 옮김, 『리바이어던』, 삼성출판사, 1990.

차 부정하는 극단적 입장을 취한다.[24]

그러나 밀(J. S. Mill)의 경우, 『공리주의』[25]에서는 공동체의 복지 및 이를 보장하는 데 있어서 국가의 역할을 강조하면서도 『자유론』[26]에서는 개인의 자유 및 사적 관심사에 대하여 국가가 침묵해야 할 필요성을 강조함으로써 공적 영역의 자율성과 사적 영역의 자율성을 조화하고자 한다. 그러나 공리주의의 경우 원칙적으로 개인의 자유보다는 공동체 전체의 복지를 강조한다는 점에서, 개인의 불가침의 권리들이 침해될 수 있다는 점에서 근본적으로 문제를 안고 있다.

그뿐만 아니라 설령 공리주의에 기초하여 복지를 보장하고자 할 경우조차 이때 복지는 공리에 대한 계산 불가능성이라는 원칙적 난점은 말할 것도 없거니와 복지의 배분이 생산 과정에 대한 기여와는 무관하게 결정되기 때문에 첫째, 노동 유인에 대하여 부정적 영향을 주는 소모적 복지로 전락할 뿐만 아니라, 둘째, 그 수혜 대상자들은 앞으로 나와 함께 공동체의 복지를 증진해 나갈 자유롭고 평등한 동료 시민이라기보다는 사회적 연민과 시혜의 대상으로 전락하게 된다. 따라서 호혜성(reciprocity)을 무시한 채 공리주의에 기초한 사회적 복지가 집권 세력에 의해 인기 영합 전술의 일환으로 사회적 빈민층에 대해 일방적으로 시행될 경우 이것은 결국 공동체 전체의 사회적 연대를 파괴하는 위험을 피할 수 없게 된다.

공동체 구성원들의 평등한 정치적 자유를 보장하면서 실질적 평등을 모색하는 일은 의당 공적 영역의 자율성과 사적 영역의 자율성을 조화하도록 하

---

24 J. J. Rousseau, *Discours sur l'origine et les fondements de l'inegalite parmi les hommes*, 주경복 외 옮김, 『인간불평등기원론』, 고전의 세계 27, 책세상, 2003.

25 J. S. Mill, *Utilitarianism*, Samuel Gorovitz(ed.), Indianapolis: Bobbs-Merrill, 1971.

26 J. S. Mill, *On Liberty*, 김형철 옮김, 『자유론』, 서광사, 1992.

는 것이어야 하지만 그것은 공리주의와는 다른 방식으로 모색되어야 한다. 이 점에서 필자는 롤즈의 정치적 자유주의를 살펴보고자 하는 것이다.

롤즈는 '공정으로서 정의'라는 자신의 정의관의 근간이 되는 정의의 두 원칙을 『정의론』[27]을 발표한 이후 여러 차례 수정 작업을 거쳐 다음과 같이 제시한다.

(1) 각자는 평등한 기본권과 자유의 충분히 적절한 체계에 대해 동등한 권리 주장을 갖는바, 이 체계는 모두를 위한 동일한 체계와 양립 가능하며, 또한 이 체계에서는 평등한 정치적 자유들, 그리고 오로지 바로 그 자유들만이 그 가치를 보장받는다.

(2) 사회경제적 불평등들은 다음 두 가지 조건을 만족시켜야 한다. 첫째, 이러한 제반 불평등은 기회의 공정한 평등의 조건 하에서 모두에게 개방되어 있는 직위와 직책에 결부되어 있어야 하며, 둘째, 이러한 불평등들은 사회의 최소 수혜 성원들의 최대 이익이 되어야만 한다.[28]

롤즈는 공리주의와는 달리 정치적 자유가 사회적 복지에 의해 침해되지 않

---

27 John Rawls, *A Theory of Justice*, Cambridge, Mass.: Harvard University Press, 1971, 황경식 옮김, 『사회정의론』, 서광사, 1977(이하 TJ로 약칭하여 본문 중에 표기한다). 1975년 롤즈는 독일어 번역을 위해 자신의 초판(1971년)을 상당한 정도로 수정하였으며, 1999년 개정판을 출간하였다. 개정판이 출간되기 전까지 *A Theory of Justice*에 대한 번역 또는 인용의 기준은 1975년판이었다. 개정판 역시 황경식에 의해 『정의론』(이학사, 2003)으로 번역되었다.

28 John Rawls, *Political Liberalism*, New York: Columbia University Press, 1992, pp.5-6, 장동진 옮김, 『정치적 자유주의』, 동명사, 1998(이하 PL로 약칭하여 본문 중에 표기한다). 정의의 두 원칙에 대한 상세한 논의는 황경식, 『사회정의의 철학적 기초』, 문학과 지성사, 1985 참조.

도록 하기 위해 이 두 원칙에 대해 축차적(逐次的, lexicographical)인 서열을 설정한다. 즉 평등한 자유의 원칙이라 일컬어지는 제1원칙은 차등의 원칙으로 일컬어지는 제2원칙에 우선한다. 또한 제2원칙 내부에서는 그 후반부가 전반부에 우선하며 또한 제2원칙은 효율성(efficiency)이나 공리(utility)의 원칙보다 우선적으로 적용되어야 한다는 것이다(TJ, p.302). 이 점에서 제1원칙인 평등한 자유의 원칙을 자유 우선성의 원칙이라 하며, 제2원칙인 차등 원칙은 공정한 기회균등의 원칙과 최소 수혜자 우선성의 원칙으로 이루어진다. 그렇다면 롤즈의 이러한 정의 원칙은 실질적인 경제적 평등에 대한 요구에 충실하면서도 인기 영합적 정책으로 전락하지 않을 수 있는가? 구체적으로 이것은 어떤 사회경제적 맥락에서 가능한가?

롤즈의 정의론에 대하여 많은 학자들은 "평등주의라는 상표를 단 복지국가 자본주의에 대한 철학적 옹호론(a philosophical apologia for an egalitarian brand of welfare state capitalism)"[29]으로 이해했다. 다른 일군의 학자들은 롤즈의 정의론과 부합할 수 있는 정치경제체제는 고전적인 마르크스주의에서 말하는 자본주의와는 전혀 다른 체제라는 주장을 펴고 있다.[30] 그러나 롤즈 자신은 그의 정의론과 부합할 수 있는 체제들의 목록에서 복지국가 자본주의를 분명히 배척한 후, 양립 가능한 체제로 '재산소유 민주주의(property-owning democracy)'와 '자유주의적 (민주적) 사회주의

---

29 Robert Paul Wolff, *Understanding Rawls: A Reconstruction and Critique of "A Theory of Justice"*, Princeton, N. J.: Princeton University Press, 1977, p.195. 이 외에도 다수의 학자들이 롤즈의 정의론이 복지국가 자본주의를 옹호하고 있는 것으로 이해하고 있다. 예를 들자면, Allan Ryan, Allen Buchanan, Amy Gutmann, Brian Barry, Barry Clark and Herbert Gintis, Carole Pateman, Norman Daniels 등. 또한 한국 학자로는 김태길 교수 역시 조심스러운 태도를 취하기는 하지만 이런 입장을 개진하고 있다. 김태길, 『변혁시대의 사회철학』, 철학과현실사, 1990, pp.202-203.

30 예를 들면, Arthur DiQuattro, Richard Krouse, Michael MacPherson.

(liberal (democratic) socialism)'를 제시하고 있다.[31]

롤즈는 재산소유 민주주의를 자본주의에 대한 대안으로 제시하면서 그 기본적인 사회적 제도들에 대해 다음과 같이 윤곽을 제시한다. (1) 정치적 자유들의 공정한 가치를 보장하는 장치들, (2) 교육 및 훈련에서 기회의 공정한 평등을 실현하기 위한 장치들, (3) 모든 이들을 위한 기본적 수준의 보건의료 (JFR, p.131).

나아가 롤즈는 두 가지 조건을 강조한다. 즉 1) 경쟁적 시장체제, 2) 시장의 불완전성을 시정하고 나아가 분배적 정의의 관건이 되는 배경적 제도들을 보존하기 위한 적정 수준의 국가 개입(TJ, pp.270-274). 따라서 재산소유 민주주의의 기본적 제도들은 위에서 지적한 (1), (2), (3) 그리고 경쟁적인 시장체제 및 적정 수준의 국가 개입으로 이루어져 있다고 할 수 있을 것이다.

롤즈는 복지국가 자본주의에 대하여 정치적 자유들의 공정한 가치를 제대로 실현하지 못한다고 비판한다. 그러나 그 역시 바로 이 점에서 좌파들의 비판의 과녁이 된다. 즉 좌파 비판가들에 따르면, 자유주의 국가에서 평등한 자유란 형식적일 뿐이며, 배경적 제도들에서의 심각한 불평등들로 말미암아 부와 권력을 가진 소수가 정치적 삶을 통제하고 만다는 것이다. 이러한 비판을 대하면서 롤즈는 제1원칙에 오직 평등한 정치적 자유들만이 그 공정한 가

---

31 J. Rawls, *Justice as Fairness: A Restatement*, Cambridge: The Belknap Press of Harvard University Press, 2001(이하 JFR로 약칭하여 본문 중에 표기한다), p.110. '재산소유 민주주의'라는 개념은 원래 경제학자 미드로부터 롤즈가 빌려온 개념이다. J. E. Meade, "Efficiency, Equality and the Ownership of Property", *Liberty, Equality and Efficiency*, The Macmillan Press Ltd., 1993, pp.21-81. 여기서 미드는 자본주의에 대한 대안이 될 수 있는 체제를 다음 네 가지로 제시한다. (1) 노동조합 국가(A Trade Union State), (2) 복지국가(A Welfare State), (3) 재산소유 민주주의 국가(A Property-Owning Democracy), (4) 사회주의 국가(A Socialist State). 이 중 미드는 (3)과 (4)만이 자본주의에 대한 대안이 될 수 있다는 입장을 개진한다.

치를 보장받는다는 단서 조항을 포함시킨다(JFR, p.123).

여기서 우리는 정치적 자유의 공정한 가치를 공고히 하기 위한 제도적인 방안으로 두 가지 길을 모색해 볼 수 있을 것이다. 즉 (1) 경제 및 사회의 저변에 있는 불평등들의 영향을 국가로부터 단절시키는 길, (2) 이러한 불평등들을 제거하는 방식.[32]

첫째 대안과 관련해, 핵심적인 것은 정당 및 정치 과정이 사적인 요구들(private demands)로부터 자율성을 확보하도록 하는 길이다. 롤즈 역시 현실 정치에서 선거 공영제와 선거 자금 기부 제한을 제안하는 등 이러한 대안을 수용한다(JFR, p.123). 그러나 배경적 제도들에서의 불평등들을 제거하지 않은 채, 이들이 정치 과정에 미치는 영향을 단절시키는 것은 실패할 수밖에 없다. 왜냐하면 심각한 경제적 불평등들은 국가가 활용할 수 있는 정책들의 범위에 상당한 정도의 구조적 제약을 부과하기 때문이다. 결국 정치적 자유의 공정한 가치 보장이라는 단서 조항은, 만일 정치 과정을 제반 불평등과 단절시키고자 한다면, 적어도 저변에 놓인 심각한 경제적 불평등들을 제거할 것을 요구하게 된다.

두 번째 방안으로 우리는 롤즈 체계에서 부를 평등화하는 수단으로 차등 원칙을 생각해 볼 수 있다. 차등 원칙이 담고 있는 평등주의적 함축들은 정치적으로나 경제적으로 강력한 제약 조건들을 부과할 것이다. 그러나 차등 원칙은 "우리가 좋은 행운으로부터 더욱 많은 이득을 보고자 한다면, 우리의 천부적 재능이 우리보다 적게 가진 이들의 이익에 기여하는 방식으로, 즉 사회적으로 유용한 방식으로 작동하도록 훈련하고 교육해야만 한다는 것"(JFR, p.132)을 말한다. 결국 차등 원칙은 정의로운 불평등을 정당화하고자 하는

---

32 James Fishkin, *Justice, Equal Opportunity, and the Family*, New Haven, Conn.: Yale University Press, 1983.

것이지, 더 많이 가진 자의 부를 더 적게 가진 자들에게 평등하게 분산하고자 하는 것은 아니다.

롤즈는 재산소유를 평등하게 하는 핵심적인 제도적 방안으로 (1) 증여 및 상속에 대한 누진과세,[33] (2) 다양한 종류의 교육 및 훈련 기회의 평등을 진작시키는 공공정책을 제시한다. 교육기회의 평등을 실현하고자 하는 공공정책은 시민들이 소득 획득 능력을 갖추도록 하는 적극적인 정책이라 할 수 있다. 그러나 가정의 자율성이 존중되는 한, 나아가 특히 개인의 소득 획득 능력에 결정적인 영향을 미치는 고등교육의 경우 그 비용이 엄청나다는 점을 고려한다면, 교육기회의 실질적 평등을 실현하는 것은 항상 불완전할 수밖에 없을 것이다.[34] 이에 비해 증여 및 상속의 경우, 누가 어느 정도를 받게 되는가는 대부분 우연에 의해 결정되며 도덕적 관점에서 볼 때 임의적인 것(arbitrary)이다. 그렇기 때문에 배경적 정의를 훼손할 정도의 불평등을 야기할 수 있는 증여 및 상속에 대한 누진과세가 요구된다. 바로 이 누진과세에 대한 이해에서 롤즈의 정의론은 복지국가 자본주의와 결별한다.

사실 "현대의 어떤 산업국가도 그 사회 성원들의 인생 전망이 자연적 혹은

---

33 미드는 이러한 의무를 'death duties'로 부른다. J. E. Meade, 앞의 글, p.52.

34 미드는 재산의 과다에 따라 출산 자녀의 수를 제한하는 유전공학적 정책을 적극적으로 제안한다. 즉 부유한 사람들이 다수의 자녀를 출산하고 가난한 사람들이 소수의 자녀들을 출산할 경우, 형제 간의 결혼이 금지된다면, 결혼 과정은 부의 평등화에 기여한다는 것이다. 또한 개인이 타고나는 능력 역시 부모로부터 반반씩 물려받는다면 세대가 이어질수록 인간의 선천적 능력이 평등화되는 경향을 보인다는 것이다. 이를 두고 미드는 차등적 출산을 통한 '중간으로의 퇴행(regression towards the mean)'이라고 명명한다. 그러나 롤즈는 재산을 평등화하는 방안으로 이러한 유전공학적 정책을 수용하지는 않는다. 왜냐하면 유전공학적 정책들은 제1원칙에서 요구되는 자유 우선성의 원칙을 침해하기 때문이다.
그런데 미드의 재산소유 민주주의에서는 유전공학 정책이 재산을 평등화하는 데 있어서 핵심적인 방안이 된다. 따라서 롤즈가 미드의 유전공학 정책을 거부한다면, 롤즈는 소득 획득 능력을 실질적으로 평등하게 향상시키기 위해서는 교육기회의 실질적 평등을 더욱 강조해야만 한다. 위의 글, pp.47-48 참조.

사회적 우연들에 의해 결정되도록 완전히 방치하지는 않는다는 점에서 모두 복지국가이다."[35] 이런 의미에서 본다면, 롤즈의 재산소유 민주주의 역시 복지국가로 명명될 수 있다. 또한 롤즈의 재산소유 민주주의와 현행 복지국가 자본주의는 다 같이 생산수단에 대한 사적인 소유를 허용하고 있다는 점에서 상당히 유사하다.

그러나 복지국가 자본주의는 소수가 생산수단을 거의 독점하는 것을 처음부터 허용한다.[36] 복지국가 자본주의는 최종 상태에 이르러(at the final state) 각자의 총 소득(불로소득과 근로소득 모두)을 산정하고, 이 소득에 대한 누진과세를 통해 빈자들을 지원하는 복지기금을 마련하고자 하는 재분배 정책을 사후에(ex post) 택한다. 그러나 재산소유 민주주의에서 취하는 누진세제는 빈자들을 위한 보조금을 마련하기 위한 것이 아니다. 이것은 제반 정치적 자유의 공정한 가치와 기회의 공정한 평등에 역행하는 부의 과도한 축적을 막고자 하는 것일 뿐이다. 따라서 재산소유 민주주의 국가에서 누진세는, 그 성원들 간의 협동의 초기 조건을 만족시키고자 하는 것으로서, 증여 및 상속 등 협동의 공정한 조건을 위협할 수 있는 불로소득으로 엄격히 한정된다. 결국 재산소유 민주주의에서는 협동의 최초의 상황을 공정히 하고자

35 Amy Gutmann, "Introduction", *Democracy and the Welfare State*, Princeton, N.J.: Princeton University Press, 1988, p.3.

36 롤즈는 『정의론』 개정판 서문에서 복지국가 자본주의와 자신의 재산소유 민주주의 체제 간의 차이점을 다시 한 번 강조한다. TJ, 개정판 서문 참조.

37 누진과세에 대한 롤즈의 이러한 입장 역시 미드로부터 연원한다. 미드는 상속 및 증여에 대한 누진과세의 구체적인 네 가지 방법을 제안하고 있다. J. E. Meade, 앞의 글, pp.53-54. 이에 대한 상론은 이 글의 범위를 벗어나는 것으로 보이며, 필자는 다만 이러한 누진과세를 현실화할 수 있는 방안이 있다는 점을 더 이상의 논의 없이 전제하고자 한다. 또 한 가지 첨가할 점은 롤즈는 소득에 대한 일체의 사후(ex post) 과세를 거부하지만 소비세는 인정하고 있다. 이 점은 사회의 효율성을 고려한 결과로 보인다.

사전(ex ante) 누진과세가 있을 뿐, 노동소득에 대한 사후(ex post) 과세는 전혀 없다.[37] 즉 재산소유 민주주의는 그 배경적 제도들을 통해 처음부터 재산과 자본의 소유를 분산시키는 방향으로, 다시 말해 사회의 소수 집단이 경제 및 정치를 장악하는 것을 처음부터 막는 방식으로 작동하는 것이다.

나아가 이렇게 함으로써 재산소유 민주주의 체제에서는 복지국가 자본주의에서와는 달리 누진세제가 노동 유인(incentive)에 미치는 부정적 영향을 최소화하고자 한다. 이것은 재산소유 민주주의 사회의 최소 수혜자들은 복지국가 자본주의에서처럼 시혜나 연민의 대상이 아니라, 호혜성의 원칙에 따라 다른 시민들과 상호 이익을 공유하는 자유롭고 평등한 시민으로 간주될 수 있는 이론적 밑받침이 될 수 있다. 이러한 롤즈의 정의론은 "만민평등, 특권철폐"라는 포퓰리즘의 요구를 사회적 유대를 공고히 하는 방식으로 수용할 수 있으리라 생각한다.

4. 다원주의와 공적 이성

디지털 기술의 고도화로 새로운 공론의 장이라 할 수 있는 다양한 전자 게시판이 무수하게 제공되고 저렴한 비용으로 여러 수준의 온라인 투표들이 가능해지면서 정치 과정에 직접 참여하고자 하는 일반 국민들의 잠재되어 있던 욕구 또한 다양한 형태로 표출되고 있다. 이러한 환경은 기존의 대의제 정치에서 선거철을 제외하고는 거의 유명무실화되어 버린 국민주권을 내실화할 수 있는 호기임이 분명하다.

그러나 공동체 전체를 위한 사회적 합의를 모색하는 과정에서 표출되는 입장들이 다양하면 다양할수록 그 합의를 모색하는 과정은 당연히 그만큼 더 어려워질 수밖에 없을 것이다. 더욱이 전자 게시판에 등장하는 의견들 중에는 사리에 어긋나는 주장들은 말할 것도 없거니와 악의적인 사실 왜곡과 심각한 인격 모독이 난무하면서 전자 게시판이 디지털 공론의 장으로서 제대로 기능할 수 있는가에 대한 우려 역시 적지 않다.

그러나 이런 무분별한 주장들이 과거에는 없었다가 디지털 환경에서 갑자기 등장한 것은 분명 아니다. 오히려 디지털 환경에서는 사회적 특권이나 정치적, 경제적 권력과 상관없이 누구나 끊임없이 주장하고 반론하고 그리고 또 재반론할 수 있다는 점에서 과거 특정 집단에 의해 은밀하면서도 조직적이고 지속적으로 유포되던 악의적 주장들이 더 이상 효력을 발휘할 수 없게 되었다. 이 점에서 일부 네티즌들의 정치적 표현에 대하여 소위 '디지털 포퓰리즘 징후'라고 말하는 것은 공론의 장으로서 디지털 환경이 지닌 개방적 특성과 네티즌 전체의 비판적 사고 능력을 무시하는 지극히 근시안적 발상이라고 아니 할 수 없다.

오히려 더욱 주목할 점은 지금까지 우리 모두가 공유하고 있다고 간주해오던 권위나 우상들이 디지털 환경에서 무너지고 있다는 점이다. 즉 이제까지 합리적인 것으로 간주되어 부지불식간 비판으로부터 면제되어 온 많은 비합리적인 부분들이 새롭게 합리성의 잣대로 재평가되어야 한다는 점이다. 물론 그 역도 마찬가지다. 즉 비합리적이라 배척되었던 부분들 역시 진정 비합리적인지 재평가되어야만 하는 것이다. 그런데 합리성에 대한 이러한 반성적 재평가 작업에서 결국 우리는 합리성에 대한 기준 자체가 매우 다원적인 상황과 마주하면서 공동체를 위한 사회적 합의를 모색할 수밖에 없다.

롤즈의 정치적 자유주의 역시 이런 다원주의적 상황에서 정치적 정의관에 대한 합의를 모색하고자 하는 것이다. 롤즈는 현대 민주주의 사회에서 정치적 정의의 가장 기본적인 문제를 다음과 같이 규정한다. "자유롭고 평등한 시민들은 합당한 종교적, 철학적, 도덕적 교설들로 심각하게 분열되어 있는데, 어떻게 이런 시민들로 구성된 정의롭고 안정적인 사회가 상당 기간 존재하는 것이 가능한가?"(PL, p.4) 롤즈는 이 문제를 "민주주의와 포괄적 교설들의 간의 양립 가능성" 문제로 다시 정식화하면서 "당대 세계에서 참으로 난해한 문제(a torturing question in the contemporary world)"라고 명명한다.[38]

정치적 정의관에 대한 합의를 모색하는 롤즈의 이런 접근 방식은 홉스의 접근 방식과 매우 유사하다. 홉스가 개인들 간의 사적 판단이 상충할 수 있는 가능성을 기정 사실로 간주하고 출발하듯이 롤즈 역시 포괄적 교설들 간의 갈등을 합당한 다원주의로 수용하고 있다. 만일 합당한 다원주의의 사실이 가치에 대한 근원적 불일치를 함축하는 것이라면, 다른 합당한 포괄적 교설을 가진 사람들 사이에 이루어진 합의는 근본적으로 일시적 타협(modus vivendi)으로 매우 불안정한 것일 수밖에 없을 것이다.

그런데 정치적 정의관에 대한 안정적인 합의에 도달하고자 한다면, 시민들은 자신들의 고유한 포괄적 교설과 관련된 비공적인 요소들을 최대한 유보내지 자제하면서 공동체 생활을 위해 반드시 공유하여야 하는 필수적인 요소들을 확인하면서 그에 대한 합의를 모색하여야 할 것이다. 롤즈는 시민들이 이런 식으로 공적으로 사고할 때 비로소 모든 합당한 시민들의 공적 이성에 의해 승인받을 수 있는 합당한 질서가 등장할 것이라고 생각한다.

중첩적 합의를 모색하기 위해 롤즈는 우선 그 합의의 범위를 정치적 영역으로 엄격히 제한한다. 이를 위해 롤즈는 자유주의 사회에서 시민들 사이에 형성되는 기본적인 정치적 관계의 특징을 다음과 같이 두 가지로 규정한다. 첫째, 정치적 관계는 사회의 기본구조 내에 존재하는 시민들 간의 관계이며, 시민들은 오직 출생을 통해 이 구조에 들어오며 사망을 통해서만 이 구조에

---

38 John Rawls, *The Law of Peoples*, Cambridge, Mass.: Harvard University Press, 1999(이하 LP로 약칭하여 본문 중에 표기한다), p.175, 장동진 옮김, 『만민법』, 이끌리오, 2000.

서 벗어날 수 있다(PL, p.12).[39] 둘째, 정치적 관계는 집단으로서 궁극적인 정치권력을 행사하는 자유롭고 평등한 시민들 간의 관계이다.

따라서 "정치권력은 자유롭고 평등한 모든 시민들이 공통된 인간 이성에 따라 승인할 것이라고 합당하게 기대할 수 있는 헌법의 핵심 내용과 일치하도록 행사될 때에만 완전히 적절한 것이다."(PL, p.137) 바로 이것이 이른바 롤즈의 '자유주의적 합법성 원칙(the liberal principle of legitimacy)'이다. 이 원칙에서 볼 때 롤즈 역시 시민들 간의 조정과 타협을 통해 평화로운 공존을 모색한다는 점에서는 분명 홉스의 연장선에 있다 할 것이다.

그러나 롤즈의 입장은 첫째, 평화로운 공존을 모색하는 과정이 단순히 어떤 균형을 모색하기 위한 이해타산적 타협을 추구하는 것이 아닐 뿐만 아니라, 둘째, 그 목표하는 바가 단순히 안정적인 질서인 것이 아니라 자유롭고 평등한 시민들이 공유하는 공적 이성이라는 비판적 기준을 통해 자신들의 포괄적 교설들을 부분적으로 수정할 때 비로소 도달할 수 있는 안정적인 질서라는 점에서 홉스의 입장에서는 찾아볼 수 없는 규범적 요소를 강하게 함축하고 있다.[40]

여기서 공적 이성이란 자유롭고 평등한 시민들에 고유한 추론 방식이자 능력이면서 또한 그 근거를 말하며 따라서 평등한 시민이란 하나의 집단으로서 국가권력의 승인을 거쳐 서로에 대해 규칙을 부과하게 된다(JFR, p.92). 결국 사회의 기본구조에 대한 정의의 원칙들에 대한 합의를 모색하기 위해서는

---

39 이 규정은 『정의론』에서부터 『만민법』에 이르기까지 일관된 것으로서 이를 통해 롤즈는 성원권(membership)의 문제를 국가 간 정의의 문제에서도 기본적 문제가 아니라 단순히 확장의 문제로 간주하게 된다.

40 롤즈는 자신이 모색하는 안정성이 언제나 '올바른 명분을 위한 안정성(stability for the right reasons)'임을 분명히 밝힌다. PL, 개정판 서문 참조.

먼저 이 과정에서 평등한 모든 시민들이 의거할 수 있는 일반적인 지식들을 한정하는 일 역시 함께 합의되어야 한다. 그렇기 때문에 어떤 정치적 정의관이 합당한 중첩적 합의의 초점, 즉 공적 정당화의 기초가 될 수 있기 위해서는 다음과 같이 두 부분의 합의(companion agreement)가 이루어져야 한다.

첫째 부분의 합의: 기본구조를 위한 정치적 정의의 제반 원칙에 대한 합의.

둘째 부분의 합의: 추론의 원칙 및 증거의 규칙들에 대한 합의(JFR, 26절).

첫째 부분의 합의는 '공정으로서 정의'에서 보자면 원초적 입장에서 이루어지는 정의의 두 원칙을 말한다. 그런데 둘째 부분의 합의는 서로 다른 가치관을 지닌 시민들이 이 원칙들을 적용할 것인지 말 것인지, 이 원칙들이 언제 어느 정도 충족되었는지, 현존하는 사회적 조건에서 어떤 법률과 정책들이 이 원칙을 가장 잘 구현하는지를 결정하고자 할 때 다 함께 의거하여야 하는 합의로서, 즉 추론의 원칙 및 증거의 규칙들이다.

물론 어떤 사회체제에서건, 심지어는 귀족정치체제나 독재정치체제에서도 그 사회의 주요 계획을 설정, 집행하는 독특한 방식이 존재한다. 하지만 비민주적인 정치체제의 경우 이 방식은 통치자 혹은 소수에 의해 일방적으로 이루어지는 것이며, 설령 그 결과가 시민 모두에게 이로운 것으로 판명날 수 있을지는 모를지언정, 따라서 시민의 뜻이라고 할 수는 없다(PL, p.213). 이 점은 공적 이성이 시민의 자치와 밀접히 연관되어 있다는 것을 함축한다.

결국 공적 이성이란, 하나의 집단으로서 법률을 입안하고 헌법을 개정하는 정치 과정에서 서로에 대하여 궁극적이면서도 강제적인 정치권력을 행사하는 민주사회의 자유롭고 평등한 시민들의 이성이다.[41] 즉 공적 이성의 관념은, 입헌 민주 정부와 그 시민과의 관계 그리고 시민 상호간의 관계를 결정하게 될 기본적인 도덕적, 정치적 가치들을 가장 심층적인 차원에서 규정한다(LP, p.132)는 점에서, 자유롭고 평등한 시민들 간의 정치적 관계를 이해하

는 독특한 방식이라 할 수 있다.[42]

공적 이성의 또 다른 특징은 이 관념이 정치적 문제들에 대한 개인적 숙고(혹은 심의)나 특정 집단의 일원으로서의 추론에는 적용되지 않는다는 점이다. 공적 이성의 관념이 적용되는 것은 공적 포럼(the public forum)[43]이며, 이는 크게 세 부분으로 나누어진다. 첫째 부분은 판결 과정에서 판사들 특히 대법원 판사들의 토론이며, 둘째 부분은 정부 공무원들 특히 주요 행정 관료와 입법가들의 토론이며, 마지막 셋째 부분은 공직 입후보자 및 그 선거운동 종사자들 특히 그들의 공적인 유세, 정당의 당헌 및 정치적 강령에서의 토론 등이다.[44]

여기서 흥미로운 것은 헌법의 핵심 내용이나 기본적인 정의의 문제가 대두된 투표에서 시민들의 투표 방식에도 공적 이성의 관념이 마찬가지로 적용된다는 점이다. 나아가 공적 이성은 해당 사안이 이런 기본적인 문제들과 결부되어 있을 때 투표에 대한 공적인 토론뿐만 아니라 해당 문제에 대한 시민들의 실제 투표 방식까지 관여한다. 만일 그렇지 않을 경우, 즉 시민들이 실제 투표에서 토론에서와 다르게 행동할 경우, 공적 토론은 위선으로 전락하고

---

41 PL, p.214 참조, 모든 합당하고 합리적인 (집단 혹은 개인) 행위자는 그 계획들을 수립하고 우선순위를 정하여 실천하는 방식을 가지고 있다. 바로 이를 할 수 있는 능력이 그 이성이다. PL, p.212.

42 롤즈는 여기서 공적 이성의 관념을 호혜성과 결부시키면서, "입헌민주주의와 호혜성이라는 기준을 거부하는 이들은 당연히 공적 이성이란 관념 역시 거부할 것"이라고 한다(LP, p.132). 이 점에 대한 논의는 잠시 유보한다.

43 롤즈는 『정치적 자유주의』에서 '공적 포럼(the public forum)'이라고만 표현하였으나 『만민법』에서는 '공적 정치 포럼(the public political forum)'으로 더욱 구체적으로 제한하면서도 공적 정치 포럼이 어떤 고정된 의미를 지니는 것은 아니라고 한다. LP, p.133, 각주 8.

44 LP, pp.133-134. 이러한 구분이 필요한 이유는 공적 이성이 각 부분에서 적용되는 방식이 다르기 때문이다. 롤즈는 공적인 정치문화에 대한 광의의 입장(the wide view of public political culture)을 다루면서 공적 이성의 관념을 판사들에게 더욱 엄격히 적용하고자 한다. 공적 이성을 위한 공적 정당화의 요구사항은 항상 동일하다는 점은 물론이다.

만다.

5. 포퓰리즘의 변형적 수용과 한계

롤즈의 정치적 자유주의는 다음과 같은 점을 사실상 전제한다. 즉 규범적 불일치가 지속되는 가운데 안정성을 유지하기 위해서 합당한 사람들이 통일된 공적 의지를 형성할 수 있는 유일한 길은 모든 이가 공유하고 있는 공적 이성에 의해 뒷받침되는 중첩적 합의를 활용하는 것이다. 따라서 중첩적 합의는 합당한 모든 이에게 정치적 합의 과정에서 아무 제약 없이 발언할 수 있도록 허용한다는 점에서 분명 민주주의적이다. 또한 중첩적 합의는 정치적 합의에 도덕적 구속력을 부여하게 될 통일된 공적 의지를 창출하게 된다. 따라서 정치적 자유주의는 (합당한 다원주의를 인정하는 과정에서) 일종의 대중민주주의를 지향하는 것과 동시에 (안정성을 공고히 하기 위하여) 도덕적 통합을 보장하고자 한다.

롤즈의 경우 국민의 민주적 의지는 그 자체가 합리적 구성의 결과이다. 즉 공적 이성은 현실의 실제 공적인 의지가 아니라 이상적인 공적 의지인데, 이런 이상적 의지는 결국 실제의 다양한 요구를 순화한 것일 수밖에 없다. 이 점에서 포퓰리즘은 롤즈의 정치적 자유주의에 대해 기층 민중의 정치 참여의 요구를 제대로 반영하지 못하는 엘리트주의적 정치철학이라고 비난할 수 있을 것이다.

국민의 통일된 의지는 민주주의라는 관념을 충족시키고 정치사회를 민주주의적이도록 하기 위하여 필요한 것이다. 이 점에서 볼 때 국민주권이란 관념은 정치적 합의가 시민들의 집단적 판단을 표현할 때 정당하다는 것을 의미한다. 전통적으로 보자면, 국민주권은 그 사회 구성원들의 통일된 공적 의지(즉 일반 의지)와 결부되어 왔다. "오직 일반 의지만이 국가의 권력의 방향을 그 형성 목적에 맞게, 즉 공동선에 부합하도록 바로잡을 수 있다"는 루소의 말은 이 점을 잘 보여준다.[45]

따라서 정치권력의 정당한 행사는 국민의 공적인 정치적 의지를 표현하여야만 한다. 그런데 롤즈는 민주주의적으로 형성된 실제의 공적 의지에 호소하지 않으면서 시민과 국가 간의 적절한 민주적 관계를 정립하고자 하는 것이며, 바로 여기에 그의 정치적 자유주의의 매력과 어려움이 공존하고 있는 것이다. 실제의 공적 의지에 호소하는 것이 아닐 경우, 시민과 국가 간의 관계가 진정한 의미에서 민주주의적이라 할 수는 없기 때문이다. 그런데 롤즈의 공적 이성은 실제로 행하여졌다는 의미에서 시민들에 의해 집단적으로 의지된 이성이 아니라, 시민들이 이상적 시민이 되고자 한다면 마땅히 택하여야만 하는 이성이다.

따라서 공적 이성은 시민의 이상에 버금가는 모형적 시민들의 이성이며, 이때 공적 자율성은 시민들의 실제 공적 의지(actual public will)에 의존한다기보다 이상적 공적 의지(ideal public will)에 의존한다. 롤즈의 경우 극단적으로 말하자면 만일 국가가 공적 이성의 이상을 가장 잘 표현한다면 설령 현실의 시민 중 이상적인 공적 이성을 가진 자가 전혀 없을 때조차도 국가는 공공의 의지의 정당한 표현이라 할 수 있다. 바로 이 점에서 합당한 다원주의 상황에서도 안정적인 중첩적 합의를 모색하고자 하는 롤즈의 정치적 자유주의는 다양한 합당한 포괄적 교설들이 참여하는 역동적인 정치 과정에 공적 이성이라는 비판적 기준을 제시함으로써, '평등한 정치적 참여'에 대한 민중의 직설적 요구를 순화하여 수용함으로써 포퓰리즘에 대한 답을 제시한다 할 것이다.

---

45 J. J. Rousseau, *On the Social Contract, or Principles of Right*, 이환 옮김, 『사회계약론 또는 정치법원리』, 2권 1장, p.153.

【참고문헌】

김태길, 『변혁시대의 사회철학』, 철학과현실사, 1990.
노명식, 『자유주의의 원리와 역사』, 대우학술총서 인문사회과학 56, 민음사, 1991.
서병훈, 「포퓰리즘」, 『동아일보』, 2000년 12월 13일자.
이근식, 『자유주의 사회경제 사상자유주의란 무엇인가?』, 한길사, 1999.
이근식 · 황경식 편, 『자유주의란 무엇인가』, 삼성경제연구소, 2001.
이근식 · 황경식 편, 『자유주의의 원류』, 철학과현실사, 2003.
황경식, 『사회정의의 철학적 기초』, 문학과지성사, 1985.
Bell, Jeffrey, *Populism and Elitism: Politics in the Age of Equality*, Washington D.C.: Regnery Gateway.
Canovan, Margaret, *Populism*, New York: Harcourt Brace Jovanovich, 1891.
Fishkin, James, *Justice, Equal Opportunity, and the Family*, New Haven, Conn.: Yale University Press, 1983.
Goodwyn, Lawrence, *The Populist Movement: A Short History of the Agrarian Revolt in America*, Oxford University Press, 1978.
Gutmann, Amy, *Democracy and the Welfare State*, Princeton, N.J.: Princeton University Press, 1988.
Hampton, Jean, "The Common Faith of Liberalism", *Pacific Philosophic Quarterly* 75, 1994.
Hobbes, T., *Leviathan*, 한승조 옮김, 『리바이어던』, 삼성출판사, 1990.
Kazin, Michael, *The Populist Persuasion: An American History*, New York: Basic Books, 1995.
Locke, John, *Second Treatise of Government*, 이극찬 옮김, 『시민정부론』, 연세대학교 출판부, 1980.
Lyons, Matthew N., *Too Close for Comfort*. www.publiceye.org/tooclose/populism.html.
Matthissen, F. O., "liberalism", *Encyclopedia of Philosophy*, The Macmillan Press.
Meade, J. E., "Efficiency, Equality and the Ownership of Property", *Liberty, Equality and Efficiency*, The Macmillan Press, 1993.
Mill, J. S., *On Liberty*, 김형철 옮김, 『자유론』, 서광사, 1992.

____, *Utilitarianism*, Samuel Gorovitz(ed.), Indianapolis: Bobbs-merrill, 1971.

Rawls, John, *A Theory of Justice*, Cambridge, Mass.: Harvard University Press, 1971, 황경식 옮김, 『사회정의론』, 서광사, 1977.

____, *A Theory of Justice*(revised edition), Cambridge: The Belknap Press of Harvard University Press, 1999, 황경식 옮김, 『정의론』, 이학사, 2003.

____, *Political Liberalism*, New York: Columbia University Press, 1992, 장동진 옮김, 『정치적 자유주의』, 동명사, 1998.

____, *The Law of Peoples*, Cambridge, Mass.: Harvard University Press, 1999, 장동진 옮김, 『만민법』, 이끌리오, 2000.

____, *Justice as Fairness: A Restatement*, Cambridge: The Belknap Press of Harvard University Press, 2001.

Rousseau, J. J., *Discours sur l'origine et les fondements de l'inegalite parmi les hommes*, 주경복 외 옮김, 『인간불평등기원론』, 고전의 세계 27, 책세상, 2003.

____, *The Social Contract and Discourses*, New York: E. P. Dutton, 1913.

____, *On the Social Contract, or Principles of Right*, 이환 옮김, 『사회계약론 또는 정치법원리』.

Vass, Thomas E., *Equal Rights for All, Special Privilege for None, Principles of American Populism*, Unlimited Publishing, 2002.

Wolff, Robert Paul, *Understanding Rawls: A Reconstruction and Critique of "A Theory of Justice"*, Princeton, N.J.: Princeton University Press, 1977.

Zimmerman, J. F., *Participatory Democracy*, Praeger Publishers, 1986.

Wood, Gordon, *The Creation of the American Republic*. www.publiceye.org /tooclose/populism.html.

이상론과 비이상론의 관계에 대한 고찰*

— 존 롤즈의 정의론을 중심으로 —

목광수

1. 들어가는 글

존 롤즈(John Rawls)는 『정의론』에서 완전히 정의로운 사회(perfectly just society)의 본성과 목표를 검토하는 이상론(ideal theory)이 정의론의 근본적 부분임을 인정하면서도 이를 토대로 전개되는 부분적 준수론(partial compliance theory), 즉 부정의를 다루는 비이상론(non-ideal theory)도 자신의 논의에 포함된다고 주장한다.[1] 이상론과 비이상론의 바람직한 관계가 자신의 논의에 담겨 있다는 롤즈의 주장에도 불구하고, 『정의론』의 출간 직후부터 제기된 비판 가운데 하나는 롤즈 정의론이 비이상론적 상황(non-

* 이 논문은 『철학논총』 제65집, 새한철학회, 2011에 게재된 것임. 이 글은 한국윤리학회 월례회(2011년 4월 30일)에서 발표했던 「아마티아 센의 정의론에 대한 비판적 고찰: 존 롤즈의 정의론 비판과 센의 민주주의 논의를 중심으로」의 일부(2절)를 대폭 수정한 것이다. 당시 월례회에서 논평을 해주셨던 박상혁 선생님, 토론에 참여해 주셨던 황경식 선생님, 유석성 선생님, 정원섭 선생님, 최경석 선생님, 김유신 선생님, 정혁인 선생님, 김준성 선생님 등 참석자들의 날카로운 지적과 토론에 감사드린다.

ideal circumstance)에서 실천성 또는 현실성(feasibility)을 담지할 수 없다는 것이었다.[2] 예를 들어, 파인버그(Joel Feinberg)는 이상론으로서의 정의론만으로는 롤즈가 제기했던 시민 불복종과 같은 부정의의 문제를 해결하기에 불충분하며, 이를 보충하는 이론이 필요하다고 비판한다.[3] 이러한 비판에도 불구하고, 시몬스(A. John Simmons)가 잘 지적한 것처럼 학계에서는 이상론과 비이상론에 대한 비판 논의는 이상할 정도로 주목을 받지 못하였고, 이러한 롤즈의 구분은 본격적인 논의 없이 무비판적으로 당연시되어 왔다.[4] 그러나 최근 들어 센(Amartya Sen)이 이상론 비판을 본격적으로 시작한 이후에 정치철학과 윤리학 분야에서 이상론과 비이상론의 관계에 대한 논의가 새롭게 주목받고 있다.[5]

---

1 John Rawls, *A Theory of Justice*(revised edition), Harvard University Press, 1999, p.8, 황경식 옮김, 『정의론』, 이학사, 2003, p.42(이하 TJ로 약칭하여 본문에 표기하며 번역본의 페이지는 [ ] 안에 나타낸다). 롤즈의 이러한 입장은 『정의론』 이후의 저작들에서도 그대로 반영된다. 예를 들어 *The Laws of Peoples*(1999)의 1부와 2부는 이상론이며, 3부는 비이상론이다.

2 본 논문에서 '실천성' 또는 '현실성'의 의미는 원칙들의 효과적인 작용 또는 작동이 일반적인 인간 심리학과 인간 능력, 그리고 자연 법칙이나 인류에게 이용 가능한 자연 자원과 양립 가능할 경우 바로 그러한 경우를 가리킨다. Allen Buchanan, *Justice, Legitimacy, and Self-Determination*, Oxford University Press, 2008, p.1. 본 논의에서의 실천성 또는 현실성은 부정의를 발견하고 제거하는 실천적 지침을 제공할 수 있는지 여부와 관련된다. Amartya Sen, *The Idea Of Justice*, Harvard University Press, 2009(이하 IJ로 약칭하여 본문에 표기한다), p.ix.

3 Joel Feinberg, "Duty and Obligation in the Non-Ideal Theory", *The Journal of Philosophy*, Vol. 70(9), 1973, p.269.

4 A. John Simmons, "Ideal and Nonideal Theory", *Philosophy & Public Affairs*, Vol. 28(1), 2010, pp.5-6. 시몬스는 서어의 "이상론과 비이상론 구분의 명확함에도 불구하고" 라는 언급(George Sher, *Approximate Justice: Studies in Non-Ideal Theory*, Rowman & Littlefield, 1997, p.2)과 매클레오드의 "구분 그 자체는 상대적으로 문제가 없다" 라는 언급(Alistair M. Macleod, "Rawls' Narrow Doctrine of Human Rights", *Rawls' Law of Peoples*, Rex Martin and David A. Reidy(eds.), Blackwell, 2006, p.145)을 최근 사례로 지적한다.

센은 롤즈 정의론의 이상론이 부정의를 제거하고 정의를 증진시키는 실천적 목적 즉 현실성(feasibility)을 위해 "필요하지도 않으며 충분하지도 않다"고 비판한다(IJ, p.15).[6] 이러한 비판은 규범적 이상론으로서의 정의론 없이도 부정의를 발견하고 제거하는 비이상론이 가능하다는 불필요성 비판과, 이상론은 부정의를 발견하고 제거하는 데 실질적인 역할을 하지 못한다는 불충분성 비판으로 구성된다. 불필요성 비판에 대한 고찰은 필자가 다른 논문에서 다루었기 때문에, 본 논문은 불충분성 비판에만 주목한다.[7] 불충분성 비판에 따르면 롤즈 정의론처럼 이상론을 비이상론과 함께 제시하는 논의들이 양자 사이의 필연적 관계를 설명하지 못한다면, 이상론은 과다한 잉여적(redundant) 논의에 불과하다는 비판에 직면하게 된다. 따라서 본 논문은 롤즈 정의론에서의 이상론과 비이상론 사이의 관계를 고찰하여, 롤즈의 이상론이 과다한 잉여적 논의인지를 검토하고자 한다. 이런 목적을 위해 2절에서는 이상론의 역할이 무엇인지 규명하여 이상론과 비이상론의 관계를 규범적

5 Amartya Sen, "What Do We Want from a Theory of Justice", *The Journal of Philosophy*, Vol. 103(5), 2006; IJ. 이러한 센의 비판 전후로 A. John Simmons, 앞의 책, George Sher, 앞의 책, Alistair M. Macleod, 앞의 글 등이 출간되고 있으며, 학술 전문지인 *Social Theory and Practice*(2008)가 34호 전체를 비이상론과 이상론의 관계에 대한 논쟁에 할애하였다. 또한 센의 저서를 중심으로 컨퍼런스들과 저널의 특집호들이 출간되고 있다.

6 로빈스는 사회정의 논의에서 그동안 이상론이 주도했던 흐름에 대해 우려하는 정치철학자들이 최근 증가하고 있다고 분석한다. Ingrid Robeyns, "Ideal Theory in Theory and Practice", *Social Theory and Practice*, Vol. 34(3), 2008, p.341. 예를 들어, 파렐리는 이상론이 "탁상공론 이론화(arm-char theorizing)"에 불과하여 "[롤즈가 제시하는 이상론에서의] 제도적 처방은 그것이 현실에 적용될 때는 거의 쓸모가 없다"고 비판한다. Colin Farrelly, "Justice in Ideal Theory: a refutation", *Political Studies* 55, 2007, p.855.

7 필자는 규범적 기준으로서의 이상론 없이도 현실적 부정의를 발견하고 제거할 수 있다는 아마티아 센의 정의론을 비판한다. 왜냐하면, 이상론 없는 비이상론의 논의는 고착화된 부정의를 발견하고 제거할 수 있는지 의심스러우며, 더 큰 부정의를 야기할 위험성마저 갖고 있다는 점에서 정당화되기 어렵기 때문이다. 목광수, 「아마티아 센의 정의론에 대한 비판적 고찰: 민주주의 논의를 중심으로」, 『철학연구』 제93집, 2011.

차원에서 제시하고자 한다. 2절의 논의가 입증되어 이상론이 비이상론을 위해서 필요하다는 주장이 수용된다고 하더라도, 불충분성 비판에 효과적으로 대응하기 위해서는 구체적으로 어떻게 이상론과 비이상론이 관계 맺는지에 대한 논의가 필요하다. 3절에서 필자는 롤즈 정의론에서 발견되는 이상론과 비이상론 구조와 4단계 과정(the four-stage sequence), 그리고 인간관과 관련된 도덕심리학(moral psychology) 논의에 대한 분석을 통해 롤즈 정의론에서 비이상론이 어떻게 이상론으로부터 제시되는지를 설명하고자 한다. 이러한 필자의 논의는 이상론과 비이상론의 바람직한 관계가 무엇인지를 시사하여 실천적 정의관의 조건을 제시할 수 있을 것으로 기대한다.

2. 이상론의 구조

이상론에만 주목하는 기존의 정의 관련 논의들이 현실 세계, 즉 비이상론적 상황에 아무런 도움을 주지 못한다는 비판이 대두되고 있지만, 일부에서는 정의론의 목적은 지향할 규범적 토대로서의 이상론을 제시하는 것이지 현실적인 실천성을 담보할 필요가 없다고 주장한다. 예를 들어, 코헨(G. A. Cohen)은 "[정의론과 같은] 정치철학은 우리가 무엇을 해야 하는가라는 질문을 던지는 것이 아니라, 설령 우리가 생각하는 것이 실천적인 차이를 야기하지 못할 때조차 우리는 무엇을 생각해야 하는가라는 질문을 던져야 한다"고 주장한다.[8] 이러한 입장은 실천적 행위 지침을 제시하는 것이 아니라 규범성을 인식하는 것이 정치철학과 윤리학의 목적이라는 전제 아래, 정의론은

8 G. A. Cohen, "Facts and Principles", *Philosophy & Public Affairs* 31, 2003, p.243. 코헨은 이런 관점에서 롤즈 정의론은 지나치게 현실적이라고 비판한다. G. A. Cohen, *Rescuing Justice and Equality*, Harvard University Press, 2008.

이상론으로서 독자성을 고집해야 한다는 입장이다. 필자는 정의론은 현실적 실천성을 담지하는 것이 중요하다는 전제 아래 논의를 전개하기 때문에, 이상론과 비이상론 사이의 관계 설정 자체를 부정하는 이러한 논의는 본 논문에서는 다루지 않는다. 롤즈가 언급한 것처럼, "정의로운 사회 질서에 대한 구조적 원칙을 가지지 않는 [코헨식의 독자적인 이상론인] 순수한 절차론은 우리의 세상에서 불필요하다. 왜냐하면 정치적 목적은 부정의를 철폐하고 공정한 기본구조로 나아가는 안내를 해야 하는 것이기 때문이다."[9]

현 논의에서 필자가 주목하는 이상론, 즉 비이상론과의 관계 속에서 논의되는 이상론은 철저한 준수(full compliance)를 전제하는 이론을 의미한다(TJ, p.8, p.212[p.42, p.326]).[10] 롤즈는 이상론을 제시하면서, "원초적 입장에 있는 사람들은 그들이 받아들이는 원칙이 무엇이든 간에 모든 사람들이 그것을 철저히 준수"해야 한다고 전제한다(TJ, pp.308-309[p.459]). 정의론은 "완전한 정의의 본질이 무엇인지에 대한 질문에 답을 제시하기보다는 부정의를 제거하고 정의를 고양시키는 문제들에 대해서 어떻게 하면 논의를 전개할 수" 있는가에 주목해야 한다고 믿는 센에게 있어서 롤즈 정의론, 즉 공정으로서의 정의는 롤즈적 의미에서 완전히 정의로운 사회(perfectly just society)인 질서정연한 사회(well-ordered society)에서만 적용된다는 점에서 초월적(transcendental)이라고 비판한다(IJ. p.ix).[11] 센의 논의에서 초월적이라는 의미는 현실에 존재하는 부정의를 제거하는 실천성 또는 현실성을

---

9 John Rawls, *Political Liberalism*, Columbia University Press, 1993, p.285, 장동진 옮김, 『정치적 자유주의』, 동명사, 1998, p.352.

10 이상론에 대한 이러한 입장은 다른 정치철학자들이나 윤리학자들에게서도 발견된다. Michael Philips, "Reflections on the Transition from Ideal to Non-IdealTheory", *Nous*, Vol. 19(4), 1985, pp.552-560; Liam Murphy, "Institutions and the Demands of Justice", *Philosophy & Public Affairs* 27, 1998, pp.278-279.

결여하고 있다는 의미로 해석된다. 철저한 준수를 의미하는 롤즈의 이상론이 이러한 센의 비판에 대응하기 위해서는 먼저 이상론이 비이상론과의 관계 속에서 어떤 역할을 감당하는지 살펴보아야 한다.

(1) 이상론의 두 가지 역할

롤즈는 이상론이 비이상론과의 관계 속에서 두 가지 중요한 역할을 감당한다고 주장한다. 첫째, 이상론은 비이상론적 상황을 극복하려는 사회 개혁의 방향성을 설정해 준다. 롤즈는 "일단 우리가 이러한 경우에 합당한 이론[이상론]을 갖게 되면, 자연히 정의의 나머지 문제들도 그에 비추어 더 다루기 수월해지리라고 생각할 수 있다. 적절한 변경을 가함으로써 그러한 이론은 이와 같은 종류의 다른 문제에 대한 실마리를 제공하게 될 것이다"라고 주장한다(TJ, p.7[p.41]). 이상론은 비이상론적 상황인 덜 유리한 조건 아래서 어떤 원칙을 채택하는 것이 사회 개혁 과정을 통해 이상론의 목표로 나아갈 것인지를 설정해 준다(TJ, p.215[p.331]). 롤즈에 의하면 개혁해야 할 부정의들 가운데 어떤 것이 더 심각하고 더 긴급한지의 현실적인 고려를 확인하고 개혁의 목표를 명시하는 역할 또한 축차적 서열화를 갖춘 이상론이 감당한다.[12] 이런 이유로 인해서 롤즈는 "완전히 정의로운 기본구조를 규정하는 이상적 이론은 비이상적 이론에 필수적인 보완이 된다. 그렇지 않게 되면, 변화를 위한 갈망은 목적을 잃게 된다"고 주장한다.[13]

---

11 뷰캐넌 또한 이와 유사한 입장에서 롤즈의 논의는 이상적이라고 비판한다. Allen Buchanan, 앞의 책. 반면에 코헨은 정의론은 이상적이어야 하는데, 롤즈 정의론은 차등 원칙 등에서 볼 수 있는 것처럼 지나치게 현실적이라고 비판한다. G. A. Cohen, *Rescuing Justice and Equality*.

12 John Rawls, *Justice as Fairness: A Restatement*, Harvard University Press, 2001, p.13.

13 John Rawls, *Political Liberalism*, p.285[p.352].

센은 이상론 없이도 부정의를 발견하고 제거할 수 있다고 주장하면서, 이러한 이상론의 역할을 부인한다(IJ, pp.xi-xii). 이러한 주장에 대해 로빈스(Ingrid Robeyns)는 기준적 규범으로서의 이상론 없이 정의를 추구하거나 부정의를 제거하는 방식은 단기간에는 이익이 될 수 있겠지만, 장기적 관점에서는 최선의 결과에는 도달하지 못할 수도 있다고 비판한다.[14] 예를 들어, 현재의 정의 상태를 50이라고 가정하고 완전히 정의로운 상태를 100이라고 가정해 보자. 현 상태에서 우리는 a 상태와 b 상태로 이동할 수 있는데, a 상태는 정의로운 상태가 70이고 b 상태는 55라면, 규범적 기준으로서의 이상적 기준이 없는 현 상태에서 a 상태로 이동하는 것이 더 바람직하다고 판단할 것이다. 그런데 문제는 a 상태는 80인 c 상태로 이동하는 과정이고 b 상태는 95인 d 상태로 이동하는 과정일 뿐만 아니라, a 상태에서 d 상태로는 이동할 수 없다면, 초기에 내린 판단, 즉 현 상태에서 a 상태로 이동한 판단은 단기적 관점에서는 더 나은 정의를 추구했겠지만, 장기적 관점에서는 최선의 정의에 장애가 된다는 점에서 바람직하지 않다. 이러한 이유로 인해 로빈스는 사회 개혁의 목표를 설정해 주는 이상론이 있을 때에만 사회 개혁의 변화가 발전적으로 진행될 수 있다고 주장한다.

더 나아가 부정의한 현실 속에서 규범적 이상론 없이 특정 부정의를 제거하기 위해 취해진 행위가 더 심각한 부정의를 초래하는 역설적 결과를 낳을 수 있다. 예를 들어, 한국사회에서 군복무한 남자들이 갖는 취업에서의 불이익이라는 부정의를 시정하기 위해 규범적 이상론의 방향성 없이 단기적 관점에서 이루어졌던 군가산점 제도는 실제로는 남녀차별과 장애인 차별 등의 심

---

14 Ingrid Robeyns, "Sen on Transcendental Theories of Justice", *The Journal of Economic Methodology*(forthcoming). 이 논문은 The 2010 HDCA Conference에서 발표되었다.

각한 부정의를 초래했다. 만약 기회의 평등이라는 장기적 관점에서 군복무한 남자들이 갖는 취업에서의 불이익을 시정하기 위해서는 모병제라든지 대체 복무와 같은 다른 식의 기회의 평등을 추구하면서 부정의를 시정하기 위한 단계적 조치들이 가능했을 것이다. 이러한 이유로 인해 롤즈는 "정의관은 필요한 구조적 원리를 명시해야만 하며 정치 행동의 전반적 방향을 제시하여야 한다. … 완전히 정의로운 기본구조를 규정하는 이상적 이론은 비이상적 이론에 필수적인 보완이 된다. 그렇지 않게 되면, 변화를 위한 갈망은 목적을 잃게 된다"는 언급을 통해, 이상론이 비이상론에 갖는 의미를 강조한다.[15]

둘째, 이상론은 비이상론의 상황에서 부정의를 발견하는 역할을 감당한다. 이상론은 현존하는 제도가 정의로운지 아니면 정의롭지 못한지, 그리고 이상론에서 어느 정도 벗어나는지를 판단하는 기준이 된다(TJ, p.216 [p.332]). 이러한 역할은 필수적이어서, 롤즈는 "배경적 제도를 위한 그와 같은 이상적 형태가 없다면, 배경적 정의를 보존하고 현존하는 부정의를 제거하기 위한 부단한 사회적 조정 과정을 위한 합리적 기준이 없게 된다"고 주장한다.[16] 예를 들어, 여성 차별에 대해서 명확한 이상론적 기준이 설정되어 있지 않으면, 어떤 것이 부정의인지 혼란스러울 수 있다. 왜냐하면 경제활동을 하지 않고 육아에 전념하는 여성에게 차별받는다고 주장할 수도 있지만, 성 역할의 다름은 차별이 아니라 존중되어야 할 차이에 불과하다고 주장할 수도 있기 때문이다. 현실의 부정의는 복잡한 구조 속에 자리 잡고 있기 때문에 이상론적 기준 없이 발견하는 것이 쉽지 않다는 점에서, 이상론은 부정의를 발견하고 제거하는 비이상론을 위해 중요한 기준으로서의 역할을 감당한다.

이상에서 살펴본 것처럼, 이상론은 비이상론의 상황을 극복하려는 사회 개

---

15 John Rawls, *Political Liberalism*, p.285[p.352].

16 위의 책, p.285[p.352].

혁의 방향성을 설정해 주는 지침을 제시하며, 비이상론의 상황에서 부정의를 발견하는 기준으로서의 역할을 감당한다. 이러한 역할이 중요하고 필수적임에도 불구하고, 원론적인 수준에서만 제시된다면 추상적이라는 비판을 피할 수 없다. 왜냐하면 현실적 삶은 더 구체적인 맥락에서 제시되는데, 구체적인 맥락에서의 기준으로서의 이상론이 제시되지 않는다면 현실적 삶에서 실질적 기준이 될 수 없기 때문이다. 따라서 비이상론에 대한 기준이나 지침이 되고자 하는 이상론은 구체적인 현실적 삶에서 어떻게 구현될 수 있는지를 제시하는 것이 필요하다. 롤즈는 이러한 제시를 4단계 과정을 통해 설명한다.

(2) 이상론의 적용 구조: 4단계 과정

롤즈는 원초적 입장에서 정의의 두 원칙을 채택한 합의 당사자들이 각자의 사회적 위치로 돌아가 자신들의 요구를 토대로 정의의 두 원칙을 재해석하는 과정을 [표 1]에서 정리한 것처럼 4단계 과정(the four-stage sequence)으로 설명한다(TJ, p.171[p.269]).

4단계 과정은 1단계인 원초적 입장 단계, 2단계인 제헌위원회 단계, 3단계인 입법의 단계, 4단계인 법규 적용 단계로 구성된다. 4단계 과정의 첫 번째 단계는 원초적 입장으로 무지의 베일 하에서 이루어지는 합의이고, 무지의 베일을 어느 정도 벗은 두 번째 단계는 사회이론의 제1원칙들과 역사의 전개 과정을 알고 있기에, 정의의 두 원칙이 바람직한 결과에 대한 독립적인 기준 아래 정의로운 결과를 보장하도록 편성된 정의로운 절차에 해당하는 정의로운 헌법을 제정한다. 즉 가장 효율적이고 정의로운 헌법, 정의의 원칙들을 만족시키는 그리고 정의롭고 효율적인 입법을 가장 잘 하도록 해주리라고 생각되는 헌법을 제정한다. 세 번째 단계인 입법의 단계는 더 많은 정보를 가지고 정의롭고도 현실성이 있는 절차적 체제 가운데 효과적이고 정의로운 법적 질

[표 1] 4단계 과정

	단계	정보의 공개 내용 (무지의 베일이 걷히는 정도)	계약 내용
1	원초적 입장	무지의 베일 아래 있기에, 사회이론의 제1원칙들은 알고 있지만 역사의 전개 과정은 가려짐	정의의 두 원칙(공정으로서의 정의)
2	제헌 위원회	1단계 정보 + 사회이론의 원칙들, 사회와 관련된 일반적 사실들, 즉 그 자연적 여건 및 자원, 그 경제 발전의 수준과 정치 및 문화에 대한 정보는 공개됨[17]	헌법(가장 효율적이고 정의로운 헌법)
3	입법	2단계 정보 + 개인의 특수한 정보는 여전히 배제되지만 사회에 대한 자세한 정보는 공개됨	법이나 정책
4	행정 적용	모든 정보 공개	법규의 적용과 법규의 준수 및 그것들에 대한 시민들의 준수와 반응

서를 산출할 가능성이 가장 큰 법을 선정한다(TJ, p.174[p.271]). 모든 사람들에게 모든 사실들이 완전히 알려지는 마지막 단계는 법관과 행정관에 의한 법규의 적용과 시민 일반이 법규를 준수하는 단계이다.

롤즈는 이상론이 구체적인 삶의 맥락에서 구현될 수 있다는 것을 보이기 위해, 입법 단계에서 질병의 발병률, 질병의 심각성, 질병의 원인, 질병의 빈도수 등 다양한 정보를 고려하는 의료적 필요를 사례로 다룬다.[18] 예를 들어,

17 4단계 과정에서 공개되는 정보는 무지의 베일이 벗어지는 정도와 비례하여 하위 단계로 갈수록 증가하는 방식이다. 그렇지만 『정의론』 31절에서는 2단계에서 3단계로의 정보 공개 증가 여부가 불명확하게 제시되어 있다. 본 논문은 4단계 과정의 정보 공개 증가라는 기본적 지침과 다른 자료들을 토대로 3단계가 2단계보다 더 많은 정보가 공개된다고 규정한다. http://plato.stanford.deu/entries/rawls/#InsFouStaSeq.

최소 수혜자(the least advantaged)에 해당하는 시민 집단의 의료적 필요에 대해서 구체적인 정보를 토대로 적정한 수준에서 치료를 받을 수 있도록 정의의 두 원칙이 적용된다. 차등 원칙(difference principle)의 지침 아래, 이러한 공급은 더 많은 공급이 최소 수혜자의 기대치를 낮출 수 있는 지점까지 제공될 수 있다. 이 과정에서 차등 원칙의 적용은 단지 최소 수혜자의 지출을 보충하는 것이 아니라 자유롭고 평등한 시민의 요구 사항과 필요를 채운다는 의미이다. 이 사례를 통해 롤즈는 정의의 두 원칙이 실천적인 의료 사례에 대해 지침을 제공하고, 시민들의 의료적 치료 가운데 상대적인 우선성과 긴급성을 토대로 판단하여 구체적으로 접근하고 구현될 수 있음을 보여준다.

이상에서 살펴본 롤즈 정의론의 4단계 진행 논의는 이상론으로의 정의론이 구체적인 현실적 삶에서 이상론적 기준을 제시할 수 있는 가능성을 보여준다. 이런 구체적 구조를 제시하는 덕분에, 롤즈뿐만 아니라 롤즈의 논의를 따르는 학자들은 롤즈 정의론을 현실적 문제들에 적용해 오고 있다. 예를 들어, 롤즈는 정의의 두 원칙이 가족에 적용되어 여성 평등을 도모하는 것이 가능한지를 검토한다.[19] 포기(Thomas Pogge)는 롤즈 논의를 통해 경제적 불평등과 빈곤 문제에 실천적 대응책을 제시하고 있으며, 다니엘스(Norman Daniels)는 정의로운 의료에 대한 실천적 대응책을 제시하고 있다.[20]

---

18 John Rawls, *Justice as Fairness: A Restatement*, p.173.

19 오킨은 특히 5장에서 롤즈 정의론은 가족제도에 현실적으로 적용될 수 없는 논의라고 주장한다. Susan Moller Okin, *Justice, Gender, and the Family*, Basic Books, 1989. 이에 대해서 롤즈는 가족제도 역시 사회의 기본구조에 해당하기 때문에 정의론의 대상이 된다고 답변하고 있다. John Rawls, *Justice as Fairness: A Restatement*, p.133.

3. 비이상론의 구조

2절의 논의에도 불구하고 이상론에 대한 불충분성 비판은 여전히 유효할 수 있다. 왜냐하면 이상론이 비이상론과의 관계에서 중요한 역할을 감당하고 이상론이 구체적인 현실적 삶에 기준을 제시할 수 있다고 하더라도, 지금까지의 논의는 이상론과 비이상론의 관계를 규범적인 차원에서만 제시하였을 뿐, 부정의적 상황에서의 양자의 관계를 구체적으로 제시하지 못했기 때문이다. 따라서 3절은 롤즈 정의론에서의 이상론과 비이상론의 관계, 특히 이상론의 지침 아래 구체적인 부정의를 발견하고 제거하는 비이상론의 구체적 역할을 고찰하고자 한다.

(1) 이상론과 비이상론의 통합적 구조

[표 2]에서 제시되는 것처럼, 롤즈는 정의론이 이상론과 비이상론의 통합적 구조에 기반하고 있다고 주장한다(TJ, p.8[p.42]). 롤즈 정의론에서 이상론이란 이상적인 조건을 갖춘(reasonably favorable conditions) 사회인 질서정연한 사회를 배경으로 원초적 입장(original position)에서 합의된 정의의 두 원칙이 철저하게 준수된다는 이론이다(TJ, p.215[p.331]). 롤즈는 자신의 논의가 이상론에 초점을 맞추고 있음을 인정하면서, 이러한 강조는 "합당하게 우호적인 조건들을 전제했을 때, 어떤 정의관이 해당 민주주의 사회에 가장 적합한지에 대한 논쟁", 즉 이상론에 대한 논쟁이 당시에 유행이었기 때

20 Thomas Pogge, *Realizing Rawls*, Cornell University Press, 1989; *World Poverty and Human Rights*, Polity, 2002; *Global Justice*, Blackwell, 2002.
Norman Daniels, *Just Health Care*, Cambridge University Press, 1985; *Just Health*, Cambridge University Press, 2007.

문이라고 설명한다.[21] 롤즈 정의론에서 비이상론은, 정의로운 제도가 확립될 수 있는 사회적 여건이 마련되지 못한 불우한 여건(less than favorable condition)에서 제기되는 논의이다(TJ, p.216[p.331]).[22] 롤즈는 비이상론을 "부분적 준수론"이라고 언급하면서, 비이상론은 이상론과의 통합적 구조 속에서 "부정의를 처리하게 될 방법을 규제하는 원칙들을 연구하는 것"이라고 규정한다(TJ, p.8[p.42]). 롤즈의 비이상론에는 "처벌론, 정의로운 전쟁론, 그리고 시민 불복종과 양심적 반대에서부터 무력적 항거와 혁명에 이르기까지 정의롭지 못한 체제에 대처하는 여러 방식들에 대한 정당화 등과 같은 주제 … 보상적 정의의 문제들 및 제도적 부정의의 형태들을 서로 비교 검토하는 문제들이 포함된다."(TJ, p.8[p.42])

---

21 John Rawls, *Justice as Fairness: A Restatement*, p.13.

22 롤즈는 부분적 준수론인 비이상론은 자연적 제약과 역사적 우연성에의 적응을 다루는 원칙과 부정의를 처리하는 원칙으로 구성된다고 주장한다(TJ, p.216[p.332]). 비이상론을 두 가지 구성요소로 보는 듯한 롤즈의 이러한 표현은 많은 학자들에게 롤즈 비이상론을 이해하는 데 어려움과 혼란을 야기했다. 예를 들면, 시몬스는 『정의론』에서 부분 준수(partial compliance)라는 표현을 사용하다가 *The Law of People*에서는 준수하지 않음(non-compliance)으로 표현되는 비이상론은 위에서 언급한 두 가지 구성요소 논의로 인해 혼란을 야기한다는 입장을 표명한다. A. John Simmons, 앞의 글, p.12. 필자는 롤즈의 언급을 비이상론의 두 가지 구성요소라는 의미보다는 비이상론을 바라보는 두 가지 관점으로 이해하고자 한다. 즉 [표 1]에서 보는 것처럼 필자는 비이상론의 모든 사례들을 자연적 제약과 역사적 우연성에서 비롯된 것으로 이해하며, 이러한 제약과 우연성은 정의의 정도에 따라 세 가지로 구분된다는 입장이다. 이러한 필자의 관점에 따르면 시몬스가 혼란스러워했던 표현이 시민 불복종처럼 거의 정의로운 사회에서 야기되는 약한 부정의는 부분적 준수로 논의될 수 있지만, *The Law of People*에서의 무법국가(outlaw state)와 같은 극심한 부정의나 불리한 여건의 사회(burdened society)처럼 부정의는 없지만 이상론을 제시할 수 없는 사회는 준수하지 않음(non-compliance)으로 논의될 수 있다는 점에서 구분될 수 있다.

[표 2] 이상론과 비이상론

<table>
<tr><th></th><th>구분</th><th>배경 사회</th><th colspan="2">조건</th><th>적용 사례</th><th>준수 여부</th></tr>
<tr><td rowspan="2">롤즈의 정의론</td><td>이상론</td><td>우호적인 여건</td><td colspan="2">질서정연한 사회</td><td>-공정으로서의 정의관이 적용(22절)
-4단계 과정(31절)</td><td>철저한 준수</td></tr>
<tr><td>비이상론</td><td>덜 우호적인 여건</td><td>자연적 제약 및 역사적 우연성</td><td>낮음
↑
부정의 심각 정도
↓
높음</td><td>-일반적인 정의관이 적용(11절)
-양심의 자유 및 사상의 자유 제한(33절, 37절)
-시민 불복종과 양심적 거부(57절, 58절)
-전쟁 포로에 대한 대우(살인과 노예제 등)(39절)</td><td>부분 준수</td></tr>
</table>

센은 롤즈 정의론이 이상론과 비이상론으로 구성된다는 것은 인정하지만, 이상론이 비이상론을 위해 실질적 지침을 제공하는 통합적 구조를 갖춘 정의관(conglomerate theory)임을 부인한다(IJ, p.16, p.97). 비록 롤즈 이상론이 2절에서 검토했던 것처럼 규범적 차원에서 부정의를 발견하는 역할을 감당하고 사회 개혁의 방향성을 제시한다고 하더라도, 실질적으로 어떻게 부정의를 제거해야 하는지에 대한 구체적 지침을 제시하지 않는다면 롤즈 이상론은 여전히 불충분하다는 것이 센의 비판이다. 현재까지의 논의가 롤즈 이상론과 비이상론의 관계에 대한 논의의 전부라면 센의 비판은 어느 정도 설득력이 있을 수 있다. 그러나 만약 이상론과 비이상론의 관계에 대한 거시적 설명에 덧붙여, 롤즈 정의론이 구체적으로 이상론이 현실에 적용되는 미시적 설명 구조를 포함한다면 이러한 비판은 반박될 수 있을 것이다.

(2) 비이상론적 상황의 구분

[표 2]에서 제시되고 주 22에서도 언급했던 것처럼, 비이상론적 상황은 부정의의 심각성 정도에 따라 세 가지로 구분된다. 첫째는 인위적으로 야기되

지 않았다는 점에서 부정의가 부재한 상황이다. 일반적인 정의관이 적용되거나 양심의 자유 및 사상의 자유가 제한되는 상황 또는 불리한 여건으로 인해 정치적, 문화적, 전통적, 인적 자원과 기술이 결핍되어 있고 질서정연한 사회가 되기 위해 필수적인 물질적, 기술적 자원을 결여하고 있는 불리한 여건에 있는 사회(burdened society)가 이 상황에 해당한다.[23] 두 번째는 정의로운 원칙과 헌법은 구축되었지만 입법 과정에서 부정의가 발생하는 경우로, 시민 불복종이나 양심적 병역 거부 사례에서 나타난다. 세 번째는 역사적 우연성이나 자연적 제약으로 극심한 부정의가 야기되는 상황이다. 필자는 이러한 세 가지 비이상론적 상황을 롤즈가 어떻게 대응하는지를 고찰하고자 한다.

① 첫 번째 상황: 인위적인 부정의가 부재한 상황

비이상론의 첫 번째 상황은 자연적 제약과 역사적 우연성으로 인해 이상론을 구성할 기회를 갖지 못했지만, 인위적인 부정의가 야기되지는 않는 상황이다. 이런 상황에서의 비이상론은 부정의에 대한 대응이라기보다는 정의의 두 원칙이 현실적 제약 사항에 적응하면서 완화된 형태로 적용되는 경우이다. 롤즈는 "비이상론적인 이론의 … 일부는 … 더 광범위한 자유와 관련된 것이다. [인위적 부정의로서의] 불평등함은 없지만 모든 사람이 더 광범위한 자유를 가지기보다는 더 좁은 범위의 자유를 가지기 때문에 … 공동 이익의 원칙에 의거하는 것이다. … 공공질서를 위한 양심의 자유 및 사상의 자유에 대한 제한도 이러한 범주에 속한다(34절, 37절). 이러한 제한 사항은 … 자연적 제약을 처리하는 부분에 속하는 것이다"라고 언급한다(TJ, pp.216-217

23 John Rawls, *The Law of Peoples*, Harvard University Press, 1999, pp.106-107.

[pp.332-333]).

이러한 상황은, 이상적으로 정의로운 사회로 이행하는 과정에 이상적 정의관인 공정으로서의 정의의 축차적 서열화가 용인되지 않는 역사적 제약으로 인해, 모든 사회적 가치들은 이들 가치의 전부 또는 일부의 불평등한 분배가 모든 사람에게 이익이 되지 않는 한 평등하게 분배되어야 한다는 일반적인 정의관(general conception of justice)이 적용되는 경우이다(TJ, p.54 [p.107]).[24] 이상에서 살펴본 것처럼, 첫 번째 상황은 롤즈의 정의의 두 원칙이 자연적 제약과 역사적 우연성 제약으로 인해, 비이상론이 구현되는 과정에서 상위 단계인 이상론을 위배하지는 않으면서도 현실적 고려 사항들 속에 완화되어 적용되는 경우이다. 이 경우는 이상론과 비이상론의 구체적 관계를 보여준다.

② 두 번째 상황: 거의 정의로운 사회에서의 부정의 상황

두 번째 상황은 거의 정의로운 사회(nearly just society)에서 정의로운 원칙과 헌법은 구축되었지만 입법 과정에서 부정의가 발생하는 경우이다. 거의 정의로운 사회라는 의미는 질서정연한 사회(well-ordered society)에 가까운 사회임을 의미한다(TJ, p.319[pp.473-474]). 롤즈에게 질서정연한 사회란, 모든 사람들이 정의관을 수용하고 이를 모든 사람들이 알고 있으며, 사회의 기본구조가 공적으로 알려져 있으며, 시민들이 정상적으로 효과적인 정의감을 갖고 있는 사회를 의미한다.[25] 롤즈는 질서정연한 사회, 즉 정의로

24 롤즈는 "비이상론적인 이론의 더 극단적이고 복잡한 경우에 있어서는 규칙들의 우선성이 적용될 수 없을 것이다"라고 주장한다(TJ, p.267[p.401]). 롤즈 정의론에서 이상론이 비이상론을 위해 중요한 역할을 수행하는 통합적인 정의관(conglomerate theory)임을 부인하는 센도 이 부분에서 차등 원칙의 실천적 적용에 대해서는 부분적으로 인정한다(IJ, p.97).

운 사회에서 발생할 수 있는 시민 불복종이 정당화될 수 있을지 여부는, 법과 제도가 부정의한 정도에 달려 있다고 주장한다(TJ, p.309[p.460]). 즉 시민 불복종의 대상이 될 수 있는 법과 정책이 공공적으로 인정된 기준에 어긋나는 경우, 즉 시민들의 정의감에 위배될 때에는 시민 불복종이 정당화되지만, 그러지 않을 경우는 법의 지배를 인정하면서 정의감의 성장을 기다리는 것이 옳다는 입장이다(TJ, 52절). 따라서 롤즈는 "정당화될 수 있는 시민 불복종은 일반적으로 정의감에 의해 상당한 정도로 규제되는 사회에서만 합당하고 효율적인 반대 형식이라는 사실을 인식해야 한다"고 강조한다(TJ, p.339 [p.503]).

시민 불복종이나 양심적 병역 거부 사례에서 볼 수 있는 것처럼, 두 번째 상황에서 부정의에 대한 대응은 해당 법규가 정의감(sense of justice)에 위배될 때 상위의 헌법이나 정의관에 호소하는 방식이다. 이러한 의미에서 시민 불복종은 시민들이 상위의 정의관이나 헌법 등에 비추어 반성적 평형(reflective equilibrium) 속에서 형성된 숙고된 판단(considered judgment), 즉 정의감에 의해 야기된다.[26] 이러한 정의감은 "정의로운 체계가 갖는 본질적이면서도 장기적인 경향"이라는 도덕심리학적 사실이다(TJ, p.218[p.334]). 정의감이란 그다지 대단한 정치적 힘이 될 수 없다는 비판에 대해 롤즈는 "정의감이란 일단 그것이 영향력을 행사하는 미묘한 형식이 인

25 John Rawls, *Justice as Fairness: A Restatement*, pp.8-9.

26 여기에서 논의되는 정의감은 거의 정의로운 사회의 정의로운 제도 속에서 시민들의 정의감이 형성되고 발전되는 도덕심리학적 논의에 기반한다. 이런 정의감을 반성적 평형 과정 속에서 설명하는 방식은 정혁인, 『분배정의론 연구』, 고려대학교 박사학위 논문, 2006, 그리고 반성적 평형 자체에 대한 논의는 목광수, 「윤리적인 동물 실험의 철학적 옹호 가능성 검토」, 『철학연구』 제90집, 2010; Norman Daniels, *Justice and Justification: Reflective Equilibrium in Theory and Practice*, Cambridge University Press, 1996 참조.

정되고 특히 어떤 사회적인 입장을 옹호할 수 없는 것으로 만드는 그 역할을 수긍하게 되면 더 강력한 정치적 힘으로 생각될 것이다"라고 대응한다(TJ, pp.338-340[pp.501-503]). 양심적 거부나 시민 불복종은 이미 정의관과 헌법이 정의로운 구조를 갖추고 있기에 시민들의 비폭력적 저항에 의해 제도적으로 입법 단계의 부정의만 제거하면 이상론으로 전환(transition)될 수 있는 비교적 부정의가 덜 심각한 경우들이다.[27] 이러한 논의에서 보여주는 것처럼, 롤즈의 이상론은 거의 정의로운 사회에서의 부정의라는 두 번째 상황에서도 비이상론의 기준으로서 그리고 지침으로서의 역할을 충실히 감당하고 있다.

③ 세 번째 상황: 심각한 부정의 사회에서의 부정의 상황

세 번째 상황은 불평등한 자유처럼 부정의가 만연한 경우이다. 즉 헌법 단계마저 부정의하거나 부정의가 심각하여 단번에 전환되기보다는 점진적인 개혁이 불가피한 경우이다. [표 3]은 롤즈 정의론이 극단적 부정의를 비이상론에서 다루고 있다고 유추할 수 있는 사례인 전쟁 포로의 사례를 중심으로 어떻게 점진적 사회 개혁이 일어나는지를 제시한다(TJ, p.218[p.334]).[28] 예를 들어서 전쟁 포로들을 모두 죽이는 심각한 부정의가 만연한 사회에서는, 그러한 포로들을 죽이는 대신 노예로 삼는 것이 상대적으로 덜 부정의하다는 점에서 허용될 수 있다. 그러나 언젠가 그 체제는 포로를 노예로 삼는 것보다는 전쟁 포로를 교환하는 것이 더 바람직한 제도로 사회 구성원들에게 인식

27 A. John Simmons, 앞의 글, p.22. 이러한 경우들에만 주목하는 시몬스는 롤즈의 비이상론을 점진적(comparative)이라기보다는 전환적(transitional) 과정으로 규정하는데, 이러한 규정은 단편적 이해에 불과하다. 왜냐하면 세 번째 심각한 부정의 상황 논의에서 볼 수 있는 것처럼, 비이상론은 점진적 과정 또한 포함하고 있기 때문이다.

되어 폐기될 것이다. 그리고 이러한 정의의 진보 과정 속에서 결국은 기본적인 자유의 실현에 도달할 것이다. 왜냐하면 자유에 대한 이런 제한들을 더 이상은 정당화할 수 없는 사회적 조건들이 사회 구성원들의 정의감 발달과 함께 초래될 것이기 때문이다.

[표 3] 점진적 사회 개혁 과정

	사회제도		영향 관계	인간의 두 가지 능력	
				합리성의 능력 (rationality)	합당성의 능력 (reasonableness)
낮음 ↑ 부정의 심각 정도 ↓ 높음	포로를 교환하는 사회	↑ 개선	↖ 개선 요구	합리성 위배	정의감 위배
		교육제도	⇒ 영향	합리성 증진	정의감 성장
	포로를 노예로 삼는 사회	↑ 개선	↖ 개선 요구	합리성 위배	정의감 위배
		교육제도	⇒ 영향	합리성 증진	정의감 성장
	포로를 죽이는 사회	↑ 개선	↖ 개선 요구	합리성 위배	정의감 위배
		교육제도	⇒ 영향	합리성 증진 (공공 이익 고려)	정의감 성장

28 롤즈가 비이상론적 논의를 다루는 39절에 등장하는 '전쟁 포로' 사례는 롤즈가 명시적으로 제시하는 비이상론의 대상이 아니다. 롤즈는 이상론의 범위 내에서 해결 가능한 정치적 정의관의 고전적인 문제의 하나인 시민 불복종이나 양심적 거부가 자신의 비이상론의 논의 대상이지, 부정의가 초래하는 심각한 문제들은 논의의 대상으로 삼지 않는다고 언급한다. John Rawls, *Justice as Fairness: A Restatement*, p.66. 그러나 이러한 언급을 롤즈 정의론에서 심각한 부정의의 문제들을 다룰 수 없다는 말로 해석할 필요는 없다. 왜냐하면 롤즈는 자신이 다루는 두 가지의 비이상론의 경우와 같은 "명백히 특수한 경우에 대해 이해하게 되면 더 어려운 문제를 해명하는 데도 도움이 될 것"이라고 주장하기 때문이다(TJ, p.309[p.460]). 따라서 필자는 롤즈의 '전쟁 포로' 사례가 심각한 부정의를 다루는 롤즈의 방식으로 '유추'할 수 있다고 생각한다.

[표 3]은 사회 개혁 과정에 점진적 진보를 이끌어가는 동력으로 도덕심리학(moral psychology)이 중요한 역할을 하고 있음을 보여준다.[29] 구체적으로 이 사례에서 롤즈는 "결국에는 자유에 대한 이런 제한들을 더 이상은 정당화할 수 없는 사회적 조건들이 초래될 것이[며] … 이런 조건들의 충분한 성취는, 말하자면 정의로운 체계가 갖는 본질적이면서도 장기적인 경향인 것이다"라고 주장한다(TJ, p.218[p.334]). 롤즈는 어느 정도 시간이 경과하면 사람들의 합당성 특히 정의감이 성장하여 현실의 덜 정의로운 사회제도에 대해서 개혁을 원하게 되고 이러한 정의감과 제도 개혁의 호순환 과정에서 결국에는 정의로운 사회가 달성될 수 있다고 가정한다.[30]

롤즈는 점진적인 진보의 동력으로 정의를 추구하는 경향성, 즉 부정의를 제거하려는 경향을 중시한다. 이러한 경향성은 롤즈의 인간관과 관련된다. 롤즈에 의하면 인간은 두 가지 능력을 갖고 있는데, 하나는 가치관에 대한 것이고 다른 하나는 정의감에 대한 것이다. 가치관에 해당하는 합리성은 어떤 것이 자신의 삶에 더 부합하는지를 숙고하고 판단하는 방식으로 나타난다. 정의감은 우리와 우리의 동료가 이득을 보게 되는 정의로운 체제를 우리가 받아들이게끔 해줄 뿐만 아니라 정의로운 체제를 설립하고 정의가 요구할 경

29 이 논문에서 다루는 도덕심리학적 논의는 롤즈의 논의를 필자가 '전쟁 포로' 사례에 적용한 것이다. 목광수, 「아마티아 센의 정의론에 대한 비판적 고찰: 민주주의 논의를 중심으로」. 또한 이 논문과 동일한 도덕심리학적 논의를 다루고 있지만, 행위 주체성(agency) 논의와의 관련성 속에서 '가부장적 사회에서 여성의 행위 주체성이 성장하는 과정'이라는 다른 사례에 적용한다는 점에서 차별화된다.

30 [표 3]에서 합당성(reasonableness)의 능력이 성장 또는 발달하는 부분을 설명하면서 합당성의 내용인 도덕감(moral sentiments) 가운데 가장 중요한 정의감(sense of justice)을 사용하였다. 왜냐하면 합당성이라는 인간의 능력 가운데 본 논의와 관련해서 가장 중요한 요소는 정의감이기 때문이다. 정리해서 합당성과 정의감의 관계를 설명하면, 합당성을 구성하는 도덕감 중에서 가장 중요한 요소가 정의감이라는 점에서 합당성과 정의감의 관계는 전체와 부분의 관계로 볼 수 있다.

우 현존 제도에 대한 개혁을 위하여 일하고자 하는 (혹은 적어도 반대하지는 않을) 각오가 생겨나는 방식으로 나타난다(TJ, p.415[p.609]). 이러한 인간의 특징에 대해 롤즈는 "사회체제의 정의 여부와 이러한 문제에 대한 인간의 소신은 사회적 감정에 깊은 영향을 주며, 그것들은 타인이 제도를 받아들이거나 거부하는 것과 그것을 개혁하거나 옹호하려는 그의 시도를 어떻게 볼 것인가를 결정해 준다"고 언급한다(TJ, p.431[p.631]).

이러한 합리성과 정의감은 도덕심리학을 통해 발달한다. 각 개인은 먼저 가정을 통해 권위에 의한 도덕을 습득하게 되고 이후에 공동체에 의한 도덕을, 그리고 원리에 의한 도덕을 습득하게 된다(TJ, 8장). 이러한 정의감의 발생과 발달 과정에서 가정, 학교 등의 사회제도가 중요한 역할을 감당한다. 왜냐하면 우리는 사회제도의 원리들이 우리의 가치관을 증진시킨다는 것을 알게 되면 그 사회제도의 원리들을 적용하고 그에 따라 행동하려는 욕구를 갖게 되며, 그로 인해 정의감이 성장하기 때문이다(TJ, p.415[p.609]). 부정의의 세 가지 경우를 나누는 [표 2]에서 양심의 자유 및 사상의 자유가 제한되는 판단은 "공공질서나 안녕에 대한 공동의 이익(common interest)"에 비추어 공공질서를 해치게 되리라는 합리적인 예상과 "어느 정도 경과하면 정의로운 사회가 달성될 수 있다"는 정의감에 근거한다(TJ, p.186, p.215[p.289, p.331]). 위에서 다룬 '전쟁 포로' 사례와 같은 심각한 부정의의 경우에는 이러한 부정의를 제거하는 과정은 낮은 수준의 정의감과 공공 이익을 고려하는 동기에서 시작되지만, 이러한 부정의의 제거를 통해 사회가 변화하면 그 사회는, 특히 사회의 교육제도를 통해 해당 구성원들의 정의감과 합리성을 증진시키기 때문에 또다시 해당 사회의 부정의 상태에 대해서도 불만을 갖게 되고 이러한 불만은 다시금 사회의 정의를 개선하는 방향으로 작동하게 된다. 즉 제도 개혁과 정의감의 나선형적 발전을 이룩하게 된다. 이러한 세 번째 상황, 즉 극심한 부정의라는 비이상론적 상황에서 롤즈의 이상론은 점진적 개혁을 위한 지침으로서의 방향성을 설정해 준다는 점에서 이상론과 비이상론은 긴밀한 관계를 맺고 있다.

4. 나오는 글

본 논문은 센이 제기했던 불충분성 비판, 즉 이상론은 현실적 부정의를 발견하고 제거하는 비이상론을 위해 불충분하다는 비판을 검토하기 위해 롤즈의 이상론과 비이상론 사이의 관계를 고찰하였다. 롤즈 정의론처럼 이상론과 비이상론을 함께 제시하는 논의들이 양자 사이의 구체적이고 실질적인 관계를 설명하지 못한다면, 이상론은 과다한 잉여적(redundant) 논의에 불과하다는 비판에 직면하게 되기 때문이다. 필자의 분석에 따르면, 롤즈 정의론에서 이상론은 비이상론을 위한 사회 개혁의 방향성을 설정해 줄 뿐만 아니라, 4단계 논의 과정을 통해 부정의를 발견하고 제거하는 구체적인 기준으로서의 역할을 감당한다. 더욱이 이러한 규범적 차원에 덧붙여, 이상론은 구체적인 부정의를 발견하고 제거하는 비이상론에 실질적 지침을 제시하는 구체적인 관계를 맺고 있다. 이러한 관계를 규명하기 위한 필자의 분석에 따르면, 롤즈 정의론에서 발견되는 부정의한 상황은 세 가지로 구분되는데, 첫 번째 상황인 자연적 제약과 역사적 우연성으로 인해 이상론을 제시할 기회를 갖지 못한 상황에서는 이상론적 상황에 도달할 수 있도록 정의론은 완화된 형태로 제시되며, 두 번째 상황인 거의 정의로운 사회에서 제기되는 약한 부정의에 대해서는 이상론이 도덕심리학적 논의 속에서 전환적 과정을 유도하며, 세 번째 상황인 극심한 부정의가 존재하는 상황에서는 도덕심리학적 논의를 통해 점진적 개혁을 위한 방향성을 설정하여 사회 개혁의 진보를 유도한다.

이러한 논의를 통해 필자는 현실성을 담보한 실천적 정의론을 제시하기 위해서는 반드시 이상론과 비이상론의 올바른 관계를 설정하여 제시하는 것이 바람직하지, 센처럼 비이상론의 독자성을 주장하거나 코헨처럼 이상론의 독자성을 주장하는 것은 바람직하지 않다는 점을 강조한다. 이상론과 비이상론 사이의 바람직한 관계를 고찰한 본 논문의 시사점이 차후 실천적 정의관을 제시하려는 연구에 방향성을 설정해 줄 수 있기를 기대한다.

【참고문헌】

목광수, 「아마티아 센의 정의론에 대한 비판적 고찰: 민주주의 논의를 중심으로」, 『철학연구』 제93집, 2011.

___, 「윤리적인 동물 실험의 철학적 옹호 가능성 검토」, 『철학연구』 제90집, 2010.

정혁인, 『분배정의론 연구』, 고려대학교 박사 학위 논문, 2006.

Buchanan, Allen, *Justice, Legitimacy, and Self-Determination*, Oxford University Press, 2008.

Cohen, G. A., "Facts and Principles", *Philosophy & Public Affairs* 31, 2003.

___, *Rescuing Justice and Equality*, Harvard University Press, 2008.

Daniels, Norman, *Just Health Care*, Cambridge University Press, 1985.

___, *Justice and Justification: Reflective Equilibrium in Theory and Practice*, Cambridge University Press, 1996.

___, *Just Health*, Cambridge University Press, 2007.

Farrelly, Colin, "Justice in Ideal Theory: a refutation", *Political Studies* 55, 2007.

Feinberg, Joel, "Duty and Obligation in the Non-Ideal Theory", *The Journal of Philosophy*, Vol. 70(9), 1973.

Macleod, Alistair M., "Rawls' Narrow Doctrine of Human Rights", *Rawls' Law of Peoples*, Rex Martin and David A. Reidy(eds.), Blackwell, 2006.

Murphy, Liam, "Institutions and the Demands of Justice", *Philosophy & Public Affairs* 27, 1998.

Okin, Susan Moller, *Justice, Gender, and the Family*, Basic Books, 1989.

Philips, Michael, "Reflections on the Transition from Ideal to Non-Ideal Theory", *Nous*, Vol. 19(4), 1985

Pogge, Thomas, *Realizing Rawls*, Cornell University Press, 1989.

___, *World Poverty and Human Rights*, Polity, 2002.

___, *Global Justice*, Blackwell, 2002.

Rawls, John, *Political Liberalism*, Columbia University Press, 1993, 장동진 옮김, 『정치적 자유주의』, 동명사, 1998.

___, *A Theory of Justice*(revised edition), Harvard University Press, 1999, 황경식 옮김, 『정의론』, 이학사, 2003.

___, *The Law of Peoples*, Harvard University Press, 1999, 장동진 옮김, 『만민

법』, 이끌리오, 2000.
___, *Justice as Fairness: A Restatement*, Harvard University Press, 2001.
Robeyns, Ingrid, "Sen on Transcendental Theories of Justice", *The Journal of Economic Methodology*(forthcoming).
___, "Ideal Theory in Theory and Practice", *Social Theory and Practice*, Vol. 34(3), 2008.
Sen, Amartya, "What Do we Want from a Theory of Justice", *The Journal of Philosophy*, Vol. 103(5), 2006.
___, *The Idea of Justice*, Harvard University Press, 2009.
Sher, George, *Approximate Justice: Studies in Non-Ideal Theory*, Rowman & Littlefield, 1997.
Simmons, A. John, "Ideal and Nonideal Theory", *Philosophy & Public Affairs*, Vol. 28(1), 2010.

자유주의의 건재*

박정순

1. 서론: '자유주의 대 공동체주의 논쟁'의 자유주의적 해법

(1) 자유주의의 약사와 자유주의의 새로운 유형

보편적 자유와 권리, 신분적 평등, 박애, 다원주의적 관용, 입헌적 제한정부, 가치관에 대한 국가의 중립성, 법치주의, 그리고 계몽주의적 합리성을 기치로 들고 나온 자유주의는 엄청난 '해방의 힘(liberating force)'을 가지고 근대의 지배적 이념으로 자리 잡아왔다.[1] 이러한 해방의 힘은 잔인성과 무지몽매와 미신, 신분적 구속과 불관용, 자의적 정부의 횡포로부터 인간을 구해냄으로써, 특권을 가진 인간에 대한, 궁극적으로는 인간 자신에 대한 인간의

---

* 이 논문은 『철학연구』 제45집, 철학연구회, 1999에 게재된 것을 수정 보완한 것임. 비록 조금 시간이 지난 논문이기는 하지만 자유주의와 공동체주의 논쟁에 대한 어떤 철학적 결산을 위해서 나름대로 심혈을 기울인 장문의 논문이므로 기념논문집에 기고하기로 결정하였음을 밝히는 바이다.

1 A. Arblaster, *The Rise & Decline of Western Liberalism*, Oxford: Basil Blackwell, 1984, p.347.

승리를 구가하는 근대적 개인을 역사의 중심무대로 등장시킨다. 인간사회와 공동체는 이제 그 억압적 굴레를 벗어 던지고, 그러한 근대적 개인들의 자유와 평등의 실현을 위한 부차적인 현실적 장치로서 새롭고도 제한된 의미만을 부여받게 되었다.[2] 결국 자유주의는 "사회질서 그 자체가 원칙적으로 각 개인이 이해할 수 있도록 설명되어야 하는 심판대를 통과해야 한다"고 요구한다.[3] 1980년대 후반 공산주의의 몰락 이후 자유민주주의적 자본주의 체제는 '역사의 종언'까지는 아니더라도 경제적 비효율성이라는 고질적인 문제를 해결한, 약간은 약화된 복지국가의 유형을 통해서 여전히 미래를 주도할 것이라는 '새로운 합의'를 도출한 것이 사실이다. 그러나 범자본주의적 국가 관리 체제의 일환이었던 공산주의의 몰락은 자유주의 몰락의 전조라는 비관적 전망도 나오고 있다.[4] 자유주의는 자신의 최종 승리가 임박할 때면 언제나 그 승리에 재를 뿌리는 반자유주의자들의 횡포에 시달려 왔다. 마치 자유주의의 혁명이 성공하면 언제나 반혁명분자들이 나타났듯이. 자유주의는 1930년대 이후 미국 대공황을 케인스 경제철학에 기반한 뉴딜 정책으로 해결함으로써 영국에서 이미 19세기 후반과 20세기 초반에 정립된 자유주의적 복지국가 모형의 현실적 우위를 입증한다. 따라서 서구에서는 1950년대 말 보수주의와 사회주의가 자유주의적 복지국가로 통합되어 '이데올로기의 종언'을 이

---

2 W. Kymlicka, "Community", Robert E. Goodin and Phillip Pettit(eds.), *A Companion to Political Philosophy*, Oxford: Basil Blackwell, 1993, p.366.

3 J. Waldron, "Theoretical Foundations of Liberalism", *The Philosophical Quarterly*, Vol. 37, 1987, p.149.

4 역사의 종언은 F. Fukuyama, *The End of History and the Last Man*, New York: Free Press, 1992, 자유주의의 몰락은 I. Wallerstein, *After Liberalism*, New York: The New Press, 1995, 새로운 합의는 J. Friedman, "The New Consensus: I. The Fukuyama Thesis", *Critical Review*, Vol. 3, 1989; "The New Consensus: II. The Democratic Welfare State", *Critical Review*, Vol. 4, 1990 참조.

룬 듯이 보였다. 이러한 상황은 예수도 마르크스도 없는 '조용한 혁명'으로서 숭앙되었다.[5] 그러나 자유주의는 여전히 자신의 이념인 자유와 평등의 가치가 현실적으로 완벽하게 실현되지 않았다는 점에서 1960년대 이후 흑인 민권운동과 페미니즘과 신좌파에 의한 비판에 시달리게 된다. 롤즈의 『정의론』은 이러한 시대적 상황에서 정치적, 경제적 자유와 권리의 확보라는 고전적 자유주의의 유산과 공정한 기회균등과 분배적 정의의 실현이라는 두 이질적 요소를 공정한 선택 상황을 가정하는 사회계약론적 관점에서 종합함으로써 자유주의적 복지국가에 대한 철학적 정당화를 이룩한다.[6] 따라서 그의 정의론은 그동안 자유주의의 지배적인 철학적 근거로서 행세하던 공리주의의 '최대다수의 최대행복'이 가지고 있던 이론적 약점, 즉 전체 복지라는 미명 아래 소수자 인권 침해의 가능성을 극복하고 자유주의 정치철학의 한 전형을 이루게 된다. 이러한 전형은 '신칸트적 좌파 자유주의' 혹은 권리준거적인 '칸트적인 의무론적 자유주의'로 명명된다.[7] 그러나 롤즈의 이러한 신칸트적 좌파 자유주의는 1970-80년대에 영미에서 신고전적 자유주의와 보수주의의 연합 세력에 의한 반격을 받게 된다. 특히 노직은 롤즈의 분배적 평등주의가 개인의 권리와 자유를 침해한다고 반대하면서 자유지상주의적 최소 국가론을 전개한다.[8] 연합 세력의 이러한 반격은 1990년대 이후 세계를 질풍노도처럼 몰아치는 신자유주의(neoliberalism)로 군림하게 된다. 반면에 드워킨

5 D. Bell, *The End of Ideology: On the Exhaustion of Political Ideas in the Fifties*, New York: Collier Books, 1961.

6 J. Rawls, *A Theory of Justice*, Cambridge: The Belknap Press of Harvard University Press, 1971.

7 D. Bell, *Communitarianism and Its Critics*, Oxford: Clarendon Press, 1993, p.2; C. Mouffe, "American Liberalism and Its Critics: Rawls, Taylor, Sandel, and Walzer", *Praxis International*, Vol. 8, 1988, p.195.

8 R. Nozick, *Anarchy, State, and Utopia*, New York: Basic Books, 1975.

은, 자유주의 정치가 자유와 평등 간에 독특한 균형을 찾는 일이라고 보는 상식적 견해를 거부하고, 자유의 이념보다는 평등의 이념이 더 중요하다고 천명한다.[9] 그러나 이러한 공리주의, 롤즈, 노직, 드워킨 사이에서 전개된 자유주의 논쟁은 자유와 평등의 실현이라는 자유주의의 '목적이 아니고 그 수단'에 대한 내부 논쟁이므로,[10] 롤즈에 의해서 창출된 '자유주의의 새로운 유형(a new liberal paradigm)'은 자유주의 철학의 보편적 모형으로 인정되기에 이른다.[11]

(2) 자유주의의 공동체주의적 시련

롤즈에 의해서 주도된 이러한 자유주의의 새로운 유형은 노직, 드워킨, 거워스, 애커만, 고티에, 라즈, 킴리카, 라모어, 갤스턴 등을 통해 다양하게 발전하게 된다.[12] 그러나 자유주의는 1980년대와 1990년대에 걸쳐서 매킨타이어, 샌델, 테일러, 왈쩌, 웅거, 바버, 벨라, 에치오니 등 공동체주의자들로부터 다양한 비판을 받게 된다.[13] 공동체주의자들은 이데올로기 좌우파와 보수

---

9 R. Dworkin, "Liberalism", Stuart Hampshire(ed)., *Public & Private Morality*, Cambridge University Press, 1978, p.115. 자세한 입장은 R. Dworkin, *Taking Rights Seriously*, Cambridge: Harvard University Press, 1977 참조.

10 T. Ball and R. Dagger, *Political Ideologies and the Democratic Ideal*, New York: Harper and Collins, 1995, p.88.

11 J. S. Fishkin, "Defending Equality: A View From The Cave", *Michigan Law Review*, Vol. 82, 1984, p.755.

12 A. Gewirth, *Reason and Morality*, Chicago: University of Chicago Press, 1978; B. A. Ackerman, *Social Justice in the Liberal State*, New Haven: Yale University Press, 1980; D. Gauthier, *Morals By Agreement*, Oxford: Clarendon Press, 1986; J. Raz, *The Morality of Freedom*, Oxford: Clarendon Press, 1986; W. Kymlicka, *Liberalism, Community and Culture*, Oxford: Clarendon Press, 1989; C. E. Larmore, *Patterns of Moral Complexity*, Cambridge University Press, 1987; W. Galston, *Liberal Purposes: Goods, Virtues, and Diversity in the Liberal State*, Cambridge University Press, 1991.

주의와 급진주의를 망라함으로써 전통적인 좌우 이데올로기의 대립보다 매우 복잡한 양상으로 전개되어 '자유주의 대 공동체주의 논쟁'의 전모를 파악하기 어렵게 하고 있다.[14] 또한 공동체주의자들은 아리스토텔레스나 헤겔에 호소하거나, 아니면 마키아벨리와 루소가 주창한 고전적 혹은 시민적 공화주의 또는 미국 건국 초기에서 나타난 공화주의적 전통을 부활시키려고 하는 다면적인 모습을 보인다. 또한 공동체주의자들은 가치통합론적인 입장을 보이거나, 아니면 참여민주주의적 입장, 그리고 특수주의적이고 다원적인 입장을 보이기도 한다.[15] 공동체주의자들의 이러한 다양한 입장 차이로 말미암아 그들의 자유주의에 대한 비판을 한마디로 정리하는 것은 '성급한 일반화의 오류'를 저지를 수도 있지만, 대체로 다음과 같은 여덟 가지의 관점에서 요

---

13 A. MacIntyre, *After Virtue*, Notre Dame: University of Notre Dame Press, 1981[1984]; *Whose Justice? Which Rationality?*, Notre Dame: University of Notre Dame Press, 1988; *Three Rival Versions of Moral Enquiry: Encyclopedia, Genealogy, and Tradition*, Notre Dame: Notre Dame University Press, 1990; 알래스데어 매킨타이어, 이진우 옮김, 『덕의 상실』, 문예출판사, 1997 참조.
M. Sandel, *Liberalism and the Limits of Justice*, Cambridge: Cambridge University Press, 1982; *Democracy's Discontent*, Cambridge: Harvard University Press, 1996; C. Taylor, "Atomism", *Philosophy and the Human Sciences: Philosophical Papers* 2, Cambridge University Press, 1985; *Sources of Self*, Cambridge: Harvard University Press, 1989; *The Malaise of Modernity*, Concord: Anansi, 1991; *The Ethics of Authenticity*, Cambridge: Harvard University Press, 1992; M. Walzer, *Spheres of Justice: A Defense of Pluralism and Equality*, New York: Basic Books, 1983; R. M. Unger, *Knowledge and Politics*, New York: The Free Press, 1975; B. Barber, *Strong Democracy: Participatory Politics for a New Age*, Berkeley: University of California Press, 1984; R. Bellah et al., *Habits of Heart*, New York: Harper & Row, 1985; A. Etzioni, *The Spirit of Community*, New York: Simon and Schuster, 1993.

14 H. Tam, *Communitarianism*, New York: New York University Press, 1998, ch.2 "Remapping the Ideological Battle Ground".

15 D. Herzog, "Some Questions for Republicans", *Political Theory*, Vol. 14, 1986; S. Benhabib, *Situating the Self: Gender, Community and Postmodernism in Comtemporary Ethics*, Cambridge: Polity Press, 1992, p.76.

약될 수 있다.[16]

첫째, 자유주의는 가족 혹은 지역 공동체를 경시 또는 무시함으로써 인간의 가치 있는 삶에 대한 중요하고도 대체할 수 없는 구성요소인 공동체를 손상한다. 둘째, 자유주의는 정치적 결합을 단순히 도구적인 가치만을 가진 것으로 과소 평가함으로써 정치적 공동체에 대한 적극적인 참여가 인간의 가치 있는 삶에 대해서 갖는 중요성을 망각한다. 셋째, 자유주의는 자유로운 개인적 계약이나 선택의 결과가 아닌 가족에 대한 의무, 공동체와 국가를 유지하려는 헌신 등 개인적, 사회적 덕목들에 대한 적절한 설명을 제공할 수 없거나 그러한 설명과 양립할 수 없다. 넷째, 자유주의는 자율성을 가지고 있다고 상정하는 개인적 자아가 선택의 대상이 아닌 공동체적 삶과 가치를 수용하며 그러한 방식으로 자아가 형성된다는 것을 인식하지 못함으로써 자아에 대한 불완전한 개념을 가지고 있다. 다섯째, 자유주의는 정의(正義)가 공동체의 더 고차적인 덕목들이 붕괴된 상황에서만 필요하거나 또는 기껏해야 교정적인 덕목에 불과하다는 것을 인식하지 못함으로써 정의를 사회제도의 제일 덕목이라고 잘못 간주하고 있다. 여섯째, 자유주의는 다양한 개인의 가치관에 대해서는 반완전주의적 중립성을 유지하고 정의의 원칙을 통한 절차주의적인 통괄만이 도덕과 국가의 우선적 임무라고 생각하는 편협한 권리 중심적인 의무론적 도덕체계와 국가관을 가지고 있다. 일곱째, 자유주의는 개인적 권리의 보장과 정의 원칙의 실현을 모든 사회를 평가할 수 있는 보편적인 정당화 기준으로 제시함으로써 한 사회와 공동체가 가지고 있는 특수적이고 다원

16 A. Buchanan, "Assessing the Communitarian Critique of Liberalism", *Ethics*, Vol. 99, 1989; W. Kymlicka, "Liberalism and Communitarianism", *Canadian Journal of Philosophy*, Vol. 18, 1988; D. Shapiro, "Liberalism and Communitarianism", *Philosophical Books*, Vol. 36, 1995. 자세한 논의는 박정순, 「자유주의 대 공동체주의 논쟁의 방법론적 쟁점」, 『철학연구』 제33집, 1993 참조.

적인 역사적 상황을 무시한다. 여덟째, 자유주의적 개인주의 문화는 공동체적 귀속의 상실과 가치의 상대성으로 말미암아 삶의 지표와 근본과 사회적 통합성을 상실한다. 따라서 고립적이고 파편적인 개인, 이기심의 만연, 이혼율의 증가, 정치적 무관심, 나르시시즘, 상업주의적이고 감각주의적 탐닉의 만연, 폭력적인 대중문화, 마약의 범람 등 다양한 도덕적 실패를 노정한다.

(3) 자유주의의 대응과 공동체주의에 대한 역공

공동체주의의 이러한 혹독한 비판은 자유주의의 철학적 정체성과 그 이론적, 현실적 건실성에 대한 심각한 의문을 제기하게 만든다. 이제 자유주의자들은 "자신들 스스로 자유주의에 대해서 심사숙고"하고, "자유주의와 도덕적 삶"의 관계를 재조명하기에 이른다.[17] '자유주의 대 공동체주의 논쟁'에 대해서 한편으로는 이미 논쟁은 끝이 났고 양자는 상호 수렴하고 있다는 주장과 아직도 이 논쟁은 더욱 확산일로에 있다는 상반된 주장이 동시에 제기되고 있다.[18] 최근 공동체주의자들은 「공동체주의 강령」을 선포하고 자신들의 저널을 만들고 그 이론적, 실천적 대안을 정교히 하려고 노력하고 있고, 주요한 공동체주의자들도 후속작을 계속 내놓고 있으며, 자유주의자들도 자유주의를 옹호하기 위한 반격의 채비를 늦추지 않고 있다.[19]

본 논문은 공동체주의의 자유주의 비판에 대해서 자유주의자들이 어떻게 대응하고 있는가에 초점을 맞출 것이다. 공동체주의의 비판에 대해서 자유

---

17 A. Damico(ed.), *Liberals on Liberalism*, Totowa: Rowman & Littlefield, 1986; N. Rosenbaum(ed.), *Liberalism and Moral Life*, Cambridge: Harvard University Press, 1989.

18 논쟁이 끝나서 상호 수렴하고 있다고 보는 입장은 M. Carleheden and Rene Gabriels, "An Interview with Michael Walzer", *Theory, Culture & Society*, Vol. 14, 1997, p.114; A. Etzioni, "A Moderate Communitarian Proposal", *Political Theory*, Vol. 24, 1996, p.155. 확산일로는 D. Shapiro, 앞의 글.

주의자들은 수정주의적 입장으로부터 독단주의적 입장까지 다양한 반응을 보이고 있다. 즉, 공동체주의의 도전을 십분 이해하고 상호 수렴론으로 나아가야 한다는 주장[20]과 공동체주의의 도전과 자유주의의 문제점을 인정하기는 하지만 공동체주의는 자유주의에 대한 전면적 대안이 아니고 비판적 보완일 수밖에 없다는 주장[21]과 공동체주의의 도전으로 자유주의가 약화되었다는 것을 인정하고 그것을 치유하는 새로운 자유주의를 모색하는 입장[22]과 자유주의는 적절한 재서술 혹은 재해석을 통해서 공동체주의를 수용할 수 있다는 입장,[23] 더 나아가서 그러한 재해석을 통해서 자유주의는 공동체주의보다 더 진정으로 공동체를 보호할 수 있다는 입장,[24] 그리고 이미 자유주의 이면에는 공동체주의의 요소가 포함되어 있기 때문에 공동체주의는 시간 낭비라

---

19 「공동체주의 강령」(1991)은 에치오니(A. Etzioni)와 갤스턴(W. Galston) 등 100여 명의 인사들이 서명한 후 공포한 것이다. "The Responsive Communitarian Platform: Rights & Responsibilities", Washington, D.C., The Responsive Community, Winter of the Year, 1991 참조. 공동체주의자들의 후속작으로는 A. MacIntyre, *Whose Justice? Which Rationality?*; *Three Rival Versions of Moral Enquiry: Encyclopedia, Genealogy, and Tradition*; M. Sandel, *Democracy's Discontent*; C. Taylor, *The Malaise of Modernity*; *The Ethics of Authenticity* 참조. 그리고 자유주의자들의 대표적 후속작은 앞으로 논의 과정에서 언급될 것이다. 우선 J. Rawls, *Political Liberalism*, New York: Columbia University Press, 1993 참조. 롤즈의 이 후속작에 대한 논의는 박정순, 「정치적 자유주의의 철학적 기초」, 『철학연구』 제42집, 1998 참조.

20 A. Buchanan, 앞의 글, p.882.

21 A. Gutmann, "Communitarian Critics of Liberalism", *Philosophy & Public Affairs*, Vol. 14, 1985, p.49.

22 N. Rosenbaum, *Another Liberalism*, Cambridge: Harvard University Press, 1987, ch.7 "Repairing the Communitarian Failings of Liberal Thought".

23 J. Hampton, *Political Philosophy*, Oxford: Westview Press, 1997, p.185; N. Rosenbaum(ed.), *Liberalism and Moral Life*, pp.12-13; 윤평중, 「탈현대의 정치철학」, 『철학』 제56집, 1998, p.320. 윤평중 교수는 "공동체주의의 롤즈 비판은 그 핵심적 내용이 정치적 자유주의에 의해 통합되었다"고 본다.

24 A. Buchanan, 앞의 글, pp.862-865; S. Mulhall and A. Swift, *Liberals and Communitarians*, Oxford: Blackwell, 1992, p.201.

는 주장과 자유주의는 공동체주의적 교정이 필요 없이 그 자체로 공동체주의적 요소를 가지고 있다는 강한 자유주의론이 제기된다.[25] 또한 자유주의자들은 공동체주의자들에게 다양한 직접적인 역공을 가한다. 자유주의자들은 자유주의가 가진 문제점을 인정하기는 하지만, 공동체주의적 대안은 더 참혹한 결과를 산출할 것이라고 대꾸한다. 공동체주의는 자유주의를 오해하고 희화화하고 위조하고 모함하는 반동적이고도 시대착오적인 사상이라는 것이다.[26] 공동체주의는 공동체 개념과 공동체 구성의 현실적 방안에 관련된 자신의 사상체계와 대안을 결코 명료하게 제시한 적이 없다는 사실도 지적된다.[27] 그리고 설령 공동체주의적 대안이 명료화된다고 해도 그것은 현대사회에서는 부적절한 낭만주의적 노스탤지어에 불과하다는 것이다.[28] 방법론적으로 볼 때, 공동체주의가 공동체의 관행과 가치와 전통에 도덕적 준거를 두고 있는 한, 건전한 사회비판을 수행할 수 없는 보수주의적이고도 상대주의적인 입장에서 헤어나지 못한다는 것이 약점으로 부각된다. 따라서 현실적으로 공동체주의는 전체주의적 지배 아니면 적어도 다수자 횡포를 함축할 수밖에 없다는 것도 강조된다.[29]

우리는 2절에서 공동체주의의 자유주의 비판에 대해서 자유주의자들이 어떻게 대응하고 있는가를 다음과 같은 다섯 가지 관점으로 재정리하여 고찰할

---

25 S. Caney, "Liberalism and Communitarianism", *Political Studies*, Vol. 90, 1992, p.289; 강한 자유주의의 입장은 W. Fach and G. Procacci, "Strong Liberalism", *Telos*, Vol. 76, 1988.

26 이러한 강한 반발은 D. Philips, *Looking Backward: A Critical Appraisal of Communitarian Thought*, Princeton University Press, 1993, ch.8 "A Liberal Response to Communitarian Thought" 참조.

27 D. Herzog, 앞의 글, p.473.

28 D. Shapiro, 앞의 글, p.148.

29 W. Kymlicka, "Community", p.375; A. Gutmann, 앞의 글, p.319; D. Philips, 앞의 책, p.176.

것이다. 즉 자유주의적 자아관, 자유주의적 개인주의와 사회관, 반완전주의와 중립성, 자유주의적 보편주의, 그리고 자유주의와 현대사회 문제의 관점이다. 3절은 자유주의자들이 공동체주의에 대해서 직접적으로 전개하는 역공을 논할 것이다. 여기에는 공동체주의자들의 공동체 개념의 모호성과 공동체 구성의 현실적 한계와 아울러 공동체주의의 전체주의적 함축성과 방법론적 딜레마가 지적될 것이다. 그리고 공동체주의자들이 결코 자유주의를 넘어설 수 없는 이유도 제시될 것이다.

이러한 일련의 논의를 통해서 우리는 공동체주의의 도전에 대한 자유주의의 대응을 우호적으로 평가하려고 한다. 즉 자유주의는 공동체주의의 도전을 물리칠 현실적, 이론적 역량을 가지고 있으므로 자유주의의 건재를 입증하려고 한다. 그러나 이것은 공동체주의의 비판적 공헌이 전무하다는 것을 주장하는 것도 아니며, 또한 자유주의에 대한 무비판적 찬양을 의미하는 것도 아니다. 이것은 철학적 관점에서나 실천적 관점에서 공동체주의가 자유주의에 포섭되는 것이 더 타당하다는 것을 주장하는 것이다. 우리는 특히 롤즈의 복지자유주의 유형과 최근의 정치적 자유주의의 모형을 통해서 그 철학적, 현실적 타당성을 입증할 수 있으리라고 생각한다. 그러나 자유주의 철학과 현실적 정치체제로서의 자유주의의 괴리는 언제나 존재하고 있으며, 우리는 자유주의가 공동체주의의 도전을 물리쳤다고 해서 만사형통이라고 주장할 수는 없다. 따라서 우리의 궁극적인 과제는 21세기를 맞이하는 시점에서 자유주의 정치철학과 현실적 정치체제로서의 자유주의의 현재적 위상을 고찰하는 일이다. 이러한 고찰을 통해서 우리는 현재 자유시장체제의 우월성을 기조로 하여 득세하고 있는 신자유주의가 자유주의의 전형적인 혹은 최선의 모습은 아니라는 점을 지적함과 아울러 자유주의의 현재 과제와 미래 전망을 제시하려고 한다.

2. 공동체주의의 비판과 자유주의의 대응: 쟁점별 전개 과정

우리는 자유주의에 대한 공동체주의의 비판이 광범위한 관점에 걸쳐서 전개되고 있다는 것을 지적했으나, 다음과 같은 다섯 가지 주요 쟁점으로 재정리하여 고찰하려고 한다. 즉 자유주의적 자아관, 자유주의적 개인주의와 공동체 개념, 중립성과 반완전주의, 자유주의적 보편주의, 자유주의와 현대사회의 문제이다.[30] 여기서 우리의 주안점은 공동체주의자들의 비판에 대한 자유주의자들의 대응을 종합적으로 고찰하는 것이다.

(1) 자유주의적 자아관

공동체주의자들, 특히 매킨타이어, 샌델, 그리고 테일러는 자유주의적 자아관의 박약성과 방법론적 오류를 지적한다. 롤즈에 의해서 상정된 자유주의적 자아는 목적에 선행하고 또 구분되기 때문에 그러한 목적을 평가하고 교정할 수 있는 역량을 가진 독립적이고 자율적인 존재로 나타난다.[31] 그러나 이러한 자유주의적 자아관은 자아의 정체성이 공동체의 도덕적 전통과 상황 속에서 발견되는, 즉 우리가 결코 자의로 선택할 수 없는 목적에 의해서 구성적으로 결부되어 있다는 사실을 무시하는 추상적이고 완전히 유리된 자아(the detached self)이거나 무연고적인 자아(the unencumbered self)이며, 또한 고립적인 원자론적 자아(the atomistic self)라고 비판된다.[32] 이러한 자유주의적 자아관은 자아가 결코 목적과 유리될 수 없기 때문에 박약하

---

30 D. Shapiro, 앞의 글 1995.

31 J. Rawls, *A Theory of Justice*, p.560.

32 A. MacIntyre, *After Virtue*, p.32; M. Sandel, *Liberalism and the Limits of Justice*, p.87; "The Procedural Republic and the Unencumbered Self", *Political Theory*, Vol. 12, 1984, p.82; C. Taylor, "Atomism"; *Sources of Self*.

고 공허할 뿐만 아니라, 자아의 정체성에 대한 구성적 목적을 인정하지 않으므로 존재론적 오류에 근거하고 있는 형이상학적 자아관이라는 것이다.[33]

이러한 비판에 대해서 자유주의자들은 두 가지 방식으로 대응한다. 첫째로, 자유주의자들은 공동체주의자들이 자유주의적 자아관의 적용 범위를 오해하고 있다고 반박한다. 즉 자유주의적 자아관은 오직 공공적인 정치의 영역에 적용되기 위한 것으로서 존재론적이거나 형이상학적인 것이 아니라는 것이다. 롤즈와 라모어의 정치적 자유주의에 입각한 주장에 따르면, 도덕적 주체가 자신의 가치관을 추구하고 변경하고 평가하는 고차적인 관심을 가진다고 가정하는 것은 가치관에 대한 합의가 없는 다원적이고 민주적인 서구 사회의 전통과 정치적 문화에 내재하는 자유롭고 평등한 시민이라는 직관적 신념을 대변한 것이다.[34] 자기 자신의 구체적인 가치관과 사회적 위치가 무지의 장막으로 가려진 롤즈의 '원초적 입장'에 나타난 자유로운 선택 주체라는 개념은 결코 인간의 본질이 그의 최종적인 사회적 목적과 사회적 귀속, 그리고 개인적 성격을 포함한 우연적 속성들에 우선하거나 독립적이라고 주장하는 어떤 형이상학적 자아 개념에 의거하지 않는다는 것이다. 물론 롤즈는 정치적 영역이 아닌 사적인 영역에서 개인들이 구성적 목적과 포괄적 가치관을 가질 수 있다는 것을 인정한다.[35] 따라서 자유주의적 자아관이 형이상학적이 아니라 정치적이라는 주장은 자유주의적 자아관이 공허하고 오류라는 비판을 피해 갈 수 있는 것처럼 보인다. 왜냐하면, 어떤 의미에서 자유로운

---

33 특히 M. Sandel, *Liberalism and the Limits of Justice*, p.19.

34 J. Rawls, "Justice as Fairness: Political not Metaphysical", *Philosophy & Public Affairs*, Vol. 14, 1985, pp.238-239; *Political Liberalism*, p.27; C. E. Larmore, 앞의 책, p.128.

35 J. Rawls, *A Theory of Justice*, pp.136-137; "The Priority of Right and Ideas of the Good", *Philosophy & Public Affairs*, Vol. 17, 1988, p.256; *Political Liberalism*, p.176, p.195; S. Mulhall and A. Swift, 앞의 책, p.199.

선택 주체라는 "무연고적 자아는 … 우리의 근대적인 사회적 조건을 그 연고로 한다"고 볼 수 있기 때문이다.[36]

둘째로, 킴리카와 마세도는 공동체주의들의 비판은 자유주의적 자아관의 자율성에 대한 오해에 기인하고 있다고 대응한다.[37] 자유주의자들은 우리가 **모든** 목적을 선택하거나 변경할 수 있는 자율성을 가진다고 주장하는 것은 아니다. 그러나 우리는 적어도 어떤 **특정한** 목적과 사회적 역할에 대해서 언제나 비판적 숙고와 선택을 할 수 있다. 이러한 숙고와 선택은 언제나 선택될 수 없는 구성적 목적의 배경 속에서 전개되며, 우리는 이러한 한도 내에서 우리의 성격과 사회를 점진적으로 우리가 원하는 방식대로 만들어나갈 수 있다. 이것이 바로 '정황적 자율성'이다. 이러한 킴리카와 마세도의 주장은 공동체주의자들을 딜레마 속에 봉착시킨다.[38] 즉, 공동체주의자들의 구성적 자아관은 우리가 언제나 **특정한** 목적에 대해서 숙고하고 선택할 수 있기 때문에 오류이거나, 아니면 우리가 언제나 선택할 수 없는 구성적 목적의 한계 속에서 숙고하고 선택할 수 있다는 적절한 주장으로 귀착한다. 그런데 이것은 우리가 지닌 목적 중 어떤 것을 비판하고 변경하는 도덕적 역량의 행사를 강조하는 자유주의의 견해와 양립 가능하다. 공동체주의자들은 딜레마의 두 번째 뿔을 결코 피할 수가 없으며, 그것을 잡을 수밖에 없을 것이다. 왜냐하면, 매킨타이어, 샌델, 테일러 모두는 자아의 정체성과 공동체적인 구성적 결부를 논하면서 그것이 '부분적'으로만 그러하다는 것은 명백히 밝히고 있기 때문이다.[39] 물론 선택할 수 있는 것과 선택할 수 없는 것의 절대적 구분은 결

---

36 A. Gutmann, 앞의 글, p.316.

37 S. Macedo, *Liberal Virtues*, Oxford: Clarendon Press, 1991.

38 D. Shapiro, 앞의 글, p.146.

39 A. MacIntyre, *After Virtue*, 1984, p.220; M. Sandel, *Liberalism and the Limits of Justice*, p.150; C. Taylor, "Atomism", p.209.

코 존재할 수 없다. 그러한 구분은 결국 사회적 전통의 관성과 변화의 역동성에 달려 있다. 킴리카는 페미니즘을 예로 들면서 아무리 견고한 사회적 역할과 구성적 결부도 깨질 수 있음을 강조한다.[40] 로젠바움에 의거하면, 다원주의적인 변화무쌍한 현대사회에서는, 설령 자아의 구성적 결부를 인정한다고 해도, 그러한 구성적 결부는 공동체주의자들이 생각하는 것처럼 결코 단일하고 일률적인 것은 아니며, 복합적이고 다층적인 것으로 서로 상충될 수 있다.[41] 그러한 역할 갈등과 상충 속에서 우리가 분열되지 않고 자아의 정체성과 인격을 유지하고 살아갈 수 있으려면 자유주의적 자아관이 더 유연성과 타당성이 있을 것으로 생각된다.

(2) 자유주의적 개인주의와 공동체 개념

공동체주의자들은 자유주의적 자아관과 관련해서 자유주의적 개인주의와 공동체 개념을 비판한다.[42] 첫째, 공동체주의자들은 자유주의가 개인과 공동체 사이의 관계를 순전히 개인주의적이고 도구적인 관계로만 파악한다고 비판한다. 즉 자유주의가 개인의 이익과 권리를 공동체적 가치보다 우선시키는 것은 공동선의 정치를 손상시키며, 개인들 사이의 계약론적 관계를 통해서 사회구조가 정당화된다고 보는 것은 공동체를 부차적이고 도구적으로만 파악한다고 비판한다.[43] 둘째, 공동체주의자들은 자유주의는 도구적 가치만을 중시함으로써 개인들에게 가장 중요한 것이 한 사회와 공동체와 전통의 일원이 되는 구성원 자격이라는 것과 또한 그것이 본질적 가치를 가진다는

---

40 W. Kymlicka, "Community", p.371.
41 N. Rosenbaum(ed.), *Liberalism and Moral Life*, p.13.
42 T. O'Hagen, "Four Images of Community", *Praxis International*, Vol. 8, 1988.
43 A. MacIntyre, *After Virtue*, pp.221-222; M. Sandel, *Liberalism and the Limits of Justice*, p.148.

것을 망각한다.[44] 이러한 두 가지 비판과 아울러 공동체주의자들은 자유주의자들이 찬양하고 있는 자율성의 가치도 사실은 비판적 사고 역량을 중시하는 사회적 전통을 전제하고 있다는 사실을 지적한다.[45] 첫째 비판에 대해서 자유주의자들은 두 가지 방식으로 대응한다. 첫째, 롤즈는 『정의론』에서 원용했던 합리적 선택이론적 정당화를 포기한다. 이제 롤즈는 정의론이 순전히 합리적이고 상호 무관심한 개인들의 계약적 합리성(the rational)을 통해서만 정당화되는 것이 아니라고 본다. 더 중요한 것은 계약 당사자들이 사회를 공정한 사회적 협동체로 간주하고 그 제약조건을 반영하는 합당성(the reasonable)을 가지고 있다는 사실이다. 더 나아가서 롤즈는 사회정의에 의해서 규제되는 자유주의 사회는 하나의 정치적 공동체로서 시민성과 관용과 같은 공정한 사회적 덕목, 선의 추구를 제약하는 공정성과 같은 사회적 덕목과 가치를 요구한다고 밝힌다.[46] 자유주의자들은 이러한 관점에서 자율성의 덕목도 순전히 개인주의적인 것은 아니며 그것은 일련의 의미 있는 사회적 선택 대안들의 집합을 전제하고 있고 이러한 집합은 다양한 선택이 가능한 사회적, 역사적 제도의 존재를 또다시 전제한다고 시인한다.[47] 둘째, 뷰캐넌을 위시한 자유주의자들은 개인적 권리의 우선성을 강조하는 것은 공동체주의적 방식보다 오히려 공동체와 공동체의 가치를 더 잘 보존하고 증진시킬 수 있다고 주장한다. 즉 자유주의가 종교, 사상, 표현, 결사의 자유에 대한 권리를 공동체에 귀속시키지 않고 개인에게 귀속시키는 이유는 새로운 공동체

---

44 A. MacIntyre, *After Virtue*, p.33; M. Walzer, *Spheres of Justice: A Defense of Pluralism and Equality*, p.63, p.303.
45 C. Taylor, *Sources of Self*.
46 J. Rawls, "Justice as Fairness: Political not Metaphysical", p.224; *Political Liberalism*, p.194.
47 J. Raz, 앞의 책, ch.14 "Autonomy and Pluralism".

의 결성이나 기존의 공동체가 변경되는 때는 개인이나 소수자의 믿음이나 행동으로부터 유래하는 경우가 비일비재하기 때문이다. 물론 현존 공동체를 보존하는 데는 공동체에 권리를 귀속하는 것이 더 나을 수도 있다. 그러나 공동체의 평화적 변천과 자의적인 정치적 권력으로부터 소수자 집단을 보호하기 위해서는 개인에게 권리와 자율성을 귀속하는 것이 더 타당하다. 물론 이러한 뷰캐넌의 주장은 개인에의 권리 귀속이 결코 사회의 원자화와 파편화에 이르지 않는다는 밀의 자유주의적 신념에 근거하고 있다.[48]

그러나 이러한 자유주의자들의 반응도 공동체의 구성원 자격이 가장 중요한 본질적 가치를 가진다는 두 번째 비판에 대해서 충분한 반론이 되지 않는다. 킴리카를 위시한 자유주의자들은 이러한 비판에 대해서 간접적으로 답변한다. 즉 자유주의적 개인주의는 존재론적인 관점에서의 반사회적 개인주의(asocial individualism)가 아니라 가치와 의무의 원천은 개인과 그 개인의 선택과 선호라는 관점에서의 도덕적 개인주의(moral individualism)라는 것이다.[49] 이러한 도덕적 개인주의는 사람들이 가장 중요하게 생각하는 가치가 어떤 특정한 공동체의 구성원 자격이라는 공동체주의의 주장과 최소한 양립 가능하다. 킴리카는 이러한 관점에서 자유주의자들은 문화적 구성원 자격이 개인들에게 기본적인 사회적 가치임을 인식해야만 한다고 강조한다.[50] 단, 킴리카는 뷰캐넌과 마찬가지로 개인들이 그러한 구성원 자격과 공동체적 결부를 자유롭게 형성하고 수정할 수 있는 한에서 그러하다는 단서를 붙인다. 다른 자유주의자는 어떤 한 공동체의 도덕적 건전성은 그 구성원이

48 A. Buchanan, 앞의 글, pp.856-865.

49 R. B. Thigpen and L. A. Downing, "Liberalism and the Communitarian Critique", *American Journal of Political Science*, Vol. 31, 1987.

50 W. Kymlicka, *Liberalism, Community and Culture*, pp.162-182; "Community", p.376.

독립적인 권리의 담지자라는 것을 인식하는 정도에 달려 있다고 주장한다.[51] 또 다른 자유주의자는 이러한 도덕적 개인주의는 공동체주의자들도 암묵적으로 가정할 수밖에 없다고 주장한다. 즉, 권위주의적 독재정부로부터 개인들을 보호하기를 원하는 공동체주의자들은 도덕적 개인주의와 인권을 공동체적 가치의 사회적 공유와 참여민주주의적 제도 속에 반영하지 않을 수 없다.[52] 자유주의자들이 공동체주의자들의 공동체 개념과 그 전체주의적 함축성에 대해서 펼치는 역공은 다음 절에서 논의할 것이다.

(3) 자유주의의 중립성과 반완전주의

자유주의와 공동체주의 논쟁에서 가장 복잡한 문제가 있다면 그것은 자유주의의 반완전주의와 중립성 논제이다. 왜냐하면 이 논쟁은 자유주의와 공동체주의자들 사이의 논쟁일 뿐만 아니라 자유주의의 자기 정체성과 정당화 방식에 대한 자유주의자들 사이의 논쟁을 포함하고 있기 때문이다. 자유주의의 도덕철학과 정치철학은 '선에 대한 정당성의 우선성' 혹은 '공동선에 대한 정의의 우선성'을 주장하는 의무론적 자유주의를 취하고 있다. 이러한 의무론적 자유주의는 한 사회를 규제하는 정의의 원칙은 어떤 특정한 가치관과 삶의 방식을 반영해서는 안 된다는 공정한 중립성의 요구와 이러한 중립성의 요구는 어떤 특정한 가치관과 삶의 방식의 탁월성을 주장하는 완전주의와는 양립할 수 없다는 것을 전제한다. 이러한 반완전주의적 중립성은 근대 민주사회를 서로 상충하는 양립 불가능한 다양한 가치관이 혼재하는 다원주의적 사회라고 보는 자유주의의 기본적 정치사회학에 근거하고 있다. 이러한 반

---

51 J. Tomasi, "Individual Rights and Community Virtues", *Ethics*, Vol. 101, 1990.
52 R. B. Thigpen and L. A. Downing, 앞의 글.

완전주의적 중립성은 자유주의 도덕 및 정치철학적 체계와 국가관을 동시에 규정하고 있다.[53]

공동체주의자들은 이러한 반완전주의적 중립성은 위선적이며 모순적이라고 주장한다. 자유주의자들은 자유주의적 제도와 규범이 다양한 삶의 방식을 모두 포괄하는 듯한 불편부당성을 과장하고 있다는 것이다.[54] 결국 자유주의적 중립성 자체는 자유주의적인 삶을 옹호하게 되는 명백한 모순을 피할 수 없다는 것이다. 그런데 문제를 더욱 복잡하게 하는 것은 공동체주의자들뿐만 아니라 소위 '완전주의적 자유주의자(perfectionist liberal)'들인 갤스턴, 라즈, 마세도 등도 이러한 비판에 동조하고 나선다는 것이다. 완전주의적 자유주의자들은 자유주의 사회에는 일련의 독특한 자유주의적 덕목의 집합으로 이루어진 공유된 도덕체계가 존재하고 있다고 주장한다.[55]

롤즈는 정치적 자유주의도 자유롭고 평등한 인간들 사이의 사회적 협동이라는 실질적 가치관을 가지고 있기 때문에 완전히 순수한 절차적 중립성을 주장할 수 없다는 것을 인정한다. 정치적 자유주의는 따라서 '효과나 영향의 중립성'을 확보할 수 없지만 그래도 인류 역사상 다른 어떠한 사상들보다도 '목적의 중립성'은 달성했다고 주장한다.[56] 그리고 롤즈의 강조에 따르면, 정치적 자유주의가 가치관들 사이의 공통적 기반과 중립성을 추구하지만 여전히 어떤 형태의 도덕적 성격의 우월성과 일정한 도덕적 덕목들을 권장한다는

---

53 J. Rawls, *Political Liberalism*, pp.36-38; R. Dworkin, "Liberalism", p.127; W. Kymlicka, *Liberalism, Community and Culture*, p.76; J. Waldron, 앞의 글, p.145.

54 M. Sandel, "The Procedural Republic and the Unencumbered Self", p.3. 자유주의 쪽에서의 고찰은 N. Rosenbaum(ed.), *Liberalism and Moral Life*, 1989, p.7.

55 W. Galston, "Defending Liberalism", *The American Political Science Review*, Vol. 76, 1982; *Liberal Purposes: Goods, Virtues, and Diversity in the Liberal State*; J. Raz, 앞의 책; S. Macedo, 앞의 책.

56 J. Rawls, *Political Liberalism*, p.193.

것은 중요하다. 즉, 공정성으로서의 정의는 특정한 정치적 덕목들, '시민성'과 '관용'의 덕목과 같은 '사회적 협동'의 덕목, 선의 추구를 제약하는 '합당성'과 '공정성'과 같은 덕목들을 요구한다는 것이다. 그러나 롤즈는 여전히 이러한 덕목들을 정치적 정의관 속에 유입시키는 것이 포괄적 교의 위주의 완전주의 국가에 이르지 않는다고 주장한다. 롤즈는 가치통합적이고 완전주의적인 공동체주의의 포괄적인 가치관은 결코 다원주의적 사회에는 적합하지 않다고 지적한다. 이러한 포괄적 가치관을 사회적으로 유지하는 것은 오직 국가 권력의 억압적 사용을 통하는 길밖에 없다.[57] 롤즈의 이러한 중립성과 반완전주의는 그의 정치적 정의관의 정당화 방법론과 밀접하게 연관된다. 그는 정치적 정의관이 근대적 다원주의 사회에서 '합당한 다양한 포괄적 가치관과 삶의 양식들' 사이의 중첩적 합의를 통해서 도출된다는 점에서 정당화된다고 주장한다.[58]

그러나 문은 이러한 롤즈의 정치적 자유주의가 반완전주의라는 점은 동조하지만 결코 중립적일 수는 없다고 주장한다. 즉 문은 롤즈의 정치적 자유주의는 정치적 공동체 자체를 목적으로 삼으나 결코 어떤 특정한 인간의 번영방식이나 탁월성의 실현을 도모하지 않는다는 점에서 다원주의에 대한 최선의 방책이라고 생각한다. 그러나 그는 자유주의 국가는 가족법, 국적 취득과 정치적 구성원 자격에 관련된 영역에서는 적어도 부분적으로 포괄적인 가치관에 의존하지 않을 수 없다고 주장한다.[59] 이와는 다르게 설령 중립성이 가

---

57 위의 책, p.37, p.194.

58 J. Rawls, "The Idea of Overlapping Consensus", *Oxford Journal of Legal Studies*, Vol. 7, 1987; *Political Liberalism*, pp.133-167.

59 J. D. Moon, *Constructing Community: Moral Pluralism and Tragic Conflicts*, Princeton University Press, 1993.

능하다고 해도, 그것은 결코 바람직하지 않다는 입장도 등장한다. 완전주의적 자유주의자인 라즈는 개인적 자율성의 사회적 실현이 가능할 정도로 다양한 의미 있는 선택 대안들이 존재하기 위해서는 어떤 제도적 문화적 구조가 구비되어 있어야 한다고 주장한다. 자유주의자들이 믿는 것처럼 자유주의적 문화적 시장이 자동적으로 그러한 대안들을 산출하고 유지하지는 않는다는 것이다. 가치 있는 삶과 사회문화적 구조는 국가의 원조를 필요로 하는데, 이것은 중립성을 통해서는 달성될 수 없다.[60] 공동체주의자 테일러는 같은 맥락에서 자유주의적인 완전주의 국가는 결국 정치적 합법성을 상실하게 될 것이라고 주장한다. 자유주의는 자유와 평등과 자율성 같은 실질적인 가치를 가정하고 있는데, 중립성은 결코 이러한 가치를 조장할 수 없다는 것이다. 특히 롤즈가 주장하는 자유주의적 복지국가는 공동체적 희생과 고통 분담을 요구하지만 개인의 권리만 강조하는 의무론적 중립성은 결코 그러한 희생과 고통 분담에 대한 정치적 합법성을 제공해 주지 못한다는 것이다.[61] 이러한 주장에 대해서 킴리카는 만약 자유주의적 문화적 시장이 가치 있는 대안을 제공해 주지 못하는 것이 사실이라고 한다면 자유주의적 중립성은 국가의 원조와 양립 가능할 수 있다고 생각한다. 그러나 국가의 원조를 통해 가치 있는 대안들의 영역을 확장하는 것은 그중 어떠한 대안을 완전주의적으로 옹호하는 공동체주의와는 구별된다. 킴리카에 따르면, 근대적 사회적 조건을 볼 때 국가완전주의보다는 국가중립주의가 타당하며, 다양한 선택 대안을 가능케 하는 제도적 문화적 구조에 대한 원조를 국가 원조와 동일시하는 것은 정치 영역과 사회 영역을 혼동하는 것이다. 킴리카는 자유로운 경쟁을 통해 다양

60 J. Raz, 앞의 책, p.117.
61 C. Taylor, *Sources of Self*, p.505.

성을 창출하고 가치 있는 대안들이 번성하게 되는 자유주의 시민사회의 건전성을 신뢰한다.[62] 테일러의 비판에 대한 롤즈의 대응은 다음과 같다. 정치적 자유주의의 '질서정연한 민주사회'는 다원주의적 가치관들 사이에서의 중첩적 합의를 거친 정의 원칙에 대한 신뢰를 통해 정의감을 고양함으로써 사회적 안정성과 통합성, 그리고 더 나아가서 정치적 합법성을 확보할 수 있다.[63] 킴리카도 여기에 동조하면서 정치적 합법성의 기초는 "공유된 가치관이 아니라 공유된 정의감"이라고 응수한다.[64]

결국 자유주의적 중립성과 반완전주의의 문제는 자유주의의 어떤 유형이 가장 적절한 자유주의의 정당화 방식이며, 또한 공동체주의에 대한 가장 효과적인 대응책인가라는 문제와 연관된다. 롤즈는 자신의 정치적 자유주의가 홉스적인 잠정협정적 자유주의(*modus vivendi* liberalism)와 칸트와 밀의 포괄적인 도덕적 이상주의로서의 자유주의(comprehensive moral ideal liberalism)의 딜레마를 피해 가려는 시도임을 명백히 한다.[65] 즉, 잠정협정적인 자유주의는 지속적인 사회적 안정과 통합을 확보하지 못하고 도덕이상적 자유주의는 다원주의 사회에서 충분한 합의를 창출해 내지 못한다. 롤즈는 비록 자유주의의 이러한 딜레마의 양 뿔 사이로 피해 가려고 하지만 그것은 결코 쉬운 일은 아니다. 홉스적인 잠정협정적 자유주의는 오늘날 고티에 등에 의해서 재부활하고 있으며,[66] 도덕이상적 자유주의는 라즈, 갤스턴, 마세도 등에 의해서 이미 언급한 것처럼 완전주의적 자유주의로 재무장하고 있

62 W. Kymlicka, "Community", pp.374-376.
63 J. Rawls, *Political Liberalism*, p.134.
64 W. Kymlicka, "Community", p.375.
65 J. Rawls, 1987, p.23; *Political Liberalism*, p.98, p.145.
66 D. Gauthier, 앞의 책. 이러한 유형의 자유주의는 홉스 연구가인 카브카(Kavka) 등과 공공적 선택이론가인 뷰캐넌(J. M. Buchanan)과 툴록(G. Tullock) 등을 들 수 있다.

다. 그들은 오히려 롤즈에게 딜레마의 시퍼런 양날을 들이대고 있다. 홉스적 협상주의자인 고티에는 롤즈의 합리적 선택이론은 그가 원하는 자유와 평등의 상부구조를 정초시키지 못했다고 주장한다. 이제 후기 롤즈는 합리적 선택이론을 버리고 질서정연한 사회적 협동체에서의 자유롭고 평등한 인간이라는 직관적 신념을 받아들였지만, 그것은 중립성을 표방하는 롤즈가 수용할 수 없는 실질적인 가치라는 것이다. 그러한 실질적 가치는 경쟁적 개인주의, 가부장적 보수주의, 기독교적 자선 등 다양한 가치관들과 현대 테크놀로지 사회에서의 불평등한 인간의 능력을 감안해 볼 때, 그 기초를 결여하고 있는 역사적 유물로서의 도덕적 이상에 불과하다.[67] 고티에에 따르면, 합리적 상호 이익을 추구하는 자유주의적 개인들은 계약적 협상을 통해서 자유주의 사회를 잠식하는 무임승차자 문제를 극복하고 안정적인 사회적 협동체제를 도출할 수 있다. 즉, 공동체주의자들이 우려하는 공공선 혹은 공공재의 문제는 합리적 이기주의자들 사이의 계약론적 유인제도 혹은 상호 감시제도에 의해서 처리될 수 있다는 것이다.[68]

반면에 완전주의적 자유주의자인 갤스턴은 도덕적 이상을 버린 중립적 절차로서의 자유주의 도덕은 도덕적 회의주의와 무관심을 야기하며, 결국 잠정협정적 자유주의로 귀착하게 된다고 주장한다. 어떠한 자유주의적 정의관도 결국은 자유주의적 가치관을 전제하지 않을 수 없기 때문에, 자유주의는 실질적 정당화를 직접적으로 추구해야만 한다는 것이다.[69] 이미 롤즈는 합리적 선택이론적 정당화를 거부하였기 때문에 롤즈가 피해 갈 수 있는 뿔은 후

---

67 D. Gauthier, "Critical Notes: George Grant' s Justice", *Dialogue*, Vol. 27, 1988, p.128.

68 D. Gauthier, *Morals By Agreement*,

69 W. Galston, "Defending Liberalism"; *Liberal Purposes: Goods, Virtues, and Diversity in the Liberal State*.

자이다. 어차피 모든 삶의 양식이 다 보전되는 사회를 생각할 수 없다면, 비록 정치적 자유주의가 실질적 가치관을 전제하고 그 우월성을 주장하기는 하지만, 그것은 어떠한 다른 포괄적인 가치관보다는 여전히 중립적이며, 결코 포괄적인 교의에 따른 완전주의적 국가에 이르지 않는다는 것이다.[70] 우리는 잠정협정적 자유주의보다는 완전주의적 자유주의가 개인주의를 불신하는 공동체주의의 비판에 더 효과적인 대응이라고 생각해 볼 수는 있을 것이다. 그러나 완전주의적 자유주의는 국가완전주의로 나아가게 될 경우 개인의 자율성과 충돌의 여지가 있다. 따라서 국가완전주의는 개인의 자율성을 보호하고, 더 가치 있는 삶에 대한 반성적 판단 능력을 배양시키고, 사적 영역에서의 개인의 완전한 삶의 추구에 대한 제한적 간접적 지원을 통한 온건한 완전주의로서 롤즈의 정치적 자유주의를 보완하는 정도에 그쳐야 한다.[71]

(4) 자유주의적 보편주의

자유주의자들에 의하면 통상적으로 정의의 원칙은 보편적으로 혹은 범문화적으로 적용될 수 있다. 또한 자유주의자들은 어떤 특정한 전통과 문화에서 추상된 보편적 관점을 통해서 규범적 판단과 사회제도를 평가할 수 있다고 주장한다. 롤즈가 공정한 원초적 입장을 통해서 보편적 정의 원칙을 도출하려는 것이 그 단적인 예이다.[72] 공동체주의자들은 그러한 보편적인 정의의 원칙과 추상적 관점이 존재한다는 것을 비판한다. 왈쩌는 특히 분배적 정의의 문제에 주목하고, 사회적 가치는 특정한 사회에서 그러한 사회적 가치가 가지는 공유된 사회적 의미에 가장 충실하게 분배되어야 한다고 주장한다.

---

70 J. Rawls, *Political Liberalism*, p.197, p.194.

71 장동진, 「완전주의: 자유주의적 해석」, 『한국정치학회보』 제29집 4호, 1995.

72 J. Rawls, *A Theory of Justice*, Sec.4 "The Original Position and Justification".

따라서 정의의 원칙은 모든 사회적 가치들에 일률적으로 적용되는 것이 아니고 그러한 사회적 가치들의 각 영역에 타당한 다원적인 원칙들로 구성된다는 것이다.[73] 매킨타이어도 모든 도덕적 정치적 논의는 특정한 공동체적 전통 속에서 사회적 관행과 개인의 설화적 질서를 배경으로 이루어지므로 보편적인 도덕적 관점이나 원칙은 없다고 주장한다.[74]

롤즈의 정치적 자유주의는 이러한 공동체주의자들의 비판에 대한 답변으로 생각될 수 있다. 롤즈는 정치적 자유주의는 서구 자유민주주의 사회의 공공적인 정치문화에 내재한 근본적인 직관적 관념들을 통해서 구성된다고 주장함으로써 "특수한 역사적 상황에 관계없이 모든 사회에 적합한 정의관을 발견하려고 노력하지 않는다"는 것을 분명히 한다.[75] 이러한 롤즈의 정치적 자유주의는 한편으로는 역사주의적이고 반보편주의적 성향을 갖는다고 해석할 수도 있고, 다른 한편으로는 근대적 다원사회에 대한 보편적 기준을 아직도 견지하고 있다고도 해석할 수 있다. 롤즈의 정치적 자유주의는 반보편주의라기보다는 '상황적 보편주의'일 것이다. 로티와 그레이는 롤즈가 역사주의적이고 상대주의적인 전환을 했다고 보고 포스트모던적 자유주의 혹은 다원주의적 자유주의를 자유주의의 타당한 유형으로 주장하고 나선다.[76] 그러나 이러한 로티와 그레이의 주장은 다른 자유주의자들의 커다란 호응을 얻지는 못하고 있다. 왜냐하면, 자유주의자들은 매킨타이어와 왈쩌의 특수적

---

73 M. Walzer, *Spheres of Justice: A Defense of Pluralism and Equality*, pp.8-9.

74 A. MacIntyre, *After Virtue*, pp.31-32, p.222.

75 J. Rawls, "The Kantian Constructivism in Moral Theory", *The Journal of Philosophy*, Vol. 77, 1980, p.518; *Political Liberalism*, pp.13-14.

76 R. Rorty, "The Priority of Democracy to Philosophy", M. D. Peterson and R. C. Vaughan(eds.), *The Virginia Statute for Religious Freedom*, Cambridge University Press, 1988, p.262; J. Gray, *Enlightenment's Wake*, London: Routledge, 1995, p.66.

이고 다원주의적인 공동체주의적인 방법론에 대해서 보수주의적 함축성을 가진 상대주의라고 역공을 펴고 싶어 하기 때문이다.[77]

왈쩌와 매킨타이어에 대한 가장 큰 비판의 주류는 가치의 사회적 의미에 대한 공유된 이해와 도덕적 전통의 사회적 관행에 근거하고 있는 공동체주의적 정의관의 방법론이 상대주의적이고 보수주의적인 입장을 함축한다는 것이다. 특히 드워킨은 사회정의의 실현은 우리의 비판을 통해서 달성되지 현 사회의 단순한 반영인 거울로는 안 된다고 왈쩌를 조롱한다: "정의는 우리의 비판이지 거울이 아니다." 또한 현 사회에서의 부정의를 비판하기 위해서는 공동체의 '동굴을 떠나서' 보편적인 관점에서 비판해야 한다는 것이다. 이제 왈쩌는 '동굴 속에서 거울만 바라보는 음울한 철학자'가 된 셈이다.[78] 킴리카는 사회적으로 많은 논란과 갈등을 함축하고 있는 가치들의 경우에는, 그러한 상충하는 의미를 평가하기 위해서도 지도적 원리로서 일반적이고 보편적인 정의의 개념이 필요하다고 주장한다. 비록 왈쩌처럼 우리가 지역적이고 특수적인 의미로부터 출발하더라도, 그러한 갈등의 존재와 비판적 숙고에의 요구는 우리를 더 일반적이고 덜 지역적인 관점으로 나아가게 한다는 것이다.[79] 매킨타이어의 공동체주의 정의관의 가장 큰 결점은 공동체적 관행의 내재적 선을 유지하고 실현하는 덕목으로서의 정의의 역할에 관련된다. 요컨대, 공동체주의 정의관은 단순히 내재적 덕목이 아니라 공동체의 관행을 비판적으로 평가할 수 있는 실질적인 기준이 되어야 하는데 매킨타이어에서는 그러한 기준을 발견할 수 없다는 것이다.[80]

---

77 D. Shapiro, 앞의 글, p.153.

78 R. Dworkin, "To Each His Own", *New York Review of Books*, 1983; J. S. Fishkin, 앞의 글.

79 W. Kymlicka, "Community", p.369.

왈쩌와 매킨타이어는 이러한 비판에 대해서 반론을 준비한다. 왈쩌는 최근의 두 저작 『해석과 사회비평』과 『비평가 집단』에서 해석적 사회비평은 상대주의나 보수주의를 함축할 필요가 없다고 응수한다. 그는 일단 자유주의적 보편주의자들의 비판에 조금은 양보한다. 도덕성은 "최소한의 보편적 규범(a minimal and universal moral code)"을 갖는다는 것이다.[81] 그러나 이러한 최소한의 규범 이상 구체적이고 특수한 기준은 결코 동굴을 벗어날 수 없다. 무비판적인 사람들은 거울 속에서 자기들이 원하는 것만을 보려고 하나, 비평가들은 그 나머지를 보고 지적해 준다. 동굴 속에서 거울을 보는 것이 결코 상대주의와 보수주의를 함축하지 않는다.[82] 사회비판은 공동체의 문화와 역사에 '내재적인' 혹은 '연관된' 비판이어야지 그 문화와 역사와 아주 동떨어진 외래적이고 보편적인 관점에서 나와서는 안 된다고 주장한다. 이러한 주장의 배경에는 다음 두 가지 관점이 보충해 주고 있다. 첫째, 어떠한 지배적인 이데올로기도 최종 승리자는 아니며, 새로운 이데올로기에 의해서 경질당하는 것처럼 역사는 순환한다. 따라서 기존의 이데올로기에 대한 분노와 반항을 대변하는 '이의(dissent)' 제기자가 항상 존재한다. 둘째, 정치이론은 사회적 의미의 해석이며, 그러한 해석을 통해서 근본적인 사회비판이 가능하다. 마르크스의 말대로 사회적 의미가 지배계급의 이데올로기라고

---

80 D. Miller, "Virtues, Practices and Justice", J. Horton and S. Mendus(eds.), *After MacIntyre*, Cambridge: Polity Press, 1994, p.262.

81 M. Walzer, *Spheres of Justice: A Defense of Pluralism and Equality*, p.24. 이러한 최소한의 기준은 살인, 사기, 그리고 극심한 잔인성에 대한 금지이며, 또한 최소한의 공정성과 상호성이다. 이러한 최소한의 기준은 기초적 도덕(thin morality)이고, 한 사회의 역사적 특수성을 포함하는 구체적인 도덕은 본격적 도덕(thick morality)이 된다. 본격적인 논의는 M. Walzer, *Thick and Thin: Moral Argument at Home and Abroad*, Notre Dame: University of Notre Dame, 1994 참조.

82 M. Walzer, *Spheres of Justice: A Defense of Pluralism and Equality*, p.9, p.12; *The Company of Critics*, New York: Basic Books, 1988, p.232.

할지라도 거기에는 비판의 여지가 있다. 모든 지배계급은 통상적으로 자신들의 이익을 지키기 위해서 그것이 보편적 이익이라고 위장하지 않으면 안된다. 그러나 이러한 위장은 실제적으로 구현될 수 없는 보편성이므로, 사회비평가는 이러한 보편적 위장의 자기 전복적 요소와 모순을 적나라하게 밝혀내고, 또한 잠재적인 근본적인 사회적 의미들을 드러낼 수 있다.[83] 그러나 이러한 왈쩌의 주장에도 문제는 여전히 존재한다. 그렇다면 변호적 해석과 비판적 해석 등 다양한 상충하는 해석들 중 진정한 해석을 어떻게 가려낼 수 있는가? 이상적인 사회비평가는 결국 "억압받고, 착취당하고, 곤궁에 빠지고, 망각된" 사람들에게 충실하여, 그들의 역경을 '국민적 역사와 문화의 구조' 안에서 바라보고 그 해결책을 제시하는 사람들이 된다.[84] 이러한 왈쩌의 주장은 결국 사회비평가들이 "최소 수혜자의 기대치를 최대로 하라"는 롤즈의 '차등 원칙' 혹은 '맥시민 규칙(maximin rule)'에 따라서 (그것이 문화 내재적인 원칙이든 아니면 통문화적인 원칙이든 간에) 사회비평을 행한다는 것으로 해석될 수 있다.[85]

매킨타이어는 정의관에 대한 전통을 초월한 보편적인 정당화는 존재할 수 없다고 본다. 왜냐하면 모든 정의관은 하나의 전통 속에 위치해 있고, 그러한 전통의 고유한 가치관과 합리성을 구현하고 표출하는 것이기 때문이다. 그러나 각 전통은 나름대로의 합리성의 기준을 가지고 있으므로 각 전통에 의해서 구현된 정의관이 다른 정의관에 비해서 합리적으로 우월하고 포괄적인

---

83 M. Walzer, *Interpretation and Social Criticism*, Cambridge: Harvard University Press, 1987, pp.40-41. 왈쩌는 이미 '잠재적이고 전복적인 의미(latent and subversive meanings)'를 *Spheres of Justice: A Defense of Pluralism and Equality*, pp.8-9에서 언급한 바 있다.

84 M. Walzer, *The Company of Critics*, pp.233-234.

85 J. Rawls, *A Theory of Justice*, p.83, p.152,

가를 그 전통 속에서 비교할 수 있다고 주장한다. 즉 한 전통 X는 만약 전통 Y가 지금까지 해결하지 못했던 당면한 문제를 Y의 용어로 설명하고 문제 해결에 도움을 줄 수 있다면 전통 Y보다는 우월하고 합리적이라는 것이다. 매킨타이어는 이러한 논의를 그의 저작 『누구의 정의인가? 어떤 합리성인가?』에서 전개하고 있다.[86] 『덕의 상실』과는 달리 이제 "자유주의는 하나의 전통으로 변형된다."[87] 물론 매킨타이어는 계몽주의적 자유주의의 전통과 합리성이 아니라 아리스토텔레스적, 토미즘적 전통과 합리성이 인간의 도덕적 덕행과 전통을 유지하는 데 우월하다고 주장한다. 그리고 이러한 전통과 합리성을 통해 자유주의적 개인주의의 도덕적 병폐를 설명하고 치유할 수 있다고 강조한다. 그러나 이러한 매킨타이어의 주장은 아전인수에 불과하다. 그도 인정하고 있듯이 합리성의 본질에 관한 중차대한 논란은 해결하기가 매우 어렵다. 따라서 도덕적 문제를 해결하는 데 어떤 한 방식이 다른 방식보다 합리적이라고 어떤 한 전통에 따라 생각하여 그러한 방식을 따르는 것은 결코 '순환성'을 피할 수 없다.[88]

이러한 일련의 논쟁의 와중에서 주목을 끄는 한 가지 논의가 있다. 그러한 논의에 따르면, 롤즈의 정치적 자유주의는 다원적 민주사회에 내재한 직관적 신념들을 수용하고 나아가서 다양한 포괄적 가치관들 사이의 중첩적 합의를 추구함으로써 공동체주의자들보다 더 공동체주의적이 된다.[89] 처음부터 가치의 공유된 사회적 이해를 찾으려는 왈쩌와는 달리 롤즈는 "우리의 공유된 이해가 깨질 때 우리는 정치철학으로 향한다."[90] 왈쩌는 "가치들의 사회

86 A. MacIntyre, *Whose Justice? Which Rationality?*
87 위의 책, ch.XII.
88 이것은 매킨타이어 스스로도 인정한다. 위의 책, p.4.
89 S. Mulhall and A. Swift, 앞의 책, p.201.
90 J. Rawls, *Political Liberalism*, p.44.

적 의미가 논란의 여지가 많을 때는 우리는 그러한 불일치와 갈등에 충실해야 한다"고 밝힌 바 있다.[91] 롤즈의 정치적 정의관은 이러한 왈쩌의 주장을 충실히 수용하고 있는 셈이다. 롤즈는 우선 민주사회의 정치문화에 내재한 최소한의 직관적 신념들로부터 출발하지만, 우리가 실질적 가치관과 특정한 가치가 어떻게 분배되어야 할 것인가에 대해서는 매우 공유하는 바가 적다는 것을 인식한다. 이러한 인식에 따라 롤즈는 정치적 정의관은 어떤 특정한 포괄적 가치관에 근거해서는 안 되고 모든 합당한 포괄적인 가치관들 사이의 중첩적 합의에 근거해야 한다고 주장한다. 아마도 우리가 근대사회에서 가질 수 있는 공동 목적의 최대한은 그러한 중첩적 합의가 될 것이다.[92]

여기서 우리가 주목해야 할 또 하나의 논의는 롤즈의 『정의론』이 『정치적 자유주의』 이전에 충분히 공동체주의적 요소를 포함하고 있다는 '강한 자유주의론'이다. 강한 자유주의론의 요점은 자유주의가 공동체주의적 가치를 앞세우지 않지만, 개인들의 "마음의 습관에 대한 비밀스러운 동정"을 통해 실질적으로 근대사회가 필요한 만큼의 공동체주의적 요소를 간직하고 있다는 것이다.[93] 첫째, 강한 자유주의론에 의하면, 롤즈의 자유주의는 이미 자유주의가 공동체주의적 요소를 포함할 수 있는 최대한을 포함하고 있다. 즉, 경제적 효율성을 해치고 않고 최소 수혜자의 복지를 최대로 향상시킬 수 있는 사회적 연대를 롤즈는 '차등의 원칙'을 통해서 구현하고 있다. 강한 자유주의론을 주장하는 사람들은 롤즈가 자유와 평등과 함께 '박애'를 중요시하며, 모든 개인들의 자질을 하나의 '사회적 자산'으로 간주한 것과 질서정연한 자유사회를 '사회적 연합들의 연합'으로 간주한 것에 주목한다.[94] 둘째, 강한 자

---

91 M. Walzer, *Spheres of Justice: A Defense of Pluralism and Equality*, p.313.
92 J. Rawls, *Political Liberalism*, p.144.
93 W. Fach and G. Procacci, 앞의 글, p.34.

유주의론에 의하면, 공정한 기회균등에 대한 사회적 보장을 자유주의가 강조하지만 또한 역으로 복지 수혜자 집단이 수동적 비노동 인구로 전락하는 것을 방지하기 위해, 자유주의는 개인들이 스스로 책임을 지는 능동적인 인간이라는 노동과 직업 윤리를 창출한다. 이러한 노동과 직업 윤리는 적자생존이라는 '사회적 다윈주의(Social Darwinism)'를 배경으로 자유주의 국가에서의 윤리적 통합과 안정성에 기여한다. 셋째, 강한 자유주의론에 따르면, 자유주의는 단순히 개인주의가 아니라 국가의 역할과 관련된 정치적 강령이다. 자유주의는 자유주의적 세계체제와 민족자결주의를 통해 실질적으로는 국민국가를 위한 맹목적인 국수주의(chauvinism)를 조장해 왔다는 것이다. 이러한 국수주의는 국가에 대한 시민의 애국심과 충성심을 당연히 요청하게 된다. 이러한 강한 자유주의론의 결론은 자유주의가 '비밀 공동체주의'로 공동체주의적 강화 없이도 '충분히 강력하게' 자유주의 사회의 통합성과 사회적 연대를 구성할 만큼 공동체주의적이라는 것이다.[95] 그러나 이러한 강한 자유주의론은 자유주의가 공동체적 요소를 유지하면서 사실은 자유주의의 본질적 요소를 포기했다는 뼈아픈 역사와 현실을 말해 주기도 한다.

(5) 자유주의와 현대사회의 문제

공동체주의자들은 자유주의가 그 이론적 철학적 오류로 말미암아 바람직하지 못한 정치적 결과를 가져올 뿐만 아니라, 자유주의적 개인주의 사회에서 여러 가지 사회적 문제들을 야기하고 증폭시키고 있다고 비판의 범위를 확장한다. 공동체주의자들은 자유주의적 개인주의 문화는 가치의 상대성으로 말미암아 삶의 지표와 근본과 공동체적 통합성을 상실하게 된다고 비판한

---

94 J. Rawls, *A Theory of Justice*, p.303, p.155, p.101, p.527.
95 W. Fach and G. Procacci, 앞의 글, p.48.

다. 따라서 자유주의적 개인주의 사회는 고립적이고 파편적이고 고독한 개인, 방종과 이기심의 만연, 초개인주의적 환상과 도피주의와 나르시시즘, 이혼율의 증가와 가족의 해체, 정치적 무관심과 수동성, 상업주의적이고 감각주의적인 탐닉의 만연, 폭력적인 대중문화, 마약의 범람, 범죄율의 증가 등 다양한 도덕적 실패를 노정한다는 것이다.[96]

매킨타이어의 『덕의 상실』에서 전개된 비판은 자유주의에 국한되고 있는 것은 아니다. 오히려 그것은 근대 이후의 모든 도덕철학과 정치철학을 포괄하는 근대성 자체에 대한 질타이다.[97] 그는 자유주의적 개인주의의 결과인 공동체 문화의 상실에서 야기되는 현대 서구사회의 도덕적 위기가 근대의 '계몽주의적 기획', 특히 추상적인 도덕 주체로부터 의무론적 규칙의 윤리를 보편적으로 정당화하려는 시도로부터 유래함을 밝힌다. 그러한 시도는 결국 실패했다는 것이다.[98] 매킨타이어는 우선 현대사회의 도덕적 상황을 심각한 위기로 진단한다. 즉 현대사회는 통약 불가능한 전제들과 상이한 대안적 신념체계들로 말미암아 도덕적 불일치에 대한 어떠한 합리적 해결도 가능하지 않은 심각한 상대주의적 무질서 속에 있다. 그는 비록 롤즈를 비롯한 현대의 자유주의 도덕철학자들이 도덕의 공평무사하고도 객관적인 합리적 근거를 제공하는 것을 목표로 삼고 있기는 하지만, 그러한 근거에 대해서 그들 사이에 어떠한 합의도 이룩하지 못하고 있다는 것을 지적한다. 따라서 자유주의 도덕철학은 결국 정의주의(情意主義, emotivism)를 극복할 수 없다는 것이다. 정의주의는 모든 도덕판단이 개인적 선호, 태도, 혹은 감정의 표현에 불과하는 것이다. 현대사회와 문화는 정의주의로 말미암아 자기 자신의 감정

---

96 D. Bell, *Communitarianism and Its Critics*, p.11; D. Shapiro, 앞의 글, p.151.
97 A. MacIntyre, *After Virtue*, p.34, p.255.
98 위의 책, p.62.

과 태도에 대한 표현과 타인의 감정과 태도에 대한 조작이라는 이중성으로 점철된다. 따라서 개인적 만족에 몰두하는 탐미주의자들, 효율적인 관료적 통제를 추구하는 전문 경영인들, 그리고 타인의 삶에 대한 감정과 태도를 조작하는 임상적 치료사들이 대표적 인물들로 등장하게 된다. 현대사회와 문화는 그러한 개인적 자의성과 공공적 조작성으로 말미암아 개인과 사회의 도덕적 통합이 해체되고 조작성과 비조작성에 대한 윤리적 구분이 상실되는 도덕적 위기를 맞는다는 것이다.[99] 그러나 불행하게도 그는 전근대와 근대, 덕의 윤리와 권리의 윤리 사이의 '현혹적인 양극화(mesmeric dichotomy)'에만 집착함으로써 근대성이 가지고 있는 변증법적 성격을 외면한다.[100] 근대의 자유주의적 개인주의는 물론 덕 이후(after virtue)에 오는 것이지만 그것은 또한 '신분적 위계질서, 노예제도, 절대주의, 그리고 무지몽매' 이후에 오는 것이기도 하다. 근대 이후 루소, 헤겔, 마르크스도 역시 자유주의적 개인주의가 가지고 있는 문제점들을 심각하게 인식했지만 매킨타이어처럼 근대성에 일방적 매도만을 퍼붓지는 아니했다. 마르크스가 경고한 대로 '복고에의 동경(zurückzusehnen)'은 돌아올 수 없는 연인에 대한 노스탤지어의 손수건을 흔드는 것은 아닐까?

매킨타이어가 이렇게 근대성과 계몽주의를 일방적으로 매도하고 자유주의적 개인주의를 그것의 필연적 산물로 간주하는 데 반해서, 테일러는 근대문화가 한계와 가능성 모두를 가지고 있다고 본다.[101] 근대 개인주의는 본래

---

99 위의 책, pp.6-10, p.21, p.12, p.73.

100 P. Pettit, "Liberal/Communitarian: MacIntyre's Mesmeric Dichotomy", J. Horton and S. Mendus(eds.), *After MacIntyre*, Cambridge: Polity Press, 1994, p.176.

101 C. Taylor, *The Ethics of Authenticity*.

성 혹은 진정성(authenticity)이라는 이상을 가지고 있는데, 그것은 내면적 자아와의 도덕적 대면과 자아실현, 그리고 주체적 결정의 자유를 의미한다.[102] 그러나 근대 개인주의 문화는 자아 중심적이고 원자론적인 형태로 말미암아 그러한 본래성의 이상을 살리지 못하고 있다. 따라서 원자론적이고 자아 중심적인 개인주의는 삶의 의미 지평의 상실과 도덕적 차원의 질적인 하락을 불러왔다. 그리고 근대성은 도구적 이성의 지배를 강화시켜 궁극적 목적에 대한 관심을 배제시켰다. 더 나아가서 근대성은 관료제의 심화와 개인의 공적 영역에서의 소외와 정치적 영향력의 쇠퇴로 말미암아 자유의 진정한 의미를 상실케 한다.[103] 테일러의 진단에 따르면, 근대적 개인주의의 본래성의 이상을 회복하기 위해서는 개인의 선택 행위에 의미와 중요성을 부여하는 사회적 의미 지평의 확대와 타인과의 상호 대화가 가능한 공동체적 유대가 필요하다. 테일러는 이러한 공동체적 유대의 복원을 통해서만 '근대성의 병폐(malaise of modernity)'를 치유할 수 있다고 주장한다.[104]

참여민주주의적 공동체주의자인 바버는 주로 자유민주주의 시민의 정치적 무력감과 수동성의 문제를 지적한다.[105] 벨라는 주로 개인주의 문화의 나르시시즘적 성격을 비판하고 있다.[106] 그런데 이러한 공동체주의자들의 개인주의 문화 혹은 근대성에 대한 다양한 비판은 자유주의가 전적인 책임을 짊어져야 하는가에서 약간의 입장 차이를 보인다. 공동체주의자 파울러는 현대사회에서 오는 모든 문제는 근대성과 자본주의의 문제를 포함해서 자유

---

102 테일러에 대한 논의는 이진우, 「공동체주의의 철학적 변형」, 『철학연구』 제42집, 1998 참조.

103 C. Taylor, *The Ethics of Authenticity*, pp.2–12.

104 C. Taylor, *The Malaise of Modernity.*

105 B. Barber, 앞의 책.

106 R. Bellah et al., 앞의 책.

주의가 책임을 가져야 한다고 생각한다.[107] 그러나 바버는 근대 자유주의 사회의 모든 병폐들을 "자유주의의 본질적인 철학적 결함"으로 귀착시키는 것은 어이없는 일이라고 지적한다. 그러나 그도 역시 자유주의 정신은 근대 정신의 일환이며 적어도 물질적 번영과 경제적 해방에 대한 옹호로 말미암아 자유주의는 그러한 병폐들에 대한 부분적 책임이 있다고 비난한다. 자유민주주의가 책임을 가져야 할 것으로 바버가 들고 있는 사회적 병폐의 예는 무임승차자 문제, 최대 수혜자에 대한 희생자 비난과 자기책임론, 사회문제에 대한 정부의 방임적 포기, 모든 공공선은 사적 이익을 통해서 달성된다는 믿을 수 없는 주장, 소수자 집단의 권리 주장을 민주적 질서의 혼란으로 보는 견해 등이다.[108]

자유주의자들은 대체로 다음과 같은 세 가지 반응을 보인다. 첫째, 자유주의자들은 일단 근대성의 모든 문제를 자유주의 혼자 짊어지는 것에 대해 못마땅해 하고 분노한다. 즉 현대사회의 문제는 자본주의, 대중사회와 조작적 문화, 과학기술, 세속화, 종교적 광신주의, 지역 이기주의, 민족적 갈등, 낭만주의적 미학 등 다양한 원천으로부터 발생할 수 있는데, 자유주의를 유독 지목하는 것은 공정하지 못한 것이다. 로젠바움은 자유주의는 개인이 공동체적 유대를 형성할 수 있는 충분한 자유의 영역을 확보하고 있으므로 진정한 공동체의 실현이 가능하다고 주장한다. 현대사회의 결속을 해치는 최대의 적은 개인주의가 아니라 오히려 집단적 감정, 이념적 갈등, 인종적, 종교적, 지역적 편견과 오만에 기초한 공동 연대라고 논박하면서 자유주의를 간접적으로 방어한다.[109] 롤즈도 아마 매킨타이어와 테일러를 의식해서인지 자신

---

107 Robert Booth Fowler, *The Dance with Community*, Lawrence: The University Press of Kansas, 1991, p.16.
108 B. Barber, 앞의 책, pp.110-111.

의 정치적 자유주의는 결코 '계몽주의적 기획'을 감히 시도하지 않는다고 겸허하게 고백하고 있다.[110] 물론 자유주의는 '근대성에 대한 정치적 이론'이기는 하지만, 그것은 롤즈의 정치적 자유주의와 그 인간관에서 명백해진 것처럼 결코 삶의 가치와 인격적 덕목과 성격의 이상을 전반적으로 규정하는 포괄적인 종교적, 철학적, 도덕적 교의가 아니다. "자유롭고 평등한 인간으로서의 시민의 관념"인 정치적 인간관은 칸트의 자율성과 밀의 개체성에 근거한 도덕이상적 자유주의가 아니다.[111]

둘째, 자유주의자들은 공동체주의자들이 한탄한 자유주의적 개인주의의 다양한 문화적 현상은 병폐로 볼 수만은 없고 근대 다원주의 사회에서 피할 수 없는 현실적 귀결이라고 답변한다. 롤즈는 서로 상충하고 불가통약적인 가치관들이 편재한다는 '다원주의적 사실'은 종교개혁 이후 관용의 정신으로부터 출발한 자유주의가 기본적으로 인정할 수밖에 없는 근대사회의 '영속적 특색'으로서 파국(disaster)이 아니라 자유민주사회의 자연적 결과로 본다.[112] 따라서 다원주의적 사실은 매킨타이어가 생각하는 것처럼 도덕적 위기와 무질서로 볼 수만은 없다. 롤즈는 벌린의 입장을 원용하면서 어떤 사회도 아무런 상실도 없이 모든 삶의 양식을 다 보존시킬 수는 없다고 지적한다. 자유주의 사회는 결국 근대세계를 거부하는 종교적 근본주의자들이나 광신주의자들의 지나친 공동체적 연대의식과 배타성을 거부하는 효과를 낳을 수밖에 없다.[113] 라즈도 급변하는 사회경제적, 기술적 조건들로 말미암아

---

109 N. Rosenbaum, *Another Liberalism*, ch.7.

110 J. Rawls, *Political Liberalism*, p.viii.

111 위의 책, p.98.

112 위의 책, p.xxiv, pp.36-38.

113 위의 책, pp.197-198.

현대인은 어떤 하위문화에 고착할 수는 없고 새로운 하위문화로 급속하게 이동해야 한다고 생각한다.[114] 마세도는 더욱 극명하게 근대 자유주의적 사회는 다양성과 관용과 실험정신에 대한 대가로 어느 정도의 피상성, 즉 심원하고도 영속적인 헌신에 대한 결여를 허용할 수밖에 없다고 솔직하게 인정한다. 그래서 그는 "자유주의는 모든 세계를 마치 캘리포니아처럼 만들겠다는 약속, 혹은 위협을 하고 있다"고 말한다. 캘리포니아는 각가지 괴벽과 기행적 삶의 방식이 관용되는 곳으로, 이번 주 나는 하나의 공동체를 창설하고 그 충실한 일원이 될 수 있으나 다음 주는 직장과 가정을 버리고 불교 승려가 되기 위해서 출가할 수도 있다는 것이다.[115] 이러한 상황에 대해서 공동체주의자들은 틀림없이 지나친 손실과 대가라고 생각할 것이지만, 자유주의자들은 "기꺼이 지불해야 할 대가(a price worth paying)"로 생각할 것이다.[116]

셋째, 자유주의자들은 공동체주의자들의 정책 대안과 현실적 치유책이 명백히 제시되지 않고 있다는 점에서 대부분 그러한 비판들을 무시한다.[117] 그러나 최근에 벨과 에치오니는 다양한 정책적 대안을 제시하고 있고, 이미 언급한 것처럼 공동체주의자들은 「공동체주의 강령」을 선포하고 자신의 저널을 만들면서 현실적 정책 대안 제시를 위해서 동분서주하고 있는 것이 사실이다.[118] 벨과 에치오니는 개인의 권리에 대한 제한을 부과하고 공동체적 가치를 증진하는 정부의 조치를 요구한다. 또한 그들은 올바른 성격 형성을 위한 국방의 의무 수행을 주창한다. 에치오니는 국민생활을 적게 침해하면서

---

114 J. Raz, 앞의 책, pp.369-70.
115 S. Macedo, 앞의 책, p.238.
116 R. Bellamy, *Liberalism and Modern Society*, Oxford: Polity Press, 1992, p.249; D. Bell, *Communitarianism and Its Critics*, p.11.
117 D. Shapiro, 앞의 글, p.152.
118 주 19 참조.

도 공중보건과 안전을 증진할 수 있는 조치로 음주측정장소 설치, 마약 검사, 전 국민 ID 카드, 엄격한 총기 규제, 장기간의 가족휴가를 제안한다. 벨은 '공동체 옹호를 위한 정치적 조치'로 기존의 건축양식을 무시한 건축에 대한 지역적 거부권, 동일산업 공동체에 대한 보호, 생산 위주의 경제, 위협받고 있는 언어 공동체에 대한 정치적 원조, 엄격한 이혼법, 협동심 배양의 교육을 제시한다.[119]

그러나 자유주의자들은 이러한 일련의 정책들은 엄청난 사회적 비용과 낭비를 유발할 수 있고, 개인의 자유를 축소하고, 개인의 부담과 고통을 가중시키고, 사적 영역에 국가의 간섭을 가중시켜 국가의 중립성을 해치게 된다는 점에서 선뜻 응하지 않고 있다.[120] 또한 자유주의자들은 공동체주의자들이 막연하게 주장하는 공동체의 존속과 보존을 위한 국가 지원도 그 지원의 우선 순위와 사회적 자원의 공정하고도 효율적인 분배를 외면할 수 없으므로 결국 자유주의적 조정을 거치지 않으면 안 된다고 생각한다. 아마도 실행 가능한 공동체주의 정책은 온건한 완전주의적 자유주의에 의해서 용인되는 정도일 것이다.

3. 자유주의의 공동체주의 역공: 낭만적 노스탤지어의 딜레마

자유주의자들은 공동체주의의 자유주의에 대한 비판에 방어적으로 대응할 뿐만 아니라 공동체주의 자체에 대해서 역공을 퍼붓고 있다. 자유주의자들은 백번 양보해서 자유주의에 문제가 있다고 동의하더라도 공동체주의의

119 A. Etzioni, *The Spirit of Community*; D. Bell, *Communitarianism and Its Critics*, pp.12–13.
120 W. Kymlicka, "Community", pp.369–370.

대안은 더 나쁜 결과를 가져온다고 반격한다. 우선 자유주의자들은 공동체주의자들이 "자유주의에 대한 공격에 너무나 많은 시간을 소비하고 정작 대안을 명료화하고 구체적으로 옹호하는 데는 거의 무관심하다" 고 불평한다.[121] 이러한 관점에서 오킨은 '자유주의 대 공동체주의 논쟁'은 '고스트 스토리'인 측면도 있다고 지적한다. 자유주의적 페미니스트인 그녀는 공동체주의는 결코 현실적 대안을 통해서 자신의 모습을 명백히 밝히지 못했기 때문에, 자유주의를 배회하는 유령에 불과하다고 조롱한다.[122] 우리는 자유주의자들의 이러한 역공을 공동체 개념, 전체주의적 함축성과 공동체주의의 딜레마, 그리고 공동체주의자들이 절대로 자유주의를 극복하지 못하는 이유의 세 가지 관점에서 고찰할 것이다.

(1) 공동체 개념의 모호성과 공동체 구성의 현실적 한계

자유주의자들은 공동체주의자들이 스스로 강조하는 것처럼 그들이 꿈꾸는 공동체가 현대사회에서 '돌이킬 수 없이 사라진(irrevocably lost)' 것이고 근대 자유주의적 철학과 관행이 그러한 상실을 야기했다고 한다면, 우리는 공동체를 어떻게 재건할 수 있을 것인가 하고 묻는다.[123] 공동체주의자들의 주장은 현실적 기반과 살아 있는 전통을 결여한 '반역사적 지성주의'일지도 모른다. 또한 자유주의자들은 공동체주의자들이 말하는 공동체는 도대체 어떠한 공동체인가 하고 되묻는다.

공동체주의자들은 매킨타이어와 샌델처럼 흔히 지방적(중간적, 혹은 탈중앙화된) 공동체나, 샌델이나 테일러처럼 공화주의적 공동체, 혹은 왈쩌처럼

---

121 D. Herzog, 앞의 글, p.473.

122 S. M. Okin, "Humanist Liberalism", N. Rosenbaum(ed.), *Liberalism and Moral Life*, Cambridge: Harvard University Press, 1989, p.46.

123 A. MacIntyre, *After Virtue*, p.222.

국가적 정치 공동체를 언급한다.[124] 그러나 어떠한 공동체주의자도 그러한 공동체와 현재 존재하는 공동체와의 관계, 그리고 그러한 공동체의 창출과 유지를 위한 조건과 방식에 관한 직접적인 설명을 제공하지 않고 있다. 공동체주의자들은 또한 그러한 지방 공동체가 국가에 대해서 갖는 관계에 대해서도 거의 논의하지 않고 있으며, 또한 기존의 지방 공동체들 사이의 갈등과 기존 공동체와 신설 공동체 사이의 갈등을 어떻게 해결할 것인가에 대해서도 논의하지 않고 있다.[125] 매킨타이어가 제시하고 있는 현실적 처방이라는 것도 "우리의 시민성과 지적, 도덕적 삶이 이미 우리에게 도래하고 있는 새로운 암흑기를 헤치며 지속할 수 있도록 지방적 형태의 공동체를 구성하는 것이 현 단계에서 중요한 것이다"라고 한다면 팽배하고 있는 지역 공동체적 이기주의와 공동체들 사이의 다양한 갈등은 어떻게 해소할 것인가?[126] 샌델은 '공동선의 정치'를 말하고 바버는 '강한 참여민주주의'를 말하고 있는데, 이것은 정치 공동체를 중시하는 것이다.[127] 따라서 공동체주의는 공공적인 정치 영역을 확장하려고 하고, 자유주의적 개인주의는 그것을 축소하려는 것처럼 보인다.[128] 여기에 관련해서 로젠바움은 공동체주의자들이 정치 공동체와 일반 공동체를 전혀 구분하지 않고 있다고 비판한다.[129]

---

124 위의 책, p.220; M. Sandel, *Liberalism and the Limits of Justice*, p.179; *Democracy's Discontent*; C. Taylor, "The Nature and Scope of Distributive Justice", F. S. Lucash(ed.), *Justice and Equality Here and Now*, Ithaca: Cornell University Press, 1986, p.63; M. Walzer, *Spheres of Justice: A Defense of Pluralism and Equality*, p.28.

125 H. N. Hirsch, "The Threnody of Liberalism: Constitutional Liberty and the Renewal of Community", *Political Theory*, Vol. 14, 1986, p.433.

126 A. MacIntyre, *After Virtue*, p.263.

127 M. Sandel, *Liberalism and the Limits of Justice*, p.183; B. Barber, 앞의 책.

128 S. Avineri and A. De-Shalit(eds.), *Communitarianism and Individualism*, Oxford University Press, 1992, pp.7-8.

공동체주의자들 중에서 오직 웅거만이 공동체 구성에 관련된 딜레마를 솔직히 인정하고 있다. 그는 그러한 딜레마를 '공동체주의 정치학의 딜레마'로 보고 다음과 같이 구성한다: 수직적 통합 대 수평적 통합, 조정자로서의 국가 대 공동체로서의 국가, 기존 공동체 대 신생 공동체, 집단 응집력 대 비판적 교육, 집단 내 관계 대 집단 간 관계, 사회의 구조 대 정치의 과정, 특수성의 정치학 대 보편성의 정치학 등이 그것들이다.[130] 사회과학의 관점에서 공동체주의의 딜레마를 가장 심도 있게 논의한 샌더스는 여러 가지 하위적 딜레마를 형성하고 있는 총 5개의 일반적 딜레마를 말하고 있다: 지역적 공동체 대 비지역적 공동체, 법률적 공동체 대 자연적 공동체, 사회적 관계의 포괄적 영역 대 선택적 영역, 명시적인 이론적 구조 대 묵시적인 이론적 구조, 서술적인 배경적 요소 대 상호작용적인 배경적 요소.[131] 물론 우리는 여기서 자유주의적 공동체론이 이러한 문제를 다 해결할 수 있다고 주장하는 것은 아니다. '자유와 평등의 구현체'로서의 자유주의 공동체론도 이러한 문제를 처리하지 않으면 안 된다. 그러나 이러한 딜레마의 해결에 대한 이론적, 실천적 부담은 현재로서는 공동체주의자들이 더 짊어져야 한다.

자유주의자들 중에서 공동체주의자들이 가지고 있는 공동체 개념에 대한 구체적인 논의를 통해서 공동체주의를 논박하고 있는 것은 크리텐든과 필립스이다. 크리텐든은 공동체를 네 가지의 별개의 필요조건과 모두 합친 공동 충분조건으로 정의한다. 즉 (1) 총체적 삶의 방식의 공유, (2) 면접적 관계, (3)

---

129 N. Rosenbaum, *Another Liberalism*, p.154.

130 R. M. Unger, 앞의 책, p.289. 웅거 자신의 해결책은 결국 여기에 부재하지만 모든 곳에 편재하는 초월적 내재자인 신(*Deus absconditus*)에 의존하는 것이다.

131 I. T. Sanders, *The Community*, New York: John Wiley & Sons, 1973, ch.VI "Dilemmas within Community Sociology" 참조.

모든 공동체 구성원의 복지에 대한 고려와 복지를 증진시킬 상호 의무, (4) 개인의 정체성의 구성이 그것들이다.[132] 크리텐든은 이러한 공동체는 소규모 촌락이나 적합하고 또 필연적으로 개인의 자율성을 침해하게 될 것이라고 비판한다. 필립스도 공동체주의자들의 저작을 통해서 공동체주의자들이 원하는 공동체를 역시 네 가지의 각 필요조건과 공동 충분조건으로 정의한다. 즉 (1) 공동 영역과 지역, (2) 공동의 역사와 공유된 가치, (3) 광범위한 정치적 참여, (4) 높은 정도의 도덕적 연대가 그것들이다. 그는 매킨타이어, 테일러, 벨라, 샌델이 꿈꾸고 있는 고대 그리스 폴리스, 중세 공동체, 미국 건국 초기의 공화정 촌락을 면밀히 조사한 뒤, 역사적 자료를 통해 볼 때 억압받고 배제된 집단들이 항상 존재했기 때문에, 그 셋 중 어떤 것도 그러한 정의에 들어맞지 않는다고 지적하고, 그들의 공동체 개념은 낭만적이 아니라 오류에 가득 찬 잘못된 노스탤지어의 정치학에 불과하다고 혹평한다.[133] 따라서 재생하거나 부활시켜야 할 어떠한 공동체주의적 공동체도 없다고 공동체주의에 대한 철학적 귀류법을 신랄하게 전개한다. 그는 "공동체주의자들이 소속감이 주는 황홀경을 찬양하느라, 과거[역사의 암흑]에 대한 믿을 수 없는 망각을 노정하고 있다"고 비판한다.[134] 윈필드는 「공동체주의 없는 윤리적 공동체」라는 논문에서 공동체주의자들이 윤리적 공동체의 개념을 왜곡하고 있다고 반박한다. 즉 공동체주의자들은 윤리적 공동체를 그 내용이 역사적으로 주어진 형식적 상황으로 간주함과 동시에 행위의 규범성에 대한 유일한 준거로서 절대화함으로써 그것을 왜곡시킨다. 그러나 윈필드에 따르면, 도덕적 공동체는

---

132 J. Crittenden, *Beyond Individualism: Reconstituting the Liberal Self*, Oxford: Clarendon Press, 1991, ch.V "Veneration of Community: What is Community?" 참조.

133 D. Philips, 앞의 책, p.175.

134 위의 책, p.195.

결코 원자론적 개인주의일 수 없는 재산권과 도덕적 책임과 나아가서 개념적으로 명백하게 규정된 자유의 제도적 구성을 전제하지 않고서는 불가능하다. 가족과 시민사회와 국가는 그러한 윤리적 공동체의 제도적 구성으로 볼 수 있으며, 그러한 구성은 공동체주의 없이도 충분히 가능하다.[135] 이렇게 크리텐든과 필립스와 윈필드에 의해서 개진된 공동체주의자들의 공동체 개념 비판은 자유주의자들의 공동체주의에 대한 규범적 비판으로 자연스럽게 이어진다.

(2) 공동체주의의 규범적 방법론적 난점: 공동체주의의 딜레마 봉착

자유주의자들의 공동체주의에 대한 역공 중 가장 신나는 부분은 공동체주의가 독재주의, 전체주의, 권위주의, 보수주의, 다수결 횡포의 함축성을 지니고 있다는 규범적 비판일 것이다. 그것은 공동체주의가 자아의 공동체적인 구성적 결부와 귀속, 개인의 사회적 역할 강조, 가치에 대한 공유된 이해와 통합을 바탕으로 '공동선의 정치'를 주장하고 있기 때문이다. 공동체주의는 그러한 사회의 실현을 위해서 가능한 한 동질적인 사회를 만들려고 할 것이며, 완전주의적 가치를 강요하고, 사적 영역과 공적 영역의 통합을 시도할 것이며, 사회적 갈등을 무시하고,[136] 소수자의 권리와 자유를 억압하고, 개인의 자율성과 다원주의적 관용을 해치게 될 가능성이 비일비재할 것이라고 자유주의자들은 우려한다.[137] 이러한 우려는 단순한 개연성이 아니라 역사적 사실이며 논리적인 필연성이라고 주장된다. 우선 자유주의자들은 개인의 권

---

135 R. D. Winfield, "Ethical Community Without Communitarianism", *Philosophy Today*, Vol. 40, 1996.

136 A. Damico(ed.), 앞의 책, p.3.

137 A. Gutmann, 앞의 글, pp.318-322; J. Hampton, 앞의 책, p.187; H. N. Hirsch, 앞의 글, p.424.

리가 공동선과 일반적 복지를 위해서 개인에게 행할 수 있는 것의 한계를 지정한다고 본다. 그래서 공동체주의자들이 만약 개인의 권리를 공동선의 정치로 대체하려고 한다면 도대체 개인의 권리와 자유를 어떻게 보장할 수 있을 것인가라고 반문한다.[138] 논리적 필연성을 주장하는 자유주의자들은 공동체주의자들의 자아 개념은 자아 정체성과 공동체의 상호 구성적 결부와 통합에 근거하고 있는데, 그러한 자아 개념과 20세기에서 등장한 전체주의 사회는 밀접한 관련이 있다고 갈파한다. 따라서 공동체주의자들의 그러한 자아관에 근거한 공동체라면 우리는 "잘 실낙원 했다(paradise well lost)"고 안도한다.[139] 히르쉬는 불구자, 외국인, 동성애자, 소수자 집단의 문제를 들고 그들에게 전체 공동체적 정서를 강조하는 것은 그들에게 아무런 것도 해주는 바가 없다고 본다. 따라서 그들에게 "공동체의 존재는 문제 해결의 일부분이 아니라 오히려 문제의 일부분이다."[140] 거트먼도 "공동체주의적 비판자들은 우리들로 하여금 [마녀사냥이 있었던] 세일럼에 살도록 하면서 마녀의 존재를 믿지 못하게 한다"고 냉소한다.[141] 자유주의 여성주의자들도 공동체주의자들이 옹호하는 세 가지 단골 공동체, 즉 고대 그리스 폴리스, 중세 촌락, 미국 건국 초기의 공동체들은 모두 여성을 비롯한 많은 구성원들에게 공동체적 혜택을 배제했다고 불평한다. 물론 자유주의자들은 공동체주의자들이 실질적으로 역사적 공동체의 배제적 측면과 독재사회를 옹호하고 있다고 주장하는 것은 아니다. 오히려 그들은 공동체주의가 그러한 전체주의적 함축성의

---

138 D. Philips, 앞의 책, p.185.

139 C. W. Harvey, "Paradise Well Lost: Communitarian Nostalgia and the Lonely Logic of the Liberal Self", *Philosophy and Contemporary World*, Vol. 1, 1994.

140 H. N. Hirsch, 앞의 글, p.424.

141 A. Gutmann, 앞의 글, p.319.

문제를 자유주의에 의존하지 않고서는 해결하지 못한다고 웅변한다.[142]

물론 공동체주의자들 중 자유주의자들의 비판에 대해서 그렇다고 대답하는 사람은 아무도 없다. 그들은 오히려 전체주의의 가능성을 다른 데에서 찾음으로써 비난의 예봉을 피하려고 한다. 샌델은 사회적 불관용과 전체주의적 가능성은 자유주의적 개인주의가 만연되어 공동체가 파괴된 결과인 아노미적 상태에서 일어난다고 강변한다. 즉 삶의 양식들이 제자리를 잃고, 근본이 불안정하고, 공동적 의미와 전통이 상실되었을 때, 개인들이 참여하는 공공적 영역도 축소되고 공동화되며, 그러한 공동화는 전체주의인 대중정치에 취약성을 보인다는 것이다.[143] 바버도 여기에 동조하여 정치적 참여가 배제된 소극적이고 수동적인 자유의 상태에서 전체주의나 독재가 발생할 가능성이 많다고 지적한다. 샌델과 바버는 모두 강한 민주주의가 독재를 예방해 줄 것으로 기대한다. 그러나 이러한 해석은 그동안 전체주의와 독재가 어디서 어떻게 등장했는가 하는 발생학적 측면에서 보면 납득할 수 없다.[144] 전체주의와 독재는 비자유주의 국가에서 발생했으며, 그것은 결국 민주주의라는 이름으로 국민들의 열광적인 정치적 참여를 강요했고, 그 강요의 힘은 어떠한 사회적 예외도 허용하지 않았던 역사를 볼 때 공동체주의자들의 변명은 구차하게 들린다. 최근 에치오니는 입헌민주주의에 호소하고 있지만, 소수자의 언론의 자유와 인권을 보호하기 위해서 다수결주의를 입헌적으로 제약한 미국 헌법 '수정조항 1조'는 순전히 민주주의적이라기보다는 오히려 자유

---

142 S. M. Okin, *Justice, Gender and the Family*, New York: Basic Books, 1989, p.61.
143 M. Sandel(ed.), "Introduction", *Liberalism and Its Critics*, New York: New York University Press, 1984, p.7; B. Barber, 앞의 책, p.221.
144 황경식, 「자유주의와 공동체주의」, 『개방사회의 사회윤리』, 철학과현실사, 1995, pp.207-208.

주의적 혹은 자유민주주의적 조항으로 보는 것이 더 타당할 것이다.

자유주의자들은 공동체주의에 대한 규범적 비판과 아울러 공동체주의에 대한 방법론적 난제를 들고 나온다. 자유주의자들은 공동체의 상실과 그에 따른 자유주의의 문책은 공동체주의자들이 간과하기 쉬운 딜레마를 숨기고 있다고 갈파한다. 만약 공동체주의자들이 주장하는 것처럼, 자유주의적 개인주의의 만연이 공동체의 상실을 불러왔다면, 자유주의는 현대사회에 대한 정확한 이론적 반영이라고 할 수 있다. 모든 공동체주의자들이 주장하는 것처럼, 자유주의적 개인주의 정치철학과 자유주의적 개인주의 문화와 관행은 상호 보강 관계를 유지해 왔다. 그런데 만약 공동체주의자들이 공동체 재건의 가능성을 확보하기 위해서 자아의 구성적 결부와 함께 현대사회의 이면에 암묵적으로 존재하는 공동체의 맥락을 주장한다면, 자유주의는 자아와 현대사회에 관한 정확한 이론적 반영은 아니다. 이 경우 공동체 상실에 대한 자유주의의 문책은 불가능한 것이 된다. 테일러는 자유주의적 개인주의 사회의 심층 구조는 사실상 공동체주의적이라는 주장을 편다.[145] 공동체주의의 이상과 같은 상이한 두 가지 주장의 집합들, 즉 공동체의 상실과 공동체의 암묵적 존속, 그리고 현대사회에 관한 정확한 이론적 반영과 부정확한 이론적 반영으로서의 자유주의는 모두 옳을 수 없다. 공동체주의자 왈쩌는 고통스럽게도 이러한 공동체주의의 역리를 인정하지 않을 수 없다고 고백한다.[146] 인그램은 영미 공동체주의자들 전체가 이러한 역리에 오락가락하고 있다고 폭로한다.[147]

자유주의자들의 공동체주의 방법론에 대한 질타는 여기에 그치지 않는다.

---

145 C. Taylor, "Atomism", p.200; *Sources of Self*.
146 M. Walzer, "The Communitarian Critique of Liberalism", *Political Theory*, Vol. 18, 1990, p.7.

공동체주의는 방법론적으로 볼 때 보수주의와 상대주의를 함축하며, 따라서 '단순 공동체주의자의 딜레마'와 '해석학적 순환'이라는 더 정교한 철학적 방법론상의 난제에 직면하게 된다. 또한 그러한 난제는 공동체주의적 방법론으로 해결될 수 없다는 사실도 아울러 지적된다. '단순 공동체주의자의 딜레마(simple communitarian dilemma)'는 만약 가치에 대한 사회적 의미가 현재 공동체가 가지고 있는 분배적 관행과 제도에 의거하고 있다면, 그러한 사회적 의미는 보수적인 것으로 비판적 원칙으로 작동할 수 없다. 만약 가치에 대한 사회적 의미가 공동체의 현재 관행과 제도에 의거하지 않고 그러한 의미를 통해서 관행과 제도를 비판할 수 있다면, 그러한 가치가 정당하다는 것을 공동체주의적 가치론에 의해서 어떻게 알 수 있는가?[148] 또한 이 딜레마의 두 번째 뿔은 가치가 하나가 아니고 서로 경쟁하는 가치들인 경우로 재구성될 수 있다. 이때도 역시 공동체주의적 방법론은 전혀 손을 쓸 수 없

---

147 인그램은 이러한 왈쩌의 딜레마를 다음과 같이 재구성한다. "만약 공동체주의자들이 자유주의 **이데올로기**를 사회의 **실제적인**(real) 공동체주의적 본성을 부정확하게 대변하고 있다고 비판한다면, 공동체주의자들은 자유주의 **사회**를 비판할 수 없다. 그러나 만약 자유주의 사회가 실제로 자유주의 이데올로기가 묘사하는 그대로라면, 자유주의는 그 의미와 합리성의 기준이 비판될 수 있는 이데올로기가 아니다. — 적어도 공동체주의자들이 허용하는 문화 내재적인 방식으로는 아니다." D. Ingram, *Reason, History, & Politics*, Albany: State University of New York Press, 1995, p.107. 인그램은 이러한 딜레마를 벗어날 수 있는 길은 자유주의 이론이 자유주의 사회의 해체적 경향을 과장하고 있거나 혹은 무시하고 있다고 비판하는 것이라고 제시한다. 전자의 경우는 이론과 관행 사이에 비판적 공간이 존재하며, 후자의 경우는 상이한 이론들(혹은 관행들) 사이에 차이가 생긴다. 공동체주의자들은 후자를 취하겠지만, 롤즈는 정치적 자유주의에서의 중첩적 합의를 통해서 이론들 혹은 관행들 사이의 차이를 흡수하므로 자유주의 사회의 해체적인 경향을 막는다. 위의 책, p.108. 약간 다른 관점에서 강성 공동체주의자들, 매킨타이어와 샌델이 자유주의 사회를 통해서 자유주의 이론을 비판하고 있다는 주장은 J. Allen, "Liberals, Communitarians, and Political Theory", *South African Journal of Philosophy*, Vol. 11, 1992, pp.77-90 참조.

148 J. Cohen, "Book Review of Walzer's *Spheres of Justice*", *The Journal of Philosophy*, Vol. 83, 1986, pp.463-464.

다. 코헨은 사회적으로 많은 논란과 갈등을 함축하고 있는 가치들의 경우에는, 그러한 상충하는 의미를 평가하기 위해서도 지도적 원리로서 자유주의의 일반적이고 보편적인 정의의 개념이 필요하다고 주장한다. 왈쩌와 매킨타이어의 경우 가치의 사회적 의미와 전통에 대한 상충된 해석들이 존재할 경우, 이데올로기적 허위의식을 배제하고 진정한 해석만을 추려내서 평가하는 기준은 '해석학적 악순환(vicious hermeneutical circle)'을 피할 수 없다. 다양한 해석들은 오직 총체적인 해석틀 안에서만 의미를 갖고 평가될 수 있지만, 그러한 총체적인 해석틀은 다시 다양한 해석들에 의거하고 않고서는 산출될 수 없기 때문이다.[149] 이미 우리는 매킨타이어가 도덕적 전통과 합리성이 가진 순환성을 인정한 것을 지적한 바 있다. 그리고 우리는 왈쩌도 롤즈의 맥시민 규칙이 아니면, 이러한 순환성과 단순 공동체주의자의 딜레마를 피할 수 없다는 것도 논의했다.

(3) 공동체주의자들의 본색: 어쩔 수 없는 근대주의자와 자유주의자

마치 마르크스가 말년에 자신은 마르크스주의자가 아니라고 했듯이, 공동체주의자들도 자신들이 공동체주의자라는 것을 흔쾌히 인정하지 않고 있다. 그 이유는 영미 상황에서 자유주의의 집단적 무의식이 주는 융(C. G. Jung)식의 원형적 억압일 것이다. 그 억압의 근원은 사적인 영역에서 가족과 같은 공동체는 삭막한 이 세계에서의 유일한 안식처이지만, 공적 영역에서의 공동체주의는 대중들에게는 그 어원적 친근성 때문에 공산주의로 오해받을 수 있기도 하고, 또한 나치즘과 파시즘 등 전체주의로부터의 공포가 아직 완전히 가시지 않았다는 사실이다. 공동체주의자 에치오니와 완전주의적 자유주

149 R. Bellamy, 앞의 책, p.242.

의자인 갤스턴 등이 주도하여 공포한 「공동체주의 강령」에 주요한 철학적 공동체주의자인 매킨타이어, 샌델, 테일러, 왈쩌 등이 서명하지 않고 있다는 점에서도 잘 드러난다.[150] 매킨타이어는 자신이 서명하지 않은 이유를 이렇게 말한다: "소문과는 반대로, 나는 결코 공동체주의자가 아니고 또 공동체주의자인 적도 없다. 내 판단으로는 어떤 다른 나라와 마찬가지로 미국에서의 근대화의 진보에 따른 정치적, 경제적, 도덕적 구조는 과거의 다양한 역사적 시기에 이룩되었던 찬양할 만한 그러나 언제나 불완전한 행태로 존재했던 정치적 공동체 유형들 중 그 어떤 것도 실현될 가능성을 배제한다. 나는 또한 근대사회를 공동체주의적 방식으로 체계적으로 재구성하려는 시도는 언제나 비효율적일 뿐만 아니라 파국을 몰고 올 것이라고 생각한다."[151] 이러한 매킨타이어의 솔직한 고백을 통해 본다면, 매킨타이어는 어쩔 수 없이 가치다원주의적 자유주의자나 근대주의자(a modernist malgré lui)가 되어야 할 것이라는 라모어의 주장은 옳았다.[152] 라모어는 공동체에 대한 자유주의적인 초월적 비판의 가능성을 전혀 인정하지 않는다면 매킨타이어의 덕의 윤리는 보수주의적, 반동주의적이라고 아니 할 수 없다고 비판한다. 그러나 매킨타이어는 버크(E. Burke)식의 보수주의와 구별되기를 바라고, 또한 아리스토텔레스의 형이상학적 생물학적 목적론을 잘못된 것이라고 비판하면서 목적론을 인간 본성에만 국한시킨다. 또한 인간 본성 자체에서 사회계급의 분화를 찾는 시도, 즉 아리스토텔레스의 자연적 노예론을 일축한다. 오킨에 따르

---

150 여기서 바버는 도덕교육 분야만 빼고 조건부로 서명한다. 여기에는 후쿠야마(F. Fukuyama), 피시킨(J. S. Fishkin) 등 많은 자유주의자들도 서명한다. 주 19 참조.

151 A. MacIntyre, "A Letter to *The Responsive Community*", *The Responsive Community*, Summer of the Year, 1991, p.9; D. Bell, Communitarianism and Its Critics, p.17에서 재인용.

152 C. E. Larmore, 앞의 책, p.36; P. Selznick, "The Idea of a Communitarian Morality", *California Law Review*, Vol. 75, 1987, p.447.

면, 매킨타이어가 찬양하는 도덕적 전통에 대한 이러한 교정은 자유주의적 관점이 아니면 이룩될 수 없다.[153]

샌델의 입장은 롤즈의 무연고적 자아관과 상호 연대를 요구하는 "최소 수혜자의 기대치를 최대로 하라"는 차등 원칙과의 비일관성을 지적할 뿐이지 결코 자유주의를 정면으로 반대하지 않는다.[154] 그래서 샌델의 비판은 자유주의 내부 비판이라고 분류되기도 한다.[155] 그러나 샌델은 자신의 저서 『민주주의의 불만』(1996)에서 공화주의적 공공철학을 들고 나온다. 그러나 여기서 샌델은 "공화주의의 정치가 보장이 없는 위험한 정치"일 수 있다는 점을 인정한다.[156] 공화주의적 전통은 노예제, 여성의 참정권 배제, 유산계층에 유리한 선거권 제도, 이민자들에 대한 차별 등과 관련하여 비판의 대상이 된다는 것을 인정한다. 그렇다고 한다면, 그러한 인정은 과연 자유주의적 관점이 아니고 공화주의 자체에서 나올 수 있는가?

테일러는 이미 우리가 지적한 것처럼 근대 자유주의적 개인주의는 본래성의 윤리라는 이상이 있다는 것을 인정하고 그것을 공동체주의적으로 보완하려는 제한적인 의도만을 가진다. 또한 테일러는 자신을 공동체주의자라고 생각하지도 않으며, 자신의 자아관이 존재론적으로 볼 때 흔히 생각하듯이 '총체론적 집단주의(holist collectivism)'가 아니라 '총체론적 개인주의(holist individualism)'임을 밝힌다. 그는 물론 노직의 원자론적 개인주의(atomist individualism)를 거부한다. 이러한 관점에서 테일러는 롤즈의 정

---

153 S. M. Okin, *Justice, Gender and the Family*, p.61. A. MacIntyre, *After Virtue*, pp.159-163, pp.221-222 참조.
154 M. Sandel, "The Procedural Republic and the Unencumbered Self", p.28.
155 E. Frazer and N. Lacey, *The Politics of Community*, Toronto: Toronto University Press, 1993, p.113.
156 M. Sandel, *Democracy's Discontent*, p.321.

의론, 특히 '사회적 연합체들의 연합으로서의 공동체'의 개념을 지지한다. 다만 테일러는 롤즈의 차등 원칙을 더 아리스토텔레스적인 방식으로 보완하려고 시도하면서 자유주의적 복지국가를 옹호한다.[157] 왈쩌는 비록 자유주의의 방법론적 기초인 개인주의, 도덕적 보편주의, 권리준거적 의무론, 가치 중립성을 거부하지만, 자유주의의 전통적 이념인 자유와 평등이 사회적 가치들의 공유된 이해에 근거한 공동체주의 정의론을 통해서 진정으로 실현될 수 있다고 주장하는 점에서 자유주의에 친화적이다. 왈쩌는 "자유주의를 그것의 기본강령으로부터 급속하게 퇴각하는 자유주의자들로부터 옹호하는 것이 중요하다"고 생각한다. 또한 자신의 공동체주의는 "전근대적인 혹은 반자유주의적인 공동체가 도래할 것을 기다리는" 반동적인 공동체주의는 아니며, "자유주의 (혹은 사회민주주의) 정치 속에서 화합"될 수 있는 유형의 공동체주의라고 밝힌다. 그리고 그는 공동체주의는 자유주의에 대한 "재발적 교정"이지 전면적인 대체는 아니라고 지적한다.[158] 왈쩌는 자유주의의 진정한 실현은 사회민주주의로 이행을 의미한다고 주장한다. 그러나 미국적 상황에서는 좌파 자유주의와 사회민주주의는 현실적으로 동일한 것으로 본다. 그는 자유주의에 대한 공동체주의적 교정은 전통적 삶의 방식에 따른 유구한 불평등을 강화할 수도 있고, 아니면 자유시장과 관료주의 국가에서의 새로운 불평등에 대항하는 방식을 취할 수도 있다고 구분하고, 자기는 후자의 입장임을 분명히 한다.[159] 바버는 가치통합론적 공동체주의자를 '사이비 공동

---

157 테일러는 자신을 공동체주의 진영에 소속시키지 않는다. C. Taylor "Cross Purposes: The Liberal-Communitarian Debate", Nancy Rosenbaum(ed.), *Liberalism and the Moral Life*, Cambridge: Harvard University Press, 1989, p.160. 롤즈 관련 사항은 C. Taylor, "The Nature and Scope of Distributive Justice", p.57 참조.

158 M. Walzer, *Radical Principles*, New York: Basic Books, 1980, p.302; "The Communitarian Critique of Liberalism", p.15, p.7, p.22.

체주의자'로 비하하고 자신은 자유민주주의를 참여민주주의적인 방식으로 보강하려는 제한적 의도만을 가지고 있다고 밝힌다. 바버는 자유주의를 민주주의적 불충분성 때문에 비판하는 것이 결코 자유주의와 자유주의 철학을 공격하는 것을 의미하지 않는다고 강조한다.[160] 공동체주의 운동을 주도하고 있는 에치오니도 자신을 자유주의의 반대자로 간주하지 않는다.[161] 에치오니가 주도적으로 작성한 「공동체주의 강령」에는 "우리가 만약 오늘날 중국에 있다면, 우리는 더 많은 개인의 권리를 격렬하게 주창할 것이다"라는 점이 부각되고 있다.[162] 그의 '온건한 공동체주의'는 공동체주의 운동을 하나의 '진보주의 운동'으로 생각하고 급진적 자유지상주의자들을 주요 공격 목표로 하고 있다. 많은 자유주의자들이 이 운동에 동참하고 있는 것은 우연이 아니다.[163]

홈즈는 왜 공동체주의자들이 자유주의에 대한 이러한 유순성을 가지고 있고, 또 극명한 반자유주의자들이 될 수 없는가 하는 이유를 역사적 상황을 통해 설명한다. 공동체주의는 넓게 보아 반마르크스주의적 반자유주의 전통에 속한다. 이러한 전통은 개인들의 '근거 상실(the uprooting of individuals)'로 설명될 수 있는 도덕과 사회의 타락에 대한 우려의 일환으로서 자유주의를 비판한다. 이 전통은 개인들의 근거 상실에 대한 원인으로 자유주의의 핵심으로 간주될 수 있는 개인주의, 합리주의, 인본주의, 회의주의를 들고, 그것들이 사회를 부식시키고 와해시킨다고 진단한다. 그리고 이러한 원인의

---

159 M. Walzer, *Spheres of Justice: A Defense of Pluralism and Equality*, p.323; "The Communitarian Critique of Liberalism", p.17, p.23.

160 B. Barber, 앞의 책, p.120, p.xi.

161 A. Etzioni, "A Moderate Communitarian Proposal", p.155.

162 "The Responsive Communitarian Platform", 1991, "Within History" 참조.

163 D. Shapiro, 앞의 글, p.152 참조.

더 근본적인 원천은 계몽주의까지 소급될 수 있고 분석한다. 홈즈는 공동체주의가 이러한 전통의 유연한 측면을 반영하고 있다고 분석한다. 공동체주의자들은 프랑스 혁명에 반대한 가톨릭 군주제 옹호자인 메스트르(Joseph de Maistre)나 파시스트인 슈미트(Karl Schmitt)와 같이 계몽주의에 노골적인 반감을 표시하는 골수 전통주의들을 추종하지 않는다. 따라서 공동체주의자들은 자유주의를 통째로 거부하는 급진적인 정책을 제시하지 못한다는 것이다.[164] 공동체주의자 벨도 킴리카와의 논쟁에서 기본적 권리에 대한 존경은 서구문화에서 중심적인 것이며, 극단적인 강제적 수단으로는 결코 공동체주의적 가치를 증진시키지 못할 것이라는 점을 인정한다.[165] 그렇다고 한다면, 도대체 공동체주의자는 왜 일어났는가 하고 반문할 수도 있는 것이다. 이러한 반문을 하는 어떤 자유주의 철학자는 헤겔의 비판을 통해서 칸트적 자유주의는 이미 충분히 현대사회에서 가능한 만큼 최대한의 공동체주의적 요소를 수용했다고 밀과 롤즈의 저작을 통해 진단하고, 현대 공동체주의자들은 시간 낭비를 한 것이라고 주장한다.[166] 헤겔의 사상을 원용했던 그린 등이 영국의 복지국가의 초기 모형을 구축하는 데 선구적인 역할을 하고, 자유주의가 복지국가를 수용하는 철학적 근거를 제시했다는 것은 우연이 아닐 것이다. 그들은 자유주의의 개인주의적 요소를 공동체주의적 고려와 국가

164 S. Holmes, *The Anatomy of Antiliberalism*, Cambridge: Harvard University Press, 1993, ch.7 "Community Trap" 참조.

165 D. Bell, *Communitarianism and Its Critics*, Appedix 1 and 2.

166 S. Caney, "Liberalism and Communitarianism", *Political Studies*, Vol. 90, 1992, p.289. 시간낭비라는 표현은 공동체주의자인 벨이 어이없다는 듯이 케니를 평하면서 역으로 사용한 것이다. D. Bell, *Communitarianism and Its Critics*, p.19.

개입을 조화시키려고 한 점에서 그들의 입장은 당시에 '신자유주의(New Liberalism)'라고 불렸던 사실을 염두에 두어야 할 것이다.[167]

4. 결론: 논쟁의 자유주의적 종식과 자유주의의 미래

(1) '자유주의 대 공동체주의 논쟁'의 자유주의적 종식

"자유주의의 자화상은 통상적으로 있는 그대로가 아니라 미화되어서 그려져 온 것이 사실이다."[168] 공동체주의자들의 최대 공헌은 자유주의자들로 하여금 자유주의에 대한 솔직한 자화상을 그리도록 도와준 것이다. 그래서 공동체주의는 '자유주의 이후(post-liberalism)'의 철학일지언정, 결코 '자유주의 사후(a postmortem-liberalism)'의 철학일 수는 없다.[169] 공동체주의가 자유주의 이후의 철학이라는 의미는 "공동체주의가 민주주의적 관행이 확립된 자유주의 전통 속에서 발전되어 왔으며, 또한 공동체의 가치가 어떤 교정이 필요할 정도로 하락하도록 놔두는 자유주의 문화 속에서 발전되어 왔다"는 것이다.[170] 그러한 교정은 자유주의 속에서 이루어져야 하며, 그러한 교정이 자유주의 문화 자체를 위협한다는 것은 어불성설이다. 공동체를 들고 온다고 해서 '만병통치약(nostrum)'이 되는 것은 아니다. 자유주의는 전통적으로 집회와 결사의 자유, 양심의 자유, 거주 이전의 자유를 통해서 다양

---

167 그린(T. H. Green)보다 앞서서 홉하우스(Hobhouse)가 이러한 문제를 다루었는데, 그는 '자발성의 원칙(the voluntaryism)'을 통해서 국민들이 자발적으로 국가의 개입을 요청한다는 고육책을 쓴 바 있다. A. Arblaster, 앞의 책, pp.284-285.

168 위의 책, p.347.

169 D. Philips, 앞의 책, p.9.

170 M. Daly, *Communitarianism: A New Public Ethics*, Belmont: Wadsworth Publishing Co., 1994, p.xiii.

한 종교, 사상, 도덕, 문화, 예술, 과학의 공동체와 지역적 공동체, 그리고 시민사회를 형성하도록 한다. 물론 자유주의는 공동체에서의 탈퇴와 공동체들 사이에서의 자유로운 이전도 보전하고 있다. 그런데 공동체주의는 흔히 자유주의의 공동체 형성과 보존에의 기여를 망각하고 있거나, 아니면 탈퇴나 이전 등 해체적 경향만을 강조하고 있다.

우리는 '자유주의 대 공동체주의 논쟁'을 자유주의적 자아관, 자유주의적 개인주의와 사회관, 중립성과 반완전주의, 보편주의, 그리고 자유주의와 현대사회 문제라는 다섯 가지의 쟁점으로 정리하여 고찰하였다. 우선 우리는 각 쟁점별로 자유주의에 대한 공동체주의자들의 비판을 소개하고 이러한 비판에 대한 자유주의자들의 대응을 후속 논쟁들과 연관시키면서 고찰했다. (1) 자유주의적 자아관은 공동체주의자들이 생각하듯이 순전히 무연고적, 무귀속적 자아로서의 존재론적 원자론이 아니다. 자유주의적 자아관은 가치관에 대한 합의가 없는 다원주의 사회에서의 자유롭고 평등한 시민의 관점이라는 롤즈의 정치적 자유주의의 자아관을 대변한 것이다. 이러한 자아관은 사적인 영역에서 공동체적 결부와 귀속을 인정한다. 그러나 자유주의적 자아관은 공동체적 결부와 구속도 개인이 처한 사회적 정황의 제약 아래서 비판되고 변경될 수 있다고 개인의 자율성을 여전히 강조한다. (2) 자유주의적 개인주의와 공동체 개념은 공동체주의자들이 비판하듯이 순전히 자기이익 추구를 지상목적으로 하는 원자적 개인들의 피상적인 협동관계인 도구적 사회가 아니다. 자유주의적 개인주의는 반사회적 개인주의가 아니라 가치와 의무와 책임의 원천은 개인에게 있다는 도덕적 개인주의이다. 그러한 자유주의적 개인은 자기이익 추구의 제약을 위한 공정한 사회적 협동체계를 수용함과 동시에 집회와 결사의 자유와 권리를 통해서 다양한 공동체를 형성하고 번성시킬 수 있다. (3) 자유주의의 중립성과 반완전주의는 공동체들이 비판하듯이 자유주의적 개인주의만을 조장하는 위선성과 편협성만을 위한 것은 아니다. 자유주의의 중립성과 반완전주의는 근대 다원주의 사회에서의 도덕과 정치 체계에 대한 피할 수 없는 제약조건으로 보지 않으면 안 된다. 비록 자유주의적 중립성을 강조하는 롤즈의 정치적 자유주의는 효과나 영향의 중립성을 확보할 수 없지만, 어느 사회체제보다도 목적의 중립성을 달성시켰다고 본다. 그러나 완전주의적 자유주의자들은 공동체주의자들의 비판에 부분적으로 동조하고 가치 있는 삶의 증진을 위해서 국가가 그러한 삶이 가능한 공동체와 배경 조건을 지원해야 한다고 생각한다. 그러나 이러한 완전주의적 자유주의자들의 주장은 국가 완전주의로 나아갈 경우 개인의 자율성과 충돌되므로, 중립적 자유주의의 한계 내에서 간접적인 지원책이 되어야만 한다. (4) 자유주의적 보편주의는 공동체주의자들이 비판하듯이 역사적 공동체가 처한 특수성과 다원성을 무시하는 추상적이고 비현실적인 관점이 아니다. 자유주의적 보편주의는 서구 자유민주주의 사회의 공공적인 정치문화와 전통에 내재한 근본적인 직관적 신념들을 배경으로 구성된 것이다. 그러나 이러한 출발점도 공동체주의자들이 빠지기 쉬운 상대주의적이고 보수주의적인 관점을 극복하기 위해서는 최소한의 공정성과 불편부당성을 보장하는 비판적인 입각지를 갖지 않으면 안 된다. 롤즈의 정치적 자유주의는 이러한 인식 아래 다양한 포괄적인 도덕적, 종교적, 철학적 교의들 사이에서 중첩적 합의를 추구하는 보편적인 관점으로 이해될 수 있다.[171] 따라서 롤즈의 정치적 자유주의는 공동체주의보다도 더 공동체주의적이 될 수 있다는 해석도 가능하다.[172]

공동체주의자들의 비판에 대해서 자유주의자들은 이상과 같은 방어적 대

171 J. Rawls, "The Domain of the Political and Overlapping Consensus", *New York Law Review*, Vol. 64, 1989.

172 S. Mulhall and A. Swift, 앞의 책, p.201.

응과 자유주의에 대한 적극적 재구성을 시도함과 아울러 공동체주의자들에게 다양한 직접적인 역공을 가한다. 자유주의자들은 대체로 자유주의가 가진 문제점을 인정하기는 하지만, 공동체주의적 대안은 더 참혹한 결과일 것이라고 응수한다. 우선 공동체주의는 공동체 개념과 공동체 구성의 현실적 방안에 관련된 신뢰할 만한 대안을 결코 제시한 적이 없다는 사실이 지적된다. 설령 공동체주의적 대안이 명료화된다고 해도 그것은 현대사회에서는 부적절한 낭만주의적 노스탤지어에 불과하거나, 롤즈의 정치적 자유주의가 밝힌 것처럼 근대 다원 민주사회에서는 부적절한 포괄적인 도덕적 교설의 하나로서 충분한 사회적 합의를 이끌어낼 수 없다. 이어서 자유주의자들은 공동체주의가 규범적으로도 방법론적으로도 다양한 딜레마에 봉착하여 헤어날 수 없음을 지적한다. 공동체주의는 공동선의 정치를 주장함으로써 전체주의, 보수주의, 혹은 다수결 횡포의 함축성을 지닌다. 그러나 공동체주의는 자유주의에 의존하고 않고서는 이러한 함축성에서 벗어날 수 없다. 방법론적으로 볼 때 공동체주의는 공동체의 관행과 가치와 전통에 도덕적 준거를 두고 있는 한, 건전한 사회비판을 수행할 수 없는 보수주의적이고도 상대주의적인 입장에서 헤어나지 못한다. 이러한 방법론적 딜레마는 더 정교한 철학적 방법론상의 딜레마인 '단순 공동체주의자의 딜레마'와 '해석학적 악순환'으로 재구성되었다. 특히 자유주의 이론과 자유주의 사회의 관계에 대한 공동체주의자들의 모순된 두 가지 비판과 주장, 즉 공동체의 상실과 원자적 개인과 공동체의 암묵적 존속과 자아 정체성의 구성적 결부, 그리고 그에 상응해서 전개된, 현대사회에 대한 정확한 이론적 반영과 부정확한 이론적 반영으로서의 자유주의에 대한 비판은 동시에 옳을 수 없다는 것이 지적되었다. 또한 우리는 공동체주의자들이 자유주의를 정면으로 부정할 수 없는 다양한 이유들도 제시하였다.

공동체주의자들의 비판에 대한 자유주의자들의 대응과 그들의 자유주의의 적극적 재구성 노력과 아울러 공동체주의에 대한 역공을 종합적으로 평가한 결과, 자유주의는 공동체주의의 도전을 물리칠 만한 이론적, 현실적 역량을 가지고 있으므로 아직 건재하다고 결론을 내려도 좋을 것 같다.

(2) 신자유주의의 대두와 '자유주의 대 공동체주의 논쟁'의 위상

레이건-대처 정권 시대에서 태동한 신자유주의는 1990년 이후에는 범세계화의 흐름에 힘입어 한 국가를 넘어서 전 세계 수준에 적용되는 거역할 수 없는 이데올로기가 된다. 신자유주의의 이러한 득세는 그동안 자유주의의 대표적인 철학적 모형으로 간주되어 온 롤즈의 좌파 자유복지국가 모형에 치명적인 상처를 입힘으로써 '자유주의 대 공동체주의 논쟁'은 이제 좀 더 복잡한 양상으로 전개된다. 신자유주의는 영국과 미국을 중심으로 해서 케인스 경제이론에 토대를 둔 복지국가 이념에 대한 우파적 대안으로 등장했다. 복지국가는 한때 역사의 빛나는 승리로 숭앙되었고, 인류의 이상이 역사적 대타협으로 실현된 것같이 생각된 적도 있었다. 그러나 복지국가는 이제 누적되는 국가의 재정 적자, 비대해지는 국가 관료제, 시민사회 기능의 약화, 국민의 노동의욕 감소, 국가 경쟁력의 하락 등으로 인하여 처치 곤란의 문제아가 되었다. 이러한 맥락에서 경쟁과 효율, 개인의 선택과 창의성을 강조하는 신자유주의가 세력을 얻게 된다. 물론 신자유주의는 시장 주도의 경제성장을 강력히 추진함으로써 생태적 자각이 부족한 것이 결점이지만, 신자유주의에는 나름대로의 일관된 자유지상주의 철학이 있다. 국제금융 투기자본의 행태에서 드러나듯, 신자유주의적 범세계화는 분명 약육강식이 적용되는 것이지만, 동시에 변화와 개혁을 요구하는 세계의 시민들이 국가의 경계를 넘어 협력할 수 있는 새로운 가능성도 보여주고 있다. 기든스에 의하면, 신자유주의는 시장근본주의와 보수주의라는 모순된 요소의 결합이다. 시장근본주의는 시장이 개인들의 능력과 창의성에 따른 경쟁을 촉진하고 차별화하고 보상함으로써 사회 전체의 발전을 가져온다는 신념이다. 따라서 정부의 역할은 노직과 프리드먼(M. Friedman), 하이에크(F. Hayek) 등이 주장한 대로 최소 정부론에 의거한다. 최소 정부론은 국가가 사유재산권 보호, 공정 경쟁의 보장 등 자유시장체제의 유지를 위한 최소한의 배경적인 사회적 안전망을 제공하는 것으로 만족해야 한다는 것이다. 한편, 신자유주의는 보수주의적 요소를 포함한다. 그러한 요소는 가족, 민족, 종교 등 비시장적 전통 가치를 옹호하고 사회질서 유지를 위한 강력한 국가를 지향한다. 따라서 이러한 두 요소의 결합에 따라 신자유주의는 신우파 혹은 신보수주의로 불리기도 한다. 기든스는 신자유주의가 시장근본주의와 보수주의의 내부적 모순관계 때문에 곤경에 처해 있다고 비판한다.[173] 시장근본주의는 자유시장 철학과 경제적 개인주의에 의거해서 미래에 대한 희망을 시장 세력의 해방에 의해서 만들어지는 끝없는 경제성장에 걸고 있다. 그러나 신자유주의가 전통적 가족과 민족에 헌신하는 것은 자기모순이다. 개인주의는 전통적인 가족 구조와 민족적 정체성의 경계선에 오면 그 자유주의적 기능을 멈춘다. 반면에, 시장 사회의 역동성은 국지적 공동체를 파괴하고 전통적인 권위 구조를 훼손한다. 신자유주의는 시장 그 자체의 사회적 기반을 간과하고 있다. 시장이란 시장근본주의가 무관심하게 도외시해 버리는 바로 그 공동체적 형태에 의존하고 있다.[174]

이러한 신자유주의의 등장과 모순은 '자유주의 대 공동체주의 논쟁'의 위상에 어떠한 변화를 초래하고 있는가? 일단 신자유주의가 개인의 자유와 권리를 옹호하는 개인주의적 측면과 자유시장주의를 반영하는 점에서 그 논쟁

---

173 A. Giddens, *Beyond Left and Right: The Future of Radical Politics*, London: Polity Press, 1994, p.9.

174 앤서니 기든스, 한상진 · 박찬욱 옮김, 『제3의 길』, 생각의 나무, 1998, p.49.

에는 큰 위상 변화가 없다고 생각해 볼 수 있다. 복지자유주의자 롤즈와 자유지상주의자 노직은 개인의 자유와 권리가 공동체와 갖는 관계에 있어서는 동일한 입장에 서 있다. 이러한 점에서 여전히 '개인주의 대 공동체주의 논쟁'은 계속된다.[175] 그러나 자유주의에 대한 공동체주의의 비판은 기회의 균등과 경제적 재분배를 강조함으로써 공동체적 요소를 어느 정도 포함하고 있는 롤즈보다는 오히려 노직이나 신자유주의에 향하는 것이 더 적절하다는 사실이 공동체주의자들 사이에서 인식되기도 한다. 따라서 '자유지상주의 대 공동체주의 논쟁'이라고 표시하자는 입장도 있다.[176]

그렇다면 공동체주의자들은 신자유주의에 대해서 구체적으로 어떻게 생각하고 있는가? 샌델은 개인주의에 대한 기왕의 비판 각도와는 약간 다르게 자유지상주의적 자유주의와 복지자유주의자들은 개인주의적 요소를 가지고 있으면서도 각각 거대 사기업 중심의 경제체제와 복지국가라는 거대 관료제도로 말미암아 권력 집중을 심화시키고 있다고 비판한다. 따라서 개인과 국가 사이에 존재하는 중간 단계의 공동체는 고사된다고 걱정한다.[177] 통상적으로 공동체주의자들은 신자유주의의 등장이 자유주의의 개인주의적 요소를 더욱 강화한다고 생각한다. 벨은 자유주의자들이 "어떻게 전통적인 자유주의적 제도와 관행이 레이건-대처 시절에 특색이 된 자기이익의 무제약적 추구를 법제화하게 되었는가를 탐구하거나 혹은 어떻게 자유주의 정치학이 우리 시대의 원자론적 경향에 대처할 수 있도록 개선될 수 있는가를 생각하지 않고, 현대 자유주의 이론가들은 자꾸만 현실세계에서 유리되어, 그들의 정력을 자유주의 이론이 지나친 개인주의 혹은 보편주의적 전제들을 가지

---

175 S. Avineri and A. De-Shalit(eds.) 앞의 책.

176 A. Etzioni, *The Spirit of Community*, p.168.

177 M. Sandel(ed.), "Introduction", *Liberalism and Its Critics*, p.6.

지 않는다고 하면서 제거하려는 데에만 집중하고 있다"고 힐난한다.[178] 닐과 파리스도 역시 자유주의 사회에서는 점점 심각하게 소유적 개인주의가 강화됨에도 불구하고 자유주의 이론들은 철저하게 그러한 전제를 제거하려고만 한다고 비난한다.[179] 바버도 자유주의가 책임을 져야 할 병폐로 사회구조적 불평등을 그 희생자인 최소 수혜자 자신의 성격과 태도 문제라고 보는 '희생자 비난'과 레이건 행정부 시절처럼 모든 공공적 권리와 공공재가 개인의 이익을 통해서 더 잘 확보되고 설비될 수 있다는 주장을 지목한다.[180] 물론 신자유주의는 가족, 성차, 민족, 종교, 국가의 전통의 유지라는 보수주의적인 요소를 포함하고 있으므로 공동체주의자들은 그러한 요소들에 대해서는 안심할 것이다. 그러나 공동체주의자들은 자본주의 시장의 냉혹한 물결이 결국 가족과 그러한 전통을 잠식하는 점에 있어서는 불안해 할 것이다.

롤즈를 위시한 복지주의자들은 복지국가병을 치유하기 위해서는 신자유주의의 강한 경제적 개인주의에 의거해야만 할 것이다. 그러나 복지자유주의자들은 시장근본주의가 불평등을 심화시키고 "무덤에서 요람까지"는 아니더라도 최소한의 사회 안전망으로서의 복지국가 기능도 제대로 수행하지 못할 것을 염려한다. 복지국가에 기반한 공동체적 연대와 박애를 공동체주의자들도 최소한 인정하고 있다면, 공동체주의자들은 롤즈의 좌파 자유주의와 연합하여 그러한 연대와 박애를 깨뜨리는 신자유주의와 냉혹한 '보수주의적 다윈주의(Conservative Darwinism)'에 도전해야 할 것이다.[181] 자유

---

178 D. Bell, *Communitarianism and Its Critics*, p.9.

179 P. Neal and D. Paris, "Liberalism and Communitarian Critique", *Canadian Journal of Political Sciences*, Vol. 48, 1990, p.430.

180 B. Barber, 앞의 책, pp.110-111.

181 J. Young, *Reconsidering American Liberalism: The Troubled Odyssey of the Liberal Idea*, Boulder: Westview Press, 1996, p.341.

주의자들은 신자유주의의 등장에 매우 실망한다. 그들은 영국에서조차 배심원 제도의 축소, 구속 적부 심사를 위한 인신 보호 영장(*habeas corpus*)의 약화, 어렵게 쟁취한 노동조합과 노동자의 권리 등이 박탈된 사실에 주목하고 '자유주의적 성취의 박약성'을 한탄한다.[182] 복지자유주의자들은 신자유주의의 시장근본주의가 초래하는 싹쓸이식 '승자 전취 시장(winner-take-all market)'을 매우 염려한다. 승자 전취 시장은 경쟁과 효율성이라는 미명 아래 소득의 불균형을 확대시키고, 재능과 자원을 낭비하고, 사회와 문화의 통합성을 해치고, 대다수의 개인의 복지에 심대한 악영향을 끼친다.[183]

자유주의, 신자유주의, 그리고 공동체주의는 이렇듯 매우 복잡한 관계를 형성하고 있다. 따라서 '자유주의 대 공동체주의 논쟁'을 신자유주의의 관점에서 더 엄밀하게 고찰하고 평가하는 것은 미래 과제로 남겨두어야 할 것 같다. 우리가 여기서 할 수 있는 일은, 기든스의 분류에 따른다면, 고전적 사회주의자 혹은 구좌파가 되어 버린 롤즈의 복지자유주의의 모형을 신자유주의 혹은 신우파와 조화시킬 수 있는 '제3의 길'을 찾는 일이다.[184] 이러한 '제3의 길'은 롤즈의 복지자유주의와 신자유주의를 종합할 수 있는 최선의 자유주의의 유형은 무엇인가라는 문제로 재구성할 수 있을 것이다. 또한 이것은 개인이 단순한 복지의 수혜자가 아니라 노동의 주체와 책임의 담지자라는 것을 투철하게 인식하는 새로운 개인주의에 근거하면서도, 여전히 공정한 기회균등과 분배적 혜택이 보장된 정의로운 사회가 주는 자유주의적인 공동체적 연대를 동시에 달성할 수 있는 가능성을 찾는 일이다.

---

182 A. Arblaster, 앞의 책, p.349.

183 R. H. Frank and P. J. Cook, *The Winner-Take-All Society*, New York: The Free Press, 1995.

184 기든스는 롤즈를 직접 언급하고 있지는 않지만, 넓은 의미로 보아 그렇게 해석될 수 있다. 앤서니 기든스, 앞의 책, p.32.

(3) 최선의 자유주의와 자유주의의 미래

자유주의자들이 공동체주의를 신뢰하지 못하는 것은 아마도 자유주의자들에게는 과거 역사로부터의 정신적 외상(trauma)이 아직 치유되지 않았기 때문인지도 모른다. 갤스턴이 옳게 지적한 것처럼, "자유주의는 공포, 즉 잔인, 피비린내 나는 갈등, 자의적이고 독재적 권위에 대한 공포로부터 탄생했다."[185] 그 원조인 홉스를 따라서 자유주의자들은 최고악(*summum malum*)을 막기 위해서 최고선(*summum bonum*)을 버렸을 뿐이다. 자유주의자들에게는 자유와 인권은 최고악에 대한 최소한의 방패로서 결코 버릴 수 없는 것이다. 물론 자유와 인권은 공공선을 위해서 제약될 수 있으나, 그것은 정당한 이유와 설득과 보상을 통해서 시행되어야 한다. 자유는 타인의 동일한 자유를 위해서만, 인권은 타인의 동일한 인권을 위해서만 제한될 수 있을 뿐이다. 롤즈에 따르면, 자유는 오직 자유를 위해서만 제한될 수 있다.[186] 그렇다고 해서 자유주의가 필연적으로 그러한 공포에만 머물러 있어야 한다는 것은 아니다. 자유주의는 무지로부터, 합의로부터, 인간 번영의 조건으로부터도 다양하게 옹호될 수 있다.[187]

자유주의자들은 본질적 가치와 삶의 방식에 대한 회의주의 혹은 상대주의를 개인이 그러한 가치와 삶의 방식에 대한 최종적 심판자라고 우호적인 의미로 해석한다. 그리고 도덕과 정치 체제가 행위자와 피치자의 합의에 의해

---

185 W. Galston, *Liberal Purposes: Goods, Virtues, and Diversity in the Liberal State*, p.12.

186 여기에는 두 가지 경우가 있다. 즉 (1) 덜 광범위한 자유가 모든 이가 공유하는 자유의 전체계를 강화할 경우, (2) 덜 평등한 자유는 자유를 적게 가진 자들에게 용납될 수 있을 경우에 허용될 수 있다. J. Rawls, *A Theory of Justice*, p.302.

187 J. Gray, *Liberalisms: Essays in Political Philosophy*, London: Routledge, 1989, pp.241-264.

서 시행되어야만 그 정당화 근거를 확보할 수 있다고 굳게 믿는다. 이것은 "인민의 소리는 신의 소리(*vox populi vox Dei*)"라는 격언을 진정으로 실현하는 것을 의미한다. 더 나아가서 자유주의자들은 개인이 향유하는 자유와 평등, 자율성과 합리성을 개인과 인간 사회의 번영과 진보의 공동 조건으로 중시한다. 공동체주의는 넓은 의미에서 인간 번영의 조건으로서의 자유주의를 진정으로 실현시키는 데 공헌한 것으로 평가되어야 한다. 이러한 점에서 공동체주의자와 완전주의적 자유주의자들은 일치할 수 있을 것이다. 따라서 완전주의적 자유주의자들은 공동체주의적 자유주의자로 부를 수 있다. 물론 완전주의적 자유주의는 정치적 자유주의의 한계 속에서 진행되어야 한다는 것이 이미 지적되었다.

자유주의의 이러한 세 가지 정당화 방법론은 잠정협정적 자유주의, 정치적 자유주의, 도덕이상적 자유주의라는 자유주의의 세 가지 유형과 상응한다. 우리는 롤즈가 자신의 정치적 자유주의를 안정적인 사회적 통합을 이룩하지 못하는 잠정협정적 자유주의와 포괄적인 도덕적 이상을 포함함으로써 다원주의에 적합하지 못한 도덕이상적 자유주의의 딜레마를 극복하여 포괄적인 철학적, 종교적, 도덕적 교의들 사이에서의 안정적인 중첩적 합의를 확보하기 위한 시도로 풀이한 것에 주목했다. 롤즈는 또한 자유주의의 로크적 전통과 루소적 전통을 통합하여 '고대인의 자유'와 '근대인의 자유'를 동시에 실현시키려는 원대한 목표를 갖는다.[188] 우리는 그러한 시도가 매우 험난한 여정일 것이라고 지적한 바 있다. 최선의 자유주의가 어떠한 유형이며, 공동체

---

188 J. Rawls, *Political Liberalism*, pp.4-5. 롤즈는 콩스탕(Constant)의 분류에 의거해서 로크적인 근대인의 자유인 사상과 양심의 자유, 인신과 재산의 권리, 법치와 루소적인 고대인의 자유인 동등한 정치적 자유와 공공적 삶의 가치를 정치적 자유주의에서 통합하려고 시도한다. 이것은 자유주의의 자유지상주의적 전통과 공동체주의적 전통을 통합시키려는 시도로 볼 수 있다. D. Ingram, 앞의 책, p.108.

주의에 대한 최선의 자유주의적 전략은 무엇인가의 관점에서 이러한 자유주의의 유형적 분열은 신자유주의의 등장과 함께 자유주의의 '자기 정체성 위기'로 혹은 공동체주의를 앞에 둔 '적전 분열'로 비하될 수도 있다. 그러나 철학 자체에도 관용의 원리를 적용해야 한다는 사실을 인식하면, 우리는 그러한 비하감을 극복할 수 있을 것이다. 자유주의가 다양한 방식으로 옹호되고 정당화될 수 있는 것은 자유주의의 장점이다.[189] 그래도 못마땅하다면, 우리는 경제 영역에서는 잠정협정적 자유주의와 신자유주의의 시장근본주의가, 정치 영역에서는 정치적 자유주의와 온건한 완전주의적 자유주의가, 사적 영역에서는 도덕이상적 자유주의 혹은 완전주의적 자유주의가 주로 작동하는 것으로 생각해 볼 수도 있다. 이러한 분업 가능성은 자유주의의 핵심인 '공사 영역 구분'에 근거하고 있다. 물론 그러한 영역적 역할 분담을 물 샐 틈 없는 것으로 간주하는 것은 유치한 일일 것이기는 하지만.

아마도 공동체주의에 대한 가장 강하고도 솔직한 반론은 '강한 자유주의론'일 것이다. 강한 자유주의론이 '양심선언'한 것처럼 자유주의는 민족국가에 대한 강력한 현실적 강령으로 작용해 온 '비밀 공동체주의'인지도 모른다.[190] 그러나 그것은 자유주의가 자신의 본질을 왜곡하는 방식으로, 혹은 보수주의적 방식으로 공동체주의를 실현했다는 자가당착에 빠진다. 이러한 자

---

189 이러한 세 가지 유형에 관련해서, 어떤 한 유형이 다른 유형들을 배제하여 자유주의를 대표한다고 보는 것이 아니라, 세 가지 유형이 각각 자유주의의 필요조건이면서 동시에 모두 합쳐야만 자유주의의 충분조건이 된다고 보는 견해도 있다. T. Spragens, *Reason and Democracy*, Durham: Duke University Press, 1990, p.254. 방법론적 다원주의는 P. A. Roth, *Meaning and Method in the Social Sciences: A Case for Methodological Pluralism*, Ithaca: Cornell University Press, 1987.

190 W. Fach and G. Procacci, 앞의 글, p.35. 자유주의가 공적 영역에서는 평등한 권리와 자유를 확보한 데 반하여 사적 영역에서는 권위적 가정을 유지해 왔다는 주장은 여성주의자들에게는 이제 진부한 것이 되었다. 이러한 비난은 교육과 종교 영역까지 확장된다. M. Daly, 앞의 책, p.xiii 참조.

가당착은 "자유주의자는 사회주의자들이 대부분 많은 시간 그러했던 것처럼 자신이 이름으로 탄생된 현실에 대해서 거의 수치스러워할 필요가 없다"고 안도할 수 없음을 보여준다.[191] 그러나 우리는 "자유주의가 자신의 도덕적 이상을 실현하는 데 실패해 왔다는 비판을 감수하면서도 그러한 실패가 논리적이거나 불가피하다는 것을 받아들이지 않을 수 있다."[192] 이미 왈쩌가 말한 것처럼, "우리는 자유주의를 자신의 기본강령으로부터 급속히 퇴각하는 자유주의자들로부터 옹호하는 것이 중요하다."[193] 공동체주의자들은 까놓고 말은 안 하지만 '자유주의의 최선'이 자유주의자들에게만 내맡기기에는 너무나 좋다는 것을 느꼈을 것이 틀림없다. 자유주의에 대한 비판자들은 "자신들이 자유주의를 파괴하게 될 것인지 혹은 완성시키게 될 것인지를 근본적으로 모른다." 비록 우리는 "자유주의가 그 자체로 충분하지 않다는 것을 인정하지만, 최선의 자유주의를 계속적으로 필요로 한다."[194]

자유주의 철학의 역사는 끊임없는 도전과 응전의 연속이다. 자유주의는 자기의 영원한 동지를 철저히 간수하면서도 일시적 적들과 동침하여 동지로 포용하는 이론적, 실천적 역동성을 입증한 바 있다. 자유주의는 합리주의, 경험주의, 혁명, 관료제도, 계몽주의, 낭만주의, 자유방임 경제, 국가주의, 민주주의, 복지국가를 자신의 동지로 가져왔다. 공동체주의는 드러나지는 않았지만 이미 그 동지였으며 이제 곧 한 줌도 안 되는 최후의 저항자들을 물리치고 동지로 포섭할 것이다. 자유주의는 그 해방성과 역동성과 포용성을 아직도 간직하고 있다. 자유주의의 자기 정체성을 찾기 위한 "험난한 오디세우스

---

191 A. Arblaster, 앞의 책, p.347.
192 N. Rosenbaum(ed.), *Liberalism and Moral Life*, p.10.
193 M. Walzer, *Radical Principles*, p.302.
194 A. Arblaster, 앞의 책, pp.348-349.

의 여정"은 지금도 끝나지 않았다.[195] 자유주의의 미래는 보장된 합의와 경직된 이데올로그들로 인한 '역사의 종언'이 가져올 '우울과 권태'가 아니라 인류의 번영을 위한 심각하면서도 흥미진진한 지적 탐구와 사회적 실험으로 계속될 것이다. 아직도 '제3의 길'에의 전망이 쉽게 보이지 않는다고 해서 미리부터 실망할 필요는 없다.[196]

---

195 J. Young, 앞의 책.

196 제3의 길에 들어선 최선의 자유주의적 계약사회는 이렇게 묘사될 수 있을 것이다. "계약은 도덕적 결속이다. 그것은 강자와 약자, 운이 좋은 사람과 불운한 사람, 부자와 빈자를 결합하여 모든 이익의 차이를 초월하는 연합을 창출할 것이며, 또한 그 역동성을 역사와 문화와 종교와 언어 등에서 이끌어올 것이다." M. Walzer, *Spheres of Justice: A Defense of Pluralism and Equality*, pp.82-83. 만약 공동체주의자 왈쩌가 말한 것처럼 계약사회가 그렇게 광의로 해석될 수 있다면, 누가 또 다른 공동체를 필요로 할 것인가?

【참고문헌】

박정순, 「자유주의 대 공동체주의 논쟁의 방법론적 쟁점」, 『철학연구』 제33집, 1993.

___, 「정치적 자유주의의 철학적 기초」, 『철학연구』 제42집, 1998.

윤평중, 「탈현대의 정치철학」, 『철학』 제56집, 1998.

이진우, 「공동체주의의 철학적 변형」, 『철학연구』 제42집, 1998.

장동진, 「완전주의: 자유주의적 해석」, 『한국정치학회보』 제29집 4호, 1995.

황경식, 「자유주의와 공동체주의」, 『개방사회의 사회윤리』, 철학과현실사, 1995.

알래스데어 매킨타이어, 이진우 옮김, 『덕의 상실』, 문예출판사, 1997.

앤서니 기든스, 한상진 · 박찬욱 옮김, 『제3의 길』, 생각의 나무, 1998.

Ackerman, Bruce A., *Social Justice in the Liberal State*, New Haven: Yale University Press, 1980.

Allen, Jonathan, "Liberals, Communitarians, and Political Theory", *South African Journal of Philosophy*, Vol. 11, 1992.

Arblaster, Anthony, *The Rise & Decline of Western Liberalism*, Oxford: Basil Blackwell, 1984.

Avineri, Solomon and Avner De-Shalit(eds.), *Communitarianism and Individualism*, Oxford University Press, 1992.

Ball, Terence and Richard Dagger, *Political Ideologies and the Democratic Ideal*, New York: Harper and Collins, 1995

Barber, Benjamin, *Strong Democracy: Participatory Politics for a New Age*, Berkeley: University of California Press, 1984.

Bell, Daniel, *The End of Ideology: On the Exhaustion of Political Ideas in the Fifties*, New York: Collier Books, 1961.

___, *Communitarianism and Its Critics*, Oxford: Clarendon Press, 1993.

Bellah, Robert, et al., *Habits of Heart*, New York: Harper & Row, 1985.

Bellamy, Richard, *Liberalism and Modern Society*, Oxford: Polity Press, 1992.

Benhabib, Seyla, *Situating the Self: Gender, Community and Postmodernism in Comtemporary Ethics*, Cambridge: Polity Press, 1992.

Buchanan, Allen, "Assessing the Communitarian Critique of Liberalism", *Ethics*, Vol. 99, 1989.

Caney, Simon, "Liberalism and Communitarianism", *Political Studies*, Vol. 90, 1992.
Carleheden, Mikael and Rene Gabriels, "An Interview with Michael Walzer", *Theory, Culture & Society*, Vol. 14, 1997.
Cohen, Joshua, "Book Review of Walzer's *Spheres of Justice*", *The Journal of Philosophy*, Vol. 83, 1986.
Crittenden, Jack, *Beyond Individualism: Reconstituting the Liberal Self*, Oxford: Clarendon Press, 1991.
Daly, Markate, *Communitarianism: A New Public Ethics*, Belmont: Wadsworth Publishing Co., 1994.
Damico, Alfonso(ed.), *Liberals on Liberalism*, Totowa: Rowman & Littlefield, 1986.
Dworkin, Ronald, *Taking Rights Seriously*, Cambridge: Harvard University Press, 1977.
___, "Liberalism", Stuart Hampshire(ed.), *Public & Private Morality*, Cambridge University Press, 1978.
___, "To Each His Own", *New York Review of Books*, 1983.
Etzioni, Amitai, *The Spirit of Community*, New York: Simon and Schuster, 1993.
___, "A Moderate Communitarian Proposal", *Political Theory*, Vol. 24, 1996.
Fach, Wolfgang and Giovanna Procacci, "Strong Liberalism", *Telos*, Vol. 76, 1988.
Fishkin, James S., "Defending Equality: A View From The Cave", *Michigan Law Review*, Vol. 82, 1984.
Fowler, Robert Booth, *The Dance with Community*, Lawrence: The University Press of Kansas, 1991.
Frank, Robert H. and Philip J. Cook, *The Winner-Take-All Society*, New York: The Free Press, 1995.
Frazer, Elizabeth and Nicola Lacey, *The Politics of Community*, Toronto: Toronto University Press, 1993.
Friedman, Jeffrey, "The New Consensus: I. The Fukuyama Thesis", *Critical Review*, Vol. 3, 1989.
___, "The New Consensus: II. The Democratic Welfare State", *Critical*

Review, Vol. 4, 1990.

Fukuyama, Francis, *The End of History and the Last Man*, New York: Free Press, 1992.

Galston, William, "Defending Liberalism", *The American Political Science Review*, Vol. 76, 1982.

___, *Liberal Purposes: Goods, Virtues, and Diversity in the Liberal State*, Cambridge: Cambridge University Press, 1991.

Gauthier, David, *Morals By Agreement*, Oxford: Clarendon Press, 1986.

___, "Critical Notes: George Grant's Justice", *Dialogue*, Vol. 27, 1988.

Gewirth, Alan, *Reason and Morality*, Chicago: University of Chicago Press, 1978.

Giddens, Anthony, *Beyond Left and Right: The Future of Radical Politics*, London: Polity Press, 1994.

Gray, John, *Liberalisms: Essays in Political Philosophy*, London: Routledge, 1989.

___, *Enlightenment's Wake*, London: Routledge, 1995.

Gutmann, Amy, "Communitarian Critics of Liberalism", *Philosophy & Public Affairs*, Vol. 14, 1985.

Hampton, Jean, *Political Philosophy*, Oxford: Westview Press, 1997.

Harvey, Chrales W., "Paradise Well Lost: Communitarian Nostalgia and the Lonely Logic of the Liberal Self", *Philosophy and Contemporary World*, Vol. 1, 1994.

Herzog, Don, "Some Questions for Republicans", *Political Theory*, Vol. 14, 1986.

Hirsch, H. N., "The Threnody of Liberalism: Constitutional Liberty and the Renewal of Community", *Political Theory*, Vol. 14, 1986.

Holmes, Stephen, *The Anatomy of Antiliberalism*, Cambridge: Harvard University Press, 1993.

Ingram, David, *Reason, History, & Politics*, Albany: State University of New York Press, 1995.

Kymlicka, Will, "Liberalism and Communitarianism", *Canadian Journal of Philosophy*, Vol. 18, 1988.

___, *Liberalism, Community and Culture*, Oxford: Clarendon Press, 1989.

___, "Community", Robert E. Goodin and Phillip Pettit(eds.), *A Companion*

to Political Philosophy, Oxford: Basil Blackwell, 1993.
Larmore, Charles E., *Patterns of Moral Complexity*, Cambridge: Cambridge University Press, 1987.
Macedo, Stephen, *Liberal Virtues*, Oxford: Clarendon Press, 1991.
MacIntyre, Alasdair, *After Virtue*, Notre Dame: University of Notre Dame Press, 1981[1984].
___, *Whose Justice? Which Rationality?*, Notre Dame: University of Notre Dame Press, 1988.
___, *Three Rival Versions of Moral Enquiry: Encyclopedia, Genealogy, and Tradition*, Notre Dame: Notre Dame University Press, 1990.
___, "A Letter to *The Responsive Community*", *The Responsive Community*, Summer of the Year, 1991.
Miller, David, "Virtues, Practices and Justice", John Horton and Susan Mendus(eds.), *After MacIntyre*, Cambridge: Polity Press, 1994.
Moon, J. Donald, *Constructing Community: Moral Pluralism and Tragic Conflicts*, Princeton: Princeton University Press, 1993.
Mouffe, Chantal, "American Liberalism and Its Critics: Rawls, Taylor, Sandel, and Walzer", *Praxis International*, Vol. 8, 1988.
Mulhall, Stephen and Adam Swift, *Liberals and Communitarians*, Oxford: Blackwell, 1992.
Neal, Patrick and David Paris, "Liberalism and Communitarian Critique", *Canadian Journal of Political Sciences*, Vol. 48, 1990.
Nozick, Robert, *Anarchy, State, and Utopia*, New York: Basic Books, 1975.
O'Hagen, Timothy, "Four Images of Community", *Praxis International*, Vol. 8, 1988.
Okin, Susan Moller, *Justice, Gender and the Family*, New York: Basic Books, 1989.
___, "Humanist Liberalism", Nancy Rosenbaum(ed.), *Liberalism and Moral Life*, Cambridge: Harvard University Press, 1989.
Pettit, Philip, "Liberal/Communitarian: MacIntyre's Mesmeric Dichotomy", John Horton and Susan Mendus(eds.), *After MacIntyre*, Cambridge: Polity Press, 1994.
Philips, Derek, *Looking Backward: A Critical Appraisal of Communitarian Thought*, Princeton: Princeton University Press, 1993.

Rawls, John, *A Theory of Justice*, Cambridge: The Belknap Press of Harvard University Press, 1971.
___, "The Kantian Constructivism in Moral Theory", *The Journal of Philosophy*, Vol. 77, 1980.
___, "Justice as Fairness: Political not Metaphysical", *Philosophy & Public Affairs*, Vol. 14, 1985.
___, "The Idea of Overlapping Consensus", *Oxford Journal of Legal Studies*, Vol. 7, 1987.
___, "The Priority of Right and Ideas of the Good", *Philosophy & Public Affairs*, Vol. 17, 1988.
___, "The Domain of the Political and Overlapping Consensus", *New York Law Review*, Vol. 64, 1989.
___, *Political Liberalism*, New York: Columbia University Press, 1993.
Raz, Joseph, *The Morality of Freedom*, Oxford: Clarendon Press, 1986.
Rorty, Richard, "The Priority of Democracy to Philosophy", Merrill D. Peterson and Robert C. Vaughan(eds.), *The Virginia Statute for Religious Freedom*, Cambridge: Cambridge University Press, 1988.
Rosenbaum, Nancy, *Another Liberalism*, Cambridge: Harvard University Press, 1987.
___(ed.), *Liberalism and Moral Life*, Cambridge: Harvard University Press, 1989.
Roth, Paul A., *Meaning and Method in the Social Sciences: A Case for Methodological Pluralism*, Ithaca: Cornell University Press, 1987.
"The Responsive Communitarian Platform: Rights & Responsibilities", Washington, D.C., The Responsive Community, Winter of the Year, 1991.
Sandel, Michael, *Liberalism and the Limits of Justice*, Cambridge: Cambridge University Press, 1982.
___(ed.), "Introduction", *Liberalism and Its Critics*, New York: New York University Press, 1984.
___, "The Procedural Republic and the Unencumbered Self", *Political Theory*, Vol. 12, 1984.
___, *Democracy's Discontent*, Cambridge: Harvard University Press, 1996.
Sanders, Irwin T., *The Community*, New York: John Wiley & Sons,

1973(3rd ed.).

Selznick, Philip, "The Idea of a Communitarian Morality", *California Law Review*, Vol. 75, 1987.

Shapiro, Daniel, "Liberalism and Communitarianism", *Philosophical Books*, Vol. 36, 1995.

Spragens, Thomas, *Reason and Democracy*, Durham: Duke University Press, 1990.

Tam, Henry, *Communitarianism*, New York: New York University Press, 1998.

Taylor, Charles, "Atomism", *Philosophy and the Human Sciences: Philosophical Papers* 2, Cambridge University Press, 1985.

____, "The Nature and Scope of Distributive Justice", Frank S. Lucash(ed.), *Justice and Equality Here and Now*, Ithaca: Cornell University Press, 1986.

____, "Cross Purposes: The Liberal-Communitarian Debate", Nancy Rosenbaum(ed.), *Liberalism and the Moral Life*, Cambridge: Harvard University Press, 1989.

____, *Sources of Self*, Cambridge: Harvard University Press, 1989.

____, *The Malaise of Modernity*, Concord: Anansi, 1991.

____, *The Ethics of Authenticity*, Cambridge: Harvard University Press, 1992.

Thigpen, Robert B. and Lyle A. Downing, "Liberalism and the Communitarian Critique", *American Journal of Political Science*, Vol. 31, 1987.

Tomasi, John, "Individual Rights and Community Virtues", *Ethics*, Vol. 101, 1990.

Unger, Roberto Mangabeira, *Knowledge and Politics*, New York: The Free Press, 1975.

Waldron, Jeremy, "Theoretical Foundations of Liberalism", *The Philosophical Quarterly*, Vol. 37, 1987.

Wallerstein, Immanuel, *After Liberalism*, New York: The New Press, 1995.

Walzer, Michael, *Radical Principles*, New York: Basic Books, 1980.

____, *Spheres of Justice: A Defense of Pluralism and Equality*, New York: Basic Books, 1983.

____, *Interpretation and Social Criticism*, Cambridge: Harvard University Press, 1987.
____, *The Company of Critics*, New York: Basic Books, 1988.
____, "The Communitarian Critique of Liberalism", *Political Theory*, Vol. 18, 1990.
____, *Thick and Thin: Moral Argument at Home and Abroad*, Notre Dame: University of Notre Dame, 1994.
Winfield, Richard Dien, "Ethical Community Without Communitarianism", *Philosophy Today*, Vol. 40, 1996.
Young, James, *Reconsidering American Liberalism: The Troubled Odyssey of the Liberal Idea*, Boulder: Westview Press, 1996.

중첩적 합의와 공리주의*

— 셰플러에 대한 반론 —

정훈

1. 들어가며

이 논문은 공리주의자들이 중첩적 합의를 통해서 공정으로서의 정의를 수용하는 것이 불가능하다는 셰플러(S. Scheffler)의 주장을 비판하는 것이 주요 목적이다. 셰플러는 「롤즈와 공리주의(Ralws and Utilitariansim)」[1]라는 논문에서, 롤즈가 주장하는 것과는 달리, 공리주의자들이 중첩적 합의를 통해서 공정으로서의 정의를 지지하는 것은 불가능하다고 주장하고 있다. 셰플러는 매우 짧은 지면상에서, 공리주의자들이 중첩적 합의를 통해서 공정으로서의 정의를 수용할 수 없는 근거들을 크게 세 가지 제시하고 있다.

첫째, 중첩적인 합의는 단순히 결과적으로 도출된 정의의 원칙들에 관한 합의만을 요구하는 것이 아니라, 그러한 정의의 원칙들이 전제하고 있는 근

---

* 이 논문은 『철학』 제103집, 한국철학회, 2010에 게재된 것임.

1 Samuel Scheffler, "Rawls and Utilitarianism", Samuel Freeman(ed.), *The Cambridge Companion to Rawls,* Cambridge University Press, 2003.

본적인 이념들에까지 합의를 요구하는데, 공리주의는 그러한 근본적인 이념들에 합의를 할 수가 없다. 둘째, 원초적 입장에 처한 당사자들은 공리주의를 명백히 거부할 것이다. 셋째, 공리주의자들이 중첩적 합의를 통해서 공정으로서의 정의를 받아들일 때, 그들이 공정으로서의 정의에 대하여 취할 수 있는 입장은 두 가지 방식이 있는데, 그중 하나는 공정으로서의 정의에 대해 지나치게 약한 신념을 표현하고, 다른 하나는 공리주의 자체를 부정하는 결과를 초래한다. 이상으로 미루어볼 때, 공리주의자들은 진정한 의미로 공리주의로 남아 있는 동시에, 중첩적 합의를 통해서 공정으로서의 정의를 수용할 수 있는 방법이 없다는 것이 셰플러가 주장하는 핵심이다. 이 논문의 목표는 이와 같은 셰플러의 해석이 잘못되었다는 것을 밝히는 것이다.

2절에서는 『정의론(*A Theory of Justice*)』에서 『정치적 자유주의(*Political Liberalism*)』로 넘어가는 과정에서 롤즈(John Rawls)의 근본적인 문제의식이 달라졌다는 것을 설명할 것이다. 공리주의를 대체할 만한 체계적인 이론적 대안을 제시하려고 했던 『정의론』에서의 문제의식과는 달리, 『정치적 자유주의』에서 롤즈는 합당한 다원주의적 사회 속에서 어떻게 자신이 제시하고 있는 정의의 원칙들(공정으로서의 정의)이 안정적으로 작동할 수 있는지를 보여주려고 하였다. 3절에서는 합당한 다원주의적 사회 속에서 자신이 제시하고 있는 정의의 원칙들이 어떻게 안정적으로 작동할 수 있는지를 보여주기 위해, 롤즈가 제시하고 있는 정치적 정의관, 공적 이성, 그리고 중첩적 합의라는 세 가지 개념들에 대해서 살펴볼 것이다. 이와 같은 세 가지 장치들을 통하여 롤즈는 공리주의자들이 중첩적 합의를 통해서 자신이 제시하고 있는 정의의 원칙들을 지지할 수 있다고 보았다. 4절에서는 롤즈의 이러한 주장이 가능하지 않다는 셰플러의 비판에 대해서 살펴볼 것이다. 5절에서는 이와 같은 셰플러의 비판이 어떠한 점에서 잘못되었는지에 대해서 하나하나 살펴볼 것이다. 이러한 분석을 통해서 필자는, 적어도 셰플러가 제시하고 있는 근거들만 가지고는, 공리주의자들이 중첩적 합의를 통해서 공정으로서의 정의를 지지할 수 없다는 것을 제대로 보여줄 수 없다고 주장할 것이다.

2. 『정의론』에서 『정치적 자유주의』로

> 더 나아가서, 이 이론[정의론]은 전통적으로 가장 지배적인 영향력을 행사하였던 공리주의보다 더 우월한 정의에 대한 체계적인 대안을 제공하고 있다고 여겨진다. (Moreover, this theory seems to offer an alternative systematic account of justice that is superior, or so I argue, to the dominant utilitarianism of the tradition.)[2]

인용문에서 보이는 것처럼, 『정의론』에서 롤즈의 기본적인 목표는 공리주의를 대체할 만한 더 우월하고 체계적인 정의이론을 제시하는 것이었다. 주지하다시피, 롤즈가 『정의론』을 집필하였을 당시에 가장 지배적인 영향력을 행사하고 있었던 윤리-정치철학적 이론은 바로 공리주의였다. 롤즈는 기본적으로 공리주의가 여러 가지 측면에서 한 사회가 채택할 수 있는 정의이론으로서 부적합하다고 생각하였다. 그러나 롤즈는 그때까지 공리주의를 비판하고 있는 그 어떤 도덕철학자도 공리주의를 대체할 만한 체계적인 이론을 제시하는 데는 실패하였다고 생각하였다. (롤즈에 따르면, 공리주의에 반대하는 도덕철학자들은 그것에 대한 체계적인 대안을 제시하기보다는, 거의 대부분 직관주의에만 호소할 뿐이었다.)[3] 이와 같은 상황에서 롤즈가 추구했

2 John Rawls, *A Theory of Justice*, Harvard University Press, 1971, "Preface", p.xviii.

던 목표는 공리주의를 대체할 만한 더 우월하고 체계적인 정치철학을 제시하는 것이었고, 이것의 결과가 바로 『정의론』이라고 할 수 있다. 아울러, 『정의론』에서 롤즈가 공리주의에 대한 대안으로서 제시한 것이 바로 '공정으로서의 정의(justice as fairness)'라고 할 수 있다.

『정치적 자유주의』로 넘어가면서, 롤즈의 목표는 더 이상 공리주의를 대체할 만한 체계적인 대안을 제시하는 것이 아니었다. (롤즈는 공리주의에 대한 체계적인 대안은 『정의론』을 통해서 이미 확보를 하였다고 생각하였다.) 그보다 롤즈가 주목했던 것은 어떻게 자신이 제시하고 있는 '공정으로서의 정의'가 현대 다원주의 사회 속에서 폭넓은 지지를 확보하여 안정성(stability)을 획득할 수 있느냐 하는 것이었다. 롤즈는 『정치적 자유주의』에 대한 집필 목적을 다음과 같이 밝히고 있다.

> 합당하지만 서로 양립 불가능한 종교적, 철학적, 도덕적 포괄적 교설들에 의해 심각하게 분리가 되어 있는 자유롭고 평등한 시민들이 어떻게 안정적이고 정의로운 사회를 지속적으로 유지하는 것이 가능할까? (How is it possible that there may exist over time a stable and just society of free and equal citizens profoundly divided by reasonable though incompatible religious, philosophical, and moral doctrines?)[4]

---

3 "Those who criticized them[utilitarian moral theorists] often did so on a much narrower front. … But they failed, I believe, to construct a workable and systematic moral conception to oppose it.] The outcome is that we often seem forced to choose between utilitarianism and intuitionism." 위의 책, "Preface", p.xvii.

4 John Rawls, *Political Liberalism*, Columbia University Press, 1993, p.xviii.

롤즈에 의하면, 충분히 이성적인 사람들이라 할지라도, 그들을 자유롭고 평등한 상태로 지속적으로 놓아두게 되면, 그들은 곧 저마다 다른 생각과 가치관을 가지게 되어 사회는 다원주의의 모습을 띠게 된다. 그런데 이처럼 사람들마다 상이한 생각과 가치관을 갖는다는 것은 결코 그들의 이성적인 능력이 결여되어 있다는 것을 의미하지 않는다. 오히려 사람들의 생각과 가치관이 다르다는 것은 인간의 이성이 보유하고 있는 어쩔 수 없는 한계 때문이라고 할 수 있는데, 롤즈는 그러한 한계를 '이성의 부담(burdens of reason)'[5] 혹은 '판단의 부담(burdens of judgment)'[6]이라고 불렀다. 결국 이와 같은 이성의 부담 혹은 판단의 부담으로 인해, 충분히 이성적인 사고 능력을 가진 사람들이라 할지라도, 그들 사이에 의견의 불일치와 가치관의 충돌이 발생할 수가 있는데, 롤즈는 이처럼 충분히 이성적인 사람들 사이에서 생길 수 있는 다원주의를 '합당한 다원주의(reasonable pluralism)'라고 부르면서, 이것을 하나의 사회적인 사실(fact)로서 생각하였다.[7]

여기서 중요한 문제는, 이처럼 이성 혹은 판단 부담으로 인해, 어쩔 수 없이, 사람들 간의 의견의 불일치와 가치관의 충돌이 발생할 수밖에 없다면, 이들이 민주주의 사회를 살아가는 **시민으로서** 어떻게 전부 동일한 정의관을 지지할 수 있느냐 하는 것이다. 이 문제는 롤즈에게 있어서 매우 중요하다. 왜냐하면, 롤즈는 하나의 정의이론이 가지는 단순한 이론적인 가치 못지않게, 그러한 이론이 가지는 현실적 적용 가능성과 그것이 현실적으로 적용되었을

---

5 John Rawls, "The Domain of the Political and Overlapping Consensus", *Debates in Contemporary Political Philosophy: An Anthology*, Martavers and Pike(eds.), Routledge, 2003, pp.162-163.

6 John Ralws, *Political Liberalism*, p.61.

7 "political liberalism takes for granted … the fact of reasonable pluralism." 위의 책, p.xviii.

때 얼마나 안정적으로 지속될 수 있느냐를 중요시하였기 때문이다. 만약 사람들이 어떤 정의관을 지지하기 위해서 반드시 어떤 특정한 가치체계에 기반을 둘 수밖에 없다면, 사람들이 가진 가치체계가 동일하지 않은 이상, 그들은 어떤 동일한 정의관을 지지하는 것이 불가능할 것이다. 아울러, 이와 같은 가치체계의 차이로 인해, 만약 사람들이 모두 '공정으로서의 정의'를 지지하는 것이 불가능하다면, 공정으로서의 정의는 안정성을 확보하는 데 실패하여, 현실적으로 봤을 때, 쓸모없는 정의이론이 되고 말 것이다. 롤즈는 이처럼 사람들이 저마다 상이한 가치체계를 가지고 있는 합당한 다원주의 사회 속에서, 어떻게 모든 사람들이 자신이 제시하고 있는 '공정으로서의 정의'를 지지할 수 있는지를 보여주고자 했으며, 바로 이것이 『정치적 자유주의』의 가장 핵심적인 주제라고 할 수 있다.

3. 『정치적 자유주의』의 핵심: 정치적 정의관, 공적 이성, 그리고 중첩적 합의

합당한 다원주의 사회 속에서 사람들이 어떻게 공정으로서의 정의를 지지할 수 있는지를 보여주기 위해 롤즈가 『정치적 자유주의』에서 제시하고 있는 핵심적인 개념들은 크게 세 가지이다: 정치적 정의관, 공적 이성, 그리고 중첩적 합의.

(1) 정치적 정의관

먼저 '정치적 정의관(political conception of justice)'이란 것이 무엇인지 살펴보자. 롤즈에 의하면, 어떤 정의관이 포괄적(comprehensive)이지 않고, 정치적(political)이라는 것은, 그 정의관이 어떤 특정한 '포괄적 교설(comprehensive doctrine)'에 그 정당성을 의존하고 있지 않다는 것을 의미한다.

> 정치적 정의관은 하나의 **중립적인 견해**로서 제시된다. 물론 우리는 정치적 정의관이 하나 혹은 그 이상의 포괄적 교설에 근거해서 정당화되기를 바라겠지만, 그것은 결코 그러한 포괄적 교설로부터 제시되거나 도출되지 않는다. … 정치적 정의관이 갖는 가장 핵심적인 특징은, 그것이 그와 같은 폭넓은 배경문화[포괄적 교설]에 근거하지 않고, 하나의 중립적인 견해로서 제시되고 설명된다는 데 있다. (a political conception of justice is presented as a freestanding view. While we want a political conception to have a justification by reference to one or more comprehensive doctrines, it is neither presented as, nor as derived from, such a doctrine … a distinguishing feature of a political conception is that it is presented as freestanding and expounded apart from, or without reference to, any such wider background.)[8]

여기서 '포괄적 교설'이란 것은, 좋고 나쁜 것의 기준은 무엇이고, 인생은 어떻게 사는 것이 바람직하고, 이 세계가 지향하는 목적은 무엇이고 등과 같은 문제들에 대해서 총체적인 해답을 제공해 주는 어떤 특정한 세계관 혹은 가치체계라고 할 수가 있다.[9] 이와 같은 포괄적인 교설에 해당하는 가장 대표적인 것이 바로 종교와 형이상학이다.

---

8 위의 책, p.12.

9 "It[a doctrine] is comprehensive when it includes conceptions of what is of value in human life, and ideals of personal character, as well as ideals of friendship and of familial and associational relationships, and much else that is to inform our conduct, and in the limit to our life as a whole." 위의 책, p.13.

한 사회가 다원주의 사회라는 것은, 그 사회 속에 다수의 포괄적 교설들이 공존하고 있다는 것을 의미한다. 아울러, 위에서 언급된 것처럼, 롤즈에 의하면, 이러한 다양한 포괄적 교설들은 한 사회의 배경문화(background culture)를 형성하게 된다.[10] 한 사회의 이러한 배경문화는 그 사회의 정치적(political) 혹은 공적(public) 영역과 구별이 되는데, 전자가 한 사람의 삶의 전반적인 부분을 관장하고 인도해 준다면, 후자는 한 사람의 삶 중에서도 특히 정치적으로 혹은 제도적으로 관련 있는 부분, 즉 각자가 하나의 민주사회의 '시민(citizen)'으로서 부여받게 되는 각종 자유와 권리 및 각종 기회들의 제도적인 분배 문제를 관장한다고 볼 수 있다.[11]

하나의 정의이론은 바로 이와 같은 정치적, 공적, 혹은 제도적인 영역에서, 한 사회가 각종 자유들과 기회들을 어떠한 방식으로 사람들에게 분배하는 것이 바람직한지에 대한 기준과 원칙들을 제공해 주며, 어떤 정의이론이 '정치적(political)'이라는 것은, 그것의 핵심적인 원칙들과 정당화 근거들이, 어떤 특정한 포괄적 교설에 근거하지 않은 채 독립적인 방식으로 도출될 수 있다는 것을 의미한다. 이런 점에서 '정치적인 정의관'은 다양한 포괄적 교설들에 관해서 '중립적(neutral 혹은 free-standing)'인 태도를 취한다고 볼 수 있다.

---

10 "Comprehensive doctrines of all kinds — religious, philosophical, and moral — belong to what we may call the 'background culture' of civil society." 위의 책, p.14.

11 "This public culture comprises the political institutions of a constitutional regime and the public traditions of their interpretation (including those of the judiciary), as well as historic texts and documents that are common knowledge. [The background culture] is the culture of the social, not of the political. It is the culture of daily life, of its many associations: churches and universities, learned and scientific societies, and clubs and teams, to mention a few." 위의 책, pp.13-14.

아울러, 어떤 특정한 포괄적 교설에도 치우쳐 있지 않은 정치적 정의관이 가진 이와 같은 중립성으로 인해, 그것은 다양한 포괄적 교설들이 공존하고 있는 다원주의 사회 속에서도 어떤 공동의 지지 기반을 확보할 수 있는 가능성이 열리게 된다.[12] 롤즈가 『정치적 자유주의』를 집필하게 된 가장 기본적인 동기 역시, 자신이 『정의론』에서 이미 제시했던 '공정으로서의 정의'를, 바로 그와 같은 정치적 정의관의 형태로 다시 제시하기 위함이었다고 할 수 있다. 롤즈는 『정의론』에서 자신이 제시했던 '공정으로서의 정의'가, 자신의 최초의 의도와는 다르게, 실제로는 (공리주의처럼) 어떤 특정한 포괄적 교설에 기반하고 있는 '포괄적 정의관'이라는 것을 깨닫게 되었다. 즉, 『정의론』에서의 '공정으로서의 정의'는 칸트적인 자율성(autonomy) 개념과 인간관에 깊이 의존하고 있었다. 따라서 롤즈는 『정의론』에서 제시된 공정으로서의 정의가, 칸트적 자율성 개념과 인간관에 동의를 하지 않는 사람들로부터는 공적인 지지를 확보하기가 어려울 것이란 것을 깨닫게 되었다. 이것을 보완하기 위해서 롤즈는 『정치적 자유주의』에서 기존의 '공정으로서의 정의'가 토대하고 있던 칸트적 형이상학을 제거시킴으로써, 그것이 다양한 포괄적 교설들로부터 폭넓은 지지를 확보할 수 있는 '정치적 정의관'이 될 수 있다는 것을 보여주고자 하였다.

---

12 "Although the distinction between a political conception of justice and a comprehensive philosophical doctrine is not discussed in A Theory of Justice, once the question is raised, it is clear, I think, that the text regards justice as fairness and utilitarianism as comprehensive, or partially comprehensive, doctrines. … The fact of reasonable pluralism — shows that, as used in A Theory of Justice, the idea of a well-ordered society of justice as fairness is unrealistic.", 위의 책, pp.xvi-xvii.

(2) 공적 이성

방금 우리는, 어떤 정의이론이 합당한 다원주의 사회 속에서도 제대로 작동하기 위해서는, 그 정의이론이 어떤 특정한 포괄적 교설에 기반하고 있지 않고, 그러한 포괄적 교설들에 대하여 독립적으로 정당화될 수 있는 **'정치적'** 정의이론이어야 된다는 것을 살펴보았다. 그런데 만약 어떤 정의이론이 어떤 특정한 포괄적 교설에 기반하고 있지 않다면, 우리는 그것에 대한 정당 근거를 어떻게 확보할 수 있을까?

이것에 대해서 롤즈가 제시하고 있는 대답은 바로 '공적 이성(public reason)'을 통해서이다. 그렇다면 롤즈에게 있어서, '공적 이성'이라는 것은 무엇인가?

> 결국 사람들은 서로 화해할 수 없는 각자의 포괄적 교설을 통해서는 어떤 합의나 상호 이해에 도달할 수 없다는 것을 깨닫는다. 이런 점에 착안하여, 사람들은 근본적인 정치적 문제에 봉착하였을 때, 서로가 서로에게 합당하게 제시할 수 있는 근거가 과연 어떠한 종류의 것인지를 고려할 필요가 있다. 나는 공적 이성에서는 진리와 옳음을 주장하는 포괄적 교설들이, 각자가 한 사람의 시민으로서 정치적으로 합당하게 받아들일 수 있는 근거에 의해 대체되어야 한다고 생각한다. (Citizens realize that they cannot reach agreement or even approach mutual understanding on the basis of their irreconcilable comprehensive doctrines. In view of this, they need to consider what kinds of reasons they may reasonably give one another when fundamental political questions are at stake. I propose that in public reason comprehensive doctrines of true or right be replaced by an idea of the politically reasonable addressed to citizens as citizens.)[13]

다시 말해서, 롤즈에게 있어서 '공적 이성'이라는 것은, 사람들이 각자가 속해 있는 어떤 특정한 포괄적 교설의 지지자로서가 아니라, 민주주의 사회의 한 시민(citizen)으로서 합당하게 받아들일 만한 근거(이유) 혹은 이성적인 추론 과정을 의미한다. 롤즈에 의하면, 우리가 단순히 어떤 개인적인 결정을 내리는 것이 아니라, 법적인 호소력을 가진 어떤 제도적인 혹은 공적인 결정을 내려야 할 경우, 아울러 그러한 결정을 우리가 정당화해야 될 필요가 있을 경우, 우리는 그러한 결정을 반드시 '공적 이성'에 의해서 정당화해야 한다.

예를 들어서, 한 국가가 임신중절을 전면 금지하는 법을 통과시키려고 한다고 가정해 보자. 이러한 상황에서 그 국가는 왜 그러한 법을 통과시키려고 하는지에 대해서 국민들에게 합당한 근거를 제시하면서 설명을 해줘야 할 것이다. 이때, 국가의 그러한 결정을 대표하는 사람이 나타나서 "신이 임신중절을 금지하였기 때문에"라고 설명한다면, 그것은 결코 '공적 이성'에 의해서 국가의 결정을 정당화한 것이라고 볼 수 없다. 오히려 그것은 그 대표자가 개인적으로 몸담고 있는 어떤 특정한 포괄적 교설, 이 경우에는 어떤 특정한 종교에 기반해서 임신중절을 금지하는 법을 정당화하려고 했다고 볼 수 있다. 이러한 정당화 방식이 문제가 되는 이유는, 그와 같은 포괄적 교설에 동의하지 않는 사람들은 그와 같은 정당화 방식을 받아들이지 않을 가능성이 높다는 데 있다. (예를 들어서, 무신론자들은 결코 국가 대표자의 그러한 정당화 방식에 설득되지 않을 것이다.) 결국 임신중절을 금지하는 법은 많은 사람들의 폭넓은 지지를 받는 데 실패할 것이며, 그 실패의 정도가 크면 클수록 그러한 법은 안정적으로 실행되기가 힘들어질 것이다. 그런데 법적인 호소

13 위의 책, p.441.

력을 갖는 제도적인 정책이나 원칙들이 대다수 국민들의 폭넓은 지지를 확보하는 것은 굉장히 중요하다. 왜냐하면 법이나 제도들은 한 국가를 유지하는 기본틀일 뿐만 아니라, 모든 개인들에게 강제성을 띠기 때문이다. 따라서 한 국가의 법이나 제도들은 각자가 지지하는 어떤 특정한 포괄적 교설들과 관계없이 모든 국민들로부터 폭넓은 공적인 지지를 받을 수 있어야 하며, 그러기 위해서 그것들은 반드시 '공적인 이성'에 의해서 정당화되어야 한다는 것이 롤즈의 주장이다. 이런 점에서 정치적 정의관 역시 공적 이성에 의해 정당화되어야 하며, 어떤 정치적 정의관이 공적 이성에 의해 정당화되었다는 것은, 결국 그것이, 각자가 몸담고 있는 특정한 포과적 교설들과 관계없이, 모든 사람들이 합당하게 받아들일 만한 동일한 근거에 의해서 정당화되었다는 것을 의미한다.

(3) 중첩적 합의

우리는 방금 정치적 정의관이 공적 이성에 의해서 정당화되어야 한다는 것을 살펴보았다. 이처럼 모두가 (각자가 지지하는 포괄적 교설과 상관없이) 동의를 할 수 있는 공적인 근거에 의해 정당화되었다는 점에서, 정치적 정의관은 기본적으로 안정적일 수 있다. 그런데 롤즈는 정치적 정의관이 갖는 이와 같은 안정성을 더 확고하게 확보하기 위해서 '중첩적 합의(overlapping consensus)'라는 개념을 제시한다. 이를 통해서, 롤즈는 자신이 제시하는 정치적 정의관이 기본적으로 **두 단계**에 걸쳐 정당화될 수 있다고 보았다. 롤즈가 제시하는 다음의 설명을 참고해 보자.

> 공정으로서의 정의를 제시할 수 있는 가장 좋은 방법은, 그것을 두 단계로 나눠서 제시하는 것이다. 첫 번째 단계에서, 공정으로서의 정의는 사회의 기본구조에 관한 중립적인 (하지만 여전히 도덕적인) 정치적 정의관으로서 제

시된다. 오직 이러한 과정을 거친 후에만, 즉, 오직 공정으로서의 정의가 정치적 정의관으로 제시되고 그것의 구체적인 내용(정의의 기본원칙)이 임시적으로나마 결정이 된 다음에야, 우리는 비로소 두 번째 단계에서 공정으로서의 정의가 충분히 안정적인지에 대한 문제를 다룰 수 있다. … 두 번째 단계에 대한 해답은 중첩적 합의의 과정이다. (Justice as fairness is best presented in two stages. In the first stage it is worked out as a freestanding political (but of course moral) conception for the basic structure of society. Only with this done and its content — its principles of justice and ideals — provisionally on hand do we take up, in the second stage, the problem whether justice as fairness is sufficiently stable. … The second is answered by the idea of an overlapping consensus.)[14]

그러한 중첩적 합의 과정에서는 각각 합당한 포괄적 교설에 몸담고 있는 사람들이, 각자의 포괄적 관점에서 정치적 정의관을 수용한다. 사회적 일체성은 정치적 정의관에 관한 합의에 바탕한다. 아울러, 안정성은 오직 정치적으로 적극적인 시민들이 중첩적 합의 과정에 참여하는 포괄적 교설들을 인정할 경우에 확보될 수 있다. (In such a[n] [overlapping] consensus, the reasonable doctrines endorse the political conception, each from its own point of view. Social unity is based on a consensus on the political conception; and stability is possible when the doctrines making up the consensus are affirmed by society's politically active

14 위의 책, p.141.

citizens…)[15]

한마디로, 롤즈가 생각하는, 공정으로서의 정의가 제시되는 가장 바람직한 방법(두 단계에 의한 제시 방법)은 다음과 같다. 일단, 첫 번째 단계에서 정치적 정의관은 공적 이성을 통해서 정당화된다. 이때, 사람들은 민주사회의 한 시민(citizen)으로서 정치적 정의관에 대한 그와 같은 정당화 방식을 수용한다. 두 번째 단계에서, 사람들은 공적 이성을 통해서 받아들인 정치적 정의관을, 이번에는 각자가 몸담고 있는 포괄적 교설을 통해서, 이차적으로 정당화하게 된다. 즉, 일단 정치적 정의관을 공적 이성을 통해서 받아들이고 난 후에, 사람들은 그와 같은 정치적 정의관을 받아들일 만한 '비-공적인 근거(non-public reason)'들을 자신들이 몸담고 있는 포괄적 교설들을 통해서 다시 찾으려고 노력한다.

물론 위에서 제시된 것처럼, 정치적 정의관을 정당화하는 데 있어서 공적 이성은 비-공적 이성에 우선하며, 이런 점에서 비-공적 이성에 의한 정당화는 공적 이성에 의한 정당화에 비해 부차적이라고 할 수 있다.[16] 그러나 비-공적 이성에 의한 이러한 이차적인 정당화는, 단순히 민주주의 사회의 시민

---

15 위의 책, p.134.

16 본 논문에 대해 유용한 조언을 해준 익명의 심사자에 따르면, 공정으로서의 정의관이 공적 이성을 통해서 정당화될 수 있는 방식에는 두 가지가 있다. 한 가지 방식은 (필자가 본 논문에서 제시하고 있는 것처럼) 사람들이 우선적으로는 공적 이성을 통해서 하나의 중립적인 정치적 정의관으로서 제시된 공정으로서의 정의관을 수용하고, 그 다음에 각자의 포괄적 교설들 속에서 공정으로서의 정의관을 지지할 수 있는 추가적인 근거들을 확보하는 것이다. 다른 한 가지 방식은 각각의 사람들이 먼저 각자의 포괄적 교설들로부터 공정으로서의 정의관을 지지할 수 있는 근거를 찾은 후에, 공정으로서의 정의가 공적 이성을 통해 자유롭고 평등한 모든 시민들한테도 수용될 수 있어야 하는 것을 인식하는 것이다. 심사자는 후자의 해석을 더 선호한다고 밝혔다. 그러나 필자는 후자의 해석이, 공정으로서의 정의가 제시되는 두 단계 중에서, 중립성, 정치적 정의관, 공적 이성과 같은 개념을 통해 첫 번째 단계의 엄격한 우선성을 강조하고 있는 롤즈의 입장과 다소 들어맞지 않는다고 생각한다.

이라고 하는 막연한 존재로서가 아닌, 어떤 특정한 포괄적 교설에 몸을 담고 있는 구체적인 존재로서, 정치적 정의관을 받아들일 수 있는 나름의 근거를 확보하려고 하는 것인 만큼,[17] 단순히 정치적 정의관에 대한 정당화를 더욱더 강화시킬 뿐만 아니라, 그것을 지지할 만한 확고한 내면적 동기를 유발시킬 수 있다는 점에서 매우 중요하다고 할 수 있다. 결국 사람들이 이처럼 자신들의 포괄적 교설에 기반한 그와 같은 비-공적 근거들을 통해 정치적 정의관을 이차적으로 정당화하는 데 성공하면, 그들은 **'중첩적 합의'**에 도달했다고 볼 수 있다.[18] 아울러, 다양한 포괄적 교설들에 몸담고 있는 많은 사람들이 어떤 정치적 정의관을 중첩적 합의를 통해서 지지할 수 있다면, 그러한 정의관은 매우 안정적이라고 할 수 있을 것이다.

우리가 여기서 주목해야 될 부분은, 공리주의를 비판하고 그것에 대한 대안적 이론을 제시하려고 했던 『정의론』과는 달리, 『정치적 자유주의』에서 롤즈는 고전적 공리주의자들 역시 이와 같은 중첩적 합의를 통해서 자신이 제시하는 정치적 정의관, 즉 공정으로서의 정의를 지지하는 것이 가능하다고

---

17 "It is left to citizens individually — as part of liberty of conscience — to settle how they think the values of the political domain are related to other values in their comprehensive doctrine." John Rawls, *Political Liberalism*, p.140.

18 익명의 심사자에 따르면, '중첩적 합의'에 대한 '공식적 해석'은 여기서 필자가 제시한 방식과 살짝 다르다. 심사자가 언급하고 있는 중첩적 합의에 대한 공식적 해석에 따르면, 정치적 정의관에 대한 중첩적 합의가 '중첩적'인 이유는, (필자가 본 논문에서 제시하고 있는 것처럼) 그것이 두 단계의 합의 과정을 거쳐서 수용되기 때문이라기보다는, 다원주의 사회 속에서 존재하는 다수의 합당한 포괄적 교리들이 자기 나름대로의 근거를 가지고 그것에 합의를 하기 때문이다. 즉, 여기서 '중첩'은 **두 정당화 단계의 중첩**이라기보다는, **다수의 합당한 포괄적 교리들의 중첩**을 의미한다는 것이 공식적 해석이라는 것이다. 필자는 양쪽 해석이 상호 배타적이라고 생각하지 않는다. 본 논문에서 인용된 것처럼, 롤즈는 분명히 자신의 공정으로서의 정의가 두 단계의 정당화 과정을 거쳐서 제시되어야 한다는 것을 강조하고 있다. 필자는 롤즈가 제시하고 있는 두 단계의 정당화 과정 전체를 '중첩적 합의' 과정으로 해석을 하고 있는 반면에, 심사자가 언급하는 공식적인 해석은 두 단계의 정당화 과정 중에서 오직 두 번째 단계만을 중첩적 합의 과정으로 해석을 하는 것으로 보인다.

주장하였다는 것이다.[19] 한마디로 말해서, 『정치적 자유주의』에서 고전적 공리주의는 **적**으로서가 아니라, 정치적 정의관에 대한 자유주의적 **동지**로서 등장하게 된다. 이것은 결국 롤즈가 '중첩적 합의'를 통해서, 자신의 정의이론에 대한 주된 라이벌들조차 포용할 수 있는 가능성을 열어놓았다는 것을 의미한다.

4. 셰플러의 비판: 롤즈는 중첩적 합의를 통해서 공리주의를 포용할 수 없다

방금 살펴보았듯이, 『정치적 자유주의』에서 롤즈의 목표는 더 이상 공리주의에 대한 체계적인 이론적 대안을 제시하는 것이 아니었다. 그보다 『정치적 자유주의』에서 롤즈가 보여주려고 했던 것은, 합당한 다원주의(reasonable pluralism) 사회 속에서 자신의 정의이론이 어떻게 안정적으로 작동할 수 있는지였다. 이것을 위해서 롤즈는 자신이 제시하고 있는 공정으로서의 정의가 어떠한 포괄적 교설에도 그 정당성을 의존하고 있지 않는 '정치적 정의관'이라는 사실, 그러한 정치적 정의관이 모든 사람들이 민주사회의 시민으로서 합당하게 받아들일 만한 공적인 근거 혹은 '공적 이성'에 토대하고 있다는 사실, 아울러 그러한 정치적 정의관을 각각의 포괄적 교설들이 '중첩적 합의'를 통해서 지지할 수 있다는 사실을 통해서 설명하고자 하였다. 이를 통해서, 롤즈는 고전적 공리주의를 포함한 다양한 포괄적 교설들이 중첩적 합의를 통해서 공정으로서의 정의를 수용할 수가 있다고 주장하였다. 그러나 이와 같은 롤즈의 주장에 대해서, 셰플러[20]는 어떻게 공리주의자들이 중첩적

19 John Rawls, *Political Liberalism*, p.170 참조.

합의를 통해서 공정으로서의 정의를 지지할 수 있는지 납득할 수 없다고 비판한다.

그렇다면, 셰플러는 어째서 공리주의자들이 중첩적 합의를 통해서 공정으로서의 정의를 지지하는 것이 힘들다고 생각하였을까? 셰플러는 이것에 대해서 우선 두 가지의 근거를 제시한다.

첫째, 셰플러에 의하면, 중첩적 합의에 참여하는 당사자들은 단순히 정의의 원칙들에 대해서만 합의를 할 것이 요구되는 것이 아니라, 그와 같은 정의의 원칙들이 토대하고 있는 공공의 정치적 문화 속에 내재되어 있는 근본적인 이념들에까지 합의를 할 것이 요구되기 때문이다. 셰플러에 따르면, 이와 같은 근본적인 이념들 중에서도 가장 중요한 것은 '공정한 협력 체계로서의 사회(society as a fair system of cooperation)'에 대한 이념인데, 롤즈는 공리주의자들이 이와 같은 이념을 받아들이지 않는다는 것을 『정의론』에서 명백하게 밝히고 있다는 것이다. 따라서 공리주의자들은 중첩적 합의를 통해서 공정으로서의 정의를 지지하지 못할 것이다.[21]

둘째, 롤즈에게 있어서, 이와 같은 근본적인 정치적 이념들을 바탕으로 정치적 정의관이 도출되는 과정은 기본적으로 '원초적 입장'에 기반하고 있다. 그러나 롤즈는 『정의론』에서 원초적 입장의 당사자들이 고전적 공리주의를 거부할 것이라고 명백히 밝히고 있다. 셰플러는 원초적 입장의 당사자들이

---

20 Samuel Scheffler, 앞의 글, p.451.

21 "For one thing, the participants in the consensus he describes are envisioned as converging not merely on the principles of justice but also on certain fundamental ideas that are implicit in the public political culture and from which those principles are said to be derivable. The most important of these ideas is the idea of society as a fair system of cooperation. Yet Rawls had said quite explicitly in A Theory of Justice that classical utilitarianism does not accept that idea." 위의 글, p.451.

공리주의를 거부하는 상황에서, 어떻게 공리주의자들이 중첩적 합의에 참여할 수 있겠냐고 반문을 한다.[22] 결국, 셰플러에 의하면, 고전적 공리주의자들은 기본적으로 이와 같은 두 가지 근거에 의해서 공정으로서의 정의를 중첩적 합의를 통해 수용하는 것이 힘들어진다.

물론 롤즈가 고전적 공리주의자들이 중첩적 합의를 통해서 공정으로서의 정의에 합의할 수 있다고 말할 때, 그것은 공정으로서의 정의가 고전적 공리주의를 통해서 도출될 수 있다는 것을 의미하지는 않는다. 그것은 단지 고전적 공리주의자들 역시 중첩적 합의를 통해서, 공정으로서의 정의가 정상적인 사회적 조건들을 고려했을 때, 현실적으로 실행 가능한 이론적 대안들 중에서 꽤 만족할 만한, 어쩌면 최선에 가장 근접한 정치적 정의관이라는 것에 합의를 할 수 있다는 것을 의미할 뿐이다. 그러나 셰플러에 따르면, 고전적 공리주의자들이, 그것이 '현실적으로 실행 가능한 이론적 대안들 중에서 최선에 가장 근접한(workable approximation)' 정치적 정의관이라는 것을 근거로 공정으로서의 정의를 (중첩적 합의를 통해) 받아들이게 될 경우, 고전적 공리주의자들은 명백하게 비-공리주의적 원칙들에 근거하고 있는 공정으로서의 정의에 대해서 과연 어떠한 입장을 취해야 되는지에 대한 문제가 발생한다.

중첩적 합의를 통해서 공정으로서의 정의에 합의를 하게 될 때, 고전적 공리주의자들은 공정으로서의 정의에 대해서 다음의 두 가지 입장을 취할 수 있을 것이다. 고전적 공리주의자들이 취할 수 있는 첫 번째 입장은, 정상적인 사회적 조건 하에서는, 대부분의 경우에 공정으로서의 정의를 따르는 것이,

22 "Furthermore, … we know that the parties in the original position decisively reject classical utilitarianism. It is, therefore, doubly unclear how classical utilitarianism could participate in the overlapping consensus." 위의 글, p.451.

아울러 그것을 어길 수 있는 경우를 아주 예외적인 상황에만 한정시키는 것이, 전체적으로 봤을 때 매우 커다란 사회적 효용을 가져다주기 때문에 그것을 받아들여야 한다고 주장하는 것이다. 세플러에 의하면, 롤즈는 이와 같은 태도가 공정으로서의 정의에 대해 우리가 용납할 수 없을 정도로 약한 신념을 표현하고 있다고 하면서, 고전적 공리주의자들이 공정으로서의 정의에 대해 그와 같은 태도를 취하는 것을 거부할 것을 『정의론』에서 요구하였다.[23]

고전적 공리주의자들이 취할 수 있는 두 번째 입장은, 공정으로서의 정의와 같은 비-공리주의적인 정의의 원칙들이 공적인 지지를 확보하고 사회구조의 기본토대로 작동하게 되면, 실제로 사회적 효용의 극대화를 달성할 수 있을 것이라고 생각하는 것이다. 그러나 이와 같은 태도는 결국 고전적 공리주의자들이 자신들의 공리주의적 입장을 전면 포기하는 것과 같다고 롤즈가 『정의론』을 통해서 밝혔다고 세플러는 설명하고 있다. 그 이유는, 공지성의 조건(publicity condition)으로 미루어볼 때, 공리주의가 성립하기 위해서는 '효용 극대화의 원칙'이 사회구조의 기본원칙으로 채택되어야 할 뿐만 아니라, 사회가 '효용 극대화의 원칙'을 채택하고 있다는 사실이 모든 사람들에게 알려져 있는 공적인 지식이 되어야 하기 때문이다. 따라서 한 사회가 공정으로서의 정의와 같은 비-공리주의적 원칙들에 근거하고, 이러한 사실이 모든 사람들에게 알려져 있는 공적인 지식이라면, 그것을 지지하는 사람들은, 그들의 내면적인 동기가 무엇이든 간에, 더 이상 공리주의자들이라고 할 수 없다.[24]

결국, 롤즈 자신이 제시하고 있는 여러 가지 기준으로 미루어볼 때, 고전적

---

23 "When Rawls discussed this attitude in A Theory of Justice, he argued that it represented an unacceptably weak commitment to the priority of such principles." 위의 글, p.452.

공리주의자들은 중첩적 합의를 통해서 공정으로서의 정의를 지지하는 동시에, 진정한 공리주의자로 남아 있을 수 없다고 셰플러는 주장한다. 결론적으로 말해서, 이상을 고려하였을 때, 공리주의자들은 결코 중첩적 합의를 통해서 공정으로서의 정의를 지지할 수가 없다는 것이 셰플러가 주장하고자 하는 것의 요지이다.

5. 셰플러에 대한 반박

방금 살펴보았듯이, 셰플러는, 롤즈가 아무리 중첩적 합의를 내세운다고 하더라도, 고전적 공리주의자들로 하여금 공정으로서의 정의를 지지하게 만들기는 힘들다고 주장하고 있다. 셰플러가 고전적 공리주의자들이 중첩적 합의를 통해서 공정으로서의 정의를 지지할 수 없다고 생각하는 근거들을 정리하면 다음과 같다.

(1) 중첩적 합의의 당사자들은 단순히 결과적으로 드러난 정의의 원칙들에 관해서 뿐만 아니라, 그러한 원칙들이 근거하고 있는 근본적인 정치적인 이념에 관해서도 합의를 해야 하는데, 공리주의자들은 결코 그러한 근본적인 정치적 이념들에까지 합의를 할 수 없다.

(2) 원초적 입장에 처한 당사자들은 공리주의를 거부할 것이다.

(3) 태도상의 문제: 공리주의자들이 공정으로서의 정의를 중첩적 합의를

24 "When Rawls discussed this attitude in A Theory of Justice, he argued that it was tantamount to abandoning utilitarianism altogether, since, given the publicity condition, utilitarianism must be 'defined' as the view that the principle of utility is the correct principle for society's public conception of justice." 위의 글, p.452.

통해서 받아들일 때, 그들이 공정으로서의 정의에 대해서 취할 수 있는 입장은 다음의 두 가지이다.

(a) "현실적으로 공정으로서의 정의를 따르는 것은 매우 커다란 사회적 효용을 산출시킨다."

이러한 태도는 공정으로서의 정의에 대해 지나치게 약한 신념(commitment)을 반영한다.

(b) "사회의 기본구조가 공정으로서의 정의와 같은 비-공리주의적 원칙에 토대하고 있을 때, 실제로 사회적 효용의 극대화를 달성할 수 있다."

이러한 태도는 공리주의 자체를 포기하는 것이다.

일단, 이와 같은 셰플러의 비판이 갖는 가장 큰 문제점은, 셰플러가 제기하고 있는 네 가지의 비판들이 모두 롤즈가 『정의론』에서 전개한 입장에 바탕하고 있다는 사실이다. 즉, 가만히 살펴보면, 셰플러가 제기하고 있는 네 가지의 비판들은 하나같이 다음과 같은 구조를 가지고 있다: "공리주의가 중첩적 합의에 참여하기 위해서는 X가 요구된다. 그러나 롤즈는 『정의론』에서 공리주의가 X를 충족시키지 못할 것이라고 밝혔다. 따라서 공리주의는 중첩적 합의에 참여하지 못할 것이다."

그러나 우리가 잊지 말아야 할 것은, 롤즈가 『정의론』을 집필하였을 당시에는 중첩적 합의에 대한 개념을 제대로 제시하지 않았을 뿐만 아니라, 『정의론』과 『정치적 자유주의』는 처음부터 해결하고자 했던 근본적인 문제의식 자체가 달랐다는 사실이다. 즉, 롤즈가 『정의론』에서 가졌던 근본적인 목표가 공리주의에 대한 체계적인 이론적 대안을 제시하는 것이었다면, 『정치적 자유주의』에서 롤즈가 가졌던 근본적인 목표는 자신이 제시한 정의의 원칙들이 합당한 다원주의 사회 속에서 어떻게 안정적으로 작동할 수 있는지를 보여주는 것이었다.

따라서 『정의론』에서 롤즈는 공리주의가 어떠한 점에서 잘못되었고, 자신이 제시하고 있는 공정으로서의 정의가 공리주의와 어떤 점에서 다른지를 부각시키려고 노력했던 반면에, 『정치적 자유주의』에서는 공리주의가 공정으로서의 정의와 어떻게 차이가 나는지를 부각시키려고 했다기보다는, 공리주의 역시 어떻게 중첩적 합의를 통해서 공정으로서의 정의를 자기들 나름의 방식으로 수용할 수 있는지를 보여주고자 했다. 이러한 과정에서 롤즈는 자신의 초기 입장 중 상당 부분을 수정하게 되었는데, 가장 대표적인 부분이, 『정의론』에서 칸트식의 자율성과 가치 개념에 깊이 의존하고 있던 **포괄적 정의관**을, 『정치적 자유주의』에서는 다양한 포괄적 교설들에 대하여 중립적인 입장을 취하고 있는 **정치적 정의관**으로 바꾸게 된 부분이다.

이와 같은 입장 변화는 공정으로서의 정의가 과연 공리주의와 양립 가능한지를 판단하는 데 있어서 대단히 중요한 고려사항이다. 왜냐하면, 공리주의가 칸트식의 형이상학에 깊이 의존하고 있는 (포괄적 정의관으로서의) 공정으로서의 정의와는 양립이 불가능할지 모르지만, 공적인 이성과 공적인 근거에 기반한 (정치적 정의관으로서의) 공정으로서의 정의와는 충분히 양립 가능할 수 있을지 모르기 때문이다. 결국, 롤즈가 『정의론』에서 공리주의를 비판하기 위해서 사용했던 많은 근거들이 『정치적 자유주의』에서는 다르게 해석될 수 있는 여지가 있으며, 그렇기 때문에 롤즈가 『정치적 자유주의』에서 제시한 중첩적 합의의 개념이 『정의론』에서 전개한 입장과 충돌한다는 것을 근거로 롤즈를 비판하는 것은 잘못이다. 이것을 염두에 둔 상태에서, 셰플러가 제시하고 있는 비판을 하나하나 살펴보도록 하자.

(1) 첫 번째 비판에 대한 반론: 중첩적 합의가 요구한다고 주장되는 근본적인 이념에 대한 합의란 무엇인가?

일단, 첫 번째 비판에서, 셰플러는 공리주의자들이 공정으로서의 정의가 기반하고 있는 근본적인 정치적 이념들에 합의를 하지 못할 것이기 때문에, 공리주의자들은 결코 중첩적 합의를 통해서 공정으로서의 정의를 받아들이지 못할 것이라고 지적한다. 이러한 비판의 전제에는 중첩적 합의가 단순히 원초적 입장에서 결과적으로 도출된 정의의 원칙들에 대해서만 합의할 것이 요구되는 것이 아니라, 그러한 정의의 원칙들이 기반하고 있는 근본적인 전제들에까지 합의를 할 것이 요구된다는 생각이 깔려 있다.

여기서는 중첩적 합의를 통해서 사람들이 합의해야 할 '근본적인 이념' 혹은 '근본적인 전제'라는 것이 정확하게 무엇을 의미하는지에 따라 전혀 다른 해석이 나올 수가 있다. 만약 '근본적인 이념'이라는 것이 종교 혹은 형이상학과 같은 어떤 특정한 포괄적 교설의 근본 전제들을 의미한다면, 롤즈는 명백히 중첩적 합의에 참여하고 있는 당사자들로 하여금 그러한 근본적인 이념에까지 합의를 할 것을 요구하고 있지 않다. 사실 그러한 근본적인 종교적 혹은 형이상학적 전제들에까지 합의를 요구하는 것은 롤즈가 『정치적 자유주의』에서 중첩적 합의의 개념을 제시하게 된 근본 취지와 정면으로 배치된다. 롤즈가 『정치적 자유주의』를 통해서 중첩적 합의의 개념을 제시한 이유는, 다양한 포괄적 교설들이 각자 나름의 근거를 가지고 동일한 정치적 정의관을 지지할 수 있다는 것을 보이기 위해서였다.

따라서 중첩적 합의에 참여하는 각각의 포괄적 교설들은 결코 서로의 근본적인 전제들에까지 합의를 할 것이 요구되지는 않는다. 왜냐하면 그것을 요구하는 것은 근본적으로 다원주의 자체를 부정하는 것과 같기 때문이다. 각각의 포괄적인 교설들에게 요구되는 것은, 각각의 포괄적 교설들에 대하여 '중립적인 방식'으로 제시된 정치적 정의관을 일단 공적 이성을 통해서 받아들인 후에, 그것을 정당화할 수 있는 나름의 추가적인 근거들을 각자의 포괄적 교설들 속에서 찾는 것이다. 예를 들어서, 어떤 독실한 기독교 신자는 정의의 두 원칙들을 공적 이성을 통해서 받아들인 이후에, 결국 정의의 두 원칙들은 신의 뜻에도 부합한다고 생각함으로써, 정의의 두 원칙들을 자신의 기독교적 포괄적 교설을 통해서 받아들일 수 있는 방식을 찾을 수 있을 것이다. 결국, 만약 중첩적 합의의 당사자들이 합의해야 할 '근본적인 이념'이라는 것이 각각의 포괄적 교설들이 기반하고 있는 근본적인 전제들이라고 해석한다면, 셰플러의 비판은 명백하게 틀렸다.

그러나 셰플러가, 중첩적 합의의 당사자들은 근본적인 이념들에까지 합의할 것이 요구된다고 주장할 때, 우리는 그가 말하는 '근본적인 이념들'을 반드시 이와 같은 방식으로, 즉 그것들이 서로 다른 포괄적 교설들의 근본 전제를 의미한다고 해석할 필요는 없다. 왜냐하면, 우리는 그와 같은 근본적인 이념들을 '정치적인 이념들'이라고 해석할 수 있으며, 셰플러 역시 이러한 해석을 따르고 있는 것으로 보이기 때문이다.

우리는 앞서, 중첩적 합의가 크게 두 개의 단계로 이루어진다는 것을 살펴보았다. 첫 번째 단계에서 각각의 포괄적 교설들은 정치적 정의관을 공적 이성을 통해서 받아들인다. 두 번째 단계에서 각각의 포괄적 교설들은 이미 받아들인 정치적 정의관을 정당화할 수 있는 나름의 근거들을 자신의 포괄적 교설을 통해서 찾는다. 이때, 중첩적 합의의 당사자들이 합의를 해야 할 근본적인 이념들이란, 바로 중첩적 합의의 첫 번째 단계에서 정치적 정의관을 공적 이성을 통해서 받아들이는 과정에서, 공적 이성이 토대하고 있는 근본적인 정치적인 이념들이라고 해석할 수가 있다.

하지만 중첩적 합의의 당사자들이 합의해야 할 근본적인 이념들이란 것이 이것이라면, 어째서 공리주의자들이 그것에 합의를 하지 못할 것이라고 보는지 이해하기 힘들다. 왜냐하면, 공적 이성이라는 것은 그 정의상, 모든 사람들이 각자의 포괄적 교설과 관계없이 민주적 사회의 시민이라면 누구나 동일하게 받아들여야 하는 근거나 이유를 의미하기 때문이다. 공적 이성이라는 것이, 그 정의상, 모든 사람들이 각자의 포괄적 교설과 관계없이 민주적 사회의 시민이라면 누구나 동일하게 받아들여야 하는 근거나 이유를 의미한다는 것은, 결국 공적 이성이 토대하고 있는 근본적인 정치적 이념들 역시 어떤 특정한 포괄적 교설에 바탕하고 있는 전제들이 결코 아니라는 것을 의미한다. 왜냐하면, 공적 이성이 토대하고 있는 근본적인 정치적 이념들이 어떤 특정한 포괄적 교설에 바탕하고 있다면, 그와 같은 포괄적 교설에 동의를 하지 않는 사람들은, 그와 같은 전제들로부터 도출되는 공적 이성 역시 따라야 할 이유를 찾지 못할 것이며, 이렇게 되면 공적 이성은 모든 사람들이 동일하게 받아들여야 할 근거를 제공해야 하는 공적 이성으로서의 기본역할 자체를 수행하는 것이 불가능해지기 때문이다.

결국 공적 이성이 토대하고 있는 근본적인 정치적 이념들은, 각자의 포괄적 교설과 상관없이, 민주사회의 시민으로서 누구나 받아들일 수 있는 혹은 받아들여야 하는 근본적인 이념들이라고 할 수 있다. 이렇게 봤을 때, 공리주의가 그와 같은 근본적인 정치적 이념들을 받아들이지 못한다고 보기는 힘들다. 그것을 받아들이지 않는다는 것은 결국, 공적 이성 자체를 부정하는 것이며, 민주사회의 한 시민으로 살아가는 것을 거부하는 것이기 때문이다.

실제로 롤즈는 정치적 정의관이 민주사회에 내재되어 있는 두 가지의 직관적 이념들로부터 구성되어야 한다고 밝히고 있다. 롤즈가 말하고 있는 두 가지의 직관적 이념들이란, '공정한 사회적 협동의 체계(fair system of social cooperation)'로서의 사회에 대한 이념과, '자유롭고 평등한 인격(free and equal persons)'으로서의 시민이 대한 이념이다.

> … 정치적 정의관은 민주주의 사회의 공적인 정치문화 속에 내재되어 있다고 보이는 근본적인 직관적 이념만을 가지고 최대한 구성될 수 있어야 할 것이다. 이러한 직관적 이념에 대한 두 가지의 사례는, 한 세대에서 다음 세대로 전수되는 공정한 사회적 협동 체계로서의 사회에 대한 이념과 삶 전체를

> 통해서 사회적 협동에 참여할 수 있는 자유롭고 평등한 인격들로서의 시민에 대한 이념이다. (a political conception of justice is formulated so far as possible solely in terms of certain fundamental intuitive ideas viewed as implicit in the public political culture of a democratic society. Two examples are the idea of society as a fair system of social cooperation over time from one generation to the next, and the idea of citizens as free and equal persons fully capable of engaging in social cooperation over a complete life.)[25]

셰플러는 이와 같은 직관적인 이념들에 공리주의자들이 결코 동의를 할 수 없을 것이라고 주장한다. 아울러, 셰플러는 롤즈 역시 『정의론』에서 공리주의자들이 그와 같은 직관적인 이념을 받아들이지 않을 것이라고 명백히 밝혔다고 주장한다. 그러면서 셰플러가 각주를 통해서 제시하고 있는 『정의론』의 페이지는 33페이지와 29-30페이지이다. 그런데 실제로 롤즈의 『정의론』의 해당 페이지를 살펴보면, 셰플러의 해석을 뒷받침해 줄 수 있는 부분은 오직 다음과 같은 부분뿐이라는 것을 알 수 있다.

> … 고전적 공리주의와 공정으로서의 정의의 차이의 그 이면에는 그 밑바탕에 깔고 있는 사회관에 대한 차이가 있다. 한쪽[공정으로서의 정의]에서 우리는, 질서정연한 사회를, 공정한 초기 상황에서 사람들이 선택할 원칙들에 의해서 규제되면서 상호적인 이득을 추구하는 협동의 체계로 간주하는 반면에, 다른 쪽[고전적 공리주의]에서는 다수의 사람들에게 이미 주어진 것으로

25 John Rawls, "The Domain of Political and Overlapping Consensus", p.165.

여겨지는 욕구 체계를 바탕으로 불편부당한 관망자가 구성해 낸 욕구 체계에 대한 만족을 극대화하는 방식으로 사회적 자원들을 효율적으로 분배하는 것으로 간주한다. (Implicit in the contrasts between classical utilitarianism and justice as fairness is a difference in the underlying conceptions of society. In the one we think of a well-ordered society as a scheme of cooperation for reciprocal advantage regulated by principles which persons would choose in as initial situation that is fair, in the other as the efficient administrations of social resources to maximize the satisfaction of the system of desire constructed by the impartial spectator from the many individual systems of desires accepted as given.)[26]

여기서 롤즈가 설명하고 있는 것은 공정으로서의 정의와 공리주의가 사회를 보는 기본관점이 차이가 난다는 것이지, 결코 공리주의자들이 공정으로서의 정의가 간주하고 있는 사회에 대한 관점을 자기들 방식으로 수용하는 것이 불가능하다는 것이 아니다. 다시 말해서, 공리주의자들 역시 '공정한 사회적 협동 체계'라는 사회적 이념을, 충분히 자기들 방식으로 수용할 수 있는 가능성을 롤즈가 차단하고 있다고 볼 수는 없다. (이를테면, 공리주의자들은 사회를 공정한 협동 체계로 보는 것이 효용 극대화를 달성하는 데 유리하다고 생각할 수 있다.) 따라서 이와 같은 구절들을 근거로, 공리주의자들이 공정으로서의 정의가 바탕하고 있는 근본적인 정치적 이념들을 받아들일 수 없고, 따라서 그들이 중첩적 합의에 참여할 수 없다고 셰플러가 단정하는 것

26 John Rawls, *A Theory of Justice*, p.33.

은 잘못이라고 할 수 있다.

(2) 두 번째 비판에 대한 반론: 어떤 입장이 중첩적 합의에 참여하기 위해서, 그 입장이 원초적 입장에서 선택되어야 하는가?

두 번째 비판에서 셰플러는 원초적 입장에 처한 당사자들이 공리주의를 선택하지 않을 것이라고 지적하고 있다. 물론 롤즈는『정의론』에서 원초적 입장에 처한 당사자들이 공리주의에 비해 자신의 공정으로서의 정의를 선호할 것이라고 명백히 밝히고 있으며, 이러한 롤즈의 입장이 특별히『정치적 자유주의』에 와서 달라졌다고 보기는 힘들다. 이를테면 롤즈는, 원초적 입장에 처한 당사자들이 전체적인 효용의 극대화를 위해서 자신의 욕구를 희생시키려고 할 것이라고 보기는 힘들며, 그런 점에서 원초적 입장에 처한 당사자들이 타인들의 욕구 충족을 자기 자신의 욕구 충족과 동일시하는 '완벽한 이타주의자'들이 아닌 이상 고전적 공리주의를 선택하지 않을 것이라고 주장하고 있을 뿐만 아니라, 실제로 원초적 입장에서 합의가 도출된 이후에 사람들이 감수해야 할 '공약의 부담(strains of commitment)'을 고려할 때, 공리주의는 어떠한 형태로든 민주사회에서 안정적으로 작동하는 것이 어려울 것이라고 주장한다.[27] 따라서 원초적 입장에 처한 당사자들이 공리주의를 선택하지 않을 것이라고 롤즈가 명백히 주장했다고 지적하는 셰플러의 주장은 전적으로 옳다. 아울러, 롤즈의 이러한 주장이『정치적 자유주의』에 와서 특별히 달라졌다고 보기는 힘들다.

그러나 이것이 어떻게 공리주의자들이 중첩적 합의를 통해서 공정으로서의 정의를 지지할 수 없다는 것을 뒷받침하는지는 분명하지가 않다. 왜냐하

27 위의 책, pp.175-192 참조.

면 여기서 중요한 문제는 과연 원초적 입장에 처한 당사자들이 공리주의를 선택할 것인가가 아니라, 원초적 입장에서 합의된 정의의 원칙들을, 공리주의자들이 중첩적 합의를 통해서 현실적으로 수용할 수 있는 가능성이 있는가 하는 것이기 때문이다. 다시 말해서, 공리주의자들이 중첩적 합의를 통해서 공정으로서의 정의를 현실적으로 수용하기 위해서, 원초적 입장에 처한 당사자들이 반드시 공리주의를 선택할 것이 요구될 필요는 없다. 그 이유는 간단하다. 왜냐하면 원초적 입장은 합당한 정의관을 선택하는 곳이지, 결코 합당한 다원주의 사회 속에서 허용되는 합당한 포괄적 교설을 선택하는 곳이 아니기 때문이다.

따라서 원초적 입장에 처한 당사자들이 공리주의를 합당한 정의관으로 거부한다고 해서, 이들이 공리주의를 합당한 다원주의 사회에서 허용 가능한 합당한 포괄적 교설로까지 거부한다고는 볼 수 없다. 한 사회는 합당한 정의관으로서 '공정으로서의 정의'를 채택하고도, 공리주의를 합당한 포괄적 교설로서 인정할 수가 있다. 아울러, 공리주의자들은 중첩적 합의를 통해서 이와 같은 공정으로서의 정의를 지지하는 것이 가능하다. 공리주의자들이 중첩적 합의를 통해서 공정으로서의 정의를 현실적으로 수용하기 위해서 요구되는 것은, 그들이 공정으로서의 정의를 공적 이성을 통해서 일차적으로 받아들인 다음에, 공정으로서의 정의를 이차적으로 정당화해 줄 수 있는 나름의 근거를 자신들의 포괄적 입장을 통해서 찾는 것이다.

예를 들어서, 기독교 신자들이 중첩적 합의를 통해서 공정으로서의 정의를 수용할 수 있다고 해서, 이것이 반드시 원초적 입장에 처한 당사자들이 기독교 교리를 선택할 것이란 것을 함축하는 것은 아니며, 반대로 원초적 입장에 처한 당사자들이 기독교 교리를 선택하지 않고 공정으로서의 정의를 선택한다고 해서, 이것이 반드시 기독교 신자들이 중첩적 합의를 통해서 공정으로서의 정의를 수용하는 것이 불가능하다는 것을 의미하지 않는다.

이런 점에서 셰플러는 문제를 거꾸로 인식하고 있다. 즉, 우리에게 중요한 것은 원초적 입장의 당사자들이 공리주의를 수용할 수 있느냐 하는 것이 아니라, 공리주의자들이 원초적 입장에서 합의된 결정을 자기들 나름의 방식으로 수용할 수 있느냐 하는 것이다. 롤즈는 『정치적 자유주의』에서 이것이 가능하다고 주장한 것이며, 이렇게 봤을 때, 원초적 입장에 처한 당사자들이 공리주의를 선택하지 않을 것이라고 롤즈가 『정의론』에서 주장했다고 해서, 그것이 공리주의자들이 중첩적 합의를 통해서 공정으로서의 정의를 현실적으로 수용할 수 있다는 『정치적 자유주의』에서의 그의 주장과 특별히 비일관적이라고 볼 수는 없다.

(3) 세 번째 비판에 대한 반론: 공리주의자들이 공정으로서의 정의에 대하여 취해야 할 입장?

이제 중첩적 합의를 통해서 공정으로서의 정의를 현실적으로 수용하고자 하는 공리주의자들이 공정으로서의 정의에 대하여 취할 수 있는 두 가지의 입장에 대한 셰플러의 비판을 살펴보자. 셰플러의 의하면, 공리주의자들은 공정으로서의 정의에 대하여, 그것을 따르는 것이 대부분의 경우에는 많은 사회적 효용을 산출시키므로 그것을 따르지 않는 것은 아주 예외적인 경우에만 한정시켜야 한다는 식의 태도를 취하거나, 공정으로서의 정의를 따르는 것이 실제로 사회적 효용을 극대화시킬 수 있는 방안이라고 생각하는 식의 태도를 취해야 한다.

셰플러에 의하면, 롤즈는 이러한 두 가지의 태도를 모두 비판하였다. 즉, 셰플러에 따르면, 롤즈는, 첫번째 태도는 공정으로서의 정의에 대한 지나치게 약한 신념을 표현하고, 두번째 태도는 공리주의 자체를 부정하는 결과를 초래한다고 주장했다는 것이다. 결국 우리가 롤즈의 주장을 받아들인다면, 공리주의자들은 중첩적 합의를 통해서 공정으로서의 정의를 현실적으로 수용하면서, 진정한 의미로서의 공리주의자로 남아 있을 수 있는 방법은 없다고 셰플러는 지적한다.

① **첫 번째 태도에 관하여**

일단 셰플러가 지적하는 공리주의자들이 취할 수 있는 첫 번째 태도의 문제점을 살펴보자. 셰플러에 따르면, 공리주의자들은 중첩적 합의를 통해서 공정으로서의 정의를 받아들이면서, 공정으로서의 정의에 대하여 다음과 같은 태도를 취할 수가 있다.

> 문명화된 사회적 조건 하에서는, 그것(공정으로서의 정의)을 기본적으로 준수하면서, 그것을 어길 수 있는 경우를 아주 예외적인 경우에만 한정하는 것이, 대부분의 경우에 매우 커다란 사회적 효용을 가져다준다. (that under the conditions of civilized society there is great social utility in following them for the most part and in permitting violations only under exceptional circumstances(*A Theory of Justice*, p.28/25rev.).)[28]

보이는 것처럼, 셰플러는 공리주의가 공정으로서의 정의에 대하여 취할 수 있는 첫 번째 입장을 언급하면서, 롤즈의 『정의론』에 나와 있는 구절을 그대로 인용하고 있다. 그 후에 셰플러는 이와 같은 태도가 공정으로서의 정의에 대한 지나치게 약한 신념(committment)을 표현한다는 이유로 롤즈가 거부했다고 설명하고 있다. 롤즈에 대한 이와 같은 셰플러의 해석이 얼마나 타당

28 Samuel Scheffler, 앞의 글, p.452 참조.

한지를 살펴보기 위해서 우리는 『정의론』에서 위의 인용문의 앞뒤 문맥을 다시 살펴볼 필요가 있다.

> 우리는 원칙적으로, 한편에서는 자유와 권리에 대한 주장들과, 다른 한편에서는 사회의 집합적 복지를 증가시키는 것의 바람직함을 구분하고 있으며, 우리가 전자에 대하여, 설사 그것에 대하여 절대적인 무게를 부여하지 않는다 하더라도, 어떤 특정한 우선성을 부여하고 있다는 것은, 많은 철학자들에게 당연하게 받아들여졌을 뿐만 아니라, 우리의 상식적인 신념들을 통해서도 지지되는 듯이 보인다. (It has seemed to many philosophers, and it appears to be supported by the convictions of common sense, that we distinguish as a matter of principle between the claims of liberty and right on the one hand and the desirability of increasing aggregate social welfare on the other; and that we give a certain priority, if not absolute weight, to the former.)[29]

여기서 롤즈가 설명하고 있는 것은, 우리의 상식적인 직관에 따르면, 우리는 일반적으로 사람들에게 주어지는 자유(혹은 권리)의 문제와 한 사회의 집합적 효용을 증대시키는 문제를 원칙적으로 구별하고 있으며, 대개의 경우 우리는 후자보다는 전자에 우선순위를 부여하고 있다는 것이다. 즉, 우리는 상식적으로 더 많은 사람들의 이득을 증대시키기 위해서, 한 사람의 자유 혹은 권리를 박탈하는 것은 부당하다고 생각하며, 롤즈는 자신이 제시하고 있는 공정으로서의 정의가 우리가 가지고 있는 바로 이와 같은 상식적인 직관

---

29 John Rawls, *A Theory of Justice*, pp.27-28.

들을 제대로 설명해 주고 있다고 주장한다.

하지만 롤즈는 자유와 권리가 집합적 효용에 우선한다는 우리의 상식적인 직관들을 공리주의자들 역시 자기들 나름의 방식으로 설명할 수 있는 방법이 있다는 것을 인정하고 있다. 즉, 공리주의자들에 따르면, 이와 같은 상식적인 직관들은,

> … 문명화된 사회적 조건 하에서, 대부분의 경우에 그것들을 따르고, 그것을 어길 수 있는 경우를 아주 예외적인 상황에서만 허용할 때, 굉장히 커다란 사회적 효용이 있다는 사실로부터 발생한다. 이와 같은 상식적인 규준들을 지지하고, 이러한 권리들에 호소하는 것에 대하여 우리가 가지고 있는 과도한 열정은, 그 자체로 어떤 특정한 유용성을 확보하고 있다. 왜냐하면, 그것은 효용에 의해서 승인되지 않은 방식으로 그것들을 침해하려는 인간의 자연스러운 경향을 상쇄시키기 때문이다. (… arise from that under the conditions of civilized society there is great social utility in following them for the most part and in permitting violations only under exceptional circumstances. Even the excessive zeal with which we are apt to affirm these precepts and to appeal to these rights is itself granted a certain usefulness, since it counter balances a natural human tendency to violate them in ways not sanctioned by utility.)[30]

위에서 보는 것처럼, 셰플러가 인용하고 있는 부분에서 롤즈가 결국 보여주고자 했던 것은 어떻게 공리주의자들이 자유와 권리들이 집합적 효용에 비

---

30 위의 책, p.28.

해 우선한다는 우리의 상식적인 직관들을 자기들 방식으로 해명할 수 있느냐 하는 것이었다고 할 수 있다. 즉, 공리주의자들에 따르면, 우리가 자유와 권리들에 대해서 엄격한 우선순위를 부여하는 것 자체가 전체적으로 봤을 때 '유용'할 수 있다는 것이다. 따라서 공리주의자들 역시 자유(혹은 권리)와 정의의 우선성을 자기들 나름의 방식으로 수용할 수 있는 가능성이 열려 있다고 볼 수 있으며, 롤즈는 이상을 고려할 때, 정의의 우선성과 공리주의 사이에 존재하는 철학적인 차이는 상당 부분 해소될 수 있다고 설명한다.

> 우리가 이것을 깨닫는 순간, 공리주의적 원칙들과 정의에 대한 이와 같은 고려들 사이에 존재하는 명시적인 불일치는 더 이상 철학적인 난제가 아니다. 즉, 계약론적 이론이 정의의 우선성에 대하여 우리가 가지고 있는 (직관적) 신념들을 전체적으로 정당하다고 여기는 반면에, 공리주의는 그것들이 사회적으로 유용한 환상으로 설명하려고 시도한다. (Once we understand this, the apparent disparity between the utilitarian principle and the strength of these persuasions of justice is no longer a philosophical difficulty. Thus while the contract doctrine accepts our convictions about the priority of justice as on the whole sound, utilitarianism seeks to account for them as a socially useful illusion.)[31]

따라서 전체적인 문맥을 고려했을 때, 셰플러가 인용하고 있는 부분은, 어째서 공리주의자들이 중첩적 합의를 통해서 공정으로서의 정의를 현실적으로 수용할 수 없는지를 보여준다기보다는, 오히려 그 반대로 공리주의자들

31 위의 책, p.28.

이 어떻게 중첩적 합의를 통해서 공정으로서의 정의를 현실적으로 수용할 수 있는지에 대한 구체적인 방법을 제시해 주고 있다고 볼 수 있다. 즉, 롤즈에 따르면, 공리주의자들은 공정으로서의 정의가 기반하고 있는 칸트적 의무주의에 동의하지 않으면서도, 공정으로서의 정의가 사회적으로 매우 유용하다는 것을 인정함으로써 공정으로서의 정의를 받아들이는 것이 가능하다. 비슷한 논변이 기독교 신자들한테도 적용될 수 있을 것이다. 즉, 기독교 신자들 역시 공리주의자들처럼 공정으로서의 정의가 기반하고 있는 칸트적 의무주의에 동의하지 않으면서도, 공정으로서의 정의가 결국은 신의 뜻에 합치된다고 생각함으로써 그것을 받아들이는 것이 가능하다.

중요한 것은 중첩적 합의가 요구하는 것은 **오직 그것뿐이라는 것**이다. 즉, 중첩적 합의는 모든 사람들에게 공정으로서의 정의가 바탕하고 있는 형이상학적 전제들까지 받아들일 것을 요구하지는 않는다. 중첩적 합의는 일단 사람들이 (공적 이성에 의해) 공정으로서의 정의를 받아들이는 것 자체를 중요하게 생각하며, 공정으로서의 정의를 일단 받아들인 이후에, 중첩적 합의는 그것을 어떠한 근거를 통해 정당화할지에 대해서는 사람들 각자의 자유재량에 맡겨버린다. 이슬람교 신자들은 공정으로서의 정의가 알라의 말씀에 합치된다는 이유로 그것을 받아들일 수 있고, 불교 신자들은 공정으로서의 정의가 불교의 연기설과 합치된다는 이유로 그것을 받아들일 수 있고, 유학자들은 공정으로서의 정의가 유교의 대동사회와 합치된다는 이유로 그것을 받아들일 수 있고, 공리주의자들은 공정으로서의 정의가 사회적으로 유용하다는 이유로 그것을 받아들일 수가 있다.[32] 물론, 한 국가가 공정으로서의 정의를 국가적인 원칙으로 채택하게 될 때, 그 국가는 공정으로서의 정의를 채택하는 근거를 이처럼 어떤 특정한 포괄적 교설에 기반해서 내세워서는 안 될 것이다. 한 국가가 공정으로서의 정의를 국가적인 원칙으로 공표를 할 때, 그 국가는 그것에 대한 정당화 근거를 반드시 어떠한 포괄적 교설에도 의존하지 않은 공적 이성을 통해서 확보해야 할 것이다. 그러나 개개의 시민들이 각자의 삶 속에서 공정으로서의 정의를 받아들일 때는 각자의 포괄적 교설에서 제공해 주는 근거를 활용할 수 있는 여지를 중첩적 합의는 열어놓고 있다.

물론 이러한 방식으로 공정으로서의 정의를 받아들이는 것을 롤즈는 『정의론』에서는 허용하지 않았을 것이다. 『정의론』에서 공정으로서의 정의는 일종의 포괄적 정의관으로 제시되었으며, 따라서 사람들이 그것을 받아들이기 위해서는 그것이 바탕하고 있는 칸트적 형이상학까지 받아들일 수밖에 없

---

32 익명의 심사자는 이것에 대해, 그렇다면, 과연 공리주의자들은 (필자가 해석하고 있는) 중첩적 합의의 첫 번째 단계에 제대로 참여를 할 수 있는지에 대해서 반문을 하였다. 즉, 심사자에 따르면, 공리주의자들은 오직, 공정으로서의 정의를, 그것이 사회적 효용을 증대시키는 현실적 대안이라는 철저하게 공리주의적인 근거에 의해서만 지지를 할 것이며, 그것이 자유롭고 평등한 모든 시민들이 합당하게 받아들일 만한 공적 이성에 의해 정당화되었다는 이유로 지지를 할 것은 아니다. 그렇다면, 공리주의자들은 공정으로서의 정의에 대한 중첩적 합의의 첫 번째 단계에 과연 참여할 수 있는지가 의문이라는 것이 심사자가 제기했던 비판의 요지이다. 이것에 대한 필자의 해명은 다음과 같다. 롤즈에 의하면, 현대의 다원주의 사회를 살아가고 있는 사람들은 기본적으로 두 가지의 다른 정체성을 가지고 산다. 하나는 자유롭고 평등한 민주주의 사회를 살아가는 '시민'으로서의 정체성이고(롤즈는 이것을 "정치적 인간관(political conception of the person)"이라고 불렀다. John Rawls, *Political Liberalism*, pp.29-34 참조), 다른 하나는 배경문화 속에서 하나의 포괄적 교설을 가지면서 살아가고 있는 '사적인 인간'으로서의 정체성이다. 주지하다시피, 롤즈에 의하면, 공리주의는 정치적 정의관이 아니라 하나의 포괄적 교설이다. 만약 어떤 사람이 공리주의자일 경우, 그 사람은 기본적으로 두 가지의 다른 정체성을 지니게 된다. 하나는 자유롭고 평등한 민주시민으로서의 정체성이고, 다른 하나는 공리주의라는 특정한 포괄적 교설을 지지하고 있는 사적인 인간으로서의 정체성이다. 공리주의를 지지하고 있는 철수라는 사람이 있다고 가정해 보자. 한 명의 공리주의자로서 철수는 당연히 공정으로서의 정의를, 공적 이성에 의해서가 아닌, 오직 공리주의적 근거들을 통해서만 지지를 할 것이다. 하지만 그렇다고 해서, 철수가 한 명의 자유롭고 평등한 시민으로서 공적 이성을 통해 공정으로서의 정의를 지지하는 것이 불가능한 것은 아니다. 자유롭고 평등한 민주사회의 시민으로서 철수는 공정으로서의 정의를 공적 이성에 의해서 받아들일 수 있을 것이다. 따라서, 설사 공리주의자들이 사적으로는, 공정으로서의 정의를, 그것이 사회적으로 유용하다는 이유로밖에 지지할 수 없다 하더라도, 그것이 이들 공리주의자들이, 정치적으로, 다시 말해, 자유롭고 평등한 시민이라는 자격으로 공적 이성을 통해서 공정으로서의 정의를 지지할 수 없다는 것을 의미하지 않는다. 결국, 공리주의자들 역시 중첩적 합의의 첫 번째 단계에 참여를 하는 것이 가능하다고 볼 수 있을 것이다.

었다. 그러나 『정치적 자유주의』에서는 얘기가 달라진다. 거기에서는 공정으로서의 정의가 포괄적 정의관으로서가 아닌, 하나의 정치적 정의관으로서 제시된다. 따라서 『정치적 자유주의』에서 롤즈는 시민들이 각자의 포괄적 교설들에 기대어, 공정으로서의 정의를 중첩적 합의를 통해서 각자 나름의 방식으로 수용하는 것을 허용한다. 결국 공리주의자들 역시 중첩적 합의를 통해 공정으로서의 정의를, 그것이 전체적으로 봤을 때 사회적으로 유용하다는 것을 근거로, 받아들이는 것이 충분히 가능하며, 이것은 셰플러가 주장하듯이 공정으로서의 정의에 대해 '받아들일 수 없을(unacceptable)' 정도로 약한 신념을 표현하는 것이라고 볼 수는 없다.

② 두 번째 태도에 관하여

공리주의자들이 공정으로서의 정의에 대해서 이와 같은 태도를 취하게 될 때, 그것은 셰플러가 지적하는 공리주의자들이 공정으로서의 정의에 대하여 취할 수 있는 두 번째 태도로 연결된다. 공리주의자들이 공정으로서의 정의에 대하여 취할 수 있는 두 번째 태도는 다음과 같다: "공정으로서의 정의와 같은 비-공리주의적인 원칙들이 공적으로 지지되고 사회의 기본원칙으로 채택되면, 사회적 효용이 실제로 극대화될 것이다." 셰플러에 의하면, 롤즈가 정의의 원칙들에 대하여 요구하고 있는 공지성의 조건(publicity condition)으로 미루어볼 때, 이러한 태도는 결국 공리주의 자체를 포기하는 것과 같다.

『정의론』에서 롤즈는 정의의 원칙들이 공지성의 조건을 충족시켜야 한다고 밝히고 있는데,[33] 공지성의 조건에 따르면, 한 사회가 어떤 정의의 원칙들

33 John Rawls, *A Theory of Justice*, p.133.

을 채택하기 위해서는, 그 사회가 그러한 원칙들을 채택하고 있다는 사실이, 모든 사람들에게 알려져 있는 공적인 지식이 되어야 한다는 것을 의미한다. 따라서 만약 한 사회가 채택하고 있는 정의의 원칙들이 공정으로서의 정의와 같이 명백히 비-공리주의적 원칙들이면서, 그 사회가 공정으로서의 정의처럼 명백히 비-공리주의적 원칙들을 채택하고 있다는 사실이 모든 사람들에게 공적으로 알려져 있는 이상, 아무리 공정으로서의 정의를 채택하게 된 근본적인 동기가 공리주의적 근거들로부터 나왔다 하더라도, 그 사회는, 공지성의 조건으로 미루어볼 때, 공리주의를 정의의 원칙으로 채택하지 않은 것이 된다. 결국 공리주의자들이, 그것이 결국은 사회적 효용의 극대화를 달성시킨다는 이유로, 공정으로서의 정의와 같은 비-공리주의적 원칙을 사회적인 원칙으로 채택하게 된다면, 그들은 공리주의 자체를 포기하는 것과 같다는 것이 셰플러의 비판의 요지이다.

롤즈는 이와 비슷한 논의를 '자아-존중감(self-respect)'에 관한 논의를 전개하는 과정에서 소개하고 있다.[34] 롤즈에 의하면, 한 사회가 공리주의적 원칙들을 채택하고, 그 사회가 공리주의적 원칙들을 채택하고 있다는 사실이 모든 사람들에게 공적으로 알려져 있다면, 사람들은 자신의 자아-존중감을 제대로 확보하기가 힘들어진다. 왜냐하면, 공리주의가 이처럼 공지성의 조건을 만족하는 이상, 사람들은 더 커다란 사회적 효용을 달성하기 위해서 언제든지 자신의 자유가 희생될 수 있다는 것을 알게 될 것이기 때문이다.

물론 공리주의자들은 자아-존중감에 대한 그와 같은 고려들이 이미 공리의 계산에 포함되어 있다고 대답할 수 있다고 롤즈는 설명한다. 즉, 만약 사람들의 자아-존중감 확보를 위해서 공정으로서의 정의가 내세우고 있는 평

34 위의 책. pp.180-183.

등한 최대 자유들에 대한 확보가 필수적으로 요구되고, 평등한 최대 자유들이 확보되어 있는 상태의 평균적 효용이, 평등한 최대 자유들이 확보되어 있지 못한 상태의 평균적 효용에 비해 더 높다면, 공리주의자들 역시 평등한 최대 자유들을 보장할 것을 요구하는 공정으로서의 정의를 사회적 원칙으로 선택할 것이다. 그러나 공정으로서의 정의를 선택하게 된 근본적인 동기가 아무리 공리주의에 기반하고 있다 하더라도, 만약 사회가 공정으로서의 정의와 같이 명백히 비-공리주의적인 원칙들을 기본적인 사회적 원칙으로 채택하고 있고, 그와 같은 사실이 모든 사람들에게 공적으로 알려져 있다면(즉, 그 사회가 공정으로서의 정의를 통해서 공지성의 조건을 만족하고 있다면), 그 사회는, 그 정의상, 공리주의를 사회적 원칙으로 채택하고 있지 않은 것이란 것이 롤즈의 주장의 요지이다.

그러나 이와 같은 논의들이 어째서 공리주의를 중첩적 합의의 대상에서 배제를 시키는지는 잘 이해가 가지 않는다. 왜냐하면, 아무리 한 사회가 공정으로서의 정의를 기본적인 사회원칙으로 채택하고 있고, 그와 같은 사실이 모든 사람들에게 공적으로 알려져 있다고 하더라도, 사람들은 공정으로서의 정의를 공적으로 지지하면서도, 여전히 사적으로는 공리주의 혹은 어떤 특정한 포괄적 교설의 신봉자로 남아 있을 수 있기 때문이다. 중첩적 합의는 기본적으로 공적인 영역과 사적인 영역에 대한 이와 같은 명확한 구분을 전제하고 있는 개념이다.

즉, 중첩적 합의는 사적으로 서로 다른 포괄적 교설들을 지지하는 사람들이, 공적으로는 어떻게 동일한 정치적 정의관(이 경우에는 공정으로서의 정의)을 지지할 수 있는지를 설명하고자 도입된 개념이라고 할 수 있다. 따라서 사적으로 어떤 특정한 포괄적 교설을 믿는 사람이, 중첩적 합의를 통해서 공정으로서의 정의를 지지하기 위해서, 그 사람이 믿고 있는 포괄적 교설이 롤즈가 제시하고 있는 공지성의 조건을 만족시킬 것이 요구된다고 볼 수는 없다.

쉽게 말해서, 한 기독교 신자가 중첩적 합의를 통해서 공정으로서의 정의를 지지하기 위해서, 기독교 교리가 그 사회의 기본원칙으로 채택되어 공지성의 조건을 만족시킬 것이 요구된다고 보기는 힘들다. 이러한 조건이 요구된다는 것은 어떤 포괄적 교설이 중첩적 합의에 참여하기 위해서는, 그 포괄적 교설이 사회의 기본원칙으로 채택되어야 한다는 것을 의미하며, 이것은 공정으로서의 정의가 기반하고 있는 칸트적 형이상학에 동의하지 않는 어떤 포괄적 교설이 중첩적 합의를 통해서 공정으로서의 정의를 공적으로 지지하기 위해서는, 기본적으로 그 포괄적 교설이 공정으로서의 정의를 공적으로 거부해야 한다는 것을 함축한다. 그러나 공정으로서의 정의를 공적으로 지지하기 위해서 공정으로서의 정의를 공적으로 거부해야 한다는 것은 명백히 모순이다.

결국 여기서 셰플러는 어떤 정의관이 사회의 기본원칙으로 채택되기 위해서 요구되는 조건과, 하나의 포괄적 교설이 중첩적 합의를 통해서 그 사회의 정치적 정의관을 지지하기 위해서 요구되는 조건을 혼동하고 있다고 볼 수 있다. 하나의 정의관이 사회의 기본원칙으로 채택되기 위해서는 공지성의 조건이 요구되지만, 하나의 포괄적 교설이 중첩적 합의에 참여를 하기 위해서는 공지성의 조건이 요구된다고 볼 수 없다. 따라서 공리주의자들은 얼마든지 사적으로 공리주의로 남아 있으면서도, 공적으로는 중첩적 합의를 통해 공정으로서의 정의를 지지하는 것이 가능하다.

6. 맺으며

지금까지 필자는, 공리주의자들이 중첩적 합의를 통해서 공정으로서의 정의를 수용할 수 없다는 셰플러의 주장이 어떠한 점에서 잘못되었는지에 대해서 논의를 하였다.

일단, 중첩적 합의에 참여하기 위해서 당사자들이 합의해야 할 '근본적인 이념'이라는 것이 어떤 포괄적 교설의 근본적인 전제를 의미한다면, 중첩적 합의의 당사자들에겐 명백히 그러한 것들에 합의를 할 것이 요구되지 않으며, 중첩적 합의의 당사자들이 합의해야 할 근본적인 이념이라는 것이 결국은 어떤 포괄적 교설에도 의존하고 있지 않은 '정치적인 이념'들이라면, 공리주의자들 역시 그것에 합의를 하지 못할 이유가 전혀 없다. 왜냐하면 그와 같은 정치적 이념들을 받아들이지 않겠다는 것은, 결국 공적 이성이라는 것 자체를 부정하겠다는 것을 의미할 뿐만 아니라, 민주주의 사회의 한 일원으로서 살아가는 것을 거부하겠다는 것을 의미하기 때문이다.

둘째, 원초적 입장에 처한 당사자들이 공리주의를 선택하지 않을 것이라고 해서, 이것이 공리주의자들이 중첩적 합의를 통해서 원초적 입장에서 도출된 정의의 원칙들을 현실적으로 수용하는 것이 불가능하다는 것을 의미하지는 않는다. 왜냐하면, 원초적 입장이라는 것은 기본적으로 한 사회가 채택해야 할 합당한 '정의관'을 선택하는 곳이지, 합당한 다원주의에서 허용될 수 있는 합당한 '포괄적 교설'을 선택하는 곳이 아니기 때문이다. 따라서 여기서 문제의 핵심은 과연 원초적 입장의 당사자들이 공리주의를 선택할 것인가가 아니라, 원초적 입장을 통해서 도출된 공정으로서의 정의를 과연 공리주의자들이 자기 나름의 방식으로 수용하는 것이 가능한가 하는 것이다. 즉, 중첩적 합의가 요구하는 것은 단지 각각의 포괄적 교설들이 나름의 방식으로 원초적 합의를 통해서 합의된 공정으로서의 정의를 수용할 수 있는 방법을 찾을 수 있느냐는 것이며, 그러한 방법을 찾기 위해서 원초적 입장에 처한 당사자들이 그러한 포괄적 교설을 선택할 것까지 요구되지는 않는다. 그것이 요구된다는 것은 공정으로서의 정의가 더 이상 정치적 정의관으로 기능할 수 없다는 것을 의미한다. 한마디로, 공리주의자들이 중첩적 합의를 통해서 공정으로서의 정의를 현실적으로 수용하기 위해서, 원초적 입장에 처한 당사자들이 공리주의를 선택해야 한다는 것은 요구되지 않는다.

셋째, 공리주의자들이, 그것이 대부분의 경우에 사회적으로 유용하다는 이유로, 공정으로서의 정의를 받아들일 수 있다는 것은, 공리주의자들이 공정으로서의 정의에 대하여 가진 지나치게 약한 신념을 표현하고 있다기보다는, 공리주의자들이 어떻게 중첩적 합의를 통해서 공정으로서의 정의를 수용할 수 있는지에 대한 구체적인 방법을 보여주는 것이라고 할 수 있다.

마지막으로 롤즈가 제시하고 있는 '공지성의 조건'은, 하나의 정의관이 사회의 기본원칙으로 채택되기 위해서 요구되는 조건이지, 결코 하나의 포괄적 교설이 중첩적 합의를 통해서 정치적 정의관을 지지하기 위해서 요구되는 조건이라고 할 수 없다. 공지성의 조건이 중첩적 합의에 참여하기 위해서 요구되는 조건이라는 것은, 결국 하나의 포괄적 교설이 중첩적 합의에 참여하기 위해서는 그 포괄적 교설이 사회의 기본원칙으로 채택되어 그러한 사실이 모든 사람들에게 공적으로 알려져 있어야 된다는 것을 의미하는데, 이렇게 되면 공정으로서의 정의와 다른 형이상학적 전제를 가지고 있는 포괄적 교설들이 중첩적 합의를 통해서 공정으로서의 정의를 지지하는 것이 불가능해진다. 한마디로 중첩적 합의를 위한 필수조건으로 공지성의 조건을 요구하는 순간, 중첩적 합의는 불가능해진다. 중첩적 합의에 대한 개념은 기본적으로 사적인 영역과 공적인 영역이 구분될 수 있다는 것을 전제하고 있다. 따라서 사람들은 중첩적 합의를 통해서 공적으로는 공정으로서의 정의를 지지하면서도, 사적으로는 얼마든지 어떤 특정한 포괄적 교설의 신봉자로 남아 있을 수 있다. 이상을 고려할 때, 공리주의자들 역시 사적으로는 열렬한 공리주의자로 남아 있으면서, 공적으로는 중첩적 합의를 통해서 공정으로서의 정의를 지지하는 것이 가능할 것이다.

【참고문헌】

Dreben, Burton, "On Rawls and Political Liberalism", Samuel Freeman(ed.), *The Cambridge Companion to Rawls*, Cambridge University Press, 2003.

Freeman, Samuel, "Introduction: John Rawls — And Overview", Samuel Freeman(ed.), *The Cambridge Companion to Rawls*, Cambridge University Press, 2003.

Larmore, Charles, "Public Reason", Samuel Freeman(ed.), *The Cambridge Companion to Rawls*, Cambridge University Press, 2003.

Rawls, John, *A Theory of Justice*, Harvard University Press, 1971.

___, *Political Liberalism*, Columbia University Press, 1993.

Scheffler, Samuel, "Rawls and Utilitarianism", Samuel Freeman(ed.), *The Cambridge Companion to Rawls*, Cambridge University Press, 2003.

동양철학의 현재성*

— 정의 개념을 중심으로 —

이장희

1. 들어가는 말

1990년대 전후를 시발점으로 하여 21세기에 들어설 즈음에는 동양철학의 현대적 의의와 관련된 논의가 활발히 진행되었다. 가장 대표적인 담론으로 '아시아적 가치'를 둘러싼 논쟁과 이와 비슷한 논의의 연장선에서 '유교 자본주의론'에 관한 글들이 생산되었다. 유교를 둘러싼 담론 이외에도 생태주의, 여성주의 등을 도가적 전통과 연관시킨 논의들도 활기를 띠었다. 그러다 정작 21세기에 들어서는 점점 동양철학의 현대적 의의를 짚어보는 논의가 감퇴되고 있는 듯한 추세이다.[1]

철학적 작업의 생산적인 축적을 위해서는 포괄적이고 거시적인 형태의 질

* 이 논문은 『사회와 철학』 제16집, 사회와 철학 연구회, 2008에 게재된 것임.

1 1990년대 동양철학 전통의 현대적 가치와 관련해 가장 활발하게 논의를 이끌어온 학술지와 대중잡지의 중간적인 성격의 『전통과 현대』가 2002년 통권 22호로 폐간되었다는 것이 상징적으로 이러한 논의의 위축을 보여준다.

문에 대한 고민과, 이러한 고민이 구체적이고 지엽적인 것처럼 보이기도 하는 세부적인 형태의 질문으로 잘게 쪼개어 하는 고민이 같이 가야 한다고 생각된다. 일반적이고 근본적인 형태의 질문과 이러한 질문을 배경으로 한 정밀하고 세부적인 논의는 실과 바늘처럼 그 어떤 학문 분야에서보다 특히 철학적 연구에서 강조되어야 할 것이다.

이 글은 다시금 일반적이고 근본적인 형태의 질문을 고민하기 위하여 쓰였다. "동양철학에서 정의란 무엇인가?"와 같은 질문은 동양철학 전공자가 비전공자로부터 가장 흔히 듣는 질문의 유형이다. "○○과 같은 서구적 개념 또는 현대적 개념을 동양철학에서 무엇이라고 하나요?"라는 식의 질문인 것이다. 이런 형태의 질문은 동양철학 전공자를 매우 당혹스럽게 한다. 우선적으로 질문이 너무 일반적이고 막연하여 무엇을 묻고 있는지 선뜻 감을 잡을 수 없기 때문이고, 또 한편으로는 사실 가장 근원적이고 본질적인 형태의 질문이기도 하기 때문이다. 이 글은 위와 같은 형태의 질문을 전제로 '정의'의 문제에 대해 고민해 본 결과이다.

2. 동양철학에서 정의는 무엇인가?

"동양철학에서 정의는 무엇인가?"라는 질문을 던져보면 보기보다 답을 하기가 단순하지 않음을 발견하게 된다. 이 질문의 키워드는 '동양철학'과 '정의'인데, 동양철학이 어떤 철학을 지칭하는지부터가 분명치 않다. 이런 질문이 필자에게 물어진다면, 여기서의 동양철학이란 중국 및 한국의 전통사상을 말하는 것이 된다. 필자의 전문 분야가 인도나 베트남의 전통철학이었으면 동양철학에서 정의의 문제를 다루는 필자로 어울린다고 생각되진 않을 것이다. 다시 말해 현재 한국사회에서 동양철학 또는 동양적 전통 등을 언급할 때의 동양이란 서양을 제외한 양의 동쪽 모두를 일컫는 것이 아니라 중국과 한국 또는 거기에 일본을 포함한 동아시아 3국에 제한된 명칭이다.

오리엔트(orient)와 옥시덴트(occident)의 번역어로 등장한 동양과 서양이란 말 자체가 이미 오리엔탈리즘적이기도 하지만, 거기에 동양을 동북아시아 지역의 나라만을 지칭하는 것으로 이해하는 한국적 풍토도 지극히 자국중심주의적이기는 마찬가지다.[2] 이와 같이 동양을 이해하는 방식에는 서구에 의해 형성된 근대적 맥락이 전제되고 있으며 동시에 지금 우리 사회의 의식도 투영되고 있다.

동양철학이란 말의 의미에는 이 같은 지역적인 구분 못지않게 시대적인 구분도 중요하다. 동양철학은 21세기 동아시아 지역의 사상이나 철학이 아니라 근대 형성 시기 이전의 이른바 전통 동아시아 사회의 사상과 철학을 지칭하는 말이다. 다시 말해 동아시아의 지역적 특색을 반영하는 현재의 철학적 문제를 다루는 철학을 동양철학이라고 하는 것이 아니라 동아시아의 과거의 철학적 유산을 일컬어 동양철학이라고 하는 것이 작금의 우리 사회의 통념임은 별다른 재론을 필요로 하지 않을 것이다.

3. 정의와 저스티스

동양철학과 관련된 이처럼 뻔한, 그러면서도 구구절절이 따져지지 않은 상황을 굳이 되새기는 것은 정의와 관련된 논의와도 밀접한 연관이 있기 때문이다. '정의'라는 말의 의미를 정확히 포착하려 할 때 우리는 동양철학의 의미에서 보이는 것과 같은 여러 복선이 깔려 있음을 발견하게 된다. 사회정치

2 이런 고민 때문에 동양이라는 표현 대신에 동아시아라는 표현을 쓰는 경향이 늘어나고 있는데, 여기서도 한국, 중국, 일본만을 가리키고자 한다면 동북아시아가 더 정확한 지역 명칭일 것이다(동남아시아도 위도를 빼면 동아시아가 된다는 사실을 잊지 말아야 한다). 이 글에서는 관행을 따라 동아시아로 표기하기로 하겠다.

적인 개념으로서의 '정의'를 이야기할 때 이를 단어의 뜻을 확정 짓는다는 의미의 '정의'와 구별할 수 있는 유일한 표지는 앞의 정의를 '正義', 뒤의 정의를 '定義'라고 표기하는 한자이다. 다시 말해 '정의'를 앞뒤 문맥 없이 단어만 보아서는 '어떤' 정의를 말하는지 알 수가 없고 한자로 바꿔 써야만 알 수 있다. 문제는 '바를 정(正)' 자와 '옳을 의(義)' 또는 '뜻 의(義)' 자가 결합된 단어로서의 정의(正義)가 그다지 많은 것을 말해 주지 못한다는 것이다. 바르고 옳다는 또는 바른 뜻이라는 의미는 개별 행위자의 행위를 판단하는 윤리적인 개념으로 이해될 수는 있지만 '정의사회 구현'과 같은 구호에 함축된 사회정치적으로 올바른 질서라는 의미를 제대로 옮기지는 못하기 때문이다. 그렇다면 왜 단어와 그 뜻이, 기표와 기의가 서로 겉돌고 있을까?

조금만 생각해 보면 여기서도 필요한 것은 언어에 대한 난삽한 형이상학적 논설들이 아니라 우리가 처한 근대 이후의 상황에 대한 정확한 인식이다. '정의'란 말은 전통적인 동양의 정치철학적 개념이 아니라 서양의 '저스티스(justice)'를 번역한 용어라는 데서 지금 우리 사회에서 '정의'라고 말하는 것과 그것의 한자 표기인 '正義', 그리고 이러한 번역을 낳게 한 서양의 '저스티스' 사이의 미묘한 불화의 근원을 찾을 수 있는 것이다.

정의라는 개념이 문제시되는 것은 우리가 서구적 근대화의 과정을 충실히 밟아왔기 때문인데, 정의라는 개념이 동양철학에서는 무엇이냐고 우리는 새삼 묻고 있다.

4. 동양적 정의에 대한 물음

2절에서 동양철학이란 100여 년 전에는 지시하는 대상이 없는 그런 말에서 20세기를 거쳐 21세기에는 20세기 이전의 한중일의 철학사상을 지칭하는 말이 되었음을 말했다면, 정의도 200여 년 전에는 의미하는 바가 전혀 다를 수도 있는 말에서 근대를 거쳐 현대에 이르러서는 서양의 저스티스를 번역한 정치철학적 의미를 획득하게 되었음을 3절에서 논의하였다. '동양철학'이나 '정의'는 근대 이후 전개된 한국의 현대사적 상황에서 지금의 의미를 지니게 된 말들인 것이다. 따라서 "동양철학에서 정의란 무엇인가?"라는 질문은 몇 가지 형태의 질문으로 다시 생각해 볼 수 있다. 우선 첫째, 이 질문은 동아시아의 전통철학사상에서 서양의 저스티스에 해당하는 개념이 존재하였는가 하는 질문일 수 있다. 두 번째는 지금 우리 사회에 통용되고 있는 정의란 개념의 함의에는 저스티스 이외에도 동양의 정치철학적 전통의 유습이 남아 있지 않을까 하는 의심을 깔고 묻는 질문일 수도 있다. 지금 우리가 사용하는 '정의' 개념이 저스티스의 단순 번역어가 아니라 그 나름의 외포와 내연을 가지고 있는 개념으로 자리 잡았고, 그렇다면 그 기원에는 동양의 정치철학적 요소가 숨어 있지 않겠느냐는 것이다. 이런 경우 "동양철학에서 정의란 무엇인가?"라는 질문은 전통 동아시아 정치철학의 관점에서 서양의 저스티스로 환원 불가능한 '정의'의 의미론적 층위를 밝혀달라는 말이 된다. 세 번째로는, 지금 현재 상황에서 정의가 문제시되는 맥락과 관련해서 동아시아 전통철학 또는 정치사상에서의 '정의' 개념과 관련된 시사점이 있다면 그것이 무엇이냐는 질문일 것이다. 이 세 번째 방식의 이해는 두 번째 방식의 이해와 경우에 따라 겹칠 수도, 겹치지 않을 수도 있다. 지금 우리 사회에서 문제시되는 '정의'의 문제를 무엇으로 보느냐에 따라, 즉 철저히 서구적 저스티스가 제대로 자리 잡지 못한 것을 문제적 상황으로 보느냐 또는 서구적 저스티스의 한계를 전제로 정의의 문제를 다시금 동양적 전통에서 새롭게 생각해 보자는 것이냐에 따라 세 번째 형태의 질문이 두 번째 형태와 문제의식을 공유할 수도 공유하지 않을 수도 있는 것이다.

어떤 형태로 "동양철학에서 정의란 무엇인가?"라는 물음을 해석하더라도 '정의'의 문제를 다루기에 앞서 '저스티스'란 개념이 선결문제로 떠오른다.

5. 저스티스

매킨타이어가 그의 주요 저서 중의 하나로 평가되는 책 이름을 『누구의 저스티스? 어떤 합리성?』[3]이라고 지을 만큼 저스티스는 플라톤 이래 서양철학사에서 다양한 개념적 정의의 대상이 되어 왔다. 매킨타이어에 따르면 어떤 저스티스 개념에서는 행위에 대한 응분의 대가란 생각이 중심적인 위상을 차지하는 반면, 이러한 보상 처벌의 개념이 아무런 관련성이 없다고 보는 저스티스 개념도 존재한다. 또 어떤 저스티스 개념에서는 인권이, 그와 다른 저스티스 개념에서는 사회계약론이, 더 나아가 또 다른 저스티스 개념에서는 유용성의 기준이 각각 중심적인 아이디어로 자리 잡고 있다고 한다. 이처럼 다양한 저스티스 개념의 원류는 개신교, 가톨릭, 유대교 등과 같은 상이한 종교전통과 프랑스 계몽주의, 스코틀랜드 계몽주의, 19세기 경제적 자유주의, 20세기의 정치적 자유주의 등의 다양한 지적, 정치적 전통에서 찾을 수 있다.[4] 다시 말해 서구의 정치철학적 맥락에서 저스티스는 플라톤 이래로 언제나 중심적인 개념의 하나였고, 따라서 거의 모든 종교적 또는 정치적 전통은 저스티스 개념에 대한 나름의 재정의를 통해 자신들의 정치철학적 이념을 표명하였다고 할 수 있다.

지금 우리의 목적에 비추어 논의의 범위를 좁히면 근대 이후에 형성된 저스티스가 '정의'의 원어에 해당하는 저스티스일 것이다. 고대 그리스 사회에서 중세를 거쳐 근대로 이행하는 과정에서 서구의 정치적 환경의 가장 큰 변화 중의 하나는 세속 권력의 정당성을 어디서 찾느냐는 문제였다. 세계는 더

---

3 Alasdair MacIntyre, *Whose Justice? Which Rationality?*, Notre Dame: University of Notre Dame Press, 1988.

4 위의 책, pp.1–2.

이상 창조주의 목적에 따라 배열된 의미로 가득 찬 공간이 아니라 갈릴레이와 뉴턴의 인과적인 기계론적 법칙에 지배되는 무의미한 물리적 공간에 불과하게 되었다. 정치적 권력의 정당성을 담보할 수 있는 원천을 인간적 자의성을 넘어선 자연적 또는 초자연적 질서로부터 연역하던 방식이 더 이상 힘들어진 상황에서 홉스식의 사회계약론이 대두되었다는 것은 매우 자연스러워 보인다. 목적론적 질서의 한 부분으로서가 아니라 인과론적 법칙에 지배받는 자연의 일부로서 인간이 이해되게 되었다는 것은 세계의 총체 또는 전체에 이바지함으로써 개별자의 의미를 확보한다는 형이상학이 더 이상 호소력을 지니지 못하게 되었다는 것을 의미하며, 자연으로부터 자신에게 주어진 몫을 전체나 국가의 이름으로 침해받지 않고 보호하는 것이 가장 우선적인 문제가 되는 것이 충분히 자연스러울 수 있는 환경이 되었음을 의미한다.

이처럼 목적론적 세계관의 기계론적 세계관으로의 이행은 플라톤에서와 같이 저스티스가 개인의 도덕적 품성 또는 덕(virtue)인 동시에 건전한 사회정치적 질서로 여겨질 수 있었던 세계, 곧 개인의 사적 도덕성이 전체의 공공적 질서와의 의미 있는 연관관계를 믿던 세계에서 개인의 사적 도덕성과 전체의 공적 질서를 더 이상 연관시켜 생각하지 않는 세계로의 전이이기도 하다. 물리적, 기계론적 세계로의 변화와 더불어 개인과 전체의 유기적 고리를 단절시키는 데 결정적인 공헌을 한 것은 종교개혁이었다. 가톨릭의 위계적인 세계관에서 벗어나 창조주와 직접적인 관계를 강조함으로써 거듭나게 된 개인은 그의 자율성을 그 어떤 전통의 굴레나 전체 사회의 요구로부터도 독립적인 신성한 것으로 보호할 권리와 의무를 가지게 되는 것이다.

개인주의와 비목적론적 형이상학이 지배하는 서양의 근대세계를 배경으로 등장하게 되는 자유주의(liberalism)에서 "국가의 가장 근본적인 역할은 시민의 선(善)이나 덕(德)을 증진시키는 것이 아니라, 시민들에게 정의(正義)를 보장하는 것이다."[5] 국가가 개별 시민의 도덕적 품성이나 덕성에 관여하여 어떤 것이 바람직하다고 이러쿵저러쿵 간섭하는 것은 개별 시민의 자율성과 자유를 침해하는 것이 된다. 국가의 권위를 정당화할 수 있는 유일한 근거인 동시에 국가에 주어진 가장 중요한 임무는 이러한 시민들이 모인 사회가 '저스티스' 곧 '정의'에 의해 지배받도록 하는 것이다. 이런 맥락에서 설정된 '저스티스'의 의미는 현대에 이르러 '분배적 정의(distributive justice)'라고 흔히 논의되는 재화의 합리적인 배분을 보장하는 정치경제적 시스템으로 이해되는 시각의 지척에 있다. 다시 정리하여 말해 보면, 우리가 '정의'로 번역하여 사용하게 된 서양의 근대적인 저스티스의 개념은 철저히 개인적이고 사적인 영역과 사회적이고 공적인 영역의 구별을 전제로 개별 시민의 자유와 권리가 침해받지 않도록 보장하는 동시에 공적 재화를 불편부당하고 공정하게 배분함으로써 개인의 자기실현에 이바지할 수 있는 공적인 정치질서로 이해된다.

과연 이러한 '저스티스'가 우리가 여기서 논의하고자 하는 동양철학적 맥락에서 어떤 의미를 가지는 것일까?

6. 동양적 정의와 '직(直)'

에둘러 왔지만 동양 아니 동아시아 정치철학을 배경에 두고 정의의 문제에 대해 우리가 논의할 내용은 전문가적 식견이 필요 없는 누구나 들어봤음직한 내용이다. 동아시아의 전통에서 공적인 영역을 담당하고 건사해 온 철학이 유학임은 이론의 여지가 없고 이 유학적 전통에서 '정의란 무엇인가'와 관련된 내용으로 여기서 다루고자 하는 것은 『논어』「자로」편에 나온 공자의

5 존 크리스먼, 실천철학연구회 옮김, 『사회정치철학』, 한울아카데미, 2004, p.33.

'직(直)'에 대한 견해와 『대학』에서의 "수신제가치국평천하(修身齊家治國平天下)"이다.[6]

> 초(楚)나라의 대부(大夫)인 섭공(葉公)이 공자에게 "우리 고장에 정직한[直] 사람이 있습니다. 그의 아버지가 양을 훔치자 자식이 그 사실을 알려주었습니다"라고 자랑하였다. 공자는 이에 답하기를, "우리 고장의 정직한 사람은 이와 다릅니다. 아버지는 자식을 위하여 숨기며, 자식은 아버지를 위하여 숨깁니다. 정직함은 그 속에 있습니다"라고 하였다.

공자가 말하는 '정직함[直]'이란 무엇일까? 유학을 현대화하는 데 결정적인 걸림돌이 위와 같은 구절이기 때문에 유학의 현대적 가능성을 포기하고 싶지 않은 많은 학자들은 어떤 식으로든 합리적인 해석을 내놓아야 했다. 중국철학을 현대적 버전으로 설명하는 데 가장 큰 기여를 한 인물이라 할 수 있는 풍우란(馮友蘭)은 공자에서의 정직을 다음과 같이 설명한다. "정직이란 안으로 자신을 속이지 않고 밖으로 남을 기만하지 않고, 심중의 좋고 싫음을 사실 그대로 나타내는 것을 말하며",[7] 그렇기 때문에 위와 같은 구절에서의 정직이란 "아버지가 남의 양을 훔쳤으면 통상 그 자식은 결코 그 사실이 밖으로 드러나기를 바라지 않는" 심정으로 드러나는 것이지, 자기 아버지가 남의 양을 훔쳤다고 고해바치는 것은 "정직을 팔아 이름을 사려는 자가 아니면 몰

---

6 중국철학에서 '정의(正義)'란 말은 『순자』에서 처음 나오지만 그 뜻은 지금 우리가 논의하고자 하는 저스티스의 내용과는 상이한 것이다. 유교 정치철학에서 정의의 문제에 관해 도움받을 만한 글들은 다음과 같다. 김형철 · 이승환, 「의리와 정의」, 철학연구회 편, 『윤리질서의 융합』, 철학과현실사, 1996; 이승환, 『유가사상의 사회철학적 재조명』, 고려대학교 출판부, 1998; 김주성, 「저스티스(justice)와 의(義)」, 『계간 사상』, 1998 봄호, pp.164-186.

7 풍우란, 박성규 옮김, 『중국철학사(상)』, 까치, 2002, p.113.

인정한 사람일 것이므로 진정한 정직은 될 수 없다"[8]고 해석한다.

풍우란은 유가 윤리학이 지닌 나름의 설득력을 잘 보여주고 있다. 유가적 현실주의는 인간관계에서 가족관계의 우선성을 인정하는 '친친(親親)'에서 출발하여 단계적으로 다른 이의 부모도 나의 부모처럼 대하는 쪽으로 가는 것이다. '친친'의 자연스러움을 받아들이는 것이 '정직함'이 된다. 문제는 이 같은 개인적이고 사적인 정서의 진정성과 공공의 보편적 질서가 요구하는 불편부당성, 공정성을 어떻게 조화시키느냐는 것이다. 유학은 형성 초기에 이미 불편부당한 보편적인 사랑을 주장하는 묵가(墨家)의 도전에 자신의 정체성을 '친친'으로 분명히 하면서 출발하였다. 모든 인간적 유대와 진정성이 가족으로부터 시작한다는 신념에서 출발하여 그러한 정서를 형(刑)이나 법(法)이 아니라 예(禮)를 통해 형식화시키고 보편화시키고자 했던 유가에게 '정의로운' 사회정치적 질서란 사적인 도덕 정감과 분리된 메마른 형식주의적 법률이 지배하는 공정성일 수는 없었다. '바르고 옳은' 정치질서는 개개 사람들의 내면적 자율성으로부터 구축되는 것이지 외부적인 정치사회적 제도나 시스템을 통해 이룩할 수 없다고 보는 것이다.

7. 동양 전통에서의 공(公)과 사(私)

『대학』의 "수신제가치국평천하(修身齊家治國平天下)"는 유가적 이념의 총체가 집약적으로 표현된 글귀이다. 그러나 '수신제가'와 같은 사적 영역에서 '치국평천하'와 같은 공적 영역으로 아무런 균열 없이 연결시키고 있는 유가적 논리는 근대 이후에 이르러 심각한 도전에 직면하게 된다. 개인의 자기

8 위의 책, p.114.

수양은 객관적인 정도를 측정하기 어려운 매우 주관적인 잣대이고, 어떤 인간이 바람직한 인간이냐는 문제에서도 유가에서 제시하는 군자(君子)나 성인(聖人)과 같은 인물형을 보편적인 인간상으로 받아들이기 어려워졌다. 유가 철학이 윤리적, 정치적 이념으로서 한 사회 내에서 독점적인 헤게모니를 행사하지 못하는 한, 사적인 영역에서의 유가적 수신의 이념이 공적인 평천하로까지 연결되기 매우 힘겨워진 것이다. 사적인 자기수신의 영역에서 어떤 인간을 바람직하게 볼 것인가가 선택의 문제로 열리고 다양한 종교 및 철학 전통이 경쟁하게 되면 서구의 근대에서와 같이 사적인 영역과 공적인 영역 사이의 분리를 받아들이는 쪽으로 갈 수밖에 없다.

나의 '정직한' 내면성에서 출발하여 공적인 질서로까지 나아가기에는 그 '정직성'의 내용을 무엇으로 볼지에 대한 합의도 쉽지 않고 수신이 평천하의 구속적인 부분으로 작용할 것이라는 믿음도 전근대적인 형이상학적 믿음으로 치부되기 십상인 마당에 유가의 '친친'을 바탕으로 한 공공적 질서의 건립 또는 '정의'의 구현은 매우 난망해 보인다. 서양의 근대가 우리의 근대가 되는 순간 동양의 전통적 개념들은 고무풍선에서 바람이 빠진 듯 생명력을 잃게 되는 경우가 대부분인 것이다.

8. 나가는 말

지금 우리 사회에서 통용되는 '정의' 개념은 어떤 특정의 정치사회적인 질서만을 가리키는 것이 아니라 '정의로운 사람'이라는 말이 어색하지 않게 들리는 것처럼 개인의 도덕적 품성을 가리키는 말이기도 하다. 서구의 '저스티스'에서도 고대 그리스 철학에서는 개인의 덕으로 여겨졌다는 점을 언급했지만, 우리의 정의가 기대고 있는 근대적 저스티스의 개념은 사적 도덕성의 영역과는 분명히 구별되는 개념이다. 그렇다면 지금 우리 사회에서 통용되는

'정의'라는 말의 함의에는 '저스티스'의 번역으로서만이 아니라 유가 전통의 '정직'과 '수신'을 통한 자기완성의 이념까지 가미된 것으로 볼 수 있는 측면이 있는 것 같다. '저스티스'의 뜻으로 환원될 수 없는 의미를 이처럼 사적인 개인의 도덕성의 측면에서 바라보는 것은 지금 우리 사회에서 문제시되는 상황을 '저스티스'의 문제로 볼지 '정의'의 문제로 볼지 하는 문제로 나누어볼 수 있는 장점을 제공한다. 곧, 우리 사회의 문제를 제도적 공정성의 문제로 볼 것인지, 아니면 내면적 인격의 성숙성의 문제까지 포괄하는 것으로 볼 것인지에 따라 '저스티스'의 문제 또는 '정의'의 문제라 할 수도 있지 않을까 하는 것이다.

철학이 자기창조(self-creation)와 자기실현이라는 사적인 자유의 영역과 인간적 연대성을 실현하고자 하는 정치적이고 공적인 저스티스의 영역을 하나의 체계적인 비전 안에 담을 수 있으리라는 헛된 희망을 버려야 한다고 로티는 주장했다.[9] 자유주의적 공사 영역의 구분에 기초한 개인의 사적 자유와 권리를 집단적 공동체의 이상에 기대어 억압하기는 대단히 어려울 뿐 아니라 그러한 생각 자체가 위험하게 여겨지는 것을 피할 수 없는 사회에 우리는 살고 있다. 그럼에도 불구하고 우리는 왜 '정의'를 단순히 '저스티스'의 의미로 국한해서 사용하고 있지 않을까? '정의'는 '저스티스'일 뿐 아니라 내면적 진정성의 발로여야 한다는 열망은 위험한가, 아니면 바람직한가?

이러한 질문들에 대해 어떤 답을 하느냐에 따라 동양철학에서의 정의의 문제는 고고학적 탐색의 대상이거나 치열한 현재진행형의 철학적 이슈가 될 것이다.

---

9 Richard Rorty, *Contingency, Irony, and Solidarity*, Cambridge University Press, 1991, pp.xiii-xiv.

【참고문헌】

『논어』
『대학』
김주성, 「저스티스(justice)와 의(義)」, 『계간 사상』, 1998 봄호.
김형철 · 이승환, 「의리와 정의」, 『윤리질서의 융합』, 철학과현실사, 1996.
이승환, 『유가사상의 사회철학적 재조명』, 고려대학교 출판부, 1998.
존 크리스먼, 실천철학연구회 옮김, 『사회정치철학』, 한울아카데미, 2004.
풍우란, 박성규 옮김, 『중국철학사(상)』, 까치, 2002.
MacIntyre, Alasdair, *Whose Justice? Which Rationality?*, Notre Dame: University of Notre Dame Press, 1988.
Rorty, Richard, *Contingency, Irony, and Solidarity*, Cambridge University Press, 1991.

2부

사회철학의 문제들

세계화 시대의 보편화 가능성 탐구*

권용혁

1. 문제 제기

20세기에는 국민국가 중심의 제도와 체계가 주요 담론이었다면, 21세기는 시작부터 세계화라는 거센 파도가 밀려오고 있다. 인류 역사상 처음으로 맞는 기술과 자본 그리고 정보의 실질적인 세계화는 점차 확대되고 있다. 이 경향을 무시하거나 비켜가기란 쉽지 않다. 우리의 삶 자체가 지대한 영향을 받고 있기 때문이다. 오히려 그 특징을 정확하게 파악하고 그에 대응하는 해결방안을 모색하는 것이 더 합리적으로 보인다.

현실은 어떠한가? 자본과 기술 그리고 정보의 영역에서 진행되고 있는 세계화는 돌이킬 수 없는 상태이다. 이들 사이의 상호 연관성이 강화되면서 지구적 단위에서의 소통이 급격하게 확대되고 있다. 이들은 기존의 국민국가적 차원에서 설정된 법과 규범들을 무시하면서 국민국가 단위의 경제, 사회

* 이 논문은 2005년 울산대학교의 학술연구비 지원(2005-0194)에 의해 연구되었으며, 『사회와 철학』 제12집, 사회와 철학 연구회, 2006에 게재된 것임.

영역에 깊숙이 개입하고 있다. IMF 이후 한국사회를 대상으로 한 금융 투기 자본과 글로벌 기업의 득세는 그 전형적인 예라고 할 수 있다. 이들은 국내의 법망을 피해 가면서 마음껏 자기 자본을 증식시키고 있다. 특히 투기성 자본들이 단기 이익을 추구하는 것을 막을 수 없는 이유는 이를 규제할 수 있는 세계적 차원에서의 법과 제도들이 아직 마련되어 있지 않기 때문이다. 이 과정에서 세계화는 무자비한 승자의 독식 논리를 당연한 것으로 받아들임으로써 제일세계 국가들과 제삼세계 국가들 사이뿐만 아니라, 특정 국가 안에서의 부익부 빈익빈 현상도 더욱 심화되고 있다. 세계화의 논리가 이처럼 단기적 경쟁의 결과에만 집중할 경우 이는 장기적인 비전과 실행 전략의 부재로 이어지면서 기존의 사회적 안전망이 무너지고 후손들의 일터와 삶터도 유지되기 힘들어질 것 이다.

이러한 현실의 전개 과정은 피할 수 없는 숙명적인 것으로 받아들여야만 하는가? 인간의 얼굴을 한 세계화는 불가능한 것인가? 세계화가 세계 구성원 대부분을 불행하게 한다면, 분명 그건 받아들여질 수 있는 것이 아니다. 세계 곳곳에서 거세지고 있는 반세계화 운동은 그것을 반증하는 사례들이다. 그러나 현재진행형인 세계화 과정이 많은 문제점을 내포하고 있는 것도 사실이지만, 그 흐름을 전면 거부할 수는 없는 상태라는 점도 인정해야 한다.

그렇다면 인류의 생존과 공영을 보장하면서 지속적으로 유지될 수 있는 세계화를 가능하게 하는 제3의 방안들은 존재하지 않는 것일까? 만약 그러한 것을 만들 수 있다면 어떤 방식으로 구성해야 할 것인가? 규범적인 차원에서만 고려하자면, 모든 인간을 동류로 파악하고 모든 인간에게 자유와 평등을 부여한다면, 우리는 이상적인 인류 공동체를 상정할 수 있다. 또한 이 인류 공동체가 가져야 할 적절한 규범과 제도들을 제안할 수도 있다.

이 글에서는 세계화의 전개와 이로부터 파생된 문제들에 대한 대안 모색이라는 두 개의 문제 영역을 함께 고찰한 후, 철학적 대안의 정당화 가능성을 모색해 보겠다.

2. 세계화의 두 영역

탈국가주의적인 현상이 심화되고 있는 현재의 세계화 과정에 있어서는 영토, 사회, 그리고 정치적 정체성을 중심으로 구성된 동일성은 더욱 약화되고 있다. 오히려 사회는 그 내부로부터 세계화되어 가고 있다. 사람들은 점점 더 세계와의 연관성 속에서 행위하고 일하며, 여행하고 소비하고 소통하고 있다. 따라서 정치적 정체성과 충성심은 더 이상 한 국가 안에 귀속된 정체성과 충성심일 필요가 없다. 개개인의 비교와 선택의 폭이 넓어지고 있기 때문이다.

자신의 삶에 영향을 주고 있는 '공동체'도 더 이상 고립된 지역 공간에 귀속되지 않는다. 이제는 시공간적 한계를 갖는 공동체를 벗어나 다양하고 새로운 공동체를 구성하고 선택할 수도 있다. 전자적으로 연결된 세계는 어디서나 같은 삶을 가능하게 해주며, 사회적 결속과 의미까지도 부여하기 때문이다. 이런 상황에서는 세계화와 개인화는 서로 중첩되어 있으며 서로를 강화시킨다.[1]

그러나 우리가 개인주의화되면 될수록 우리는 더욱더 타인의 개인주의화에 의해 제약받는다. 이기적 자아의 개인주의화는 종종 기존의 공동체적 규칙과 규범뿐만 아니라 타인의 개인주의화를 제한하거나 중지시키는 결과를 가져오기 때문이다. 이는 또한 타인의 개인주의화로 자신의 자유가 제한될 수 있다는 것을 의미한다. 이처럼 개인주의화의 발전이 동시에 개인주의화

---

1 울리히 벡, 「탈민족국가 사회와 그 적들」, 귄터 그라스 외, 『세계화 이후의 민주주의』, 평사리, 2005, p.56 이하 참조.

의 자기제한을 병행한다면, 새롭게 개인주의화된 개인들 간의 상호 인정과 공영을 보장하는 새로운 공동체적 질서를 구성할 필요가 있다. 특히 기존의 법과 제도가 작동되지 않는 현재의 세계화 과정에서는 더욱 그렇다.

전자 네트워크의 발달은 세계화 시대의 새로운 공동체의 모습을 보여주고 있다. 이를 통해 민족국가적 경계가 무너지면서 시간과 공간에 대한 사유가 혁명적으로 변화하고 있다. "전자 네트워크에서 하는 행위는 거리를 없애고 통로와 중력이 없는 새로운 이동성의 형태를 가능하게 한다."[2] 전자 네트워크와 결합된 자본은 새로운 권력을 형성하는데, 이를 앞세운 세계화의 논리에 따르면 "여기가 아니라면 저기로 가면 된다. 그러니까 여기"[3]라는 새로운 권력 주장을 한다. 이처럼 전 지구를 자유롭게 떠돌아다니는 경제적, 기술적 세계화의 논리는 국민국가 안에서 작동되는 정치적 결정 체계에게 선택을 강요한다. 즉 " '이곳에서 우리가 원하는 것을 하도록 허용하지 않는다면, 우리는 다른 곳에서 우리가 원하는 것을 하면 된다. 자! 우리가 다른 곳으로 가길 원하는가? 그렇지 않다면 이곳에서 우리가 원하는 것을 할 수 있도록 해라!' 이러한 협박과도 같은 강요된 선택의 논리가 바로 세계화의 논리이다."[4]

기술적 혁신의 목표와 결과에 대한 공식적 설명에도 단일화된 무한경쟁의 논리가 포함되어 있다. 그러한 결과는 어차피 일어나게 될 일인데, 그것에서 파생되는 역작용에 대해서 굳이 문제 삼는 이유가 무엇인가라는 논리이다. 이러한 논리는 기술의 발전을 불가역적인 진화적 과정으로, 정해진 경로에 따라 발전해 가는 것으로 본다. 따라서 기술 발전이 가져오게 될 사회적 영향은 그것이 좋은 것이든 나쁜 것이든 어쩔 수 없다는 입장을 취한다. 오히려

2 위의 글, p.63 이하.
3 위의 글, p.67.
4 위의 글, p.67.

전 지구적 경쟁 하에서는 무엇보다도 기술 혁신을 계속해서 선점해 나가는 것이 중요하다고 본다. 따라서 과학 및 기술의 사회성 및 윤리성에 대한 논쟁은 소모적이고 불필요한 것으로 취급된다.

이와 유사하게 모든 조세정책 및 규제를 위한 국민국가 단위에서의 정치의 경제 개입은 투자 철수를 위한 논거가 된다. 그러나 역설적이지만 투자자들도 사회적 기반구조, 즉 교통 체계, 학교와 대학, 민주적 삶의 질, 길거리 안전, 모범적이며 자기착취를 당할 각오가 되어 있는 직장 동료 등을 필요로 한다. 이 모든 것을 갖추기 위해서는 많은 돈이 필요하다. 한 국가가 경쟁력을 갖추고 있거나 확보하고자 한다면, 결국에는 요구되는 사회적 기반구조를 제공할 수 있어야 한다. 그런데 이러한 사회적 기반구조의 확보는 누구나 알고 있듯이 투자자를 몰아내는 세금 인상을 통해서만 가능하다. 무한경쟁의 논리는 이 점을 간과하고 있다.[5]

---

5 위의 글, p.68 참조. 이러한 역설적 상황을 해결하려면, 세계화로 이익을 얻을 자들이 안정적인 복지 및 사회적 신뢰를 높일 수 있는 사회적 기반구조를 개선하는 데 있어서 책임을 져야 한다. 울리히 벡, 정일준 옮김, 『적이 사라진 민주주의』, 새물결, 2000, p.134 이하 참조. 세계화를 인정하는 담론은 단순화하면 둘로 나뉜다. 하나는 기업 세계화론자들의 견해인데, 이들은 공적 자산을 사유화하고 정부의 시장 개입에 반대하면서 더 많은 시장에서의 자유를 요구한다. 이를 통해 물질적 부가 창출되며 결국은 이를 기반으로 빈곤을 종식시키고 환경을 보호할 수 있다고 주장한다. 다른 하나는 지구시민운동 진영의 견해인데, 이들은 전자들에 의해 주도된 세계화로 인해 불공평이 확대되고 사회적 신뢰가 파괴되며 지구 생명보존 체제가 위협받고 있다고 주장한다. 따라서 이들은 모든 사람을 위한 경제정의, 국제협력, 생동하는 문화다양성, 돈보다 삶에 더 가치를 두는 건강하고 지속가능한 사회를 실현하고자 한다. 세계화 국제포럼, 이주영 옮김, 『더 나은 세계는 가능하다: 세계화, 비판을 넘어 대안으로』, 필맥, 2005, pp.48-51 참조. 이 책에서는 지속가능한 사회의 열 가지 원칙을 제시하고 있는데(새로운 민주주의, 부차성, 생태적 지속가능성, 공동유산, 다양성, 인권, 일터 생계 고용의 보장, 식량의 안정적 공급과 안전성, 형평성, 예방의 원칙) 그 상세한 내용은 위의 책, pp.121-149를 참조. 이 두 관점은 세계화(Globalisierng)와 세계주의(Globalismus)를 구분하고 전자를 세계사회의 다층적인 변화 현상으로, 그리고 후자를 신자유주의적 세계시장 단일화 논법으로 파악하고 있는 벡의 논점과 같은 맥락에서 이해된다. Ulrich Beck, *Was ist Globalisierung?*, Frankfurt a. M.: Suhrkamp Verlag, 1998, pp.195-213.

어쨌든 경제적 세계화와 더불어 경제에 대한 정치의 우위는 사라지고 있다. 특히 이로 인해 국민국가, 지역 그리고 도시에 이르는 모든 층위에서 세계화된 경제와 사회적 공동체 사이의 거리는 엄청나게 벌어졌다. 국민국가 단위에서의 실질적 민주화를 통해 민주주의가 다수의 헤게모니 지향으로부터 소수자를 지켜오는 동안, 국제자본주의는 다수와 다양한 소수로 구성된 사회적 복합체를 파편화시켰다.[6]

그러나 민주주의는 본질적으로 모든 인간이 시민으로서 자신이 속해 있는 정치적 공동체의 구성원이 될 수 있는 자격을 부여한다. "민주주의적 정치란 이들에게 부여된 권리와 의무를 어떻게 보호하고 관리하느냐에 달려 있다. 이러한 민주주의적 정치가 갖는 특징은 무엇보다도 공동체 속에서 자유롭게 행위하는 구성원으로서의 인간이 차지하는 지위를 위협하는 구조적 불평등을 해소하는 데 있다."[7] 따라서 경제적 세계화의 시대에 세계경제적 조건에 걸맞은 정치적 대안이 설득력을 가지려면, 경제적 세계화가 숙명적 현실이

---

6 알랭 뚜렌느, 「시민사회에 대한 찬사」, 권터 그라스 외, 『세계화 이후의 민주주의』, 2005, p.86 참조.
그렇다고 국민국가의 영향력이 급격히 몰락하지는 않을 것이다. 국민국가에 기초해 있는 근대 민주주의는 그것을 벗어나서 제기되고 있는 다양한 요구들을 (이주 노동자, 기업의 타국 이전, 국제결혼 및 자본의 국제화, 광역화된 환경의 문제 등을) 해결하기 어려운 것도 사실이다. 그러나 이는 새로운 환경에 대한 새로운 해석과 적응의 방식이 아직 마련되지 않아서 나타나는 문제들이다. 즉, 이 틀을 대체할 만한 설득력 있는 대안이 제시되어서가 아니다. 오히려 이 틀이 없다면, 더욱더 모든 행위자가 무법과 무질서가 횡행하는 홉스식 자연상태를 대비해야 할 것이다. 언급된 새로운 요구들은 오히려 국가 내 민주주의의 심화와 국가 간 협력으로 대부분 해소될 것이다. 이런 점에서 세계화에도 불구하고 국민국가에 기초한 민주주의는 국제화된 경제와 정치 사이에서, 그리고 전 지구적 차원과 지역 사이에서 중심적인 중재자로 남게 될 것임을 상기할 필요가 있다.
그럼에도 불구하고 뚜렌느는 사회통합과 국가적 통일성의 낡은 수호자인 전통적인 공화제적 민주주의가 이러한 발전에 의해 분명하게 약화될 것으로 보고 있다. 외적으로는 금융 네트워크와 초국적 기업들에 의해 위협받고 있으며, 내적으로는 개인주의적 문화가 정신적 공황을 불러오고 있기 때문이다. 위의 글, p.87 참조.

아니라, 현실에서 다른 요인들과 영향을 주고받으면서 변화한다는 점을 보여줄 수 있어야 하며, 세계적 차원에서 기획된 정치적 대안들이 이 변화 과정에서 합리적으로 개입할 수 있다는 점을 보여줘야 한다.[8]

이를 위해서 헬드가 제안한 세계화에 대한 민주주의적인 접근은 전 지구적 경제질서에 더 많은 투명성과 책임성을 관철시킨다는 정치적 목표를 갖고 있다. 또한 이러한 목표를 실현하기 위해서 그는 다섯 가지 제안을 하고 있다.[9] 이를 축약하면 다음과 같다. (1) 시장이 발생시키는 사회적 및 생태적 비용 줄이기. (2) 전 지구적인 차원에서 경제문제에 대한 정책을 조율하는 과제를 수행할 새로운 경제기구 설립하기. (3) 국제 금융시장이 보이고 있는 불안정성과 단기 이윤에 대한 투기적 추구를 규제하기 위한 방안을 마련하기. (4) 제3세계의 부채 탕감과 같은 시급한 경제적 위기를 극복하기 위한 조치들 취하기. (5) 세계적인 단위의 민주주의적인 형식 및 절차 도입하기.

이것들은 범세계주의적인 민주주의 구상에 반드시 필요한 요소들이자 동시에 전 지구적 책임성으로 나아가기 위해 설정된 목표들이다. 왜냐하면 서로 중첩되는 운명 공동체라는 관점에서 볼 때, 미래의 시민들은 자신들이 속한 공동체에서 뿐만 아니라, 자신들이 살고 있는 지역과 더 나아가 거대한 전

7 데이비드 헬드, 「정치로의 귀환」, 귄터 그라스 외, 『세계화 이후의 민주주의』, 2005, p.140.

8 위의 글, p.141 참조, 경제적 세계화와 금융 세계화라는 문제에 대해 민주주의를 매개로 접근하려는 국제적인 다양한 시도는 자유주의적 시장 방안과 구별된다. 자유주의적 시장 방안은 시장이 더 잘 작동할 수 있도록 해고와 시장에 대한 탈규제를 공식처럼 강조한다. 민주주의적 접근은 또한 국가적 경제경영을 우선하는 국가주의적이고 개입주의적인 전략과도 구분된다.
지구적 차원에서의 민주주의를 구축하는 일은 한편으로는 민주적인 헌법국가들의 원칙을 세계적인 차원으로 확장해서 실현하는 일이며 다른 한편으로는 국제적인 제도와 통(通)국가적인 행위자들에 의해서 채택될 수 있는 규범들을 구체화하는 일이다. Klaus Mueller, *Globalisierung*, Frankfurt a. M.: Campus Verlag, 2002, pp.22-25 참조.

9 데이비드 헬드, 앞의 글, p.141 이하.

지구적 질서 속에서 능동적인 시민이 되어야 하기 때문이다.

이런 점에서 우리는 세계화를 경제적일 뿐만 아니라, 정치적이고 기술적이며 문화적인 것으로 이해해야 한다. 그 이유는 오늘날 세계화가 우리 생존 상황 자체를 변화시키고 있을 뿐만 아니라, 우리가 살아가는 데 있어 필수적으로 고려해야만 하는 것으로 자리 잡아가고 있기 때문이다. 세계화 시대의 민주주의는 이런 점에서 국민국가 내에서만 머무를 수 없다. 기존의 국민국가의 틀로서는 해명되지 않는 현실적인 조건 변화가 일어나고 있기 때문이다.[10]

오늘날 세계화 단계에서 요구되는 것은 사실적인 세계화에 부응하는 규범과 제도들을 만들고 그것에 대해 함께 책임지는 것이다. 특히 새로운 기술의 발전에 힘입어 가속도가 붙고 있는 세계경제의 조건 변화는 새로운 문제들을 파생시키고 있으며 이를 해결하기 위해서는 그에 상응하는 새로운 기준들이 요구되고 있는데, 세계 시민사회에서의 연대 책임의 문제와 정의의 문제가 그 핵심이다. 이는 지구 공동체라는 다문화 사회에서의 공생을 위한 기반으로서 국민국가적 전통과 관례를 넘어서서 제기되는 것이다.

사회화 과정 속에서 본래 의사소통 공동체의 구성원으로 활동하는 인간은 특정한 사회의 제도들에 따라 행위한다. 그러나 인간은 다른 한편으로는 현재의 세계화 단계에서 그 세계화를 가능하게 하고 타당하게 하는 조건에 대한 반성적 재구성을 통해 그 세계화의 올바른 방향을 제시해야 한다. 세계적

10 세계는 한 세기 전보다 훨씬 더 상호 의존적으로 변했기 때문에, 초국가적 기구에 의한 민주주의의 촉진도 필요하다. 특히 유럽연합은 초국가적 관리 운영의 형태를 개척하고 있다. 예를 들면, 유럽 법원은 개인의 권리를 보호하는 조처를 포함하여 회원 국가들 내부에서 효력을 갖는 일정 범위의 판결을 내려왔다. 그것은 초국가적 체계가 국가들 사이뿐만 아니라 국가들 내에서의 민주주의에 적극적으로 공헌할 수 있다는 것을 의미한다. 앤서니 기든스, 박찬욱 옮김, 『질주하는 세계』, 생각의 나무, 2000, p.152 이하 참조.

차원에서의 경제와 기술이 가져온 영향력과 그 결과는 세계시민으로 구성된 공동체에서의 비판적인 담화를 통해 검토되고 조절되어야 하기 때문이다. 특히 지구 공동체에 적용될 수 있는 법과 제도를 만들기 위해서도 그것에 부응하는 거대이론에 대한 철학적 정당화는 필요하다.

"이런 의미에서 기술적-경제적인 측면에서 자연스럽게 형성되고 있는 일차적인 세계화 질서는 윤리적으로 책임질 수 있는 이차적 세계화 질서를 통해서 재구성되거나 보충되어야만 한다. 우리는 다문화 사회에 있어서 공생을 위한 테두리 조건으로서 세계시민의 법적 질서와 규범들을 시급하게 필요로 하고 있기 때문이다."[11]

일차적 세계화 질서에서 파생되는 문제들은 (예를 들자면, 생태학적인 위기, 제3세계의 기아, 거대한 자본 흐름에 대한 무기력한 대응 등의 문제들은) 이차적 세계화 질서에서 요구되는 정의의 문제와 책임윤리적인 문제와 함께 다루어야 한다. 지구의 모든 동거인들이 현 상황에서 운명 공동체로 존재하고 있다는 관점에 서면, 우리는 모두 연대해서 제도와 법을 만들고 그것을 공정하게 적용함으로써 이 문제를 함께 풀어가야 하는 것은 자연스러운 수순이다. 이 관점에 의거한다면, 예를 들어 제3세계의 대부분의 사람들의 기아를 대가로 영리를 추구하는 것을 못하도록 할 수 있으며 또 그렇게 해야만 한다.

참가하지 않은 제삼자를 희생하고 부정의하게 만들어진 해결책을 논박하고 수정하기 위해서는, 그리고 기존의 국가를 단위로 한 국제정치적인 관계를 보편적으로 타당한 정의의 근본 규범에 의거해서 변경하기 위해서는 규범

---

11 K.-O. Apel, "Das Problem der Gerechtigkeit in einer multikuturellen Gesellschaft?", R. Fornet-Betancourt(Hg.), *Armut im Spannungsfeld zwischen Globalisierung und dem Recht auf eigene Kultur*, Aachen: Augustinus-Buchhandlung, 1997, p.107; Kwon Yong-Hyek, "Eine Vernunft im Prozess der Globalisierung", *Concordia* 44, Aachen, 2003, p.31 이하 참조.

적이며 규제적인 원칙을 세워야 한다. 도덕적이며 정치적인 문제들도 세계화되고 있는 현 상황에서 인류 미래세대의 이해관계를 고려한 세계경제 질서와 환경 정책을 세우기 위해서는 이러한 규범적이며 규제적인 원칙이 필요하다.[12]

"예를 들면, 제3세계의 국민 대다수를 배제할 경우에는 배제된 자들의 재통합을 가능하게 하는 세계적인 경제정책을 만들기 위해 노력해야 한다. 또한 서구의 주도권에 대항해서 비서구문화들이 방어하는 행위를 할 경우에는, 다문화 사회를 자리 잡게 함으로써 위협적인 문명 충돌(헌팅턴)을 피해가야 한다."[13]

따라서 철학의 과제는 다문화주의를 기본으로 하면서도 그들 사이의 상호이해와 공생 그리고 공영의 기반을 위한 규범적인 원칙들을 정당화하는 일이다.

"다문화적인 사회에 기초한 국가질서와 법질서는 두 개의 논리적으로 상반되는 측면을 그 안에서 하나로 결합하고 있다: 문화적 가치 전통에 있어서의 특수주의와 다원주의의 측면이 그 하나이며, 상호 문화적인 정의(正義)라는 의미에 있어서 통일적인 법과 그 법의 도덕적인 근거 설정의 측면이 또 다른 하나이다."[14]

이 경우에 있어서 모든 세계시민들과 관련해서 도덕적으로 근거 설정할 수 있는 법적 질서의 실현 가능성에 중점을 두는 것이 중요하다. 이런 관점에서

---

12 K.-O. Apel, 앞의 글, p.123 참조.

13 K.-O. Apel, "Die Tatsache der 'Globalisierung' und die Aufgabe der Philosophie", K.-O. Apel, V. Hoesle, R. Simon-Schaefer(Hg.), *Herausforderung für die Philosophie*, Universitäts-Verlag Bamberg, 1998, p.80 이하 참조.

14 K.-O. Apel, "Das Problem der Gerechtigkeit in einer multikuturellen Gesellschaft?", p.110.

는 문화 전통에 근거를 둔 상이한 가치 질서가 포함하고 있는 다원주의적이며 목적론적으로 이해된 '좋음'(자기실현의 윤리학)에 앞서서 누구에게나 동등하게 적용될 수 있는 법칙론적으로 정당화된 '옳음'(정의의 윤리학)에 우선성이 부여되어야 한다. 물론 이 두 논점은 상호 보완적인 것으로 이해되어야 하는데, 후자는 자신의 정당성을 입증할 수 있는 전제조건으로서 전자를 필요로 하며, 전자는 후자의 제한성을 받아들임으로써 다원적 공생과 공존을 보장받을 수 있다.

전 지구적인 차원에서도 그렇고 인종적이며 종교적으로 다원주의적인 사회들에서도 다원주의 문제에 대한 비동화적인 해결책은 설득력이 있다. 그 이유는 그러한 해결책이 이미 모든 민주주의적인 법치국가와 헌법국가들에 있어서는 제공되고 있기 때문이다. 또한 공생을 위한 조건으로서 고안된 세계시민의 법적 질서와 규범은 국민국가 안에서 혹은 국민국가를 넘어서서 존재하는 상이한 인종적이거나 종교적인 혹은 문화적인 전통적 공동사회들 사이의 평화로운 공존과 책임 있는 협력을 가능하게 할 수도 있다. 이를 위해서는 그 질서가 모든 개별적인 법치국가들의 구성을 위한 기초 모형으로 채택되어야 하는데, 민주주의 국가에서는 그것들이 부분적으로 제공되고 있다. 따라서 특정 공동체나 개별 국가들의 특수한 원리와 그 안에 포함된 보편적인 논거들을 연관 짓는 논점을 구성하는 것이 중요하다.

"비동화적인 해결책은 사람들이 상이한 문화들의 자기실현 권리들에 포함된 다원주의와 특수수의를 한편으로 그리고 법적 규범들의 도덕적인 경향성으로서의 보편주의를 다른 한편으로 서로 보충적인 것으로 파악하는 데에 있다."[15]

우리는 서로 공생해야만 한다. 그리고 공생할 경우에 상호 문화적인 정의가 있어야 한다는 의미에 있어서 그리고 모든 인류의 문제나 세계적인 위기와 관련해서 모든 이의 협력과 연대 책임이 있어야 한다는 의미에 있어서 특정한 보편적인 도덕을 구속력 있게 만들어야 한다.

이것이 바로 다문화주의의 문제를 동화적으로가 아니라 보충적으로 해결하려는 기획의 출발점이다. 즉, 상이하게 사회문화적으로 전개되는 다원주의적인 좋은 삶의 형태들을 존중하는 것과 그리고 상호 문화적인 정의와 연대 책임의 보편적인 구속성을 동시에 존중하는 것 사이의 보충적인 해결책을 추구하려는 논점이다.[16]

3. 의사소통 공동체 이론과 선험적 공동체주의

이 점을 좀 더 명확하게 해보자. 이는 문화와 언어 사용의 전통에 대한 더욱 보편적인 논점에서의 해석과 연관된다. 원래 개개인은 자신이 그 안에서 자라온 전통 안에서 작동되는 규범과 제도들에 의거해서 행위한다. 따라서 개개인이 어떤 전통 속에서 삶을 이해하고 있는지를 파악하는 것이 중요하다. 삶에 대한 다원주의적 이해는 이처럼 특정한 공동체에서 생성되고 조탁된 전통에 기반하고 있다. 이는 전통에 함유된 사실성이 무엇보다도 선행한다는 점에 의거해 있다.[17]

---

15 K.-O. Apel, "Die Tatsache der 'Globalisierung' und die Aufgabe der Philosophie", p.81.

16 위의 글, p.113 참조.

17 K.-O. Apel, "Das Anliegen des anglo-amerikanischen 'Kommunitarismus' in der Sicht der Diskursethik", M. Brumlik und H. Brunkhorst(Hg.), *Gemeinschaft und Gerechtigkeit*, Frankfurt a. M.: Fischer Verlag, 1993, p.156 참조. 영미 공동체주의의 사유의 핵심은 구체적인 공동체 및 그 형태로부터 출발한다. 따라서 사실성과 전통에 의거해 있는 영미 공동체주의자들은 기존의 공동체 문화와 전통을 강조하고 확장하는 것에 치중함으로써, 공동체주의적 사유를 보편주의적으로 확장하는 문제에 중점을 두지 않고 있으며 세계적인 차원에서 발생하고 있는 문제들에 대해 규범적 처방을 제공하는 데에도 관심을 두지 않고 있다.

그러나 이처럼 사실성에 근거해 있는 사유의 한계는 도덕적인 규범들의 의미와 보편적인 타당성을 논증하지 못한다는 데 있다. 개별적인 공동체 전통에 의거해서 보편적으로 타당한 규범들을 구성하고자 하는 맥락주의적 보편주의의 논의도 그것이 제안한 '복합 평등'이나 생명권과 자유권과 같은 '최소한의 도덕'도 그것에 대한 정당화 작업에 성공하지 못하는 한, 특정한 공동체 안에서는 그것 또한 하나의 선택의 문제로 전락한다 해도 그것을 논박하기 어렵다.[18]

이처럼 사실성과 전통에 의거해 있는 논점이 갖는 한계를 보강하기 위해 제안된 선험화용론은 규범들의 타당성을 의사소통적으로 중재하려는 시도로서 이상적인 의사소통 공동체의 이념을 전개하고 있다. 이 이상적인 공동체는 모든 실재적인 담화를 평가하는 이상적인 기준으로서 작동되는데, 이런 점에서 이 공동체의 이념은 규제적인 이념이다. 이처럼 선험철학의 선험화용론적 변형에 의거해서 보편적인 공동체를 설정할 경우에야 비로소 특수한 공동체의 규범들을 보편적으로 검토할 수 있다. 이것을 우리는 '선험적인 공동체주의(ein transzendentaler Kommunitarismus)'라고 명명할 수 있다.[19]

이 선험적인 공동체주의는 규범들의 보편타당성은 개별적인 공동체 전통을 초월해 있는 원칙들에 의거해서 근거 설정되어야 한다고 판단한다. 사실

---

18 M. Walzer, *Spheres of Justice*, Basic Books, 1983, p.18; 권용혁, 「세계화와 보편윤리」, 사회와 철학 연구회, 『세계화와 자아정체성』, 이학사, 2001, p.123 이하 참조. 그 예로 이슬람 문화권에서 전통적으로 인정되어 온 '명예살인'을 들 수 있다.

19 K.-O. Apel, "Das Anliegen des anglo-amerikanischen 'Kommunitarismus' in der Sicht der Diskursethik", p.158 이하 참조. 이러한 논점은 퍼스(C. S. Peirce)에 의해서 제기된 무한한 이상적인 탐구(의사소통) 공동체의 철학으로 존재한다. 이는 고유한 전통에서 유래한 규범과 제도들을 강하게 가치 평가할 경우 보편적으로 타당한 규범들을 암암리에 전제할 수밖에 없다는 점에서도 요청되는 것이다.

성이 갖는 맥락주의적인 해석의 한계를 넘어서 보편주의로의 이행이 가능할 수 있기 위해서는 특정한 사회적 제도의 발생과 그것의 정당화의 문제를 구분해야 한다. 즉, 사회 존재론적인 전망과 도덕 인식론적인 전망을 명확하게 구분해야 한다.[20]

이 논점은 전 세계적으로 확산되고 있는 다층 문화적 사회구조와 보편적 민주주의 가치인 정의와 인권의 문제 등을 올바르게 자리매김하는 일에도 적용할 수 있다. 규범적인 면에서는 정의나 인권을 인종중심주의, 문화중심주의에서 벗어나서 누구나 보편적으로 수용할 수 있는 가치들로서 정당화하는 일이 우선성을 갖는데, 그 이유는 세계화 시대에 있어서 보편윤리의 문제는 형이상학이나 문화 의존적인 철학원리를 전제하지 않고서, 정의와 공동 책임의 보편적 원리를 세울 수 있는 가능성을 보여주고 있기 때문이다.

원래 '선험적 공동체주의'는 특정한 공동체의 규범과 제도에 의거해 있는 공동체주의적 논점이 상대주의로 전락하는 것을 방지하기 위한 보편주의적 대안으로서 제시된 것이다. 이것은 우리의 의사소통 구조 내에 선험적으로 조건지어진 전제들을 의사소통 공동체 이론에 의거해서 밝혀내고 그것을 정당화함으로써 세계화에 대응하는 세계적 수준에서 준수되어야 할 규범을 구성하고자 한다.

의사소통 공동체 이론은 의사소통 공동체의 사실성과 선험성이라는 이중

---

20 W. Kersting, "Liberalismus und Kommunitarismus", *Information Philosophie*, 1993 Juli, p.14 참조. 우리의 모든 이해와 가치가 특정한 언어 공동체와 문화 공동체의 전통에 소속되어 있다는 점을 밝힌 가다머와 후기 비트겐슈타인 그리고 이 논점에 의거해 있는 공동체주의적 사유와 이에 대한 비판적 고찰에 관해서는 권용혁, 「세계화와 보편윤리」, p.121 이하와 K.-O. Apel, "Das Anliegen des anglo-amerikanischen 'Kommunitarismus' in der Sicht der Diskursethik", pp.153-159를 참조. 비판의 핵심은 이러한 사실성에 의거한 논점이 도덕적인 규범들의 의미와 보편적인 타당성을 의사소통적으로 중재하지 못한다는 점이다.

구조로 구성되어 있다. 하나는 실재하는 의사소통 공동체로서 이것은 사실적으로 존재한다. 다른 하나는 우리의 의사소통을 가능하게 하기 위한 필수적인 전제조건으로서 선험적인 의사소통 공동체이다. 이는 사유의 일관성을 위해서 설정해야 하는 것이다. 실재하는 의사소통 공동체에서는 그 구성원들의 합의만으로도 규칙 제정이 가능하며 또한 그 합의 사항이 그들에게만은 타당할 수 있다. 그러나 합의 사항이 그 공동체를 벗어나서 일반적으로 구속력을 가지려면, 그것은 모든 사람에게 타당해야 한다.

이 타당성 검토를 위해서 의사소통 공동체 이론은 모든 지성적인 존재의 무한한 공동체라는 이념을 제시한다. 이 이념을 상정해야만 우리는 보편적인 의사소통 공동체를 구성할 수 있으며 여기에서 만들어진 규칙들의 보편적인 구속력을 인정할 수 있게 될 것이기 때문이다.[21]

특히 의사소통과 자본의 세계화에 관해서 뿐만 아니라, 인구 성장, 이민 물결, 인권, 환율, 채무국/채권국, 전쟁 방지를 위한 국가 간 협력, 환경 등의 문제에 관한 국제적인 갈등이 어느 때보다도 심각해지고 있는 오늘날 이러한 국제적인 차원에서의 문제들을 해결하기 위해서는 국가 단위를 뛰어넘어 모든 세계시민에게 타당할 수 있는 법칙론적인 정의의 윤리학이 우선권을 갖는다.

선험화용론적인 의사소통 윤리학의 방법론적인 특징은 이처럼 세계적인

21 K.-O. Apel, *Transformation der Philophie*, Bd. II, Frankfurt a. M., 1973, p.429 이하 참조. 이런 점에서 의사소통 공동체 이론과 공동체주의 사이에는 원칙적인 차이가 존재한다. 의사소통 공동체 이론의 논제인 의사소통 공동체의 선천성은 특정한 공동체 전통으로 회귀하는 사실성의 선천성만을 주장하는 것이 아니다. 그것은 반성적 사유를 통해서 도달할 수 있는 모든 공동체가 정당화를 위해서는 받아들여야만 하는 그러한 반성적인 메타 차원에서 요구되는 것이다. 이러한 논점을 아펠은 이미 1973년에 발간된 저서 『철학의 변형』 2권의 마지막 논문인 「의사소통 공동체의 선천성」(위의 책, pp.358-435)에서 제시하고 있다.

수준에서 해결되어야만 하는 문제들에 관해 실재적인 담화를 수행하기 위해서 선험적으로 요구되는 이상적인 절차들을 근거 설정하는 데 있다. 보편적으로 타당한 정의의 (그리고 연대 책임의) 원칙은 필연적으로 논증하는 모든 사람들에게는 그들이 무한한 의사소통 공동체의 모든 가능한 파트너를 고려할 경우 이미 항상 인정해야만 하는 것이다. 즉, 그 논증자들은 논증의 선험화용론적인 전제조건으로서 동일한 권리를 상호 인정하고 특정 논의가 영향을 미치는 범위에 대해서 함께 책임을 져야 한다.[22] 그리고 법치국가의 대변자들 사이의 실천적인 담화를 위한 규제적인 원칙으로서 모든 문제를 해결하는 데 있어서 그 문제가 영향을 미칠 수 있는 모든 가능한 당사자들을 고려하는 정의의 원칙을 인정해야 한다.[23]

이러한 법칙론적인 정의의 윤리학은 아리스토텔레스로 정향되어 있는 목적론적인 자기실현의 윤리학이나 국가적으로 조직된 공동체 윤리학보다 우위를 점한다. 의사소통 공동체 이론에서는 바로 이러한 두 개의 논점이 보완적으로 규정되고 있다. 그것은 실재하는 의사소통 공동체와 이상적인 의사소통 공동체라는 규제적인 선험성의 이중적인 전제에서 출발함으로써 정의에 관한 법칙론적 도덕철학과 좋은 삶에 관한 윤리학 사이의 보완관계를 설

---

22 K.-O. Apel und H. Burckhart(Hrsg.), *Prinzip Mitverantwortung*, Würzburg: Verlag Koenigshausen & Nwumann GmbH, 2001, p.69 이하 참조. 아펠은 이 책에서 특히 집단적인 행위의 결과에 대한 연대 책임의 문제를 강조하고 있다. 따라서 동일한 권리 인정의 문제는 이상적인 의사소통 공동체를 가능하게 하는 조건(근본 규범) 중 하나라면, 연대 책임의 문제는 근본 규범의 실천을 위한 보충 원리로서 필요한 것이다. 위의 책, p.74 이하; 권용혁, 『이성과 사회』, 철학과현실사, 1998, pp.42-53, pp.180-188 참조. 특히 책임윤리학적 논제는 실재하는 의사소통 공동체 안에서 이상적인 의사소통 공동체를 실현하기 위한 장기적인 전략으로 제시된 것이다.

23 K.-O.Apel, "Das Problem der Gerechtigkeit in einer multikuturellen Gesellschaft?", p.129; Kwon Yong-Hyek, "Eine Vernunft im Prozess der Globalisierung", p.33 참조.

정하고 있다. 실재하는 의사소통 공동체는 이상적인 의사소통 공동체의 성립을 위한 필수조건이다. 그러나 후자는 전자에게 그 진정한 보편적인 의미를 부여하는 역할을 함으로써 자신의 우선성을 주장한다.[24]

두 가지 점에서 그렇다: (1) 모든 개인들과 모든 특수한 공동체들이 좋은 삶을 개방적인 형태로 진실되게 실현하기 위해서는 모든 구성원들 개개인의 동일한 권리를 보증할 수 있는 논점을 정의의 윤리학을 통해서 도입해야 한다. 이런 점에서 좋은 삶을 실현하려는 진지성과 이성의 자율성은 상호 보완적으로 파악된다. (2) 법칙론적인 정의의 윤리학이 우선성을 갖는다는 주장의 근거를 우리는 선험적 공동체주의에서 찾을 수 있다. 구체적이며 상황과 연관된 규범들은 실재하는 공동체 안에서 생활하는 당사자들의 실천적인 담화의 판단에 맡긴다. 그러나 이 규범들의 타당성과 관련된 논의는 무제한적으로 개방된 이상적인 공동체의 구성원들의 몫이며 이들은 그 타당성을 검토하기 위해서 준수해야 할 절차적인 규범들을 받아들여야 한다는 점에서 그렇다.

이런 점에서 법칙론적인 시각과 가치-목적론적인 시각은 서로 분리되어 있지만, 상호 연관성을 지니고 있기도 하다. 특히 세계화의 단계에서 세계시

24 이 두 공동체 사이의 보완관계는 다음과 같은 형태를 띠고 있다: 특정한 공동체를 기반으로 주장된 논증이 타당성을 확보하기 위해서는 그리고 그 논증을 상호 주관적으로 검토하기 위해서는 우리는 '실재하는 의사소통 공동체와 이상적인 의사소통 공동체'라는 두 가지 형태의 공동체를 전제해야만 한다. 즉, "논증하는 사람은, 언제나 꼭 두 가지 것을 동시에 전제로 하고 있는데 첫째로는, 그가 스스로 사회화 과정을 통해서 그 구성원으로 된 실재하는 의사소통 공동체이며, 둘째로는 원칙적으로 그가 하는 논증의 의미를 적절하게 이해하고 그 논증의 진리성을 확정적으로 판단할 수 있는 이상적인 의사소통 공동체이다." K.-O. Apel, *Transformation der Philosophie*, Bd. II, p.429. 이 이중적인 구조로부터 두 개의 규제적인 윤리학의 원리가 도출된다: "첫째로는 모든 행위를 하고 중단하는 데 있어서 실재하는 의사소통 공동체로서의 인류의 생존을 보증하는 것이 문제시되어야 하고, 둘째로는 실재하는 의사소통 공동체 안에서 이상적인 의사소통 공동체를 실현시키는 것이 문제시되어야 한다. 첫 번째 목표는 두 번째 목표의 필수적인 조건이다. 그리고 두 번째 목표는 첫 번째 목표에 그 의미를 부여한다." 위의 책, p.431.

민을 대상으로 하는 세계시민 공동체에서 준수되어야 하는 절차적 규범들을 만들어야 한다는 점에서는 더욱 그렇다.

4. 세계화 시대의 보편화 가능성 모색

이 논의를 민족문제와 관련해서 고찰해 보자. 세계화 시대에 있어서 민족의 정체성은 이중적 혹은 다중적 소속에 관용을 베풀 수 있어야만 한다. 이제 우리는 자신을 한국인인 동시에 동아시아인이며, 동시에 범세계적 시민의식을 지닌 존재로 파악하는 것이 자연스러운 시대에 살고 있다. 재일한인뿐만 아니라 혼혈인의 경우는 훨씬 다양한 자신의 정체성을 갖고 있다. 각자가 그 중 어느 하나의 특별한 정체성을 채택한다고 해도 그것이 다른 정체성들을 받아들이는 데 방해가 되어서는 안 된다. 중첩적인 정체성이 기본적으로 인정되어야 하기 때문이다. 이는 특정한 민족 정체성을 기반으로 서열화할 수 있는 것이 아니다. 그들의 문화적 고유성과 다양성에 대한 인정은 그들의 인권에 대한 동등한 인정을 기반으로 정당화된다.

이처럼 범세계화되는 질서 속에서 다중문화적 사회를 이해하기 위해서는 이들을 자리매김할 수 있는 세계주의적 관점이 필요하다. 특히 이 관점은 특정 민족의 경계를 넘어서 조직되고 있는 초국가적 비정부조직들(NGOs)과 범세계적인 시민사회의 등장으로 조금씩 구체화되고 있다. 이 시민사회는 아래로부터의 민주주의의 형태를 띠고 있는데, 이들은 권력을 국가로부터 탈정치화된 범세계적 영역으로 이전시켰다.[25] 아래로부터의 범세계화 과정에서 형성되고 있는 이들의 네트워크형 소통의 형태들은 그 구성원들의 민주

25 앤서니 기든스, 한상진 · 박찬욱 옮김, 『제3의 길』, 생각의 나무, 1998, p.203 참조.

주의적인 권리와 의무를 강조하고 있다.

이와 같은 세계적 민주주의의 확장은 "세계경제를 효과적으로 조절하고, 범세계적 경제 불평등을 해소하며, 생태적 위험성을 통제하기 위한 조건"[26] 이기도 하다. 어쨌든 현재진행형인 다양한 분야에서의 세계화는 상호 소통과 의존성의 증대를 수반한다. 세계인이 이웃처럼 된다는 것이다. 이는 이해의 지평을 넓혀주기도 한다. 그러나 경제적, 문화적 격차를 실감하게 하기도 한다. 또한 세계적 수준의 위험을 실감하기도 한다. 이로 인해 책임감과 공동의 이익에 대해 진지하게 생각하게 한다.

"'세계시민'이 된다는 것은 관심이 직접적인 지역에 한정되지 않고, 세계적 소속감, 관여성, 책임감 등을 인식하고 이러한 광범위한 관심을 일상생활의 실천 영역으로 통합할 수 있는 문화적 성향을 가지는 것이다."[27]

세계적으로 영향력을 발휘하는 문제들을 세계적 차원에서 해결하려는 시도는 강한 정치적, 문화적 보편주의를 깔고 있다. 이 보편주의는 세계시민이 자율적으로 참여하는 '세계시민 공동체'에서 '세계적 공론장'을 형성하고 관련 의제에 대한 합리적인 합의를 도출해 내는 과정에서 구체화될 것이다.

"경제적, 정치적 결정이 사회적 공간에 미치는 영향이 보편적이라면, 정치적 시스템과 미디어 시스템 또한 보편적이어야 한다. … 시장의 힘이 세계적이라면, 모든 효율적인 정치적 대응도 세계적이어야 한다. … 핵무기나 환경문제도 마찬가지다."[28]

이 두 과정은 그러나 항상 그 안에 상이성과 다양성을 포함하고 있다. 특히

---

26 위의 책, p.216.
27 존 톰린슨, 김승현 · 정영희 옮김, 『세계화와 문화』, 나남, 2004, p.264.
28 N. Garnham, "The Media and the Public Sphere", C. Calhoun(ed.), *Habermas and the Public Sphere*, Cambridge, Mass.: MIT Press, 1992, p.372.

문화적 영역에서는 더욱 그렇다. 따라서 세계시민 공동체를 형성하기 위해서도 세계시민은 보편주의자인 동시에 다원주의자가 되어야만 한다. 한편으로는 세계화된 세계를 '타자가 존재하지 않는' 하나의 세계로 이해해야 한다. 그러나 다른 한편으로는 세계를 많은 문화적 타자들의 것으로 인식해야 한다. 중요한 것은, 이러한 두 성향이 대조적이고 적대적인 것이 아니라 상호 조정하는 기능을 갖게 하고 우리 스스로에 대해서 뿐만 아니라 문화적 타자들과도 지속적으로 대화할 수 있도록 하는 것이다. 이런 점에서 세계시민은 세계적으로도, 지역적으로도 동시에 살 수 있는 사람을 말한다.[29]

정치사회학적 논점에 있어서도 사정은 비슷하다. 기든스는 신자유주의뿐만 아니라, 국민국가의 틀, 유토피아적 국제주의와 변별력을 가지면서 세계화를 지탱할 수 있는 철학으로서 "국제주의적 제3의 길"[30]을 제안한다. 이것은 세계화 시대에 민주주의와 인권 및 책임성을 강조하고 세계적으로 통용될 수 있는 제도를 형성하는 것을 그 내용으로 하고 있다.[31]

세계화 과정은 우리를 곧바로 보편적 인류 공동체로 안내하지 않는다. 오히려 세계화 담론은 다음과 같은 이분법적인 대립항 내지는 이중성을 공통적으로 담고 있다: 보편화 대 특수화, 동질화 대 차이화, 통합 대 파편화, 중앙집중화 대 분권화, 병렬 대 융합.[32] 따라서 세계화 과정에서 발생하는 지역,

---

29 존 톰린슨, 앞의 책, p.274 이하 참조.
"이처럼 세계적인 것과 지역적인 것은 (특수한 것과 보편적인 것은) 문화적 양극으로 존재하는 것이 아니라 상호 침투적인 원칙으로 존재한다. 이런 점에서 세계화(globalization)보다는 세방화(glocalization)라는 용어가 더 적절하며 범세계주의를 일종의 '윤리적 글로컬리즘'으로 간주할 수 있을 것이다." 위의 책, p.279.

30 앤서니 기든스 · 윌 허튼, 「세계 자본주의, 그 과감한 대처를 위해」, 앤서니 기든스 · 윌 허튼 편, 박찬욱 외 옮김, 『기로에 선 자본주의』, 생각의 나무, 2000, p.417.

31 기든스는 그것들 중 현재 가장 시급한 것은 국제 금융 체계의 작동이 보여주고 있는 위험들을 축소하는 것으로 파악하고 있다. 위의 글, p.418. 그는 전 지구적인 경제의 관리 체계를 발전시키기 위해서 세계 금융 당국과 세계 중앙은행의 설립을 제안한다. 위의 글, p.421 참조.

계층, 문화권 등의 상호 분열과 파편화는 인류 공동체 및 그 정체성을 형성하는 데 있어 해결해야 할 중요한 문제 상황이며 이로 인해 통합과 조화의 방향이 아닌 다양성, 차이, 복수성 등을 증폭시키고 있는 것도 사실이다.[33]

그러나 이와 함께 세계는 정보통신의 발달로 시공적 제약을 벗어나 수평적 네트워크형 소통을 통해 상호 이해와 공유의 폭을 넓혀가고 있다. 이러한 소통에서는 구성원들의 소통을 보장하는 공유 전제들의 상호 인정과 공론장에서의 자유로운 의견 교환과 합리적인 합의 도출 등을 통해 새로운 공집합을 만들어가고 있다. 이는 인류를 그 기초단위로 하는 공동체 형성의 여명이기도 하다. 특히 사회의 모든 분야뿐만 아니라 개인적인 일상생활에서까지 세계화의 흐름을 거역할 수 없다는 점을 인정한다면, '하나의 세계'와 하나의 인류를 기본단위로 하는 철학적 논점이 세계화 과정에서 자연스럽게 요구된다.

이 글에서는 이에 대한 철학적 정당화를 선험화용론에서 제시한 의사소통

---

32 이에 대한 상세한 설명은 앤서니 맥그루, 「전지구 사회?」, 스튜어트 홀 외, 전효관 · 김수진 외 옮김, 『모더니티의 미래』, 현실문화연구, 2000, pp.101-103 참조. 이처럼 세계화는 한편으로는 통합의 모습을 보여주기도 하지만, 다른 한편으로는 그에 대립적인 모습도 함께 발생시키기 때문에, 그것은 인류를 보편적 인류 공동체로 향하게 하는 단선적인 과정은 아니다. 오히려 세계화 과정은 이 두 특성이 경쟁하고 상호 소통하고 다양한 형태로 융합되어 가는 과정으로 볼 수 있다.

33 이런 점에서 세계의 본질적인 비일관성을 인정하고, 총체적이고 보편적인 이론적 담론을 통해 이 세계에 질서를 부여하려는 유혹을 피해 가야 한다는 포스트모더니스트들의 주장은 설득력이 있어 보인다. 이들은 보편 타당성을 요구하는 사회적 삶을 보편적으로 이해하고 설명할 수 있는 가능성을 부정한다. 그러나 이들은 자신들이 '포스트모던적 지구 공간'이라고 규정한 그 공간에서 이미 인류가 구체적으로 상호 소통하면서 적극적으로 상호 이해하고 상호 동일화되고 있다는 사실을 심각하게 성찰하지 않고 있는 것으로 보인다. 이 점을 고려하고 있는 계몽주의 프로젝트는 이성의 보편성과 과학적 설명의 보편적 성격에 대한 믿음을 전제한다. 이 프로젝트는 보편적 기획에 중점을 두고 있는데, 그 기획은 세계화에 상응하는 세계적 단위에서의 성찰과 성찰의 내용을 강조한다. 위의 글, p.130 참조.

공동체 이론을 중심으로 살펴보았다. 선험화용론적 담화 윤리학의 방법론을 근거로 한 선험적 공동체주의의 논점은 실재 담화들과 관련해서 선험적으로 이상적인 절차들을 근거 설정하는 데 있다. 말하자면, 모든 담화 참가자들의 동일한 권리와 연대 책임에 대한 선험적으로 근거 설정된 원칙들과 모든 당사자들을 위한 정의의 원칙을 제공한다.[34]

보편적으로 타당한 정의의 (그리고 연대 책임의) 원칙은 필연적으로 이미 항상 논증하는 모든 사람들을 무제한적인 의사소통 공동체의 구성원으로 상정한다. 그 원칙은 이런 의미에 있어서 특정한 공동체의 구성원들에게 뿐만 아니라, 모든 가능한 의사소통 상대방과 관련해서 인정되어야 한다. 따라서 그것은 엄격한 의미에 있어서 모든 문화 전통과 관련해서 그리고 또한 모든 좋은 삶이라는 개인적인 구상과 관련해서도 비당파적이다.

이런 점에서 예를 들자면, 민족을 국가시민이라는 의미의 국민인 정치적 민족으로 이해하는 것과 문화민족이나 종족 단위로 이해하는 것을 구분할 필요가 있다. 우리가 문화적, 전통적 요소만을 강조하면 그것은 특정 공동체의 특수주의에 빠짐으로써 일반화 가능한 규범적 토대, 최종적인 규범적 좌표를 제공하지 못할 것이다. 달리 말하면 국가 내의 특정한 문화적, 종족적 의미의 민족 개념은 최종의 평가 논점이 될 수 없다. 이런 점에서 국가시민이 준수해야 할 규범적 토대를 인종주의나 종족주의가 아닌 헌법 애국주의에 의거하는 것이 더 설득력이 있다.[35]

---

34 K.-O. Apel, "Das Problem der Gerechtigkeit in einer multikuturellen Gesellschaft?", p.129 참조. 선험화용론적 논증에 따르면, 의사소통을 위해서는 그 소통의 전제로서 네 가지 타당성 요구들(문장의 이해 가능성, 명제적 부분의 진리성, 수행적 부분의 옳음 그리고 언어 발화자의 진실성)과 논증 참가자들이 상호 전제해야 하는 동일한 권리를 보유한 인격체로서의 모든 논증 구성원들의 상호 인정 등의 윤리적인 규범이 상호 주관적으로 전제된다. 이에 대한 상세한 논의는 권용혁, 『이성과 사회』, pp.26-60 참조.

이보다 더 중요한 점은 세계가 하나의 문명으로 결속되고 있으며 지구촌이 시공간을 뛰어넘어 하나의 공동체화하고 있다는 점이다. 이제는 국민국가적 단위의 개념 설정을 더 넓은 차원으로 재해석해야 하는 단계에 이른 것이다. "민주주의의 범세계적 모델"[36]을 제안하는 헬드의 논점도 이러한 맥락에서 이해할 수 있다. 또한 세계적 차원에서 작동하는 민주주의의 가능성을 옹호하는 기든스의 입장도 그 구체적인 사례로 파악된다.[37]

이 논점들은 일차적 세계화 질서에 대항해서 그 대안으로서 이차적 세계화 질서를 구상하는 과정에서 제안된 것들로 간주할 수 있다. 상호 이질적인 다인종, 다문화에도 불구하고 기본적으로 세계화 시대에 세계시민으로서 연대할 수 있는 틀은 국민국가적 단위를 넘어선 세계시민 공동체에서의 민주주의 정착을 그 내용으로 담을 것이기 때문이다.

이 글에서 살펴본 의사소통 공동체 이론과 선험적 공동체주의의 장점은 이러한 틀을 만드는 데 있어 매우 설득력 있는 철학적 방안을 제공하고 있다는 점이다. 인적 소통이 강화되고 있는 실질적인 세계화 시대에 부응하는 민주주의의 틀을 이 이론이 제공하고 있다는 점에서 다른 이론들에 비해서 변별

---

35 울리히 뵘 엮음, 이진우 옮김, 『철학의 오늘』, 도서출판 끌리오, 1999, p.167 이하. 그러나 이 '민족'이라는 개념도 최근 역사의 산물임을 환기시킬 필요가 있다. '민족'이 근대국가를 기초단위로 하면서 개념화된 것이라고 한다면, 범세계적으로 의사소통이 실질적으로 이루어지고 있는 현재의 세계화를 경험하는 인류는 세계를 하나의 단위로 하는 '시민' 개념에 더 집중해야 할 것이다. '인류'라는 개념은 다인종, 다민족, 다문화, 다국가를 그 안에 포함하고 있다. 이런 점에서 그 개념은 태생적으로 사실적 다층성과 나름의 통일적 정체성을 함께 품고 있다. 이 개념에 걸맞은 내용을 채우기 위해서는 다양한 민족과 인종 그리고 문화들 간의 상호 공존과 이해 그리고 협력적 대화를 이끌 수 있는 기본틀을 만드는 일이 시급하다.

36 데이비드 헬드, 「민주주의와 신국제질서」, 롤런드 로버트슨 · 브라이언 S. 터너 외, 윤민재 편역, 『근대성, 탈근대성 그리고 세계화』, 사회문화연구소, 2000, p.362; 데이비드 헬드 외, 조효제 옮김, 『전지구적 변환』, 창작과비평사, 2002, pp.712-715.

37 앤서니 기든스, 『제3의 길』, p.266 이하 참조.

력과 설득력이 있다. 세계시민 공동체의 모든 구성원들에게 그 공동체를 가능하게 하는 조건으로서 생존권과 평등한 권리를 부여한 논점은 정당화 가능하며 현실적인 적실성도 겸비하고 있다는 점에서 앞으로의 논의에서 집중적으로 조명될 것으로 예상된다.

다만 그 논점이 정당화의 수준에서 진행되고 있기 때문에, 세계화의 구체적인 단계에 상응하는 다양한 대응책을 제시하지 못하고 있다는 점에 있어서는 앞으로 많은 보완이 필요하다. 여기서 제시된 논점이 현실 대응 전략으로서가 아니라, 규범적인 차원에서 제시된 규제적 이념으로 작동되는 한, 그 한계는 원래부터 그 안에 내포될 수밖에 없는 것이었다. 그럼에도 불구하고 그것이 형식주의에 빠져 있지 않은 것으로 평가될 수 있는 점은 그것이 항상 실재하는 공동체와 상호 보완관계를 맺고 있기 때문이다. 특히 현 단계의 세계화가 통합의 모습이 아니라 분열의 모습이나 파편화의 모습으로 진행되고 있다는 점을 고려한다면, 이러한 보편주의적인 철학적 대안은 역으로 진정한 세계화의 지향점을 논증적으로 보여준다는 점에서 그 현실적 의의를 찾을 수 있을 것이다.

【참고문헌】

권용혁, 『이성과 사회』, 철학과현실사, 1998.

____, 「세계화와 보편윤리」, 사회와 철학 연구회, 『세계화와 자아정체성』, 이학사, 2001.

데이비드 헬드, 「민주주의와 신국제질서」, 롤런드 로버트슨 · 브라이언 S. 터너 외, 윤민재 편역, 『근대성, 탈근대성 그리고 세계화』, 사회문화연구소, 2000.

____, 「정치로의 귀환」, 귄터 그라스 외, 『세계화 이후의 민주주의』, 평사리, 2005.

데이비드 헬드 외, 조효제 옮김, 『전지구적 변환』, 창작과비평사, 2002.

세계화 국제포럼, 이주영 옮김, 『더 나은 세계는 가능하다: 세계화, 비판을 넘어 대안으로』, 필맥, 2005.

앤서니 기든스, 한상진 · 박찬욱 옮김, 『제3의 길』, 생각의 나무, 1998.

____, 박찬욱 옮김, 『질주하는 세계』, 생각의 나무, 2000.

앤서니 기든스 · 윌 허튼, 「세계 자본주의, 그 과감한 대처를 위해」, 앤서니 기든스 · 윌 허튼 편저, 박찬욱 외 옮김, 『기로에 선 자본주의』, 생각의 나무, 2000.

알랭 뚜렌느, 「시민사회에 대한 찬사」, 귄터 그라스 외, 『세계화 이후의 민주주의』, 평사리, 2005.

앤서니 맥그루, 「전지구 사회?」, 스튜어트 홀 외, 전효관 · 김수진 외 옮김, 『모더니티의 미래』, 현실문화연구, 2000.

울리히 벡, 정일준 옮김, 『적이 사라진 민주주의』, 새물결, 2000.

____, 「탈민족국가 사회와 그 적들」, 귄터 그라스 외, 『세계화 이후의 민주주의』, 평사리, 2005.

울리히 뵘 엮음, 이진우 옮김, 『철학의 오늘』, 도서출판 끌리오, 1999.

존 톰린슨, 김승현 · 정영희 옮김, 『세계화와 문화』, 나남, 2004.

Apel, K.-O., *Transformation der Philosophie*, Bd. II, Frankfurt a. M., 1973.

____, "Das Anliegen des anglo-amerikanischen 'Kommunitarismus' in der Sicht der Diskursethik", M. Brumlik und H. Brunkhorst(Hg.), *Gemeinschaft und Gerechtigkeit*, Frankfurt a. M.: Fischer Verlag, 1993.

____, "Das Problem der Gerechtigkeit in einer multikuturellen Gesellschaft?", R. Fornet-Betancourt(Hg.), *Armut im Spannungsfeld zwischen Globalisierung und dem Recht auf eigene Kultur*, Aachen: Augustinus-Buchhandlung, 1997.

____, "Die Tatsache der 'Globalisierung' und die Aufgabe der Philosophie",

K.-O. Apel, V. Hoesle, R. Simon-Schaefer(Hg.), *Herausforderung für die Philosophie*, Universitäts-Verlag Bamberg, 1998.
Apel, K.-O. und H. Burckhart(Hrsg.), *Prinzip Mitverantwortung*, Würzburg: Verlag Koenigshausen & Nwumann GmbH, 2001.
Beck, Ulrich, *Was ist Globalisierung?*, Frankfurt a. M.: Suhukamp Verlag, 1998.
Garnham, N., "The Media and the Public Sphere", C. Calhoun(ed.), *Habermas and the Public Sphere*, Cambridge, Mass.: MIT Press, 1992.
Kersting, Wolfgang, "Liberalismus und Kommunitarismus", *Information Philosophie*, 1993 Juli.
Mueller, Klaus, *Globalisierung*, Frankfurt a. M.: Campus Verlag, 2002.
Walzer, M., *Spheres of Justice*, Basic Books, 1983.
Kwon, Yong-Hyek, "Eine Vernunft im Prozess der Globalisierung", *Concordia* 44, Aachen, 2003.

과학적 언어와 일상적 언어의 정치적 의미*

— 아렌트와 가다머를 중심으로 —

김선욱

1. 들어가는 말

아렌트와 가다머 사이에는 둘 다 독일에서 철학을 시작하였다는 것 외에는 공통점이 없어 보인다. 실상 아렌트는 제2차 세계대전 기간에 망명을 해서 미국을 중심으로 활동을 했고, 대부분의 활동을 영어로 하였으며, 스스로의 사상에 대해 정치철학이라는 표현을 거부하였으며, 정치평론가로서 자임하면서 사상적 활동을 한 사람이다. 가다머는 제2차 세계대전의 나치와 전후의 동독, 그리고 서독으로의 망명의 과정을 거치면서도 그의 행적이 한 번도 정치적으로 문제가 되지 않을 정도로 유연한 처신을 해왔으며, 해석학의 대가로 명성을 누렸다. 그러나 양자는 모두 하이데거 사상을 정신적 원류로 하고 있으며, 아리스토텔레스 사상과도 깊은 관련을 가지고 있다는 점에서는 동일하다. 물론 이들 각각이 하이데거의 어떤 점을 발전시켰으며 하이데거와

---

* 이 논문은 『사회와 철학』 제8집, 사회와 철학 연구회, 2004에 게재되었던 것으로, 그 내용을 일부 수정하여 여기에 전재함.

어떠한 길항관계를 맺고 있는지를 본다면, 이 두 사람의 사상적 유사성이나 근친성을 확인하기는 여전히 어렵다. 아리스토텔레스를 중심으로 본다면 실천지(phronēsis)에 대한 강조를 양자가 공유하고 있다는 점에서 적극적인 유사성을 발견할 수 있을 정도이다. 그러나 이 두 사람의 저술의 부분들을 맞추어보면 어떤 점에서는 놀랄 만큼의 유사성을 발견하게 된다. 필자가 주목하는 부분은 양자가 모두 과학자들의 정치적, 실천적 판단을 불신할 것을 주장한다는 점과, 그 원인의 분석과 처방을 위해 일상적 언어의 정치적 중요성을 강조한다는 점이다. 이 논문은 바로 이 점에 주목하여 두 사람의 사상적 유사성을 체계적으로 지적하면서, 특히 해석학적으로 나이브하다고 평을 받고 있는 아렌트의 정치사상이 가다머의 언어관에 힘입어 이론적 세련화를 기할 수 있는 가능성을 검토해 보려고 한다.

영향력 있는 저명한 두 사상가를 비교하기란 여러 면에서 위험하다. 더욱이 단순한 비교에만 머물지 않고, 한 사상가의 철학의 일부를 다른 사상가의 사상적 내용의 일부에 접목하여 해명하려 하는 것은 자칫 무모한 도로로 끝날 가능성도 있다. 필자는 이러한 위험성에도 불구하고 그동안 아렌트와 하버마스, 헨리히 등의 사상 비교를 통해 각각의 특성을 부각시키는 방식의 연구를 진행시켜 오던 중, 아렌트와 가다머는 서로의 차이점 대비를 통해 상호간의 사상의 특성을 부각하는 것보다는 양자의 유사성을 부각하고 접목시키는 것이 더 발전적인 관점을 형성하는 데 도움을 얻을 수 있을 것이라고 생각하게 되었다. 그래서 이 논문에서는 과학자들의 정치적 판단의 위험성의 분석과 일상의 언어, 즉 말(speech)의 정치적 중요성에 대한 아렌트의 강조가 어떻게 이루어지는지 그 구조를 중심으로 살펴보고, 뒤이어 현대의 과학기술 사회의 문제점에 대한 가다머의 해석학적 분석을 그의 언어관을 바탕으로 살펴본 뒤, 그 양자를 연관시켜 보는 방식으로 논의를 전개해 보려고 한다.

물론 필자는 이런 작업이 아렌트의 사상을 풍요롭게 하고 아렌트적 정신에도 부합한다고 믿지만, 이런 방식으로 아렌트의 사상의 주요 문제들이 해결된다고 확신하는 것은 아니다. 아렌트에게는 자신만의 학문적 목적이 있었고, 가다머의 그것이 아렌트의 것과 동일할 수는 없다. 따라서 이 글의 말미에서는 필자의 작업의 결과물이 갖는 한계 또한 언급될 것이다.

2. 아렌트에서의 말의 정치적 의미

한나 아렌트가 과학적 기호나 수학적 기호(symbols)를 사용하는 과학자들의 언어(language)를 말(speech)과 구별하고, 이들이 가진 정치적 의미를 본격적으로 구별하여 설명한 것은『인간의 조건』에서이다. 이 책의 서론에서부터 이 구분이 중요하게 다루어진다. 이는 일상의 언어, 즉 말과 과학자들의 언어(the language of scientists)의 차이가 갖는 정치적 의미를 분석하는 방식으로 수행된다.

아렌트가『인간의 조건』을 출간한 1958년은 제2차 세계대전을 원폭 투하로 끝내면서 원폭의 가공할 힘을 이미 경험한 때이며, 또한 러시아가 인공위성을 쏘아 올렸던 때이다. 이 두 사건의 의미는, 과학이 인간 세계를 완전히 파괴할 수 있는 힘을 가지고 있음과, 인간이 지구의 한계를 넘어서 우주를 향해 나아갈 수 있는 능력을 가지고 있다는 점이다. 그 시기는 아직 유전자 조작과 인간복제의 가능성을 현실화하는 데까지는 이르지 못하였으나 냉동 배아세포의 원형질 분해와 조작을 통해 초인적 존재의 탄생을 상상할 수 있을 때였다.[1] 이러한 과학적 업적은 자연이 주는 생명의 한계를 인간이 과학을 통해 극복하여 인위적인 방식으로 인간의 자연적 한계를 넘어서려는 시도로 이

1 Hannah Arendt, *The Human Condition*, Chicago: Chicago University Press, 1958, p.2 참조.

해될 수 있다. 오늘날 인간배아복제와 관련된 문제들을 염두에 둔 것처럼 들리는 이러한 아렌트의 논의는 과학이 만들어놓은 상황이 과연 어떤 방식으로 해결되고 결정되어야 하는가에 대한 문제로 이행한다. 아렌트는 "이 문제는 과학적 수단으로 결정될 수 없으며", "이 문제는 제1순위의 정치적 문제"[2]라고 규정한다.

아렌트가 과학의 언어의 정치적 문제점을 분석하는 것은 바로 이 맥락에서이다. 과학이 오늘까지 이룩한 업적을 우리의 삶과 문화에 적용시키는 문제, 예컨대 인간배아복제를 가능하게 하는 수준으로까지 발전한 현대의 과학을 실제로 우리의 삶 가운데 이용할 것인가라는 문제가 과학의 문제가 아니라 정치적 문제임을 규명하는 데는 과학적 언어의 본질이 설명됨으로써만 가능하기 때문이다. 과학과 기술의 발전을 위해 많은 과학적, 수학적 기호들이 채용되고 사용되었다. 그리고 이러한 기호들을 사용하지 않고서는 과학기술의 타당성이 논증될 수도, 또 현실적인 결과물로서 우리에게 나타날 수도 없다. 그런데 이러한 과학적 기호나 수학적 기호들을 통해 설명되는 내용들은 다시 우리가 일상에서 사용하는 말을 통해 설명될 수 없다. 그래서 아렌트는 "현대 과학적 세계관이 담고 있는 '진리들'이 수학 공식을 통해 증명되고 기술적으로 입증될 수는 있지만 더 이상 말과 사고 속에서 정상적 표현(normal expression in speech and thought)으로 나타내질 수 없다"[3]고 지적한다. 과학적 기호나 수학적 기호들은 인간의 정신의 산물이며 과학자들 사이에서 통용되고 소통될 수 있는 언어이기는 하지만, 그 내용이 다시 우리의 사유의 대상으로 완전히 환원되지 않으며 일상적인 말로 설명되고 표현될 수 없는 특성을 지닌다는 말이다.

---

2 위의 책, p.3.
3 위의 책.

이렇게 도입된 말과 과학적 언어의 차이는 여러 차원에서 설명될 수 있다. 앞서 언급한 것처럼, 우선 말은 사유 가운데 그 내용이 전개되지만, 과학적 언어는 그렇지 못하다는 데서 차이가 난다. 말은 사유와 연관되며 "말로 언급될 수 있는 만큼 이해될 수 있다"[4]고 아렌트는 말한다. 그렇다면 수학적 기호는 사유가 아닌 다른 무엇과 연관되는 것일까? 아렌트는 수학적 기호는 사유가 아니라 인지(cognition)와 관련된 것으로 이해하는 듯하다. 인지는 논리적 사고를 통하여 사고를 진행시켜 가는 기능이며, 수학은 논리적 사고를 통하여 전개되는 가운데 다양한 기호들을 만들어내기 때문이다. 과학은 논리적 사고를 바탕으로 대상적 세계(the objective world)와 관계를 맺으면서 과학적 진리들을 탄생시킨다. 그러므로 과학적 기호나 수학적 기호로서의 언어는 인지 기능과 관계된 것으로 이해할 수 있다. 칸트식으로 말하면 사유는 이성의 작업이며 이성을 추구하지만, 인지는 오성의 작업이며 지식을 추구하는 것이다.[5] 과학과 수학의 언어는 지식을 낳고, 말은 사유에서 작용하여 의미의 세계를 형성한다.

말이 사유에서 작용하여 정치적 의미 연관성을 갖게 되는 것은 다음과 같은 두 가지 방식을 통해서이다. 첫째, 사유는 말을 통하여 인간의 개성을 드러낸다. 인간은 서로 다른 존재이며 나름대로의 독특성을 갖는다는 인간 복수성(human plurality)의 사실은 아렌트 정치사상에서 아주 중요한 기초가 된다. 사람들 사이의 다름의 요소는 말을 통해 표출된다. 말은 개성 표출의 기능을 갖고 있다. 각 개인은 무엇됨(whatness)의 요소와 누구됨(whoness)의 결합체이며 개성은 누구됨이 갖는 특수성을 통해 설명될 수 있다. 사람에

4 위의 책, p.4.
5 Hannah Arendt, *The Life of the Mind/Thinking*, New York: Harcourt Brace Jovanovich Publisher, 1978, p.14.

게는 재능이나 특정한 기술과 같이 다른 사람과 공통적으로 설명될 수 있는 요소가 있지만 또한 남과는 견줄 수 없는 그만의 고유한 개성의 차원을 가지고 있는 것이다.[6] 이러한 다름 때문에 사람들이 살아가는 공동의 생활에서 다른 삶의 방식이 가능하게 되고, 또한 이러한 까닭에 발생하는 충돌과 갈등이 공동생활 내에서 말을 통해 조정하는 기능을 요구하게 된다.

말의 분쟁 조정 기능은 어떤 특정 사태가 공동의 세계(the world)에 대해 갖는 의미를 중심으로 이루어지게 되는데, 이것이 말과 사유가 갖는 정치적 의미 연관성의 두 번째 방식에 해당한다. 복수적으로 존재하는 인간은 자신이 거주하는 세계를 작업[7]을 통해 만들어낸다. 세계 속에서 생명을 영위하는 인간은 자기 자신과 타인에 대해서, 그리고 어떤 사태가 자신과 다른 사람에 대해 갖는 의미를 묻는 가운데 자신들이 속한 세계와 연관을 맺게 된다. 복수로 존재하는 인간들의 소통은 세계와 관계된 의미를 추구하는 가운데 이루어지며 그 안에서 설득을 통한 합의를 추구하게 된다. 이때의 합의란 진리의 진정을 말하는 것이 아니라, 세계에 대한 의미의 다양성과 복수성을 인정하면서 설득을 통해 자신이 추구하는 의미를 포기하기도 하고 타인의 의미 주장을 수용하기도 하면서 이루어지는 합의를 말한다. 이러한 말 행위를 아렌트는 그리스적 의미에서의 설득하기(logon didonai)라고 부른다.[8]

---

6 Hannah Arendt, *The Human Condition,* p.178과 김선욱, 『정치와 진리』, 책세상, 2001, pp.21-26 참조.

7 노동(labor)과 작업(work) 및 행위(action)의 구분은 정치의 중요성을 드러내는 데 있어서 뿐만 아니라 아렌트 사상 전체에 걸쳐 중요한 기능을 한다. 인간이 거주하는 세계라는 개념은 아렌트의 스승인 하이데거의 『존재와 시간』에서 인간을 이해하는 한 방식으로 제시되는 '세계내존재(das in-der-Welt-Sein)' 개념과 거의 동일한 것이다. 우리가 거주하는 세계는 작업을 통해 산출된 더 항구적인 성격을 가진 산물들, 예컨대 건물이나 탁자, 의자 등과 같은 물건들을 통해 그의 물질적, 객관적 형태를 형성하게 된다. 더욱 추상적인 개념으로서의 세계는 이러한 물질적 공간에서 인간이 함께함(togetherness)을 통하여 이룩되는 것이다.

그런데 과학의 언어로는 이러한 의미의 규명이 불가능하다. 수학적 기호나 과학적 기호들은 말이 갖는 두 특성인 개성 현출의 기능이나 공동세계 관련 의미를 드러내는 기능이 모두 배제된 채 추상적으로 존재하는 것이기 때문이다. 그러므로 공동의 세계와 관련된 정치문제에 대해 과학의 언어를 중심으로서만 생각을 하는 과학자들이 내린 정치판단은 공동세계에 대한 무관심을 근원적으로 노정하게 된다. 이런 이유에서 아렌트는 "과학자로서의 과학자(scientist qua scientist)의 정치적 판단을 믿지 않는 것이 지혜로운 일이다"[9]라고 말하고 있다.

과학적 언어와 일상의 언어의 존재에는 서로 다른 인간 개념이 전제되어 있다. 과학적 기호나 수학적 기호로서의 언어는 인간의 복수성의 차원이나 세계의 의미 연관성을 추상화 작용을 통해 사상(捨象)시키면서 형성되었으므로 여기서는 추상적인 존재로서의 인간, 즉 아렌트의 표현으로 단수의 인간(man)이 전제되어 있다. 한편 말에는 개성의 현출과 공동세계와의 의미 연관성이 살아 있으며 다양한 인간의 모습이 반영되어 있기 때문에, 여기에는 아렌트의 표현으로 복수의 인간(men)이 전제되어 있다. 단수의 인간은 논리성을 중심으로 모든 인간에게 보편적이고 공통적인 요소를 중심으로 생각되는 존재로, 아렌트는 이를 지구를 초월하여 전 우주적 관점에서 이해된 인간으로 생각한다. 칸트의 제1비판과 제2비판에 나오는 인간관이 바로 이러한 성격의 인간관이라고도 보고 있다. 그러나 복수의 인간은 지구에 거주하며 지구의 제약을 받는 존재(earth-bound creature)이며 자연의 물질적 조건에 제약을 받고, 두뇌의 물질적 조건에 생각이 제약을 받는 존재로서, 칸트의 제3비판에 나오는 인간관이라고 보고 있다.[10]

---

8 한나 아렌트, 김선욱 옮김, 『칸트정치철학강의』, 푸른숲, 2002, p.91.

9 Hannah Arendt, *The Human Condition*, p.3.

이상과 같은 방식으로 언어와 구별된 말의 가장 큰 특징은 말은 세계 구성적 특성을 지니고 있다는 데서 찾을 수 있다. 이때의 세계란 지구라는 공간에서 복수의 사람들이 함께 모여 살아가면서 형성하는 물리적으로 제한된, 그리고 또한 문화적, 언어적 공동체의 개념과 같이 관념적으로 이해될 수 있는 세계를 말한다. 정치란 이 세계와 관계된 것이다. 언어는 사람들의 사유 속에서 작용하면서 각각의 개성을 표출하고 공동세계와 관련된 의미를 다양하게 묻고 설득하고 합의를 하는 가운데 거기에 참여한 사람들 사이에 세계를 형성하고 유지하는 기능을 담당하게 된다. 따라서 아렌트는 "말과의 관련성이 위험에 처해 있는 곳이라면 그 어디에서나 문제들은 정의(定義)상 정치적으로 된다"[11]고 말한다. 말로서 소통이 이루어지는 곳에서는 복수의 인간들이 세계를 형성해 낼 수 있으며, 이러한 과정에서 말은 정치적 기능을 담당하게 되는 데 반해, 과학적 언어는 사유를 가능하게 하지 않고 단지 논리적이고 기능적으로만 가동하는 인지적 작용을 통해 독자적인 영역을 구축하는 가운데 공동의 세계와 관련된 의미를 묻지 않게 되어 결국 공동의 세계를 위험에 빠트리는 결과를 초래하게 된다는 것이다. 이것이 아렌트가 현대의 문제로 지적하는 무사유(thoughtlessness)의 특성이다.[12] 이는 모두 말이 갖고 있는 세계 구성적 특성 때문이라고 할 수 있다.

이상의 설명은, 인간은 말을 사용하는 동물(zoon logon eckon)이므로 인간은 정치적인 동물(zoon politikon)이라는 아리스토텔레스의 말에 대한 아렌트적 해명 방식으로 이해될 수 있다.[13] 아렌트가 말을 중심으로 정치를 설

---

10 한나 아렌트, 『칸트정치철학강의』, p.67.
11 Hannah Arendt, *The Human Condition*, p.3.
12 위의 책. p.5.
13 위의 책, p.27 참조.

명하면서 말 없는 행위(speechless action)와 말하는 행위(action as speech)의 차이와 의존관계를 설명하는 부분[14]도 말의 세계 구성적 특성을 중심으로 다시 설명할 수 있다. 말 없는 행위는 말을 통해 그 의미가 해명되어야 한다. 여기서 의미란 공동세계에 대해 갖는 의미를 말한다. 행위가 말로 표현되고 설명될 때 비로소 행위는 세계와 관련된 의미를 드러내게 되므로, 말로 표현되지 않을 때 행위는 공동세계와 무관하게 남게 된다. 그러므로 말 없는 행위는 말이라는 행위를 통해서만 그 유의미성을 가지므로 전자는 후자에 정치적으로 볼 때 의존적이라고 말할 수 있다. 물론 추측과 억측을 통해 말 없는 행위도 세계와 연관될 수 있지만, 이러한 추측과 억측 자체가 말로 표현되는 것이므로 이 의존성은 여전히 존재한다.

지금까지 우리는 아렌트 정치사상에서 나타나는 언어와 말의 구분과 그의 정치적 의미를 일별해 보았다. 그러나 여기서 수행한 작업은 아렌트의 언어철학에 대한 해명이 아니고, 과학적 기호나 수학적 기호 등의 과학적 언어와 일상적인 언어 사용으로서의 말이 갖는 정치적 의미를 구별해 본 것일 뿐이다. 즉 여기서 강조된 것은 과학자들의 정치적 행위가 그들이 과학적으로 규정된 언어를 사용하여 생각을 수행하여 내린 한에서는 심각한 문제를 가질 수 있다는 것이다. 예컨대 핵 원리의 발견과 핵무기를 개발하는 것이 기술적으로 가능한지는 과학자들이 연구를 통해 밝혀낼 문제였겠지만, 실제로 핵무기를 만들 것인가의 문제는 인간의 공동의 세계와 연관하여 정치적으로 숙고하고 판단할 문제이다. 이를 다른 식으로 표현하면 전자는 사회적 문제이며, 후자는 정치적 문제이다.[15] 과학의 진보는 과학자들의 업무이지만, 과학

14 위의 책, p.178.
15 사회적인 것과 정치적인 것의 구분, 그리고 양자의 관계에 대한 해명은 김선욱, 앞의 책, 제2장 참조.

자들의 업적을 사회적으로 어떻게 사용하는지에 대한 결정은 정치적 문제인 것이다. 한편 아렌트는 이러한 일이 "전문적 정치가(professional politicians)"[16]의 업무도 아니라고 말한다. 전문적 정치가란 관료화된 조직에서 기능을 담당하는 자들을 뜻한다. 정치적인 역할을 담당하는 것과 관료적이고 전문적인 정치가의 업무를 아렌트는 구별한 것이다.

지금까지 우리는 아렌트가 과학적 언어와 일상적 언어를 구별하여, 후자가 세계 구성적 특성을 가지고 있기 때문에 정치적으로 중요하다는 것을 살펴보았다. 그러나 아직도 여전히 남아 있는 문제는, 도대체 말이 어떻게 세계 구성적 특성을 담당하는가, 그리고 정치적 판단이 말을 통해서 어떻게 형성되는가라는 문제이다. 아렌트는 어디에서도 가다머와 하버마스에서 보는 것과 같은 언어에 대한 이론을 충분히 전개하지는 않았다. 다만 여러 곳에서 산발적으로 언어의 정치적 역할을 설명하고 강조하였을 뿐이다. 하버마스의 용어로 말하면, 아렌트는 의식 철학적 용어를 사용하여 정치사상을 전개하였고, 그 가운데 말이 갖는 중요성을 잘 인지하였다고 평가할 수 있다. 그런 점에서 아렌트의 사상은 해석학적으로 나이브하다고 말하는 당트레베의 지적은 전적으로 옳은 것이다.[17] 그렇지만 이러한 지적에도 불구하고 아렌트의 사상은 해석학을 통해 드러나는 말의 정치적 의미를 의식 철학적 용어를 사용하는 가운데서도 이미 선취하고 있다고 말할 수 있다.

---

16 Hannah Arendt, *The Human Condition*. p.3.

17 Maurizio Passerin D'Entréves, *The Political Philosophy of Hannah Arendt*, New York: Routledge, 1994, p.33.

3. 가다머의 언어 개념과 기술적 언어 비판

아렌트는 포괄적인 언어이론을 제시하지 않았고, 다만 과학적 기호와 수학적 기호들을 사용하는 과학자들의 언어를 문제 삼았다. 이와 더불어 아렌트는 말의 정치적 의미를 구명하는 데 초점이 맞추어져 있다. 한편 가다머는 포괄적인 언어이론을 제시하면서 기술적 언어에 대한 비판으로 나아간다. 이에 따라 먼저 가다머의 언어 개념이 어떠한 특성을 가지고 있는지를 검토하고, 이를 바탕으로 기술적 언어 비판의 내용을 검토해 보자.

우선 우리는 우리가 사용하는 용어를 규정할 필요가 있다. 앞 절에서 아렌트의 경우에는 'speech'를 '말'로 옮겼고, 과학자들이 사용하는 기호들과 그 기호를 중심으로 소통이 되는 것을 '언어'라고 옮겼으며, 이 말의 영어는 'language'가 된다. 가다머의 『진리와 방법』에서는 'Sprach'가 사용되는데, 이를 영어 번역본에서는 'language'로, 그리고 우리말로는 주로 '언어'로 옮긴다.[18] 'Sprachlichkeit'도 마찬가지로 영어로는 'linguisticality', 우리말로는 '언어성'이라고 옮겨진다. 따라서 이러한 일반적인 용례를 따라 가다머에 대한 논의에서는 'Sprach'가 'speech'를 의미하는 것이며 우리말로도 '말'이라고 하는 것이 이 논문에서는 일관성을 확보하는 방법이겠지만, 가다머의 'Sprach' 개념이 아렌트가 염두에 둔 'speech'와 동일하다고 말할 수는 없기 때문에 각자의 개념과 그 번역어는 일상적 용례를 따르는 것이 좋다고 생각이 된다.

가다머의 언어관은 언어와 인간 주체, 그리고 세계라는 삼자의 상호 연관

---

18 Hans-Georg Gadamer, *Truth and Method*, Joel Weinsheimer and Donald G. Marshall(trans.), New York: Continuum, 1994 참조.

성 속에서 제시된다. 가다머의 언어관은 도구적 언어관에 대한 비판을 통해서 그 특징이 가장 잘 드러나며, 현대 기술사회의 문제점에 대한 그의 비판도 도구적 언어 개념 비판과 직결된다. 도구적 언어 이해에 따르면 단어나 개념들은 의사를 전달하기 위한 유용한 도구나 단순한 수단에 불과하다. 어떤 주체가 단어를 사용하여 어떤 것을 의도할 때, 단어의 기능은 그것을 지칭하는 도구의 역할을 수행한다. 이때 그 단어가 지칭하는 도구로서의 기능 외에는 다른 어떤 의미도 지니지 않는다고 이해되기 때문에 지칭 작업이 끝나면 언어는 소멸해 버리는 것으로 생각된다.[19] 언어는 주체가 마음대로 사용할 수도, 또 처분할 수도 있는 것이며, 우리의 생각의 대상과는 전적으로 무관한 것으로, 그것과 완전히 구별되는 것으로 생각된다. 가다머는 이러한 도구적 언어관은 언어와 세계의 관계, 그리고 언어와 사유의 관계를 적절하게 반영하고 있지 않으므로 언어의 본질을 포착하지 못한다고 비판한다.

언어는 인간이 만든 것이기는 하지만, 그렇다고 해서 인간이 자의적으로 처분하거나 생산할 수 있는 것이 아니다. 우리가 자의적으로 기호의 체계를 만들어 사용할 수는 있겠지만 이것은 진정한 의미에서의 언어가 아니다. 언어란 역사를 통해서 형성되어 온 것이며, 역사를 통해 우리에게 전달된 것이다. 언어가 인간의 산물이라는 말은 언어가 개인의 주관적 처분의 대상물이라는 말이 아니라, 그 언어를 사용하는 공동체의 합의의 산물이라는 점을 의미한다. 합의도 또한 한 공동체가 일시에 이룩한 것이 아니라, 오히려 "공동체가 이 합의의 기초 위에 수립되었다"고 말할 수 있다.[20] 한 공동체는 그 공동체에 무엇이 좋으며 또 적절한 것인지를 공동체 생활을 통해 그 일반적 의

19 위의 책, p.413.
20 위의 책, p.431 이하.

사를 형성하게 되는데, 이러한 합의 위에서 공동체가 존립해 온 것이다. 이 같은 이미 존재하는 근본적인 합의에 따라 어떤 언어가 사용되기로 결정되는 것이 아니라, 그러한 합의 자체가 언어인 것이다. 합의와 언어는 상호 결속되어 있는 것이지, 언어가 합의의 산물로 이해될 수는 없다는 것이 가다머의 입장이다. 이처럼 도구적 언어관에서 생각하는 것보다 언어와 세계의 관계는 훨씬 더 근본적으로 형성되어 있는 것이다.

이 점은 우리의 개인적 경험 속에서도 분명히 나타난다. 경험 가운데 우리는 그 경험의 대상을 반성의 대상으로 삼게 된다. 이때 우리는 이 경험과 반성의 대상에 적절한 단어를 찾게 된다. 이런 방식으로 언어는 우리의 경험을 매개하고 있다. 가다머는 이러한 사태를 일컬어 "사물이 언어로 된다"고 표현한다. 반성 작용 속에서 우리는 우리의 경험에 적합한 언어를 찾고, 우리의 반성을 위해 그 언어를 이용한다. 우리는 언어를 통해서 세계를 경험하게 된다. 따라서 언어는 우리의 경험을 가능하게 하는 것이다. 그리고 이러한 경험은 공동의 세계와 더불어 이루어지는 것이다. 언어는 공동체에 속한 것이고 공동체의 기본적 합의와 상호 결속되어 있는 것이기 때문이다. 그래서 가다머는 "그 속에서 언어로 되는 세계를 떠나서 언어가 독립적 삶을 가지고 있는 것은 아니다"라고 한다. "세계가 세계로 되는 것은 그것이 언어로 되는 한에서일 뿐 아니라, 세계가 언어 속에서 표현된다는 사실을 통해서만 언어가 진정한 존재로 된다. 따라서 언어가 원래적으로 인간적이라는 말은 인간이라는 세계 내의 존재가 원래적으로 언어적이라는 것과 같은 것을 의미한다."[21] 이러한 가다머의 말은 그의 스승인 하이데거를 생각나게 한다. 하이데거는 인간 현존재 내의 이해(Verstehen)의 보편적 구조를 보여주려고 했는데, 가

21 위의 책, p.443.

다머는 이러한 이해가 보편적으로 언어적인 성격을 가지고 있음을 우리에게 보여주려고 하는 것이다.

경험은 또한 언어의 또 다른 측면을 보여준다. 우리는 경험을 통해 기존의 지식이나 우리의 기대를 확인할 수도 있고, 반대로 기존 지식을 깨거나 기대에 어긋나는 새로운 경험을 할 수 있다. 새로운 경험은 우리의 기존의 지식이 잘못되었음을 알려주는 교정의 역할을 하거나 지식의 내용을 확대하게 한다. 이처럼 부정적 성격의 경험을 통해 우리는 언어에 새로운 지평을 열어놓는다.[22] 이런 경험의 가능성은 언어의 의미가 고정되지 않았음을 의미한다. 즉 언어는 끊임없이 형성되어 가는 과정에 있는 것이지 고정되어 있지 않다는 것이다. 그래서 가다머는 "어떠한 언어도 무한하다"[23]고 말한다.

이러한 언어에 대한 이해를 바탕으로 가다머는 기술적 언어를 비판한다. '기술 용어'를 가다머는 "그 의미가 일의적으로 정의되어 하나의 규정된 개념만을 지칭하도록 한 단어"[24]라고 정의한다. 어떤 단어나 사태가 가진 기존의 다양한 의미들 가운데 오직 하나의 특정한 개념적 의미만을 한 용어에 부여함으로써 우리는 인위적, 기술적으로 한 단어를 규정할 수 있다. 이 경우 기술 용어는 인위적 특성을 갖게 된다. 특히 기존의 단어를 이런 방식으로 사용할 경우 그 단어가 일상 언어에서 갖는 다양한 의미 가운데 다른 것은 모두 배제하고 오직 하나의 의미만을 갖도록 규정하게 되는데, 이는 "언어에 대한 폭력"[25]이라고 가다머는 말한다. 이는 단어가 가질 수 있는 의미의 무한성을

---

22 위의 책, p.353.

23 Hans-Georg Gadamer, "The Universality of the Hermeneutical Problem", *Philosophical Hermeneutics*, David E. Linge(trans. and ed.), Berkeley: University of California Press, 1976, p.16.

24 Hans-Georg Gadamer, *Truth and Method*, p.414.

25 위의 책, p.415.

침해하며, 이를 통해 우리의 "세계 경험"[26]을 침해하기 때문이다.

가다머의 현대의 과학과 기술 비판은 이상과 같은 언어관에 기초를 두고 있다. 과학은 현대사회에 너무나 깊이 침투하고 있는데, 이는 과학이 자연에 대한 통제와 예측 가능성을 통하여 사회에 기여하기 때문이다. 이러한 과학과 기술의 장점이 발생하게 되는 것은 그것이 '일차적 포기(primary renunciation)' 또는 추상화 작용을 가장 중요한 특징으로 삼고 이를 바탕으로 하기 때문이라고 가다머는 지적한다.[27] 이 점을 설명하기 위해 가다머는 갈릴레이의 예를 든다. 고전 역학의 창시자인 갈릴레오 갈릴레이가 자유낙하의 법칙을 발견했을 때 자기 자신을 포함한 그 누구도 자유낙하 현상을 경험적으로 관찰하지는 못했다. 당시의 기술 수준으로는 실험에 필요한 진공 상태를 만들 수 없었기 때문이다. 그러나 그는 상상력과 과학적 예단을 통해 그 법칙을 발견하기에 이르렀다. 이는 순수한 수학적 규칙성을 거리와 시간의 상관관계에 적용을 바탕으로 한 것이었다. 이러한 과학적 방법이 가능하기 위해서는 일차적으로 경험 가능한, 우리와 친숙한 세계 경험의 총체로부터 '멀어지는 것(prescinding)'이 필요하다. 과학이 자연을 통제하고 조정할 수 있는 힘은 바로 이러한 멀어짐과 추상화를 통해서 확보된다. 이것이 현대 과학의 실험과 방법론의 특징이 된다.

현대의 기술은 이러한 과학적 방법론과 기술적 생산력을 결합함으로써 가능하게 되었다. 앞서 언급한 과학의 '포기'와 '멀어짐'과 추상화 작용이 갖는 언어적 함축에 주의를 기울여보면, 자연적 언어는 그것이 가진 애매성과 다

---

26 Hans-Georg Gadamer, "The Universality of the Hermeneutical Problem", p.15.

27 Hans-Georg Gadamer, "What is Practice? The Conditions of Social Reason", *Reason in the Age of Science*, Frederick G. Lawrence(trans.), Cambridge: The MIT Press, 1983, p.70.

의성으로 인해 과학의 영역에서는 배제되고 있고, 대신 기호의 체계가 의미의 명료한 전달을 위해서 사용되고 있음을 알게 된다. 즉 과학의 언어는 진정한 언어가 아닌 것이다. 기술이 우리의 삶을 지배하게 되면 기술 속에 포함된 과학의 언어가 우리의 일상적 언어의 사용을 지배하게 되고 위협을 하게 된다. 물론 가다머가 과학과 기술 자체를 위험하게 생각한 것은 아니다. 그 장점에 대해서 그가 무시하려는 것이 아니라, 과학이 사회적 탐구 영역에 적용될 때 발생하는 문제에 대해 인식할 것을 요구하는 것이다.[28] 그 문제란, 과학과 기술로 무장한 전문가가 사회에 대한 의도적 계획을 수행하는 가운데 주도적인 역할을 점하기 때문에 발생하는 문제를 말한다. 가다머는 "이상적인 기술 관료적 사회에서는 사람들이 전문가에 의존하여, 자신들이 내릴 필요가 있는 실천적, 정치적, 경제적 결정들을 면하여 전문가에게 맡기려고 한다"면서 그 문제를 지적한다. "이제 전문가는 사회적 발전 과정을 기술적으로 마스터한 필수불가결한 존재가 된다"는 것이다.[29]

전문가들은 결정을 내리는 과정에서 전문적인 기술 용어를 사용하며, 여기에 익숙하지 않은 보통 사람들은 이러한 과정에서 소외될 수밖에 없다. 이러한 소외는 사람들에게 책임감의 상실을 낳게 한다. 여론과 관련해서도 이 점은 문제를 낳는다. 여론 형성 과정에서도 전문적 용어와 개념은 여론의 적절한 형성을 방해할 수 있으며, 의도적인 여론 왜곡을 초래하기도 한다.

또한 기술적 생산물들의 선전광고 문구들과 이와 연관된 기술적 언어의 사회적 범람은 산업적, 기술적 세계관의 팽창을 초래한다. 일상생활에서 성공적인 삶을 위해서는 기술적으로 완벽한 삶을 추구하게 만드는 가운데 사람들

---

28 위의 글, p.71.
29 위의 글, p.72.

을 스스로 산업적, 기술적 세계질서 속으로 편입해 가게 된다. 이는 결국 생활 형식의 저급한 평준화를 낳게 되고, 언어의 빈곤을 유발하며, 일상적 언어가 기술적 기호의 체계와 흡사하게 되는 결과를 낳게 된다. "이러한 종류의 저급화 경향은 불가피한 것이 되었다"[30]고 가다머는 지적한다. 이러한 주장에는 가다머의 엘리트주의적 취향이 내재해 있다는 점은 염두에 둘 필요가 있다. 그러나 현대의 과학기술 사회에 대한 비판의 논리 구조를 언어의 빈곤화와 일상 언어의 기술 언어 모방의 경향 등에서 찾으며, 결국 인간의 정신을 구성하고 있는 언어의 이 같은 변화를 궁극적으로 사회적 빈곤화와 저급화를 초래하는 데서 찾는 시도는 주목할 만한 것으로 생각된다.

이러한 문제에 대한 가다머의 해결책은 철학, 또는 더 분명히 말하면 해석학이다. 즉 해석학적 사유를 통해 과학이 경험의 총체성을 망각하고 있으며 세계를 추상화 작용을 통해 단지 부분적으로만 파악하게 되는 문제점을 가지고 있음을 인식하여야 한다. 나아가 전체를 추구하는 이성의 활용을 통해 적절한 이해를 추구하는 방식으로써 현대인이 과학기술 사회에서 경험하고 있는 소외를 극복할 수 있다는 것이다.[31]

4. 정치판단과 언어의 작용

이상의 논의에서 설명한 것처럼 아렌트와 가다머는 사용하는 개념들이나 사상의 체계는 다르지만, 양자가 주장하는 논점과 논의를 전개하는 방식은

---

30 Hans-Georg Gadamer, "The Universality of the Hermeneutical Problem", p.16.

31 Hans-Georg Gadamer, "On the Natural Inclination of Human Beings toward Philosophy", *Reason in the Age of Science*, 1983, p.149; "The Universality of the Hermeneutical Problem", p.8.

놀랄 만큼 흡사하다. 아렌트의 경우는 말, 즉 일상적 언어의 세계 구성적 특성에 주목하였고, 과학적 기호의 언어는 공동세계와의 의미 연관을 상실한 것임을 드러낸다. 그래서 과학자들의 정치판단의 위험성을 지적한다. 가다머의 경우도 이와 마찬가지로, 일상의 언어가 가진 의미의 무한성을 구명하면서, 과학적으로 규정된 언어는 의미의 추상화를 거치기 때문에 결국 현대의 과학기술 사회에서는 언어가 빈곤해지고 결국 삶의 형식이 저급하게 되는 위험을 경고한다. 양자는 두 과학적 사고방식이 현실의 실제적이고 정치적인 판단을 지배하게 되는 것을 위험하게 생각하며, 그 위험성을 일상의 언어가 가진 의미 연관성을 중심으로 해명하고 있는 것이다.

그러나 양자의 논의 가운데 각각의 약점도 노출된다. 아렌트의 경우는 언어가 어떻게 해서 공동세계를 구성하게 되는지를 상세하게 해명해 주지 못한다. 이 부분은 해석학적 해명이 있어야만 가능한 부분이다. 가다머의 경우는 반대로 언어가 사유의 수단이 아니라 그의 구성적 요소임을 설명해 주며, 의미가 제한된 과학적 언어가 공동의 세계에서 어떤 부정적 기능을 담당하는지는 잘 설명하지만, 언어의 정치적 의미를 충분히 설명해 주기까지는 나아가지 못한다. 물론 이것까지 요구하는 것은 해석학자인 가다머에게 무리가 되겠지만, 아렌트에게서 해석학적 사유의 부족을 탓하는 것도 그와 마찬가지로 무리가 된다. 결국 우리는 이 두 사람의 사상을 비교해 보는 가운데, 아무리 비슷해도 양과 염소는 같을 수는 없다는 결론에 도달할 수밖에 없는 듯하다. 그러나 우리의 상상력은 이 차원을 넘어, 여전히 양자의 사상의 유사성에 인도되어 서로를 연결해 보려는 시도를 해보도록 이끈다. 그리고 이 시도는 특히 아렌트의 정치사상의 부족한 부분으로 지적되었던 해석학적 소박성을 가다머의 도움을 빌려 다소나마 극복하려는 노력을 기울여보게 한다.

아렌트와 가다머를 연결시키는 가장 좋은 지점은 아렌트 정치사상의 핵심에 해당하는 판단이론이다. 아렌트에 따르면 정치는 인간의 복수성과 개인간의 차이에 대한 존중을 바탕으로, 서로 다른 개인들이 함께 모여 정치적 공간을 형성하고, 말을 사용하여 서로 다른 의견들을 합의에 이르도록 노력하면서, 이를 바탕으로 공동의 행위를 이끌고 유지해 가는 것으로 설명될 수 있다. 정치의 영역에서 발생하는 인간사는 항상 새로운 일들이므로, 기존의 경험에 바탕을 둔 보편적 원리에다 새로이 발생하는 일들을 종속시키면서 규정적으로 판단을 내림으로써 가능하게 되는 것이 아니다. 새로운 일들을 반성적으로 판단을 내리는 데 있어서 이러한 판단의 근거로 아렌트는 공통감(sensus communis)이라고 부르는 감각의 존재를 언급한다. 공통감은 "우리로 하여금 공동체에 걸맞게 해주는 별개의 감각"[32]이다. 이 공통감은 우리가 정치적 판단을 내리게 되는 인식적 근거이며, 동시에 우리의 판단이 공동체 구성원들 사이에서 소통이 가능하도록 해주는 근거가 된다. 정치적 판단은 공동체를 초월하여 우주적인 차원에까지 그 보편적 타당성이 담보될 수 있다고 주장하지 않는다. 일차적으로 한 공동체의 구성원들 사이에서 소통 가능성을 확보하는 가운데 그 정당성을 가지며, 나아가 한 공동체를 넘어서 지구상에 거주하는 인간들에까지도 그 정당성을 인정받을 수 있는, '인간됨(humanness)'을 확인하는 근거가 된다.[33]

그런데 문제는 이 공통감이 어떻게 형성되는지, 공통감이 정치적 판단을 어떻게 형성하는지, 그리고 이러한 판단이 어떻게 일반적인 소통 가능성을 확보하면서 공동체 구성원들 가운데 설득이 되는지는 적극적으로 해명이 되지 않는다는 것이다. 이 부분은 해석학적 방법이 아니면 결코 분명하게 해명되기가 어렵다고 생각이 되는 부분이다. 이 점에서 우리는 가다머의 해석학에 주목하게 된다. 특히 가다머를 이러한 맥락에서 추구하게 되는 것은 앞에

---

32 한나 아렌트, 『칸트정치철학강의』, p.136.

33 김선욱, 『한나 아렌트 정치판단이론』, 푸른숲, 2002, pp.120-121 참조.

서 살펴본 양자의 사상의 유사성 때문이다. 이러한 논의에 깔려 있는 관심은 다름 아닌 진정한 정치 개념의 발견과 이를 바탕으로 한 정치적 의미의 발견에 있기 때문이다.

가다머에 따르면 언어는 개인의 창작물이나 다수의 사람이 합의를 통해 임의로 형성한 산물이 아니라, 역사를 통해 한 공동체의 근원적 합의와 더불어 형성된 것이다. 그러므로 언어에 이미 공동체성이 내재되어 있다. 사유가 언어를 도구로 사용하는 것이 아니라, 언어가 사유를 구성하고 있는 것이라는 가다머의 주장과, 공동체적 전승물로서의 언어를 잇대어 생각해 보면, 아렌트가 말하는 공통감각이 가다머가 설명하는 바와 같은 언어로 구성된 것이라고 말하는 데 별 무리가 없어 보인다. 아렌트는 공통감을 "현실과 사실성을 지각하고 이해하고 처리하는 우리의 정신기관"[34]이라고도 하는데, 앞 절에서 설명했듯이 반성 작용 속에서 사물을 대신하여 정신 속에서 기능하는 것이 바로 언어라고 하는 가다머의 입장과 아렌트의 공통감 개념은 서로 모순적으로 들리지 않고 오히려 같은 점을 서로 다른 표현으로 설명하는 것 같아 보인다. 더욱이 판단이 소통 가능성을 갖게 되는 것은 말을 통한 설명에 의해서이므로 이처럼 공통감이 바로 가다머가 말하는 언어, 또는 언어성이라고 주장하는 데 무리가 없어 보인다.

이 점은 아렌트가 불편부당한 판단의 형성의 가능성을 설명하면서 사용하는 확장된 심성(enlarged mentality) 개념이나 확장된 사고(enlarged thought) 개념에 대해서도 마찬가지로 적용될 수 있다. 사고의 확장은 선험적으로 선취되는 것이 아니라 실제의 대화와 의견의 교환을 통해서 이루어진다.[35] 다시 말해 언어를 교환하는 가운데 사고의 확장이 경험된다는 아렌트

34 Hannah Arendt, *'On Violence' in Crises of the Republic*, San Diago: A Harvest /HBJ Book, 1972, p.110.

의 입장은 가다머의 '지평 융해(Horizontverschmelzung)' 개념의 다른 표현으로 생각될 수 있다.

공통감을 통해 판단이 형성되는 과정 또한 언어의 작용으로 설명해 낼 수 있다. 가다머에 따르면 "관념들이란 토론 가운데 서로 만나게 되는 것처럼 서로 결합되고, 혼합되며, 상호 결속된 채로만 존재한다. 인간의 사고는 원초적이고, 무한하고, 관찰하는 정신처럼 구성되어 있지 않다. 오히려 인간의 사고는 생각 내용의 담론적 발전 과정 가운데에서만 존재를 포착할 수 있다."[36] 이는 관념의 연쇄작용(concatenation of ideas)을 설명하는 말로, 헤겔이 『대논리학(*Wissenschaft der Logik*)』을 통해 보여주려 했던 존재의 각 계기들의 상호 연관성이 사실은 개념들의 상호 연쇄작용을 의미하는 것이라는 가다머의 주장을 담은 것이다.[37] 헤겔은 개념들의 상호 연관성을 과학적 방법을 통해 체계화하려 했다. 그래서 그는 거대한 개념 또는 관념의 학적 체계를 구성하였고, 정신 개념을 통해 이러한 개념 또는 관념들이 상호 유기적으로 연관됨을 설명했다. 헤겔의 정신 개념은 인간의 인식적 정신을 의미하는 것이 아니라 인류 역사를 통해 자기를 실현해 가는 포괄적인 우주적 주체이다. 따라서 헤겔이 의미하는 개념들의 상호 연관성은 단지 언어적 차원에서만이 아니라 실체적 차원에서 이루어지는 것이다. 개념들의 상호 연관의 전체 체계를 학적으로 구성함으로써 헤겔은 세계의 변화에 대한 절대지에 이르는 가능성을 보여준다고 생각했다. 그러나 가다머는 하이데거가 주장한 근본적인 인간 실존의 유한성의 인식에 바탕을 두고 헤겔과 같은 전체적 체계

---

35 한나 아렌트, 『칸트정치철학강의』, p.138; 김선욱, 『한나 아렌트 정치판단이론』, p.95 참조.

36 Hans-Georg Gadamer, "The Idea of Hegel's Logic", *Hegel's Dialectic: Five Hermeneutical Studies*, P. Christopher Smith(trans.), New Haven: Yale University Press, 1979, p.80.

37 위의 글, p.79.

를 통한 인식의 가능성에 회의한다.[38] 그 대신 우리의 무지가 나타날 때 이를 해결하기 위한 질문과 대답의 방식, 즉 대화의 방식이 가동되는 점에 가다머는 주목한다. 대화 가운데 개념과 관념들은 문제가 된 주제와 연관하여 상호 연관을 맺으며 사유 가운데 움직이게 된다. 그리고 구체적인 소통의 행위 가운데 개념들이 상호 연관을 맺으면서 하나의 인식의 지평이 다른 지평과 만나 융해를 이루게 되고, 이를 통해 새로운 인식이 등장하고 판단은 가능하게 된다.

대화를 수행하는 개인들은 스스로 자발적으로 대화를 수행한다고 믿지만, 실상은 언어가 대화를 이끌어 간다. "대화를 수행한다는 말은 대화 참여자가 지향하는 주제에 의해 자신이 운영될 수 있도록 내맡기는 것을 의미한다"[39]고 가다머는 말한다. 대화 가운데 하나의 지식이 갑자기 돌출한다. 대화의 결과로 어떤 것이 나타날지는 사전에 아무도 모른다. 대화 참가자는 대화의 산물에 대해 경이롭게 바라보게 된다. 이러한 대화를 이끄는 것은 언어이며, 인간 주체는 수동적으로 이 대화에서 기능할 뿐이다.

그런데 이렇게 대화를 통해 산출되는 것을 아렌트는 '진리(truth, 즉 episteme)'라고 부르는 데 반해, 아렌트가 말하는 판단 행위는 의견(opinion, 즉 doxa)에 속한다고 말한다. 그러나 이러한 용어상의 차이는 그 내용을 들여다보면 피상적 차이에 불과하다는 것을 알게 된다. 여기서 가다머가 말하는 진리란 해석학적 대화의 산물로서 주체와 텍스트 간의 대화, 또는 더 적극적으로는 서로 다른 주체들 사이의 대화에서 나오는 합의와 이해의 산물을 말한다. 이것은 수학 문제의 해답과 같은 의미의 진리가 아니다. 아렌트가 진

38 위의 글, p.94.
39 Hans-Georg Gadamer, *Truth and Method*, p.383, 또한 p.367 참조.

리와 의견을 대립시키고, 정치적 판단이 의견에 속한하고 했을 때, 이때의 진리는 수학적 진리나 과학적 진리처럼 어떤 객관적 준거가 존재하여 더 이상의 대화적 언어가 불필요한 영역에 해당하는 것이었다. 따라서 아렌트가 말하는 정치적 판단과 가다머에게 있어서 해석학적 진리가, 아렌트에서 나오는 진리와 의견의 관계처럼 상호 모순적으로 인식될 필요가 전혀 없는 것이다.

이상과 같이 우리는 아렌트의 정치사상의 기본구조 가운데 공통감에 해당하는 부분을 가다머적인 언어관을 중심으로 이해하면서 아렌트의 정치적 판단의 발생과 설득의 가능성을 해석학적으로 설명해 보았다. 아렌트가 말하는 인간의 복수성이 서로 경쟁적으로 분투하는 정치의 현장은 해석학적 상황이다. 아렌트가 정신, 사유 등의 의식 철학적 술어를 가지고 설명하면서도 말의 정치적 중요성을 적확하게 짚어내는 것은, 비록 아렌트가 언어적으로 해석학적 소박성을 드러냄에도 불구하고, 실제로는 해석학적 민감성을 체현해내고 있다고 말할 수 있다. 이런 실질적 해석학적 민감성이 가다머를 불러내어 아렌트의 사상의 한 부분을 대신 해명하게 하는 근본적 동력이 된 것이다.

5. 맺는 말

아렌트의 공통감 개념을 가다머의 해석학으로 해명하고 아렌트 사상에 해석학적 옷을 입힘으로써 우리는 아렌트의 정치사상이 더 설득력 있게 우리에게 다가오게 할 수 있다고 생각한다. 벨머가 아렌트의 판단이론이 신비한 요소를 갖는다고 지적한 비판[40]도 해석학적 옷을 판단이론에 입히면 더 명료한 구조로 다가올 수 있을 것이다. 그러나 가다머를 아렌트에 접목하면서 발생하는 문제는 주체의 능동적 차원이 오히려 줄어드는 점에 있다. 가다머의 이론에 따르면 대화 상황에서 대화 참가자의 능동적 활동이 실상은 언어의 능동적 활동이며, 주체는 수동성에 머문다. 반면 아렌트의 경우 정치적 행위는 대단히 능동적 활동이다. 그래서 비록 대화를 통해 공통감이 형성되며, 판단 작용이 언어의 적극적 작용에 의한 것이며 판단자는 언어의 작용을 실상은 수동적으로 운반하는 것에 불과하다고 하더라도 여전히 판단자는 적극적인 행동가이며, 나아가 공동의 행위를 능동적으로 수행하는 자이다. 그뿐만 아니라 아렌트는 이러한 판단을 적극적으로 표현하고 다른 사람들과 이를 소통하는 것이 절대적으로 중요하다는 점을 끊임없이 강조한다. 그렇게 함으로써만 공동체가 지속적으로 유지될 수 있기 때문이다.

또한 가다머의 대화 개념은 더 적극적인 하버마스의 대화 개념에 견주어보면 수동성이 더욱 두드러지게 된다. 가다머와 하버마스가 공히 대화를 강조하기는 했지만 이들이 모델로 삼고 있는 대화의 상황은 판이하게 다르다. 가다머의 경우에 모델로 되는 상황은 독서자가 텍스트를 읽는 것이며, 독서자의 활동적 의식 속의 언어와 전승된 텍스트의 정적인 언어의 세계가 만나 대화를 갖는 것이다. 그러므로 이때 언어는 적극적인 교환 행위를 통해서 수행되기보다는 단어와 관념의 상호 연관성에 의거하여 변증법적 관계를 수행하고 있다고 볼 수 있다. 하버마스의 경우 구체적인 상황에서 능동적으로 의사를 교환하는 두 주체의 대화가 모델이 된다. 그래서 가다머의 경우는 이해(Verstehen)가 대화의 산물로 추구되는 반면에 하버마스의 경우는 상호 이해(Verständigung)가 대화의 결과물로 추구된다. 이러한 수동성을 가진 가다머의 언어관을 아렌트가 연결시킬 때 우리는 아렌트를 하버마스로부터 더욱 먼 곳으로 위치 짓게 되지 않을까 염려해 보아야 한다. 물론 이 경우에도

40 Albrecht Wellmer, "Hannah Arendt on Judgment", *Hannah Arendt: Twenty Year Later*, Larry May and Jerome Kohn(eds.), Cambridge, Mass.: The MIT Press, 1996, p.76.

하버마스가 전적으로 비판하였던 주체 중심의 의식 철학적 패러다임에 따라 정치사상을 전개한 아렌트보다는 해석학적 방식으로 언어적 전회를 수행한 가다머가 하버마스에 더욱 가까운 것으로 이해할 수도 있지만, 가다머와 하버마스가 1970년대 중반에 서로 논쟁을 일으키면서 세워온 대립각을 염두에 두면 언어적 전회라는 태도만으로 양자의 친화성을 무조건적으로 주장할 수는 없다.

지금까지 우리는 아렌트와 가다머를 비교하면서 이들의 유사성을 바탕으로 접목을 시도하였다. 그러나 독립적인 두 사상가의 독특한 사상 체계를 총체적인 반성과 개념적 통일성을 철저히 기함이 없이 일부 결합시키는 방식으로 논의를 수행함으로써 득보다는 실이 많은 논의일 수도 있다. 하지만 아렌트 사상의 설득력에 다소의 아쉬움을 해소하려는 의도에서 수행한 사유의 실험 정도의 의미로도 여전히 유의미하다고 생각한다.

【참고문헌】

김선욱, 『정치와 진리』, 책세상, 2001.

___, 『한나 아렌트 정치판단이론』, 푸른숲, 2002.

___, 「담화윤리의 언어적 특성 연구: 하버마스의 연대성 개념을 중심으로」, 『대동철학』 제24집, 2004. 2.

___, 「의사소통과 의식적 주체의 문제: 하버마스와 디터 헨리히의 논쟁을 중심으로」, 『대동철학』 제26집, 2004. 6.

___, "What is Dialogue for Gadamer", 『사색』 제15집, 숭실대학교 철학과, 1999. 12.

Arendt, Hannah, *The Human Condition*, Chicago: The University of Chicago Press, 1958.

___, *Crises of the Republic*, San Diago: A Harvest/HBJ Book, 1972.

___, "Arendt on Arendt", transcribed by Melvyn A. Hill, *Hannah Arendt: The Recovery of the Public World*, Melvyn A. Hill(ed.), New York: St. Martin's Press, 1979.

___, *The Life of the Mind/Thinking*, New York: Harcourt Brace Jovanovich Publisher, 1978.

___, *Lectures on Kant's Political Philosophy*, R. Beiner(ed.), Chicago: University of Chicago Press, 1982, 김선욱 옮김, 『칸트정치철학강의』, 푸른숲, 2002.

___, "Philosophy and Politics", *Social Research*, Vol. 57, No. 1, 85, 1990.

D'Entréves, Maurizio Passerin, *The Political Philosophy of Hannah Arendt*, New York: Routledge, 1994.

Gadamer, Hans-Georg, "The Universality of the Hermeneutical Problem", *Philosophical Hermeneutics*, David E. Linge(trans.), Berkeley: University of California Press, 1976.

___, *Hegel's Dialectic: Five Hermeneutical Studies*, P. Christopher Smith(trans.), New Haven: Yale University Press, 1976.

___, *Reason in the Age of Science*, Frederick G. Lawrence(trans.), Cambridge: The MIT Press, 1983.

___, *Truth and Method*, Joel Weinsheimer and Donald G Marshall(trans.), New York: Continuum, 1994.

Habermas, Jürgen, *Theory of Communicative Action* Vol. I & II, Thomas McCarthy(trans.), Boston: Beacon Press, 1984/1987.

Wellmer, Albrecht, "Hannah Arendt on Judgment", *Hannah Arendt: Twenty Year Later*, Larry May and Jerome Kohn(eds.), Cambridge, Mass.: The MIT Press, 1996.

'연대' 개념의 역사적 맥락과 현대적 의미*

서유석

1. 서론

'연대'가 유행이다. 정당은 물론이고 시민운동, 진보운동, 노동운동, 풀뿌리 운동에 이르기까지, 사회 변화를 도모하는 모든 운동이 '연대'를 표방하고 있다. 일상적으로 '연대'는 "집단 구성원의 단결(심), 공동목표나 이해관계의 구현 노력, 구성원 상호간의 우애와 헌신, 상호 책무, 약자에 대한 배려, 공동의 적(敵)이나 억압 구조 앞에서의 협조, 이상적 공동체의 원리" 등의 의미로 매우 다양하게 사용된다. 또 연대를 표방하는 단체나 운동의 지향이 서로 다른 만큼, 이들 각각이 '연대'를 통해 의미하는 내용이나 초점도 다르다.

이런 점에서 보면, '연대'는 매우 느슨한 개념이고 비학문적 개념이다.[1] 혹자는 이런 애매성 때문에 '연대의 본질이 무엇이냐'에 집착하는 것은 현실 직시를 흐리게 하므로 오히려 다른 구체적 개념(시민권, 분배정의, 사회복지

* 이 논문은 2007년 한국연구재단의 지원에 의하여 연구되었으며(KRF-2007-361-AM0027), 『시대와 철학』 제21권 3호, 한국철학사상연구회, 2010에 게재된 것임.

등)으로 시선을 돌려야 한다고 주장한다.[2]

마르크스주의도 '연대' 개념을 전면에 내세우기를 꺼렸다. 연대는 아나키스트들의 구호였고 서구 마르크스주의와 68혁명의 구호였으며 반(反)소련 운동인 폴란드 노동운동(Solidarity)의 구호였기 때문이다. 68혁명 이후 환경운동과 소수자 운동에서 '연대' 운동이 부각될 때도, 마르크스주의자들은 불편해 했다. '프롤레타리아 계급'과 '혁명'에 힘을 모아야 할 때, 제 계층의 연대, 소수자 연대, 복지연대 등은 운동의 관점을 흐리게 하고 모순을 무마하여 혁명을 지연시키는 허위의식이라고 폄하했다. 하지만 '연대'의 개념과 운동이 정치적으로 중요한 의미를 갖게 된 데에는 마르크스주의도 크게 기여했다. 다름 아닌 19세기 노동운동과 사회주의 운동에서 '노동자 연대' 운동이 등장하였기 때문이다. 표현만 달리했을 뿐(예를 들면, '사회주의적 국제주의', '만국 노동자의 단결', '형제애', '동지애', "개인은 전체를 위하여, 전체는 개인을 위하여"), 공산주의 운동의 방법과 목표에는 '연대'의 맥락이 깊이 스며들어 있는 것이다.

중요한 점은, 19세기 이래로 '연대'가 거의 모든 사회운동의 슬로건으로 사용되었다는 사실이다. 그리고 이러한 사실은 비록 그 내용이 서로 차이가 있더라도 이들이 '연대의 위기'를 심각히 받아들였다는 증거이다. 오늘날에도

---

1 '연대'는 그동안 학적 취급을 받지 못해 왔다. 바이에르츠는 그런 배경으로 다음 두 가지를 들고 있다. 첫째로 '연대'는 구체적인 의무 행위(positive obligations to act)를 내포하는 반면, 근현대의 주류 윤리학(정치철학)은 개인의 자유권 수호라는 방어적인 과제에 주력해 왔기 때문이고, 둘째로, 연대는 '특수한' 집단의 '특수한' 의무를 내포함으로써 '우리'와 '우리가 아닌 집단'을 구별해 온 반면, 근현대 주류 윤리학(정치철학)은 특정 집단의 규범이 아닌 '보편적' 규범에 천착해 왔기 때문이라는 것이다. Kurt Bayertz, "Four Uses of 'Solidarity'", K. Bayertz(ed.), *Solidarity*, Kluwer, 1999, pp.3-4.

2 예를 들어, 루케스는 애매한 '연대' 개념 대신에 같은 주제를 '시민권' 개념, '정의' 개념을 중심으로 탐구하는 것이 생산적이라고 주장한다. Steve Lukes, "Solidarity and Citizenship", K. Bayertz(ed.), *Solidarity*, 1999 참조.

사회통합의 '위기', 노동연대(노동운동)의 '위기', 복지연대의 '위기'는 정치철학과 사회운동의 핵심 문제이다. 이런 점에서 '연대'는 혹자가 주장하듯 정치적 수사(修辭)에 불과한 무의미한 개념은 아니다. 다만 '연대' 논의가 그 다의성 때문에 거의 모든 사회문제와 연결되고 또 그렇기 때문에 잘못하면 초점이 흐려질 가능성이 있을 뿐이다.

본고는 이런 배경 아래서 연대 개념의 역사를 되돌아보고 그 현재적 유의미성과 쟁점을 확인해 보는 시도이다. 우선 2절에서는 연대 개념의 주요 역사적 흐름에 대해서, 그리고 이 흐름을 통해 확인되는 세 가지 맥락(사회통합으로서의 연대, 노동연대, 복지연대)에 대해 살펴보겠다. 이어지는 세 절은 연대의 현대적 쟁점 몇 가지(시민권, 정의/인정, 대안공동체 운동)를 소개하는 절이다. 특히 마지막에 다룰 연대운동으로서의 대안공동체(주민자치) 운동은 한국 민주주의 위기와 관련해서 다루어질 것이다. 결론적으로 지난 10여 년 사이에 우리 사회에 새롭게 등장하고 있는 각종 대안공동체 운동, '작지만 의미 있는' 주민자치운동이 현 단계 진보운동, 그리고 민주주의 위기 극복 운동에 시사하는 바가 무엇인지 살펴보겠다.

2. '연대' 개념의 역사와 맥락

(1) '연대' 개념의 역사[3]

'연대(solidarité)'라는 말과 사상이 역사에 의미 있게 등장한 것은 프랑스 혁명기이다. 물론 그전에 로마 채권법에서 가족이나 공동체의 '연대 채무'라는 의미로 'obligatio in solidum'이란 말이 사용되었고 그것이 말의 어원이 되었지만, 'solidarité'란 말이 현대적 의미로 접근하기 시작한 것은 프랑스 혁명 이후인 것이다. 프랑스 혁명기에 '연대'는, 자유(liberté), 평등(égalité)과 함께 혁명의 이념으로 제시된 '형제애(fraternité)'의 유사 개념으로 사용되었다.[4] 그 후 시간이 흐르면서 이 개념은 개인과 공동체의 상호 책무라는 채권법의 맥락을 넘어서서 의미 확장과 함께 도덕과 사회, 정치의 분야로 확대 적용되기에 이른다.

'연대' 개념이 사회학의 용어로 자리 잡은 것은 19세기이다. 여기에는 콩트(A. Comte)와 뒤르켐(É. Durkheim)의 공로가 크다. 그리고 이 개념이 정치적 의미를 가지면서 오늘날 통용되는 의미로 자리 잡은 것은 19세기 중엽 이후의 노동운동과 사회주의 운동 덕이다.

콩트는 연대를 '노동분업'을 통한 사회적 결합, 결집, 통합의 의미로 사용하였다.[5] 뒤르켐은 이를 받아들이지만 좀 더 확장하여 연대(사회적 결집, social cohesion)를 두 종류로 나눈다. 유명한 '기계적 연대'(구성원들 사이의 유사성에 기초한 연대. 예를 들면, 직인 조합원 사이의 연대)와 '유기적 연대'(분업사회에서의 상호 의존)가 그것이다. 그에 따르면, 분업의 확대와 함께 개별성 역시 확대되고 사회적 결집은 점차 구성원들 사이의 유사성보다는 차이를 통해서 실현되었다는 것이다.[6] 퇴니에스(F. Tönnies)가 '공동사회

---

3 연대 개념의 역사와 맥락을 살피는 데 유용한 자료로는 Kurt Bayertz(ed.), *Solidarity*, Kluwer, 1999와 Rainer Zoll, *Was ist Solidarität heute?*, Suhrkamp, 2000(최성환 옮김, 『오늘날 연대란 무엇인가』, 한울, 2008)가 있다. 전자는 1994년 독일 빌레펠트(Bielefeld) 대학에서 열린 '연대' 주제의 학술대회 자료집을 보완한 자료이다. 다양한 분야의 학자들이 기고하였다. 후자는 사회학적인 관점에서 연대 개념의 역사를 다루고 있다. 본고는 이 두 자료, 특히 전자에 수록된 논문들을 주로 참조하였다. 연대와 관련한 방대한 자료 목록이 전자의 부록에 첨부되어 있다.

4 프랑스 혁명 시대에 사용된 '연대' 역시 현대적 의미와는 일정한 거리가 있었으나, 본래의 좁은 법률적 의미를 넘어서기 시작했다고 브루노(Ferdinand Brunot, 1937)는 지적하고 있다. 특히 미라보와 당통 같은 이가 현대적 용법으로 연대란 말을 사용하였다. 라이너 촐, 『오늘날 연대란 무엇인가』, p.3 참조.

5 Auguste Comte, *Discours sur l'esprit positif*, 1844.

6 Émile Durkheim, *De la division du travail social*, Paris, 1960.

(Gemeinschaft)'에서 '이익사회(Gesellschaft)'로의 이행을 논하면서 공동체적 '유대'의 해체 과정을 탐구한 것도 이 시기이다. 콩트, 퇴니에스, 뒤르켐에서 시작되어 현대 기능주의 사회학으로 이어지는 이런 논의는 결국 "한 사회에서 사람들을 결집시키고 그럼으로써 사회를 안정시키는 요인은 무엇인가?"에 대한 논의로서, 오늘날 연대를 거론하는 하나의 중요한 맥락을 형성하게 된다. 여기서 '연대'는 사회 안정과 결집에 기여하는 '도구적 가치(instrumental value)'를 갖는 개념이다.

한편 19세기 중반 사회주의와 조직적 노동운동이 싹트면서부터 정치적 의미의 연대 개념이 등장한다. 프랑스의 경우 블랑(L. Blanc)과 프루동(P.-J. Proudhon)이 대표적이며, 특히 1848 혁명기에 '연대'의 슬로건이 강하게 제창된다. 급기야 1864년 국제노동자연합(International Working Men's Association)은 강령 규약에 '노동자의 연대' 즉 "일국 내 노동자의 연대, 여러 나라 노동자들의 형제적 단결"을 중요한 내용으로 담게 된다. 마르크스는 '연대' 대신에 '연합(Association)'이란 말을 즐겨 사용하였고[7] 굳이 '연대'란 말을 쓸 때는 '노동자의 국제적 연대'의 의미로 사용하였다. 하지만 마르크스도 인터내셔널 헤이그 총회에서 파리 코뮌을 언급하면서 다음과 같이 말한다. "시민들이여, 인터내셔널의 근본 원칙을 생각해 보자. 연대! 삶을 지탱해 주는 이 원칙을 우리가 만국의 모든 노동자 가운데서 확실한 기초 위에 세운다면 우리가 숨겨온 위대한 최후의 목표에 도달하게 될 것이다."[8]

사회주의자들이 연대(노동자 연대)에 큰 의의를 부여한 까닭은 그것이 자본의 착취에 맞서는 무기였기 때문이다. 사민주의자들에게는 파업의 효과를

---

7 "산업의 발전은 경쟁에 의한 노동자의 고립 대신 연합에 의한 혁명적 단결을 가져온다." 「공산당 선언」, K. Marx and F. Engels, *Werke*(MEW) 4, p.474.

위해서 노동자의 연대가 필요했고, 혁명적 사회주의자들에게는 자본주의 타파를 위해 노동자 일반의 연대가 필요했다. 하지만 사회주의자들에게 연대는 단지 투쟁의 수단으로 그치는 것이 아니었다. 연대(연대적 삶)는 동시에 미래 이상사회의 구성 원리이기도 하였다. 당시 사회주의자들 가운데 많은 이가 공산주의 사회를 '연대적' 사회로 규정하였다.[9] 후자의 관점에서 보면 연대는 도구적 가치를 넘어서서 일종의 '본원적 가치(intrinsic value)'를 갖는 개념이 된다. 오늘날 일부 공동체주의자들 역시 '연대'를 이상적인 공동체적 삶의 원리로 간주한다. 이상적 공동체의 구성원이 된다는 것은 그 공동체의 다른 구성원들과 연대의 관계 내지 형제애의 관계를 맺는 것을 의미하기 때문이다. 마르크스의 경우 사회 발전의 과학에 몰두하면서 자본주의 사회에 대한 윤리적 고찰, 혹은 미래 사회에 대한 당위적 고찰은 극도로 피했지만 결국 그의 공산사회 역시 내용적으로 보면 연대의 원리가 구현되는 사회이다.

20세기, 68혁명을 전후하여 등장한 다양한 사회운동(신사회운동, new social movements)에서의 연대 역시 19세기 노동운동과 마찬가지로 공동의 목표(억압구조의 타파)를 이루기 위한 운동 구성원들 사이의 정서적 결합과 상호 협력을 의미하였다. 사회주의 연대와 신사회운동의 연대는, 양상의

---

8 MEW 18, p.161. 19세기 노동운동과 사회주의 운동에서 '연대'란 말이 사용된 맥락은 매우 복잡하다. 이에 대해서는 촐의 책이 자세히 다루고 있다(Rainer Zoll, 앞의 책). 촐의 보고에 따르면, 당시 노동운동에서(특히 독일의 경우) '연대'란 외래어(프랑스어)보다는 '형제애(Bruderschaft)'란 표현이 더 많이 사용되었다. 위의 책, 8장 「이어서 노동자와 노동자 연대가 등장했다」 참조.

9 라살레(F. Lassale)는 공산주의 사회를 "연대적 사회"로 묘사했고, 리프크네히트(K. Liebknecht) 역시 연대를 "최상의 문화적, 도덕적 개념"으로 설명했다. 공산주의는 곧 연대가 구현된 사회라는 것이다. 당시 사회주의자들은 '형제애' 개념 역시 이런 맥락에서 혼용했다. 위의 책, pp.76-77 참조.

차이(자본주의 타파냐, 억압구조의 타파냐)는 있지만 연대 투쟁의 과정에 분명한 적(敵)이 있었고 연대 투쟁을 통해 이루고자 하는 목표(인간 해방)가 보편적인 것이었다는 점에서 공통적이다. 특히 후자의 관점에서 보면 이들의 연대는 기본적으로 '열린(inclusive)' 연대였다.[10]

20세기에 '연대'의 원리는 사회보장정책을 정당화하는 원리로도 자리 잡는다. 복지국가(the welfare state)로 대변되는 각종 사회보장정책은 과거에 이루어지던 빈민에 대한 구제 정책과는 질적으로 다르다. 구제에서는 혜택의 제공자와 수혜자가 위계적으로 구별되며, 구제는 사회적 차별의 철폐를 지향하지 않는다. 반면 20세기에 '연대주의' 혹은 '사회적 연대'의 구현으로 지칭되는 사회복지정책은 제도화된 상호 부조이다. 제도화된 상호 부조의 특징은 수혜자가 시혜자에게 도움을 청하는 것이 아니라 국가와 법에 호소하여 혜택을 받는다. 특히 1950년대에 등장한 사회권(social right) 개념에 따르면 이 혜택은 국가나 사회가 베푸는 시혜가 아니라 시민의 당연한 권리로 간주되기에 이른다. 세금을 통한 혜택의 공여도 법률로 강제된다. 형제애의 유사 개념인 연대 개념이 내포하고 있던 정서적 결합과는 어느 정도 거리가 있다. 하지만 오늘날 '사회적 연대'의 구현으로서의 사회권 쟁취 운동은 매우 중요한 의미를 갖는다. 사회보장이 처음 19세기 영국에서 노동자 공제회의 성격으로 출발하였을 때 그 보장은 공제회 가입자들에 국한된 것이었다. 이에 비해 오늘날 사회적 연대로서의 사회복지는 사회 구성원 전체를 대상으로 하는 보편적 연대라는 점에서도 차이가 있다.

물론 사회보장정책은 두 가지 얼굴을 하고 있다. 한편으로 사회보장정책은

---

10 집단의 공통 이해에서 출발하는 연대 가운데 많은 경우는 '닫힌(exclusive)' 연대이다. 각종 이해집단의 연대가 그렇고 동창회와 같은 사적 모임에서의 연대가 그렇다. 독일의 나치도 연대를 슬로건으로 사용하였다.

체제의 안정을 위해 지배자 편에서 도입되곤 하였다. 독일의 사회보장이 비스마르크에 의해 최초로 제도화된 것만 보아도 쉽게 알 수 있다. 일찍이 아리스토텔레스 역시 사회의 안정을 위해서는 대중이 지나치게 가난해지는 것을 막아야 하고, 이것이 결국 부자에게도 이익이 된다고 언급하고 있다.[11] 하지만 다른 한편으로 사회보장은 인권을 확보하는 투쟁을 통해 획득된 측면이 있다. 20세기에 사민주의자들의 사회권 투쟁이 대표적이다.

(2) '연대' 개념의 세 맥락: 사회통합, 노동연대, 복지

'연대' 개념의 역사를 통해 우리는 연대의 몇 가지 맥락을 추적해 볼 수 있다. '사회통합으로서의 연대', '해방을 향한 투쟁으로서의 연대'(노동자 연대), 그리고 '복지국가 연대'가 그것이다.[12] 오늘날 거론되는 '연대의 위기'도 다름 아닌 이 세 맥락에서 거론되고 있다. 이 세 맥락에 주목하여 연대는 오늘날 어떤 상황에 처해 있는지, 그리고 오늘날 '연대'와 관련된 대표적 쟁점들은 무엇인지 살펴보자.

---

11 "대중을 상대로 한 정치인은 그들의 지나친 빈곤만큼은 막아야 한다. 그러지 않으면 민주주의가 위험에 처한다. 일정 수준의 복지를 유지시켜야 하는데, 이것은 응당 부유한 계급에게도 이득이 되기 때문이다." Aristoteles, *Politik*, Felix Meiner, 1995, pp.226-227. 비스마르크나 아리스토텔레스가 사회적 부조의 필요성을 제기한 것은 연대 개념에 내포된 사람들 사이의 도덕적 의무와는 거리가 먼 개념이다. 엘리트의 입장에서 사회안정을 위한 불가피한 방편으로 도입하자는 논리이다.

12 연대의 개념사에는 이 밖에도 가톨릭 (사상)운동으로서의 연대의 맥락이 있다. 이는 특히 독일의 정치와 복지정책, 그리고 폴란드 노조운동에 영향을 미친다. 가톨릭 운동을 포함한 연대 개념의 복잡한 역사에 관해서는 Rainer Zoll, 앞의 책과 Kurt Bayertz(ed.), *Solidarity*, 그리고 빌트(A. Wildt)가 쓴 'Solidarität' 항목(*Historisches Wöterbuch der Philosophie*)이 도움이 된다.

① 사회통합으로서의 '연대'

연대는 사회를 결속하는 시멘트 역할을 한다. 콩트와 뒤르켐의 '연대' 용법이 그것이다. 그런데 뒤르켐이 '역사적 법칙'이라고 언명한 '기계적 연대'에서 '유기적 연대'(분업의 상호 연관)로의 발전이 과연 연대의 점진적 발전 과정인가에 대해서는 이론이 있다. 이 반론에 따르면 역사 과정은 오히려 연대의 점진적 몰락 내지는 탈(脫)연대의 과정이었다. 일찍이 퇴니에스는 근대화 과정을 공동사회에서 이익사회로의 전환 과정으로 보고 전자를 '실질적' 공존, '살아 있는 유기체', '참된' 공존으로 명명하고 후자를 '형식적' 공존, '기계적 결합', '덧없는' 공존이라 명명하였다. 이는 연대가 상실된 이익사회의 부정적 면모를 드러내기 위함이었다.

오늘날에도 공동체주의자들이 근대화(modernization)를 곧 탈연대의 과정으로 본다. 근대화 과정은 다름 아닌 '개인주의', '시장독재', '도구적 국가관'(국가를 개인들의 목표 달성을 위한 수단으로 보는 관점)이 만연해 온 과정이라는 것이다. 응당 공동체주의자들의 잠재적 목표는 사회적 연대의 재활성화에 있다. '사회를 결집시키는 것은 무엇인가?' 하는 '사실적'(서술적) 탐구의 한계를 넘어 '바람직한 사회 상태인 사회적 결집의 증진을 위해 무엇을 해야 하는가?'라는 '정치 실천적' 차원의 문제 제기라 할 수 있다.

하지만 공동체주의자들의 논의에도 결함이 있다. 많은 경우 이들은 자유주의와 공동체주의를 놓고 이데올로기적 우열을 가리자는 식으로 논의를 전개했다. 하지만 퇴니에스의 '이익사회', 뒤르켐의 '유기적 연대'는 이데올로기적 선택의 문제가 아니다. 뒤르켐이 '역사 법칙'이라고 지적했듯이, 이익사회나 유기적 연대는 사회 발전의 필연적 결과로 등장한 것이고 객관적 사회구조 변동의 산물이다. 그리고 뒤르켐의 논의를 자세히 들여다보면 그가 말하는 유기적 연대는 단순히 분업(분업 내 상호 의존)만을 의미하는 것이 아니라 '자율적 개인들'의 '연대'에 대한 생각을 내포하고 있다. 뒤르켐은 자유주의자들과 공동체주의자들이 상호 대립적으로 옹호한 '개인의 자율성'과 '집단의 연대' 사이에 모순이 있다고 보지 않았던 것이다.

② 노동자 연대

노동자 연대와 관련하여 엥겔스는 노동자들이 동일한 계급적 위치에 있고 따라서 동일한 계급적 이해관계를 가질 것이므로 자연스럽게 연대가 이루어진다고 설명하였다.[13] 이런 설명은 사적 유물론에 입각한 마르크스, 엥겔스의 전형적 설명 방식이다. 하지만 계급 위치가 같고 이해관계가 같다는 것만으로 연대 행동이 설명되지는 않는다. 또 이해관계의 동일성을 근거로 연대 행동에 대한 도덕적 정당화를 할 수 있는 것도 아니다. 노동자들이 동일한 처지(착취)에 놓여 있고 또 억압구조를 타파하는 것이 '정당한' 것이라고 스스로 인식하고 있어도 연대(예를 들면, 파업 참가)를 좌절시키는 많은 요인과 기제가 있다. '무임승차(free riding)' 내지 '수인의 딜레마(prisoner's dilemma)' 상황이 초래되기 십상이고, 이해관계가 같아도 자원과 기회가 부족할 경우 연대보다는 오히려 내부 갈등이 초래되곤 한다. 오늘날과 같은 '고용 없는 성장' 시대에는 그 가능성이 더 커진다. 이에 대한 많은 연구가 있지만 이는 본고의 범위 밖이다.[14] 다만 여기서는 노동운동에서 연대 투쟁이 갖는 도덕적 함축에 대해서만 살펴보기로 하자.

연대 투쟁(예를 들면, 파업)이 예상되는 상황에서 연대 행동의 거부는 한편

---

13 "연대감은 (노동자들이) 계급 위치가 같다는 것을 깨닫는 데서 비롯되고 이런 연대감이 형성되면 만국 노동자를 결집하는 거대한 프롤레타리아 정당이 족히 형성된다." F. Engels, "Zur Geschichte des Bundes der Kommunisten", 1885, MEW 21, p.223.

14 현대 주류 사회과학 방법론인 합리적 선택이론(게임이론)을 활용하여 이 기제 해명을 시도한 예로 분석 마르크스주의자 엘스터(J. Elster), 셰보르스키(A. Przeworski) 등을 들 수 있다.

으로 신중하지 못한 행동(신중한 계산(prudence)의 결여)이다. 왜냐하면 연대 행동의 거부는 곧 공동 이해관계 관철의 포기이기 때문이다. 또 파업의 상황에서 연대 행동(파업 동참)의 거부는 투쟁 목표의 좌절은 물론이고 적(억압 구조와 자본가)을 유리하게 함으로써 결국 동료에게 해를 끼치므로 도덕적으로 비난받아 마땅한 행동이 된다. 게다가 연대 투쟁을 통해 획득된 혜택(노동시간 단축, 임금 개선 등)은 파업 비참가자에게도 주어지는 것이 상례이다. 이는 불공평한(unfair) 처사이다.[15] 한마디로 '연대'는 '무임승차'의 반대 개념이다. 오늘날 사회운동과 변혁을 가로막는 대표적 장애물 중 하나는 사회에 만연된 바로 이 무임승차 심리와 행태이다. 그렇다면 만연된 무임승차를 이겨내는 일, 즉 연대의 문화를 확산시켜 나가는 일은 매우 중요한 사회적 과제가 된다.

공통의 이해관계에서 연대가 야기된다는 논리에 반대하는 철학적 전통이 있다. 이들은 대부분 연대를 도덕적 개념 내지 보편적 의무로 간주하고 그 근거를 '인간 본성'에 호소하여 찾는다. 셸러(M. Scheler)는 상호성, 즉 연대적 본성이 인간 일반에 내재한다고 보았다. 그의 논리에 따르면 연대는 언제나 내부로부터 나오고 이기주의는 언제나 외부로부터 온다. 이처럼 진정한 인간 본성에 호소하여 설명하는 방식은 칸트도 마찬가지다. 그의 보편주의 윤리에서 따르면 '타자의 인격에 대한 존중'이라는 보편적 윤리는 인간 일반에 내재하는 이성으로부터 도출된다. 크로포트킨(P. Kropotkin)을 포함한 대부분의 아나키스트도 'mutuality'를 인간 일반의 본성으로 간주하였다. 이런 형이상학적, 인간학적 입장은 정당화도 어렵지만 무엇보다 현실의 갈등을 설명하는 데 큰 도움이 안 된다.

---

15 스위스에서는 이 경우 파업 불참가에게 벌과금을 물린다. 이를 'Solidaritätsbeitrag (solidarity contribution)'이라 한다.

'핵심적 자아' 따위는 없다고 보는 로티(R. Rorty)는 이런 전통철학의 입장, 즉 '인간성 자체와 동일시되는 연대성의 존재'를 거부한다. 로티는 오히려 현실 속에 있는 구체적 집단의 '우리' 의식이 연대감의 근원이라고 본다. 그에 따르면, 연대는 공통된 인간 본성에 대한 신념을 요구하지 않는다. 오히려 연대는 "전통적 차이(인종, 민족, 종교 등의 차이)를 중요시하지 않는 능력", 오히려 구체적 현실에서 경험되는 "타자의 고통과 굴욕에 대한 감수성"이라는 것이 로티의 주장이다.

> (이제 남은 문제는) 가능한 한 '우리'의 감각을 확장하는 노력이다. … 우리는 주변화된 사람들, 즉 우리가 여전히 본능적으로 '우리'라기보다는 '그들'로 생각하는 사람들을 관심 있게 지켜보아야 한다. 우리는 그들과의 유사성에 주목해야 한다. … 현재보다 더 넓은 연대성의 의미를 '창조'해 나가야 한다.[16]

한편, 노동자 연대의 전통이 여성을 배제해 온 사실에도 주목해야 한다. 촐(Rainer Zoll)의 역사적 고찰에 따르면 일찍이 형제애를 제창한 프랑스 혁명기부터 여성은 연대의 대상에서 제외되곤 했다.

③ 복지국가에서의 '연대'

복지국가는 물질적으로 궁핍한 개인과 집단을 위해 국가가 나서서 재분배를 도모하는 국가 형태이다. 공적인 사회보장도 마찬가지다. 그리고 이를 정

16 Richard Rorty, *Contingency, Irony, and Solidarity*, Cambridge University Press, 1989, p.196.

당화하는 근거가 연대의 원리이다. 복지국가에서의 부조(support)는 상대적 부자로부터 상대적 빈곤자로의 부조뿐 아니라 젊은 세대 혹은 차세대로부터 노년 세대 혹은 구세대로의 부조, 그리고 리스크(예를 들면, 질병, 장애, 실업)와 교육 등에 대한 상호 보장 등 여러 형태로 이루어진다. 복지국가의 특징은 앞서 지적했듯이, 이 부조가 제도화되어 있다는 데 있다. 이제 부조의 수혜자는 동료 구성원에게 부조를 요청하는 것이 아니라 국가와 법에 부조를 요구하고, 부조의 공여자 역시 법에 의해 그 공여가 의무화된다.

사회권(social rights)도 그 권리의 요구가 다른 구성원에게 향해지는 것이 아니라 사회 혹은 국가를 향한다는 점에서 비슷하다. '사회권'은 가난과 곤궁이 개인의 잘못이나 '운명' 때문이 아니라 잘못된 사회구조 때문이라는 18세기 말 이래의 사회정치적 인식과 투쟁의 산물이다.

복지국가와 사회보장에 구현되는 연대는 한 집단 내에서 구성원들 사이에 직접 이루어지는 연대 내지 형제애와는 몇 가지 점에서 차이가 있다. 상대적으로 작은 집단 내에서 이루어지는 부조는 부조 제공자와 수혜자 사이에 심리적 불평등을 야기할 수 있다. 또 수혜자가 제공자에게 정치적으로 반대 의사를 표하기도 어렵다. 한편 복지국가는 상호 부조를 국가가 제도로 확립함으로써 이런 부작용을 막을 수 있다. 이 점은 사회권에서도 마찬가지다. 사회권은 사회 구성원이 요구할 수 있는 당연한 권리이기 때문에 자선(charity)을 구하는 것과는 질적으로 다르다. 한편 복지국가에서는 비대한 관료제의 병폐, 빈곤병 등이 야기될 수 있다. 오늘날 '기본소득(basic income)'이 대안으로 거론되는 배경이다. 복지정책과 관련한 또 하나의 쟁점은 이주(노동)자, 불법 체류자 등에게까지 복지가 확대되어야 하는가를 둘러싼 논란이다.

복지국가나 사회권과 관련하여 '연대'보다는 '정의'의 맥락에서 논의하는 것이 바람직하다는 주장이 있다. '연대'는 특정 집단, 공동의 운명이나 공통의 이해관계를 가진 (상대적으로 작은) 집단 구성원 사이의 관계인 반면, 복지국가와 사회권은 사회 구성원 전체에 해당하는 것이기 때문이다. 바이에르츠(Kurt Bayertz)가 그런 입장이고 롤즈(John Rawls) 역시 마찬가지다. 특히 복지국가를 정당화하는 롤즈의 입론, 특히 '차등의 원칙(principle of difference)'(약자 우선 배려 원칙)은 연대감이나 형제애로부터 도출된 것이 아니다. 롤즈에 따르면, 정의의 제1원칙과 제2원칙은 '상호 무관심한' 원초적 입장의 사람들이 '냉정한 이익 계산'을 통해 합의하는 것이기 때문이다.

3. 연대와 시민권

루케스(Steven Lukes)는 오늘날의 연대의 위기에 대한 해결책으로 시민권(citizenship) 개념을 제시한다.[17] 그의 주장은, 일찍이 마샬(T. H. Marshall)이 제시한 시민권 개념(특히 사회적 연대권)을, 그동안 마르크스주의자들이 외면해 온 주변인(비정규직, 비숙련자, 실업자, 장애인, 홈리스 등)과 소수자(이주 노동자, 불법 체류자 등)에게까지 확대하는 데 초점이 있다. 영국의 사회학자인 마샬은 1950년 『시민권과 사회계층』에서 시민권의 전개 과정을 18세기 민권(civil rights), 19세기 참정권(political rights)에 이어 20세기의 사회권(social rights)으로의 발전 과정으로 설명하면서 특히 사회권(일명 '사회복지권', '연대권')을 중시하였다. 이는 어느 정도의 생활수준과 경제적 안정을 보장받을 권리를 말한다. 그는 사회권이 중요한 이유로 만일 사회권이 확보되지 않으면 민권과 참정권이 허울뿐인 권리로 전락한다는 점을 들었다. 물론 마샬은 마르크스주의와 페미니즘으로부터 공격을 받았다.[18] 여성을 고려하지 않았고 생산수단에 대한 통제 권리로까지 나아가

17 Steve Lukes, 앞의 글, pp.243-272.

지 못했다는 비판이었다. 하지만 당시 영국 노동당 전성기에 그가 제창한 사회권은 인권과 시민권 운동의 역사에서 의미 있는 사건이었다.

루케스는 복지국가가 지난 수십 년 동안 위기를 겪고 있지만 그럼에도 복지국가의 연대 정신은 지켜져야 함을 강력히 주장한다. 특히 신자유주의가 확산되고 시장지상주의가 만연하는 오늘날 복지국가의 연대 원리에 대한 방어는 더욱 절실하다는 것이다. 실질적인 민권, 정치권, 사회권은 자유 행사를 위한 본질적 조건이다. 오늘날은 과거보다도 생산과 고용 체계에서 배제된 더 많은 유형의 사람들이 있고 그 수도 빠른 속도로 늘어나고 있다. 이는 연대 상실의 징표이기도 하지만 동시에 연대의 확산이 절실히 요구되는 배경이기도 하다. 루케스는 시민권이 이주 노동자와 불법 체류자에게도 온당하게 주어져야 하고 더 나아가 이들에게 '문화적 권리'까지 주어져야 함을 역설한다. 사회권에 '문화권(cultural rights)'이 추가되어야 한다는 것이다.[19]

4. 연대와 인정

루케스가 지적하듯이, 배제된 사람들, 소수자, 이민자에게 온당한 시민권을 부여하는 문제, 더 나아가 문화적 권리까지 부여해야 한다는 주장은 지난 20세기 정치철학에서 관심 대상이 아니었다. 오히려 20세기 정치철학의 중심 주제는 분배정의(redistributive justice) 문제였다. 다시 말해서 유럽의 마르크스주의와 사민주의, 미국의 롤즈 모두 재분배 문제에 골몰했던 것이다. 그런데 20세기 후반, 사회적 배제자/소수자 문제, 인종/문화 간 갈등, 다

---

18 Bryan S. Turner, *Citizenship and Social Theory*, Sage, 1993, pp.3-4. http://en.wikipedia.org/wiki/Thomas_Humphrey_Marshall에서 재인용.

19 Steve Lukes, 앞의 글.

문화 사회의 문제가 전면에 부각되면서 새로운 문제가 정치철학의 중심에 등장한다. 다름 아닌 '정체성의 정치학', 즉 '인정(recognition)'의 문제이다. 재분배의 문제가 해결되어서 인정의 문제가 등장한 것은 아니었다. 하지만 진보(정치)운동에 대한 실망, 그리고 새로운 도덕적 감수성의 성숙 등이 배경이 되고, 테일러(C. Taylor), 호네트(A. Honneth) 등의 인정론이 주목을 받으면서 '이제 인정이 핵심 과제 아니냐'를 둘러싼 논의가 진행되게 된 것이다.

정의와 인정은 쉽게 조화될 수 없는 두 범주이다. 실제로 '(분배)정의'를 옹호하는 사람들은 '인정'의 주장을 허위 의식이라고 비판하고, '인정'을 옹호하는 사람들은 정의론(재분배론)을 시대에 뒤떨어진 유물론이요, 사회 속에 존재하는 다양한 부정의에 대한 외면이라고 비판해 왔다. 계급 해방을 목표로 하는 정치와 문화다원주의 사이의 갈등인 셈이다. 정의와 인정은 상호 모순되는 철학적 맥락도 각기 가지고 있다. 전자는 칸트적 'morality'의 전통에 서 있으며 기본적으로 옳음(the right, 보편적 규범)의 문제에 해당하는 반면, 후자는 헤겔의 인륜성(Sittlichkeit)의 맥락에 서 있으며 좋음(the good)과 맥을 같이하기 때문이다. 여기서 말하는 '좋음'은 특정 공동체가 추구하는 가치와 이상으로서 보편화가 불가능하다.

하지만 분명한 것은 현대의 사회문제 해결을 위해서는 정의(재분배)와 인정 모두가 필요하다는 점이다. 프레이저(N. Fraser)는 바로 이런 문제의식 아래 양자를 모두 수용하는 포괄적 정의 개념을 제창한다.[20] 그의 전략은 인정 개념의 변경과 정의 개념의 확장이다. 그가 제시하는 확장된 정의 개념에

---

20 Nancy Fraser, "Recognition without Ethics?", *Recognition and Difference*, Scott Lash et al.(eds.), Sage, 2002.

는 기존 논의의 인정 요구와 정의 요구가 상호 모순 없이 모두 포괄된다. 그는 무엇보다도 인정을 '정체성의 인정'으로 볼 것이 아니라 '참여의 평등'으로 보자고 제안한다. 그에 따르면, 기존의 인정론은 '정체성의 정치학(identity model of recognition)'이고, 새롭게 제안되는 인정론은 '지위 모델(status model of recognition)'이다. 정체성 모델에 따르면 인정은 집단의 (문화적) 정체성을 인정하는 데 초점이 있다. 하지만 지위 모델은 소수자 집단의 구성원들에게 사회적 상호작용의 온전한 참여자(full partnership) 지위를 부여하는 데 초점이 있다.

프레이저에 따르면, 인정의 정체성 모델은 심각한 문제들을 안고 있다. 첫째 사회구조보다 심리구조에 주목함으로써 사회 변혁의 논리가 아닌 사회 적응의 논리로 전락할 위험이 있다. 둘째, '집단' 정체성을 강조함으로써 그 내부 개개인의 정체성을 무시할 수 있다. 셋째, 문화를 고정된 것으로 실체화할 위험 즉 분리주의의 위험이 있다. 넷째, 집단 내 갈등의 동학을 간과할 위험이 있다. 마지막으로, 집단 내 지배집단을 옹호하는 결과를 야기할 수 있다. 특히 이 마지막 문제는 공동체주의자들, 아시아적 가치론자들에게도 상존하는 위험이다. 반면 인정의 지위 모델은 이런 위험들을 극복할 수 있고, 더 나아가 재분배론과 조화될 수 있는 장점(확대된 정의 개념 아래 재분배의 주장과 인정의 주장이 동시에 이루어질 수 있다는 장점)이 있다는 것이 프레이저 주장의 핵심이다. 결국 그녀의 제안은 오늘날 소수자 문제는 그들에게 사회 참여의 동등한 지위를 부여하는 데에서 출발해야 한다는 것이다.

5. 결론에 대신하여: 연대와 대안공동체(주민자치) 운동[21]

본고는 연대 개념의 새로운 정의를 제안하는 데 목적이 있지 않다. 다만 결론에 대신하여, 근자에 우리 사회에 확산되고 있는 '작지만 의미 있는' 연대

운동, 즉 대안공동체 운동, 주민자치운동이 이 시대에 필요한 유의미한 연대 운동임을 제시해 보고자 한다. 필자가 보기에, 대안공동체 운동은 한국 민주주의의 위기와 관련해서 특별한 의미를 갖는다.

(1) 민주주의 위기의 세 국면

한국사회 민주주의의 위기는 크게 세 가지 점에서 지적될 수 있다. 첫째, 신자유주의가 초래하는 사회경제적 민주주의의 후퇴이다. '형식적 민주주의' 역시 위협받고 있지만, 더 심각한 것은 초국적 금융자본이 주도하는 시장만능의 신자유주의 질곡이 사회적 양극화(비정규직 양산과 중산층 붕괴)와 공공 영역의 축소(교육/의료/복지의 축소)를 심화시킴으로써 비롯된 '질적 민주주의'(사회경제적 민주주의)의 후퇴이다.[22]

두 번째로, 민주주의의 위기는 변혁 운동 내부에서도 찾아진다. 자본주의 내지 신자유주의를 넘어서는 대안운동이 제자리를 못 잡고 있는 것이다. 현재 진보개혁 진영(정치권과 운동권)은 변혁의 청사진과 대안 정책을 내지 못하고 분열만을 일삼고 있다. 그 결과 국민적 지지 획득에 실패하고 있는 것은 당연한 일이다.

세 번째로, 개혁의 좌초와 전망 부재 속에서 국민의 의식이 왜곡되고 있다. 생존경쟁에서 이겨야만 한다는 의식이 상식화되었고, 신분 상승의 유일한

---

21 5절의 내용은 민주화운동기념사업회 주최 4·19 50주년 기념 발표회(전북대학교, 2010년 4월 15일)에서의 필자의 발제 내용을 축약하고 일부 수정한 것이다. 이 부분과 관련하여 논문 심사자의 지적(연대 개념과의 연관성 및 학적 분석 부족)이 있었다. 정확한 지적에 감사드린다. 다만 연대운동으로서의 주민자치운동이 향후 한국사회 발전에 매우 중요하다는 판단 아래 향후 연구의 밑그림으로서 부록처럼 첨부한다.

22 신자유주의 세계화가 초래하는 이 문제는 전통적 의미의 노동 착취와 연관된다. 세계적이며 동시에 한국적인 주요 문제로는 이 밖에도 생태계 파괴의 문제, 가부장적 지배구조의 문제, 남북문제 등을 들 수 있다.

통로로 교육과 부동산에 대한 왜곡된 관심이 광범위하게 확산되고 있으며, 계급 이해와 반대되는 근시안적 투표 행위, 종교적 근본주의, 심지어 '박정희 신드롬' 같은 사회병리 현상이 만연하고 있다. 복지국가로의 길이든, 사회주의로의 길이든 민주주의의 도정에 가장 중요한 것은 '연대'의 운동과 문화이다. 그런데 우리 사회에 연대의 문화와는 정반대되는 '무임승차' 심리가 만연하고 급기야 국민의 각종 정치 행위에까지 반영되고 있는 것은 민주주의 발전을 근본에서 흔드는 심각한 문제가 아닐 수 없다.

결국 한국사회에서 현 단계 민주주의 운동의 최대 과제는 이런 난제(객관적 위기, 운동의 위기, 주체적 위기)를 어떻게 극복할 것인가의 문제에 다름 아니다. 이런 상황에서 진보와 개혁 진영이 2010년 6 · 2 지방자치선거, 그리고 2012년 대선/총선을 계기로, 정치적 연대를 모색하고 있는 것은 의미 있는 일이다.[23] 하지만 현재로서는 그 전망이 불투명하다. 정파 간 목전 이해 때문에 보수와 신자유주의에 맞서는 대연합으로의 실질적 합의가 쉽지 않은 것이다.

(2) 새로운 연대운동으로서의 주민자치운동

필자는 이런 위기 상황에서, 최근 일고 있는 '작지만 의미 있는' 사회적 연대운동의 맹아들에 주목하고자 한다. 필자는 다양한 형태로 진행되고 있는 지역의 대안공동체 운동, 주민자치운동(시민자치운동)이 현 단계 한국사회의 민주주의 운동에서 매우 중요한 위상을 갖는다는 생각이다. 첫째로 이런 운동은 그 속성상 시장에의 편입을 거부하는 반(反)자본, 반(反)신자유주의

---

23 같은 맥락에서 녹보적 연대, 혹은 녹보적 평화 연대도 의미 있는 시도이다. 하지만 이는 주로 학자나 지식인 그룹에서 진행되는 논의로 현실 운동이나 정치에까지 논의가 확산되지 못하고 있다.

의 잠재력을 가지고 있다. 두 번째로 주민자치운동은 일상 속에 민주주의를 구현하는 생활 민주주의 운동으로서 그 역량의 축적은 장기적으로 사회 변혁의 무기가 된다. 그리고 무한히 지연되고 있는 변혁과 변혁 이후의 이상적 삶('연대' 사회)을 현 단계에서 예비적으로 구현하는 운동이기도 하다. 세 번째로 사회적 연대운동으로서의 주민자치운동은 가장 소중한 시민교육의 장소로서 현 단계 사회 발전의 걸림돌인 무임승차 심리, 그리고 박정희 신드롬 같은 사회병리가 참여와 실천을 통해 극복되는 장(場)이기도 하다.

이런 대안운동의 양상을 주민자치의 예를 들어 살펴보자. 논의 전개를 위해 이호가 「주민자치 · 주민자치운동의 현황과 과제」라는 글에서 행한 주민자치 유형 분류와 문제점/대안 분석을 따라가 보자.[24] 그에 따르면, 주민자치를 지향하는 지역사회운동의 활동 방식은 크게 두 가지이다. 하나는 지역 주민을 대변하는 활동 방식이고 다른 하나는 주민들을 직접 조직하여 그들이 활동의 주체로 나서도록 하는 주민 주체형 전략이다.

> 전자의 대표적인 활동은 지역사회에서 행정이나 의회의 각종 비리와 주민들의 이해에 반하는 잘못된 정책 등을 들추어내어 이를 지역사회에 여론화시키고 압력을 행사함으로써 그러한 문제들을 하나씩 해결해 가는 방식이다. 그리고 주민들의 입장을 대변하는 후보를 선거에 출마시켜 이들을 통해 지역사회의 각종 의사 결정을 주민들의 입장에서 수행하려는 방식도 이에 해당한다. 반면 후자의 활동 방식은 매우 다양하지만 … 크게 세 가지로 … 나눌 수 있다.[25]

24 이 부분의 논의는 이호의 글을 주로 참고하였다. 이호, 「주민자치 · 주민자치운동의 현황과 과제」, 시민자치정책센터, 『풀뿌리는 느리게 질주한다』, 갈무리, 2002, pp.43-57.

25 위의 글, p.46.

① 주민들의 생활권에 피해를 입히는 사안에 대해 주민들이 조직을 구성하여 압력을 행사하고 이를 관철시키는 활동 방식(쓰레기 소각장 반대투쟁, 철거반대투쟁 등).

② 주민들에게 일상적으로 혜택을 줄 수 있는 프로그램을 운영하면서 주민들을 조직하여 이들이 지역사회의 여러 활동에 참여토록 하는 방식(시민학교, 녹색가게, 주민 도서실, 공부방 등).

③ 주민들이 자발적으로 지역의 제반 생활환경 등을 개선하는 방식(다양한 마을 만들기 사례).[26]

이호가 지적하듯이, 이 유형들은 각각 나름의 문제점을 안고 있다. ①의 경우 "주민들을 결집하는 사안이 즉자적이고 한시적"이어서 그 사안이 해소되고 나면 주민들의 지속적 참여나 영향력은 사라지기 쉽다. ②의 경우 혜택을 제공하는 쪽과 혜택을 받는 쪽이 명확히 갈라지곤 한다. 따라서 혜택을 만들어내는 주도적 입장이 주민 스스로에게서 생기지 않으면 주민자치로서 한계를 갖는다. ③은 "주민들의 자발성과 자치의 원형"에 해당하는 운동이고 주민자치의 실질적 훈련장도 된다. 하지만 이 유형의 운동은 '우리'만을 위한 폐쇄적 공동체 운동이 될 위험성을 안고 있다.[27]

그런데 이호의 이어지는 분석에 따르면, 우리 사회에 다양한 형태의 주민자치운동이 확산되면서 이런 한계를 극복하는 긍정적 사례들이 속속 등장하고 있다. 우선 ① 유형의 경우 즉자적이고 한시적인 활동을 넘어서는 사례들이 있다. 예를 들면, 산본 쓰레기 소각장 건설반대운동이 '군포환경자치시민

26 위의 글, pp.46-47.
27 위의 글, pp.48-49.

회', '수리산 자연학교'의 건설로 이어져 지속적인 주민자치운동으로 발전한 경우가 그것이다. ② 유형의 경우도 혜택 제공자와 수혜자의 이분법적 구도가 조금씩 없어지는 사례들이 생겨나고 있다. 성인 한글학교 졸업생이 교사로 다시 자원봉사하는 사례, 녹색가게에 처음부터 주민 자원봉사자가 참여하는 사례 등이 그것이다. ③의 경우도 소규모 주민 공동체가 폐쇄성을 극복하고 지역사회로 개방되는 사례들이 나타나고 있다.[28] 마포 성미산으로 대표되는 도시와 농촌의 다양한 공동체 운동, 생협운동, 공동육아운동, 대안학교운동, 친환경급식운동, 지역 차원의 대안경제운동 등이 그것이다. 주민들이 실질적인 활동의 주체가 되고 그럼으로써 조직된 주민의 정치적 영향력이 커지는 것은 물론, '우리'만을 위한 공동체 운동이 아니라 이를 넘어서서 '나'와 '우리'의 이해관계를 공공의 이해와 일치시키는 방향으로 나아가는 운동 사례들이다.

이처럼 바람직한 방향으로 나아가는 주민자치운동은 '시민'자치운동의 성격을 갖는다. "자족적이거나 폐쇄적인 모임이 아니라 자신들의 욕구와 지역사회의 욕구를, 지역의 욕구만이 아니라 전체의 욕구를 고려하려고 노력할 때 '사회운동'으로서의 주민자치운동 즉 '시민운동'이 (된다)."[29] 그렇다면 연대운동으로서의 이런 주민(시민)자치운동, 지역의 대안공동체 운동이 현 단계 한국사회에서 갖는 구체적 의미는 과연 무엇인가?

(3) 주민자치운동의 의미와 과제

지역 공동체의 주민자치운동은 민주주의를 일상의 삶 속에서 그리고 나와

---

28 이 새로운 운동 사례는 위의 글, pp.49-53 참조.

29 하승우, 「시민자치운동과 민주주의의 미래」, 시민자치정책센터 지음, 『풀뿌리는 느리게 질주한다』, 2002.

이웃의 삶 속에서 스스로 구현하는 운동이다. 대리인에 의한 간접민주주의로는 민주주의의 이상을 구현할 수 없다. 간접민주주의가 일정한 역할을 하더라도 온전한 민주주의는 나머지 빈 공백을 메울 때 가능하다. 큰 틀의 민주적 제도와 형식을 구비하는 것은 민주주의의 필요조건일 뿐이다. 주민의 삶의 현장인 주거 공동체, 일터, 학교, 그리고 기초단체의 행정 집행 과정에서 민주주의가 구현되어야 하고 삶의 여러 분야인 여성, 아동, 노인, 장애인, 이주 노동자, 교육, 먹거리, 교통, 환경 등 일상의 구석구석에서 주민의 직접 참여에 의한 자치가 이루어져야 민주주의는 완성된다.

두 번째로 지역 공동체의 주민자치운동은 '작지만 의미 있는 연대적 삶'의 구현 운동이라는 점에서 의미가 있다. 연대적 삶은 모든 변혁 운동이 지향하는 이상적 삶이다. 하지만 변혁의 대(大)기획은 무한히 지연되고 있다. 이런 시대에 그람시가 말하는 '기동전(war of maneuver)'의 적기가 오기만을 기다리는 일은 무책임한 일이다. 그 사이에 신자유주의 세계화, 필요가 아닌 이윤을 위한 생산, 환경 파괴, '성장 아니면 죽음(grow or die)'의 시장만능주의, 대기업과 초국적 금융자본의 횡포는 무한 질주하고 읍면동의 작은 지역까지를 단일시장으로 통합하고 있다. 지역 공동체의 주민자치운동은 이런 흐름을 거역하는 반(反)자본의 연대 공동체적 가능성을 내포하고 있다. 시장에 휘둘리지 않고 이윤과 경쟁이 아닌 이웃 배려와 협동의 친환경적 연대의 삶을, '작지만 의미 있는' 형태로 구현하는 운동인 것이다. 거대 담론과 중앙 권력에만 매몰되어 있는 진보운동도 지역의 정치, 특히 지역 공동체의 주민자치운동에 눈을 돌려야 할 때이다.

지역 공동체의 주민자치운동은 변혁의 동력으로서도 의미를 지닌다. 현재와 같은 전 세계적 장기 보수화의 국면에서는 '진지전(war of position)'의 전략, 그것도 다각화된 진지전이 필요한 때이다. 작은 자치 공동체들이 무수히 등장하고 이들의 영향력과 네트워크가 형성될 즈음이면 사회 변혁은 더 쉽게 앞당겨질 수 있기 때문이다.

여기서 일본 '혁신자치체'의 경험을 돌아볼 필요가 있다. 일본에서 근대적 의미의 지방자치는 일찍이 메이지유신 때 시작되었다. 하지만 줄곧 지방 토호 중심의 말뿐인 자치체였고, 특히 제2차 세계대전 이후 성장 일변도의 자민당 독주 정부를 거치면서는 온 지역이 공해병과 심각한 환경오염에 시달리게 되었다. 1960년대 중반 이후 공산당, 사회당이 중심이 되어 환경과 생활, 복지를 지방자치의 핵심 의제로 내걸며 지방자치의 변화(혁신자치체)를 시도한다. 이후 대도시 자치단체장 선거에서 잇달아 승리한다. 당시 이 운동이 성공할 수 있었던 것은 이들이 지방자치의 초점을 생활문제 해결에 모았기 때문이었다. 개발 위주가 아니라 시민의 생활과 복지를 중시하는 쪽으로 정책 기조를 잡았으며 그 결과 대화 집회, 도민실 운영, 심의회 등 주민참여형 행정이 본격 도입되었다. 결국 보수적인 중앙정부도 지자체(도쿄도)가 선도한 조처들을 국가정책으로 하나씩 받아들여 나가게 된다. 지방이 선도해 중앙까지 변화시킨 사례이다. 일본 지방자치연구소 스가와라 연구원은 이를 두고 당시 "자민당이 주도하는 중앙정부를 포위하는 구상"이었다고 평하고 있다. 당시는 공산-사회당과 자치노조(전일본자치단체노동조합)가 중심이 되어 주민 요구 수용에 적극 나섰는데, 이런 흐름은 1970년대의 침체기(오일쇼크, 경제 침체의 여파)를 거쳐 현재까지 이어져 '생활의제'와 '주민참여'에 중점을 둔 지방자치운동, 특히 지역의 시민 네트워크 운동, 지역정당 참여운동으로 계속되고 있다. 스가와라는 "민주당이 반세기 만에 중앙에서 정권을 교체할 수 있었던 건 지역 정당을 배경 삼아 그동안 지방에서 환경, 복지, 교육 등 생활의제를 꾸준히 고민해 주민의 마음을 얻었기 때문"이라며 "주민생활과 가장 밀접한 지방자치는 중앙 권력의 변화를 이끌어낼 동력이라는 점에서 중요하다"고 평하고 있다.[30] 우리 사회에서 진행되고 있는 '풀뿌리 좋은 정치 네트워크' 운동도 동일한 배경과 문제의식에서 이루어지고 있는 사례이다.

현재 우리 사회 민주 발전을 가로막고 있는 중요한 걸림돌의 하나는 만연된 정치적 무관심, 그리고 무임승차, 계급 배반 투표, 박정희 신드롬 같은 사회병리 현상이다. 여론조사를 보면 국민 대다수가 보편적 복지 구현이라는 진보 정당의 강령에 동의하면서도 이를 위한 세금 인상에는 반대하고 있다. 오히려 세금 감면을 표방한 한나라당에 지지 투표를 하고 있다. 수구 세력과 보수 언론이 조작해 낸 강력한 경제 지도자로서의 박정희 이미지에 청년 학생을 포함한 절대다수의 국민이 혹하고 있다. 강남 교육과 강남 부동산의 피해자이면서도 투표 시에는 특권 경쟁 교육, 부동산 투기의 가능성을 암시하는 보수당에 표를 몰아준다. 이런 이율배반의 심리는 정치가 국민의 문제를 해결해 주지 못하고 특히 진보와 민주개혁 세력이 희망을 주지 못하는 데에서 비롯된 것이리라. 또 우리의 교육이 민주시민을 길러내는 중요한 역할을 오래전부터 방기해 버린 결과이기도 하다.

바로 이런 점에서 지역 공동체의 주민자치운동은 시민 스스로 무임승차 심리를 극복하게 하고 박정희 신드롬을 극복하도록 하는 민주주의의 최상의 학교요 교육의 장으로서의 의미도 갖는다. 주민자치운동은 중앙의 정치가 해결하지 못하는 문제를 주민 스스로 해결하는 운동이다. 또 주민자치운동은 처음에 주민의 이익 구현 운동으로 시작하더라도 많은 사례에서 보듯이 내부의 소통과 숙고, 실천과 참여를 거치면서 공공성을 획득하고 나아가 '시민'운동으로 발전한다. 한마디로 시민자치운동이야말로 시민의식 성숙의 장(場)인 것이다. 지역 공동체의 주민자치운동이 시민자치운동으로 그리고 공동체

30 「일본: 지방자치가 정권교체 이뤘다」(일본 지방자치총합연구소 스가와라 연구원 대담), 『한겨레 21』, 2010년 1월 1일자. http://h21.hani.co.krv/arti/cover/cover_general/26431.html.

들의 연대운동으로 발전하기를 기대해 본다. 주민자치를 포함한 사회적 연대운동이 이런 과제를 구현하기 위해서는 무엇보다도 '열린' 연대운동이 되어야 한다. 집단에 국한된 연대는 이기주의에 불과하다. 노동운동도 공동체운동도 이 한계를 넘어서지 못하면 우리에게 희망이 없다.[31]

---

31 이 글은 5·18 기념재단 외 주최, 5·18 민중항쟁 30주년 기념 국제학술대회 "5·18 30년, 새로운 민주주의의 모색"(전남대학교, 2010년 5월 26-28일)에서 초고 형태로 발표된 글을 수정하여 투고한 것이다. 당시 논평자들에게도 감사드린다.

【참고문헌】

시민자치정책센터, 『풀뿌리는 느리게 질주한다: 자치운동의 현재와 미래』, 갈무리, 2002.

한국철학사상연구회 편, 『철학대사전』, 동녘, 1989.

Aristoteles, *Philosophische Schriften* 4(Politik, übersetzt von Eugen Rolfes), Felix Meiner, 1995.

Bayertz, Kurt, "Four Uses of 'Solidarity' ", K. Bayertz(ed.), *Solidarity*, Dordrecht: Kluwer, 1999.

___(ed.), *Solidarity*, Dordrecht: Kluwer, 1999.

Capaldi, Nicholas, "What's Wrong with Solidarity?", K. Bayertz(ed.), *Solidarity*, Dordrecht: Kluwer, 1999.

Engels, Friedrich, "Zur Geschichte des Bundes der Kommunisten", K. Marx and F. Engels, *Werke*, Bd. 21, Berlin: Diets, 1885.

Fraser, Nancy, "Recognition without Ethics?", *Recognition and Difference*, Scott Lash et al.(eds.), Sage, 2002.

Lukes, Steve, "Solidarity and Citizenship", K. Bayertz(ed.), *Solidarity*, Dordrecht: Kluwer, 1999.

Marx, K. and F. Engels, *Werke*(MEW), Berlin: Diets.

___, "Manifest der Kommunistischen Partei", K. Marx and F. Engels, *Werke*, Bd. 4, Berlin: Diets, 1848.

Marx, K., "Rede, über den Haagen Kongreß", K. Marx and F. Engels, *Werke*, Bd. 18, Berlin/Diets, 1872.

Mason, Andrew, "Solidarity", *Routledge Encyclopedia of Philosophy*, Vol. 9, Edward Craig(ed.), London: Routledge, 1998.

Rawls, John, *A Theory of Justice*, Harvard University Press, 1971.

Rorty, Richard, *Contingency, Irony, and Solidarity*, Cambridge University Press, 1989.

Steinvorth, Ulrich, "The Concept and Possibility of Solidarity", K. Bayertz(ed.), *Solidarity*, Dordrecht: Kluwer, 1999.

Wildt, Andreas, "Solidarity: Its History and Contemporary Definition", K. Bayertz(ed.), *Solidarity*, Dordrecht: Kluwer, 1999.

___, "Solidarität", *Historisches Wörterbuch der Philosophie*, Vol. 9, J.

Ritter and K. Gründer(eds.), Darmstadt: Wissenschaftliche Buchgesellschaft, 1996.
Zoll, Rainer, *Was ist Solidarität heute?*, Frankfurt a. M.: Suhrkamp, 2008, 최성환 옮김, 『오늘날 연대란 무엇인가』, 한울, 2008.

자유주의에 대한 현대 윤리학의 제 도전*

허란주

1. 들어가는 말

필자는 이 글에서 근래에 들어 롤즈(J. Rawls)의 자유주의에 대해 제기된 '덕윤리(virtue ethics)', '공동체주의(communitarianism)', 그리고 '보살핌의 윤리(care ethics)'로부터의 비판들과 이에 대한 롤즈의 대응을 분석해 보고자 한다. 자유주의가 단일한 철학사조가 아님에도 불구하고, 필자가 이 글에서 롤즈의 입장에 초점을 맞추는 이유는 그것이 다양한 자유주의의 여러 유파 중에서도 가장 모범적일 뿐 아니라,[1] 더 중요하게는 롤즈의 입장을 비판

* 이 논문은 1997년 한국학술진흥재단의 포스트닥 연구비 지원에 의해 연구되었으며, 『철학연구』 제46집, 철학연구회, 1998에 게재된 것임.

1 어째서 롤즈의 자유주의가 가장 모범적이야에 대해서는 황경식, 「롤즈의 정의론 개요」, 『사회정의의 철학적 기초』, 문학과지성사, 1985와 W. Kimlicka, *Contemporary Political Philosophy*, New York: Oxford University Press, 1990 참조. 킴리카는 다양한 정치철학적 입장을 살피면서 롤즈적인 자유주의가 다른 입장들에 대해 우월함을 체계적으로 보여주고 있다.

의 표적으로 하는 위의 세 가지 입장들이 그 자체로 매우 흥미롭기 때문이다. 이 중에서도 특히 공동체주의와 보살핌의 윤리는 롤즈의 정의론과 불가분의 연관이 있는데, 현대 공동체주의의 시발점이라고 볼 수 있는 샌델(M. Sandel)의 *Liberalism and the Limits of Justice*는 롤즈의 이론을 비판하는 책이며,[2] 보살핌의 윤리는 롤즈의 정의론을 발달심리학에 적용한 콜버그(L. Kohlberg)를 비판하면서 탄생했기 때문이다.[3] 덕윤리의 경우는 단지 롤즈의 자유주의만을 문제 삼지는 않지만, 그들의 의무주의 비판은 롤즈의 체계에도 대체로 적용된다.[4]

필자는 이 글의 논의를 다음의 방식으로 진행하겠다. 먼저 2절에서 '의무론적' 자유주의로 불리는 롤즈의 입장을 간략하게 서술하고, 3절에서는 덕윤리, 공동체주의, 보살핌의 윤리가 문제 삼는 의무론적 자유주의의 주제들을 (1) 탈상황적/탈육체적 자아관, (2) 보편주의, (3) 도덕적 가치의 비도덕적 가치에 대한 우선성, (4) 사회의 중립성, 그리고 (5) 이성의 감성에 대한 우위성의 다섯 가지로 나누어서 이에 대한 비판들을 분석해 보겠다. 4절에서는 롤즈가 제시한 자기 이론의 수정안이 과연 이 비판들을 극복할 수 있는지 살

---

2 M. Sandel, *Liberalism and the Limits of Justice*, Cambridge University Press, 1982 참조.

3 그 시발점은 C. Gilligan, *In a Different Voice: Psychological Theories and Womens Development*, Cambridge, Mass.: Harvard University Press, 1982이다.

4 아리스토텔레스와 흄으로부터 영향을 받은 앤스컴이나 레어드 등은 1940-50년대부터 공리주의와 의무주의를 비판하기 시작했으며, 이러한 경향은 1960년대 이후에 윌리엄스, 푸트, 기치 등 영국 철학자들의 활동이 두르러지면서 강화되었다. 현대에는 미국에서 활발한 논의가 전개되고 있다. G. E. M. Anscombe, "Modern Moral Philosophy", *Philosophy* 33, 1958; J. Laird, "Act-Ethics and Agent-Ethics", *Mind* 55, 1946; P. Foot, *Virtues and Vices and Other Essays in Moral Philosophy*, Berkeley: University of California Press, 1981; P. Geach, *The Virtues*, Cambridge University Press, 1978; B. Williams, *Problems of the Self*, Cambridge University Press, 1973; *Moral Luck*, Cambridge University Press, 1981 참조.

피고자 한다. 결론인 5절에서는 이 논쟁의 의미를 생각해 보고, 그에 입각해 현대 규범윤리학의 새로운 방향 및 의무론적 자유주의의 과제를 제시해 볼까 한다.

2. 롤즈의 의무론적 자유주의

샌델이 '의무론적 자유주의(deontological liberalism)'라고 부르는 롤즈의 입장에서는 옳음이 좋음보다 우선시된다. 이것이 무엇을 의미하는지 이해하기 위해서는 '옳음'과 '좋음'이 각각 무엇인지 규명되어야 할 것이다. 롤즈에게서 어떤 행위가 '옳다(right)'는 것은 "원초적 입장에서 그와 동류의 행위에 적용된다고 인정될 수 있는 원칙들에 부합한다"는 것이다.[5] 즉 옳은 행위라는 것은 원초적 입장에서 합의된 행위 원리에 따르는 행위이다. 이에 반해 '좋음'의 개념은 '삶의 계획'에 의해 결정되며,[6] 한 개인의 구체적이고 개별적인 삶에서 추구되는 여러 다양한 가치들에 다름 아니다. 이렇게 본다면 옳음이 좋음에 우선한다는 것은 원초적 상황에서 모든 사람들이 합의한 정의의 원칙들이 각 당사자의 개별적 가치관에 대해 우선성을 가지며, 행위자의 사적 가치는 정의의 원칙들에 부합하느냐의 여부에 따라 채택/포기되어야 한다는 것을 의미한다.

옳음이 좋음에 대해 도덕적 우선성을 가지는 이유는 정의의 원칙들이 사적인 관점으로부터 독립적이기 때문이다. 현실에서 행위자들은 자신의 사적인 이해관계에 얽매어 있으며, 모든 사람들에게 공정한 원리를 생각하기보다는

5 J. Rawls, *A Theory of Justice*, Cambridge, Mass.: Harvard University Press, 1971, p.111.

6 위의 책, pp.92-93, p.395, p.409.

자신의 이해를 증진시키려는 경향이 있다. 원초적 입장은 이런 문제점을 극복하는, '진정'하게 공정한 출발점을 찾기 위해 고안된 가상적 상황이다. 롤즈가 보기에 이런 공정한 출발점은 당사자들의 구체적인 삶에 대한 지식이 배제됨으로써만 비로소 가능하다. 이런 필요에서 고안된 기제가 '무지의 베일(veil of ignorance)'이며, 원초적 입장의 당사자들은 마치 자신이 무지의 베일을 쓰고 있는 양 생각해야 한다. 따라서 그들은 자신이 사회에서 어떤 지위를 가지게 될지, 어떤 목표를 가지게 될지, 어떤 것들을 원하게 될지, 또는 어떤 것을 필요로 할지 모른(또는 모르는 척해야 한)다. 그들이 알고 있는 것은 일반적인 사실들로서, 그들이 하나의 삶을 살아간다는 것, 좋은 삶을 살기 위해서는 기본가치들(primary goods)이 필요하다는 것, 그리고 그들이 '정의의 여건' 하에 있다는 것뿐이다.

정의의 여건(circumstances of justice)에는 객관적 여건과 주관적 여건이 있는데, 전자는 당사자들의 지적, 신체적 능력이나 삶의 여건들과 같은 행위자들의 객관적 상황에 대한 전제들이다. 이 중에서도 가장 중요한 것은 이들이 모두 원하는 기본가치들이 양적으로 충분하지는 않지만 그것을 확보하려는 행위자의 노력이 저해될 정도로 결핍되지는 않았다는 "적절한 부족 상태(moderate scarcity)"의 전제이다. 주관적 여건에는 행위자들이 모두 하나의 가치관을 가지고 있으며, 지식이나 판단에서 여러 제약이 있다는 것 등이 있지만, 가장 중요한 것은 행위자들이 서로 타인의 이해관계에는 관심이 없다는 "상호 무관심성(mutual disinterestedness)"의 전제이다.[7] 원초적 입장에서의 당사자들은 각자 다른 사람들로부터 인정받을 만한 가치가 있는 "상이한 목적들을 추구하고 그 목적의 만족을 위한 상치되는 요구들을 갖는

---

7 위의 책, p.13,

다."[8] 그리고 당사자들은 자신의 목표 달성에는 지대한 관심이 있지만, 타인의 목적에 대해서는 관심이 없으며, 다른 사람이 자신의 목적에 관심 갖는 것도 원하지 않는다. 따라서 상호 무관심성의 여건 하에 있는 행위자들은 그들 스스로의 고유한 가치관을 선택함에 있어 그 가치관의 내용에 최소한의 제약만을 가하는 원칙들에 합의하려 노력하며, 이러한 원칙들이 바로 정의의 두 원칙들이다.

롤즈의 입장이 '의무론적'인 이유는, 그가 우연적인 행위자의 구체적/개별적 특성들이 도덕성 실현에 방해가 된다는 칸트의 직관을 공유하기 때문이다. 롤즈는 칸트의 이원론적 형이상학을 극복하기 위해 칸트의 '예지계(intelligible world)'에 대한 대안으로 원초적 입장을 제시하지만, 이것은 여전히 "본체적 자아가 세계를 바라보는 관점"이며,[9] 행위자는 이 관점에서 무지의 베일을 씀으로써 자연과 사회적 우연성으로부터 자유로울 수 있다. 이렇게 보면, 원초적 입장에서 선택된 정의의 원칙들은 현대화된 "칸트적 의미의 정언 명령들"에 다름 아니다.[10] 정의의 원칙들은 도덕적 행위자들의 사적 목적과 무관하며, 그들의 자유롭고 평등한 본질에 입각하여 적용되기 때문이다.

3. 자유주의에 대한 비판

롤즈의 의무론적 자유주의를 비판하는 데 있어서 덕윤리, 공동체주의, 보

8 위의 책, p.127,
9 위의 책, p.255.
10 위의 책, p.253.

살핌의 윤리는 몇 가지 공통점이 있다. 그들은 윤리학을 제대로 전개하기 위해서는 현실적으로 존재하는 구체적이고 특수한 인간으로 돌아가 그가 처한 구체적인 상황 및 모습에 근거해서 당위를 말해야 한다는 전제를 공유한다. 그런데 이들에 의하면, 의무론적 자유주의는 탈상황적(disembedded)/탈육체적(disembodied) 자아를 전제함으로써 구체적인 인간이 처한 현실과는 거리가 먼 추상적인 도덕론을 전개하며, 보편성을 지향함으로써 특수한 행위자의 관점을 반영하지 못하기 때문에 극복되어야 할 대상이다. 이러한 공통의 출발점에도 불구하고 구체적이며 현실적인 인간의 어떤 측면을 강조하는가 하는 점에서 이 세 입장은 차이가 있으며, 따라서 의무론적 자유주의에 대해 제기하는 비판의 양상도 다르다. 필자는 아래에서 의무론적 자유주의에 대한 세 입장으로부터의 비판을 다섯 가지 쟁점으로 나누어서 분석하겠다.

(1) 탈상황적/탈육체적 자아

원초적 입장에서 무지의 베일을 쓴 '상호 무관심'한 롤즈적 자아는 자신에게 특유한 모든 구체적이고 우연적인 상황으로부터 한 발 물러서서, 오직 일반적 사실들만에 입각하여, 그 구체적 내용은 아직 모르지만, 자신이 추구하게 될 삶의 목표가 어떤 제약으로부터도 제한을 받지 않게끔 보장하는 궁극적 도덕/사회 원리를 도출하는 데 모든 노력을 경주하게 된다. 이런 자아는 자신의 고유한 가치관, 구체적인 삶의 목표, 자신이 속한 구체적 친밀 관계 및 공동체, 심지어는 자신의 구체적인 감정 및 욕구의 영향으로부터 자유롭다.

덕윤리, 공동체주의, 보살핌의 윤리는 모두 이 자아관을 비판하면서, 우리에게 어느 정도 고정된 정체성이 이미 형성되어 있으며, 이것이 우리의 선택에 지대한 영향을 미친다는 점을 강조한다. 그러나 정체성과 관련하여 그들이 강조하는 요소는 다르다. 우리의 정체성은 우리가 처한 구체적 인간관계, 공동체, 국가, 문화, 전통 등 다양한 환경적 요소들에 의해 형성된다. 필자는 이들을 정체성의 '형성적(formational)' 요소라고 부르겠다. 또 이런 형성적 요소들에 의해 어느 정도 고정화된 정체성은 구체적이며 고유한 자신만의 성품, 가치관, 삶의 계획 등을 포괄하게 된다. 필자는 이 후자를 정체성의 '성분적(compositional)' 요소라고 부르겠다.[11] 이렇게 구분했을 때, 공동체주의와 보살핌의 윤리에서 강조하는 것은 정체성의 형성적 요소이며, 덕윤리에서 강조하는 것은 정체성의 성분적 요소이다. 또 이들이 롤즈적 자아관을 문제 삼는 근거도 다르다. 덕윤리는 의무론적 자유주의가 정체성의 성분적 요소를 간과함으로써, 공동체주의는 의무론적 자유주의가 공동체, 문화, 전통과 같은 형성적 요소를 간과함으로써, 윤리적 삶의 현실을 제대로 반영하지 못한다는 데 초점을 맞춘다. 다른 한편, 보살핌의 윤리는 롤즈적 자아관이 이기주의와 인간소외를 불러올 수 있다는 점을 문제 삼으면서, 정체성의 형성적 요소 중 '친밀 관계'를 강조함으로써 이 문제를 극복할 수 있다고 주장한다. 이제 각 입장에 대해 좀 더 자세히 살펴보자.

① 덕윤리

정체성의 '성분적' 요소들을 강조하는 덕윤리의 관점에서, 의무론적 자유주의의 문제는 행위자가 추상화된 상태에서 합의한 도덕원리를 지나치게 강조하며, 인간이 구체적이고 특수한 삶을 어떻게 영위해야 할지에 대해서는

---

11 물론 이 구분은 절대적이 아니다. 행위자가 공동선의 실현이나 특정한 친밀 관계의 유지를 삶의 중요한 목표로 설정하게 되면, 공동체나 친밀 관계는 '성분적' 요소에 포함될 수 있다. B. Williams, "Persons, Character, and Morality", *Moral Luck*, Cambridge University Press, 1981, pp.16-18 참조.

거의 다루고 있지 않다는 점이다. 물론 롤즈는 행위자들이 무지의 베일을 벗은 후의 삶에 대해 이야기한다. 롤즈에 의하면, 행위자들은 무지의 베일을 벗은 후에는 정의의 원칙들에 의해 규정된 한계 내에서 스스로에게 적합한 '합리적(rational)' 삶의 계획을 선택하여 그에 따라 살아가야 한다.[12] 그러나 문제는 롤즈가 행위자의 구체적 가치관에 대해 논하지 않는다는 것이 아니라, 정의의 원칙들이 항상 개인적인 가치관보다 우선시된다는 점이다.

의무론적 자유주의에서 행위자의 근본적인 욕구가 정의의 원리에 반하는 경우, 행위자는 자신의 최상의 의무인 정의의 원칙들에 부합하기 위해 그 욕구를 버려야 한다. 극단적인 예로서, 다른 사람을 해치고자 하는 강한 욕구를 지닌 사람은 이런 욕구를 포기해야만 한다. 하지만 인생에서는 이런 병리적인 욕구가 아니더라도 정의의 원칙들과 양립 불가능한 욕구들이 있을 수 있다. 그 좋은 예가 윌리엄스(B. Williams)가 제시한 고갱과 같은 경우이다.[13] 자신의 예술적 영감을 실현하는 것이 가족에 대한 의무와 양립 불가능한 경우 의무론적 자유주의에서는 후자를 선택해야 한다고 주장할 것이다. 그러나 이에 대한 판단이 이렇듯 단순하고 명료할 수 있는지에 대해서는 논란의 여지가 있다.

이것은 좀 더 포괄적인 의무주의 전반의 문제와 연계되어 있는데, 의무주의적 전통에서는 다른 사람에 대한 의무를 자기 자신에 대한 의무보다 더 우선시함으로써 행위자 자신을 평가절하(devalue)하는 경향이 있다.[14] 예를 들어 의무주의에서는 행위자가 실수로 다른 사람을 해하는 것은 도덕적으로 그

---

12 J. Rawls, 앞의 책, p.417.

13 B. Williams, "Moral Luck", *Moral Luck*, 1981 참조.

14 M. Slote, "Some Advantages of Virtue Ethics", *Identity, Character, and Morality*, Flanagan and Rorty(eds.), Cambridge, Mass.: The MIT Press, 1990, pp.439-443.

르지만, 행위자 자신이 실수로 자신을 해하는 것은 그렇게 보지 않는다. 또 다른 사람의 고통을 예방할 수 있는데 그러지 않은 것은 도덕적으로 옳지 않지만, 자신의 경우에 그러지 않은 것은 미쳤다거나 비합리적이라고 생각할 수는 있어도 도덕적으로 그르다고 생각하지는 않는다.[15] 긍정적 가치 부여의 경우에도 이런 불균형(asymmetry)이 존재하는데, 다른 사람에게 가치 있는 재화를 더 주는 것은 덜 주는 것보다 도덕적으로 낫지만, 자기 자신이 그것을 더 가지는 것은 덜 가지는 것보다 도덕적으로 낫다고 여겨지지 않는다. 오히려 덜 가지는 것이 도덕적으로 낫다고 여겨진다.[16] 하지만 인간 삶의 가장 근원적인 평가 기준으로서의 도덕판단에 있어서 행위자의 복지나 이해관계에 아무런 긍정적 가치도 부여되지 않는 것은 문제가 있다.[17]

이런 문제들이 발생하는 이유는 의무론적 체계에서는 개인의 구체적인 삶이 부차적인 중요성만 가질 뿐이기 때문이다. 그러나 행위자 개인의 구체적 욕구, 성향, 계획 등이야말로 그의 삶에 실질적 내용(substance)을 부여하며, 그에게 살아남고자 하는 동기를 부여하는 것이다. 이러한 내용이 없다면, 도덕 체계에 대한 옹호를 포함하여, 행위자가 삶에서 추구하는 어떤 것도 의미를 지닐 수 없다.[18] 도덕성의 문제는 우리 삶의 일부분에 불과하며, 삶에 대한 전체적인 조망 속에서 논구되어야 한다. 인간의 현실을 반영하는 윤리학의 출발점은 우리가 현실적으로 몸담고 있는 바로 여기(from now)이며, 우리의 구체적인 근본 계획, 성품, 욕구 및 이해관계 등이 모두 심층적으로 논의되어야 한다.[19] 이 윤리학에서 중요한 근본 문제는 더 이상 "옳은 행위가 무

15 위의 글, p.431.
16 위의 글, pp.433-434.
17 위의 글, p.441.
18 B. Williams, "Persons, Character, and Morality", p.18.
19 위의 글, p.13 참조.

엇이냐?"가 아니라, 포괄적인 "어떻게 살 것인가?"라는 소크라테스의 질문이며,[20] 이 질문에서 출발하게 될 때, 우리 삶을 풍요롭고 인간적으로 만드는 여러 가치들이 비로소 제 가치를 인정받을 수 있다.

② **공동체주의**

공동체주의자 샌델에 의하면, 롤즈의 정의론에 전제된 자아는 "소유의 주체(subject of possession)"로서 그 자신이 인정하는 목적들에 선행한다(prior to the ends which are affirmed by it). 이 자아관에 의하면 자아는 우리가 처한 상황이나 목적, 혹은 다른 사람들과의 관계로부터 독립된 정체성을 가지고 있다.[21] 샌델은 이러한 자아를 자신의 목적을 자유롭게 선택할 수 있다는 의미에서 "자발적 자아(voluntarist self)"[22]라고 부른다. 샌델은 이런 자아에게 자기 지식(self-knowledge)이 불가능하다고 비판한다. 의무론적 자유주의에서 자아의 정체성은 경험 이전에 이미 그 목적들에 선행하여 고정되어 버리므로, 자아는 단지 자신의 목적이 되는 것들을 선택하고 자신이 가진 욕구들의 경중을 측정할 수 있을 뿐, 자아 자체에 대해서는 고찰할 수 없기 때문이다.[23]

샌델에 의하면, 이런 관점은 우리가 처한 선택의 현실을 왜곡하는 것이다. 롤즈는 선택이 단지 어떤 것들을 가장 선호하는지 결정하는 것에 불과하다고

---

20 B. Williams, *Ethics and the Limits of Philosophy*, Cambridge, Mass.: Harvard University Press, 1985, p.6.

21 M. Sandel, 앞의 책, p.55.

22 매킨타이어는 이런 자아를 '정의적(emotivist)' 자아, 그리고 테일러는 '자연주의적(naturalistic)' 자아라고 부른다. A. MacIntyre, *After Virtue*(2nd ed.), Notre Dame: University of Notre Dame Press, 1984, p.31; C. Taylor, *Sources of the Self*, Cambridge University Press, 1989, pp.30-31.

23 M. Sandel, 앞의 책, p.62.

하는데,[24] 이러한 결정은 자아가 어떻게 해서 이런 욕구들을 가지게 되었는가는 논외로 하고, 단지 자아가 그런 욕구들을 현재 가지고 있다는 사실을 단순히 받아들여, 그 강도에 대한 사실적 측정(factual accounting)을 수행하는 것에 불과하다. 그러나 자아가 현재 어떤 욕구들을 가지고 있다는 것은 지극히 우연적이다. 이렇게 우연적인 개인의 욕구에 기반을 두게 되면 도덕적 고려는 "순전히 선호에 입각한 선택(purely preferential choice)"이 되어 버린다. 자유주의적 자아관의 문제점은, 이 입장에 의할 때 자아가 취하는 도덕적 태도나 입장은 결국 궁극적으로 자의적인 개인적 선호(preference)의 표현으로 전락하며, 그것을 정당화할 어떤 합리적 기준도 없게 된다는 것이다. 이런 자아와 그 목적들의 관계는 순수히 자발적(purely voluntaristic)이며, 자아가 한 목적을 다른 것과 바꾸는 것은 기본적으로 자의적(essentially arbitrary)인 과정이다.[25]

그러나 우리가 선택을 한다는 것은 내 욕구들의 강도를 측정하는 것뿐 아니라, 그러한 욕구가 이미 형성된 나의 성품에 적합한가를 따져보는 것도 포함해야 한다. 나는 "내가 무엇을 원하는가?" 뿐 아니라 "내가 진정 누구인가?" 도 묻는다. 그리고 이 후자를 물을 때 나는 내 정체성 자체를 고찰하게 되는 것이다. 구성원들은 성찰(reflection)을 통해서 자아의 구성 요소들에 대한 이해에 도달할 수 있으며, 이것이 바로 자기 지식(self-knowledge)이 된다.[26] 나의 정체성은 어떤 의미에서는 열려 있고 변경 가능하기도 하지만 완벽하게 형체가 없는 것은 아니다. 그것은 우리가 희망하는 것들과 애착을 가지는 것들로 구성되어 있으며, 가족이든, 도시든, 국가든, 개인보다 더 큰 것

---

24 J. Rawls, 앞의 책, p.416, p.551.
25 M. Sandel, 앞의 책, pp.161-165 참조.
26 위의 책, p.152.

으로부터 영향을 받는다.[27] 성품을 어느 정도 고정된 것으로 보는 것(fixity of character)은 의무론적 자아관에서와 같은 자의성을 피하기 위해 필요하며,[28] 선택의 과정에 선행되는 고정된 정체성이 결여된 자유주의적 자아는 자유로운 존재가 아니라 끔찍한 정체성의 위기를 경험하고 있는 존재이다.[29]

③ 보살핌의 윤리

보살핌의 윤리론자들은 의무론적 자아관이 이기주의 및 인간소외를 조장할 수 있다고 우려한다.[30] 물론 롤즈는 자신의 상호 무관심한 행위자들이 이기주의를 전제하고 있지 않다고 명시한다.[31] 롤즈는 상호 무관심성의 전제가 추상화된 원초적 입장의 당사자에게만 적용되는 것이고, 실제의 구체적 행위자들의 특성을 의미하는 것은 아니라고 주장한다. 이 특성은 실제 행위자들의 목적이 무엇이건 간에, 그것을 추구할 수 있는 최대한의 자유를 허용하기 위해 원초적 입장에서 부여된 사고 실험(thought experiment)에 불과한 것이며,[32] 실제 행위자가 무엇을 욕구할지에 대한 선행적 제한은 아니다.[33] 따라서 행위자들이 무지의 베일을 벗고 실제로 돌아왔을 때, 자신이 원하는

---

27 위의 책, p.172.
28 위의 책, p.180.
29 C. Taylor, 앞의 책, p.31.
30 A. Baier, "The Need for More than Justice", *Science, Morality and Feminist Theory*, M. Hanen and K. Nielson(eds.), Calgary: The University of Calgary Press, 1987, pp.48-49; V. Held, *Feminist Morality: Transforming Culture, Society, and Politics*, Chicago: The University of Chicago Press, 1993, pp.186-187; C. Whitbeck, "A. Different Reality: Feminist Ontology", *Women, Knowledge, and Reality*, Garry and Pearsall(eds.), Boston: Unwin Hyman, Inc., 1989, pp.55-58.
31 J. Rawls, 앞의 책, p.13, p.129.
32 위의 책, p.127.
33 위의 책, p.254.

만큼 이타적일 수도 있고 보살핌의 관계를 추구할 수도 있다는 것이다.

이러한 의무론의 옹호에도 불구하고 한 가지 명백한 것은, 의무론적 행위자들에게 보살핌의 관계를 만들고 유지해야 한다는 것은 획일적 의무가 아니라는 점이다. 보살핌의 의무가 발생하는 것은 오직 행위자가 보살핌의 관계를 만들기로 결정했을 때이다.[34] 의무론적 행위자들의 우선적인 의무는 원초적 입장에서 합의한 원리에 따르는 것이며, 이 의무만 완수한다면 베일을 벗었을 때도 다른 사람들에 대해 상호 무관심한 상태로 살아갈 선택의 자유가 있다. 그렇다면, 자원이 풍부하지 않고 경쟁이 만연된 현실에 직면할 경우, 행위자들은 계속해서 서로의 이해관계에 무관심할 가능성을 배제할 수 없다.[35] 또 다른 사람을 보살피는 사람들이 종종 착취당하는 현실에서 사람들은 개인주의적인 삶을 선택할 가능성이 높으며, 따라서 세상은 외롭고, 자살 충동에 시달리고, 자기 삶에 의미를 못 느끼고, 아이들 역시 이런 의미 없는 삶을 살게 될까 봐 자식 낳기를 꺼리는 사람들로 가득 차게 될 수도 있는 것이다.[36]

이기주의적인 개인들의 양산을 우려하는 보살핌의 입장에서는 자아를 원자적이 아니라 '관계적(relational)'으로 봄으로써 이 문제가 극복될 수 있다고 본다. 관계적 자아관에서 모든 사람은 태어나면서부터, 또는 그 이전부터 다른 사람들과의 관계에 속해 있고, 양육에서 사회화에 이르기까지 다른 사람들에게 의존하기 때문에, 인간 삶의 근원적 현실은 우리가 서로 관계 속에

34 G. Sher, "Other Voices, Other Rooms? Women's Psychology and Moral Theory", *Women and Moral Theory*, E. F. Kittay and D. T. Meyers(eds.), Totowa, N.J.: Rowman and Littlefield, 1987, pp.186-187.

35 J. Grimshaw, *Philosophy and Feminist Thinking*, Minneapolis: University of Minnesota Press, 1986, p.166.

36 A. Baier, 앞의 글, p.47, p.49, p.53; V. Held, 앞의 책, p.187, p.212 참조.

존재한다는 것이다.[37] 우리는 살과 피로 이루어진 실제 인간들과의 현실적 관계 속에 존재하며,[38] 이런 과거 및 현재의 여러 관계들은 우리 자아를 구성하는 데 실질적 역할을 담당한다.[39] 이런 관계적 존재론을 근거로 하여 도출되는 당위는 원자적인 자아관에 입각한 그것과 다를 수밖에 없다. 보살피고자 하는 마음이 자연스럽게 발생하는 조건이야말로 "정언적으로 좋은(categorically good)" 인간 조건이라는 전제 하에,[40] 보살핌의 관계를 만들고 유지해야 한다는 것이 가장 중요한 도덕적 명령으로 승격된다.[41]

(2) 보편주의

보편주의에 대한 비판은 특히 보편적 원리에 대한 비판의 형식으로 나타난다. 정의의 원칙들은 시대를 초월하여 이성적인 존재라면 어느 누구에게나 적용되는 보편적 원리이다. 세 입장은 모두 여기에 함축된 보편주의를 비판하는데, 그 강조점은 약간씩 다르다. 덕윤리에서는 보편적 원리가 모든 사람들이 보편적으로 수행해야 하는 의무만을 언급함으로써, 어떻게 하면 구체적이고 특수한 나의 삶을 온전하게 잘 사느냐의 문제에 도움이 될 수 없다는 점을 가장 문제시하고, 구체적이고 특수한 공동체의 문화 및 전통을 강조하는 공동체주의에서는 이런 보편적 원리가 우리가 몸담고 있는 공동체의 특수성을 반영하지 못한다는 것을 비판한다. 한편 보살핌의 윤리에서는 모든 구체적 관계로부터 추상화된 인간을 대상으로 하는 보편적 원리가 친밀한 인간관계에서의 구체적이고 개별적인 상호작용을 제대로 반영할 수 없을 뿐 아니

---

37 N. Noddings, *Caring*, Berkeley: University of California Press, 1984, p.51.
38 V. Held, 앞의 책, p.58.
39 C. Whitbeck, 앞의 글, p.62.
40 N. Noddings, 앞의 책, p.115.
41 위의 책, p.84 참조.

라, 그런 인간관계를 맺는 데에도 도움을 줄 수 없다는 점을 비판한다.

① **덕윤리**

"어떻게 행위할 것인가?"가 아니라 "어떻게 살 것인가?"를 주된 윤리학의 문제로 받아들이는 덕윤리에서는 모든 행위자가 동일하게 따라야 할 보편적 행위 원리를 거부한다. 우리의 삶은 구체적이고 특수한 맥락 속에서 실천적 숙고를 통해서 그때그때 적절한 방식으로 영위되어야 하기 때문이다. 물론 이런 삶이 아무런 지침 없이 자의적으로 영위되어서는 안 될 것이다. 그러나 삶을 풍성하고 의미 있게 사는 데 도움이 되는 것은 보편적이고 추상적인 원리들이 아니라, 특수하고 구체적인 삶을 살아가는 "모범적 인물들(paradigmatic individuals)"이다.[42] 행위자들은 이들의 행위와 삶을 모델로 삼고 이를 모방하려 노력함으로써 더욱 의미 있는 삶을 영위할 수 있다.

이때 도움이 되는 것이 소위 "주먹구구식 규칙들(rules of thumb)"인데, 이 규칙들은 당면한 구체적 사안의 주요한 특성들을 파악할 때에 도출되는 것으로서,[43] 모범적 인물의 행위들을 관찰하고 그러한 사람의 올바른 판단들을 요약하는 과정에서 획득이 되므로, 기본적으로 기술적(descriptive)이다. 이 규칙들이 규범성을 가지게 되는 것은 그들이 얼마나 모범적 인물의 올바른 판단들을 잘 기술하느냐에 달려 있다. 왜냐하면 그러한 판단들이 모범적 인물의 판단 양식을 잘 기술하면 할수록 우리도 그의 모습에 가까워질 가능성이 커질 것이고, 따라서 그와 같이 도덕적이고자 하는 우리의 목표가 달성

---

42 H. Alderman, "By Virtue of a Virtue", *Review of Metaphysics* 36, 1982; A. Cua, "Competence, Concern, and the Role of Paradigmatic Individuals in Moral Education", *Philosophy East and West*, Vol. 42, No. 1, 1992 참조.

43 M. Nussbaum, *Fragility of Goodness*, Cambridge University Press, 1986, p.299.

될 가능성도 높아질 것이기 때문이다. 이 규칙들의 주된 기능은 보통 사람으로 하여금 모범적 인물과 같은 올바른 판단을 내릴 수 있도록 도와주는 것이다.

이에 반해, 보편적 규범 원리들은 구체적이며 개별적인 상황을 넘어서서 최종적 권위로 기능하려 한다. 따라서 이러한 원리들은 원칙적으로 구체적인 상황의 세부적인 사항들을 묘사할 수 없다. 그러나 너스바움(M. Nussbaum)에 의하면 이러한 구체적인 세부 사항이야말로 "윤리적 선택의 주제(the subject matter of ethical choice)"이다.[44] 왜냐하면 윤리적 선택이야말로 구체적이고 개별적인 상황이 전체적으로 파악된 상태에서 이루어져야 하기 때문이다. 그렇다면 구체적 맥락 파악에 도움을 주지 못하는 보편적 원리들은 인간의 윤리적 삶에 별 도움을 줄 수 없다.

사실 덕윤리는 규칙이나 원리에 대해 기본적으로 큰 역할을 부여하지 않는다. 일정한 역할을 담당하는 '주먹구구식' 규칙들조차도 덕윤리에서는 단지 이차적인 역할만 담당할 뿐이다. 주먹구구식 규칙들은 모범적 인물들의 삶을 따르는 데 도움을 주지만, 다른 사람의 삶을 모방하는 데에는 한계가 있다. 왜냐하면 이들의 삶은 하나의 모델에 불과할 뿐이지, 내 삶에서 일어나는 모든 구체적 상황들에 대한 대답을 제시할 수는 없기 때문이다.[45] 모범적 인물들은 무비판적 모방의 대상이라기보다도 우리에게 영감을 주는 존재이다. 우리는 삶에서 딜레마가 일어났을 때 이 상황에서 특정한 모범적 인물이 어떻게 행위했을까를 상상함으로써 도움을 받을 수 있는데, 이것은 하나의 사고 실험(Gedanken experiement)일 뿐이며 모범적 인물이 실제로 어떻게

44 위의 책, p.301.
45 H. Alderman, 앞의 글, p.143.

행위했는가와는 필연적 관계가 없다.[46] 중요한 것은 우리가 모범적 인물들의 정신을 자신의 구체적인 상황에서 창의적으로 재연하는 것이며,[47] 이때 필요한 것은 규칙이 아니라, 행위자의 상상력, 판단력, 감수성 등과 같은 덕성들이다.

② **공동체주의**

공동체주의는 자유주의의 보편주의에 대해서 비판적이지만, 덕윤리나 보살핌의 윤리와는 달리, 원리 자체에 대해서는 비교적 호의적이다. 공동체주의자들 중 보편주의에 대해 가장 비판적인 왈쩌(M. Walzer)는 원초적 입장에서 합리적인 인간이 자신의 구체적 상황에 대해서는 무지한 상태로 기본가치라는 추상적인 가치들을 대상으로 공정한 선택을 한다는 롤즈의 발상에 대해 비판적이다. 왈쩌가 이 입장을 비판하는 이유는 롤즈의 입장이 우리가 속하는 역사, 문화, 공동체의 특수함과 다양성을 반영하지 못하기 때문이다. 우리가 공정성을 추구한다고 해도, 중요한 문제는 "보편적인 상황에 처한 합리적 개인들이 어떻게 선택할 것인가?"가 아니라 "특수한 문화를 공유하는 구체적 상황에 처한 우리 같은 존재들이 어떻게 선택할 것인가?"이다.[48] 우리는 언제나 특정한 문화, 전통, 공동체 속에 존재하며, 여기에는 특정한 가치관이 전제된다. 이렇듯 특수한 가치관이 지배하는 공동체에서 공정한 분배로 여기는 것이 다른 가치관이 지배하는 공동체에도 반드시 적용된다고 볼 수는 없다. 구체성으로부터의 추상을 요구하는 롤즈의 이론은 특정한 가치

---

46 위의 글, p.149; A. Cua, 앞의 글, p.59.
47 A. Cua, 앞의 글, p.60.
48 M. Walzer, *Spheres of Justice: A Defence of Pluralism and Equality*, Oxford: Blackwell, 1983, p.5.

관을 전제로 하는 실제적인 문화 속에서 구체적 개인들이 내린 현실적 선택들을 간과하는 오류를 범하는 것이다.

왈쩌에 의하면, 모든 경우에 모든 사람이 추구하는 가치들이란 없다. 따라서 이런 기본가치들의 분배에 초점을 맞추는 정의의 원칙들도 비현실적이다. 우리의 삶에서는 다른 행위자들에 의해서, 다른 이유에 입각해서, 다른 절차에 따라, 다양한 사회적 가치들이 분배되며, 이에 따라 정의의 원리 또한 여러 가지가 있을 수 있다. 그리고 이런 다양성의 배후에는 바로 "역사적/문화적 특수주의(historical and cultural particularism)"가 있다.[49] 모든 재화의 가치는 그것이 존재하는 사회적 상황에서 도출된다. 예를 들어, 같은 빵이라도, 사회에 따라, 예수의 몸으로, 안식일의 상징으로, 친절함의 수단 등으로 다르게 인식되며, 그것의 분배 양상도 달라질 수밖에 없다.[50] 이렇듯 재화의 의미와 그것의 분배가 전제하는 사회적 다양성이 간과된 상태에서 형성된 보편적이고 추상적인 정의의 원칙들은 실제로는 무용지물에 불과할 수 있다.[51]

보편성을 지향하는 정의의 이론은 더욱 심각하게는 '부정의롭다(unjust)'고까지 볼 수 있다. 인간은 문화를 생성하는(culture-producing) 존재들이며, 이로 인해 다양한 의미를 지닌 문화들이 존재한다. 이러한 다양한 문화 사이에 서열화를 지을 수는 없다. 단지 그들의 특수한 문화들을 존중해 줌으로써만 정의는 유지될 수 있는 것이다. 그러나 철학자들은 모든 문화와 사회를 뛰어넘는 보편적인 가치를 추구함으로써, 구체적인 문화에 발을 디디고

---

49 위의 책, p.6.
50 위의 책, p.8.
51 S. Mulhall and A. Swift, *Liberals and Communitarians*, Oxford: Blackwell, 1992, p.134.

있는 주위의 동료들을 넘어서려고 한다. 그는 구체적인 공동체의 시민의 역할을 벗어버림으로써 자신이 속하는 공동체의 다른 구성원들보다 우위의 지위를 차지하려 한다. 여기에 반민주주의적 요소가 있고 부정의가 있는 것이다.[52] 정의는 공유된 삶의 방식을 구성하는 장소, 명예, 직업, 모든 종류의 대상에 대한 특수한 관점에 뿌리를 둔 것이다. 이런 관점을 넘어서려는 것은 (언제나) 바로 부정의롭게 행위하는 것이다.[53]

③ 보살핌의 윤리

보살핌의 윤리의 가장 극단적인 옹호자인 노딩스(N. Noddings)는 기존 윤리학의 보편주의뿐 아니라 원리주의까지 거부한다. 이것은 근본적으로 노딩스가 다른 사람과의 의미 있는 만남을 윤리학의 가장 큰 주제로 삼기 때문인데, 우리가 타자를 만나는 상황에는 너무도 많은 변수가 작용하기 때문에 절대로 되풀이되거나 보편화될 수 없다. 그러나 보편주의는 사람들의 현실적 만남에는 존재하지 않는 '동일성(sameness)'을 전제하기 때문에,[54] 윤리학의 주된 과제를 수행하는 데 도움을 줄 수 없으며, 오히려 보살핌의 관계로부터 멀어져 객관적이고 형식적인 문제들의 세계로 돌입하게 만들 뿐이다.[55] 또 노딩스가 보기에, 원리는 예외를 인정하지 않고, 사람들을 분리시키는 역할을 한다. "우리는 다른 사람들이 신봉하지 않는 어떤 중요한 원리를 옹호한다고 생각할 때, 위험스러울 정도로 독선적이 된다. 이때 우리는 타자를 무시하고 그가 '우리'와 다르게 다루어져도 된다고 생각할 수도 있다."[56] 더구나

52 M. Walzer, 앞의 책, p.135.
53 위의 책, p.314.
54 N. Noddings, 앞의 책, p.85.
55 위의 책, p.36.
56 위의 책, p.5.

시간이 지남에 따라 우리는 원리를 구성하게 된 감정이나 느낌을 잊거나 억누르게 되어, 단지 원리를 위한 원리의 요구 사항을 만족시키는 데 급급하게 될 위험이 있다.[57]

물론 우리가 보살핌을 실행할 때, 어떤 형태로든 추상적인 규칙들이 개입된다는 것은 부인할 수 없다. 다른 사람을 보살피고자 할 때, 우리는 구체적이고 개별적인 타자 자체에 집중되었던 주의를 거두어들여, "타자로부터 받아들인 사실적인 사항들을 어떻게 하나의 문제로 구체화"할 것인가를 숙고해야 하는데, 이때 추상적인 규칙들이 개입된다. 그러나 이러한 규칙들은 단지 구체적 상황을 단순화하고 수만 가지의 비슷한 문제들이 일어나지 않도록 하여, 보살핌이 실현되는 과정을 용이하게 하는 기능을 할 뿐이다.[58] 이러한 숙고의 과정이 끝나면 우리는 다시 구체적이고 개별적인 것으로 돌아가서 "보살핌의 근본이 되는 관계성에 우리의 객관적 추론을 연결"시켜야 한다.[59]

보살핌 윤리의 옹호자들이 모두 이렇게 원리까지 배격하는 과격한 입장을 채택하는 것은 아니다. 헬드(V. Held)는 모든 종류의 원칙들을 거부하고 어떤 두 경우도 유사하지 않다는 주장은 자의성과 도덕적 혼란을 불러올 수 있다고 경고한다.[60] 보살핌의 윤리에서도 보살핌의 경험을 가치로운 인류의 경험으로 여기는 만큼, 동감과 보살핌에서 오는 판단과 양립 가능한 원리들은 인정해야 한다는 것이다.[61] 하지만 헬드도 정언명법이나 정의의 원칙들과 같이 최고의 권위를 가진 유일하고 보편적인 도덕률은 거부한다. 왜냐하면 각

57 위의 책, pp.26-27.
58 위의 책, p.56.
59 위의 책, p.36.
60 V. Held, 앞의 책, p.75.
61 위의 책, p.35.

각의 구체적 영역과 맥락에 따라 상황이 달라질 수 있기 때문이다. 예를 들어, 같은 비폭력의 원칙이라고 하더라도, 가정 내에서 아이들 간의 폭력, 학교 내에서 학생들 간의 폭력, 사랑을 얻기 위한 경쟁 등, 구체적 맥락에 따라 다른 절차와 내용을 가지게 될 것이다. 따라서 헬드가 받아들이는 일반 원리들은 개별적 영역에만 해당하는 중간 정도의 일반성만을 지니며 맥락과 사람들의 차이에 따라 수정될 수 있다. 이런 일반 원리들의 도덕적 권위는 잠정적(tentative)일 뿐이다.[62]

(3) 도덕적 가치의 우선성: 덕윤리의 비판

옳음이 좋음에 우선하는 롤즈의 체계에서는 도덕적 가치와 비도덕적 가치 간의 구분이 뚜렷하다. 옳음은 원초적 입장에서 합의된 도덕원리를 따르는 것이며, 다른 어떤 가치도 이 원리를 따르는 것보다 더 중요할 수 없다. 물론 이 입장에서 행위자들이 다양한 가치관 혹은 삶의 목적을 추구하는 것은 허용된다. 그러나 거기에는 엄격한 규제가 따른다. 즉 이러한 가치관이나 삶의 목적을 실현함에 있어 정의의 원칙들에 어긋나서는 안 된다는 것이다.

의무론적 자유주의의 도덕적/비도덕적 가치 간의 이분법을 가장 체계적으로 비판하는 것은 덕윤리이다. 덕윤리학자들은 도덕적 가치를 비도덕적 가치보다 우월하게 봐야 할 필연성이 없다고 주장한다. 의무론적 입장에서는 의무에 따라야 한다는 명령을 '정언적(categorical)'인 것으로 보면서 도덕과 무관한 다른 명령들과 구분한다. 도덕적 명령이 정언적인 것은 욕구나 성향 등 우리의 심리적 동기와 무관하게 적용되기 때문이다. 즉 도덕적이어야 한다는 것은 우리가 이성적 존재라는 '객관적' 사실 하나에 입각해서 우리에

62 위의 책, pp.38-40.

게 적용되는 무조건적인 명령이다. 이런 명령에 따라 행위할 때 우리는 '외재적(external)' 이유에 따른다.[63] 이에 반해 도덕과 무관한 명령들은 가언적 명령(hypothetical imperative)이며, 행위자의 성향이나 욕구와 관련된 어떤 목적을 이루기 위해 요구된다. 이렇듯 행위자의 주관적 동기들(subjective motivational set)에 의해 움직여질 때 행위자는 '내재적(internal)' 이유에 따른다.

이에 대해서 덕윤리학자들은 "과연 외재적 이유가 존재하며, 도덕 명령은 정언적인가?"라고 묻는다. 내재적 이유와 구분되는 외재적 이유는 존재하지 않는다는 것이 덕윤리학자들의 입장이다. 우리는 어떤 동기에 의거해서 행위하며, 어떤 특정한 동기에 의거한다는 것은 주관적인 감정적 구조(emotional structure)에 의존함을 의미한다. 이렇게 본다면, "감응성이건, 인내심이건, 상상력이건, 지적 능력이건, 현명함이건, 동감의 느낌이건, 혹은 의지력이건, 우리가 도덕적으로 존중할(esteem) 만한 모든 인간의 특성은 경험적 조건들과, 심리적 역사, 그리고 개인적 다양성에 의해 영향 받는 경험적 특성들일 수밖에 없다."[64] 정언명령을 가언명령과 구분하는 유일한 기준은 전자가 특수한 권위와 필연성을 지니고 있다는 것이지만, 사실 도덕과 무관한 상황에서도 이런 권위와 필연성을 지닌 명령들을 찾아볼 수 있다. 예법(rules of etiquette)이나 특정 클럽의 규칙들이 그 예이다. 이 규칙들은 개인의 욕구나 성향 등의 특수한 사정과 무관하게 객관적으로 적용된다.[65]

---

63 B. Williams, "Internal and External Reasons", *Moral Luck*, 1981 참조.

64 B. Williams, "Morality and the Emotions", *Problems of the Self*, Cambridge University Press, 1973, p.228; M. Nussbaum, 앞의 책, pp.337-340 참조.

65 P. Foot, "Morality as a System of Hypothetical Imperatives", *Virtues and Vices and Other Essays in Moral Philosophy*, Berkeley: University of California Press, 1981, p.160.

도덕 명령이 후자와 다른 이유는 단지 우리가 그것이 중요하다고 느낀다는 데 있으며, 우리가 그런 느낌을 가지게 된 이유는 도덕률의 중요성을 어릴 적부터 엄하게 배웠다는 경험적 사실에 있다.[66]

이렇게 본다면 도덕성이 비도덕적 가치보다 우월하다고 볼 필연성은 없게 되며, 삶에 있어서 '도덕적' 가치 외에 좋은 삶을 구성하는 다양한 가치들을 인정할 수 있게 된다. 또 우리의 성향은 도덕적 가치를 추구하는 데 방해가 된다는 논리도 넘어설 수 있는데, 도덕적 가치를 포함한 모든 가치는 우리의 경험적 성향과 무관하지 않기 때문이다. 의무를 따르고자 하는 '도덕 의지(moral will)'를 포함한 모든 덕성들은 바로 인간이 공동체 속에서 살아간다는 경험적 사실 때문에 필요한 것이며, 인간에게 실질적인 도움이 되는 특성들이다.[67] 물론 '도덕적 의무'로 분류되었던 의무들은 여전히 우리의 삶에서 매우 중요하다. 덕윤리론자들도 자신의 사소한 이익을 위해 의무를 저버리는 경우는 용인하지 않을 것이다. 그러나 우리가 삶을 살아가는 데 있어서 의무보다 더 긴박한 '숙고적 우선성(deliberative priority)'을 지니는 것이 있을 수 있으며, 이것은 타산성(prudence), 자기방어, 미학적/예술적 관심, 혹은 순수하게 자기를 내세우고자 하는 욕구 등 '비도덕적'인 것일 수 있다. 윌리엄스는 이렇듯 "나는 반드시 이것을 해야만 하며 다른 것은 할 수 없다(one must, and that one cannot do anything else)"는 형식을 띠고, 우리 삶에서 가장 높은 숙고적 우선성을 가지는 고려를 "실천적 필연성의 결론(a conclusion of practical necessity)"이라고 부른다. 행위자는 실천적 필연성의 결론에 따라, 의무가 아니라는 것을 알면서도, 자신이 추구하는 독특한

---

66 위의 글, pp.162-163.

67 P. Foot, "Virtues and Vices", *Virtues and Vices and Other Essays in Moral Philosophy*, 1981, p.3.

이상의 실현을 위해 어떤 특출하거나 영웅적인 행위를 반드시 해야만 한다고 느낄 수 있으며, 이 고려는 이 특정한 행위자의 삶에서 어떤 의무보다도 우선성이 있다.[68]

(4) 사회의 중립성: 공동체주의의 비판

사회의 질서를 유지하기 위한 궁극적 원리인 정의의 원칙들은 무엇보다도 개인의 가치관 추구의 자유를 보장하기 위한 것이다. 즉 사회는 정의의 원칙들에 의거해 서로 충돌하는 사회 구성원들의 가치관들을 중재하고 다른 사람의 자유를 침해하는 개인의 특정한 가치관을 배제시킬 권한을 가지고 있긴 하지만, 그 주된 목적은 모든 개인이 자신의 고유한 가치관을 최대한 자유롭게 추구할 수 있게 하기 위한 것이다. 이런 개인 우선성의 또 다른 측면은 자유주의가 강조하는 중립성의 개념에도 반영되어 있다. 만약 사회가 어떤 특정한 이상을 채택하여 공동선으로 내세운다면 이와 양립 불가능한 개인적 이상을 추구하는 개인에게 부담으로 작용할 것이다. 따라서 자신의 가치관을 추구할 개인의 권리를 가장 중요한 것으로 상정하는 자유주의에서 이러한 완벽주의적인 고려는 모두 배제되어야 한다. 사회는 개인의 가치관 추구의 자유를 최대한 확보해 주기 위한 수단적 위치를 점할 뿐이며, 개인의 가치관 형성에 있어서 어떤 영향력도 행사하지 않는 중립성을 유지해야 한다.

의무론적 자유주의의 이 측면을 가장 강력하게 비판하는 입장은 공동체주의이다. 공동체주의자들은 이 점과 관련해서 두 가지 점을 문제 삼는다. 첫째, 의무론적 자유주의는 사실은 중립적이지 않고 특정한 공동선을 전제로

---

68 B. Williams, *Ethics and the Limits of Philosophy*, p.188; E. Pincoffs, *Quandaries and Virtues*, Lawrence: Kansas University Press, 1986, pp.26-27.

한다는 것이다. 테일러(C. Taylor)에 의하면, 어떤 윤리적 입장이건 특정한 '초가치(hyper-good)'를 전제한다. '초가치'란 다른 가치들보다 훨씬 더 중요하며, 다른 가치들의 중요성이 평가될 수 있는 기준을 제시하는 것이다.[69] 롤즈적 자유주의 또한 하나의 초가치를 전제하는데, 이것이 바로 행위자의 자율성이다.[70] 즉 정치적 삶의 영역을 재정비하는 옳은 방식을 제시함에 있어서 자유주의는 인간이 어떤 본성을 지녔고 그런 인간에게 근원적인 가치가 무엇인가에 대한 특정한 전제를 가지고 있다. 따라서 시민의 자율성이 최대한 확보된 상태를 목적으로 하는 자유주의적 사회는 어느 한 사람이 다른 사람의 자율성을 침해하면 제재를 가하는 수동적 역할뿐 아니라, 자율성을 최상의 가치로서 강조하고 사회의 구성원들에게 주입시키는 적극적 역할도 담당한다.

둘째, 의무론적 자유주의는 공동체에 우선하는 개인을 상정하고 공동체가 이들의 가치관 형성에 중립을 지킬 뿐이라면서, 실제로 공동체가 개인의 가치관 형성에 미치는 지대한 영향을 간과하고 있다. 우리가 가진 다양한 목적들은 우리의 우연적 상황을 이루는 가족, 공동체, 국가 등에 의해 부여받은 것이며, 우리가 자유롭게 선택한 것이 아니다. 자유주의적 자아관에서는 우리가 어떤 목적이든지 자율적으로 선택할 수 있다고 하지만, 이것은 허상이다. 우리의 선택은 우리의 일부를 이루는 목적들에 의해 영향을 받으며, 우리의 정체성 또한 우리를 둘러싼 외부적 환경으로부터 독립된 것이 아니다. "내가 누구인가?"의 질문은 여러 사람들과의 상호작용 속에서만 발생할 수 있고 대답될 수 있으며, 정체성은 일정한 역사적 공동체 속에서 공통의 언어를 사용하고 공유되는 여러 관행들에 참여함으로써 형성된다. 이렇게 형성된 정

69 C. Taylor, 앞의 책, p.63.
70 위의 책, p.124.

체성은 우리가 속한 가족, 부족, 도시, 국가, 그리고 민족의 개념까지 포함하며,[71] 내가 물려받은 역사는 나를 이루고, 나는 하나의 전통의 전수자가 되는 것이다.[72] 이렇게 보면 구성원들이 무엇인지를 규정하는 것은 공동체라는 의미에서 공동체는 그 구성원에 선행하며 구성원들의 가치관 형성에 있어 중립적일 수 없다.

(5) 이성의 감성에 대한 우위성: 보살핌 윤리의 비판

의무론적 자유주의에 있어서 가장 중요한 요소는 이성이다. 구체적이고 특수한 감성은 특정한 사람이나 상황에 얽매인 것이고 행위자의 자기 이익을 증진시키려는 욕구와 밀접히 연결된 것으로 여겨진다. 롤즈가 우리의 우연적이며 구체적인 정황에 대한 지식을 배제하는 이유는 이러한 지식이 도덕적 고찰에 포함될 때 행위자들이 이기주의로 빠질 것이라고 우려하기 때문이다.[73]

그러나 감성 자체를 이기주의와 연결시키는 것은 오류이다. 보살핌의 윤리는 감성이 도덕과 관련하여 매우 적극적 역할을 담당한다는 점을 강조한다. 헬드에 의하면 이런 감성의 역할은 적어도 두 가지로 생각해 볼 수 있다.[74] 첫째, 감성의 발달은 도덕성의 전제조건이다. 감성에는 이타적이며 긍정적인 것들도 있는데, 보살핌의 감정, 감정 이입, 동감, 감수성 등이 그것이다. 이런 감성들의 존재는 도덕성 발달의 전제조건이다. 다른 사람에 대해 동감을 느끼거나 관심을 가지지 못한다면, 도덕성이 제대로 발달할 수 없다. 또 감수성

---

71 위의 책, p.35; M. Sandel, 앞의 책, p.172.
72 A. MacIntyre, 앞의 책, pp.220-221.
73 J. Rawls, 앞의 책, pp.139-141, pp.516-517.
74 V. Held, 앞의 책, pp.51-52.

이 예민하고, 감정 이입의 능력이 탁월할수록 도덕적 추론의 능력도 향상된다. 기존의 도덕은 도덕이 감성에도 불구하고 적용되는 의무로 보기 때문에, 행위자의 이기적인 욕구 실현과 관련된 감성에 대한 통제를 강조한다. 하지만 긍정적 감성의 발달을 전제로 하는 보살핌의 윤리는 이런 감성에 기반을 둔 적극적 행위들을 장려한다. 실로 이 입장에서 가장 중요한 도덕적 명령인, 보살핌의 관계를 만들고 유지하라는 명령은 자연적이고 본래적인 보살핌의 감성(natural caring)이 우리에게 있다는 심리적 사실로부터 도출된다.[75]

둘째, 감성은 도덕적 사고에서 중심적 역할을 담당할 수 있다. 이 과정은 헬드가 제시하는 "채식주의자로 변신한 육식주의자"의 예에서 잘 나타난다.[76] 동물에게 불필요한 고통을 주는 것은 옳지 않고, 고기를 부드럽게 하기 위해 송아지를 좁은 우리 안에 가두어서 움직이지 못하게 양육하는 방식이 송아지에게 불필요한 고통을 주므로 금지되어야 한다는 생각에 동조하지 않던 육식주의자가 있다고 해보자. 어느 날 그가 그런 상태에 놓인 송아지를 직접 목격하여, 그 상황에서 벗어나기 위해 안간힘을 쓰는 동물에게 동정심을 느끼고, 이런 상태로 동물을 사육해서는 안 된다는 판단을 내리게 되었다면, 그 판단은 행위자의 기존 도덕 신념이 아닌, 구체적인 상황에서 느낀 감정에 의해 형성되었다고 볼 수 있다. 또 다른 예는 재거(A. Jaggar)의 "금지된 감정(outlaw emotion)"이다.[77] 이것은 기존 체제를 유지하기 위해서 지나친 희생을 강요당하는, 종속된 지위에 처한 개인들이 자주 느끼는 비관습적인 감정이다. 사회의 관습에 의해 너무도 자주 배제되거나 부정적인 영향을 받

75 N. Noddings, 앞의 책, p.84.
76 V. Held, 앞의 책, p.27.
77 A. Jaggar, "Love and Knowledge", *Women, Knowledge, and Reality*, Garry and Pearsall(eds.), 1989, p.144.

게 되는 행위자들은 분노나 공포를 느끼게 된다. 이런 감정들은 처음에는 자신의 기존 도덕 신념들과 부합하지 않으므로 행위자는 당혹감이나 공허함을 느낄 수 있다. 따라서 이런 감정에 입각한 판단을 전체 사고 체계에 어떻게 정합적으로 끼워 넣는가는 좀 더 시간을 요하는 일일 수 있으며, 개중에는 전체 신념 체계를 유지하기 위해 이런 판단을 거부하는 경우도 있을 것이다. 그러나 만약 이런 감정을 근거로 하여 행위자가 자신의 전체 신념 체계에 근본적인 수정을 가한다면, 감성이 도덕적 사고에서 견인차적인 역할을 한 예가 될 수 있을 것이다.

4. 롤즈의 대응

의무론적 자유주의는 위의 비판들을 극복할 수 있을까? 필자는 롤즈의 *Political Liberalism*(1993)을 참조해서 이 문제를 살펴보겠다.[78] 롤즈가 이 책에서 의도하는 바는, 자신이 1971년에 제대로 다루지 못한, 공정성으로서의 정의관을 채택한 사회가 어떻게 안정적(stable)일 수 있느냐의 문제를 해결하는 것이다.[79] 민주 정체의 구조상 그 구성원들은 서로 상충될 수도 있는 다양한 "포괄적 신조들(comprehensive doctrines)"[80]을 추구하며, 롤즈는 이를 "합당한 다원주의의 사실(the fact of reasonable pluralism)"이라고

---

78 J. Rawls, *Political Liberalism*, New York: Columbia University Press, 1993.

79 위의 책, pp.xv-xviii.

80 어떤 도덕적 관념이 '포괄적'이기 위해서는 인간의 삶에서 가치로운 것이 무엇인지, 이상적인 인격이 무엇인지, 바람직한 형태의 우정과 가족적 관계는 무엇인지 등, 우리의 삶 전체의 맥락에서 행위의 지침이 되는 것들을 포함해야 한다. 즉 포괄적 관념이야말로 바로 행위자의 구체적/특수한 삶의 맥락을 반영하는 것들이다. 롤즈는 민주 정체의 모든 시민들이 특정한 포괄적 신조를 지지함을 인정하지만, 정치관은 그들과는 독립적(freestanding)인 것으로 본다.

부른다.[81] 만약 공정성으로서의 정의관을 포괄적인 신조의 일종으로 이해한다면 구성원들 모두가 이를 채택하리라고 기대할 수 없으며, 따라서 사회의 안정도 기대할 수 없다. 롤즈가 보기에, 민주 정체가 합당한 다원주의를 유지하면서도 안정적일 수 있기 위해서는, 공정성으로서의 정의관을 새롭게 규정하는 것이 필요하며, 그것이 바로 공정성으로서의 정의관을 포괄적 신조가 아닌 하나의 "정치관(political conception)"으로 이해하는 것이다.[82]

공정성으로서의 정의가 하나의 '정치적(political)'인 관점이라는 것은 무슨 의미인가? 그것은 세 가지를 의미한다. 먼저, 그의 이론은 정치적, 사회적, 경제적 제도 및 그들의 통합된 체계와 같은, 사회의 '기본구조(basic structure)'에만 적용되는 것이다.[83] 둘째, 그의 이론은 포괄적 신조(comprehensive philosophical doctrine)가 아니라 하나의 특정한 정치관(a specifically political conception)일 뿐이다.[84] 셋째, 이것은 롤즈 개인의 철학적 작품이 아니라 "하나의 민주주의 체제(a democracy)"에서 묵시적으로 공유되는 직관적 관념들을 체계적으로 엮어놓은 것에 불과하다.[85]

이 공동체의 '시민(citizen)'들이 개인적으로 추구하는 다양한 포괄적 신조들이 서로 충돌할 수 있음에도 불구하고 민주 정체가 안정적일 수 있는 이유

81 J. Rawls, *Political Liberalism*, p.xvii, pp.36-37. 여기서 '합당한(reasonable)'이란 수식어는 중요한데, 이 다원주의는 단지 공동체의 구성원들이 다양하고 때에 따라서는 충돌되는 협소한 관점(narrow points of view)을 가진다는 점을 지칭하는 것이 아니다. 구성원들이 추구하는 여러 관점들 중에는 편견이나 이기심을 넘어선, 합당한 포괄적 신조들(reasonable comprehensive doctrines)이 다수 존재하며, 롤즈는 바로 이들에 초점을 맞춘다(위의 책, p.xvi). 그런데 이런 합당한 이론 체계들이 다양하게 존재한다는 것은 극복되어야 할 인간 조건의 한계가 아니라, 오히려 우리의 선택안을 넓혀준다는 의미에서 인간 조건을 풍요롭게 해준다.

82 위의 책, p.xiv, p.xix, p.7.

83 위의 책, p.11, p,175, p.223.

84 위의 책, p.12, p.40, p.140, p.144 이하, p.175.

85 위의 책, p.13 이하, p.175, p.223.

는, 시민들이 공통으로 받아들이는 최소한의 시민적 공유 의식이 있기 때문이며, 롤즈는 이것이 바로 하나의 정치관으로서의 정의관에 의해 제시된 바라고 본다.[86] 시민들이 이런 최소한의 "공적인 정치적 이성(public political reason)"에 따른다면, 그들이 구체적인 삶에서 어떤 포괄적, 철학적 인간관을 채택하든 그것은 그들의 자유이다.[87] 롤즈는 공적으로 인정된 이 관점은 자신이 개인적으로 만들어낸 철학관이 아니라, 하나의 민주주의 사회의 공적인 정치 문화(public political culture)에 잠재돼 있는 의식임을 명백히 한다.[88] 그러나 롤즈는 이것이 단지 기존 사회의 구성원들이 다양한 이해관계 간의 충돌을 피하기 위해 받아들이는 일시적 타협(modus vivendi)에 불과한 것은 아니라고 본다. 이는 도덕적으로도 정당화되는 관점인데, 그것은 합의의 대상이 도덕적 관념인 정치적 정의관이며, 구성원들이 그것을 승인하는 근거도 시민관이나 정의의 원칙들과 같은 도덕적인 관념들의 합당성이기 때문이다.[89]

롤즈의 이론을 이렇듯 '정치적'인 것으로 재규정하면, 앞서 제기된 비판들이 극복될 수 있을 것인가? 이에 대한 필자의 대답은 대체로 그렇지 않다는 것이다. 필자는 롤즈의 새 이론이 이전 이론과 크게 다르지 않으며, 따라서 이 비판들은 극복될 수 없다고 생각한다.

우선 그의 이론이 탈상황적/탈육체적 자아관을 전제하며(비판 1), 이 자아관은 이성주의적이라는 비판(비판 5)은 롤즈가 시민들에게 비정치적인 삶의 차원을 인정함으로써 해소될 수 있을 듯이 여겨진다. 삶의 비정치적인 측면

---

86 위의 책, pp.29-35.
87 위의 책, p.9.
88 위의 책, p.175, p.223.
89 위의 책, p.40, pp.146-147.

에서 시민들은 특정한 공동체 및 친밀 관계에 속해 있고, 보살핌이나 애정 등의 감정에 따라 행위하며, 자신의 구체적 성품에 근거하여 특정한 포괄적 가치관을 얼마든지 추구할 수 있기 때문이다.[90] 하지만 필자가 보기에 문제는 여전히 남는다. 사실 롤즈는 1971년에도 탈상황적/탈육체적 자아는 원초적 입장에서만 적용되는 사고의 실험에 불과하며, 실제 우리의 삶에서는 무지의 베일을 벗고 자신의 구체적이며 특수한 모습을 되찾아야 한다는 점을 명백히 했고,[91] 현실적인 삶에서 어떤 방식으로 살아가야 하는지에 대해서도 제한적이나마 설명했다.[92] 문제는 삶의 비정치적인 측면에 대한 롤즈의 논의가 지극히 부차적인 것에 불과하며, 행위자가 감성에 근거하여 친밀 관계를 추구하는 것이나 구체적인 삶의 계획을 추구하는 것은 언제나 이성적인 과정을 통해서 도출한 정의의 원칙들에 종속적이라는 점이다. 롤즈가 자신의 이론이 정치적인 차원에서만 적용되는 것임을 명백히 한 점은 인정되지만, 그는 여전히 비정치적인 차원에 대한 논의를 소홀히 하고 있다.

이와 관련된 또 다른 문제는 롤즈의 이론이 인간 삶의 '정치적/비정치적' 구획을 전제함으로써 도덕적/비도덕적 가치 간의 이분법적인 서열을 그대로 유지한다는 것이다(비판 3). 롤즈적 사회에 살고 있는 시민은 정치적/비정치적 삶의 영역 간에 뚜렷한 구분을 받아들임으로써, 적어도 정치적 영역에서는 반드시 개인적 삶에 의미를 부여하는 포괄적인 도덕적/종교적 신념들을 '유보'시키고(suspend or bracket) 최소한의 공적 의식에 입각해야 한다. 그러나 정치적 영역과 비정치적 영역의 구분이 그렇게 뚜렷한 것은 아니다. 사회의 기본구조와 관련된 행위도 여전히 개인의 행위이며, 예를 들어, 기업을

90 위의 책, p.10, pp.27-28, pp.30-31 참조.
91 J. Rawls, *A Theory of Justice*, p.127, p.254.
92 위의 책, p.417 참조.

꾸려나가는 경제적 행위가 불가피하게 기업인의 사적인 삶과 연관되어 있듯이, 두 영역은 중복될 수 있다. 그렇다면 문제는 여전히 남는다. 만약 행위자가 가치 있게 여기는 포괄적 신념이 정치적 이성과 충돌하는 요구를 할 때에는 어떻게 할 것인가? 정치적인 요구를 비정치적인 요구에 무조건 우선시하는 롤즈의 입장은 여전히 행위자의 구체적인 삶의 문제에 종속적인 가치만 부여할 뿐이다. 이런 개인에게 정치적 자유주의는 정신분열증적인 결단을 요구한다고 볼 수 있다.[93]

롤즈의 새 이론은 보편주의의 비판(비판 2)을 넘어설 수 있을 듯싶은데, 그 이유는 롤즈의 이론이 하나의 민주주의 사회의 공적인 정치 문화에 기반을 둔 것이며, 어느 사회에나 적용될 수 있는 보편적인 것이 아니기 때문이다. 그러나 이것도 첫인상에 근거한 판단일 뿐이다. 롤즈가 한 민주주의 사회의 공적인 정치 문화의 개념을 도입한 것은 자신의 입장이 보편적/추상적이라는 공동체주의의 비판을 넘어서기 위한 것이었으나, 그는 정의관을 옹호하는 데 있어서 일시적 타협(modus vivendi)일 수도 있는 구체적 사회의 현실적 합의가 아니라, 그것을 넘어서 바람직한 민주주의 사회 무두가 받아들일 만한 도덕적 정당화를 요구함으로써 여전히 보편성/추상성을 추구하고 있다. 이 점에서 롤즈는 자신의 이론을 단순한 서구 자유주의 이데올로기의 산물로 볼 것이냐, 그것을 넘어서 보편적 철학적 입장으로 볼 것이냐와 관련해서 갈등을 느끼는 듯하다.[94]

아마 롤즈가 자신의 이론을 정치적으로 재규정함으로써 넘어설 수 있는 비판은 사회는 중립적이 아니라는 공동체주의 비판(비판 4)일 것이다. 롤즈는 자신의 입장이 개인적인 철학이론이 아니라 하나의 민주주의 사회에 내재된

---

93 S. Mulhall and A. Swift, 앞의 책, p.208.
94 위의 책, p.189.

관념이라면서, 그것이 하나의 특정한 공동체를 전제한다는 점을 명백히 한다.[95] 이 공동체는 투명한 정치체제의 이상을 추구하며, 시민들은 이 사회 내에서 모든 시민들의 자유와 평등을 보존할 수 있는 사회제도와 관행들을 유지하기 위해 공동의 노력을 경주한다. 롤즈는 이 공동체의 역사를 이루는 모든 포괄적 사고 체계들이 이 공동체의 배경 문화(background culture)를 이룬다는 것과, 이 배경 문화가 구체적인 개인들의 정체성, 사고방식이나 가치관 등에 영향을 준다는 점을 인정한다.[96] 그가 옹호하는 정치적 구조들은 바로 이런 배경 문화를 전제로 하고 있으며, 따라서 모든 가치관들에 대해 중립적이지도 않다. 이런 사회에서는 정치적 자유주의와 양립 불가능한 포괄적 가치는 승인될 수도 유지될 수도 없을 것이기 때문이다.

5. 윤리학의 새로운 지평

이 논의에서 살펴본 결과, 의무론적 자유주의는 그 옹호자나 비판자 모두를 만족시킬 수 없는 어정쩡한 상태에 놓이게 되었다. 많은 사람들이 의무론적 자유주의에 매료되었던 이유 중 하나는 그것이 지향하는 이상의 보편성이었다. 그러나 이런 이상이 보편적이지 않다는 것을 롤즈조차 시인한 상태에서 의무론적 자유주의의 매력은 반감되었는지도 모른다. 다른 한편, 의무론적 자유주의는 그 개선의 노력(?)에도 불구하고 여전히 구체적이고 개별적인 인간의 삶을 간과하고 있다. 바로 이 점에서 의무론적 자유주의는 그 비판자

---

95 물론 이 입장은 합당한 다원주의의 사실을 전제하기 때문에, 샌델이나 매킨타이어가 허용하는, 모든 구성원들이 공동으로 추구해야 하는 포괄적 이상을 용인하지는 않는다. 위의 책, p.42 참조.

96 J. Rawls, *Political Liberalism*, pp.13-14 참조.

들도 만족시키지 못하고 있다. 그렇다면 의무론적 자유주의에 회생의 가망은 없는 것일까? 의무론적 자유주의는 결국 극복되어야 하는가?

이에 대한 필자의 답은 부정적이다. 의무론적 자유주의는 분명 서구 민주주의라는 특정한 배경 문화를 전제로 하고 있고, 따라서 태생적으로는 보편적이지 못하다. 하지만 이것이 자유주의가 최상의 가치로 제시하는 인간의 자유가 보편적인 이상이 되어서는 안 된다는 것을 의미하지는 않는다. 이 보편적 이상이 특수한 여러 공동체 속에서 어떤 방식으로 실현될 것인가는 계속해서 논구되어야 할 것이지만, 자유의 보편적 가치는 자유가 박탈된 상태에서 고통을 겪는 수많은 사람들을 생각한다면 어쩌면 당연한 것인지도 모른다. 물론 이것은 유일한 가치는 아니다. 인간이 추구할 만한 가치는 자유 외에도 훨씬 다양하며, 실로 우리는 구체적인 삶 속에서 최대한 많은 가치들을 실현하도록 노력해야 할 것이다. 하지만 이런 다양한 가치들이 서로 상충될 가능성은 항상 존재하며, 이 가치들을 추구하는 사람들 간의 충돌도 상존한다. 이때에는 이런 충돌을 해소할 수 있는 정치적 기준이 필요하며, 정의의 원칙들과 같이 인간의 자유를 보존하려는 공적 원리가 적어도 정치적 영역에서는 우선적이어야 하는 이유가 여기에 있다.

그러나 의무론적 자유주의는 현재 그대로의 모습으로 유지되어서는 안 된다. 우리의 삶에 있어서 개인적이며 '비정치적'인 영역은 '정치적' 영역 못지않게, 아니 어쩌면 그보다 훨씬 더 중요하며, 의무론적 자유주의가 이 측면을 간과했다는 것은 부인할 수 없는 사실이다. 우리 삶에서 사회의 다른 구성원들과 상호작용하며 살아가는 공적인 측면이 중요하기는 하지만, 그것이 우리 삶 전체를 포괄하는 것은 아니다. 삶에는 나 자신에게 고유한 측면들이 있으며, 내가 어떤 가치관을 가지고, 어떤 사람들과 관계를 맺고, 어떤 방식으로 살아갈 것인가의 문제는 공적인 측면 못지않게 중요하다. 덕윤리, 공동체주의, 보살핌의 윤리의 진정한 가치는 바로 개인의 삶이 윤리학에서 매우 중요하다는 것을 설득력 있게 보여줌으로써, 규범윤리학의 새로운 방향을 설정했다는 데 있다. **이제 규범윤리학은 삶의 공적인 영역에만 논의를 국한할 것이 아니라, 개인적인 영역까지 포괄하여, 좀 더 풍부한 나의 삶의 의미를 포착해야 한다.** 이에 의무론적 자유주의는 더 이상 롤즈의 체계 내에 머물지 말고, 그에 의해 제시된 거시적 체계와 정합적인 방식으로 구체적 삶의 문제를 탐구해야 할 것이다.

죄수의 딜레마에 대한 해법으로서의 정부*

박종준

1. 서론

죄수의 딜레마에 대한 유력한 철학적 직관들이 철학사에 존재함에도 불구하고 그것은 철학 내에서 충분히 논의되지 않았다.[1] 현대에 들어서, 죄수의 딜레마는 수학과 경제학 그리고 생물학 등의 영역에서 주로 논의되고 있으며, 제도와 사회적 규범들을 다루는 정치학에 활발히 적용되어 많은 현상들을 설명하고 있다. 철학적 논의에서 죄수의 딜레마는 문제를 해결하기보다는 만드는 쪽에 가까웠으며, 특히 사회계약론적 전통에서는 그것이 마땅히 충분하게 다루어졌어야 하는데도 그렇지 못했다.[2] 이런 이유 때문에 죄수의 딜레마는 아직 철학적 탐구의 가치가 있는 미개척지이다. 그리고 홉스와 흄

---

* 이 논문은 『철학』 제109집, 한국철학회, 2011에 게재된 것임.

1 우리는 철학사에서 죄수의 딜레마와 같은 상황에 대한 논의의 기원을 플라톤(*Republic*, 358e-359b)에서 찾아볼 수 있다. 소크라테스의 반박을 기대하면서, 글라우콘은 정의(justice)의 기원을 말하고 있는데, 여기서 정의는 죄수의 딜레마적인 상황에 대한 하나의 해법으로 제시된다.

은 죄수의 딜레마에 대한 연구의 훌륭한 출발점이다.

죄수의 딜레마에 대한 홉스와 흄의 논의는 인간이 처해 있는 상황에 대한 진단으로부터 시작한다. 홉스적 상황과 흄적 상황에서는 서로 다른 게임이 연출되고, 게임이 다른 만큼 해법 또한 다르다. 먼저, 홉스적 상황은 합리적이고 이기적인 개인들이 자신의 소유를 지키기 위해 경쟁하는 '자연상태'이다. 반면, 흄적 상황은 공동 이익의 추구가 문제되는 공동체 내에서의 상황이다. 이러한 상황의 차이로부터 상이한 딜레마 게임이 연출되는데, 홉스적 상황에서는 전형적인 죄수의 딜레마 게임(prisoner's dilemma game: 이하 PD 게임)이 벌어지고, 흄적 상황에서는 조정 게임(coordination game)이 연출된다. 딜레마에 대한 해법으로서 홉스는 정부를, 그리고 흄은 관습(convention)과 정부를 제시한다. 흄의 해법이 두 가지인 것은 딜레마 게임이 두 개의 다른 맥락에서 벌어지기 때문이다.

이 논문의 목적은 게임이론을 통하여 죄수의 딜레마에 대한 홉스와 흄의 입장을 비교, 분석하고, 그들이 제안한 해법을 비판적으로 논의하는 데 있다. 필자는 먼저 『리바이어던』에서의 자연상태를 PD 게임으로 재구성하고, 이에 대한 홉스의 해법에 내재하는 논리적인 난점을 보일 것이다. 그리고 죄수의 딜레마에 대한 흄의 진단을 살펴보고, 흄의 논의가 홉스의 논의에 대해 갖는 비교우위를 드러내는 동시에 흄의 논의가 갖는 난점을 드러낼 것이다. 마지막으로 필자는 죄수의 딜레마에 대한 양자의 해법을 비판적으로 논의할 것이다. 이러한 논의의 결론에서, 죄수의 딜레마에 대한 해법으로서 정부라는 사회적 장치의 도입에는 심각한 논리적인 문제가 존재한다는 것이 드러날 것이다.

---

2 고티에가 거의 유일한 예외이다. 그의 연구는 '도덕(moral)'과 '이익advantage)' 사이의 독특한 관계를 죄수의 딜레마로 보고 시작된 것이다. David P. Gauthier, *Morals by Agreement*, Oxford University Press, 1986.

2. PD 게임과 홉스의 해법

죄수의 딜레마는 터커(A. W. Tucker)에 의해 처음으로 형식화되었다.[3] 스탠퍼드 대학의 심리학 강의를 위해 수학적으로 구성된 것으로 알려진 그 유명한 이야기의 형식을 소개하면, 다음과 같다.

		을	
		침묵	자백
갑	침묵	−1, −1	−7, 0
	자백	0, −7	−5, −5

이 게임의 보수는 형량을 의미한다. 이 게임에서는 '자백'이 우월 전략(dominant strategy)[4]이자 유일한 해(solution)[5]이다. 갑은 형량을 최소화하기 위해서 다음과 같이 추론할 것이다. "을이 자백할 수도 있고 자백하지 않을 수도 있다. 만일 을이 자백한다면 나도 자백해야 한다. 그렇게 하면 나는 5년형을 받지만, 그렇게 하지 않으면 7년형을 받을 것이기 때문이다. 을이 자백하지 않아도 나는 자백하는 것이 좋다. 그렇게 하면 나는 풀려날 수 있기 때문이다. 따라서 나는 자백해야 한다." 추론이 대칭적이기 때문에 을의 생각도 같다. 따라서 이들은 모두 자백할 것이고 5년형을 받을 것이다. 아무도 최악의 경우에 빠지지 않지만, 누구도 최선의 결과를 얻지 못한다.

홉스가 『리바이어던』 13장에서 말하는 인간이 처한 자연적 조건으로서의

---

3 죄수의 딜레마는 1950년에 랜드사의 두 과학자인 플러드(Merrill Flood)와 드레셔(Melvin Dresher)에 의해 고안되었고, 터커에 의해 명명되고 형식화되었다.

4 상대방의 전략과 무관하게 나에게 더 큰 이익을 주는 전략이다.

5 합리적인 두 경기자가 선택하게 되는 전략쌍을 의미한다.

"만인에 대한 만인의 전쟁상태"는 전형적인 PD 게임을 묘사한다. 홉스적 상황은 전쟁을 의미하는 '공격'과 평화를 의미하는 '자제'라는 전략쌍을 가진 PD 게임으로서 다음과 같이 표현될 수 있다.

		을	
		자제	공격
갑	자제	0, 0	−5, 10
	공격	10, −5	−3, −3

PD 게임에서는 우월 전략쌍이 하나만 존재한다. 마찬가지로, 홉스적 상황에서도 '공격'만이 우월 전략이다. 따라서 자연상태의 사람들은 서로 공격하는 것을 멈출 수가 없다.

(1) 홉스의 해법 그리고 홉스의 딜레마

① 황금률 vs 자연법: 다른 해법 다른 귀결

홉스는 황금률(the Golden Rule)을 인용함으로써 이러한 상황에 대한 하나의 해법을 제시한다. 홉스는 제2자연법을 제시하면서 그것이 "너희는 남에게 대접을 받고자 하는 대로 남을 대접하라"는 황금률의 가르침을 의미한다고 말한다.[6] 그러면서, 그는 "다른 이가 너에게 행하기를 원치 않는 것을 너도 다른 이에게 행하지 말라(quod tibi fieri non vis, alteri ne feceris; Do

6 황금률은 일반적으로 복음서에 나오는 예수의 산상수훈을 가리킨다. 카브카는 홉스의 자연법을 "다른 사람이 너에게 그렇게 하는 것처럼 너도 그렇게 하라"는 것으로, 그것은 황금률보다는 도덕적 이상을 덜 고무시키는, '황동률(the copper rule)'이라고 말한다. Gregory S. Kavka, *Hobbesian Moral and Political Theory*, Princeton University Press, 1986, p.347.

not to another that which thou wouldest no have done to thyself)"는 격률을 제2자연법으로 제시한다. 그러나 황금률과 제2자연법의 취지는 동일할지 몰라도 그 적용에 따른 귀결은 다르다. 황금률과 자연법의 명령은 다음과 같다.

• 황금률: "남에게 대접을 **받고자 하는 대로** 남을 대접하라."
• 자연법: "다른 이가 너에게 행하기를 **원치 않는 것**을 너도 다른 이에게 행하지 말라."

우리는 PD 게임을 통해서 황금률과 자연법의 차이를 분석할 수 있다. 만일 갑이 황금률에 따른다면 다음처럼 숙고하고 전략을 선택할 것이다. "내가 을로부터 대접받고자 하는 것은, 을이 협조하고 나는 비협조하는 것이다. 따라서 나는 협조적 전략을 취해야 한다." 이러한 추론은 대칭적이기 때문에 을도 동일한 전략을 선택할 것이다. 이렇게 보면 황금률은 상호간의 전략에 대한 투명성을 보장한다. 즉 황금률의 효력은 상대방의 전략을 이미 주어진 것으로 여길 수 있게 함으로써 협조적 전략을 안정화하는 것이다. 따라서 이 경우 양자는 상대방의 전략을 기다릴 필요가 없다. 결국 황금률에 따르면 죄수의 딜레마 게임은 상호 협조 해를 갖고 종료될 수 있다.

이번에는 두 사람이 자연법에 따라 전략을 취한다고 하자. 갑은 자연법의 지시에 따라 다음과 같이 추론할 것이다. "내가 원하지 않는 것은 내가 협조하고 을이 비협조하여 나를 착취하는 것이다. 그래서 나도 을의 협조에 비협조함으로써 을을 착취하지 말아야 한다. 따라서 내가 하지 말아야 할 것은 을의 협조에 대해 비협조하는 것이고, 내가 취해야 할 전략은 을의 협조에 협조하는 것이다. 을의 비협조에 대해서는 비협조가 용납된다." 을의 추론도 동일하다. 이 경우 한 사람이 어떤 전략을 취해야 하는지는 전적으로 상대방의 전략에 달려 있다. 즉 자연법은 상호간의 전략적 선택을 불투명하게 한다. 따라서 양자는 상대방의 전략을 기다려야 하거나, 상대방의 전략을 모른 상태에서 결정해야 한다.

이렇게 보면, 황금률은 적극적인 전략의 선택을 지시하지만 자연법은 소극적 격률임이 드러난다. 황금률은 상호간의 전략에 대한 투명성을 보장하는 반면, 자연법은 상호간의 전략적 선택을 불투명하게 한다. 자연법에 따라 전략을 선택해야 하는 상황에서는 상대방의 전략에 대한 정보가 미리 주어질 수 없기 때문에(서로 상대방의 전략적 결정을 기다려야 한다) 결국 불확실성 하에서의 선택을 할 수밖에 없다. 홉스 스스로 말하듯이, 이러한 불확실한 결정은 자신을 적에게 넘겨주는 것과 다를 바 없다.[7]

② 리바이어던: 두 얼굴의 군주

자연상태의 지속은 참을 수 없는 고통을 수반하며 안정적인 자기보호를 확보할 수 없게 만든다. 따라서 개인들에게는 상대방에 대한 적대적인 행위를 중지하고자 하는 욕구가 자연스럽게 발생하는데, 이 욕구는 평화를 추구하라는 자연법의 제1명령과 일치한다. 이때 개인들은 자연권의 상당 부분을 포기하거나 유보하자는 데 동의한다. 그리고 이 동의는 의무를 발생시킨다. 그런데 아무도 이 의무를 위반한 자를 처벌할 수 있는 수단, 즉 강제력이 없기 때문에 누구라도 자신의 이익을 위해서 계약을 파기할 수 있다. 이런 예비적 계약의 단계에서는 누구도 실질적인 안전을 보장받을 수 없다.

이러한 불안정성의 문제를 해결할 수 있는 길은 계약을 위반할 수 없도록 새로운 방책을 세우는 일뿐이다. 그것은 모든 개인들이 계약을 위반함으로

7 Thomas Hobbes, *Leviathan*, Yale University Press, 2010, p.84.

써 얻는 이득보다 위반했을 때 수반되는 고통, 즉 처벌이 더 크도록 만드는 것이다. 그리고 그 처벌을 행사할 수 있는 힘의 소유자, 즉 통치적 권위의 소유자를 세우는 일이다. 이제 통치 계약을 통해서 리바이어던이 탄생하고, 계약을 지키지 않는 사람에게 처벌을 가한다고 하자. 이렇게 하여 자연상태의 2인 게임은 3자 게임이 된다.[8]

자연상태에서는 사람들이 이기적이고 합리적으로 자신의 이익을 추구하지만, 생명을 보호하기 위해 투쟁함으로써, 모두의 결과가 나빠진다. 홉스의 정치철학 체계에서 강제력을 통한 당국의 개입은 이러한 맥락에서 정당화된다. 그런데 우리는 군주 또는 통치권을 가진 집단이 결국에는 홉스가 어둡게 묘사했던 본성들을 가진 인간들 중의 '한 사람(one man)'이거나 그러한 개인들의 '합의체(assembly)'라는 것을 알고 있다. 그러므로 군주의 개입에는 군주 자신의 이익이 결부되어 있어야 한다. 백성들이 아무런 이익을 기대할 수 없는 계약을 체결할 이유가 없듯이, (백성들 중 한 사람인) 군주에게 아무런 이익이나 손해가 없다면, 그 사람이 분쟁에 개입할 이유가 없기 때문이다. 우리는 이제 군주의 이익을 알아야 한다.

『리바이어던』에서 군주의 이익을 언급하는 단락이 있는데, 이로부터 우리가 군주를 게임의 참여자로 여기는 것이 허락될 수 있다.

> 군주정과 다른 두 개의 통치 형태(귀족정과 민주정 — 필자 주)를 비교하면 … 첫째, 인민의 인격을 지니고 있는 이는, 또는 그것을 지니고 있는 단체의

---

8 액슬로드는 정부의 처벌이라는 수단은 PD 게임의 보수 행렬에서 협조의 이익을 늘리고 배신의 이익을 줄임으로써 딜레마를 해소할 수 있다고 말한다. 그러나 정부가 단순히 2인 게임의 보수 행렬을 변화시키는 역할만을 하는 것으로 볼 수는 없다. 왜냐하면, 정부도 상황에 따라 전략적으로 행동할 수 있기 때문이다. 따라서 정부의 도입은 3자 게임으로 보는 것이 더 좋다. Robert Axelrod, *The Evolution of Cooperation*, New York: Basic Books, 1984.

일원인 이는 동시에 자신의 자연적 인격도 지니고 있다. 그리고 그가 공공의 이익을 증진하기 위해 인민의 인격으로서 세심히 주의를 기울이지만, 그는 그보다도 자신, 가족, 친척이나 친구들의 사적인 이득을 얻기 위해 주의를 기울인다. 그리고 공적인 이익과 사적인 이익이 교차할 때, 대개의 경우 그는 사적인 이익을 쫓는다. … 이제 군주정에 있어서, 사적인 이익과 공적인 이익이 동일하다. 군주의 재산, 권력, 명예는 백성들의 재산과, 힘 그리고 명성으로부터 생긴다.[9]

우리는 이제 다음과 같은 조건들로부터 3자 게임을 도출할 수 있다.

- 조건 1: 계약 위반의 이익보다 처벌이 더 커야 한다.[10]
- 조건 2: 군주의 이익은 백성의 이익과 일치한다.[11]

		리바이어던			
		위반에 대해 무시		위반에 대해 처벌	
		을		을	
		준수	위반	준수	위반
갑	준수	3, 3, 6	−3, 6, 3	3, 3, 6	−3, 0, −3
	위반	6, −3, 3	−3, −3, −6	0, −3, −3	−3, −3, −6

* 표에서의 보수 행렬은 각각 순서대로, 갑과 을 그리고 군주의 이익을 나타낸다.

표의 음영진 부분은 상호간에 계약 위반이 일어나는 경우이다. 이러한 상

9 Thomas Hobbes, 앞의 책, p.114.
10 위의 책, p.88.
11 위의 책, p.114.

호 위반으로 갑과 을은 각각 손해를 입게 되고, 군주는 이를 처벌해야 할 것이지만, 양자가 얻은 이익이 없기 때문에 조건상 수정해야 할 이익상의 불균형이 없다. 따라서 1회적인 계약에서 발생하는 1회적인 상호 위반에 대해서 군주가 처벌해야 할 유인이 없다.

그런데 어느 일방의 계약 위반에 대해서도 군주가 처벌할 필연적인 이유가 없는데, 그것은 처벌하지 않음으로써 군주의 이익이 증가할 수 있기 때문이다. 일방의 계약 위반을 처벌할 때 갑과 을의 총 이익은 −3이고, 그것은 조건상 군주의 이익이다. 반면 일방의 계약 위반을 통해 얻게 되는 갑과 을의 총 이익은 3이고 이것 역시 조건상 군주의 이익이다. 따라서 일방적 계약 위반에 대해 처벌과 무시의 이익을 비교할 때, 군주의 이익 증가량은 6이다. 결국, 1회적 계약의 1회적 위반에 대해 군주의 최선 전략은 '위반에 대해 무시'이다. 이 게임에서 군주는 처벌하지 않고 백성들에게는 여전히 계약을 위반할 유인이 존재한다.

물론 이러한 분석은 1회적 계약의 1회적 위반에 한정된다. 계약이 반복되고 위반 역시 반복된다면 종국에는 사회의 총체적 난국이 초래될 것이고, 그것은 군주의 이익에도 반하는 것일 수 있다. 따라서 군주는 미래의 더 큰 이익을 위해 당장의 손해를 감수하고 처벌을 선택할 수 있을 것이다. 필자의 논지는 이런 예측과 설명이 가능하지 않다는 것이 아니라, 군주가 위반에 대해서 항상 처벌할 것인지가 불분명하다는 것이다. 왜냐하면 군주 역시 자신의 장단기적 이익을 합리적으로 계산하여 통치할 것이기 때문이다.

(2) 자연상태에서 국가로

자연상태는 국가를 도출하기 위한 필수적인 전제인가? 우리는 앞에서 리바이어던이라는 강제력을 통한 딜레마 탈출이라는 해법을 논의했지만, 사실 리바이어던의 탄생에 관한 논리적인 과정에는 석연치 않은 면이 존재한다.

리바이어던이 탄생하는 그 생생한 장면은 다음과 같다.

> 이 권력을 확립하는 유일한 길은 모든 사람의 의지를 다수의 요구에 의해 하나의 의지로 결집하는 것, 즉 그들이 지닌 모든 권력과 힘을 '한 사람' 또는 '하나의 합의체'에 양도하는 것이다. … 개개인의 의지를 그의 의지에 종속시키고, 개개인의 다양한 판단들을 그의 판단에 일임하는 것이다. … 이것은 마치 만인이 만인을 향해 다음과 같이 선언한 것과 같다. "나는 스스로를 다스리는 권리를 이 사람 혹은 이 합의체에 완전히 양도할 것을 승인한다. 단 그대도 그대의 권리를 양도하여 그의 활동을 승인한다는 조건 하에." 이것이 달성되어 다수의 사람들이 하나의 인격으로 결합되어 통일되었을 때 그것을 커먼웰스(Commonwealth), 키비타스(Civitas)라고 부른다. 이렇게 위대한 리바이어던이 탄생한다.[12]

리바이어던의 탄생에 관한 이러한 역동적 서술을 읽다가 "단 그대도 그대의 권리를 양도하여 그의 활동을 승인한다는 조건 하에"라는 구절에서 우리는 머뭇거리게 된다. 이 구절은, 홉스의 의도와 정반대로, 리바이어던의 탄생에 대해서 회의적인 냄새를 강하게 발산한다. 그리고 이것은 정부라는 강제적 기구의 도입을 심각하게 가로막는 방해물이다. 누가 먼저 자신의 권리를 포기할 것인가?[13] 동시에 포기한다는 것을 어떻게 보장할 것인가? 모든 약속은 위반에 대한 처벌의 두려움, 즉 강제력을 통해서 이루어지는데, 정부를 도

---

12 위의 책, p.105.

13 이러한 주장의 우화적인 예는 『순오지(旬五志)』에 나오는 '묘두현령(猫頭懸鈴)'이다. 고양이의 목에 방울을 매달아 두면 방울소리를 듣고 고양이가 오는 것을 미리 알 수 있으니, 죽음을 면할 수 있을 것이라는 야심 찬 제안은 "누가 고양이의 목에다 방울을 달고 올 것인가?"라고 묻는 순간 좌절되어 버리고 만다.

입하자는 것도 하나의 약속이다. 정부가 아직 없는 상황에서 약속의 준수는 어떻게 보장할 것인가? 이것은 홉스의 체계 내에 심각한 논리적 문제가 존재한다는 것을 의미한다. 계약에 관한 홉스의 언급들을 보자.

> 나는 스스로를 다스리는 권리를 이 사람 혹은 이 합의체에 완전히 양도할 것을 승인한다. 단 그대도 그대의 권리를 양도하여 그의 활동을 승인한다는 조건 하에. … 칼 없는 계약은 빈말에 불과하고, 인간을 보호할 힘이 전혀 없다.[14]

> 계약자 상호간의 계약의 내용을 현재 이행하지 않은 상태에서 상호 신뢰를 바탕으로 한 계약이 자연상태, 즉 만인에 대한 만인의 전쟁상태에서 체결되었다면, 이 계약은 무효이다. 그러나 그들 쌍방에 대해 약정된 채무를 이행하도록 강제하는 충분한 권리와 힘을 가진 공통의 권력이 존재한다면, 그 계약은 무효가 아니다. … 이러한 불확실한 상태에서의 결정은 자신을 적에게 넘겨주는 것과 다를 바 없다. … 그러나 사회상태에서는 그런 걱정을 할 이유가 없다. … 권력이 존재하기 때문에 어느 일방에게 채무의 선이행의 의무화된 계약이 유효하게 성립할 수 있다.[15]

상호간 계약을 이행하도록 강제하는 권력이 부재한 상태, 즉 계약의 불안정성에 대한 이러한 아슬아슬한 국면에 다음의 구절이 더해지면 상황은 최악이 된다. '주권자(sovereign)' 또는 '커먼웰스(Commonwealth)'는 "만인이 만인과 상호 계약을 체결함으로써" 그리고 "다수의 사람들이 상호 계약을 체

---

14 Thomas Hobbes, 앞의 책, p.125.
15 위의 책, pp.84-85.

결하여 세운 하나의 인격"이다. 이것은 매우 중요해 보이는 내용이기 때문에 다음과 같이 재론하고자 한다.

전제: 강제력 없는 계약은 빈말에 불과하다.
자연상태에서 체결된 계약은 무효이다.
약속의 이행을 강제하는 권력이 없는 상태에서의 일방적인 약속 이행은 적에게 자신을 넘겨주는 셈이다.
주권 설립을 위한 약속은 하나의 계약이다.
주권 설립을 위한 약속은 자연상태에서 이루어진다.
결론: 주권 설립을 위한 계약은 빈말이거나 무효이고, 따라서 그 약속을 이행하는 것은 적에게 자신을 넘겨주는 셈이다.

이 논증은 홉스 이론체계 핵심에 존재하는 하나의 논리적인 난점을 노출시킨다. 그것은 바로 홉스의 해법에 선결문제가 존재한다는 것이다.

3. 흄: 조정 게임, 관습 그리고 남아 있는 딜레마와 정부

(1) 조정 게임

'이익에 대한 공통감각'은 약속이라는 과정을 거치지 않고도 상호 협조를 가능하게 한다. 이것은 어떻게 상호 협조를 유인하는가? 흄에 따르면, 상호 협조는 인간들의 상호 이익을 위한 교환의 일종이다.

> 오늘 너의 곡식이 익고 내일은 나의 곡식이 익을 것이다. 오늘은 내가 너를 위해 일하고 내일은 네가 나를 위해 일한다면 우리 모두에게 이익이 될 것이다. 하지만 나는 너에게 아무런 호의가 없으며, 너도 나에게 호의가 없다는

것을 나는 안다. 그래서 나는 너를 위해 수고하지 않을 것이고, 나의 이익을 위해서 보답을 바라고 너와 함께 일한다고 해도 나는 헛되이 너의 보답을 기대하게 될 것을 알고 있다. 그래서 나는 네가 혼자 일하게 내버려두고 너도 똑같이 할 것이다. 때가 지나가게 되고 우리는 모두 상호간의 믿음과 보장이 없어서 수확기를 놓친다.[16]

이렇게 보면, 홉스가 말하는 자연상태에서의 PD 게임이 흄에게는 조정 게임(coordination game)이 된다. 그리고 바로 이 점이 홉스에 대한 흄의 비교우위를 보여준다. 조정 게임에서는 협조가 보장되지는 않을지라도 최소한 배신이 우월 전략은 아니다. 흄이 말하는 게임의 구조는 다음과 같다.

		너	
		함께 일한다	혼자 일한다
나	함께 일한다	5, 5	0, 5
	혼자 일한다	5, 0	1, 1

이 게임에는 함께 일하거나 각각이 혼자 일하는 두 개의 내시 균형(Nash equilibrium)[17]이 존재하는데, 이것을 게임이론의 일반적인 기호로 표시하면 (C, C)와 (D, D)[18]이다. 그런데 이러한 두 균형은 분명하고 중요한 점에서 다른데, 첫째 균형은 둘째 균형에 비하여 더 많은 이익을 준다. 그렇다면 이러한 게임에서 상호 협조가 선택되도록 하는 것은 무엇인가? 동일한 구조를

16 David Hume, *A Treatise of Human Nature*, David Fate Norton and Mary J. Norton(eds.), Oxford University Press, 2000, p.334.

17 누구도 전략을 수정할 유인이 없는 상태. 따라서 우월 전략도 내시 균형이다.

18 'C(cooperation)'는 협조를 'D(defect)'는 이탈, 또는 비협조를 의미하는 기호이다. 따라서 (C, C)는 상호 협조를 (D, D)는 상호 비협조를 각각 의미한다.

가지고 있는 '사슴사냥 게임(stag hunt game)'을 통해서 알아보자.

공동체의 사냥꾼들은 모두 사슴사냥에 협조할 수 있고, 사슴사냥의 대열에서 이탈하여 토끼를 잡으러 갈 수도 있다. 각각의 경우 보수는 다음과 같다. 이 게임에서는 음영으로 표시된 두 개의 내시 균형이 해이다.[19]

		을	
		사슴	토끼
갑	사슴	4, 4	0, 1
	토끼	1, 0	1, 1

사슴사냥 게임에서 (사슴, 사슴) 전략쌍이나 (토끼, 토끼) 전략쌍이 내시 균형이지만, 사실 이들 중에서 어떤 전략쌍이 선택될지에 대한 논리적인 분석이 게임 내에서 이루어지는 것은 불가능하다. 이 시점에서 우리는 논리를 떠나 경험적 생활세계로 들어가게 된다. 이것은 선험적 추론에 의해서 알아낼 수 있는 것이 아니라 경기자들이 공유하고 있는 생활세계에 대한 체계적 분석을 거쳐야만 하는 것이다. 게임이론에서 이 부분은 원래 경험적 증거에 의존한다.[20] 즉 어떤 전략쌍이 선택될지에 대한 탐구는 흄이 말하는 '관습(convention)'에 달려 있다. 여기에는 실제로 사슴사냥의 기대이익과 토끼사냥의 기대이익의 차이라는 변수가 존재한다. 그리고 그 기대이익은 사슴사냥의 성공 확률(p)에 달려 있고, 사슴사냥의 성공 확률은 공동체의 협조 정도를 결정하는 관습적인 요소에 의해서 결정된다. 토끼는 협조 없이 잡을 수 있

19 이 게임의 출처는 루소의 "On the Origin and the Foundations of Inequality Among Mankind"이다.

20 Thomas C. Schelling, *The Strategy of Conflict*, Harvard University Press, 1960, pp.97–98.

으므로 확실한 현금가치를 가지지만, 사슴사냥은 모든 사람들이 협조할 때만 성공할 수 있다. 따라서 사슴사냥의 기대이익은 $4 \times p$이다.

모두 사슴사냥에 임할 때의 이익 v에 대해 '$v > 1$'이 성립한다. 그리고 토끼 사냥의 기대이익은 1이다. 그러나 이것이 곧 사슴사냥 균형이 선택된다는 것을 의미하는 것은 아니다. 균형을 결정하는 것은 실제로 사슴사냥의 기대이익과 토끼사냥의 기대이익의 차이로 보인다. 만일 공동체의 구성원들이 협조할 확률이 0.8이라면 사슴사냥 균형의 기대이익은 $v = 3.2$이다. 이 경우 사람들은 사슴사냥에 돌입할 것이다. v가 1에 가까울수록 사슴사냥 균형은 위험한 전략이 된다. 그러나 v가 1보다 충분히 크다면 사슴사냥 균형이 토끼사냥 균형보다 우위에 있다.

v는 얼마나 커야 하는가? 사슴사냥의 위험도는 토끼사냥으로의 이탈에 따른 사슴사냥의 기대이익에 달려 있으므로 '$v - 1$'이고, 토끼사냥의 위험도는 '$1 - 0$'이다. 그렇다면 '$(v - 1) > (1 - 0)$'이 성립하면(즉 $v > 2$) 사슴 균형이 토끼 균형보다 위험도가 작다. 반대로 '$v < 2$'라면 토끼 균형이 위험도가 작아진다. 즉 '$v > 2$'라면 보수의 우위로 보나 위험적 우위로 보나 사슴 균형이 선택되지만 '$v < 2$'라면 보수의 우위로는 사슴사냥이 선택될 것이고 위험의 우위로는 토끼사냥이 선택되어 어느 균형이 선택될지 알 수 없다. 흄에게는 이러한 상황에서 균형을 도출할 수 있는 기제가 있는가? 있다.

(2) 관습

관습(convention)은 약속을 가능하게 하는 것으로서, 약속과는 다르다. 흄에 따르면 약속이 관습으로부터 나온다.[21] 따라서 관습은 홉스가 말하는 '계

21 David Hume, 앞의 책, pp.314-315.

약(covenants)'과도 다르다. 홉스에 있어서 자연상태를 벗어나게 하는 것은 약속이지만, 흄에게 있어서 그것은 약속 그 자체가 아니라 약속을 가능하게 하는 관습이다. 따라서 관습이 약속을 확립하기 전에는 그 약속은 이행될 수 없다. 또한 그것이 이행될 수 있다고 하더라도 어떤 도덕적 책임을 수반하지 않을 것이다.[22]

상호 이익의 감각은 인간에게 공통적인 것이고, 이것은 인간 행동 방식이 가지는 미래의 규칙성에 대한 신뢰를 준다.[23] 이렇게 관습은 반복 게임에서 협조 전략의 호순환을 가능하게 함으로써 (홉스적) 배신의 악순환을 극복할 수 있는 여지를 마련해 준다는 점에서 홉스적 해법과 차별화된다. 더구나 그것은 어떠한 계약이나 강제를 필요로 하지 않는다.

앞에서 보았듯이, 흄이 말하는 관습은 말을 통한 어떤 약속이 아니라 오히려 약속을 가능하게 하는 근거이다. 그리고 관습은 자생적이고 한 번 확립되면 자립적일 수 있다는 것을 함축한다. 왜냐하면, 조정 게임에서 하나의 균형은 누구도 그것으로부터 먼저 이탈할 유인을 주지 않기 때문이다. 관습은 대화나 협정을 통하지 않고도 설립될 수 있다. 그렇다면 어떻게 관습이 대화나 아무런 약속도 없는 상황에서 자생하며 자립적일 수 있는가?

셸링은 쌍방 간에 명시적인 협정이 없거나 아무도 명시적인 협정에서 상대방을 신뢰하지 않을 때, 잠정협정에 도달하는 것을 묵시적 흥정의 중요한 문제로 보고, 묵시적 흥정에 깔려 있는 것처럼 보이는 몇 개의 원리들을 탐구하였다.[24] 셸링에 따르면, 만일 사람들이 다른 사람들도 같은 일을 하려고 노력하고 있다는 것을 알고 있다면, 그들의 의도나 기대에 따라 다른 사람들과 협

22 위의 책, p.331.
23 위의 책, p.491.
24 Thomas C. Schelling, 앞의 책.

조할 수 있다. 대부분의 상황들은 조정 행태에 관한 모종의 단서, 즉 기대되는 것을 하기를 원하는 그에게 다른 사람이 기대하는 것에 대해서 어떤 '초점(focal point)'[25]을 제공한다. 그 열쇠를 발견하는 것, 또는 하나의 열쇠를 발견하는 것은 논리보다는 상상에 더 의존할 수 있다. 그것이 의존하는 것은 유추, 선례, 우연한 배합, 대칭, 심미적 또는 기하학적 형태, 결의론적 추리, 그리고 상대방이 누구이며 그들이 서로에 관해서 알고 있는 것이 무엇이냐는 것이다.[26]

> … 대다수의 해(solutions), 즉 단서 또는 초점의 중요한 특징은 현저하거나 눈에 잘 띈다는 것이다. 현저함은 시간과 공간과 사람들이 누구냐에 달려 있다.[27]

이러한 원리들은 묵시적 흥정에서 상호간의 공동 이익이 개입되는 경우들뿐만 아니라, 묵시적 흥정에서 상호간의 이익이 일치하지 않는 경우에도 존재한다. 셸링은 여러 사람에게 '갈등-이익(conflicting-interest)' 게임의 예를 시험해 보았는데, 거기에는 한쪽 아니면 다른 쪽에게 유리한 게임이 포함되어 있었다. 그런데 대체로 그 결과는 순수 협력 게임에서 얻은 결론과 같았다. 이들 게임 모두가 조정(coordination)을 필요로 한다.

---

25 '셸링점(Schelling point)'이라고도 불리는 균형으로서, 게임이 두 개 이상의 내시 균형을 갖고, 어떤 실마리 때문에 플레이어들이 어느 한 균형의 실현 가능성이 다른 균형에 비하여 크다고 믿게 되면 선택될 균형을 말한다. '초점(focal point)'에 대한 자세한 논의와 사례들은 위의 책, ch.3을 참조.

26 위의 책, ch.3, 4에는 대화가 가능한 상황뿐만 아니라 대화가 단절된 상황에서의 조정 게임에서 해를 발견하게 하는 원리들에 대한 논의가 풍부한 문제 풀이와 함께 담겨 있다.

27 위의 책, p.58.

흔히 취사선택 가능한 것들 중에서 어떤 특정한 것이 조정된 선택의 초점으로 보인다. 또 상대적으로 바람직하지 않은 선택이 되는 편에서도 그것을 흔히 받아들이는데, 그 이유는 단순히 상대편이 그가 받아들이리라고 기대한다는 것을 그가 알기 때문이다.[28]

조정 게임에서는 동의에 대한 필요가 잠재적인 의견의 불일치를 압도하기 때문에, 각자는 상대방과 협조해야 하며, 그렇지 않으면 모두 실패자가 되고 만다. 셸링의 논의가 보여주는 것은 조정 게임에서는 초점, 조정에 대한 어떤 단서, 참여자의 상호 기대 수렴과 그 타당성 등이 제공될 수 있다는 것이다.

셸링의 논의에서 초점의 기능은 흄의 논의에서 관습의 기능과 크게 다르지 않다. 셸링에 따르면, 조정 게임은 제도들과 관습들의 안정, 그리고 정치적 지도력이라는 현상 그 자체의 배후에 있는 것이다. 갈등을 지배할 규칙들 중에서도, 전통은 눈에 잘 띄는 후보 규칙으로서 누구나 다른 사람들이 알고 있을 것이라고 기대할 수 있는 특정한 규칙들을 집어낸다. 즉 그것은 암묵적 동의에 의해서 쉽게 확인될 수 없는 것들에 대해 우선권(default)을 가진다. 예의범절과 사회적 규제와 관련된 많은 규칙들의 힘은 그것들이 어떤 조정 게임의 해가 되어 왔다는 것에 근거하는 것처럼 보인다. 모든 사람들이 누구나 규칙을 준수해야 한다고 생각하기를 기대하며, 이탈은 눈총을 받는 고통을 초래한다.[29]

이러한 점에서 셸링이 말하는 전통의 기능과 목적은 흄이 말하는 전통이나 관습과 그 의미나 기능이 동일하다고 볼 수 있다. 흄에 따르면, 어떤 사람이

---

28 위의 책, p.60.
29 위의 책, p.91. 이러한 사례들로는 의상이나 헤어스타일, 차량이나 사람들의 통행 방향에 대한 준수 등이 있다.

어떤 것을 하겠다는 약속을 말하는 것은 실제로 그것을 수행하겠다는 결심을 표현하는 것이다. 약속은 인간들 사이의 관습이며, 이 관습은 새로운 동기를 산출한다. 만일 자신이 한 약속을 수행하지 않으면 그는 더 이상 신뢰받을 수 없으며 결국 사회로부터 고립될 것이다.[30]

(3) 남아 있는 딜레마

죄수의 딜레마는 변화하는 환경에 적응하는 바이러스와 같다. 따라서 얼마만큼의 딜레마가 해결되고 얼마는 남아 있다기보다는 항상 잠재해 있다. 죄수의 딜레마는 관습이 통용되는 적정 규모의 공동체 내에 억제되어 있다가, 하나의 관습이 공유되지 않을 정도로 공동체의 규모가 커짐에 따라 그 유인이 증가하기 때문이다. 공동체의 규모가 커질수록 관습이 균형점을 제공하는 역할을 하는 조정 게임은 죄수의 딜레마 게임으로 바뀌고, 그 결과 당장의 이익을 추구하는 것이 우월한 전략이 된다.

상호 협조를 통한 이익에도 불구하고, 협조가 항상 발생하지만은 않는 이유는 무엇인가? 흄은 다음과 같이 묻는다. "왜 인간 사회에는 언제나 무질서가 발생할 수 있으며, (이익에 대한 집착이라는) 강한 정념을 압도할 정도로 강력하거나 (이익은 정의의 규칙을 준수하는 것과 깊은 관계가 있다는) 분명한 지식을 흐리게 할 정도로 격렬한 인간 본성의 원리는 무엇인가?" 이에 대한 흄의 대답은 그의 유명한 인식론적 논제인 '인상'과 '관념'의 구분으로부터 시작한다.

흄의 철학에서 경험의 기본단위는 '단순지각(simple perception)'이라 불리는 개별적 경험들이고 이것들은 인상과 관념이다. 내적인 것이든 외적인

---

30 David Hume, 앞의 책, p.335.

것이든 경험을 통해 갖게 되는 생생함을 그대로 간직한 것이 인상이고, 시간이 지남에 따라 그 생생함과 활력이 약해진 채 머릿속에 남아 있는 것이 관념이다. 인상은 그 속성상 순간적이며, 짧은 시간 동안에만 지속한다. 이러한 인상이 마음속에 하나의 상(image)으로 남아 있는 것이 관념이며, 우리가 가진 대부분의 생각들을 구성하고 있는 것이 바로 이 관념들이다.

> 공간적으로나 시간적으로 인접한 것은 강하고 생생한 관념으로 우리를 자극하고, 그에 비례해서 의지와 정념에 영향력을 미치며, 더 멀고 흐릿한 대상보다 강하게 작용한다. … 우리는 무엇이든 늘 가깝고 인접한 것에 호소하는 정념의 유혹에 굴복한다.[31]

흄에게 있어서 도덕성도 결국 인상과 관념으로 구분되는 지각이기 때문에, 미래의 이익이 현재의 이익과 같거나 크다는 것을 알고 있음에도 그것은 더 강하고 생생한 관념인 현재의 이익이라는 인상에 굴복된다. 이것이 바로 인간이 눈앞의 사소한 이익을 선택하는 이유이다. "공정성을 위반한 사람들은 그 모든 결과가 자신과 거리가 먼 것처럼 여기며, 규칙을 위반함으로써 얻을 수 있을 눈앞의 이익에 비견될 수 없다고 생각한다. 이 때문에 인간 간의 거래는 위험하고 불확실해진다."[32] 즉 우리는 미래의 가치를 할인한다. 이것은 우리 행동 양식에 치명적인 실수를 일으키는 원인이 되며, 그렇게 하는 것이 장기적인 이익과 상충함에도 거리가 먼 것보다 당면한 것을 선택하도록 유인하는 것이다.

이러한 흄의 주장은 경제학에서 말하는 미래 가치의 할인과 같다. 금융경

---

31 위의 책, p.343.
32 위의 책, p.343.

제학에서는 '할인인자(discount factor)' δ를 "사람들이 1년 후에 1달러의 이득을 얻기 위해 오늘 얼마를 지출할 것인가?"라는 물음에 답하는 것으로 정의한다. 답은 사람들이 1년 뒤의 1달러를 위하여 오늘 δ를 지불할 것이라는 것이다. 일반적으로, 미래의 이익보다 현재의 이익이 선호되므로 '$\delta<1$'이 성립한다. 만일 우리가 "2년 후에 1달러를 얻기 위해 오늘 얼마를 지불할 것인가?"라고 묻는다면 답은 δ^2이고, 3년이면 δ^3 등이다.[33] 이것은 대출과 투자에 대한 이자율(할인율, discount rate)과 같이 생각할 수 있는데, 이를 통해서 δ를 구하면 다음과 같다.

만일 r의 이자율로 1달러의 돈을 빌린다면 1년 뒤에 $(1+r)$달러의 이익을 얻는다. 따라서 현재의 1달러는 1년 후에 $(1+r)$달러의 가치를 가지며, 거꾸로 1년 뒤의 1달러의 현재 가치는 $1/(1+r)$달러이다. 따라서, 이 경우

$$\delta = \frac{1}{1+r}$$

이다.

여기에서 미래의 가치를 구하기 위해서는 다음 회에 게임이 반복될 확률 p를 곱해야 한다. 만일 현재의 이익이 v이고 다음 회에 게임이 반복될 확률이 p라면, 미래의 이익 = $v(1-p)\times\delta$이다.

따라서, 흄이 말하는 근시안적인 판단은 δ와 게임의 반복 확률 p에 달려 있으며, δ는 미래 가치에 대한 할인율 r의 크기에 따라 변한다. 이때 게임의 반복 확률을 고정시킨다면, 결국 δ는 미래의 가치에 대한 판단에 관련된 인

33 Roger McCain, *Game Theory: a non-technical introduction to the analysis of strategy*, Thomson South-Western, 2004, p.273.

간의 본성을 나타낸다. 만일 인간이 미래의 가치를 현재의 가치 못지않게 중요하게 생각한다면 미래의 이익에 대한 가중치가 커진다. 만일 인간이 눈앞의 이익에만 몰두하면 미래의 이익은 사소해 보일 것이다. '$0<\delta<1$'일 때, δ가 1에 가까울수록 인간 본성은 근시안적이고, 반면 δ가 0에 가까울수록 미래를 소중하게 생각할 것이다.

흄에 따르면, 미래의 이익에 대한 고려보다는 당장의 이익을 취하는 근시안적인 본성은 고칠 수 없다.[34] 따라서 흄에게 있어서 δ는 1에 가깝다. 이것은 너무 비관적인 견해이고, 여기에서 우리가 앞에서 흄에게 주었던 홉스에 대한 비교우위에 따른 가중치는 거의 홉스의 수준까지 할인되어야 한다. 당장의 이익에만 몰두한다면 흄적 인간이 홉스적 인간과 다를 것이 무엇이겠는가?

(4) 정부

흄이 정부를 요청하는 이유는 홉스와 비슷하지만, 그가 그리는 인간관은 홉스처럼 우울하지는 않다. 그리고 흄의 이론에는 홉스에게서 찾아볼 수 없는 독특하고도 중요한 것이 있는데, 그것이 사회적 딜레마에 대한 해법에서 흄의 논의가 더 설득력을 갖게 하는 요인이다. 그것이 곧 관습이다. 흄이 말하는 관습은 홉스의 모델이 가지고 있는 개인으로부터 국가의 도출 사이에 존재하는 경험적이고 논리적인 틈을 메울 수 있을 것이다. 그러나 이러한 흄의 낙관주의는 정부를 요청하는 맥락에서 갑자기 퇴색하는데, 그것은 흄이 말하는 또 하나의 인간 본성, 즉 당장의 이익에 대한 집착이다.

흄이 정부를 요청하는 시점은 여기이다. 정부는 이러한 딜레마에 대한 방

34 David Hume, *Political Essays*, Knud Haakonssen(ed.), Cambridge University Press, 1994, p.114.

책이다. 흄은 '목초지 도랑 파기 게임'이라고 불릴 만한 상황을 통해 어떻게 무임승차와 착취가 발생하며, 그 처방으로서 정부의 기능이 무엇인지를 말한다.

> 두 이웃은 자신들의 공동 소유인 목초지의 물을 빼는 데 동의(agreement)할 수 있을 것이다. 두 사람이 서로의 마음을 아는 것은 쉽고, 각자 자기 몫을 하지 못했을 때의 직접적인 결과는 그 계획 전체를 포기하는 것임을 지각하기 때문이다. 그러나 사람 1천 명이 그와 같은 행동에 동의하기는 어렵고 사실상 불가능하다. 사람 1천 명이 복잡한 계획에 협조하기는 어렵고 그 일을 실행하기는 더욱 어렵기 때문이다. 반면에 각자는 자신이 수고하지 않고 비용도 부담하지 않기 위한 구실을 찾고, 그 부담을 모두 다른 사람에게 지우려 들 것이다. 정치적 사회는 이 두 폐단을 쉽게 치료한다. 행정관들은 그 신민 대부분의 이익에서 직접적 이익을 발견한다. 행정관들은 이 이익을 증진하기 위한 계획을 구상하면서 자신들 이외에 누구의 조언도 구할 필요가 없다. … 따라서 그들은 다리를 세우고, 항구를 개방하며, 성벽을 돋우고 운하를 건설하며, 함대를 갖추고 군대를 훈련시킨다. … 상상할 수 있는 가장 세련되고 가장 정교한 발명품 가운데 하나인 정부의 배려를 통해 온 천하가 하나의 조직체(composition)로 되는데, 이 공동체는 인간적인 모든 약점을 어느 정도 극복한 것이다.[35]

인용문은 어떻게 무임승차와 착취의 문제를 극복하고 공공재가 안정적으로 공급될 수 있는지에 대한 흄의 처방이다. 여기서 우리는 흄이 정부를 요청

35 David Hume, *A Treatise of Human Nature*, p.345.

하는 핵심적인 이유를 발견할 수 있는데 그것은 바로 공동체의 규모이다. 많은 사람들로 이루어진 대규모 사회에서는 무임승차의 유인이 증가하고, 따라서 공공재의 안정적인 공급을 보장할 수 없다. 이 경우 국방, 사회적 간접자본 등은 오직 정부에 의해 공급되며, 그것은 모두 세금을 통해 실행되는 것들이다. 이것이 무임승차에 대한 흄의 방책이다. 따라서 공공재의 공급에서 발생하는 죄수의 딜레마의 문제(즉 무임승차)는 흄에게 있어서 공동체의 규모와 관련된 문제가 된다.

4. 결론: 홉스 vs 흄 그리고 정부

PD 게임을 조정 게임으로 전환한 것은 홉스에게서 찾아볼 수 없는 흄의 장점이다. 홉스에게는 흄에게서 찾아볼 수 있는 자발적 협조의 가능성이 없다. 또한 개인과 국가 사이에 존재하는 관습이 통용되는 공동체라는 중간 단계가 없다. 그만큼 설득력도 없다. 흄에 따르면, 사람은 사회 없이 살 수 없고, 정부 없이는 연합될 수 없다. 따라서 공동체는 개인들에 의해서 비로소 이루어지지만 정부에 대해서는 논리적으로 선행한다. 집단행동의 문제와 관련하여 흄의 이론에서 강조될 만한 것은, 우선 정부의 존재 의의를 집단의 규모와 연결시켰다는 점이다. 흄은 규모가 큰 사회에서는 정부가 없으면 법이 지켜지기 어렵다고 보았다. 이 말은 작은 사회에서는 정부와 같은 중앙집권적 강제력이 필요 없을 수도 있다는 점을 시사한다.

흄의 이론에서 또 하나 중요한 것은 미래 가치의 할인율을 통해서 정부의 존재 의의를 주장하고 있다는 것이다. 흄은 사람들이 대체로 근시안적이라서 미래의 이익을 너무 과소평가하는 경향이 있다고 보았다. 이러한 평가로부터 장기적인 미래의 이익을 위해서 정부가 필요하다는 주장을 도출한다. 이와 같이 시간의 개념을 명시적으로 고려하고 있다는 점에서 흄의 이론은

홉스의 이론과 다르다.[36]

홉스에 따르면 개인들의 계약으로부터 정부가 탄생하지만 이것은 논리적으로도 경험적으로도 설득력이 없다. 반면 흄은 개인들에서 공동체로 그리고 공동체의 확대에 따른 문제의 해결책으로서 정부의 도입을 설명한다. 따라서 양자는 정부의 도입을 주장하는 점에서는 공통적이지만 그 차이는 분명하다. 흄의 이론은 어떻게 정부가 성립하는가에 대한 자연주의적 입장이다. 그것은 개인으로부터 정부의 도입이라는 홉스의 이론이 가지는 논리적이고 경험적인 비약을 보완한다. 또한 흄의 공동체는 홉스에게서는 찾아볼 수 없는 자발적인 협조의 기제를 가지고 있다.

그럼에도 불구하고, 죄수의 딜레마에 대한 해법으로서 정부라는 사회적 장치에 의존하는 모든 입장들에서 반드시 지적되어야 하는 점이 있다. 전통적으로 정부는 죄수의 딜레마의 해소를 위한 유력한 대안처럼 여겨져 왔다. 이런 입장에서는, 국가의 정당성은 공공재의 공급에 있으며 국가를 통한 죄수의 딜레마의 해결이라는 방법론이 공유된다. 그러나 게임이론의 시각으로 볼 때, 이러한 방법론의 논리적인 난점은 정부 자체가 하나의 공공재라는 사실에 있다. 이것은 공공재 공급의 딜레마를 예시하는 다음의 게임을 통해 볼 수 있다.[37]

10명으로 이루어진 집단의 구성원 각자가 1,000원을 기부하여 공공 계정을 만든다고 하자. 기부된 금액은 공공 계정에서 두 배가 되고, 이것은 구성원들에게 동등하게 분배된다. 다음의 표에서 음영진 부분의 비교는 이러한 공공재 도입 게임에서 선택될 전략이 무엇인지를 명확하게 보여준다.

---

36 Michael Taylor, *The Possibility of Cooperation*, Cambridge University Press, 1987, "Introduction".

37 표의 출처는 최정규, 『이타적 인간의 출현』, 뿌리와 이파리, 2009이다.

나를 제외한 기부자	공공 계정에 모인 기부금		나의 보수	
	내가 기부한 경우	기부하지 않은 경우	내가 기부한 경우	기부하지 않은 경우
9	9×1,000+1,000=10,000	9×1,000=9,000	2000-1,000=1,000	1,800-0=1,800
8	8×1,000+1,000=9,000	8×1,000=8,000	1,800-1,000=800	1,600-0=1,600
7	7×1,000+1,000=8,000	7×1,000=7,000	1,600-1,000=600	1,400-0=1,400
⋮	⋮	⋮	⋮	⋮
2	2×1,000+1,000=3,000	2×1,000=2,000	600-1,000=-400	400-0=400
1	1×1,000+1,000=2,000	1×1,000=1,000	400-1,000=-600	200-0=200
0	0×1,000+1,000=1,000	0×1,000=0	200-1,000=-800	0-0=0

이와 같은 공공재 게임에서는 기부하지 않고 무임승차하는 것이 균형이다. 내가 기부한 경우와 기부하지 않은 경우에 대한 기대이익의 차이가 이것을 증명한다. 따라서 공공재의 도입을 위한 계약이 그 자체로 준수될 것이라는 보장이 없다.

홉스가 죄수의 딜레마에 대한 해법으로서 도입하고자 하는 중재자를 정부로 본다면, 위 표의 게임에서 '기부'는 홉스의 논의에서 개인의 자유와 권리의 양도에 해당한다. 따라서 홉스와 같이 정부를 해법으로 삼는 모든 입장은 앞에서 논의한 PD 게임과 공공재 게임이라는 두 개의 딜레마를 동시에 넘어서야 한다. 그런데 문제는 정부라는 사회적 장치를 도입하고자 하는 것 자체가 기부하지 않는 것이 균형인 하나의 공공재의 딜레마 게임을 이룬다는 것이다. 따라서 무임승차와 관련된 죄수의 딜레마의 문제가 선결적으로 해소되지 않으면 정부의 도입은 논리적인 해결책이 될 수 없다. 역설적이게도 정부를 통한 죄수의 딜레마의 해결을 위한 선결조건은 죄수의 딜레마의 해소 그 자체이다.

【참고문헌】

최정규, 『이타적 인간의 출현』, 뿌리와 이파리, 2009.

Axelrod, Robert, *The Evolution of Cooperation*, New York: Basic Books, 1984.

Gauthier, David P., *Morals by Agreement*, Oxford University Press, 1986.

Gough, J. W., *The Social Contract*(2nd ed.), Oxford: Clarendon Press, 1957.

Hobbes, Thomas, *Leviathan*, Yale University Press, 2010.

Hume, David, *A Treatise of Human Nature*, David Fate Norton and Mary J. Norton(eds.), Oxford University Press, 2000.

____, *Political Essays*, Knud Haakonssen(ed.), Cambridge University Press, 1994.

Kavka, Gregory S., *Hobbesian Moral and Political Theory*, Princeton University Press, 1986.

McCain, Roger, *Game Theory: a non-technical introduction to the analysis of strategy*, Thomson South-Western, 2004.

Locke, John, *The Second Treatise of Government*, in *Two Treatises of Government*, Peter Laslett(ed.), Mentor Books, 1965.

Plato, *Republic*, R. E. Allen(trans.), Yale University Press, 2006.

Rousseau, Jean-Jacques, *The Social Contract and The First and Second Discourses*, Susan Dunn(ed.), Yale University Press, 2002.

Schelling, Thomas C., *The Strategy of Conflict*, Harvard University Press, 1960.

Smith, John M., *Evolution and the Theory of Games*, Cambridge University Press, 1982.

Taylor, Michael, *The Possibility of Cooperation*, Cambridge University Press, 1987.

3부

사회윤리의 문제들

관용의 윤리: 철학적 기초와 적용 영역들*

김용환

1. 문제 제기: 왜 다시 관용인가?

2005년은 유엔이 정한 관용의 해(U. N. Year of Tolerance) 10주년이 되는 해이다. 지난 10년 동안 세계 여러 나라에서 불관용의 현상들이 얼마나 많이 일어났는가는 지적하지 않아도 모두 아는 사실이다. 국제 간의 분쟁 가운데는 다른 문화, 종교, 인종, 사상 등의 차이를 인정하지 않는 불관용적 태도에서 비롯된 것들이 대부분이다. 관용을 전 지구적인 가치로 확산하여 인류의 평화공존을 호소했던 유엔의 본래 의도와는 달리 10년이 지난 지금 국제 간의 불관용적 상황은 더욱 악화되었다.

우리나라의 불관용적 상황도 세계의 경우와 비교해서 결코 덜하지 않다. 우리에게는 다른 나라에는 없는 오래된 불관용의 장벽이 남아 있다. 이데올

* 이 논문은 2005년 한국학술진흥재단의 지원에 의하여 연구되었으며(KRF-2005-013-A00006), 『철학』 제87집, 한국철학회, 2006에 게재된 것임. 애초 계획된 논문에서는 'toleration'과 'tolerance'의 구분은 유의미한가, 관용의 정의 문제, 그리고 관용에 대한 비판과 반론들을 다루었으나, 이 논문에서는 분량의 제한 때문에 생략되었다.

로기의 갈등과 분단의 고착이 낳은 상대방에 대한 불신과 불관용은 앞으로 통일을 준비하는 과정에서 절대적으로 해소되어야 할 심리적 장애이다. 또 진보와 보수 사이의 갈등은 내부 분열과 갈등을 부추기고 있다. 더욱이 우리 사회는 과거 어느 경우에도 없었던 다종족 사회로 변화되어 가고 있다. 국내에 들어와 있는 외국인 노동자 숫자가 40만을 넘어섰으며, 다른 외국인들까지 포함하면 더 이상 단일민족이라 말할 수 없을 만큼 다양한 국적의 사람들이 공존하고 있다. 우리 모두는 다른 피부 색깔, 언어, 문화, 종교의 차이를 책에서가 아니라 현실 속에서 직접 체험하며 살아가고 있다. 다문화주의(multi-culturalism)는 비교적 단일한 문화적 전통 속에 살고 있던 우리에게 심각한 도전을 하고 있다. 가치와 문화 체계들 사이의 충돌을 소화해 낼 역량이 우리에게 필요한데, 과연 우리는 그것을 갖고 있는가?

마거릿 클락(Margaret Clark)은 나와 다른 사람을 구분하는 경계선을 그으려는 성향의 사람들을 지칭하여 "경계선을 의식하는 사람들(boundary minded people)"이라고 하고 있는데, 특히 정치인, 종교 지도자들에게서 흔히 발견된다고 지적하고 있다.[1] 그러나 사실 우리들 모두가 이런 성향을 갖고 있다. 자기 영역을 확보하고 경계선을 그으려는 텃세주의는 학연, 지연, 혈연 같은 연고주의나 맹목적 애국심같이 배타성을 그 바탕에 갖고 있다.

관용의 중요성은 신분이나 지위, 인종적 기원, 종교적 신념보다는 인간으로서 한 개인이 소유하고 있는 권리와 자유의 가치가 증대되던 17세기부터 하나의 도덕적 이상으로 논의되어 왔으며, 지난 400년 동안 자유주의의 중심적 가치로 자리매김을 해왔다. 그러나 여전히 인류는 불관용적인 태도와

1 Margaret Clark, "Political Tolerance", Diversity and Injustice, Proceedings of a Seminar To Mark the United Nations Year of Tolerance 1995, Institute Policy Studies, Victory University of Wellington, 1996. p.13

억압적 관행에 익숙하며, 관용을 실천하는 일이 인류의 미래를 결정할 수도 있다는 심각성에 대해서는 간과하고 있다.

닉 포션(Nick Fotion)은 관용의 덕목이 쉽게 간과된 이유에 대해 다음과 같이 두 가지로 진단하고 있다. "첫째, 우리말과 행동은 이분법적(선과 악, 옳음과 그름 등)으로 되어 있으나 관용은 삼분법적(trichotomous)이기 때문이다. 여기서 삼분법이란 선과 악, 옳음과 그름 사이에 비결정 지대가 있음을 의미한다. 관용은 바로 이 도덕적 비결정 지대에서 유용한 선택지를 제공한다. 둘째, 우리가 일상생활에서 관용 개념을 거의 사용하지 않기 때문이다."[2] 그러나 우리는 일상생활 속에서 실제로 많은 경우 참고 인내하며 생활하면서도 그것이 관용을 실천하는 일이라고 느끼지 않고 또 말하지 않고 있다.

관용의 덕목이 우리 곁에 가까이 있으면서도 그것을 자각하지 못하는 우리에게 잘못이 있다는 점을 지적하지 않을 수 없다. 관용을 실천하기 어렵다고 해서 무시해도 좋을 만큼 우리나 국제사회가 열린사회인 것은 아니다. 문화적 다양성이 풍요로운 인류의 미래를 결정한다고 할 때마다, 평화공존의 소중함이 강조될 때마다, 그리고 갈등의 합리적 해결을 위한 준비가 요청될 때마다 관용의 문제는 다시 제기된다.

2. 관용의 두 가지 성격

관용은 도덕의 계보에서 어떤 지위를 갖고 있는가? 자유, 정의 그리고 평등

---

2 Nick Fotion and Gerard Elfstrom, *Toleration*, The University of Alabama Press, 1992, pp.101–102. 위의 책, p.151에서 포션은 철학자나 정치이론가들이 관용 개념을 간과해 온 이유를 두 가지 더 지적하고 있다. 하나는 관용이 자유, 평등, 정의 등과 같이 감동적인 개념이 아니기 때문이며, 다른 하나는 관용이 도덕적으로 중심 개념(pivotal concept)이 아니기 때문이다.

과 같이 일급(first order)의 덕목인가, 아니면 불완전한 사회에서 충분하지는 않으나 필요한 이급(second order)의 덕목인가? 자유와 정의에 관한 이론들이 다양하게 존재하는 만큼 관용에 관한 이론 역시 다양한 각도에서 분석되고 있으며, 그만큼 개념적 혼란도 피할 수 없다. 포션은 개념 분석의 실패가 혼란의 원인이라 진단하고 있으나 정작 자신의 책 *Toleration*(1992)에서 하고 있는 분석 작업은 관용 개념을 선명하게 해주기보다는 더 복잡하게 만들고 있다. 개념의 종류를 불필요하게 세분하고 있기 때문이다.[3] 포션을 비롯하여 여러 연구자들이 관용의 성격에 대해 각기 다른 설명을 하고 있는데, 그것이 오히려 혼란을 일으키는 한 원인이 된다. 관용을 "조심스러운 개념(slippery concept), 불가능하고 불안정하고, 잘 파악하기 어려운 개념(impossible, unstable, elusive concept), 그리고 역설적인 개념(paradoxical concept)" 등으로 말하는데 이것들은 모두 관용의 덕목이 갖고 있는 한계만을 보고 평가한 결과이다.[4] 이런 혼란에 대해 프레스톤 킹(Preston King)의 다음의 말은 시사하는 바가 있다. "관용 개념에 대한 분석을 조심스럽게 다루지 않고 또 적절한 위치에 두지 않는다면, 양의 탈을 쓴 철학적 늑대들이 그 개념 안에 들어 있다는 것을 너무 늦게 발견하게 될 것이다."[5]

3 위의 책, p.3, p.9. 포션은 관용을 행위자의 특성에 따라 태도적 관용, 습관적 관용, 열린 마음 관용, 자유방임적 관용 등으로 구분하고 있다(위의 책, pp.31-44). 이런 구분은 의미가 없고 관용 개념의 분석 내용을 더 복잡하게 만든다.

4 '파악하기 어려운'이라는 표현은 David Heyd(ed.), *Toleration: An Elusive Virtue*, Princeton University Press, 1996에서, '역설적'이라는 표현은 John Horton, "Toleration as a Virtue", *Toleration*, D. Heyd(ed.), pp.28-43에서, 그리고 '불가능하거나 불안정적'이라는 표현은 Bernard Williams, "Toleration: An Impossible Virtue", *Toleration*, D. Heyd(ed.), pp.18-27에서 사용되고 있다.

5 Preston King, *Toleration*, George Allen & Unwin, 1976, p.11.

관용은 다음과 같은 두 가지 도덕적 성격을 갖고 있다. 첫째, 관용은 베푸는 것이 아니라 실천이 요구되는 도덕적 명령이다. 우리말에서 관용은 대부분 '베풀다'라는 동사를 붙여서 사용하는 경우가 많은데, 이런 관용법이 관용의 덕목에 대한 오해를 낳게 한 주요한 원인 가운데 하나이다. 무엇을 '베푼다'는 것은 힘을 가진 강자의 관점에서 이루어지는 행위이다. 약자가 누구에게 무엇을 베풀 수는 없다. 따라서 관용을 베푸는 주체도 강자라는 것을 전제로 한다. 그러나 적어도 근대 이후의 관용의 덕목은 강자의 윤리를 넘어서고 있다. 이 점과 관련해서 마이클 왈쩌(Michael Walzer)의 지적은 흥미롭고 또 우리에게 익숙한 '관용을 베풀다'라는 말이 어느 정도 근거가 있음을 말해 주고 있다.

왈쩌에 의하면, 과거 다민족 제국들(페르시아, 이집트, 로마 제국 등)은 제국 내에 있는 여러 민족들의 정치적, 문화적, 종교적 자치를 상당히 인정하는 관용 정책을 시행했다. 평화공존을 위해 다른 선택의 여지가 없었기 때문이다. 이렇게 제국들은 힘을 가지고 있으면서도 속국들에게 '관용을 베풀었다.' 앞에서도 지적했듯이 이때의 관용은 'tolerance'라는 용어가 적절하다.[6]

그러나 16세기 이후 관용은 강자의 윤리에서 벗어나 일반적인 도덕적 명령으로 확장되기 시작했다. 특히 17세기 이후 자유주의와 개인주의가 사회 이념으로 자리 잡기 시작하면서 관용은 사회계약론과 더불어 이들 이념들이 시민사회 안에서 제대로 작동되기 위한 원리로 요청된다.[7]

---

6 마이클 왈쩌, 송재우 옮김, 『관용에 대하여』, 미토, 2004, pp.33-39.

7 자유주의, 개인주의, 자본주의, 민주주의 이념들은 근대 시민사회의 네 가지 덕(four cardinal virtues)이라고 할 수 있다. 이 네 가지 이념들이 근대라는 사회를 이끌고 가는 네 개의 수레바퀴 모양으로 조화를 이루기 위해서는 사회계약론과 관용의 윤리가 윤활유 역할을 해야 했다.

그러나 관용이 처음부터 도덕적 덕목으로 자리 잡은 것은 아니다. 왈쩌의 설명에 의하면, 종교적 관용이 가장 먼저 주요 문제로 등장하게 되는데, 수차례 피비린내 나는 종교전쟁을 겪고 난 후 유럽 사람들은 상대방의 종교나 종파를 체념적으로 용인할 수밖에 없다는 현실을 자각하게 된다. 이런 '체념적 용인'이 종교적 관용의 기원이다. 체념적 용인이 지속적으로 유지될 때 '자비로운 무관심'으로 발전하고, 이것이 "내게는 마음이 들지 않더라도 타인은 그의 권리를 행사할 권리를 가지고 있다"는 '도덕적 스토아주의'로 발전했다.[8]

왈쩌가 말하는 세 가지 형태의 관용은 아주 느슨한 분류라는 점을 지적할 수 있다. 그리고 체념적 용인이나 자비로운 무관심은 관용의 범주에서 제외되어야 마땅하다. 왜냐하면 프레스톤 킹이 정의하고, 또 필자가 다른 책에서 따르고 있는 엄밀한 의미의 관용 개념은 "반대와 부정적 행위의 자발적 중지"인데, 체념적 용인, 묵인, 자비로운 무관심 등은 모두 이 정의에 부합하지 않기 때문이다.[9] 원리화된 도덕적 스토아주의만이 덕목으로서의 관용이라고 보아야 한다. 이것이 16 세기 이후 서양 사회에서 하나의 덕목으로 자리 잡기 시작한 관용(toleration)이다. 약자에게 관대함을 보여주는 행위가 아니라 싫어하고 미워하는 타자의 "자연적 권리를 인정하라"는 도덕적 명령이 곧 관용이다.

둘째, 관용은 덕목일 뿐만 아니라 태도 또는 정도의 문제(matters of attitude or degree)이다. 관용은 사람들 사이에서 원활한 관계를 유지하고 평화공존을 하는 데 필요한 경험의 산물이라는 것은 분명하다. 관용이 아리스토텔레스의 경험주의적 덕의 윤리와 같다는 피터 존슨(Peter Johnson)의

8 마이클 왈쩌, 앞의 책, pp.27-28.
9 김용환, 『관용과 열린사회』, 철학과현실사, 1997, p.26; Preston King, 앞의 책, p.120.

평가도 같은 맥락이다.[10] 관용은 인간의 불완전한 세계 안에서 그리고 자유와 선택에 직면해서 그 도덕적 성격이 잘 드러나는 덕목이다. 비록 피터 니콜슨(Peter Nicholson)은 관용을 도덕의 문제에 한정해야 한다고 말하고 있지만, 스캔론(T. M. Scanlon), 존 호튼(John Horton) 등 많은 연구자들은 그 범위를 비도덕적인 문제까지 확대해야 한다고 말한다. 관용을 태도 또는 정도의 문제로 보려는 시각이 바로 그것이다.

관용을 태도나 정도의 문제로 보는 일은 관용의 한계 및 범위 문제가 제기될 때 그에 대한 대답으로 유용하다. 어디까지 관용할 것인가, 또 어떻게 관용할 것인가 하는 문제는 관용을 둘러싼 논란 가운데 핵심 쟁점 중의 하나이다. 이런 물음에 직접적으로 대답하는 일은 불가능하며, 문맥 상대적인 대답만이 가능하다.

실천하는 주체의 관점에서 보면 관용은 태도의 문제가 되며, 대상에 초점을 두고 보면 관용은 정도의 문제로 바뀐다. 다시 말해 싫어하고 불승인하는 대상을 어느 정도로 관용할 것인가 하는 문제와 또 관용의 주체인 나 또는 우리는 어떤 태도를 가지고 대응할 것인가 하는 문제는 관용 문제의 양면과도 같다.

관용을 정도나 태도의 문제로 본다는 것은 관용이 그 양극단인 불관용과 전적인 수용(full acceptance) 사이의 어느 중간 지대에 있는 가치로 본다는 것이며, 그 중간 지대를 확정 지을 수 없다는 의미이다. 동일한 사람이라도 처한 상황과 대상에 따라 각기 다른 대응(관용적 대응과 불관용적 대응)이 가능하기 때문이다. 스캔론은 "관용을 실천하는 일이 비용을 수반하고 위험성

---

10 Peter Johnson, "As long as he needs me? Toleration and moral character", *Toleration: Philosophy and Practice*, John Horton and Peter Nicholson(eds.), Avebury, 1992, pp.146-147.

을 가진 도전적인 정책이지만 우리 모두가 추구할 만한 가치를 가진 태도"라고 말하며, 그것이 태도의 문제를 다루는 데 있어서 차선책이라고 한다.[11] 스캔론은 관용을 "우리와 다른 사람을 평등한 사람으로 용납하는 것"으로 정의하고 있으며, 관용적인 사회는 그 형식적 정치에 있어서 민주주의적이다. 그리고 민주주의란 법과 제도의 문제와 태도의 문제가 결합되어 있기 때문에 민주주의적 태도와 관용의 태도는 불가분의 관계에 있다.[12]

또 블랙(Antony Black)은 관용을 일시적인 장치(temporary device)나 도덕적 이상이 아니라 원리의 차원까지 올라갈 수 있는 합리적 전략(rational strategy)이라고 평가하고 있다.[13] 이것도 관용을 하나의 태도나 정도의 문제로 보려는 시각과 동일선상에 있다. 평화공존이라는 목적을 달성할 수 있는 필수적인 수단이라는 점만으로도 관용의 덕은 강화될 필요가 있다.

3. 관용의 윤리의 철학적 기초

관용의 윤리란 무슨 의미인가? 생명의료윤리나 공학윤리처럼 실천윤리학의 분과들과는 어떻게 구별되는가? 후자가 특정한 분야에 종사하는 사람들이 직면하는 윤리적 문제를 다루는 것이라면, 관용의 윤리는 누구라도 항상 직면하는 싫어하고 반대하는 대상들에 대해 어떻게 행동할 것인가를 결정하는 한 가지 도덕적 태도와 정도에 관한 문제를 다룬다. 더 일반적이고 확장된

---

11 T. M. Scanlon, *The Difficulty of Tolerance*, Cambridge University Press, 2003, pp.187-188.

12 위의 책, p.190. 호튼 역시 관용을 정도의 문제로 보고 있는데, 왜냐하면 관용과 불관용 사이를 정확하게 구분할 수 없기 때문이다. 그는 관용을 복합 개념으로 보고 있다. John Horton, 위의 글, p.28.

13 Antony Black, "Harmony versus Conflict", *Toleration: Philosophy and Practice*, John Horton and Peter Nicholson(eds.), 1992, p.165.

도덕적 태도를 그 적용 범위로 갖는다. 관용은 타자에 대한 태도를 지시하는 말이기 때문에 행동을 전제로 한다. 어떻게 행동할 것인가를 결정하는 과정에 '욕망을 억제하는 일'과 직접 관련되어 있기 때문에 관용은 윤리적 덕목이 될 수 있는 것이다.

또 관용의 윤리의 철학적 기초라는 말은 무슨 의미인가? 관용이 도덕적 덕목이 되기 위해서는 정당화의 과정을 거쳐야 하는데, 관용 윤리의 철학적 기초란 정당화의 토대를 마련하는 일이다. 따라서 관용의 윤리의 철학적 기초를 확인하는 일은 곧 관용을 정당화하는 일과 불가분의 관계에 놓여 있다. 필자는『관용과 열린사회』에서 관용의 정당화 근거 세 가지를 제시한 바 있다.[14] 도덕성으로부터의 논증, 분별력으로부터의 논증, 그리고 합리성으로부터의 논증 등이 그것이다. 이 절에서는 이 논증들이 각기 자유주의, 실용주의, 그리고 완화된 계몽주의라는 철학적 기초 위에 서 있다는 것을 보여주고자 한다.[15]

(1) 자유주의

관용이 자유주의 덕목이라는 사실은 더 이상 논증할 필요도 없이 자명하

---

14 김용환, 앞의 책, pp.60-66. 설리반 등은 관용이 두 가지 논리적 근거 위에서 정당화된다고 말하고 있다. 첫째, 개인적으로나 사회적으로 선의 증진에 도움이 된다. 둘째, 양도할 수 없는 개인의 권리를 보장해 준다. 이 외에 진리를 추구하는 데 기여한다는 것을 덧붙여 세 가지 논증이 가능하다. John L. Sullivan, James Pierson,and George E. Marcus, *Political Tolerance and American Democracy*, The University of Chicago Press, 1982, p.7.

15 관용을 정당화하는 목적에 대해 한스 오베르디에크는 세 가지를 지적하고 있다. 첫째, 태도이자 덕으로서의 관용이 그 영역을 확보하는 데 중심적 역할을 하기 때문이며, 둘째, 다문화주의가 더 적극적인 역할을 할 수 있도록 만들기 때문이며, 셋째, 관용이 잘 계발된다면 그것이 단지 마지못해 따르는 덕목이 아니라 그 이상이 될 수 있기 때문이다. Hans Oberdiek, *Tolerance: Between Forbearance and Acceptance*, Rowman & Littlefield Publisher, 2001, p.112.

다. 왜냐하면 관용을 하나의 사회적 가치로 인식하여 그것을 정당화한 사람들은 처음부터 모두 자유주의 진영에 속하는 사람들이었기 때문이다. 그러나 자유주의도 여러 갈래로 진화되어 왔고, 자유주의자들 사이에도 의견의 차이가 많기 때문에 단순히 관용 윤리의 철학적 기초로 자유주의를 지적하는 일은 막연할 수 있다. 로크, 칸트 그리고 드워킨처럼 자유주의를 권리의 관점에서 강조하거나, 벤담과 밀처럼 공리성에다 자유주의의 토대를 세우는 등 자유주의자들 사이에는 그 편차가 크다.

그렇다면, 관용의 윤리가 토대로 삼고 있는 자유주의는 어떤 성격의 자유주의인가? 한스 오베르디에크(Hans Oberdiek)는 '실제적 자유주의(substantive liberalism)'라는 이름을 붙이고 있는데, 그 성격 규정은 다음과 같다. 첫째, 실제적 자유주의는 정치적 중립성에 대한 요구를 포기하는 자유주의이다. 이 점에서 고전적인 자유주의 또는 노직의 자유지상주의와 구별된다. 실제적 자유주의는 국가가 최대한 개인의 자유를 간섭해서는 안 된다는 자유주의의 일반 원리를 거부하는 것은 아니지만 경쟁적인 가치들 사이에 분명한 선과 악의 판단이 가능할 때 국가는 간섭할 충분한 이유가 있다는 점을 인정한다. 관용을 사회적 가치로 확장하는 일에 국가가 제도나 법을 통해 관여할 수 있는 여지를 인정한다. 둘째, 실제적 자유주의는 절차적 자유주의만으로도 충분하다는 것을 거부하고 더 나은 사회를 위해 구체적이고 실질적인 주장을 제시할 필요가 있다고 주장한다. 이 점에서 롤즈의 정치적 자유주의와도 구별된다. 셋째, 실제적 자유주의는 좋은 삶에 대한 자신들의 길이 바람직하다는 신념을 유지하나 그것이 '유일한 길'이라고 간주하지 않는다.[16] 바로 이 세 번째 자유주의 태도가 관용의 정신과 일치한다.

---

16 위의 책, p.116.

여러 가지 다양한 삶의 길이 가능하기 위해서는 나와 다른 타자의 삶의 방식에 대해 인정하고 용납하려는 태도가 전제되어야 한다. 그러기 위해서 실제적 자유주의자는 적어도 두 가지 사실에 동의해야 한다. 첫째, 모든 사람은 평등한 사람으로 취급되어야 한다는 사실이며, 둘째, 사람은 자율성을 가진 존재라는 사실이다.[17] 이런 사실에 동의하지 않는 한 자유주의자라 할 수 없다. 이 두 전제 위에서 관용의 윤리는 정당화될 수 있을 뿐만 아니라 그 철학적 기초를 확보할 수 있다.

모든 사람이 평등하다는 원리는 관용 대상에 대한 평가이며, 자율성은 관용을 실천하는 주체에 대한 평가이다. 관용 대상도 동등한 취급을 받을 권리를 가지고 있으며, 관용의 주체는 관용을 실천할 수 있는 힘과 더불어 자율성을 갖고 있어야 한다. 오직 그럴 때만이 관용은 그 정의와 일치한다. 우리가 앞에서 내린 정의에 따르면, 관용은 반대하고 싫어하고 불승인하는 대상에 대해 용납하고, 부정적 행위를 자발적으로 중지하는 것이다. 관용 대상이 갖고 있는 평등한 대우를 받을 권리와 관용 주체가 갖고 있어야 할 자유(자율성)가 결합될 때에 관용은 하나의 실천적 덕목이 된다.

프레스톤 킹은 관용을 자유의 일종으로 보고 있다. 관용을 실천하는 일은 반대하는 대상에 대해 용납하는 행동을 해야 하는데, 자율성, 힘, 인내심, 반대의 거부 등이 개입되어 있다. 이런 행동을 하려면 자유, 즉 도덕적 자율성이 전제되어야 한다. 이런 자율성 없이는 관용을 실천하는 일이 불가능하며, 관용은 복종, 강제적 시인 또는 묵인하는 행위에 그칠 뿐이다. 따라서 관용은

---

17 여기서 말하는 자율성은 칸트식의 선험적인 자율성이 아니라, 사회적, 정치적 주체인 개인들이 확보하고 있는 자기지시적(self-directive), 자기통치적(self-governmental) 자율성을 의미한다. 이런 실제적 자율성이 선험적 자율성보다 덜 형이상학적이기 때문에 포괄적인 자유주의의 원리로서 적합하다

특정한 종류의 자유와 불가분의 관계에 있다.[18]

(2) 실용주의

관용의 윤리가 그 학적 토대를 갖기 위해서는 전통윤리학의 어느 한 입장과 가치를 공유해야만 한다. 위에서 우리는 관용이 도덕적 이상은 아니지만 열린사회를 지향하는 하나의 태도 또는 정도의 문제라고 지적한 바 있다. 정도 또는 태도의 문제란 다른 말로 표현하면 관용의 기준이나 한계에 대한 합의가 불가능하고 불확정적이라는 뜻이다. 오베르디에크의 말대로, "관용과 불관용의 경계선이 바뀐다고 놀랄 만한 일은 아니며, 그것이 악한 상대주의(vicious relativism)를 수반하지 않는다."[19] 관용은 문맥 상대적이고 실천 담지적(practice laden)인 가치이다. 따라서 상대주의 입장에 서 있다.[20]

인식론의 관점에서 볼 때 영국 경험론이 독단주의를 거부하고 회의주의와 가족 유사성을 갖고 있듯이 윤리학사에서 영국의 경험주의 윤리학은 도덕적 상대주의와 쾌락주의 그리고 공리주의를 통해 그 맥을 잇고 있다. 관용의 윤리가 그 근원으로 돌아가면 영국의 경험주의 윤리학과 아주 가깝게 연결되어 있음을 알 수 있다.

또 관용은 다원주의 사회의 전략적 가치이다. 다원주의 사회란 다양성과 자율성에 대한 신념 위에 세워진 사회이며, 이런 사회에는 대립하는 가치 체계들 사이의 양립 불가능성과 통약 불가능성이 인정되어야 한다. 다원주의

---

18 Preston King, 앞의 책, p.2, p.16.
19 위의 책, p.58.
20 상대주의라는 개념을 사용할 때는 주의가 필요하다. 관용의 윤리가 도덕적 상대주의의 입장에 서 있다고 할 때 그 상대주의는 정체된 상대주의가 아니다. 관용이 무관심으로 변질된다면 그것은 더 이상 도덕적 지위를 갖지 못한다. 상대주의의 위험성에 대한 논의는 김용환, 앞의 책, 제6장 2절을 참조.

사회에서 발생하는 갈등과 대립의 문제는 결코 한 가지 방식으로 해결될 수 있다는 믿음을 포기해야 한다. 이럴 때 비로소 관용은 갈등 해소 또는 평화공존을 위한 전략적 가치로 작동한다.[21]

위의 세 가지 관점을 만족시키며 관용과 공통의 윤리적 토대를 가질 수 있는 입장에는 실용주의, 또는 도구주의 윤리학이 있다. 존 듀이로 대표되는 실용주의자는 인간의 삶을 문제적 상황(problematic situation)이라고 부른다. 그리고 이 문제적 상황에서 제기되는 여러 가지 문제를 해결하기 위해서는 철학의 개조가 필요하다고 주장한다. 철학은 문제 해결에 유용한 도구여야 하기 때문이다. 도구적 관점에서 인식, 논리, 진리 그리고 도덕을 새롭게 개조해야 한다고 주장한다.

실용주의 윤리학은 도덕적 추론에서 마지막에 도달하는 지점을 결론(conclusion)이라 부르지 않는다. 도덕의 문제에서 '결론'이란 다른 선택의 여지를 남겨놓지 않는 강한 구속력을 함축한다. 실용주의 윤리학은 이런 강한 의미의 결론이란 말 대신에 결단(decision)이라는 말을 더 선호한다. 도덕적 결단은 개인이 안고 있는 도덕적 문제에 대한 해결 수단으로서의 기능을 제대로 할 때에만 의미를 가진다. 결단은 개인적이고 일회적이며, 다른 개인들의 도덕적 결단과 충돌을 피할 수 있다. 왜냐하면 문제가 다르면 그 해법도 다르기 때문이다.

관용의 윤리와 실용주의 윤리학은 개인이나 사회가 안고 사는 여러 종류의 갈등과 대립이 파국으로 가지 않고 평화롭게 공존할 수 있는 도구적 기능을 중요하게 간주하고 있다는 점에서 공통적이다. 관용을 유용성의 관점에서 설명하고 있는 왈쩌의 다음과 같은 말은 동의하기가 쉽다. "여러 가지 다양한

21 다원주의 사회와 관용의 가치에 대해서는 위의 책, 제4장을 참조.

선택 가능성 중에서 오직 하나의 정답이 필연적으로 존재하고, 이것만이 철학적으로 승인될 것 같지 않다. … 모든 선택들은 (문제 해결의 도구로서 기능을 하는 한) 잠정적이며, 실험적이어야 한다."[22]

(3) 완화된 계몽주의[23]

계몽주의는 17세기 자연주의의 18세기 변형이라고 할 수 있다. 또 17세기를 이성의 시대라고 하고 18세기를 계몽의 시대라고 구분해서 말하고 있으나 실질적으로 두 세기는 동일한 방향을 지향했다 할 수 있다. 17세기 서양의 지성인들은 이성의 합리적 기능에 대해 신뢰하고, 수학과 기하학 그리고 경험과학의 방법론을 모든 학문 분야에 적용하는 것이 가능하다고 믿었으며, 자연과 마찬가지로 인간 사회 안에도 합리적 질서가 내재되어 있다는 자연법 사상에 대한 믿음을 회복하게 된다. 이런 17세기 자연주의적 신념은 그대로 18세기에 전승되며, 그 결과 이성의 계몽적 기능은 더욱 확장되게 된다.

계몽주의의 주요 이념에 관해 데나 굿맨(Dena Goodman)은 다음과 같이 요약하고 있다. "인간 본성과 과학적 탐구를 통해 명백하게 드러난 인간의 이성에 대한 신념, 모든 개인들의 근본적인 평등성에 대한 믿음, 인간의 자유는 타고난 것이자 바람직하다는 전제, 그리고 무제한적인 인간의 진보와 종교적 관용에 대한 이념은 계몽주의 운동의 공통점이다."[24]

---

22 마이클 왈쩌, 앞의 책, pp.17-18. 괄호는 필자의 삽입임.

23 완화된 계몽주의(mitigated Enlightenment)라는 용어는 급진적인 계몽주의와 구별하기 위해 만들어진 것이다. 급진적 계몽주의가 유럽에서 실패한 사상운동이라고 평가받는 데는 이유가 있다. 즉 이성의 기능이나 인간의 본성 그리고 인류 역사의 진보에 대해 지나치게 확신하거나 보편주의 입장을 고수함으로써 19세기 유럽의 식민지 지배를 정당화하고 다른 문화적 다양성 인식에 실패했기 때문이다. 이런 급진적인 계몽주의는 관용의 덕목과 대척점에 있다. 따라서 관용의 덕목이 사회윤리로 성장하던 17세기와 18세기 중반까지 전개된 계몽주의에다 '완화된'이라는 형용사를 붙인 것이다. Norman Geras and Robert Wokler(eds.), *The Enlightenment and Modernity*, Macmillan, 2000, p.3, p.20 참조.

계몽주의는 철학적 이론 이상의 사회문화운동이며, 유럽 전역과 전 분야에 걸쳐 일어난 개혁운동이라고 볼 수 있다. 계몽주의 계획(Enlightenment Project)은 유럽 사회를 새로운 시각에서 해석하고 그 해석에 근거해서 변화시키려는 17-18세기 유럽 지성인들의 공동 작업이라 볼 수 있다. 유토피아와 개혁은 이 18세기 계몽주의 시대의 화두였다.[25] 프랑스에서 디드로(Denis Didrot)의 감독 아래 1751년 7월 1일 *Encyclopedia* 제1권이 출판되었을 때 예수회에서는 '사탄의 성경(Satan's Bible)'이라 명명하고 금서로 지정했지만 계몽에 대한 신념을 가로막기에는 역부족이었다. 계몽주의 운동은 사회적 진보와 개발을 통해 지식, 문화, 종교, 정치, 사회 등을 개조하려는 원대한 계획이었다. 칸트는 "계몽이야말로 인간이 자초한 미성숙함으로부터 빠져나올 수 있는 인류의 탈출구"라고 말하고 있다.[26] 그리고 미성숙함이란 자기 자신의 이해력(오성)을 사용할 줄 모르는 무능력에 있다고 한다.

이런 계몽주의 운동이 관용의 윤리의 철학적 기초가 될 수 있는 이유는 간단하다. 계몽주의 운동의 단초를 제공한 17세기 철학자들, 로크, 스피노자, 피에르 베일(Pierre Bayle)과 18세기 중반 계몽주의의 완숙기에 활동하던 볼테르, 디드로, 흄, 루소, 칸트 등은 모두 관용론에 관한 작품을 쓰거나 이론적 지지자들이었기 때문이다. 노만 게라스(Norman Geras)는 "계몽주의 계획의 실제적 본질에 대해서 지성의 역사는 우리에게 무엇을 말해 줄 것인가?" 반문하고, 그 대답은 "계몽주의가 번창한 나라들에서 계몽주의는 종교적 관용의 원리에 충실했다" 고 한다.[27] 계몽주의자들은 관용의 덕목이 종교적 다

---

24 Dana Goodman and Kathleen Wellman(eds.), *The Enlightenment*, Houghton Mifflin Co., 2004, p.2.

25 Norman Geras and Robert Wokler(eds.), 앞의 책, pp.x-xi.

26 Dana Goodman and Kathleen Wellman(eds.), 앞의 책, p.20에서 재인용.

27 Norman Geras and Robert Wokler(eds.), 앞의 책, p.164.

양성뿐만 아니라 문화적, 인종적 차이와 다양성을 수용하도록 만드는 실마리를 제공한다고 인식하였다. 또 '무지로부터 오는 공포(fear born out of ignorance)'가 불관용을 낳기 때문에 더 많은 지식과 이성의 계몽은 무지를 제거하고 불관용을 완화시킬 수 있다고 확신했다.[28]

4. 불관용의 근거들

필자는『관용과 열린사회』에서 불관용의 심리적 배경에는 공포의 감정, 가치 상대주의 그리고 광신주의가 자리 잡고 있다는 것을 지적한 바 있다.[29] 사람들이 어떤 대상에 대해 불관용할 때는 그 이유가 있는데, 위에서 지적한 세 가지 배경은 그 이유들 가운데 하나이다. 왜 사람들이 관용하기는 어렵고 불관용하기는 쉬운가? 관용을 실천하는 사람에게도 인내와 참음의 고통이 수반되지만, 불관용의 대상이 된다는 것은 불승인 또는 거부의 대상이 된다는 것이며, 그것에는 더 큰 불안과 고통이 따른다. 우리는 불관용을 개인이 책임을 지는 도덕적 결함으로만 볼 수 없다. 불관용 행위에는 사회적, 문화적이며, 집단적인 성격도 강하게 내포되어 있다. 이 절에서는 불관용의 근거들에 대해 살펴봄으로써 불관용을 극복하기 위한 구체적 대안들을 모색하려고 한다.

마이클 코벳(Michael Corbett)은 사람들이 불관용하는 세 가지 근거를 지시하고 있는데, 필자는 여기에 한 가지 덧붙일 수 있다고 본다.[30] 첫째, 불관용은 생물학적, 물리적 성격에 기초되어 있을 수 있다. 특히 종족과 성에 대

---

28 Hans Oberdiek, 앞의 책, p.59.
29 김용환, 앞의 책, 제6장 참조.
30 Michael Corbett, *Political Tolerance in America: Freedom and Equality in Public Attitudes*, Longman, 1982, pp.5-6.

한 편견과 불관용은 생물학적 토대 위에 근거하고 있다는 것이 그의 지적이다. 백인들이 유색인에 대해 갖고 있고, 남성이 여성에 대해 보이는 편견과 차별 그리고 불관용의 밑바탕에는 이런 생물학적, 물리적 성격이 아주 결정적인 요소로 작용한다는 것이다. 비단 종족과 성만이 아니라 나이, 비만 정도, 키, 신체적 결함과 장애 등도 모두 불관용을 하도록 작동하는 생물학적 요소들이다.

에이어(A. J. Ayer)도 코벳과 동일선상에서 같은 주장을 하고 있다. 그의 지적에 의하면, 서구 사회에서 가장 해로운 불관용의 출처는 더 이상 반유대인 정서가 아니라 피부색에 따른 편견이다. 피부 색깔은 불관용의 대상을 금방 확인시켜 주기 때문에 그 행위도 구체적이고 직접적으로 표출될 수 있다.[31]

이런 피부 색깔의 차이로부터 오는 차별과 불관용은 모두 생물학적 결정론에 근거하고 있는데, 세 가지 잘못된 가정으로부터 출발하고 있다. 첫째, 지배적인 백인이 피지배적인 다른 민족보다 더 우월하며, 그 우월성은 신적인 축복이나 유전적으로 결정된 것이다. 둘째, 백인의 순수성은 오염되어서는 안 되기 때문에 백인 여성과 유색인 남성 사이의 결혼은 가장 혐오스러운 관계로 인식하고 있다. 셋째, 백인이 유색인을 지배하는 것은 권리이자 의무라고 생각하고 있다.

둘째, 불관용은 사회적 특성을 가지고 있다. 피부 색깔과 같은 자연적인 조건 이외에 역사적, 문화적인 조건과 교육 환경, 직업과 수입, 그리고 거주 지역 등 사회적인 여러 요소들은 불관용을 일상화시키는 데 촉매제 역할을 하고 있다. 최근 프랑스에서 일어난 폭동의 한 주요한 이유는 프랑스 사회에서

---

31 A. J. Ayer, "Sources of Intolerance", *On Toleration*, Susan Mendus and David Edwards(eds.), Oxford: Clarendon Press, 1987, pp.91-92.

소외된 유색인 청년들의 분노 때문이었다. 이들이 주류 사회에 대해 저항하고 불관용적인 행동을 한 것은 개인의 폭력적 성향 때문이기보다는 실패한 이민정책과 슬럼화된 이민자들의 거주 지역에 대한 불만이 표출된 것이라 볼 수 있다. 그러나 이런 불만이 쌓이게 된 것은 반대로 프랑스 주류 사회가 유색인 이민자들에게 보인 불관용과 무관심에 한 원인이 있다. 도시 빈민이 부자들보다 덜 관용적인 성향을 보이는 것이나, 타자를 배타적으로 거부하려는 텃세주의도 모두 사회적, 문화적인 산물들이라 볼 수 있다.

셋째, 불관용은 사람들이 지지하고 있는 신념이나 태도에 기초되어 있다. 광신주의가 다른 신앙 체계에 대해 더 적극적으로 불관용하는 이유는 그만큼 자신의 신념에 대한 확신이 크기 때문이다. 정치적 이데올로기 신봉자들이 불관용하는 일이나, 종교적 불관용도 모두 자신이 믿고 있는 이념이나 종교에 대해 강한 확신과 태도를 갖고 있기 때문이다. 그리고 이런 신념과 태도는 개인적 성향이라기보다는 집단 성향이 더 강하다. 이데올로기나 종교적 신념 등이 모두 집단적 가치 체계이기 때문이다. 이 집단적 성격의 신념과 태도가 어떻게 불관용을 낳는가에 대해 적절한 사례를 우리는 윌 킴리카(Will Kymlicka)가 지적한 밀레트 체제(Millet system)에서 발견할 수 있다.

킴리카는 두 가지 종류의 관용을 설명하면서, 개인의 자유 모델(individual liberty model)과 집단 권리 모델(group right model)로 구분하고 있다. 밀레트 체제는 집단 권리 모델의 관용을 실천함으로써 다른 종교 집단의 권리를 인정하고 공존할 것을 주장했으나 동일한 집단 내에서 개인의 자유에 대해서는 제한하거나 불관용했다. 집단의 권리가 개인의 자유보다 더 우선한다는 신념과 태도는 개인의 자유에 대해 불관용하는 것을 정당화했다.[32]

이런 강한 신념과 태도에 기초한 불관용 행위는 행위자 스스로가 정당하다고 믿는 경향을 만든다. 오랫동안 절대주의에 가까운 형식적 유교주의 이념을 신봉한 조선시대 양반사회가 서학과 천주교에 대해 불관용한 것은 자기충족적 신념과 더불어 봉건사회를 지탱하려는 기득권 집단의 방어적 태도에서 비롯된 것이라 볼 수 있다.

넷째, 불관용은 '무지로부터 오는 공포'와 두려움 그리고 자기보존 욕구에 기초되어 있다. 불관용은 나와 다른 것을 위험한 것으로 인식하고, 나의 생존을 잠재적으로나 직접적으로 위협하는 것으로 볼 때 표출되는 태도이자 행위이다. 종교사를 보면 다른 종교에 대해서는 관대하면서도 같은 종교 내의 다른 교파나 저항 세력에 대해서는 더 폭력적인 불관용을 보여온 예가 많다. 종교개혁 이전 가톨릭 교회가 독점적 지위를 갖고 있을 때 불관용은 주로 가톨릭 교회 내의 반대 세력에 집중되어 있다. 마녀사냥이나 종교재판의 대상은 다른 종교가 아니라 가톨릭 교회 신학에서 벗어났다고 판단되는 그리스도교의 변형된 형태들에 대해서였다. 이들이 바로 무지로부터 오는 공포와 위협의 직접적 대상들이었기 때문이다.

개신교 신자였던 존 로크가 가톨릭 교회에 대해 적대적이고 불관용적인 태도를 보인 것도 결국 영국의 평화와 안전에 위협적인 요소가 가톨릭 교회에 있다고 보았기 때문이다.[33] 가톨릭 교회의 교황주의는 세속적인 통치권보다 교황의 권위를 더 우위에 두려는 전통인데, 이것은 영국 국왕의 권위를 위협하는 이론이라 간주되었다. 또 우리가 이슬람을 다른 종교보다 더 폭력적인 종교라고 생각하는 것도 보수적인 기독교가 무지에의 논증을 악용하여 만들어낸 편견에서 비롯된 것일 수 있다.

---

32 Will Kymlicka, "Two Models of Pluralism and Tolerance", *Toleration: An Elusive Virtue*, David Heyd(ed.), 1996, pp.81-90. 킴리카는 현대의 밀레트 체제를 초공동체주의(hyper-communitarianism)라 부르고 그 사례로 미국, 캐나다 그리고 영국에서 발견되는 자기통제권을 지닌 소수 종교, 종족 단체들을 들고 있다. 위의 책, p.85.

33 Maurice Cranston, "John Locke and the Case for Toleration", *On Toleration*, Susan Mendus and David Edwards(eds.), 1987, p.104.

우리의 의식 안에 숨어 있는 불관용의 씨앗을 제거하기 위해서는 이들 네 가지 불관용의 근거들이 잘못된 것이라는 점을 인식하는 것이 아주 중요하다.

5. 관용 윤리의 적용 영역들

문화적 동질성이 유지되는 나라일수록 배타성이 강하고 관용의 수준도 낮다는 것은 일반적으로 사실이다. 필자는 한국사회에서 관용의 덕목들이 절실하게 요청되는 다섯 가지 영역에 대해 지적한 바 있다. 이데올로기 극복과 동질성 회복, 탈연고주의의 극복, 종교적 분파주의의 해체, 배타적인 경쟁의 논리 무너뜨리기, 그리고 학문, 예술, 문화의 자유를 위해서 등이 그것들이다.[34] 이 절에서는 관용교육과 관련하여 세 가지 적용 영역에 대해서 고찰하고자 한다.

첫째, 국제이해교육과 관용: 유네스코 한국 위원회가 출판한 『학교에서의 국제이해교육』에는 국제이해교육의 목표 아홉 가지를 제시하고 있는데, 이 가운데는 관용의 덕목과 직접 관련되어 있는 것이 많다. 지구 사회 안에서의 가족 의식, 인종과 문화의 다양성에 대한 문화상대주의적 관용성의 앙양, 세계의 상호 의존성과 상호관계의 과정에 대한 이해, 한국문화의 세계화와 국제사회문화 속에서의 문화 주체성 필요 인식 등은 모두 '다름과 차이'를 인정하는 관용의 정신이 없이는 실현하기 어려운 목표들이다.[35]

국제이해교육은 단순히 다른 나라나 국제관계에 대한 지식만을 의미하지

---

34 김용환, 앞의 책, 제5장 참조.
35 유네스코 한국 위원회, 『학교에서의 국제이해교육』, 도서출판 오름, 1996, pp.37-39.

않는다. 지식의 양적인 측면에서만 본다면, 한국의 중고등학교에서 이루어지는 국제이해교육은 미국이나 유럽의 나라들에 비해 결코 뒤지지 않는다. 그러나 진정한 국제이해교육의 핵심은 종족주의를 넘어서고, 문화 다양성에 대한 신념을 갖도록 하는 데 있다. 공익광고 카피에 사용되었던 문구, "살색은 색깔이 아니다"라는 표현은 얼마나 우리 의식 안에 피부색에 대한 편견이 강하게 자리 잡고 있는가를 단적으로 보여주고 있다. 우리나라에 들어와 있는 동남아시아 노동자들에 대한 인종차별을 우리 스스로 극복하지 않는 한 우리가 서양인들로부터 받는 차별에 대해 비판할 자격을 얻지 못한다. "너희는 이방인을 억압하지 말라. 너희도 애굽 땅에서 이방인으로 있었기 때문에 그 심정을 이해할 수 있을 것이다."[36] 입장 바꿔 생각하는 것(易地思之)이 곧 관용을 더 쉽게 실천할 수 있는 길이라는 것은 이미 지적한 바 있다.

비교적 단일민족으로 구성된 우리나라가 점차 다종족 사회로 이행하고 있으며, 그 속도는 점점 빨라질 것이다. 다른 피부 색깔을 가진 사람들과, 그들의 문화, 종교 등을 곁에 두고 공존해야만 할 것이다. 관용의 정신이 토대가 된 국제이해교육이 없이는 가까운 미래의 한국사회는 또 다른 내부 갈등의 진통을 겪게 될 것이다.

둘째, 인권교육과 관용: 인권의 신장과 관용은 불가분의 관계에 있다. 인권이 침해되는 사례들은 대부분 불관용의 결과와 일치하기 때문이다. 어린이, 여성, 사회적 약자, 그리고 양심수 등의 인권 침해는 그 반대편에 있는 사람들의 불관용적 행위 때문에 비롯된 경우가 대부분이다.

인권교육은 먼저 '자기 권리 찾기'부터 시작하지만 결국은 '다른 사람 권리 존중하기'까지 확대되어야 한다. 나와 차이가 나고 또 인정하고 싶지 않더라

---

36 「출애굽기」, 23장 9절.

도 약자의 권리를 존중하는 관용적 태도를 갖지 않는 한 인권의식의 확장은 어려울 것이다. 루소의 말처럼, 관용은 타자 존중의 정신이며, 우리 사회 여러 분야에서 제기되고 있는 인권문제를 해결하는 데 필요한 덕목이다. 관용의 윤리와 인권교육이 필요한 영역을 몇 가지 사례로 든다면 다음과 같다.

(1) 어린이 학대: 가정에서 어린이를 상대로 한 폭력 및 학대는 부모나 성인에 의해 이루어지는 불관용의 대표적 사례이다. 불관용을 배우는 첫 번째 장소가 가정이라는 사실은 관용교육의 첫 번째 교실이 곧 가정이라는 점을 역설적으로 말해 준다.

(2) 집단 괴롭힘: 물리적 폭력이 수반되는 집단 괴롭힘은 주로 학교에서 발견되며 종종 사회문제로 부각되는 경우도 있다. 집단 괴롭힘의 가해자들이 보이고 있는 폭력성의 밑바탕에는 무지와 편견으로부터 오는 불관용적 태도가 지배적인 힘으로 작동한다.

(3) 끼리끼리 놀기: 집단 괴롭힘이 적극적인 불관용의 실천이라면 '끼리끼리 놀기'는 따돌림이며 소극적인 의미의 불관용적 행위이다. 비록 물리적 폭력은 사용하지 않지만 소외를 발생시키고, 정신적인 폭력으로 타자를 파괴하는 경향이 강하다. 따돌림의 형식과 내용과 방법은 다양하지만 근본적으로 나와 다른 상대방을 인정하지 않고 배척하려는 불관용적 태도는 공통적이다. 학교에서보다는 성인들의 직장 사회나 집단에서 주로 발생한다.

(4) 외국인 노동자의 권리: 3D 업종에서 부족한 일손을 충당하기 위해 허용된 외국인 노동자들의 유입은 한국사회에 점차 심각한 사회문제로 부각되고 있다. 열악한 노동 조건이나 저임금 등의 문제뿐만 아니라, 2천 명에 가까운 한국 여성과 결혼한 외국인 노동자들의 법적 권리와 그 자녀들의 법적 지위는 개인의 권리 침해를 넘어서서 가족의 해체까지 초래하고 있다. 한국인 남성과 결혼한 외국인 여성의 경우 별다른 법적 문제가 없는 것과는 대조적이다.

셋째, 양성평등교육과 관용: 영국 여왕 엘리자베스 2세의 남편인 필립 공은 1997년 11월 20일 결혼 50주년을 회고하면서, 자신들의 결혼생활에서 얻은 교훈 하나를 소개했다. "모든 결혼한 사람들에게 줄 수 있는 교훈은, 관용이야말로 행복한 결혼생활의 필수적인 요소라는 사실이다. 모든 일이 잘 풀릴 때는 관용이 중요한지 잘 모를 수 있으나, 난관에 직면했을 때는 결정적인 것이 된다."[37]

우리 모두가 경험하고 있는 바와 같이, 한국사회는 급격한 핵가족화로 인해 전통적인 가족 개념이 변해 가고 있으며, 1997년 IMF 경제위기 이후 가정의 해체 현상이 두드러지게 표면화되었다. 또 이혼율의 증가와 더불어 한 부모 가정이 늘어가고 있다. 성역할이 과거와 많이 달라지면서 양성평등의식이 많이 고양되고 있는 것도 사실이다. 그런데 이런 급변하는 사회현상을 수용하는 사람들의 의식에는 아직도 변화를 현실로 인정하는 데 장애를 느끼는 사람들이 적지 않은 것도 사실이다. 남성 중심적 문화가 아직도 지배적인 상황에서 호주제가 폐지되었다고 해도 남녀 간의 전통적인 성차별의식은 여전히 남아 있다.

양성평등의식을 갖는 것이 바람직한 방향이지만 그러기 위해서는 관용의 윤리라는 그 도덕적 토대가 먼저 마련되어야만 한다. 관용은 두 가지 각기 다른 관점에서 양성평등의 실현을 위해 순기능을 한다. 하나는 관용의 윤리가 가정의 해체를 막는 데 기여할 수 있으며, 다른 하나는 혈통주의를 극복하고 가족 개념의 지평을 새롭게 확장하는 데 필요하다.

가정의 해체 원인 가운데 성격 차이나 부조화로 인한 것이 가장 크다고 한다. 그런데 성격 차이나 부조화는 상대방 성에 대한 차별의식이나 자기 성의

37 1997년 11월 20일자 BBC 인터넷판에서 인용함.

우월의식이 그 밑바탕에 놓여 있다. 가부장주의자나 남성우월주의자의 가정이 이혼의 위험에 더 많이 노출되어 있는 것은 당연하다. 차이와 다름을 인정할 것을 요구하는 관용의 윤리는 양성평등의식에 기초한 건강한 가정을 유지하는 데 필수적인 요소라는 것은 필립 공의 제안이 아니더라도 누구나 경험적으로 알 수 있다.

이혼율의 증가와 가정의 해체 현상은 필연적으로 새로운 형태의 가족 개념을 일반화시키는 데 상당한 역할을 했다. 재혼 가정, 입양 가족, 그리고 외국인 노동자와의 국제결혼 등은 전통적인 혈통주의의 관점에서 보면 정상적인 가정이라 할 수 없을 것이다. 그러나 이제 가족의 개념적 지평은 확장되어야 한다. 재혼으로 인해 형성된 새로운 가족관계, 입양을 통해 만들어진 가족관계, 그리고 국제결혼으로 생긴 두 문화 가정 등은 모두 새로운 형태의 가족 개념으로 포섭되어야 한다. 그리고 그 관계가 원만하게 유지되는 데는 관용의 태도가 거의 절대적으로 필수적이다. 왈쩌는 국제결혼이 낳는 문화적 이질성(다문화주의)을 융합하는 데 관용이 더 절실하게 요청된다는 점을 강조하고 있다. 관용은 이제 가정에서도 요청되는 시기에 우리가 와 있다는 사실이다.[38]

6. 결론: 불관용적 행동과 태도를 극복하기 위한 제안들

불관용은 우리가 맞서 싸워야 할 심리적 전쟁터이며, 그 전선은 전방위적이다. 정치적, 종교적 불관용, 외국인 혐오증, 텃세주의, 권위주의 교육 현장, 그리고 불관용을 부추기는 미디어의 세계 등은 모두 불관용적인 태도를 만들

38 마이클 왈쩌, 앞의 책, p.161.

어내는 재생 공장과도 같다. 또 자유민주주의 사회에서 다양성에 대한 주된 위협은 정부 자체로부터 오는 것보다 소수의 반대자를 억압하기 위해 다수의 힘을 사용하고자 하는 불관용적 다수로부터 나온다는 마거릿 클락의 지적은 불행하게도 사실이다.[39] 다수의 전제(tyranny of majority)는 숫자에 의한 오류 논증이며, 불관용적 사회의 특징이다. "민주주의 사회에서 국민에 의한 억압은 정부에 의한 억압의 문제보다 더 해결하기 어렵다. 왜냐하면 민주주의에서 국민 다수의 힘은 물리적이면서도 도덕적인 힘으로 작용하고 그래서 더 강제적이기 때문이다"[40]라는 토크빌의 주장도 같은 맥락으로 이해될 수 있다. 열린사회로 나가는 데 걸림돌이 되는 것은 정부의 불관용 정책도 문제이지만 국민들의 의식 안에 자리 잡은 불관용적인 배타주의가 더 치유하기 어려운 장애물이다.

한스 오베르디에크의 지적에 의하면, "위험이 따르지 않는 불관용은 거의 없으며, 저항에 부딪히며 실패할 위험이 항상 존재한다." 약자들은 불관용을 직접 실천하거나 행위로 나타낼 수 없을지라도 불관용적 태도를 가질 수는 있다. 이런 "약자들도 힘을 얻게 되면 불관용적인 태도가 행위와 실천으로 나타날 수 있기 때문이다."[41] 관용과 불관용의 경계선이 상황에 따라 달라질 수 있듯이 관용의 주체와 객체(대상)도 여건에 따라 바뀔 수 있다. 왈쩌는 자신이 유대인으로서 관용의 대상이라고 생각하며 자랐으나 이제 모든 사람을 관용해야 할 주체로 인식하게 되었다고 고백하면서 자신의 『관용론』을 시작하

---

39 Margaret Clark, 앞의 글, p.13.

40 Michael Corbett, 앞의 책, p.1.

41 Hans Oberdiek, 앞의 책, p.51. 누구라도 한 가지 관점에서 지배적인 힘을 가지고 불관용을 실천할 수 있다면 다른 관점에서는 약자의 입장에 설 수도 있다. 입장 바꿔 생각하기가 관용을 훈련하는 데 중요한 교육 방법인 것은 이미 지적한 바 있다. 김용환, 앞의 책, 제7장 3절 참조.

고 있다.[42]

관용이 없이는 우리가 싫어하고 불승인하는 대상에 대해 원초적인 부정적 반응을 보이기 쉬우며, 타자를 이해할 필요성을 느끼지 못하게 된다. 그 결과 우리는 무고한 타자에게 고통을 가할 위험에 노출되기 쉽다.[43] 관용의 윤리를 확립하고 불관용의 현상들을 축소하기 위해 어떻게 할 것인가? 이것이 우리의 마지막 과제이다. 필자는 헬렌 웡(Helene Wong)이 제시한 종족적 관계 복원을 위한 제안을 불관용의 제거를 위한 기술로 확대 제안하고자 한다.

그녀는 지배적인 다수 종족이 소수민족에게 해야 할 실천 사항에 대해 다음과 같이 제시하고 있다.[44] 첫째, 다른 타자에 대한 두려움을 극복해야 한다. 둘째, 친근한 사이로 만들어야 한다. 셋째, 이성적인 대화를 해야 한다. 넷째, 타자의 소리를 듣는 용기가 필요하다. 다섯째, 단일문화적 태도를 포기해야 한다. 여섯째, 동일한 것도 다르게 볼 수 있도록 허용해야 한다. 일곱째, 소수자의 입장에 서 보아야 한다. 특히 유럽인들에게는 아시아의 나라를 방문하여 낯선 소수자의 처지를 경험하는 것이 타자 이해의 첫걸음이 된다.

타자의 자리에 불관용의 대상 어느 것을 대입하더라도 같은 의미를 갖는다. 이 타자가 통일 이후 북쪽 사람일 수도 있고, 외국인 노동자일 수도 있고, 다른 아시아 문화일 수도 있다. 내 옆집에 사는 다른 종교인일 수도 있고, 진보를 반대하는 보수주의자 이웃일 수도 있다. 다양성 안에서 통일성(unity

---

42 마이클 왈쩌, 앞의 책, p.7.
43 Hans Oberidiek, 앞의 책, p.135.
44 Helene Wong, "Ching Chong Chinamen: When Friends Becomes Stranger", Celebrating the UN Year of Tolerance, Foundation for Peace Studies, New Zealand, 1995, p.44. 여기서 말하는 종족적 관계 복원이란 소위 키위(Kiwi, Pakeha)와 마오리 그리고 중국인을 중심으로 한 아시아인들 사이의 갈등과 불균형을 해소해야 한다는 것을 의미한다.

in diversity)을 볼 수 있고, 다양성 안에서 조화(harmony in diversity)를 이루는 데 유용한 덕목인 관용이 더 실현되는 사회를 향해 우리가 실천해야 할 과제는 여전히 남아 있다.

관용은 '예'와 '아니오' 둘 중 하나를 선택하는 문제가 아니라 '반대'라는 부정적 판단 다음에 '부정적 행위의 자발적 중지'라는 긍정적 태도가 요청되는 도덕적 태도이다. 18세기 프랑스의 대표적인 관용론자인 볼테르의 다음과 같은 말은 음미할 만한 가치가 있다. "나는 당신이 말한 것에 시인할 수 없소. 그러나 나는 당신이 그것을 말할 권리를 위해 죽기로 옹호하겠소(I disapprove of what you say, but I will defend to the death your right to say it)."[45] 다른 사람의 권리와 자유를 더 많이 보장해 주면 줄수록 나의 권리와 자유 또한 확장된다는 사실에 관용의 윤리는 주목하고 있다. 여전히 오늘날에도 우리는 자유와 권리의 결핍 현상을 곳곳에서 목격하고 있는 한 관용의 윤리는 그 존재 가치를 보장받게 될 것이다.

45 T. M. Scanlon, 앞의 책, p.197, 각주 7에서 재인용.

【참고문헌】

김용환, 『관용과 열린 사회』, 철학과현실사, 1997.

마이클 왈쩌, 송재우 옮김, 『관용에 대하여』, 미토, 2004.

유네스코 한국 위원회, 『학교에서의 국제이해교육』, 도서출판 오름, 1996.

Ayer, A. J., "Sources of Intolerance", *On Toleration*, Susan Mendus and David Edwards(eds.), Oxford: Clarendon Press, 1987.

Black, Antony, "Harmony versus Conflict", *Toleration: Philosophy and Practice*, John Horton and Peter Nicholson(eds.), Avebury, 1992.

Clark, Margaret, "Political Tolerance", Diversity and Injustice, Proceedings of a Seminar To Mark the United Nations Year of Tolerance 1995, Institute Policy Studies, Victory University of Wellington, 1996.

Corbett, Michael, *Political Tolerance in America: Freedom and Equality in Public Attitudes*, Longman, 1982.

Cranston, Maurice, "John Locke and the Case for Toleration", *On Toleration*, Susan Mendus and David Edwards(eds.), Oxford: Clarendon Press, 1987.

Fotion, Nick and Gerard Elfstrom, *Toleration*, The University of Alabama Press, 1992.

Geering, Lloyd, "The Implications of Tolerance For Our Global Future", Celebrating the UN Year of Tolerance, Foundation for Peace Studies, New Zealand, 1995.

Geras, Norman and Robert Wokler(eds.), *The Enlightenment and Modernity*, Macmillan, 2000.

Goodman, Dana and Kathleen Wellman(eds.), *The Enlightenment*, Houghton Mifflin Co., 2004

Heyd, David(ed.), *Toleration: An Elusive Virtue*, Princeton University Press, 1996.

Horton, John, "Toleration As a Virtue", *Toleration: An Elusive Virtue*, David Heyd(ed.), Princeton University Press, 1996.

Johnson, Peter, "As long as he needs me? Toleration and moral character", *Toleration: Philosophy and Practice*, John Horton and Peter Nicholson(eds.), Avebury, 1992.

King, Preston, *Toleration*, George Allen & Unwin, 1976.
Kymlicka, Will, "Two Models of Pluralism and Tolerance", *Toleration: An Elusive Virtue*, David Heyd(ed.), Princeton University Press, 1996.
Nicholson, Peter, "Toleration as a Moral Ideal", *Aspects of Toleration: Philosophical Studies*, John Horton and Susan Mendus(eds.), London, 1985.
Oberdiek, Hans, *Tolerance: Between Forbearance and Acceptance*, Rowman & Littlefield Publisher, 2001.
Raphael, D. D., "Toleration, Choice and Liberty", *Government and Opposition, A Journal of Comparative Politics*, Vol. 6, No. 2, 1971.
Scanlon, T. M., *The Difficulty of Tolerance*, Cambridge University Press, 2003.
Sullivan, John L., James Pierson, George E. Marcus, *Political Tolerance and American Democracy*, The University of Chicago Press, 1982.
Vogt, W. Paul, *Tolerance & Education*, Sage Publications, 1997.
Williams, Bernard, "Toleration: An Impossible Virtue", *Toleration: An Elusive Virtue*, David Heyd(ed.), Princeton University Press, 1996.
Wong, Helene, "Ching Chong Chinamen: When Friends Becomes Strangers", Celebrating the UN Year of Tolerance, Foundation for Peace Studies, New Zealand, 1995.

로스바드의 자연법적 소유권 이론에 대한 비교방법론적 고찰*

정연교

1. 서론

로스바드는 '친시장적 무정부주의 정치경제학(anarcho-capitalistic political economy)'을 정초했다. '개인주의적 무정부주의'를 로스바드만큼 정교하고 호소력 있게 발전시킨 학자는 거의 없다고 보아도 무방하다.[1] 특히 '소유권'을 매개로 삼아 '사실'과 '가치'를 하나의 체계 내에서 묶어냄으로써 친시장적 무정부주의 '세계관(weltanschauung)'이 정치, 경제, 역사, 철학 등의 분야에서 어떻게 상호 연관성을 갖고 표현될 수 있는지 보여준 업적은 역사에 길이 남을 만하다.

로스바드 정치경제학의 철학적 토대는 그가 '자유론(Theory of Liberty)'이라고 명명한 자연법적 소유권 이론이다. 비록 미제스를 이어 오스트리아

---

* 이 논문은 『자유와 시장』 제2권 1호, 2010에 게재된 것임.

1 Norman Barry, *On Classical Liberalism and Libertarianism*, St. Martin's Press, 1987, p.193.

경제학파의 종주로서 활약했지만, 로스바드는 가치중립적인 분석이나 경제학만 갖고는 자유지상주의의 정당성을 입증할 수 없다고 보았다. "경제학은 자유지상주의를 옹호하는 데 필요한 근거를 제공할 수는 있어도 그 자체로 자유지상주의 정치철학을 대신할 수는 없기" 때문이다. "정치적 판단은 필연적으로 가치 판단일 수밖에 없고, 그에 따라 정치철학 역시 필연적으로 윤리학적일 수밖에 없기 때문에 개인의 자유를 옹호하기 위해서는 경제학에 더해 윤리학설이 필요하다"고 판단했다.[2]

로스바드가 '자유론'을 전개한 주저는 『자유의 윤리(*The Ethics of Liberty*)』이다. 이 책에서 로스바드는 '자기소유(self-ownership)'에 기초하여 소유권을 정의하고, 교환과 침해, 독점, 처벌, 인권, 계약, 아이와 동물의 권리 등 자유지상주의 정치철학 이론을 구축하기 위해 고려해야 할 다양한 이슈에 대해 정교하고 체계적인 논지를 펼친다.[3] 로스바드가 이 책을 발간하기 위해 들인 시간과 수고 또한 그가 이 책에 부여한 의미가 남달랐다는 사실을 방증한다.[4] 그럼에도 불구하고 『자유의 윤리』가 발간되었을 때, 학계의 반응은 기대 밖이었다. 학계는, 한마디로, 그를 외면했다. 무엇이 문제였을까?

유력한 해설 중 하나는 그 원인을 로스바드가 학설을 전개한 방식, 즉 스타

---

2 Murray N. Rothbard, *The Ethics of Liberty*, Humanities Press, 1982, p.xlvii.

3 로스바드는 또한 이 책의 3부에서 국가의 본질, 국가의 내적 모순, 국가와 국가의 관계 등에 대한 논의를 통해 국가와 자유가 양립 가능할 수 없다는 사실을 밝히고, 이어서 4부에서는 미제스의 공리주적 경제철학, 벌린의 소극적 자유 개념, 강제에 대한 하이에크의 이론 및 노직의 최소국가론에 대해 논평한다.

4 Murray N. Rothbard, 앞의 책, p.xlv. 로스바드는 저자 서문에서 이 책을 쓰는 데 평생이 걸렸고, 수차례 전면적인 수정 작업을 거쳤다고 밝혔다. 『자유의 윤리』의 서문을 쓴 호페 역시 이 책이 로스바드의 걸작으로 알려져 있는 『인간, 경제, 국가(*Man, Economy, and State*)』에 이은 두 번째 걸작(magnum opus)이라고 보았다. Hans-Hermann Hoppe, "Introduction", M. N. Rothbard, *The Ethics of Liberty*, Humanities Press, 1982.

일에서 찾는다. 로스바드가 '고루한' 자연법 사상을 원용했을 뿐만 아니라 '고답적인' 기하학적 이론 전개 방식을 사용해서 문제였다는 것이다. 만약 로스바드가 자연법 이론이 아닌 사회계약론적 논의 전개 방식을 채택했거나, 노직과 같이 '현란'하면서도 '유연한' 스타일을 활용했더라면 학계의 반응이 그 정도로 냉담하지는 않았을 것이라는 주장이다.[5]

필자는 로스바드에 대한 학계의 냉담한 반응이 자연법 이론이나 엄밀하고 체계적인 논의 전개 방식에서 기인했다고 보지 않는다. 정치철학계가 자연법이나 엄밀하고 체계적인 논의를 고루하거나 고답적이라고 본다고 생각할 근거가 충분치 않기 때문이다.[6] 다양한 요소가 복합적으로 작용했겠지만, 아마 가장 주된 이유는 그가 당대 정치철학의 주요 현안과 논법에 친숙하지 않았다는 점과 그가 노직과 달리 당대를 풍미하던 주요 철학자들에 대해 거의 언급하지 않았다는 점에서 찾아야 할 것이다.[7] 본업이 정치철학이 아니었기 때문에 학계는 로스바드의 '자유론'을 흥미롭지만 여전히 '비전문가'가 집필한 저작 중 하나로 여겼을 가능성이 크다.

그러나 필자는 로스바드의 스타일이, 적어도 오늘날의 관점에서 보면, 장점일 수 있다고 본다. 비교방법론적으로 고찰할 때 로스바드의 '자유론'이 지닌 '진가', 즉 정치철학적 특성과 장점을 확연히 보여주는 것이 자연법 이론

5 Hans-Hermann Hoppe, 앞의 글.

6 로스바드의 논의 전개 방식은 롤즈의 논의 전개 방식에 비하면 '고답적'이라고 느낄 만큼 엄밀하거나 체계적이지 않다. 굳이 비교를 한다면, 『정의론』이 『자유의 윤리』보다 훨씬 더 지루하고 어려운 책이다. 롤즈 자신도 『정의론』은 "단지 길이에 있어서만 길게 느껴지는 책"이 아니라고 토로할 만큼 지루하다. John Rawls, *A Theory of Justice*, Harvard University Press, 1971, p.viii.

7 『자유의 윤리』에서 롤즈가 언급된 것은 공리주의를 비판한 학자 중 하나로서 주석에 등장한 것이 전부이다(p.52, 주 2). 헨리 시지윅, 데이비드 라이언즈, 리처드 브렌트 등의 공리주의자는 물론이고 로날드 드워킨, 브루스 애커먼, 아마티아 센 등과 같이 당대를 풍미했던 평등주의자에 대한 언급도 찾아볼 수 없다.

과 체계적인 소유권 이론이기 때문이다. 필자는 이 글에서 우선 로스바드 '자유론'이 기반하고 있는 자연법 이론을 메타윤리학적 분석틀을 활용하여 공리주의 및 사회계약론과 비교하고자 한다. 이는 자연법 이론이 여전히 유효한 정치철학적 모델이라는 사실을 보여줌으로써 비록 로스바드의 '자유론'이 현재 학계의 주류를 이루는 방법론을 따르지는 않았지만, 학문적으로 존중받을 만하다는 사실을 인식하게 해줄 것이다. 이어서 필자는 로스바드 '자유론'의 중추를 이루는 소유권 이론을 노직이 '소유권에 기반을 둔' 정의론의 3대 과제로서 지목한 의제에 비추어 노직의 학설과 상호 비교 분석하고자 한다. 이는 '자유론'의 요체를 드러내는 동시에 노직의 자격이론에 비해 로스바드의 '자유론'이 내용이나 스타일 모두에 있어 그에 못지않게 충실함을 보임으로써, 후자의 학문적 위상에 대한 학계의 재평가를 촉구할 것이다. 끝으로 필자는 롤즈류의 평등주의적 정의론이 지닌 문제점을 토대로 향후 로스바드적 자연법적 소유권 정치철학이 나아갈 방향이 기본에 충실한 '원리주의'에 있음을 주장할 것이다.

2. 로스바드의 자연법 이론

호페에 따르면, 학계가 로스바드를 "무시하고 곡해하고 심지어는 화난 것처럼 적대시"한 이유는 그가 "터무니없는 소리(nonsense on stilts)"라고 벤담이 핀잔을 준 이후 거의 아무도 사용하지 않았던 자연법 모델을 원용했기 때문이다.[8] 앞에서 시사했듯이 학계가 로스바드를 무시한 이유가 자연법 이론에 있다고 볼 만한 증거는 많지 않다. 그러나 벤담이 자연법이나 자연권에

8 Hans-Hermann Hoppe, 앞의 글, p.xxxi.

대한 논의를 근거 없으며 자가당착적이라고 주장한 것은 사실이다. 벤담에 따르면, 권리라는 말이 의미를 갖기 위해서는 그것을 규정하는 법이 먼저 존재해야 하는데, 자연법을 규정하는 법은 신의 존재를 가정하지 않으면 생각할 수 없기 때문이다. 그래서 벤담은 자연권을 "아버지 없는 자식"에 비유한다.[9] 그러나 벤담의 논변에도 불구하고, 자연권에 대한 논의는 도덕형이상학적 관점에서 볼 때, 그 어떤 이론에 비해도 기울 것이 없다. 이를 논하기 전에 먼저 로스바드가 자연법과 자연권을 어떻게 이해하고 있는지 살펴보자.

자연권은 '자연법'이라는 더 큰 사상적 체계의 정치철학적 주춧돌이다. 자연법 사상은, 세계에는 수많은 '실재(entities)'가 존재하고 있으며, 각각의 실재는 다른 실재와 구분되는 분명하고 고유한 특성, 즉 그것의 '본성(nature)'을 갖고 있어서 우리가 지각과 그 외의 정신적인 기능을 통해, 즉 이성을 통해 알아낼 수 있다는 통찰에 근거하고 있다. 예를 들어, 구리는 철이나 소금과 구분되는 구리 본연의 특성을 가지고 있어서 다른 실재와는 다른 방식으로 반응한다. 인간도 세상의 다른 것들과 마찬가지로 인간 고유의 본성을 가지고 있으며 그것을 토대로 세계와 교호한다. 간단히 말해서, 생물, 무생물 할 것 없이 모든 것이 그 자신이 갖고 있는 본연의 특성과 그것이 교호하는 다른 실재의 본성에 의해 결정된다. 구체적으로, 식물이나 하등동물의 행동은 생물학적 특성 혹은 '본능(instinct)'에 의해 결정되지만, 인간은 스스로 목표를 선택하고 그 목표를 달성하기 위해 스스로 수단을 모색해야 하는 특성을 갖고 태어났다. 자동적으로 모든 것을 처리해 주는 본능을 갖고 태

---

9 "내게 있어, 권리는 법의 자식이다. 법이 어떻게 규정하는 가에 따라 권리의 성격이 달라진다. 자연권은 아버지 없는 자식이나 마찬가지다."(Jeremy Bentham, "Anarchial Fallacies") Jeremy Waldron(ed.), *Nonsense upon Stilts: Bentham, Burke and Marx on the Rghts of Man*, Methuen, 1988, p.73 참조.

어나지 않았기 때문에, 인간은 자신과 세계에 대해 배워야 하고, 가치 있는 것을 스스로 가늠해 내야 하며, 사물의 인과관계를 파악해서, 스스로를 유지하고 발전시키기 위해 의도적인 방식으로 행동해야 한다. 생각하고, 느끼고, 평가하고, 행동할 수 있기 위해서는 무엇보다 주체적인 존재가 되어야 하기 때문에, 누구나 스스로 생존하고 번영할 수 있도록 자유롭게 배우고, 선택하고, 능력을 계발하고, 자신의 지식과 가치관에 의거해서 행동할 수 있도록 내버려두어야 한다. 이것이 인간이 가야 할 길이다. 이러한 과정에 간섭하거나 폭력을 통해 저해하는 것은 생존과 번영을 위해 인간에게 주어진 본성을 심각하게 침해하는 것이다. 따라서 배움과 선택에 억지로 간섭하는 것은 매우 '반인간적(antihuman)'이며, 인간이 본래 필요로 하는 것을 훼손하는 짓이다.[10]

결국 로스바드에 따르면, 도덕적으로 가치 있는 행위는 이성적인 존재로서 인간이 지니고 있는 주체성, 즉 '자율'에 부합하는 것이다. 그리고 타인의 자율적 삶을 침해하지 않는 것이 모든 사람이 준수해야 할 도덕적 의무이며, 그것만이 인간의 본성으로부터, 즉 자연적 질서로부터 도출 가능한 도덕적 의무라고 보았다.

도덕의 기원을 인간의 이성과 자율성에 토대를 둔 '불-침해 원리(principle

---

10 Murray N. Rothbard, *For a New Liberty: The Libertarian Manifesto*, Macmillan, 1973[2006], pp.32-33. 자연법에 대한 로스바드의 생각이 일목요연하게 표현된 곳은 『자유를 위하여(*For a New Liberty*)』 제2장이다. 로스바드는 『자유의 윤리』 1부를 자연법과 자연권에 대한 논의를 소개하는 데 할애했지만 내용이 매우 미미하다. 비록 4개의 장으로 나누어 자연법과 이성, 자연법의 과학성, 자연법과 실정법의 차이, 자연법과 자연권의 관계 등에 대해 언급했지만 모두 20여 페이지에 불과한 분량이다. 『자유의 윤리』에서 "자연법 사상을 길게 설명하거나 옹호"하지 않는 이유에 대해 그는 이 책의 목적은 "자유를 위한 정치철학을 전개"하는 데 있다고 해명한다. Murray N. Rothbard, *The Ethics of Liberty*, p.25 참조.

of non-aggression)'에서 찾는 것은 자유주의적 자연법 사상가의 공통적 특징일 뿐만 아니라 크게 보면 자유주의 전통 전체가 상당 부분 공유하고 있는 특징이다. 따라서 방법론적 관점에서 볼 때, 쟁점은 자연법 이론이 담고 있는 내용이 아니라 자연법이라는 이론적 모델을 사용해서 논의하는 것이 적합한가이다.

이제 자연법과 공리주의 그리고 사회계약론을 메타윤리학적 분석틀을 이용해서 상호 비교함으로써 자연법 이론이 정치철학적 모델로서 유효할 수 있는지 살펴보자. 메타윤리학적 관점에서 볼 때, 당위(ought)를 논하는 이론은 모두 두 가지 근본적인 질문에 답해야 한다. 하나는 "'좋은 것' 또는 그 자체로 가치 있는 것이 무엇인가?"라는 물음에 답하는 것이다. 흔히 '가치론(theory of good)'이라고 부르는 것이다. 다른 하나는 "'옳은 것' 또는 마땅히 해야 하는 것이 무엇인가?"라는 질문에 답하는 것이다. 흔히 '규범론(theory of right)'이라고 부르는 것이다. 이 두 질문에 제대로 답하지 못하면, 통합적인 가치철학 체계를 갖출 수 없다. 그래서 모든 학설은 명시적이든 암묵적이든 가치론과 규범론을 내포하고 있다. 만약 여러 학설의 가치론과 규범론을 각각 하나의 명제로 정리해서 비교 분석할 수 있다면, 비교적 용이하게 각자의 특징과 문제를 이해할 수 있을 것이다. 먼저 로스바드 자연법 이론의 가치론과 규범론을 정리해 보자.

[R1] 가치 있는 것은 인간의 생존과 번영이다.
[R2] 옳은 것은 다른 사람의 주체적인 삶을 침해하지 않는 것이다.[11]

[R1]은 '자유론'의 가치론이고 [R2]는 '자유론'의 규범론이다. 그런데 [R1]과 [R2]에는 아쉬운 점이 있다. 생각을 공유하지 않는 사람에게 [R1]과 [R2]를 '입증'할 수 있는 방법이 없어 보이기 때문이다. '존재의 위대한 사슬(the great chain of being)'을 내세워 [R1]을 입증하는 것이 당연시되던 때도 있었지만, 근대 이후에는 받아들여지지 않고 있다.[12]

[R2]의 경우에도, 한편으로는 "어떻게 사는 것이 유리한지 가장 잘 아는 것은 본인"이라는 주장을 인정하면서도, 다른 한편으로는 온정주의적 문화를 버리지 못하는 것이 엄연한 현실이다. 그렇다면 [R1]과 [R2]는, 엄밀한 의미에서, 확실한 근거를 갖추지 못한 주장이다. 말하자면, '임의적인(arbitrary)' 명제들이다. 그러나 임의적이라고 해서 반드시 치명적인 것은 아니다. 만약 공리주의나 사회계약론의 처지도 비슷하다면, [R1]과 [R2]가 임의적이라는 사실은 자연법 이론의 결함을 함축하기보다는 당위적인 성격을 가진 모든 논의의 태생적 한계를 보여준다.

이제 공리주의의 가치론과 규범론에 대해 생각해 보자. 공리주의는 두 가지 특징을 갖고 있다. 하나는 가치를 검증 가능한 것들로 한정하려 했다는 것이고, 다른 하나는 모든 사람이 대등하다고 여겼다는 점이다. 말하자면, 결과주의와 평등주의가 공리주의의 특징이다. 이를 메타윤리학적 분석틀에 적용하면 다음과 같은 명제를 얻을 수 있다.

---

11 [R1]과 [R2] 이외에도 자연법 이론이 공유하는 명제는 많다. 예를 들면, "세상에는 서로 본질이 다른 실재가 존재한다"나 "존재하는 모든 것은 각각 적절한 생존방식을 갖고 있다"와 같은 명제들이다. 그러나 공리주의나 사회계약론과의 상호 비교를 위해서라면 [R1]과 [R2]로 충분하다.

12 서양 고중세기에 사람들은 존재하는 모든 것이, 신의 명령에 따라, 일종의 위계질서를 형성한다고 믿었고 이를 '자연의 사다리(scala naturae)' 혹은 '존재의 사슬'이라고 불렀다. 존재의 사슬에 따르면, 맨 위에는 완전한 존재인 신, 맨 아래에는 가장 기본적 물질인 먼지가 존재한다고 믿었으며 인간은 물질계와 정신계 사이, 즉 동물과 천사 사이에 위치한다고 보았다. 고중세기에는 인간존재의 가치를 존재의 사슬과 창세기 말씀("너희는 생육하고 번성하며 땅에 가득하여 그중에서 번성하라.")에서 찾는 것이 당연했지만, 근대 이후 이를 당연하게 생각하는 사람은 점차 줄어든다.

[U1] 가치 있는 것은 사람의 행복이다.

[U2] 옳은 것은 많은 이해 당사자들을 행복하게 하는 것이다.

자연법적 가치론과 규범론은 임의적이라고 했다. 공리주의는 어떠한가? 과연 [U1]과 [U2]는 입증 가능한가? 그렇지 않다. [U1]을 입증하기 위해 공리주의자들은 사실로부터 당위를 도출해 내고자 애썼다. 해즐릿이 예증하듯이 심리학적 행복주의로부터 도덕적 행복주의를 도출해 내려 했다. "누구나 행복을 추구한다"는 명제로부터 "행복은 좋은 것이다"라는 명제를 추론해 내려 했다. 그러나 이 같은 추론은 '자연주의의 오류(naturalistic fallacy)'를 범한다고 비판받았다.[13] 이에 대해 공리주의자들은 이제는 윤리를 "궁극적인 목적이 아니라 수단의 하나"로서 인식해야 한다고 응수한다.[14] 해즐릿의 전향적인 시도에도 불구하고, 윤리학의 성격 전환이 [U1]을 정당화하지는 못한다. [U1]은 가치론의 형식 자체를 포기하지 않는 이상, 행복이 궁극적인 '도덕적' 가치라는 주장을 담지 않을 수 없기 때문이다.

[U2]를 입증할 수 있는 근거도 찾기 어렵다. 공리주의의 태두 벤담은 문제를 제기하는 것 자체가 어처구니없다고 보았다.

13 '자연주의의 오류'란 영국의 철학자 무어(G. E. Moore)가 명명한 논리적인 오류의 일종으로서, 도덕적으로 '좋은 것'을 '쾌락', '욕구', '발전' 등의 자연적 속성을 통해 정의할 때 발생한다. 무어에 따르면, '~이다'라는 사실적 언명과 '~해야 한다'는 당위적 언명은 언어-논리적 범주가 다르기 때문에 한 영역에서 다른 영역으로의 추론은 불가피하게 논리적 간극(the 'is-ought' problem)을 발생시킨다.

14 Henry Hazlitt, *The Foundations of Morality*, The Foundation for Economic Education, 1994, p.34. 해즐릿은 자연주의의 오류를 극복하는 방안의 하나로서 윤리의 성격 재규정을 제안한다. 윤리를 궁극적인 가치에 대한 논의가 아니라, 궁극적 가치인 행복을 극대화할 수 있는 방안에 대한 논의라고 재규정하자는 제안이다. 궁극적 가치에 대한 논의를 윤리와 분리함으로써 논란에서 벗어나고자 한 것이다. 그러나 이 같은 전략은 문제를 전가할 수는 있어도, 문제를 해결할 수는 없다. 왜 행복이 궁극적인 가치인지 여전히 설명할 수 없기 때문이다.

이제까지 누군가 이 [효용의] 원리의 타당성에 대해 정식으로 문제를 제기한 적이 있었는가? 만약 그런 적이있다고 한다면, 그것은 도무지 자신이 무엇을 말하는지 모르는 사람들에 의해서였을 것이다. 이 원리에 대한 직접적인 입증이 가능한가? 그렇지 않다. 다른 모든 것을 입증하기 위해 사용되는 것을 입증하는 것은 불가능하기 때문이다. 증명의 사슬도 처음에는 증명되지 않은 무엇인가로부터 시작할 수밖에 없다. 효용의 원리를 증명하는 것은 불필요할 뿐만 아니라 불가능하다.[15]

그러나 공리주의자들이 모두 벤담과 같은 태도를 취한 것은 아니다. [U2]를 수정, 보완해서 입증해 보려는 다양한 시도가 있었다. 그러나 평가는 대체로 부정적이었다. 무엇보다 [U2]에는 도덕적 지도성이나 방향성이 없었기 때문이다.

[U2]는 가급적 많은 사람들을 행복하게 하라고 말한다. 한편 민주적인 것처럼 보여 좋기도 하지만, 다른 한편으로는 '누구의 행복'을 뜻하는지 의아하다. 남을 이롭게 하려는 사람의 행복과 남을 해하려는 사람의 행복, 남에게 빚진 사람의 행복과 남에게 도움을 준 사람의 행복, 운이 좋아 희희낙락하는 사람의 행복과 어려움 속에서 굳세게 살아가는 사람의 행복을 전혀 구분하지 않고 있기 때문이다. [U2]가 단지 누구나 똑같이 행복을 누리는 것이 옳다고 주장하는 것이라면, 수긍하기가 쉽지 않다. 정당한 것과 다수의 행복을 혼동하는 것이기 때문이다.

공리주의자들은 [U2]의 근본 정신을 유지하면서도, 특히 모든 사람의 행복

---

15 Jeremy Bentham, *An Introduction to the Principles of Morals and Legislation*, Nabu Press, 1923[2010], p.4.

을 대등한 것으로 여기는 평등주의적 입장을 유지하면서도 정당한 것과 다수의 행복을 구분할 수 있는 방법을 찾아왔다. 그래서 찾은 해법 중 하나가 공리주의의 기능을 순수 메타윤리학설로 제한하는 것이다. [U2]는 여전히 맞지만, 법이나 제도 혹은 행위 규범의 지침으로 삼지는 않는 입장이다. 다시 말해, 올바름은 궁극적으로 많은 사람을 행복하게 하는 것이지만, 개별적인 제도나 법은 반드시 매번 많은 사람을 행복하게 하지 않아도 된다는 주장이다.

이는 도마뱀처럼 꼬리를 잘라냄으로써 곤경을 모면하려는 전략이다. 그러나 몸 전체가 두 동강 날 수도 있는 위험한 전략이다. 만약 [U2]가 삶을 지도할 수 있는 지침을 줄 수 없다면, 공리주의는 언제나 "모든 것이 업보"라고 말하는 도사의 말과 다를 것이 없기 때문이다.

또 다른 해법은 [U2]를 두 단계로 세분화하는 것이다. '규칙공리주의'라 부르는 이 입장을 정식화하면 이렇다.

[U2′] (1) 옳은 행동은 옳은 규칙에 따르는 것이다.
(2) 옳은 규칙은 길게 보았을 때 많은 사람들을 행복하게 하는 것이다.

여기에서 '옳은 규칙'이란 대체로 오랜 기간 공동체에서 지켜온 전통적 생활규범이다. 전통적 생활규범은 '선조의 지혜'가 녹아 있는 것으로서 장구한 세월 동안 유용성을 인정받은 것이기 때문에 안전하다. 그러나 의문은 여전히 남는다.

어떤 전통, 어떤 규범, 어떤 관습인가에 따라 옳지 않을 수도 있기 때문이다. 만약 [U2]가 다양한 전통과 관습 중에서 무엇이 옳은 규칙인지 가늠할 수 있는 별도의 기준을 제시하지 못한다면, [U2′]는 [U2]에 대한 해답이 아니라 눈속임에 불과하다.[16]

방법론적인 관점에서 보았을 때 공리주의를 자연법에 비해 우월하다고 생각할 근거는 없다. 친근성과 같은 방법론 외적 기준을 갖고 평가하더라도 자연법 이론이 공리주의에 비해 못한 증거는 없다. 일례로 공리주의는 서양인에게는 친숙할지 몰라도 동양인에게는 그렇지 않다.[17] 자연법 역시 어떤 사람에게는 임의적이라는 인상을, 다른 사람에게는 당연하다는 느낌을 줄 수 있다. 여하튼 경험적으로 입증 불가능하다는 점에서 둘 다 마찬가지이고, 설득력에 있어서도 고만고만하다.

다음은 현대 사회계약론을 대표하는 롤즈의 가치론과 규범론에 대해 검토해 보자. 롤즈는 가치 있는 것을 '기본가치(primary goods)'라고 부르고 두 종류로 나눈다. '사회적 기본가치(social primary goods)'와 '자연적 기본가치(natural primary goods)'가 그것이다. 사회적 기본가치에는 소득과 부, 기회와 권력, 권리와 자유 등이 속한다. 자연적 기본가치에는 건강, 지능, 체력, 상상력, 선천적 재능 등이 속한다. 그러나 기본가치는 모두 '도구적 가치(instrumental value)'이다. 왜냐하면 이것들은 무엇인가 대단히 중요한 어떤 것을 추구하는 데 있어 반드시 필요하다는 이유로 인해 가치를 부여받았기 때문이다. 그렇다면 궁극적으로 가치 있는 것, 즉 '본래적 가치(intrinsic value)'는 무엇인가? 롤즈는 '삶을 살아가는 것(leading a life)'이라고 말한다. 단지 살아남는 것이 아니고, 스스로 어떻게 사는 것이 좋을지 숙고한 후, 바람직한 삶에 대한 설계를 하고 그것을 이루기 위해 헌신하는 인생을 의미한다.[18]

---

16 현대 공리주의자들이 종종 보수적인, 즉 가급적 현존하는 질서에서 크게 벗어나지 않으려는 성향을 갖게 된 것도 이 같은 한계에서 기인한다.

17 Richard Nisbett, *The Geography of Thought: How Asians and Westerners Think Differently and Why*, Free Press, 2004.

롤즈의 규범론을 '일반적인 정의의 개념(general conception of justice)'으로부터 유추해 보자.[19] 롤즈는 "모든 사회적인 기본가치가 이러한 가치들의 일부 혹은 전부의 불평등한 분배가 최소 수혜자의 이득이 되지 않는 한 평등하게 분배되어야 한다"고 주장한다.[20] 첫째, 선천적인 재능이나 타고난 여건은 '전적으로 운(brute luck)'에 따른 것이기 때문에 불우한 사람에게 책임을 묻는 것이 정당치 않기 때문이다. 둘째, 경우에 따라서는 불평등이 사회적으로 요긴한 능력을 이끌어냄으로써 모두에게 이익이 될 수 있기 때문에 무조건 불평등을 금지하는 것이 바람직하지 않기 때문이다. 결국 핵심은 두 가지이다. 하나는 최소 수혜자, 즉 불우하게 태어난 사람들이 인간다운 삶을 누릴 수 있도록 도와야 한다는 것이고, 다른 하나는 그럼에도 불구하고 모두가 똑같은 사회경제적 혜택을 누리게 만들 수는 없다는 것이다.

롤즈의 가치론과 규범론을 메타윤리학적 분석틀을 적용해서 정리하면 다음과 같다.

[J1] 가치 있는 것은 자신이 원하는 삶에 헌신하는 인생이다.
[J2] 옳은 것은 불우한 사람들이 살 만하도록 돕는 것이다.

방법론적인 관점에서 [J1]과 [J2]를 평가해 보자. [J1]과 [J2]는 입증 가능한

---

18 John Rawls, 앞의 책, pp.92-95, pp.407-416.

19 롤즈의 규범이론은 정치철학적이다. '기본적인 사회적 구조(basic social structure)'를 어떻게 설계해야 하는가에 초점을 맞추고 있기 때문이다. 따라서 개별적인 행위에 대한 지침은 그가 정의의 개념으로 제시한 것으로부터 유추해야 한다. 문제는 롤즈의 사상 체계가 복잡하다는 데 있다. 원칙이 많을 뿐만 아니라 원칙들 사이에 위계도 있다. 따라서 섣부른 유추는 오해를 낳을 수 있다. 그럼에도 불구하고 대강을 잡는다는 취지에서, 정의의 원칙이나 소소한 개념적 장치에 대한 구체적인 논의는 생략했다.

20 John Rawls, 앞의 책, p.303.

가? [J2]를 입증하기 위해 롤즈가 활용한 것은 현대적으로 가공한 사회계약론이다. 롤즈는 만약 우리가 공공질서가 확립되기 이전 상태에 처해 있고 정의의 원칙을 선택할 수 있다고 가정한다면, [J2]를 정의의 원칙으로 선택할 수밖에 없을 것이라고 주장한다. 과연 그럴까? 먼저 '원초적 입장(original position)'이 어떤 것인지 살펴보자.[21]

원초적 입장에 있는 사람은 '무지의 베일(veil of ignorance)'을 쓰고 있는 사람이다. 무지의 베일을 쓰고 있으면 자신이 어떤 인종에 속하는지, 어떤 가치관을 갖고 있는지, 남자인지 여자인지, 종교가 무엇인지, 어떤 소질과 재능을 갖고 있는지 알지 못한다. 편애를 일으킬 수 있는 어떤 요소에 대해서도 모르기 때문에 공평무사할 수밖에 없는 심리적 상태에 있는 것을 의미한다. 이러한 상황에서 앞으로 자신이 속해서 살아갈 사회의 기본틀을 주도할 정의의 원칙을 제시하라고 요청받을 경우, 롤즈에 따르면, '맥시민(Maximin)' 전략을 취해야만 합리적이다.[22] "좋은 삶에 헌신"하는 사람이라면 마땅히 최악의 경우에 대비하는 자세를 가져야 한다고 보았기 때문이다.

만약 정의의 원칙이 맥시민이어야 하는 이유가 좋은 삶에 대한 헌신과 불가분의 관계에 있기 때문이라면, 다시 말해, [J2]가 정당한 것은 그렇지 않을 경우 [J1]을 부정하는 결과를 낳기 때문이라면, [J1]을 먼저 입증하는 것이 순서이다.

[J1]을 입증할 근거는 무엇인가? 엄밀하게 말하면, 없다. 분명 [J1]은 자유

---

21 홉스, 로크, 루소 등 전통적인 사회계약론자들은 '원초적 입장'에 해당하는 공권력 부재의 상태를 '자연상태(state of nature)'라고 지칭했다. 자연상태는 야만적이거나 원시적인 상태가 아니라 단지 정부나 국가와 같이 개인을 초월할 수 있는 의사 결정 절차가 확립되지 않은 상태를 말한다.

22 맥시민이란 가급적이면 '최악의 경우에 봉착하게 될지도 모를 상황(minimum)'을 '최대한 살 만하게 만드는(maximize)' 전략을 의미한다.

주의자라면 어렵지 않게 공감할 만한 명제이다. 그러나 만약 자유주의를 받아들이지 않는 사람이라면, 즉 각자 어떤 인생을 사는 것이 좋을지 스스로 선택하는 것이 합당하다고 생각하지 않는 사람이라면,[23] [J1]은 당연하지도 자연스럽지도 않다.

[R1]과 비교할 때, 즉 "가치 있는 것은 인간의 생존"이라는 주장과 비교할 때 [J1]은 다른 입장처럼 보인다. 전자는 생존을, 후자는 주체적인 삶을 이상적인 가치로 설정한 듯이 보인다. 그러나 [R2]까지 감안하면, 다른 평가가 가능하다. 로스바드가 [R2], 즉 "옳은 것은 다른 사람의 주체적인 삶을 침해하지 않는 것"이라고 주장하는 저변에는 각자 자신이 선택한 삶을 사는 것이 가장 좋다는 믿음이 있다. 로스바드에게 '인간'은 이미 주체적인 삶을 영위하도록 운명 지워진 존재이다. 따라서 로스바드에게, 생존은 곧 주체적인 삶의 영위를 의미한다. 이렇게 보면, 가치관에 있어 로스바드와 롤즈는 대동소이하다. 둘 다 전형적인 자유주의적 가치관을 갖고 있다.

만약 서로 유사한 가치관을 갖고 있고, 둘 다 다른 생각을 가진 사람을 설득하는 데 일정한 한계를 가지고 있다면, 가치관을 갖고 우열을 논하는 것은 무의미하다. 다시 롤즈의 규범론으로 돌아가보자. 만약 [J1]이 옳다면, [J2]를 정당화할 수 있는가? 이것도 생각처럼 쉽지는 않다. 맥시민은 안전을 지향하는 사람들에게는 합리적일지 몰라도 모험을 좋아하는 사람에게는 그렇지 않다. 어떤 일이 일어날 개연성을 모르는 상태에서 롤즈의 말처럼 "마치 철천지 원수가 자신의 사회적 지위를 결정할 수 있다고 가정한 상태에서 정의의 원칙을 선택"하는 것은 지나치게 몸을 사리는 것이다. 더구나 원초적 입장에서

23 예를 들어, 탈레반과 같이 원리주의적인 무슬림들은 개개인이 각자 자율적으로 가치관을 '선택'할 수 있다는 생각에 경악하고 분노할 것이다. 전통적이거나 종교적인 대개의 윤리관이 그러하다.

는 전통적인 베이즈식 의사결정론(Bayesian Decision Theory)에 따라 '근거 불충분 원리(the principle of insufficient reason)'를 적용하는 것이 합리적이라고 생각할 수도 있다. 드워킨(Ronald Dworkin)이 제안한 것처럼, 원초적인 입장에 있는 사람들 모두에게 동일한 액수의 재산을 배부한 후, 잘못 태어날 경우를 가정하고 이에 대비하기 위해 각자 보유하고 있는 재산 중 보험료로 지불할 용의가 있는 액수를 물어 그 결과를 종합하면 개인적인 기대치(expected value)를 합리적으로 반영할 수 있다.[24] 여하튼 맥시민만이 원초적 입장에서 합리적으로 선택 가능한 유일한 원리가 아닌 것은 분명하다.

롤즈는 이렇게 응수할 것이다. "정의관은 원칙에 대한 자명한 전제나 조건들로부터 연역할 수 있는 것이 아니다."[25] 원초적 입장을 어떻게 설계하는가 하는 것도 사전에 어떤 정의의 원칙을 채택할 것인지 염두에 두어야 한다. 도덕적 원리를 정당화하기 위해서는 다양한 고려 대상들이 서로 지지하고 결합하는 접점을 찾아 하나의 일관된 관점이 되도록 해야 하기 때문이다. 즉 '반성적 평형(reflective equilibrium)'에 이르도록 해야 한다. 만약 정의의 원칙이 우리가 평소 가지고 있는 숙고된 신념과 합치하지 않을 경우, 양쪽을 저울질해서 조정해야 한다. 어떤 때에는 신념을 바꿔야 하고 다른 때에는 원칙을 보정해야 한다.

롤즈의 말을 따른다면, '인간 본성'이나 '원초적 입장'에 대해 논의하는 목적은 개념적 모델을 세우는 데 있지, 역사적인 사실을 밝히거나 무엇인가를 '입증'하는 데 있지 않다. 물론 개념적 모델이 단지 수사적 기술에 그치는 것

24 Ronald Dworkin, "What is Equality? Part I: Equality of Welfare. Part II: Equality of Resources", *Philosophy and Public Affairs*, 10 3/4, 1981, pp.296-299.

25 John Rawls, 앞의 책, p.121.

은 아니다. 모델 역시 객관적 평가로부터 자유로울 수 없다. 그러나 당위적 논의는 자연과학과 달리 의식 외부에 실재하는 어떤 것을 통해 확실하게 검증할 수 없고, 기하학과 달리 '공리(axiom)'로부터 '정리(theorem)'를 연역할 수 있을 정도로 엄밀할 수 없는 것도 사실이다. 그렇다면 관건은, 만약 다른 조건이 유사하다면, 형식이나 스타일이 아니라 누가 더 공감을 이끄는 내러티브를 만들어내는가에 있다. 물론 여기에 비책이 따로 있는 것은 아니다. 정해진 공식에 따르면 효과를 본다는 보장도 없다. 때로는 도덕형이상학에 호소하는 것이 적절하고, 때로는 인지과학이론을 차용하는 것이 효과적이다. 정교하고 치밀한 분석과 방대한 경험적 사실 그리고 기발한 사유 실험이 조화를 이룬다면 그것도 좋을 것이다. 그러나 어떤 모델을 사용하는가에 따라 판도가 좌우되지는 않는다. 비록 근대 이후 자연법 모델을 활용하는 학자가 점차 줄어들고 있지만, 그것이 곧 자연법을 원용하는 것이 방법론적으로 저열함을 의미하지는 않는다. 자연법 이론도 개발하기에 따라서는 얼마든지 계약론에 버금가는 설득력을 가질 수 있으며 로스바드 자신이 이를 입증해 보이고 있다.

3. 로스바드의 소유권 이론

호페에 따르면, 로스바드는 "체계적인 사상가"이고 노직은 "비체계적이고, 연상주의적이고 심지어는 인상주의적인 사상가"이다. 그래서 로스바드의 글은 장시간 집중해야 이해할 수 있지만, 노직의 글은 "짧고 간헐적인 집중"으로도 충분히 소화할 수 있다고 주장한다. 또한 로스바드는 자유지상주의에 대한 신념이 남다른 사람이었지만, 노직에게 자유지상주의는 지적 호기심을 충족시키는 대상에 불과했다고 주장한다. 학계가 노직에 대해서는 과도할 정도로 관심을 보인 반면, 로스바드에 대해서는 지나치게 냉담했던

이유가 여기에 있다는 것이다.[26]

분명 노직의 글은 '현란한' 면이 없지 않다. 노직은 의도적으로 사람들을 도발하려고 노력했다. 그래야만 당시 비주류에 속했던 자유지상주의가 학계의 관심을 끌 수 있을 것이라고 믿었기 때문이다. 그러나 관심을 끄는 것과 각광을 받는 것은 다르다. 과연 노직이 '비체계적이고, 연상주의적이고 인상주의적'이어서 각광을 받았을까? 그렇지 않아 보인다. 학계는 보수적이다. 철학계도 예외가 아니다. 스타일도 의미 없지 않지만, 결국 중요한 것은 논증이다. 기발한 상상력, 화려한 문체, 놀라운 반전이 철학자의 제일 덕목은 아니다. 비록 노직이 롤즈의 『정의론』과 같이 그 자체로 완결적인 '논저(treatise)'를 저술한 것은 아니었지만, 그가 소유권이라는 하나의 가치에 천착하여 정치철학의 여러 문제를 일거에 해결할 수 있는 대안을 제시하려 했다는 점은 부인할 수 없는 사실이다. 다시 말해, 노직은 자연법 이론 중 그로티우스와 로크로 대변되는 자유주의적 전통을 현대적인 방식으로 계승했고, 학계가 관심을 보인 이유도 여기에 있었다고 보는 것이 옳다.

그렇다면 왜 로스바드에 대한 반응은 그렇게 달랐을까? 과연 남다른 신념을 갖고 체계적으로 논지를 전개한 것이 사람들의 심기를 불편하게 했을까? 철학계의 생리를 생각할때, 그렇게 생각할 만한 이유는 거의 없다. 로스바드가 받은 냉대는, 그가 정치철학계의 일원이 아니었다는 사실을 제외하면, 저작을 발간한 순서나 시기에 있어 노직에 뒤졌다는 사실과 무관하지 않다. 비록 노직으로 하여금 '개인주의적 무정부주의 이론'에 관심을 갖도록 한 것이 로스바드였지만, 『아나키, 국가, 그리고 유토피아(*Anarchy, State, and Utopia*)』가 발간된 것은 1974년이고 『자유의 윤리』가 발간된 것은 그보다 8

26 Hans-Hermann Hoppe, 앞의 글.

년 후인 1982년이다. 특히 노직의 '자격이론(entitlement theory)'이 로스바드의 '자유론'과 그 얼개에 있어 대동소이하다는 사실을 감안한다면, 소위 '비전문가'의 저작인 『자유의 윤리』에 대한 철학계의 상대적인 무관심이 이해 가지 않는 것도 아니다.

로스바드의 후예에게 정작 중요한 문제는 "왜 당시 학계가 『자유의 윤리』를 무시했는가?"가 아니라, "당시 학계의 무관심은 부당했다"는 사실을 입증할 수 있을 만큼 『자유의 윤리』가 지닌 학술적 내용의 깊이를 드러내 보이는 것이다. 그리고 이를 발전시켜 자연법적 소유권 이론이 정치철학의 주류로 자리 잡을 수 있을 만큼 정교하게 발전시키는 일이다. 이를 위해서는 우선 로스바드의 소유권 이론과 노직의 소유권 이론을 조목조목 비교하는 것이 필요하다. 노직이 '자격이론'[27]의 구성 원리로서 제시한 3대 과제를 준거로 삼아 둘을 비교한다면, 서로 얼마나 비슷하고 어디에서 다른지, 그리고 누가 더 나은지 파악할 수 있기 때문이다.

노직이 생각하는 자격이론의 3대 과제는 다음과 같다.[28]

(1) '소유물의 최초 취득(the original acquisition of holdings)', 즉 이전에 소유된 적이 없는 것을 소유할 때 어떤 과정을 거쳐야 하는지 정하는 일.

(2) '소유물의 양도(the transfer of holdings)', 즉 다른 사람이 소유하고 있는 재산을 넘겨받을 때 지켜야 하는 절차를 정하는 일.

(3) '부당 소유물의 교정(the rectification of injustice in holdings)', 즉

---

27 자격이론은 (1) 정형화된 패턴에 의존적이지 않으며 (2) 역사성을 감안한다는 점에서 여타의 정의론과 구별된다. 즉 인격, 효용, 환경 등과 같이 어떤 자연적 속성을 준거로 삼아 분배의 원칙을 정하지 않으며, 현 시점을 기준으로 삼아 분배의 원칙을 정하지도 않는다. Robert Nozick, *Anarchy, State, and Utopia*, Basic Books, 1974, pp.153-164 참조.

28 위의 책, pp.150-152.

소유권이 부당한 행위에서 기인한 경우 이를 바로잡는 절차를 정하는 일.

그리고 이상의 과제를 해결할 경우 다음과 같은 원칙을 정초할 수 있다.

[E1] 정의로운 취득 원칙(the principle of acquisition)
[E2] 정의로운 양도 원칙(the principle of transfer)
[E3] 정의로운 교정 원칙(the principle of rectification)

먼저 왜 최초 취득에 대한 논의가 필요한가 생각해 보자. 이는 왜 정의론이 자격이론, 즉 소유권에 대한 이론이어야 하는지 묻는 것과 같다. 노직에 따르면, '자기소유권(self-ownership)'은 "사람을 단지 수단이 아닌 목적으로 대우하라는" 칸트의 정언명령을 따르자면, 전제하지 않을 수 없는 것이다.[29] 누군가를 본인의 동의 없이 이용하는 것은 그를 목적이 아닌 수단으로 대우하는 것이다. 따라서 사람을 목적으로 대우한다는 것은 곧 그가 자신의 뜻에 따라 자율적으로 살아갈 수 있도록 하는 것이다. 이는 몸과 마음에 대한 자유, 즉 자기소유권을 함의한다.

자기소유권은 물질에 대한 소유권도 함축한다. 만약 우리가 자신을 소유하고 있다면, 자신의 재능을 사용해서 생산한 모든 것 또한 소유하는 것이 당연하다. 우리가 스스로 이루어낸 것을 소유할 수 없다면, 그것은 곧 자신의 재능과 우리 자신을 소유하지 못한 것을 의미하기 때문이다. 그런데 우리가 생산한 것 중에는 외적인 요소에서 기인한 것이 있을 수 있다. 예를 들어, 누군가 아무도 소유하고 있지 않은 황무지를 개간해서 곡물을 생산했을 경우, 황

29 위의 책, pp.30-33.

무지는 그가 생산한 것에서 그 자신이 기여하지 않은 것이다. 따라서 토지에 대한 최초 취득이 어떤 과정을 거쳐 어떻게 발생하게 되는지 알아야만 생산물에 대한 소유권 개념을 정립할 수 있다.

노직은 로크를 빌려 최초 취득에 대해 설명한다. 로크에 따르면, 토지는 본래 모두에게 주어진 것이다. 그러나 사람들이 개척하고 정주함에 따라 사적 소유가 발생한다. 여기에는 조건이 있다. 타인에게 내가 소유하고자 하는 것과 '마찬가지로 좋은 것이 충분할 정도로(enough as good)' 남아 있을 경우에만 정당하다.[30] 노직은 이를 "다른 사람들의 처지가 나로 인해 더 나빠지지 않을 경우에만 정당하다"는 의미로 해석한다.[31]

로스바드 역시 최초 취득을 설명하기 위해 로크를 이용한다. 그러나 노직과 달리 단서를 달지 않는다.

> 사람은 누구나 자기 자신을 소유하고 있다. 본인 이외에는 그 누구도 자신에 대해 권리를 가질 수 없다. 자신의 몸을 써서 한 노동, 손으로 한 일 모두가 그의 소유이다. 따라서 그가 자연적으로 제공된 것을 그 상태에서 빼내어 자신의 노동을 섞은 후, 즉 자신에 속하는 어떤 것과 결합시킨 후 다시 돌려놓게 되면 그것은 그런 과정을 통해 그의 소유가 된다.[32]

로스바드는 이해를 돕기 위해 '크루소 경제'를 활용한다. 모두 로빈슨 크루

---

30 노직은 로크가 내건 정당한 최초 취득의 조건을 '로크의 단서(The Lockean Proviso)'라고 명명했다.

31 Robert Nozick, 앞의 책, pp.174-182.

32 John Locke, *An Essay Concerning the True Original Extent and End of Civil Government*. Murray N. Rothbard, *For a New Liberty: The Libertarian Manifesto*, p.37에서 재인용.

소가 되었다고 상상해 보자는 것이다. 만약 로빈슨 크루소처럼 무인도에 혼자 남겨졌다면, 우리도 그와 같이 주변의 자원을 활용해서 먹을 것, 입을 것, 잘 곳을 만들어낼 것이다. 이것이 바로 생산의 원형이다. 생존을 위해 무엇인가를 만들어내는 것, 그것이 생산이다. 따라서 생존이 가치 없다고 생각하지 않는 이상, 생산물에 대한 소유권을 부인하지 못한다.

로스바드는 더 강력한 논거도 제시한다. 그에 따르면, 생산한 것을 소유하는 것은 다툼의 여지가 없는 문제이다. 생산한 것을 소유하는 것은 '자연스러운 사실(natural fact)'이기 때문이다.[33] 예를 들어, 크루소가 무소유를 지향하는 사람이라고 가정해 보자. 그래서 움막을 만들고도 소유권을 주장하지 않는다고 상상해 보자. 그래도 사람들은 움막이 그의 소유라고 생각하고, 사용하기 전에 그의 허락을 구할 것이다. 설사 그가 움막을 방치했다고 해도 사람들은 그가 "움막은 더 이상 내 것이 아니다"라고 밝히기 전까지 그렇게 생각할 것이다. 생산하는 행위가 이미 소유를 내포하고 있기 때문이다. 소유하지 않기 위해서라도 처음에는 소유하지 않을 수 없다는 지적이다.

생산과 소유에 대한 논의로부터 두 가지를 유추할 수 있다. 하나는 정당화가 가능한 자유의 범위이다. 만약 생존이 가치 있는 것이고, 생산이 생존에 필수불가결하다면, 생산 행위를 저해하거나 생산물을 강탈하는 행위는 용납할 수 없다. 다시 말해, '소극적' 의미에서의 자유를 침해해서는 안 된다. 반면 '적극적' 의미에서의 자유는 존중할 근거가 없다. 그것은 생산 행위도 아니고, 생산물을 지키는 데 필요한 행위도 아니기 때문이다. 적극적 의미에서의 자유는 '자유(freedom)'를 '능력(power)'과 혼동하는 데서 기인한다.[34] 마치 물리적 법칙을 거스를 수 없기 때문에 자유의지가 없다고 주장하는 것

---

33 Murray N. Rothbard, *The Ethics of Liberty*, p.34.
34 위의 책, p.42.

처럼, 다른 사람의 소유물을 마음대로 할 수 없기 때문에 자유가 없다고 주장하는 것은 가당치 않다. 크루소 사유 실험에서 유추할 수 있는 또 다른 결과는 정당화가 가능한 생산의 의미이다. 크루소가 생산물에 대해 소유권을 주장할 수 있는 이유는 그가 그것을 직접 만들어냈기 때문이다. 따라서 "노동을 섞지 않고"는 어떤 것에 대해서도 소유권을 주장할 수 없다. 예를 들어, 크루소가 무인도에서 벗어나 신대륙을 발견했더라도 그는 신대륙에 대해 소유권을 주장할 수 없다. 발견은 생산이 아니기 때문이다. 설사 몸소 대륙의 주변을 둘러보는 수고를 했더라도 그가 소유권을 주장할 수 있는 것은 둘레 길에 지나지 않는다.[35]

이제까지의 논의를 토대로 [E1]에 대한 노직과 로스바드의 생각을 정리하면 다음과 같다.

[노1] 최초 소유권은 소유 행위로 인해 다른 사람들의 처지가 이전보다 더 나빠지지 않을 경우 정당하다.

[로2] 최초 소유권은 생존을 위해 의도적으로 생산한 결과에 대한 것일 때 정당하다.

노직과 로스바드의 차이는 분명하다. 둘 다 로크로부터 영감을 받았지만, 로스바드는 소유를 '삶에 대한 의지의 표현'으로 이해했고, 노직은 다른 사람에게 피해를 주지 않는 '자기편의적 행위'로 보았다. 하지만 의도의 차이에도 불구하고, 최초 취득의 원칙으로서 양자가 제시하는 기준을 만족시킬 수 있

---

35 위의 책, p.47. 그렇다고 역으로 토지를 지속적으로 사용하지 않을 경우, 소유권을 상실하게 되는 것은 아니다. 마치 손목시계를 한동안 착용한 후 책상 서랍 속에 넣어 보관할 수 있는 것과 같이, 한동안 사용한 후 방치한다고 해도 토지에 대한 소유권을 상실하는 것은 아니다. 위의 책, p.64.

는 행동의 집합은 다르지 않다. 무산자의 처지가 어떤 다른 사람이 토지를 경작하고 전유했다고 해서 처음보다 나빠졌다고 생각할 이유가 없기 때문이다. '공유지의 비극'을 감안한다면, 오히려 전보다 사정이 나아졌다고 생각하는 것이 옳다. 따라서 노직이 내세운 원칙도 언뜻 보기보다는 충족하기 어렵지 않다.

이제 [E2], 즉 정의로운 양도 원칙에 대한 두 사람의 생각을 비교해 보자. 노직은 '챔벌레인 논증'에 의거해서 '정형화된' 정의론을 비판한다. 이 논증을 요약하면 이렇다. 우선 '정형화된' 이론을 주장하는 사람에게, 예를 들면 롤즈에게, 마음대로 재분배하도록 허용한다. 그 결과 발생한 비교적 '평등한' 재분배 상태를 D1이라고 하자. 만약 D1 상태에서도 사람들이 평상시와 다름없이 생활한다면, 사람들은 늘 그랬듯이 농구장을 찾을 것이다. 그런데 어느 날 농구 천재, 윌트 챔벌레인(Wilt Chamberlain)이 나타났다. 그는 특별한 만큼 남달라서, 별도의 입장료를 요구한다. 자기를 보기 위해서는 한 사람당 25센트를 추가로 내라는 것이다. 사람들은 그래도 그를 보기 위해 농구장을 찾았고 그 결과 챔벌레인은 시즌이 끝난 후 2만 5천 달러를 벌었다. 이 경우 챔벌레인은 2만 5천 달러를 마음대로 처분할 권리가 있는가?[36]

노직의 챔벌레인 논증은 비교적 '평등한' 재배분 상태 D1에서 시작한 사회가 '불평등한' 배분 상태 D2로 변하게 되어도 그 과정이 자발적인 행위에서 기인했다면 부당하다고 볼 수 없다는 직관을 극적으로 보여주고 있다. 다시 말해, 재분배와 자발적인 소유권 행사가 양립 가능하지 않음을 보여주고 있다. 롤즈의 원초적 입장이 사람들의 '정의감', 특히 선천적 재능과 같이 운에 따른 요인으로 인해 행복이 좌우되어서는 안 된다는 생각을 잘 반영한다면,

36 Robert Nozick, 앞의 책, pp.160-164.

노직의 챔벌레인 논증은 사람들이 자율에 대해 가지고 있는 생각, 특히 각 개인의 자발적인 행동으로 인해 발생한 결과는 그 내용이 어떻든 수용해야 한다는 생각을 잘 보여준다.

로스바드 역시 부정적 논증을 활용한다. 그러나 노직과 달리 양도에 대한 권리가 배분될 수 있는 가능성을 세 경우로 상정하고 '제거법(law of elimination)'을 사용해서 정형화된 정의론을 비판한다. 로스바드의 논증을 정리하면 이렇다. 정당한 양도를 규정하는 원칙으로서 세 가지를 생각할 수 있다. 첫째는 소유권을 가진 사람이 마음대로 양도할 수 있도록 하는 것이다. 둘째는 소유권을 가지고 있지 않은 사람이 마음대로 할 수 있도록 하는 것이다. 그리고 셋째는 모든 사람이 소유권을 양도할 권리를 갖도록 하는 것이다. 만약 두 번째가 정의로운 양도의 원칙이라면, 애초에 소유권을 가졌던 사람은 다른 사람에게 예속된 것이나 마찬가지다. 후자가 전자의 신체와 노동의 결과를 마음대로 할 수 있기 때문이다. 이는 정언명법의 또 다른 형태인 '보편화 가능성(universalizability)', 즉 "시공을 초월해서 누구에게나 적용 가능해야 한다"는 조건을 충족할 수 없기 때문에 정의의 원칙이 될 수 없다. 세 번째 방안은 공산주의적이다. 이 입장에 따르면, 모두가 존재하는 모든 것에 대해 소유할 권리를 갖는다. 그러나 이는 현실적으로 구현 불가능하다. 인류가 60억 명이라면, 모든 사람이 모든 소유물에 대해 60억 분의 1만큼 소유권을 가져야 한다. 만약 모든 사람이 소유권을 공유한다면, 누구도 다른 모든 사람으로부터 사전 승인을 받지 않고 교환, 거래, 계약 행위를 할 수 없다. 그래서 실제에 있어 만인에 대한 만인의 공평한 소유는 모든 소유권이 일부 지배계급에게 넘어가는 결과를 낳는다.[37]

---

37 Murray N. Rothbard, *The Ethics of Liberty*, pp.45–46.

로스바드의 논증은 재분배가 '공산주의적'이라는 함의를 분명히 하고 있다. 자발적인 동의에 기초하지 않은 재분배는 모두가 소유권을 공유하고 있다는 가정 하에서만 정당화가 가능하다는 사실을 지적함으로써 정형화된 정의론과 전체주의 철학의 친근성을 보여주고 있다. 로스바드가 '자유주의적 평등주의'나 '사회적 민주주의'가 사회주의와 다르지 않다고 보고 이들 모두가 전체주의의 일종이라고 생각하는 이유도 여기에 있다.

이제까지의 논의를 토대로 정의로운 양도 원칙에 대한 이들의 생각을 정식화하면 다음과 같다.

[노2] 소유권은 소유자가 자율적인 의사에 따라 양도할 경우 정당하다.

[로2] 소유권은 소유자가 자율적인 의사에 따라 양도할 경우 정당하다.

서로 다른 근거를 갖고 문제에 접근했지만 결론은 같다. 둘 다 모두 자율적인 의사에 의한 양도만이 정당하다고 보았다. 노직과 로스바드의 논거 중 어떤 것이 더 훌륭한가? 사안과 관점에 따라 다를 것이다. 하지만 노직은 재분배와 자율이 양립 가능하지 않다는 사실을 보여줌으로써, 로스바드는 참여적 공유주의가 전체주의로 귀결될 수밖에 없음을 보여줌으로써 소유권에 기반을 둔 정치철학을 정초하는 데 기여했다는 사실만큼은 분명하다.

이제 끝으로 [E3], 즉 정의로운 교정 원칙에 대한 양자의 생각을 살펴보자. 정당하지 않은 방법으로 취득한 소유권을 바로잡는 원칙은 어때야 하는가? 노직에 따르면, 공동체마다 소유권이 생성된 방식이 다르기 때문에 일률적인 원칙을 제시할 수 없다. 그럼에도 불구하고 그는 현 상태가 부당하다고 판단한다. 현재의 소유 상태가 정의로운 취득과 양도의 원칙에 따라 발생하지 않았을 가능성이 크다고 보기 때문이다. 별도의 근거를 제시하지는 않았지만, 다음과 같이 가정할 수 있다고 보았다.

(1) 부당한 피해를 입은 사람들은 그렇지 않은 사람들에 비해 못산다.

(2) 못사는 집단의 일원은 부당한 침해를 당한 당사자이거나 그 후손일 가능성이 크다.

(3) 잘사는 집단의 일원 중 어떤 이는 부당한 이득을 본 사람이거나 그 후손이다.

만약 이러한 가정이 타당하다면, 부당함을 바로잡기 위해서 지금 당장 미봉책이라도 써야 한다고 노직은 주장한다. 흥미로운 것은 노직이 한시적인 '주먹구구식' 교정 규칙으로서 제시한 것이 맥시민이라는 사실이다. 노직이 제시한 원칙은 "어떤 집단이든지 그 집단이 사회에서 가장 불우한 처지에 놓이게 될 경우라도 그 상황이 가능한 한 좋을 수 있도록 사회를 조직하라"이다.[38]

노직이 '주먹구구식 규칙'으로서 제안한 것을 정의로운 교정의 원칙으로서 이해하는 것은 적절치 않다. 세 가지 가정이 성립될 경우에만 정당화할 수 있는 한시적인 원칙이기때문이다. 그래도 문제의 소지가 없는 것은 아니다. 왜냐하면 그가 한시적으로 제안한 맥시민적 재분배 정책은 '자격이론'이 권고하는 것과 달리 과거 불문하고 불특정 다수를 대상으로 삼기 때문이다. 말하자면, 부당하게 피해를 입지 않은 사람이 보상을 받고, 부당하게 이익을 보지 않은 사람이 보상하는 사태를 묵과해야 하기 때문이다.

로스바드 역시 노직과 마찬가지로 교정의 원칙을 수립하기 위해서는 공동체별로 소유권이 어떤 과정을 거쳐 발생했는가 알아야 한다고 생각한다. 그러나 모든 교정의 원칙이 기본적으로 준수해야 하는 기본적인 원리가 없는

38 Robert Nozick, 앞의 책, p.231.

것은 아니라고 보았다. 그가 제시한 기본적인 원리는 다음과 같다.

(1) 만약 현 소유자가 소유권을 불법적인 행위를 통해 취득했다는 증거가 확실치 않다면, 현 소유자의 소유권은 정당하다.

(2) 만약 현 소유자가 소유권을 본인의 불법적인 행위를 통해 취득했다는 증거가 명확하고, 피해자가 누구인지 알 수 있다면, 현 소유자가 소유하고 있는 것의 소유권은 피해자의 것이다. 이 경우 현 소유자는 어떤 보상도 받을 수 없다.

(3) 만약 현 소유자가 소유권을 본인의 불법적인 행위를 통해 취득했다는 증거가 명확하고, 피해자가 누구인지 알 수 없다면, 현 소유자의 소유물은 누구의 소유도 아니다.

(4) 만약 현 소유자가 소유권을 불법적이지만 본인은 불법성을 인지하지 못한 방식을 통해 취득했고 피해자가 누구인지 알 수 없다면, 현 소유자의 소유권은 정당하다.

이들 원칙 중 현 소유자의 소유권을 인정하는 경우는 (1)과 (4)이다. 불법적인 취득이나 양도에 의한 소유라는 증거가 없거나, 있다고 해도 본인 잘못이라고 보기 어려운 경우, 예를 들면 장물을 취득한 경우가 이에 해당된다. 다만 (4)의 경우에는 피해자를 찾을 수 없어야 한다. 이에 비해 (2)와 (3)은 현 소유자의 소유권을 박탈하는 경우이다. 두 경우 모두 불법적인 행위를 통해 소유권을 취득한 것이 명백하기 때문이다. 다만 (2)의 경우에는 피해자를 찾을 수 있어 그에게 돌려줄 수 있는 반면, (3)의 경우에는 피해자를 찾을 수 없어 제삼자가 주인으로 나서기 전까지 무소유 상태로 놔둘 수밖에 없다. 실제에 있어 적용 가능한 사례로 로스바드가 지목한 것은 중남미에서 당시에도 자행되고 있던 봉건적 토지 독점 체제이다. 로스바드는 토지 주인이 농민들의 토지를 부당한 수단으로 강탈한 후 다시 소작을 받고 경작하도록 하는 것이야말로 전형적인 교정 대상이라고 보았다.[39]

단순화해서 정리하면 그의 정의로운 교정 원칙은 다음과 같다.

[로3] 부당한 취득이 확실하고 피해자가 분명할 경우 소유권을 이전하는 것이 정당하다. 그러나 어떤 경우에도 불특정 다수를 대상으로 하는 재분배는 옳지 않다.

노직과 로스바드의 차이는 불특정 다수를 대상으로 하는 재분배를 허용할 것인가에 달려 있다. 후자는 소유권이 발생한 역사에 대한 무지가 재분배를 정당화할 수 있다고 보지 않는 반면, 전자는 그럴 수 있다고 생각한다. 이러한 차이도 학계가 노직에 대해서는 비교적 우호적으로 반응한 반면, 로스바드에게는 무관심한 이유 중 하나였을 수 있다. 그러나 그럴 가능성은 크지 않다. 양자에 대한 상호 비교에서 볼 수 있듯이, 두 사람의 철학적 입장은 매우 유사하다. 비록 노직은 최소국가론을, 로스바드는 무정부주의를 지지했지만 정치철학적 관점에서 보면 그렇게 큰 차이가 아니다. '사실'에 대한 판단의 차이에서 기인하는 문제이지 '가치'에 대한 판단의 차이에서 기인하는 문제가 아니기 때문이다. 정치철학적 관점에서는 둘 다 절대적인 소유권에 기반을 둔 자유지상주의를 공유하고 있기 때문에 대동소이하다. 더구나 노직이 현란할지 몰라도, 핵심에 있어 매우 선명하고 체계적인 논지를 전개했기 때문에 오해의 소지도 없다. 앞서 언급했듯이, 로스바드에 대한 학계의 무관심은 그가 정치철학계의 일원이 아니었다는 사실과 저서 발간의 순서와 시기에

39 Murray N. Rothbard, *The Ethics of Liberty*, pp.69–75.

있어 노직보다 늦어졌다는 데서 찾는 것이 더 타당하다.

그보다 더 중요한 사실은 로스바드의 소유권 이론이 노직의 이론과 기본적인 얼개에 있어 유사할 뿐만 아니라, 노직이 소유권에 토대를 둔 정의론이 답해야 한다고 본 3대 의제에 대해 노직에 못지않은, 판단하기에 따라서는 더 훌륭한 이론을 전개했다는 것이다. 이제 로스바드의 자연법적 소유권 이론을 계승하고자 하는 학자들에게 남은 과제는 그의 자연법적 소유권 이론을 창조적으로 계승함으로써 그가 끝맺지 못한 과업, 즉 친시장적 무정부주의를 정치, 경제, 철학 등 사회사상계 전반에서 주목받는 학설이 될 수 있도록 착근하는 일이다.[40]

4. 맺는 말: 자연법적 소유권 이론의 계승 방향

드워킨에 따르면, 정치철학은 사람들이 "타고난 조건에 둔감(endowment-insensitive)"한 반면, "개인적 야망에 민감(ambition-sensitive)"한 정의론을 제시해야 한다.[41] '타고난 조건'에 둔감하다는 말은 누구나 진정한 의미에서 기회의 평등을 누릴 수 있어야 한다는 의미이다. 인종, 성, 계급 등에 의해 평등한 기회를 가질 권리를 침해당해서는 안 된다는 뜻이다. 그러나 '타고난 조건'은 여기에서 그치지 않는다. 선천적인 재능까지도 포함할 수 있다. 만약 피부색과 성별뿐만 아니라 재능도 전적으로 혹은 대체로 운에 의해 결정된다

---

40 노직 역시 이 부분에 있어 만족할 만한 성과를 내지 못했다. 현재 정치철학계에서 노직 류의 최소국가론을 추종하는 학자는 거의 없을 뿐만 아니라, 후기 저작에서는 스스로 자유지상주의가 "심각하게 부적합한" 면이 있었다고 토로했기 때문이다. Robert Nozick, *The Examined Life: Philosophical Meditations*, Simon & Schuster, 1989, pp.286-287 참조.

41 Ronald Dworkin, 앞의 글, p.311.

면, 재능이 없기 때문에 부와 명예, 권력과 기회를 놓치는 것은 부당하다. 이러한 생각에 천착해서 정교하게 발전시킨 것이 롤즈의 정의론이다.

그러나 이에 못지않게 정의론은 위험을 감수하는 사람과 그렇지 않은 사람, 인내하는 사람과 그렇지 않은 사람, 미래를 설계하는 사람과 그렇지 않은 사람 사이의 차이를 반영할 수 있어야 한다. 따라서 정의론은 한편으로는 잘못 타고난 탓에 불우한 상황에 처한 사람이 억울하게 그 대가를 치르지 않도록 하는 반면, 다른 한편으로는 스스로 합리적인 선택을 하지 못하거나 참지 못하거나 게으른 탓에 불우한 상황에 처한 사람이 정당한 몫 이상의 혜택을 누리는 것을 허용하지 말아야 한다. 두 번째 조건을 은유적으로 표현한 것이 정의론은 '야망에 민감'해야 한다는 말이다. 롤즈의 정의론은 두 번째 조건을 반영하는 데 있어 매우 소극적이다.

만약 정의론이 충족해야 하는 조건에 대한 드워킨의 생각이 옳다면, 로스바드의 자연법적 소유권 이론은 언뜻 보아도 부족하다. 타고난 조건에 전혀 둔감하지 못한 정의이론이기 때문이다. 소유권 이론에 따르면, 최초 취득이 정당하다면, 누구나 그것에 대해 절대적인 소유권을 갖게 되고, 이를 여하한 방법으로든 침해하는 것은 부당하다. 따라서 잘못 타고난 탓에 불우한 상황에 처한 이들이라도 보상을 요구할 방도가 없다. 물론 로스바드의 정의론은 '야망에 민감'하다는 장점을 갖는다. 절대적인 소유권은 보상을 받을 자격이 있는 사람이 제 몫을 받도록 보증하는 제도적 장치이기 때문이다. 그러나 여하튼 절반의 성공이다. 앞으로 나아가야 할 방향은 어디인가?

로스바드 류의 자연법적 소유권 이론도 롤즈를 좇아 '타고난 조건에 둔감한' 이론이 되어야 한다는 주장이 있을 수 있다. 좌파-자유지상주의(left-libertarianism)가 추종하는 방향이다. 그러나 다른 방법도 있다. 정의론이 충족해야 하는 조건에서 '타고난 조건에 둔감'해야 한다는 것을 제거하는 것이다. 로스바드를 제대로 계승하기 위해서는 후자, 즉 원리주의적인 입장을 견지하는 것이 옳다. 전자를 취할 경우 소유권 이론의 정체성 자체가 유실될 가능성이 크기 때문이다. 왜 그러한지 보기 위해 롤즈의 이론이 봉착하고 있는 문제를 살펴보자.

타고난 조건에 둔감해야 한다고 믿는 사람은 누구에게 얼마나 둔감해야 하는지 답할 수 있어야 한다. 우선 누구에게 둔감해야 하는지 생각해 보자. 롤즈는 주로 장애나 재능을 염두에 두었지만, 반드시 거기에 그칠 이유가 없다. 타고난 조건에는 많은 것들이 포함될 수 있다. 일례로 MIT의 심리학자 스티븐 핀커에 의하면, 가장 기본적인 성품조차 유전적인 영향 하에 있다. 즉 내향적인가 외향적인가, 산만한가 차분한가, 새로운 경험에 대해 적극적인가 소극적인가, 사람들에게 우호적인가 적대적인가, 목적 지향적인가 목적의식 없는가 하는 것이 대략 40-50퍼센트가량 유전자의 영향을 받는다.[42] 심지어 거짓말, 도둑질, 싸움질, 기물 파괴 등의 반사회적 행동들까지 상당 부분 타고난다고 한다. 이제 타고난 것, 선천적인 것에 신체나 재능과 관련된 것을 넘어 기질이나 성품까지 포함시키지 않을 수 없게 된 것이다. 만약 여기에 롤즈의 정의론을 결합시킨다면, 감당하기 어려운 결론에 이를 수 있다. 누가 어떤 짓을 하든지 그가 한 일의 반 이상이 그의 책임이 아니라고 보아야 하기 때문이다. 만약 타고난 것에 대해서는 일절 공과를 따지지 말아야 한다는 롤즈의 주장을 견지한다면, 이제 신체 장애인뿐만 아니라 연쇄 살인범도 혹시나 스스로 하지 않은 일에 대해, 즉 그렇게 타고났기 때문에 어쩔 수 없이 하게 된 일에 대해, 부당한 대우를 받지 않는지 생각해야 한다. 이는 상상하기 힘들 정도로 복잡한 지식과 판단을 요구하는 것이며 실제에 있어서는 사회주의와 마찬가지로 구현 불가능하다. 소웰의 표현을 빌리면, '범우주적 정의'를

---

42 Steven Pinker, *The Blank Slate: The Modern Denial of Human Nature*, Penguine, 2003, p.50.

요구하는 것이나 마찬가지다.[43]

롤즈 정의론의 또 다른 문제는 타고난 것에 둔감해야 하는 정도를 가늠하기 어렵다는 점에 있다. 만약 누군가 타고난 조건이 불리해서 사회적으로 성공하지 못했다면, 롤즈는 당연히 보상해야 한다고 말할 것이다. 무엇을 어떻게 해야 보상을 할 수 있는가? 통상 롤즈의 정의론은 복지정책 또는 복지국가를 정당화하는 철학으로 알려져 왔다. 그러나 복지국가는 세금 등의 재산권 이전 정책을 통해 경제적 불평등을 사후적으로 교정하는 데 초점을 맞추는 정치체제이다. 따라서 롤즈는 복지국가에 만족할 수 없다. 롤즈의 사회적 가치에는 자존감의 기반이 들어 있기 때문이다. 자존감은 소득이나 사회적 서비스를 공여하는 것으로 충족 가능하지 않다. 자존감을 가질 수 있으려면, 정치적 위계, 문화적 편견, 사회적 차별이 모두 사라져야 한다. 누구에게나 원하는 직장에서 일할 기회를 제공해야 할 뿐만 아니라, 성차별적 발언이나 가부장적 위계질서도 일소해야 한다. 롤즈 자신도 본인의 이상은 복지국가가 아니라고 밝혔다. 롤즈는 '재산소유 민주주의(property-owning democracy)'를 통해서만 정의로운 사회를 구현할 수 있다고 주장한다.[44]

재산소유 민주주의는 결과의 평등이 아니라 시작의 평등을 지향한다. 복지국가가 사회적인 소득 재분배에 초점을 맞추고 있는 반면, 재산소유 민주주의는 사전적 배분에서의 적극적 평등을 추구한다. 그러나 재산소유 민주주의는 더 이상 단지 '타고난 조건에 둔감한' 사회가 아니다. 누구나 똑같은 출발점에서 경쟁할 수 있도록 하기 위해서는 모자란 것이 많으면 많을수록 그 여건을 강화하는 일이 요구되기 때문이다. 장애인에게 휠체어를 제공하는

---

43 Thomas Sowell, *The Quest for Cosmic Justice*, Free Press, 2002.
44 John Rawls, 앞의 책, p.274.

것을 넘어 자신이 장애를 입고 있다는 사실을 느낄 수 없을 정도로 문화와 제도가 정비되어야 한다. 다시 말해, 전방위적 사회 엔지니어링이 이루어져야 한다. 이러한 일은 전체주의를 요구한다. 취지에 공감한다고 하더라도, 치를 수 없는 비용을 수반하는 입장이다.

타고난 조건에 둔감한 정의론이 봉착하고 있는 문제를 감안할 때, 로스바드와 같은 자연법적 소유권 이론가가 취할 수 있는 길은 하나뿐이다. 타고난 조건에 둔감하기 위해서 방향을 선회하는 것이 거의 불가능하기 때문이다. 좌파-자유지상주의 노선을 취하기 위해서는 소유권이 갖는 의미를 송두리째 바꾸어야 하는데, 그렇게 할 경우 정체성을 상실할 수밖에 없다. 그래서 로스바드에게 좌파-자유지상주의는 답이 아니다. 그렇다면 남은 것은 소유권 이론에 충실한 원리주의자가 되는 방법뿐이다. 비록 타고난 조건에 둔감해야 한다는 조건을 정의의 조건에서 제거하는 것이 쉽지 않은 일일지라도 그렇게 해야만 소유권에 기반을 둔 정의론을 착근시킬 수 있다.

필자는 이 글에서 로스바드의 정치철학이 지닌 특징과 장점을 비교방법론적 분석을 통해 드러내고자 했다. 먼저 로스바드의 자연법 사상이, 적어도 가치론과 규범론이라는 기본틀에 있어, 공리주의나 사회계약론에 못지않으며, 그의 소유권 이론이 노직의 '자격이론'과 그 내용과 방법에 있어 대등함을 보이고자 했다. 이는 로스바드가 전문적인 철학자가 아니어서 정치철학계에서 주류를 이루는 논제와 논법을 적극적으로 활용하지 않았지만, 자연법적 소유권 이론이 그 골간에 있어 여전히 유효한 틀이라는 사실을 입증했다고 본다. 더불어 소유권 이론을 계승 발전시킬 방향에 대해서도 간략히 언급했다. 필자의 논지가 타당하다면, 자연법적 소유권 이론을 계승하기 위해 해야 하는 첫 번째 과제는 원리에 충실을 기하며 소유권에 대한 이론적 토대를 정교하고 치밀하게 다듬어가는 것이다. 소유권에 대해 다시 천착할 때가 된 것이다.

【참고문헌】

김영용 외, 『시카고학파의 경제학: 자유, 시장 그리고 정부』, 민음사, 1994.

민경국, 「사유재산권, 왜 소중한가?」, 『철학연구』 제72집, 2006.

박효종, 『국가와 권위』, 박영사, 2001.

____, 『자유와 법치』, 2002.

황경식, 「소유권은 절대권인가?: 사유재산권과 분배적 정의」, 『철학연구』 제72집, 2006.

Barry, Norman, *On Classical Liberalism and Libertarianism*, St. Martin's Press, 1987.

Bentham, Jeremy, *An Introduction to the Principles of Morals and Legislation*, Nabu Press, 2010.

Block, Walter and Llewellyn H. Rockwell Jr.(eds.), *Man, Economy, and Liberty: Essays in Honor of Murray N. Rothbard*, Ludwig von Mises Institute, 1988.

Boaz, David, *Libertarianism: A Primer*, Free Press, 1997.

____(ed.), *The Libertarian Reader: Classic and Contemporary Readings from Lao-Tzu to Milton Freedman*, Free Press, 1997.

Bogart, J. H., "Lockean Provisos and State of Nature Theories", *Ethics*, 95/4, 1985.

Brandt, R. B., *A Theory of the Right and the Good*, Oxford University Press, 1979.

Brink, David, "Utilitarian Morality and the Personal Point of View", *Journal of Philosophy*, 83/8, 1986.

Buchanan, James M., *The Limits of Liberty: Between Anarchy and Leviathan*, University of Chicago Press, 1975.

Christman, John, "Can Ownership be Justified by Natural Rights?", *Philosophy and Public Affairs*, 15/2, 1986.

____, "Self-Ownership, Equality and the Structure of Property Rights", *Political Theory*, 19/1, 1991.

Cohen, G. A., *Self-Ownership, Freedom and Equality*, Cambridge University Press, 1996.

Crossley, David, "Utilitarianism, Rights and Equality", *Utilitas*, 2/1, 1990.

Daniels, Norman, "Wide Reflective Equilibrium and Theory Acceptance in Ethics", *Journal of Philosophy* 76, 1979.

Diggs, B. J., "Utilitarianism and Contractarianism", H. B. Miller and W. H. Williams(eds.), *The Limits of Utilitarianism*, University of Minnesota Press, 1982.

Dworkin, Ronald, *Taking Rights Seriously*, Duckworth, 1977.

___, "What is Equality? Part I: Equality of Welfare. Part II: Equality of Resources", *Philosophy and Public Affairs*, 10 3/4, 1981.

Exdell, John, "Distributive Justice: Nozick on Property Rights", *Ethics*, 87/2, 1977.

Feallsanach, Am, "Locke and Libertarian Property Rights", *Critical Review*, 12/3, 1998.

Finnis, John, *Natural Law and Natural Rights*, Oxford University Press, 1981.

___, *Fundamentals of Ethics*, Oxford University Press, 1983.

Gordon, David, *Murray N. Rothbard: A Scholar in Defense of Freedom* (bibliographical essay), Ludwig von Mises Institute, 1986.

Grover, Jonathan(ed.), *Utilitarianism and its Critics*, Macmillan, 1990.

Haworth, Alan, *Anti-Libertarianism: Markets, Philosophy, and Myth*, Routledge, 1994.

Hayek, F. A., *The Road to Serfdom*, 50th Anniversary ed., Unviersity of Chicago Press, 1994.

Hazlitt, Henry, *The Foundations of Morality*, The Foundation for Economic Education, 1994.

Hirshman, Albert O., *The Passions and the Interests: Political Arguments for Capitalism Before Its Triumph*, Princeton University Press, 1977.

Hoppe, Hans-Hermann, "From the economics of laissez-faire to the ethics of libertarianism", W. Block and L. H. Rockwell(eds.), *Man, Economy, and Liberty*, 1988.

___, "The ultimate justification of the private property ethic", *Liberty* 2, No. 1, 1988.

___, "Obituaries to Murry N. Rothbard, March 2, 1926-January 7, 1995: In Memoriam", *Journal des Economites et des Etudes Humanines* 6, No. 1, 1995.

___, "Introduction", M. N. Rothbard, *The Ethics of Liberty*, Humanities Press, 1982.
Hospers, John, *Libertarianism: A Political Philosophy for Tomorrow*, Nash Publishing, 1971.
Ingram, Attracta, *A Political Theory of Rights*, Oxford University Press, 1994.
Kymlicka, Will, *Contemporary Political Philosophy: An Introduction*, Clarendon Press, 1990.
Liggio, Leonard P., "Obituaries to Murry N. Rothbard, March 2, 1926–January 7, 1995: In Memoriam", *Journal des Economites et des Etudes Humanines* 6, No. 1, 1995.
Machan, Tibor R.(ed.), *The Libertarian Reader*, Rowman & Littlefield, 1982.
___, *Libertarianism Defended*, Ashgate, 2006.
Machan, Tibor R. and Douglas B. Rasmussen(eds.), *Liberty for the Twenty–First Century: Contemporary Libertarian Thought*, Rowman & Littlefield, 1995.
Moore, G. E., *Ethics*, Oxford University Press, 1912.
Murray, Charles, *What It Means to Be a Libertarian: A Personal Statement*, Broadway Books, 1997.
Narveson, Jan, *The Libertarian Ideas*, Temple University Press, 1988.
Nisbett, Richard, *The Geography of Thought: How Asians and Westerners Think Differently and Why*, Free Press, 2004.
Nozick, Robert, *Anarchy, State, and Utopia*, Basic Books, 1974.
___, *The Examined Life: Philosophical Meditations*, Simon & Schuster, 1989.
Otsuka, Michael, "Self–Ownership and Equality: A Lockean Reconciliation", *Philosophy and Public Affairs*, 27/1, 1998.
___, *Libertarianism Without Inequality*, Oxford University Press, 2003.
Pinker, Steven, *The Blank Slate: The Modern Denial of Human Nature*, Penguine, 2003.
Polanyi, Karl, *The Great Transformation*, Octagon Books, 1975.
Rawls, John, *A Theory of Justice*, Harvard University Press, 1971.
___, *Political Liberalism*, Columbia University Press, 1993.

___, *The Law of People*, Harvard University Press, 1999.
Ross, W. D., *The Right and the Good*, Oxford University Press, 1930.
Rothbard, Murray N., *Man, Economy, and the State*, Nash Publishing, 1970.
___, *Power and Market: Government and the Economy*, Sheed Andrews & McMeel, 1977.
___, *For a New Liberty: The Libertarian Manifesto*, Macmillan, 1973 [2006].
___, *The Ethics of Liberty*, Humanities Press, 1982.
Singer, Peter(ed.), *A Companion to Ethics*, Blackwell, 1991.
Sciabarra, Chris Matthew, *Total Freedom: Toward a Dialectical Libertarianism*, Pennsylvania State University Press, 2000.
Sowell, Thomas, *The Quest for Cosmic Justice*, Free Press, 2002.
Steiner, Hillel, *An Essay on Rights*, Blackwell, 1994.
Vallentyne, Peter and Stener, Hillel(eds.), *The Origins of Left-Libertarianism: An Anthology of Historical Writings*, Palgrave, 2000.
___(eds.), *Left-Libertarianism and its Critics: The Contemporary Debate*, Palgrave, 2000.
Van Parijs, Philippe, *What's Wrong with a Free Lunch: A New Democracy Forum on Universal Basic Income*, Beacon Press, 2001.
___, *Real Freedom for All: What (if anything) can justify capitalism?*, Oxford University Press, 2003.
Waldron, Jeremy(ed.), *Nonsense upon Stilts: Bentham, Burke and Marx on the Rights of Man*, Methuen, 1988.
Williams, Bernard, *Morality: An Introduction to Ethics*, Harper and Row, 1972.
___, *Ethics and the Limits of Philosophy*, Fontana Press, 1985.
Wolff, Jonathan, *Robert Nozick: Property, Justice, and the Minimal State*, Stanford University Press, 1991.
Rockwell Jr., Llewellyn H., "Rothbard's Legacy", Ludwig von Mises Institute Daily. http://mises.org/daily/4486, 2010.

한국사회에서 메리토크라시의 발흥과 교육문제*

— '민주주의적 정의'를 모색하며 —

장은주

1. 들어가는 말

한국사회는 심각한 교육문제를 안고 있다. 유치원에서 대학에 이르기까지 모든 단계의 교육기관에서 우리는 결코 쉽게 정상적이라고 여길 수 없는 온갖 종류의 일그러진 교육관행들을 만난다. 우리말도 모르는 어린 아이들에게 영어를 모국어처럼 사용하게 하겠다고 나서는가 하면, 청소년들은 온갖 사교육에다 강제 자율학습에 시달리고, 대학생들은 대학생들대로 취업을 위해 온갖 '스펙' 확보를 위한 노력에만 목을 매단다. 공교육 과정의 학원화는 이미 오래된 이야기고, 사교육은 엄청난 정도로 팽창했으며, 대학들은 철저하게 서열화되어 있고 그 안에서 인문학을 포함한 기초학문은 고사해 가고 있다. 왜 이렇게 되었을까? 그리고 이런 문제들은 오랫동안 너무도 잘 알려진 문제들이고 무수히 많은 해법들이 제시되고 또 부분적으로는 실행까지 되

---

* 이 논문은 『사회와 철학』 제21집, 사회와 철학 연구회, 2011에 게재된 것임.

었건만, 왜 문제는 갈수록 심각해져만 가고 우리는 해결의 실마리조차 가지고 있지 못한 것일까?

그런데 이런 사정에도 불구하고 많은 사람들은 우리 사회의 뜨거운 교육열만큼은 바람직한 것이라고 여긴다. 누구든 교육의 중요성을 부정할 사람은 없을 것이고, 그런 만큼 우리 사회의 교육열이 조금 지나치긴 해도 그 자체로 잘못된 것은 아니며 문제는 그런 교육열을 바람직한 방향으로 이끌 좋은 교육제도나 사회 시스템을 찾아내는 데 있다고 말이다. 가령 오바마 미국 대통령의 조금은 뜬금없어 보이는 한국교육 예찬에 대한 많은 사람들의 반응이 이런 식이다.[1]

그러나 과연 그런 인식은 그 자체로는 문제없는 것일까? 교육이 중요하다고 해서 우리 사회에서처럼 학부모들과 학교가 거의 사디즘적인 방식으로 어린 아이들에게 공부를 강요하는 식의 교육열이 정말 바람직하기만 할까? 우리 사회의 그 치열한 교육열, 그것이 바로 우리 사회 교육문제의 참된 진원지는 아닐까? 도대체 그 교육열의 정체는 무엇이고 어디서 온 것일까?

이런 물음들을 던지다 보면, 아마도 우리는 우리 사회의 교육문제가 단지 좁게 설정된 교육 영역의 문제이기만 한 것이 아니라 우리 사회의 전반적 구조, 무엇보다도 사회적 재화의 분배 유형과 틀, 그리고 그것을 지배하는 특정한 삶의 문법과도 깊게 연관되어 있음을 크게 어렵지 않게 짐작할 수 있을 것이다. 그리고 그렇다면 우리는 이런 차원의 문제들을 그대로 둔 채로는 우리 사회의 교육문제를 해결하기 위한 그 어떤 의미 있는 실마리도 찾아내기 힘들 것이라는 점에 대해서도 쉽게 동의할 수 있을 것이다.

---

1 유명한 교수법 전문가인 조벽도 이런 의견인 모양이다. 최인성, 「오바마가 한국 교육에서 부러워하는 한 가지는?」, 『오마이뉴스』, 2011년 2월 16일자.

필자는 아래에서 우리 사회의 병든 교육 현실을 우리 사회에서 성공적으로 이루어진 '메리토크라시의 발흥(the rise of the meritocracy)'[2]과 관련하여 이해해 보자고 제안하면서 문제에 접근해 보고자 한다. 이 체제는 좁게 보면 여러 선발 과정을 거쳐 그 능력이 가장 뛰어나다고 인정된 사람들이 정치권력을 갖는 체제이고, 일반적으로는 사회 전체에서 능력이 뛰어난 사람들이 그렇지 못한 사람들보다 더 많은 부와 권력과 명예를 가지고 또 그런 방식의 분배가 '정의롭다'고 정당화되는 사회체제라 할 수 있겠다. 이런 체제에서 교육은 아주 특별한 의미를 지니며 또 병들 수밖에 없다. 필자는 우리 사회의 심각한 교육문제를 바로 이런 메리토크라시의 특별히 한국적이고 병리적인 전개 과정이라는 관점에서 이해해 볼 수 있을 것이라고 생각한다.

필자는 아래에서 우선 우리 사회에서 이 메리토크라시의 발흥 및 전개 과정을 우리 사회의 '유교적 근대성'과 연관하여 해명하는 가운데 이 메리토크라시가 어떤 이념과 현실적 작동 논리를 갖고 있는지, 그리고 그것이 어떻게 우리 사회 교육의 병리화와 연관이 있는지를 밝힐 것이다(2절). 그러나 필자는 다른 한편으로는 우리 사회의 '과두특권독점체제'의 양상 등을 볼 때 우리 사회가 정말 제대로 메리토크라시의 이념을 구현하고 있는지에 대해서 회의

---

2 이 표현은 '메리토크라시'라는 말을 처음으로 만들어내서 유통시킨 영국의 사회학자 마이클 영(Michael Young)이 1958년에 발표한 책의 제목이다. 라틴어에서 유래한 단어인 'merit'와 그리스 어근을 가진 'cracy'를 조합해 놓아 사실은 영어 단어로서도 조금은 어색한 이 메리토크라시라는 말을 우리말로 굳이 번역하자면 '능력(자) 지배체제'(또는 그냥 느슨하게는 '능력 중심 사회'나 '능력주의 사회') 정도가 될 수 있겠고 또 때로는 '실력주의'나 '업적주의' 등의 번역어도 사용되곤 하지만, 모두 어색하거나 부적절한 것 같아 외래어를 그대로 쓰기로 한다. M. Young, *The Rise of the Meritocracy*, New Brunswick/London: Transaction Publishers, 2008(11th edition) 참조. 우리말 번역본은 이전 판을 저본으로 삼은 『교육과 평등론: 교육과 능력주의 사회의 발흥』(한준상 · 백은순 옮김, 전예원, 1986)이 있다. 여기서 영은 능력을 'IQ(지능)+노력'으로 규정하고 있다("Introduction to the Transaction edition", p.xiii).

적이기도 하다. 그래서 필자는 우리 사회의 메리토크라시 이념은 사실은 그 과두특권독점체제의 실상을 은폐하기 위한 이데올로기적 가상일 뿐이며 또 그 체제의 공고화에 기여하는 '배제적 헤게모니'라는 특별한 지배 양식의 토대로 기능하고 있기도 하다는 점을 드러내 보려 한다(3절). 그렇다면 우리 사회의 교육문제의 해결은 궁극적으로는 메리토크라시라는 가상 위에 조직된 우리 사회 전반의 그와 같은 '불의의 체제'를 혁파하는 과제와 연결될 수밖에 없을 것이다. 그러나 우리 사회의 많은 해법 모색들이 여전히 메리토크라시 이념의 자장(磁場)을 제대로 벗어나지 못한 채 이루어지고 있는 것은 아닌지 걱정이다. 물론 오늘날의 자본주의라는 조건에서 그 이념의 호소력을 완전히 무시할 수는 없다고 생각한다. 그러나 또한 그 이념은 무엇보다도 '승자독식'을 부추김으로써 정의롭지 못한 사회적 관계를 낳고 정당화할 가능성이 크다고 여긴다. 그래서 필자는 마지막으로 '민주주의적 정의'의 우선성을 확립함으로써 메리토크라시 이념의 작동 반경을 일정한 범위 안에서 제한하는 데서만 문제 해결의 가능한 실마리를 찾을 수 있을 것이라고 주장할 것이다(4절).

2. 유교적 근대성과 메리토크라시의 병리적 전개

우리 사회 성원들의 교육에 대한 숭상이나 뜨거운 교육열이 우리의 유교문화 전통과 어떤 식으로든 관련이 있을 것임에 대해서는 많은 사람들이 쉽게 동의할 것이다. 유교문화권은 고래로 학문을 숭상해 왔고 제대로 배운 사람만이 또한 제대로 된 사람 구실을 할 수 있다는 믿음을 발전시켜 왔다. 사실 많은 우리나라 사람들은 바로 그런 믿음 때문에 매우 곤궁하던 시절에도 논을 팔고 소를 팔아 자식들을 교육시켰을 것이다. 그리고 그 덕분에 오늘날 우리나라가 그 짧은 시간에 이 정도로 발전할 수 있었을 것이다. 좋은 교육을 받은 양질의 노동력이 우리의 압축적 경제성장의 큰 비결 중의 하나라는 점은 주지의 사실이다. 이렇게 우리 사회의 교육열은 기본적으로 바로 이런 문화적 전통과 그것이 긍정적 효과를 발휘했던 현대사의 경험에 대한 자부심 같은 것의 산물일지도 모른다. 때문에 그런 교육열은 어쩌면 우리 사회의 소중한 자산일 수도 있다.

그러나 이런 인식은 우선 유교가 숭상했던 '학(문)'이 우리가 오늘날 흔히 생각하는 그런 '공부'가 아니라 인간의 도덕적 완성을 추구하는 깊은 인문적 교양과 관련되어 있었다는 사실 앞에 조금 당혹해 하지 않을 수 없다. 지금 우리나라의 부모들이 자녀들의 교육에 목을 매다는 것은 유교 전통이 추구해 왔던 인간적, 도덕적 완성을 원해서라기보다는 자녀들이 나중에 성공하고 출세하기를 바라기 때문이라고 해야 한다. 그러니까 우리 사회의 교육열은 사실은 '성공열'이고 '출세열'일 뿐이다. 나아가 그런 인식은 현대 한국사회에서 그 교육열이라는 것이 '병리적'이라고 할 수밖에 없는 많은 사회현상들마저 낳고 있다는 점을 제대로 담아내기도 쉽지 않다. 필자의 생각에 이런 것들을 이해하려면 우리는 우리의 유교적 근대성[3]이 지구적 신자유주의라는

3 필자는 한국의 근대성을 기본적으로 유교적 문화 전통과 서구적 근대성이 특별한 방식으로 착종된, 그래서 서구적 근대성과는 최소한 부분적으로는 다른 성격과 발전 동학을 가진 하나의 '혼종 근대성(hybrid modernity)'으로서의 유교적 근대성이라고 이해한다. 필자는 이런 이해를 통해, 통상적인 '유교적 자본주의' 논의 등에서와는 달리, 우리의 유교적 문화 전통이 지닌 준(準)-근대적 면모에 주목하여 그것이 우리 사회의 자본주의적 근대화 과정에서 커다란 역할을 수행하기도 했지만 또한 그것이 지닌 '도덕적, 윤리적 개인주의의 부재'나 '현세적 물질주의'와 같은 문화적 특질들이 우리 사회에 특별한 종류의 사회병리를 낳기도 한다는 점을 함께 포착하려 한다. 이에 대해서는 다음을 참조. 장은주, 「유교적 근대성과 근대적 정체성: 한국적 '혼종 근대성'의 도덕적 지평에 대한 비판적 탐구」, 『시대와 철학』 제18권 3호, 2007; 「한국 근대성의 정당성 위기」, 『동양철학연구』 제57집, 2009. 이 글은 그와 같은 필자의 한국적 사회병리학 논의의 연장선상에 있으며, 그 기본 인식 틀을 전제하고 논의를 전개한다.

배경 위에서 배태시킨 우리 사회의 구조적 문제들과 사회적 삶의 문법을 함께 살펴보아야 한다. 그리고 바로 이런 맥락에서 서두에서 언급한 대로 우리 사회의 교육문제를 메리토크라시의 특별히 한국적이고 병리적인 발흥과 전개라는 관점에서 이해해 보자고 제안한다.

우리는 이 메리토크라시를, 마이클 영의 논의를 비판적으로 재구성해서 보자면, 근대적 자본주의 사회 일반을 '사실적이면서도 규범적으로' 지배하고 있는 분배정의의 한 이상과 관련시켜 이해할 수 있다.[4] 그 기본이념은 부와 권력과 명예 등과 같은 사회적 재화를 어떤 사람의 타고난 혈통이나 신분이나 계급 같은 것이 아니라 오로지 능력에 따라 사람들에게 할당하자는 것이다. 그러니까 '은 숟가락을 물고 이 세상에 태어나는 사람들'이 아니라 '뛰어난 능력을 발휘하는 사람들'이, 그리고 단지 그들'만'이 대접받고 출세하고 성공할 수 있도록 하자는 것이다.[5] 그래서 이 이념은 '기회의 균등'이라는 원칙을 강력하게 전제한다. 만약 그 원칙이 전제되지 않으면 '오로지 능력에 따른 보상'이라는 이상도 실현될 수 없을 것이기 때문이다. 그러니까 사람들이 서로 얻고자 다투는 사회적 재화를 기회의 균등이라는 전제 위에서 공정한 절차에 따른 경쟁을 통해서 능력과 노력 여부에 따라 사람들에게 분배한다면, 이것은 정말 합리적이고 정의로우므로 누구든 승복할 수밖에 없다는 것이 이 분배정의의 이상이라고 할 수 있다.[6]

주지하는 대로 근대적 분배정의의 문제틀을 성립시킴에 있어 가장 결정적인 추동력은 정치적 근대성이 발전시킨 '평등'의 이념이 제공했다.[7] 만약 혈

---

4 이런 이해는 다음을 참조. S. White, *Equality*, Cambridge: Polity Press, 2007, p.53 이하; D. Miller, *Principles of Social Justice*, Cambridge/London: Harvard University Press, 1999, p.177 이하.

5 M. Young, 앞의 책, "Introduction", pp.xii-xiii 참조.

6 S. White, 앞의 책, p.54 참조.

통이나 신분 또는 계급 같은 것에 따른 사람들 사이의 차별이 당연한 것으로 받아들여지던 전통사회에서라면, 분배정의의 문제틀은 그 자체로 의미 있게 성립하기 힘들었을 것이다. 그런 사회에서는 명확한 분배의 유형이 확립되어 있었고 그 유형은 도전 불가능하고 신성불가침한 것으로 여겨졌던 것이다. 비로소 정치적 근대성이 발전하면서 모든 시민의 정치적 평등의 이념이 확립되고 발전됨에 따라, "왜 성원들 사이의 시민적-정치적 평등에도 불구하고 엄청난 사회경제적 불평등이 온존하고 심화되는가?"와 같은 식의 문제의식이 확산되고 그 결과 그런 불평등 상태를 넘어서려는 분배정의에 대한 요구가 형성되는 것이다.

그런데 여기서 우리가 우선적으로 확인해 두어야 하는 것은 분배정의의 문제틀을 형성시킨 그 평등의 이념이 모든 차원의 그리고 완전하고 절대적인 사람들 사이의 평등을 의미하는 것일 수는 없다는 사정이다. 그런 평등은 사람들 사이의 다양한 종류의 불가피한 차이들을 생각할 때 원리적으로 실현될 수 없을 뿐만 아니라 정의로운 것으로 받아들여질 수도 없다. 그 평등의 이념은 기본적으로 사회정치적 지위상의 평등이고 모든 사람이 지닌 도덕적 가치의 평등, 말하자면 '존엄의 평등'에 대한 추구일 뿐, 누구든 모든 관점에서 평등해야 한다는 것을 지향하는 것이 될 수는 없다.

그래서 우리는 자본주의 사회 일반의 경제적 불평등이 언제나 그 자체로 부당하고 잘못된 것으로 여겨지지는 않을 것이라는 점을 이해할 수 있어야 한다. 서구 전통에서 정의는 '각자에게 제 몫을 (주는 것)'으로 이해되었다는 점은 주지의 사실인데, 그 불평등은 단지 많이 가진 자가 제 몫 이상의 것을

---

7 C. Taylor, "The nature and scope of distributive justice", *Philosophy and the Human Sciences, Philosphical Papers* 2, New York: Cambridge University Press, 1985, p.290 참조.

가지고 적게 가진 자가 본래의 제 몫보다 적게 가질 경우에만 또한 부정의한 것으로 이해될 수 있을 것이다. 서구 근대 초기부터 사회주의자들이 자본주의 사회의 불평등을 자본가 계급에 의한 노동자 계급의 '착취' 같은 개념을 통해 설명하려 했던 것은, 기본적으로 그 불평등이 바로 이런 이해에 비추어 정의롭지 못한 것임을 보여주려 했던 시도의 일환이라는 차원에서 이해할 수 있다.

그러나 그런 자본주의적 불평등이 정의롭지 못하다는 비난에 맞서 다양한 방식으로 그 불평등을 정의롭다고 옹호하려는 시도들도 있었음은 잘 알려진 사실이다. 자본가의 재산은 본디 모든 사람의 공동의 소유였던 자연에다 자신의 노동을 섞어 만들어낸 산물에 기초하고 있고 그래서 정의롭고 정당하다고 주장하는 로크의 소유론이 그 대표적인 예이다. 이 소유론은 많은 비판과 반론에도 불구하고 오늘날까지도 다양한 계승자들을 가지고 있는데, 이것은 자본주의 사회 일반에서 설득력 있는 분배정의의 원칙으로 발전될 수 있는 암묵적이지만 매우 강력한 직관에 호소하고 있다. 그것은 바로 "내가 기여한(노동한/노력한) 만큼 보상을 받는 것이 올바르다"고 정리될 수 있을 직관이다. 이 직관은 '기여'라는 '정당한 또는 정의로운 자기 몫'의 한계를 명확히 하고 있는데, 그만큼 그 호소력이 크다.

그런 직관이 품고 있는 분배정의의 원칙을, 찰스 테일러를 따라, '기여 원칙'이라고 해두자.[8] 여기서 기여는 기본적으로 '노력' 같은 요소와 쉽게 연결되어 생각되겠지만, 더 중요한 것은 '능력'이다. 어떤 목적을 달성하기 위해 가령 동일한 시간과 육체적 힘을 소모하는 방식으로 여러 사람이 함께 노력을 한다 해도 각각의 사람이 지닌 능력의 차이는 사람들마다의 기여의 정도

---

8 위의 글, p.306.

를 동일하게 평가할 수 없게 할 것이다. 능력 있는 사람은 그렇지 못한 사람에 비해 결과의 산출에 훨씬 많은 기여를 할 수 있기 때문이다. 만약 그렇다면 보상은? 당연히 그 기여에 걸맞게 차등적인 보상을 받는 것이 합당하다고 여겨지기 쉬울 것이다. 아리스토텔레스의 고전적 분배정의 이해와도 아주 부합하게 '같은 것은 같게, 다른 것은 다르게' 분배하는 것이 마땅하고 정의롭다는 것이다.

여기서 물론 그런 기여나 능력의 정도를 산술적으로 정확하게 계량해 내는 일은 사실은 그다지 용이한 일은 아니며 많은 경우 매우 자의적일 수도 있다. 그럼에도 불구하고 기여와 능력에 따라 보상하는 것이 마땅하고 정의롭다는 기본적인 직관은 큰 틀에서 사회 성원들 사이에 수입이나 부가 불균등하게 배분되는 데 대해 매우 설득력 있는 정당화를 제공한다. 이런 정당화는 적어도 사실적으로는 많은 사람들의 직관적 지지를 얻을 것임이 틀림없다.[9] 대부분의 보상 체계나 평가 체계에서 일한 만큼 벌고 노력한 만큼 보상받으며 능력이나 업적에 따라 평가받는다는 식의 원칙은 거의 자명한 원칙으로 받아들여질 것인 반면 기여나 노력의 정도 및 능력의 차이에도 불구하고 모두에게 동일한 보상을 준다면 그것이야말로 정의롭지 못한 것으로 배척당할 것이다. 바로 이런 이유들 때문에 메리토크라시는 자본주의 사회 일반에서 대중적 설득력을 갖춘 정의의 레짐으로 인식되고 또 얼마간은 실제로도 사회적으로 구현되어 왔다고 할 수 있다.

그런데 비록 이 메리토크라시의 이념은 기본적으로 서구식 자본주의의 산물이고 특히 신자유주의가 발전하면서 강력해지긴 했지만,[10] 사실 그것은 우리 사회가 서구식 자본주의나 신자유주의를 도입하기 훨씬 이전부터 우리의

---

9 D. Miller, 앞의 책, p.61 이하, p.177 이하 참조.

유교적 문화 전통에 내재하고 있었다고 해야 한다. 무엇보다도 우리나라를 포함한 동아시아 사회들은 서구에서는 찾아보기 힘들었던 '과거(科擧)제도'를 가지고 있었는데, 이 과거제도는 적어도 그 이념상으로는 가장 뛰어난 능력을 가진 사람에게 공직을 분배한다는 원칙에 기초한 매우 메리토크라시적인 인재 선발 방식이었다고 할 수 있다.[11] 비록 이 과거제도가 언제나 그 이념에 걸맞게 작동한 것은 아니었겠지만, 이런 과거제도와 그 바탕에 깔려 있는 메리토크라시적 이념은 유교적인 질서의 중요한 정치적 정당성의 토대로 작용했던 것 같고,[12] 나아가 그래서 그런 메리토크라시적 이념은 전통 유가 사회 성원들의 사회적 삶의 일상적 평가 체계 속에 깊게 뿌리 내리고 있었던 것처럼 보인다.

이 자생적 메리토크라시 전통은 오늘날에도 아주 강력하게 살아 있다. 가령 오늘날에도 여전히 많은 우리 사회 성원들은 '고시 합격'을 '과거 급제'와 같은 맥락에서 이해하고 있으며, 그것은 커다란 '가문의 영광'이자 당사자의 학교나 마을 전체의 영광으로 인식되고 있다. 물론 오늘날에는 그 전통은 단지 공직만이 아니라 모든 중요한 사회적 지위를 대상으로 작용한다. 필자의 생각에 우리 한국(그리고 나아가 동아시아 사회 일반)의 유교적 근대성에서

---

10 K. Arrow, S. Bowels and S. Durauf(eds.), *Meritocracy and Economic Inequality*, Princeton: Princeton University Press, 2000의 "Introduction"은 미국에서 어떻게 메리토크라시 이념이 전통적인 평등주의적 복지정책에 대한 신자유주의적 공격에 이용되고 있는지를 잘 보여주고 있다.

11 왈쩌 역시 이런 이해를 갖고 있다. 마이클 왈쩌, 정원섭 외 옮김, 『정의와 다원적 평등: 정의의 영역들』, 철학과현실사, 1999, p.232 이하.

12 이양수는 제임스 B. 팔레의 유형원 연구(『유교적 경세론과 조선의 제도들: 유형원과 조선 후기』, 산처럼, 2007)에 기초하여 조선 유교체제가 역성혁명 뒤 그 체제의 정당성 근거를 바로 실력주의 사회(즉 메리토크라시)의 건설에 두고 있었음을 지적하고 있다. 이양수, 「공공철학의 여정: 자유주의에서 공화주의로」, 이택광 외, 『무엇이 정의인가? 한국사회, 〈정의란 무엇인가〉에 답하다』, 마티, 2010, p.104 이하.

이 전통은 서구 자본주의의 발전에서 '프로테스탄티즘'의 에토스가 수행했던 역할을 대신했다고 할 수 있는 '입신출세주의'(유교적인 '입신양명'의 이념)와 결합하여[13] 오늘날 성공적으로 완수된 자본주의적 근대화의 문화적 원동력으로 작용하기까지 했다. "개천에서도 용이 날 수 있다"는 믿음, 아무리 불우한 처지에 있더라도 열심히 능력을 계발하고 처절하게 노력하는 사람에게는 성공이 보장된다는 메리토크라시적 믿음은 우리 사회 성원들의 근면과 성실 그리고 끊임없는 '자기계발의 의지' 같은 것을 낳은 문화적 동기였고, 그런 것이 한국 자본주의를 매우 역동적이고 활력 있게 만들었던 것이다.

바로 이런 배경 위에서 우리 사회에서 메리토크라시 이념은 그 어떤 서구 사회들 못지않게, 아니 아마도 그보다 훨씬 더 강력하게 사회적으로 작동할 수 있었던 것 같다. 사실 우리나라에서의 메리토크라시적 사회체제의 발흥과 전개 과정은 다른 어떤 서구 자본주의 사회들과도 비교하기 힘들 정도로 급진적이지 않을까 한다. 그 메리토크라시 이념은 우리나라에서는 하나의 종교적 믿음 같은 것이다. 예컨대 우리 사회에서 이른바 '기러기 아빠'를 생각해 보라. 가족을 위해서 사실상의 가족 해체를 감수하겠다는 이 이상하고 병든 가족주의의 바탕에는 능력 계발만이 자녀를 성공에 이르게 할 수 있다는 데 대한 어떤 유사-종교적 신념이 깔려 있다. 바로 이런 배경 위에서 우리나라에서 메리토크라시적인 사회체제는 아주 빠르게 발전하였고 또 아주 강고하게 유지되고 있으며, 그리고 그만큼 그 체제의 병리 또한 훨씬 더 심각하게 나타나는 것처럼 보인다.

메리토크라시적 이념을 좇는 사회에서는 일반적으로 교육은 아주 특별한

---

13 이에 대한 자세한 논의는 다음을 참조. 가라타니 고진, 조영일 옮김, 『근대문학의 종언』, 도서출판b, 2006, p.74 이하; 장은주, 「유교적 근대성과 근대적 정체성」, p.405 이하.

의미를 가질 수밖에 없다. 능력이라는 말은 사실 상당히 애매하다. 사람들이 가진 능력은 매우 주관적으로 평가될 우려가 크다. 교육제도는 사람들이 가진 능력에 대한 그런 주관적 평가의 가능성을 줄여 매우 객관적으로 만들 수 있다고 여겨진다.[14] 어린 시절부터 상당히 오랜 시간 동안 여러 수준의 학교를 거치면서 치른 다양한 평가를 통해 사회가 필요로 하는 뛰어난 능력을 누구는 가졌고 누구는 갖지 못했는지를 가려낼 수 있을 것처럼 보이기 때문이다. 그러니까 이 체제에서는 교육은 능력자를 추려내는 경연장이라고 할 수 있다. 그러나 우리는 이미 바로 여기에서 이 체제의 아킬레스건을 확인할 수 있다.

이 체제의 교육에서는 가장 중요한 것은 학력과 성적일 수밖에 없다. 그것들이 능력의 지표라고 인식되기 때문이다. 그리하여 교육의 궁극적인 목표는 가능한 한 높은 학력을 얻는 것이며 또 그 높은 학력을 위한 적격자를 찾아내기 위해 성적에 따라 학생들을 줄 세우는 것이 되고 만다. 여기서는 높은 학력을 지니고 좋은 성적을 받는 학생은 사회적 생산 과정에서 뛰어난 능력을 발휘할 것이기에 높은 보상을 받고 사회적으로 높은 평판을 얻게 될 것이라 여기고, 반면 저학력자들이나 좋은 성적을 보이지 못한 사람들은 사회에서 허드렛일이나 단순 육체노동 같은 것에 종사하며 낮은 임금과 직업적 불안 그리고 낮은 평판을 받을 수밖에 없는 것으로 믿는다. 우리 사회에서는 이런 메리토크라시적 차별화가 다른 사회들에서보다 훨씬 더 극단적으로 관철되는 것처럼 보인다.

그리하여 학벌주의나 성적지상주의 같은 것이 판을 치지 않을 수 없다. 필

---

14 I. M. Young, *Justice and the Politics of Difference*, Princeton: Princeton University Press, 1990, p.206 이하 참조.

요하다면 학벌을 위조하거나 속일 수도 있다는 풍조가 나타나는가 하면, 단 1점, 아니 그보다 훨씬 작고 무의미한 성적 차가 중요해지고 성적을 향상시킬 수 있다는 온갖 비법들이 전 사회적으로 모색된다. 대학들은 철저하게 서열화되고, 사교육 광풍 같은 병리적 현상들이 온 사회를 휩쓸고 만다. 그리하여 우리 교육에서는 인성 계발이나 올바른 자기실현을 위한 자아 탐구, 민주시민으로서의 소양 함양, 진지한 학문적 탐구 같은 다른 중요한 차원들이 깡그리 사라진 채 오로지 '졸업장'만을 따지고 성적 평가와 향상만이 지상과제로 설정되는 것이다. 우리 사회에서는 메리토크라시 이념이 거의 물신주의적으로 숭배되고 있다고 해야 할지 모르겠다.

그러나 단지 학벌주의나 성적지상주의만이 문제는 아니다. 메리토크라시 이념의 물신화는 경쟁을 그 자체로 선으로 만들어 오로지 치열한 경쟁 시스템만이 좋은 성과를 낳을 수 있다는 기괴한 신념이 온 사회를 지배하게 한다. 그 결과 사회적 삶은 거의 모든 수준에서 '서바이벌 게임' 같은 것이 되고 만다. 더 나아가 사람들로 하여금 넓은 의미의 능력, 곧 사회생활 과정에서 타인들의 평가에 유리하게 작용할 수 있는 모든 요소들에 대해 집착하게 만든다. 우리 사회의 그 엄청난, 사실은 사회적 낭비일 수도 있는 대학 진학률이나 이른바 '학력 인플레이션', 대학생들의 각종 스펙 쌓기 열풍 같은 사회현상들도 바로 이런 맥락에서 이해할 수 있다. 심지어는 가령 외모나 키조차도 '메리트'로 인식되어 '성형 열풍' 같은 것이 불어닥친다. 온 사회 성원들의 '속물화'[15]가 진행되는 것이다.

---

15 이에 대해서는 다음을 참조. 장은주, 「상처 입은 삶의 빛나간 인정투쟁: 속물시대의 도래와 한국 근대성의 굴절된 규범적 지평」, 『인권의 철학: 자유주의를 넘어, 동서양 이분법을 넘어』, 새물결, 2010; 김홍중, 『마음의 사회학』, 문학동네, 2010.

3. 메리토크라시냐 클렙토크라시냐?

그런데 우리 사회에서 보이는 메리토크라시적 성적중심주의와 그에 따른 분배 체계의 비합리성은 사실 너무도 명백하다. 과연 정말 성적은 곧 능력인가? 기본적으로 한날한시에 치러지는 수능 같은 국가 주관 시험, 그것도 객관식으로 치러지는 시험으로 평가한 성적이 한 개인이 사회생활에서 발휘할 수 있는 참된 능력의 지표가 될 수 있을까? 능력에는 수많은 요소들이 포함되어야 할 것이다. 단순히 언어 능력이나 수리 능력 같은 것만이 아니라 가령 쉽게 평가될 수 없는 감성과 정서적 상태, 타인이나 다른 자연적 존재자들과의 교감 및 친화 능력 등도 인간에게는, 설사 좁은 경제적 생산을 위해서라도, 매우 중요한 능력일 것이다. 이런 것들을 성적, 그것도 우리나라에서와 같이 획일적이고 계량화된 평가 방식을 따르는 성적 속에 표현해 낼 수 있을까?

우리는 여기서 좀 더 나은 평가 방식을 찾아낸다고 문제가 해결될 수 없음을 분명히 해두어야 한다. 어떤 평가든 또 다른 방식의 성적으로 표현될 수밖에 없을 것이고, 어떤 평가 방식을 채택하든 문제는 동일할 것이다. 문제는 학업 성적이 결코 사회가 이런저런 차원에서 필요로 하는 사람들의 능력을 객관적이고 합리적인 방식으로 평가하는 잣대가 될 수 없다는 것이다. 어느 정도는 가능할지도 모르지만, 아주 제한된 차원에서만 그리고 불가피하게 왜곡된 방식으로서만 가능할 것이다.[16] 우리 사회에서 이제 사교육의 온상이라는 비난까지 받게 된 '논술 시험'의 불행한 운명은 이를 단적으로 보여준다.

문제는 그런데도 왜 우리 사회는 학력 및 성적과 평가에 그토록 목을 매다는가 하는 것이다. 사람들은 말한다. 나누어 줄 재화는 한정되어 있고 그것을 원하는 사람은 많으니 결국 어떤 식으로든 줄을 세워서 나누어 줄 수밖에 없으며, 그 경우 오직 성적과 학력으로 평가되는 능력에 따르는 것만이 가장 합리적이고 객관적인 줄 세우기 방식이라고. 그러나 과연 정말 그럴까? 다른 방법은 없는 것일까? 이에 대해서는 나중에 좀 더 살펴보자. 그러나 그 전에 우리는 그런 성적과 평가에 대한 집착이 사태의 본성에 따른 불가피한 것이라기보다는 일종의 '사회적 강박' 같은 것은 아닐지 우선 살펴보아야 한다.

우리 사회는 정말 제대로 된 메리토크라시적인 사회이기는 한 것일까? 많은 사람들은 아마도 고개를 가로 저을 것이다. 우리 사회 성원들의 메리토크라시 이념에 대한 충실성에도 불구하고, 그리고 사회의 많은 영역에서 메리토크라시적인 원리가 점점 더 강하게 작동하고 있는 것처럼 보이긴 해도,[17] 우리 사회에는 사실은 곳곳에 그 원리가 제대로 관철되지 않는 것처럼 보이는 특권적 성채들이 넘쳐난다.

무엇보다도 학벌문제를 보자. 우리 사회에서는 정치와 경제의 거의 모든 분야에서 이른바 SKY 대학 출신들이 주요 요직들을 독점하다시피 하고 있다.[18] 그들이 능력이 뛰어나서 그런 것이니 당연하다고 생각할 수도 있다. 얼

---

16 세넷에 따르면, 오늘날 평가는 단순한 단기간의 반복 학습의 결과가 아니라 '잠재력' 또는 '적성(aptitude)'으로 초점이 옮겨갔는데, 이는 기본적으로 피험자의 잠재적인 성취 동기를 평가하겠다는 것이다. 리처드 세넷, 유병선 옮김, 『뉴캐피탈리즘』, 위즈덤하우스, 2009, p.105 이하. 최근 우리 사회에서도 이런 의도를 가진 평가를 많이 도입하고 있다(수능, PSAT, LEET, MEET/DEET 등). 그러나 이런 평가들을 통해 그런 잠재력에 대한 제대로 된 객관적인 평가가 가능할지도 문제지만, 더 큰 문제는 이런 종류의 평가가 그 과정의 실패자에 대해 "이번 시험은 별로네(그러나 앞으로는 잘할 수 있겠지)" 정도가 아니라 아예 "넌 잠재력이 없어!(따라서 넌 영원한 패자야)"라며 극단적인 낙인을 찍어낼 수 있다는 것이다. 이에 대한 논의는 다음을 참조. 김미영, 「메리토크라시에 대한 공동체주의의 해체」, 『한국사회학회 2009 전기 사회학대회 논문집』, p.771 이하.

17 특히 외환 위기 이후 이런 경향은, 가령 업적 평가에 따른 구조조정의 관철이나 연봉제의 일반화 등에서 보듯이, 사회 전반에서 아주 강하게 관철되고 있는 것처럼 보인다.

18 구체적 경험 지표에 대해서는 다음을 참조. 남기업, 「복지 수요, 왜 생겼는지부터 살펴야」, 『프레시안』, 2011년 2월 16일자.

핏 이는 메리토크라시의 이념에 철저히 부합하는 것처럼 보이기도 한다. 그러나 과연 그런 현상이 정말 능력 때문에 생긴 것일까? 그리고 그들은 사회의 높은 지위를 차지하고 있으면서 정말 메리토크라시 이념에 걸맞게 능력을 지속적으로 보여주고 있는가? 모를 일이다. 그러나 어쨌든 여기서 참된 문제는 우리 사회에서 학벌은 곧 '신분'이 되고 말았다는 사정이다. "외모는 바꿀 수 있어도 학벌은 영원하다"는 식의 이야기는 단지 우스갯소리가 아니다. 다시 말해 문제는 설사 아무리 메리토크라시적인 원리에 따른 것이라 하더라도 학벌에 따라 생겨나는 사회경제적 불평등이 지나치게 크고 또 그것이 지속적으로 고착되고 있다는 사실이다. 능력이 특권이 되고 있고, 또 그것이 소수에 의해 독점되고 있다는 것이다. 바로 이런 식의 특권의 독점, 이게 문제다.

얼핏 이런 현실은 하나의 모순처럼 보이기도 한다. 그러나 이런 현실은 모순이라기보다는 양면성(또는 이중성)을 나타낸다. 사회의 중요한 자원은 대부분 소수 특권 세력이 반(反)-메리토크라시적으로 독점하고 있으면서 나머지 대부분의 성원들에게는 상당히 협소화된 차원에서만 메리토크라시적인 경쟁이 강요되고 있는 것이다. 필자의 생각에 이런 양면성은 한편으로는 우리 사회에서 메리토크라시 이념이 사실은 '과두특권독점체제'의 불의를 덮으려는 매우 기만적인 이데올로기로서 작동하고 있음을 드러내줄 뿐만 아니라, 다른 한편으로는 바로 그래서 우리 사회 성원들이 그 이념에 더더욱 병리적으로 집착하게 만드는 배경일 것 같다.

비록 여기서 어떤 사회이론적 완전성을 주장하고 싶지는 않지만, 우리 사회에서는 지금 소수의 재벌과 대기업, 주류 언론, 법조인 집단, 부동산 투기 세력, 사학 귀족, 일부 대형 교회 중심의 개신교 세력, 영남 세력, SKY 대학 출신 등이 학연이나 혈연 및 지연 등을 이용한 끈끈한 네트워크와 폐쇄적 카르텔을 형성하여 사회의 거의 모든 주요 영역을 지배하고 있다는 데 대해서는 많은 사람들이 경험적 수준에서라도 쉽게 동의할 수 있을 것이다. 이 체제의 기득권 세력은 철저하고 탐욕적인 방식으로 사익을 추구하면서 국가 기구와 법 그리고 공공적 제도 및 공론장을 그런 사익을 위해 장악하여 이용하면서 그 체제를 영속화하려 하고 있다. 그러니까 단순히 경제적 권력만이 아니라 정치적 권력마저 거의 독점하고 있다. 이런 체제를 우리는, 단순히 좁은 정치체제로서가 아니라 하나의 특별한 종류의 '사회적 지배체제'로서의 클렙토크라시(kleptocracy, 도적(盜賊) 지배체제)라 하지 않을 수 없을 듯하다. 물론 이 체제는 단순히 총칼에 의해 지배되는 체제는 아니고 민주주의라는 외피를 유지하고 있는데, 여기서 메리토크라시 이념은 매우 결정적인 역할을 하는 이데올로기로서 기능한다.

이 이념은 그와 같은 클렙토크라시적 과두특권독점체제를 정의의 레짐으로 포장한다. 다시 말해 이 체제의 승자와 패자는 '능력과 노력에 따른 분배'라는 정의의 원리에 따라 결정되었다는 것이다. 그리하여 그 체제의 주류 특권 세력을 공정한 사회적 경쟁에서 당당하게 승리한 자들로서 자리매김하면서 심각한 사회경제적 불평등을 정당화한다. 사실 그것은 기본적으로 승자들의 이데올로기이다. 거기에는 패한 사람들이 들어설 자리가 없다. 승자들은 말한다. 우리가 이긴 것은 우리가 잘나서이고 너희가 패한 것은 너희가 무능해서일 뿐이다. 그러니 우리를 시기하거나 질투하지 말고 너희의 그 불행한 처지에 만족하면서 살아라. 그리고 그게 억울하면 너희도 출세하라. 바로 이것이 메리토크라시 이념이 그와 모순되는 것처럼 보이는 과두특권독점체제에서 이데올로기로서 작동하는 방식의 기본논리이다.

이 이데올로기는 우선 우리 주류 특권 세력의 성원들을 특별한 방식으로 주체화시킨다. 그들은 우리 사회에서 경제적 부, 정치적이고 사회적인 권력, 사회적 명예 등을 독점하고 있는 이른바 성공하고 출세한 사람들이다. 그런데 그들은 그렇게 되는 동안 '속물근성'이라는 공동의 아비투스를 나누어 가지게 되었는데, 그것은 사익에 대한 동물적 예민함 및 그것을 얻고 지켜내기 위한 뛰어난 도구적 성찰성, 자신의 삶의 의미와 가치에 대한 윤리적 반성의 결여, '인간에 대한 예의'의 무시 등을 특징으로 한다.[19] 그리고 그들은 무엇보다도 자신들이 누리는 특권적 기득권이 정당하고 정의롭게 획득된 것이라는 이데올로기적 자부심 같은 것을 바탕으로 자신들의 삶의 양식과 특권에 대해 지독히도 뻔뻔하게 당당하다.

그러나 그런 주체화 양식은 또한 당연히 우리 사회의 '지배적인' 주체화 양식이다. 다시 말해 단지 주류 기득권 세력만이 아니라 우리 사회의 성원들 모두가 이 사회에서 생존하기 위해서 그런 속물근성을 어떤 식으로든 내면화하든가 최소한 그것에 적응하지 않으면 안 된다. 무한경쟁의 조건에서 적자생존과 승자독식이라는 정글적 생존법칙이 지배한다고 인식되는 세상에서 대부분의 사람들에게 다른 선택지가 있을 수 없는 것이다. 그리고 바로 그 과정에서 우리 사회 대부분의 성원들은 주류 기득권 세력들의 욕망과 주체적 속성들을 공유하고 그들이 만들어놓은 속물주의적 인정의 위계질서 속에서 어떻게든 한 계단이라도 더 높이 오르려는 방식의 생존투쟁에 몰두하게 된다.[20] 바로 이것이 흔히들 이야기하는 '우리 안의 이명박' 같은 현상의 배경이고, 또 이렇게 해서 우리 사회에는 '스노보크라시(snobocracy, 속물 지배체제)'라는 '마음의 레짐'이 지배하게 되는 것이다.[21] 우리 사회의 과도한 교육열도 기본적으로 이런 맥락에서 이해할 수 있다.

우리는 여기서 그 메리토크라시 이데올로기가 작동시키는 어떤 지배 효과 같은 것을 놓쳐서는 안 된다. 그것은 우선 우리 사회 성원들의 속물적 주체화 양식을 통해 지배의 관계 자체를 사람들의 눈에서 사라지게 한다. 생존을 위

---

19 김홍중, 앞의 책 참조.
20 장은주, 「상처 입은 삶의 빗나간 인정투쟁」 참조.
21 김홍중, 앞의 책 참조.

해, 그리고 오로지 능력과 노력에 대한 보상일 뿐이라는 성공을 위해 스스로의 삶을 하나의 기업처럼 운영할 수 있어야 한다고 믿고 자기계발의 의지 같은 것만을 불태우는 대중들은 이 체제에 자발적이고 열광적으로 순응하면서 그 클렙토크라시적 본성을 애써 외면한다. 푸코의 '생산적 권력' 개념과 그가 간파했던 '통치성'의 신자유주의적 형식 같은 것은 이런 상황을 아주 잘 포착하게 해줄 수 있는 유용한 도구일 것이다.[22]

사실 우리 사회의 생산적 권력의 체제는 너무도 현저한 불의(不義)들 때문에 아주 많은 틈을 가지고 있는데도 매우 견고하기만 하다. 온갖 종류의 정경유착, 부정부패, 비리, 연고주의, 정실주의, 특권 세력의 지대 추구(rent-seeking) 등 우리 사회의 현실적인 분배 체계는 온통 메리토크라시의 이상을 부정하고 배반하고 조롱하는 사회정치적 문법의 지배를 받고 있다. 그리하여 우리 사회에서 제대로 성공하기 위해서는 단지 능력을 잘 발휘하고 열심히 일하고 노력하는 것이 아니라 '줄서기'를 잘하고 인맥을 잘 관리하며 뒷배를 든든히 해야만 한다는 것은 대부분의 우리 사회 성원들에게 지극한 상식이다. 그러나 그렇다고 사람들은 그 이데올로기를 버리려 하지 않는다. 오히려 더욱더 집착하면서 끌어안으려 한다. 왜냐하면 그것은 지독한 배반의 이데올로기이면서도 또한 치유의 이데올로기이기도 하기 때문이다.[23] 현실이 그 이데올로기가 조작적으로 보여주는 이상을 부정하면 할수록 오히려 대

22 박소진, 「'자기관리'와 '가족경영' 시대의 불안한 삶: 신자유주의와 신자유주의적 주체」, 『경제와 사회』 제84호, 2009 겨울호 참조.

23 예컨대 사람들은 '슈퍼스타 K' 같은 서바이벌 형식의 가수 발굴 프로그램을 보고 그 냉혹함 같은 것을 비난하는 것이 아니라 오히려 어차피 그런 서바이벌 프로그램 같은 현실에서 다름 아닌 자신이야말로 허각 같은 영웅적인 생존자가 되기를 바란다. 문강형준, 「슈퍼스타 K2, 혹은 신자유주의 시대의 '스펙타클'」, 『시민과 세계』 제18호, 참여사회연구소, 2010 참조.

부분의 사람들에게 그 이상은 빛나기만 한다. 어쨌든 열심히 일하고 노력해서 성공한 사람이 있고 나 또한 그럴 수 있다는 믿음은 우리 사회 구성원들이 갖고 있는 어떤 '모유 이데올로기(mother-milk ideology)'의 한 구성 부분이자 현재적 삶의 간난과 고통을 견딜 수 있게 해주는 원동력이기에 결코 떨쳐낼 수가 없는 것이다.

그런데 이때 우리는 그런 속물적 주체화 양식의 특별한 마중물이 무엇인지를 잘 보아야 한다. 그것은 다름 아닌 '불안'이다. 사람들은 단지 윤리적 자기 수양이나 교양의 부족 같은 것 때문에 스노보크라시라는 마음의 레짐에 포섭되지는 않았다. 이 체제에 어떤 식으로든 속해 있지 못하면 인간적 삶의 가능성으로부터 배제되고 온갖 무시와 모욕을 견디며 살아야 될지도 모른다는 두려움, 바로 그것이 그런 포섭의 의식적이고 무의식적인 동기인 것이다.

여기서 우리는 메리토크라시의 이념이 그 본성상 '개인'을 그 기본적인 단위이자 주체로 상정한다는 점을 잊어서는 안 된다.[24] 능력은 기본적으로 개인의 능력이고 단지 개인만이 평가의 대상이다. 이런 사정은 메리토크라시적 주체들에게 어떤 특별한 종류의 개인주의, 그러니까 개인의 도덕적 가치를 강조하는 '도덕적 개인주의'가 아니라, 말하자면 어떤 사회존재론적 개인주의를 수용할 것을 강요한다. 그런 개인주의에 따르면 개인의 삶의 모든 중요한 과정은 궁극적으로는 개인의 선택과 책임의 문제일 뿐이다.

서구 사회들에서는 특히 신자유주의 도입 이후 복지 혜택의 축소와 적자생존이나 경쟁 논리의 강요 등을 통해 바로 이런 종류의 개인주의를 어떤 사회적 운명 같은 것으로 만드는 과정인 '사사화(私事化, privatization)'가 강화되었다는 것은 잘 알려져 있다. 그런데 우리 사회의 경우 그런 방식의 사사화

---

24 김미영, 앞의 글, p.763.

는 강력한 국가에 의해 주도되던 근대화 과정에서도 이미 처음부터 전제된 것이었고 근대성의 어떤 상수 같은 것이었다. 비록 우리의 유교적 근대성은 하나의 '개인주의 없는 근대성'으로서 도덕적이거나 윤리적인 개인주의의 문화적 지평 같은 것은 잘 알지 못하지만,[25] 역설적이게도 그와 같은 사회존재론적 개인주의는 우리 사회 성원들의 삶을 아마도 다른 어떤 사회들에서보다도 더 철저하게 규정해 왔던 것이다.

이런 상황에서 메리토크라시적 경쟁에서 패배하고 낙오자가 된다는 것은 말하자면 사회적 죽음이다. 개인의 삶의 의미와 가치 자체에 대한 부정이다. 그러나 또한 개인으로서는 다른 탈출구가 없다. 물론 가족이라는 의지처가 있기는 하다. 그러나 이 가족은 기본적으로 사적 영역에 고립되어 있다. 그것은 사사화 원리의 한 단위일 뿐이다. 때문에 이런 불안, '생존'이라는 지상명령이 안겨주는 '유동하는 공포'[26]는 우리 사회에서는 더더욱 극단적일 수밖에 없다. 아무런 안전망, 아무런 완충 장치가 없기 때문이다. 지그문트 바우만을 참조하되 필자 식으로 말하자면, 이런 사정은 이제 우리 주류 특권 세력에게 '배제적 헤게모니'라 할 만한 새로운 종류의 지배양식을 가능하게 해준다.

이 지배의 양식은 '강제 또는 동의'라는 그람시의 고전적 헤게모니 개념의 틀 안에서 포착될 수 없다. 그것은 종속집단들에 대한 폭넓고 심층적인 지적, 도덕적 지도에 기초하는 민주적 헤게모니도 아니지만 그렇다고 애매한 절충도 아니고 또 물리적 강제력에만 의지하는 파시즘도 아니다. 그것은 어떤 변형된 헤게모니, 그러니까 동의를 통해서가 아니라 배제를 위협함으로써 획득되는 헤게모니라 할 수 있다. 이 지배양식에서는 종속집단들의 동의가 완

25 장은주, 「유교적 근대성과 근대적 정체성」, p.398 이하 참조.
26 지그문트 바우만, 『유동하는 공포』, 산책자, 2009.

전히 포기되는 것은 아니지만 그렇다고 그것을 위한 적극적이고 진지한 노력도 필요 없다. 왜냐하면 종속집단의 사람들이 느낄 수밖에 없는 배제에 대한 불안이라는 사회존재론적 정조(情調) 같은 것을 이용할 수 있기 때문이다.

총칼에 의한 지배는 저항을 진압해야 한다는 비용을 치러야 한다. 그러나 이 지배양식은 사람들이 막연하지만 은근하고도 강하게 오금을 저리게 하는 배제라는 불안의 공포 속에서 어찌할 바를 모른 채 그저 오로지 생존에만 맹목적으로 집착하게 함으로써 저항할 의지 자체가 자라나지 못하게 한다. 그리고 그들로 하여금 배제되지 않으려는 발버둥 속에서 더더욱 강하게 체제 안으로 포섭되려고 집착하게 만든다. 그리하여 과두특권독점세력의 클렙토크라시는 새로운 형태로 완성되고 별 다른 도전 없이 강고하게 유지될 수 있는 것이다.

4. 메리토크라시냐 데모크라시냐?

우리는 우리 사회의 많은 교육문제가 우리가 그 자체로는 좋은 것으로 여기곤 하는 교육열의 과잉, 그러니까 능력과 그것의 계발에 대한 맹목적이고 과도한 집착에서 비롯할 수도 있다는 데서 출발했다. 그래서 지구적 신자유주의라는 조건 속에서 강화되고 우리의 특별한 문화적 배경 위에서 병리적으로 증폭된 것처럼 보이는 메리토크라시적 이상에 따른 그런 교육열이 어떻게 우리 사회의 '불의의 체제', 곧 메리토크라시라는 가상을 지녔지만 사실은 클렙토크라시적 본성을 지닌 과두특권독점체제와 연관되는지, 또 어떻게 그것을 지속시키고 재생산하는 데도 기여하는지를 살펴보았다. 만약 이런 진단이 맞는다면, 우리 사회의 교육문제에 대한 궁극적인 해법은 우리 사회의 과도한 메리토크라시적 교육열에 대한 비판적 반성과 함께 우리 사회의 이 강고한 불의의 체제를 함께 해체하려 함으로써만 찾을 수 있을 것이다.

물론 이는 결코 쉬운 과제가 아닐 것이고, 또 여기서 충분히 논의할 수 있는 성질의 문제도 아니다. 그러나 우리는 이 지점에서 우리 사회의 교육문제에 대한 해법을 모색할 때 우리가 어떤 근본적인 반성의 지평 위에 터해야 할 것인지에 대해서만큼은 얼마간 확인할 수 있지 않을까 한다. 무엇보다도 우리는 우리 사회의 교육열을 무턱대고 좋은 것이라고 여기게 하는 메리토크라시 이념 그 자체의 정의로움부터 비판적으로 따져보는 데서 출발할 수 있어야 할 것이다. 이제 이 문제를 검토하면서 우리가 찾아야 할 해법의 방향에 대한 실마리 정도만이라도 확인해 보기로 하자.

확실히 메리토크라시는 반드시 보수적 이데올로기라고만은 할 수 없다. 비록 마이클 영은 앞서 언급한 자신의 독특한 풍자적-사회학적 공상 소설에서 이 메리토크라시라는 말을 하나의 디스토피아를 묘사하기 위해 사용했지만, 서구 사회들에서 메리토크라시 이념은 일반적으로 뿐만 아니라 많은 좌파들에게도 매력적으로 여겨졌다.[27] 오로지 능력만을 기준으로 사회적 재화의 분배가 이루어진다면 그것은 기존의 공고한 계급구조를 허물고 새로운 방식으로 좌파들의 오랜 이상이었던 어떤 '계급 없는 사회'를 가능하게 하는 것으로 받아들여질 수도 있었던 것이다. 계급이 아니라 능력을 중시하고, 은수저를 물고 태어난 사람이 아니라 뛰어난 재능을 보여주고 열심히 노력하는 사람이

27 마이클 영은 자신이 부정적 함의를 담아 만든 메리토크라시라는 말이 이후 자신의 의도와는 정반대로, 무엇보다도 자신이 몸담았던 영국 노동당에서, 긍정적으로 받아들여지게 된 과정을 개탄한다. M. Young, 앞의 책, "Introdcution" 참조. 그래서 그는 메리토크라시라는 말을 엉뚱하게도 노동당의 바람직한 정책 방향의 지표로 제시한 토니 블레어 수상에게 항의성 공개서한을 쓰기도 했다. M. Young, "Down with meritocracy", *The Guardian*, Friday 29 June, 2001. 정치철학적으로는 '민주적 사회주의'를 주창하는 밀러 같은 이도 강력한 메리토크라시 이상의 옹호자이다. D. Miller, 앞의 책, 특히 p.177 이하 참조. 밀러의 정치철학 전반에 대한 개관은 다음을 참조. 곽준혁, 『경계와 편견을 넘어서: 우리 시대 정치철학자들과의 대화』, 한길사, 2010, p.79 이하.

성공하고 대우받을 수 있는 사회는 그 자체로 나쁘다고 하기 힘들어 보일 뿐만 아니라 사실 매우 매력적으로 보이기도 한다.

우리의 경우도 마찬가지다. 우리의 경우에도 기여 원칙과 그 전제로서의 기회균등의 이상은, 다른 자본주의 사회 일반에서와 마찬가지로, 아니 우리나라에서는 더 강력하게, 대중들에게는 거의 직관적으로 자명한 분배정의의 원칙이라고 할 수 있다. 그래서 메리토크라시 이념은 가령 이명박 정부가 들고 나왔던 공정사회론의 배경을 형성할 뿐만 아니라, 사실은 또한 대중들의 일상적 정의감의 핵심으로서 잘못된 현실을 비판적으로 진단하고 거부하는 역할도 할 수 있다. 바로 그 공정사회론의 부메랑 효과 같은 데서 단적으로 확인할 수 있었듯이, 그것은 우리 사회에 만연한 온갖 종류의 반칙과 특권에 대한 사회 성원들의 민감한 비판의식의 배경이기도 하다. 교육문제에만 한정해서 보더라도, '기여입학제' 같은 것에 대한 대중의 거부감은 물론 이른바 '고교등급제' 등에 대한 부정적 여론은 바로 이런 맥락에서 이해할 수 있다. 이렇게 보면 메리토크라시는 어쩌면 매우 긍정적인 정의의 이상이 될 수 있을지도 모르겠다.

우리는 이러한 사정을 메리토크라시의 이상이 반드시 확보하지 않으면 안 되는 기회의 균등이라는 전제와 관련하여 이해할 수 있다. 그 기회균등이라는 전제가 충족되려면, 우선, 다양한 수준의 '차별(discrimination)'부터 없어야 한다. 그러니까 남녀차별, 빈부차별, 지역차별, 종교차별, 학력차별, 지방대 차별 등이 제대로 제거되지 않는다면 기회균등 원칙은 빛이 바랠 수밖에 없다. 이런 차별의 철폐를 통해 기회균등 원칙의 좀 더 완전한 관철을 추구하자는 것이 바로 통상적인 의미의 자유주의적인 분배정의의 이상이라고 할 수 있는데,[28] 어쨌든 우리는 바로 이런 방향에서 우리 사회의 특권 구조 해체를 추구할 수 있을 것이며 또 바로 그 방향에서 교육문제의 해법도 모색해 볼 수 있을 것이다. '고교 평준화 유지'나 '서울대 폐지' 같은 것에 대한 요구가 그런 예일 것이다.

그러나 그런 차별이 철폐가 된 상황에서도 문제는 남는다. 이 수준에서 확보된 기회의 균등은 단지 '형식적인' 차원에 머무를 가능성이 크다. 메리토크라시 이념의 핵심 축은 '능력에 따른 차이'라는 것인데, 형식적인 기회균등의 원칙만으로는 경쟁관계의 출발선상에 있는 사람들이 처한 사회적 배경 등의 영향 때문에 그들이 처음부터 갖고 들어가는 '능력의 차이'라는 문제를 해소하지 못한다. 이런 문제를 해결하려면 가정환경 등에서 비롯된 사회적 배경의 차이가 사회 성원들이 시장적 경쟁 체계에 들어가는 출발선상의 능력의 차이를 결정짓지 못하도록 해야 할 것이다. 이를 위해서는 사회 성원들 모두가 '실질적인' 교육기회를 균등하게 확보할 수 있도록 하고 사회적 배경이 그들의 능력 계발에 지나치게 영향을 미치지 않도록 하기 위한 여러 정책들이 필요할 것인데, 일반적으로 좌파 자유주의 또는 사회민주주의적 지향이 그런 차원의 기회의 균등을 강조한다고 할 수 있겠다.[29] 가령 '무상교육'이나 '반값 등록금' 또는 '사교육 철폐' 등에 대한 요구가 그런 지향과 관련하여 이해될 수 있을 것이다.

필자는 이와 같은 두 방향의 메리토크라시적 정의 추구가 교육문제를 비롯하여 우리 사회의 여러 문제들에 대해 가질 수 있는 긍정적 함의를 그 자체로 부정하고 싶지는 않다. 우리 사회의 강력한 과두특권독점체제를 생각하면, 앞의 자유주의적인 개혁 프로그램조차 우리 사회에서는 매우 진보적이고 긍

---

28 화이트는 이를 '약한(weak) 메리토크라시'라 부른다. S. White, 앞의 책, p.56 이하. 필자는 이를 '형식적 메리토크라시'라고 하고 싶다. 필자가 앞서 논의한 우리 사회의 자생적인 메리토크라시 전통을 생각한다면, 우리는 바로 여기에서 우리 사회 자유주의의 자생적인 역사적, 문화적 뿌리를 확인할 수 있을지도 모른다. 이양수 역시 비슷한 의견이다. 이양수, 앞의 글, p.101 이하.

29 화이트는 이를 '강한(strong) 메리토크라시'라 부른다. S. White, 앞의 책, p.59 이하. 필자는 이를 '실질적 메리토크라시'라 하고 싶다.

정적인 역할을 할 수도 있다고 믿는다. 물론 좀 더 실질적인 기회균등을 추구하는 복지국가적 지향은 더 바람직할 것이지만 말이다.

틀림없이 사람들이 서로 갖기를 원하는 자원이 한정되어 있고 따라서 경쟁이 불가피한 상황에서는 메리토크라시 이념 그 자체의 규범적 타당성을 부정하기란 쉽지는 않을 것이다. 그런 상황에서는 시민들에게 주어지는 기회균등이라는 조건 속에서 절대적으로 공정한 경쟁이 이루어지도록 해서 '가장 우수한 자의 승리'가 이루어지도록 하는 것 이상의 정의를 생각하기 힘들지도 모른다.[30] 나아가 능력 또는 성취에 따른 사회적 재화의 분배는 사회 성원들이 왜곡되지 않은 자기 정체성을 형성하고 실현하기 위해 어떤 사회든 반드시 필요로 할 올바른 '사회적 가치 평가' 체계의 확립을 위해서라도 불가피할 것이다.[31] 때문에 어느 정도는 시민들의 능력을 이런저런 방식으로 평가하고 그렇게 평가된 능력에 따라 사회적 재화를 분배하는 것도 불가피할 것이다. 문제는 그와 같은 분배정의의 원칙이 우리 사회에서는 과두특권독점체제 때문에 그 메리토크라시적 외피에도 불구하고 제대로 작동하고 있지 않다는 것이지 그 원칙이 그 자체로 문제라고는 할 수 없을지도 모른다.

적어도 우리가 시장경제와 자본주의를 부정하지 않는 이상 우리는 메리토크라시적 분배 원리를 결코 에둘러 가기 힘들 것이다. 가령 가족 안에서는 아주 다른 분배 원칙이 작동한다고 할 수 있다. 여기서는 '필요'라는 원칙이 작동한다.[32] 그러니까 구성원들이 생산에 기여한 만큼 나누어 갖는 것이 아니라 누구든 기여할 여력만큼 기여하되, 또는 가령 노약자라면 아무런 기여를

---

30 비롤리에 따르면, 이는 심지어 공화주의적 관점에서도 정의의 첫 번째 원칙일 수밖에 없다. 모리치오 비롤리, 김경희 · 김동규 옮김, 『공화주의』, 인간사랑, 2006, p.141 이하.

31 악셀 호네트, 문성훈 · 이현재 옮김, 『인정투쟁: 사회적 갈등의 도덕적 형식론』, 동녘, 1996, 특히 p.194 이하 참조.

32 가령 D. Miller, 앞의 책, p.203 이하 참조.

하지 못하더라도, 생산되거나 주어진 몫을 필요의 정도에 따라 나누어 가지는 것이 가족의 분배적 본성이라고 할 수 있다. 그러나 자본주의적 생산 체계는 그런 가족 같은 것일 수 없다. 국민국가 수준에서 '민족'이라는 유사-가족적인 혈연 공동체를 상상적으로 구성해 낸다거나 정치 공동체를 우선적으로 '연대'라는 차원에서 이해할 때 거기서는 기여 원칙과는 다른 필요에 따른 분배 원칙이 얼마간 작동할 수도 있을 것이다.[33] 그러나 비혈연적 관계에 기초한 협업적인 자본주의적 생산 체계에서 기여 원칙과는 다른 분배 원칙이 주도적으로 작동하는 것을 상상하기는 불가능할 것처럼 보인다. 메리토크라시적 분배 원칙에 대한 가장 강력한 비판자였다고 할 마르크스조차 공산주의 이전의 사회주의 단계에서는 "능력에 따라 일하고, 노동에 따라 분배받는다"는 원칙이 불가피할 것이라고 보지 않았던가?

그러나 필자는 그런 방식으로 메리토크라시라는 이상을 온전하게 그대로 둔 채 이루어지는 접근이 문제를 충분히 제대로 해결할 수 있을지에 대해 매우 회의적이다. 아무래도 그 이념의 가장 근본적인 문제는 그것이 기본적으로 '1등만 기억하는' 승자들의 이데올로기라는 점이다. 그러면서 '승자독식'을 정당화한다는 것이다. 그것은 너무 쉽게 경쟁의 승자들이 갖춘 어떤 지위에 대한 형식적 자격(qualification)을 '도덕적 자격' 또는 '응분(desert)'으로 바꾸어버린다.[34] 그리하여 누군가가 경쟁에서 이기고 뛰어난 능력을 보여주었다는 것은 그가 모든 것을 차지해도 좋다는 것을 의미하고 또 그것이

---

33 바로 이 필요의 원칙을 통해 공동체주의적 복지 개념을 이해할 수 있을 것이다. 위의 책, p.203 참조. 나아가 왈쩌의 복합 평등론은 안전과 복지에 대한 공적 부조의 정당성을 이런 필요 원칙과 연결시키고 있다. 마이클 왈쩌, 앞의 책, p.123 이하. 또 김미영, 앞의 글, p.776 참조. 복지국가를 추동했던 스웨덴 사민당의 이른바 '인민의 집' 개념도 같은 맥락에서 이해할 수 있을 것이다.

34 이 둘의 구분에 대해서는 마이클 왈쩌, 앞의 책, p.227 이하 참조.

그가 마땅히 가져야만 하는 응분의 몫이라고 여기게 한다. 그 결과 그 이념은 사회적 분배 체계의 극심한 불평등을 낳고 정당화할 뿐만 아니라 패자를 무시하고 모욕하며 또 그 때문에 생겨날 수 있는 사람들 사이의 자의적인 지배관계를 은폐하고 호도할 우려가 있다. 그리하여 현실의 분배 문법의 본성과 거기에서 발생하는 불평등 및 지배관계를 덮고 기만하는 이데올로기로 변질될 수 있다. 어떻게 이 가능성을 차단할 수 있을까?

자본주의 사회 일반에서 자명하게 여겨지는 분배정의 원리로서의 기여 원칙은 직관적으로는 커다란 호소력을 가진다. 그러나 우리는 여기서 그것이, 앞서도 잠시 언급한 대로, 실제로 구체적인 분배정의 원리로서 작동하기에는 너무도 모호한 측면을 많이 갖고 있다는 점을 결코 소홀하게 여겨서는 안 된다. 그 기여가 표현되는 구체적인 양태로서의 능력 개념은 그 자체로서는 아무런 내용을 가지지 않은 도구적인 것으로서, 기본적으로 '과소 규정'되어 있다.[35] 그것은 우리가 설정하는 사회적 목표에 따라, 또는 우리가 어떤 사회를 '좋다'거나 '올바르다'고 여기는가에 따라 다르게 이해될 수밖에 없다. 우리 사회는 오로지 '생산주의' 또는 '경제지상주의'라 할 만한 그런 관점에서 획일적 기준을 세워놓고 그에 비추어 능력을 평가하지만, 그런 평가를 그 자체로 옳다거나 공정하다고 할 수는 없는 것이다. 과연 우리는 무슨 근거로 "과학자가 아버지로서의 훌륭한 자질을 가진 짐꾼보다 우월하다고 판단할 수 있을까?" 또 무슨 근거로 "상을 타는 데 탁월한 재능을 보여주는 공무원이 장미 키우는 데 비범한 기술을 지닌 화물차 운전기사보다 더 우월하다고 판단할 수 있을까?"[36]

---

35 A. Sen, "Merit and Justice", K. Arrow, S. Bowels and S. Durauf(eds.), *Meritocracy and Economic Inequality*, 2000, p.5 이하.

36 M. Young, 앞의 책, p.159.

능력은 사회적이고 정치적인 방식으로 구성되고 규정되는 것이지, 그것에 대해 그 자체로 객관적인 평가 기준 같은 것은 있을 수 없다고 해야 한다. 객관적이고 사회적, 문화적으로 중립적인 능력 개념은 하나의 신화일 뿐이다.[37] 어떤 사람의 어떤 속성과 활동 등을 능력이나 실력으로 평가하는 것은 그것들이 놓여 있고 평가되는 구체적인 사회적 관계와 그 관계의 권력구조 같은 것을 묻지 않고는 늘 불완전할 수밖에 없고, 많은 경우 매우 이데올로기적이기도 하다. 누군가가 지닌 어떤 속성이나 자질을 능력으로 이해하고 무엇을 업적으로 규정할지 그리고 그에 따라 누구에게 무엇을 얼마만큼 분배할지는 단지 어떤 순수하게 계량적인 과제가 아니라, 기본적으로 정치적인 과제이다.[38] 그렇다면 우리는 능력에 따라 분배한다는 원칙에 혹해 분배가 제대로 능력에 따라 분배되는지 하는 것만을 따질 것이 아니라, 누가 능력을 정의하는지, 분배되는 대상은 누구의 것인지, 분배 규칙은 어떻게 결정되는지를 우선, 적어도 함께, 물을 수 있어야 한다.[39] 이것은 근본적인 수준의 '민주주의적 정의'의 문제이지 단순히 어떤 확립된 도식과 원칙에 따른 분배정의의 실현 문제가 아니다.

물론 여기서 말하는 민주주의적 정의는 통상적으로 이야기하는 좁은 의미의 정치 영역에서의 단순한 형식적, 절차적 민주주의의 확립 상태 같은 것이 아니다. 중요한 것은 원칙적으로 한 정치 공동체의 모든 시민이 적극적 주체가 되어 그 정치 공동체의 모든 중요한 제도들과 사회적, 정치적, 경제적 근본 구조를 스스로 효과적으로 규정할 수 있어야 한다는 것, 모든 시민이 평등한 조건 속에서 그와 같은 결정을 내릴 수 있는 공적 토론과 심의의 과정에 적

---

37 I. M. Young, 앞의 책, p.192 이하.
38 위의 책, p.204 참조.
39 위의 책, p.193, p.211 참조.

극적으로 참여할 수 있는 '시민적 역량'을 갖출 수 있어야 한다는 것이다. 이런 시민적 역량이 제대로 확보되기 위해서는 모든 시민적-정치적 권리의 철저한 보장과 함께 다른 많은 전제들 또한 충족되어야 한다.

우리의 맥락에서만 보면, 그와 같은 민주주의적 정의는 무엇보다도 '능력에 따른 차이'에 앞서 모든 사회 성원의 '존엄의 평등'을 더 중요한 것으로 여길 수 있는 사회문화적 지평 위에서만 가능할 것이다. 어느 누구도 단지 특정한 능력이 모자란다고 무시당하거나 모욕당해서는 안 된다. 능력 개념을 학업 성적이나 학력 등에만 고정시키는 좁은 생산주의적 지평으로부터 해방시켜야 한다. 그리하여 우리 사회가 가치 있고 소중하다고 생각하는 능력의 차원과 지평을 다양화할 수 있어야 한다. 단순히 좁은 의미의 지능이나 성적 같은 것만이 아니라 모든 사람이 각자 가지고 있는 재능과 탁월함, 인간적 삶의 풍부하고 다양한 가능성을 낳을 수 있는 잠재력을 모든 측면에서 제대로 평가하고 존중할 수 있어야 한다. 그래서 모든 개개인이 지닌 잠재력을 똑같이 다 가치 있는 것으로 인정하고 계발할 수 있도록 해야 한다. 사회 성원들의 그와 같은 잠재력에 대한 사회적 가치 평가는 원칙적으로 사회의 모든 성원들을 '포용'하면서도 개개인들의 다양한 차이들이 모두 충분히 존중받을 수 있게끔 '개인화'될 수 있어야 한다.[40] 우리 사회 전반에서 이런 방향의 도덕적 진보를 위한 문화적 변혁이 절실하다.

물론 이런 근본적인 문화적 변혁이 단지 개인적 차원의 각성 같은 수준에 머물러서는 안 된다는 것도 분명하다. 문화 개혁은 사회적-제도적 개혁으로 표현되어야 하고 또 그것을 통해 완성되어야 한다. 여기서 우리는 롤즈 정의

---

40 A. Honneth and N. Fraser, *Umverteilung oder Anerkennung?: Eine politisch-philosophische Kontroverse*, Frankfurt a. M.: 2003, p.271 이하 참조.

론의 한 핵심 포인트에 주목할 필요가 있다. 그것은 그의 정의론이 사람들이 나면서부터 가지게 된 탁월한 재능 같은 것을 '도덕적으로 자의적인 것'으로 보면서 그것을 사회 전체의 공동 자산이라고 이해하자고 제안하는 것과 관련되어 있다. 필자는 그런 인식을 기회균등이라는 메리토크라시 이념의 한 축을 완전히 버리지 않으면서도, 강한 민주적-평등주의적 보완 장치를 통해 그 메리토크라시 이념의 한계를 근원적으로 뛰어넘으려 했던 시도라는 차원에서 이해할 수 있다고 여긴다.[41] 여기서 자세히 논의할 수는 없지만, 필자는 사회 성원들의 타고난 능력과 관련한 '운의 중화'[42]를 강조하는 그의 정의론이 이른바 '운-평등주의(luck-egalitarianism)'[43]로 발전할 여지를 남겨놓았다는 데 대해서는 그다지 공감하지 않는다. 필자는 그런 접근법이 자칫 문제를 위에서 필자가 그 한계를 지적했던 고정된 분배정의의 틀 안에서만 바라보게 하지 않을지 우려한다. 그래서 그의 '차등 원칙' 그 자체를 출발점으로 삼고 싶지는 않다. 그러나 필자는 그가 자본주의적 복지국가에 대한 대안으로서 제시한 '자산소유 민주주의(property-owing democracy)'[44]에 대한 논의에 주목한다. 필자는 여기서 우리가 어떻게 좁은 분배정의의 틀을 넘어서는 민주주의적 정의의 관점에서 모든 사회 성원들에게 '민주주의적 평등'을 보장할 수 있는 실질적인 사회적 조건을 마련할 수 있을지와 관련하여 좋

---

41 이에 대해서는 다음을 참조. 존 롤즈, 황경식 옮김, 『사회정의론』, 서광사, 2002, p.119 이하, 특히 pp.125-126.

42 황경식, 「공정한 경기와 운의 중화」, 한국 엔지오학회/엔피오학회 추계공동 학술대회 발표문, 2010 참조.

43 앤더슨은 롤즈 정의론의 비판적 계승을 자처하는 드워킨 등의 정의론을 이렇게 규정하며 그것이 어떻게 평등 이념의 초점을 오도하고 있는지를 비판한다. E. S. Anderson, "What Is the Point of Equality?", *Ethics*, Jan 1999 v109 i2.

44 J. Rawls, *Justice as Fairness: A Restatement*, Erin Kelly(ed.), Cambridge/London: The Belknap Press of Harvard University Press, 2001, p.135 이하.

은 시사를 발견할 수 있다고 여긴다.

필자는 그가 말하는 자산소유 민주주의 개념을, 모든 시민이 메리토크라시적인 경쟁과는 무관하게 또는 독립적으로 자신의 삶의 가능성을 실현할 수 있는 기본적인 경제적, 문화적, 교육적 조건들을 '최소한의 수준에서나마 그러나 절대적으로' 확보할 수 있는 사회체제, 그래서 거의 문자 그대로의 의미에서 모든 시민이 최소한의 인간다운 삶의 영위를 위한 물질적 수단으로서의 기본적인 자산을 무조건적으로 소유할 수 있는 그런 사회체제에 대한 구상으로 발전시킬 수 있지 않을까 생각해 본다. 단지 그런 사회체제에서만 시민들은 메리토크라시적 경쟁 탈락에 따른 사회적 배제에 대한 불안과 공포 없이 자신들의 존엄성을 유지하면서 적극적인 민주주의적 주체가 될 수 있고 또 그럼으로써 사회적 재화의 분배 체계와 원리의 결정 과정 자체도 민주적으로 통제할 수 있을 것이다. 여기서 이런 구상이 롤즈 자신의 정의론과 얼마나 부합하고 또 얼마나 다른지, 또 어떤 구체적인 제도적 프로그램을 가질 수 있는지에 대해서는 자세하게 논의할 수는 없다.[45] 여기서는 그저 이런 사회체제가 롤즈가 비판하는 통상적인 복지국가와는 다른 종류의 정의로운 (광의의) 복지국가체제 정도일 것이라고만 해두자. 그러나 그 기본적인 규범적 지향의 초점만큼은 확인해 두자.

민주주의적 평등 원칙이 메리토크라시적 분배정의 원리에 우선해야 한다. 메리토크라시적 경쟁이 정의롭기 위한 가장 중요한 전제 중의 하나는 한 정치 공동체의 어떤 시민도 경제적 곤궁이나 그 밖의 이유로 그런 경쟁에서 처음부터 배제되어서는 안 된다는 것일 것이다. 그리고 사회는 능력 개념을 특

---

45 필자는 다음의 글에서 이에 대한 필자의 생각의 일단을 소개한 적이 있다. 「민주적 애국주의와 민주적 공화주의: 비판과 문제 제기에 대한 응답」, 『시민과 세계』 제17호, 참여사회연구소, 2010, p.271 이하.

정한 부류의 사람들에게만 유리할 생산주의 같은 획일적 틀 안에 가둬두어서도 안 된다는 것일 것이다. 그렇다면 모든 시민은 누구도 예외 없이 자신이 가진 다양한 잠재력을 계발하고 펼칠 수 있는 실질적 가능성을 확보할 수 있어야 한다. 곧 모든 시민의 다차원적 역량 형성(multidimensional empowerment)이 메리토크라시적 경쟁에 앞서 실질적으로 보장되어야 한다.

그리고 민주주의적 평등 원칙이 메리토크라시의 원리를 넘어서야 한다. 그것은 메리토크라시의 원리에 따라 불가피하게 생겨날 수밖에 없는 사회 성원들 사이의 사회경제적 불평등은 민주적 정치 공동체의 기본 전제와 조건들 및 그 시민들 사이의 민주주의적 평등의 관계를 해치지 않는 범위 안에서만 허용되고 또 그렇게 되도록 조정되어야 한다는 요구이다. 그것은 무엇보다도 정의로운 사회는 모든 시민은 어떤 경우에도 타인에 의해 지배당하거나 모욕당하지 않고 위엄 있고 존엄한 삶을 살아갈 수 있어야 할 것이라는 데 대한 요구이다. 메리토크라시적 경쟁에서의 성공이 타인을 지배해도 좋은 근거가 되어서도 안 되고 거기서의 실패나 낙오가 누군가의 시민적 존엄성을 박탈당해도 좋은 근거로 받아들여져서도 안 된다.

물론 이런 민주주의적 정의의 완전한 관철은 사회 전체의 근본적 변화가 있어야만 가능할 것이다. 그러나 그에 대한 지향은 현실적인 수준에서도 의미 있는 개혁 방향을 제시해 줄 수 있다. 교육문제하고만 관련해서 보자면, 필자는 가령 '지방대 할당제' 같은 정책이 이런 맥락에서 구상되고 정당화될 수 있을 것이라 믿는다. 간단하게만 소개하자면, 이것은 국가기관, 특히 지방정부나 공기업 등에서, 그리고 세제 혜택 등을 통한 인센티브 방식을 통해 일반 사기업들에서도, 채용 과정에서 일정 비율을 지방대 출신들에게 할당하자는 '차별 시정 정책(the affirmative action)'의 하나라 할 수 있다. 비록 우리 사회의 교육문제를 근본적으로 해결하려면 광범위한 사회개혁이 함께 이루어져야 하긴 하겠지만, 만약 이런 정책이 광범위하고 충분한 정도로 실행되면 아마도 우리 사회의 대학 서열화 체제나 그에 따른 특권 구조의 공고화, 나아가 사교육 광풍 같은 것들은 최소한 얼마간은 해소될 수 있을 것이다.

문제는 이런 '긍정적 차별(positive discrimination)' 정책이 메리토크라시적 원칙과 이상에는 완전히 부합하지는 않는다는 사실이다. 확실히 단순히 메리토크라시 이상에 따른 '비-차별(non-discrimination)'만이 정의의 초점이 되면 그런 정책은 쉽게 정의롭게 여겨질 수 없다.[46] 그러나 우리가 '비-지배(non-domination)'가 정의의 참된 초점이어야 한다는 민주적-공화주의적 평등의 관점에 서면 이런 정책도 충분히 정당화될 수 있을 것이다.[47] 학벌체제를 허물어 학벌의 신분화를 막고 사회 성원들 사이의 자의적 지배관계를 낳을 가능성을 막아야 한다는 민주주의적 정의에 대한 지향이 단순한 기회균등 원칙보다 더 중요할 것이기 때문이다.[48] 아마도 우리는 이런 식으로 메리토크라시 원칙을 뛰어넘으면서도 얼마든지 정의롭다고 할 수 있는 많은 정책적 모색들을 할 수 있을 것이다.

나아가 이런 관점은 우리가 교육문제에 접근하면서 교육이 민주적 정치 공동체의 유지와 활성화에 대해서 가지는 의미와 가치에 대해 좀 더 심각한 주목을 해야 할 필요를 강조한다. 교육에 대한 메리토크라시적 접근은 교육을 단지 생산과 이윤이라는 목적과 연관시켜 바라보게 한다. 그리고 그런 접근

46 I. M. Young, 앞의 책, p.193 이하 참조.

47 이런 논의는 물론 영(I. M. Young)의 관점과도 부합하지만, 필자는 그녀의 논의를 필자가 페팃(P. Pettit) 등의 이른바 '신로마공화주의'의 비-지배 자유 개념과의 비판적 접속을 통해 발전시키고자 하는 '민주적 공화주의'의 관점에서 수용하고자 한다. 이에 대해서는 장은주, 「민주적 애국주의와 민주적 공화주의」, p.258 이하 참조.

48 그러나 이런 정책은 대학 비진학자들에 대한 또 다른 고려가 없으면 충분하게 정의로울 수 없다.

은 교육문제를 '누가' '얼마만큼' 교육을 받을지, 그리고 그 교육에 따른 사회적 성과를 어떻게 배분할지와 같은 분배 패러다임 안에서만 이해한다. 그러나 교육은 또한 시민들이 민주주의의 의미와 가치를 확인하고 그것을 유지하고 발전시키기 위해 필요한 인지적 능력들과 '마음의 습관'을 형성하는 데 기여하지 않으면 안 된다. 무엇보다도 시민들이 당당하고 위엄 있는 능동적인 민주적 주체가 되기 위해 필요한 문화적 소양을 길러주지 않으면 안 된다. 따라서 교육의 분배와 교육에 따른 분배 문제만이 아니라 교육의 의미와 내용도 교육 개혁 프로그램의 중요한 한 축을 차지할 수 있도록 해야 한다. 여기서 우리는 우리 사회의 교육에서 왜 '인문적 교양교육'이 철저하게 배제되고 위기를 겪고 있는지, 그리고 왜 그것의 참된 자리를 찾아주는 것이 중요한 교육 개혁의 과제가 되어야 하는지를 확인할 수 있을 것이다.[49]

49 민주주의에서 인문적 교양교육의 의미에 대해서는 다음을 참조. M. Nussbaum, *Not for Profit: Why democracy needs the humanities*, Princeton/Oxford: Princeton University Press, 2010.

【참고문헌】

곽준혁, 『경계와 편견을 넘어서: 우리 시대 정치철학자들과의 대화』, 한길사, 2010.
김미영, 「메리토크라시에 대한 공동체주의의 해체」, 『한국사회학회 2009 전기 사회학대회 논문집』, 2009.
김홍중, 『마음의 사회학』, 문학동네, 2010.
남기업, 「복지 수요, 왜 생겼는지부터 살펴야」, 『프레시안』, 2011년 2월 16일자.
문강형준, 「슈퍼스타 K2, 혹은 신자유주의 시대의 '스펙타클'」, 『시민과 세계』 제18호, 참여사회연구소, 2010.
박소진, 「'자기관리'와 '가족경영' 시대의 불안한 삶: 신자유주의와 신자유주의적 주체」, 『경제와 사회』 제84호, 2009 겨울.
이양수, 「공공철학의 여정. 자유주의에서 공화주의로」, 이택광 외, 『무엇이 정의인가? 한국사회, 〈정의란 무엇인가〉에 답하다』, 마티, 2010.
장은주, 「유교적 근대성과 근대적 정체성: 한국적 '혼종 근대성'의 도덕적 지평에 대한 비판적 탐구」, 『시대와 철학』 제18권 3호, 2007.
____, 「한국 근대성의 정당성 위기」, 『동양철학연구』 제57집, 2009.
____, 「민주적 애국주의와 민주적 공화주의: 비판과 문제제기에 대한 응답」, 『시민과 세계』 제17호, 참여사회연구소, 2010.
____, 「상처 입은 삶의 빗나간 인정투쟁: 속물시대의 도래와 한국 근대성의 굴절된 규범적 지평」, 『인권의 철학: 자유주의를 넘어, 동서양 이분법을 넘어』, 새물결, 2010.
최인성, 「오바마가 한국 교육에서 부러워하는 한 가지는?」, 『오마이뉴스』, 2011년 2월 16일자.
황경식, 「공정한 경기와 운의 중화」, 한국 엔지오학회/엔피오학회 추계공동 학술대회 발표문, 2010.
가라타니 고진, 조영일 옮김, 『근대문학의 종언』, 도서출판 b, 2006.
존 롤즈, 황경식 옮김, 『사회정의론』, 서광사, 2002.
지그문트 바우만, 『유동하는 공포』, 산책자, 2009.
모리치오 비롤리, 김경희 · 김동규 옮김, 『공화주의』, 인간사랑, 2006.
리처드 세넷, 유병선 옮김, 『뉴캐피탈리즘』, 위즈덤하우스, 2009.
마이클 왈쩌, 정원섭 외 옮김, 『정의와 다원적 평등: 정의의 영역들』, 철학과현실사, 1999.
악셀 호네트, 문성훈 · 이현재 옮김, 『인정투쟁: 사회적 갈등의 도덕적 형식론』, 동녘, 1996.

Anderson, E. S., "What Is the Point of Equality?", *Ethics*, Jan 1999 v109 i2.

Arrow K., S. Bowels and S. Durauf(eds.), *Meritocracy and Economic Inequality*, Princeton University Press, 2000.

Honneth, A. and N. Fraser, *Umverteilung oder Anerkennung?: Eine politisch-philosophische Kontroverse*, Frankfurt a. M., 2003.

Miller, D., *Principles of Social Justice*, Cambridge/London: Harvard University Press, 1999.

Nussbaum, *M., Not for Profit: Why democracy needs the humanities*, Princeton/Oxford: Princeton University Press, 2010.

Rawls, J., *Justice as Fairness: A Restatement*, Erin Kelly(ed.), Cambridge/London: The Belknap Press of Harvard University Press, 2001.

Sen, A., "Merit and Justice", K. Arrow, S. Bowels and S. Durauf(eds.), *Meritocracy and Economic Inequality*, Princeton University Press, 2000.

Taylor, C., "The nature and scope of distributive justice", *Philosophy and the Human Sciences, Philosphical Papers* 2, New York: Cambridge University Press, 1985,

White, S., *Equality*, Cambridge: Polity Press, 2007.

Young, I. M., *Justice and the Politics of Difference*, Princeton: Princeton University Press, 1990.

Young, M., *The Rise of the Meritocracy*, New Brunswick/London: Transaction Publishers, 2008(11th edition), 한준상 · 백은순 옮김, 『교육과 평등론: 교육과 능력주의 사회의 발흥』, 전예원, 1986.

____, "Down with meritocracy", *The Guardian*, Friday 29 June, 2001.

기술의 윤리, 기술의 정치*

손화철

1. 들어가며

21세기에 들어서면서 한국에서도 과학기술의 윤리적, 법적, 사회적 함의에 대한 관심이 커지고 있다. 특히 각종 신기술과 관련한 다양한 논의들이 이루어지고 있는데, GMO(genetically modified organism)를 비롯한 생명기술과 정보통신기술 등에 대한 토론에서 시작하여 최근에는 나노기술, 인간능력 확장 기술, 로봇기술 등에 대한 철학적, 사회학적 연구들이 이루어지고 있다. 이러한 움직임은 고무적이다. 과학기술을 눈앞의 목적을 이루기 위한 단순한 도구로 생각하지 않고, 과학기술의 발전 방향을 더 장기적이고 폭넓은 차원에서 검토하려는 진지함을 엿볼 수 있기 때문이다. 이는 기술철학의 태동기에 많이 제기되었던 기술문명에 대한 비판과 최근 공학교육에서 강조되고 있는 공학윤리와도 일맥상통한다.

---

* 이 논문은 2009년 10월 16일 서강대학교 철학연구소 추계 심포지엄에서 발표된 것을 토대로 수정 보충하여 『철학논집』 제19집, 서강대 철학연구소, 2009에 게재된 것임.

이러한 노력들이 공통으로 전제하고 있는 것은, 현대기술의 발전 방향에 대한 고민과 제어가 필요하다는 사실이다. 기술의 문제를 고전적 기술철학자[1]들이 제기한 것과 같이 비관적인 방식으로 접근하지 않는다 하더라도, 인간에게 유익한 기술의 발전 양태가 무엇일까를 모색하고 그것을 실현하려고 노력하는 것은 중요하다.

본 논문의 목적은 지금까지 이루어진 이와 같은 노력들을 평가하고, 좀 더 바람직한 방향을 찾는 데 있다. 평가에 있어서 중요하게 고려할 요소 중 하나는 역시 구체적인 대안을 제시할 수 있느냐 하는 것이다. 기술사회에 대한 반성과 탐구는 연구 그 자체의 충실도뿐 아니라 간접적으로라도 실질적인 변화를 위한 대안을 제시해야 한다는 부담을 감당할 수밖에 없기 때문이다.[2] 다른 하나는 제시된 대안이 기술사회의 당면 문제들을 얼마나 포괄적으로 대처할 수 있느냐 하는 것이다. 좋은 대안은 기술의 단기적이고 직접적인 결과에 대한 고려뿐 아니라 장기적이고 간접적인 영향에 대한 숙고를 포함할 수 있

---

1 '고전적 기술철학(classical philosophy of technology)'과 앞으로 언급될 '경험으로의 전환(empirical turn)'에 대한 설명은 다음을 참조. 손화철, 「기술철학에서의 경험으로의 전환: 그 의의와 한계」, 『철학』 제87집, 2006. 같은 논문의 초록에 나오는 간략한 설명은 다음과 같다.

> 엘륄과 하이데거로 대표되는 고전적 기술철학(Classical Philosophy of Technology)은 현대기술이 과거의 기술과는 달리 인간의 자율성을 위협하는 경향이 있음을 강력하게 경고하였다. 경험으로의 전환을 주장하는 철학자들은 고전적 기술철학자들이 실재 기술들에 대해서는 무지한 채 대안 없는 비관적, 수동적 태도를 보인다고 비판한다. 이들은 기술철학이 추상적 분석이나 막연한 개념의 사용을 버리고 실재 기술 활동에 대한 경험적 연구와 기술사회의 문제들에 대한 구체적인 대안에 초점을 맞추어야 한다고 주장한다(위의 글, p.137).

2 비슷한 맥락에서 이상욱은 현대기술철학이 현장성을 그 특징으로 한다고 주장한다. 이상욱, 「현대기술철학을 읽는 한 방식」, 『철학과 현실』 제80호, 2009, pp.124-127. 그러나 이때의 현장성은 여기서 말하는 현실 적용 가능성을 포함한 더 넓은 개념인 것으로 생각된다. 즉 기술철학적 논의들이 공학기술의 내용과 역사 등에 대한 구체적인 이해에 기반을 두고 진행되어야 한다는 것이다.

어야 할 것이다.

아래에서는, 기술의 바람직한 발전 방향을 고민해 온 다양한 시도들을 '기술의 윤리'와 '기술의 정치'라는 구도로 나누어 보고, 각각이 가지는 의의와 한계를 분석하고자 한다. 그러한 논의를 바탕으로 '기술담론의 정치'라는 좀 더 개선된 틀을 제안하여 기술철학 내의 여러 흐름들을 하나로 묶어내는 실험을 하도록 한다.

2절에서는 기술을 윤리적 차원에서 접근한 시도들을 기술문명에 대한 윤리, 개별 기술에 대한 윤리, 공학윤리 등으로 나누어 보고 그 의의와 한계를 되짚어본다. 3절에서는 고전적 기술철학에 반발하여 일어난 경험으로의 전환(Empirical Turn)이라는 새로운 흐름 중에서도 기술과 정치를 연결시킨 이론들을 살펴본다. 특히 랭던 위너(Langdon Winner), 앤드류 핀버그(Andrew Feenberg), 리처드 스클로브(Richard E. Sclove) 등의 기술의 민주화 이론을 간략하게 훑어보고 비판적으로 평가한다. 4절에서는 기술의 정치가 좀 더 발전된 형태로 드러나기 위한 방안으로 '기술담론의 정치'를 제안한다. 좋은 사회의 이상을 기술 개발과 연결시키는 새로운 기술담론이 필요하며, 이 담론을 중심으로 조직된 새로운 관련 사회집단이 기술과 기술담론의 정치를 수행해야 한다는 주장이다. 결론에서는 이 제안이 논문의 앞부분에서 분석하는 기술의 윤리와 기술의 정치에 비해 어떤 장점을 가지는지 요약할 것이다.

2. 기술과 윤리

기술철학에서 윤리의 문제를 중점적으로 다루어야 할 것인가에 대한 논쟁이 없지는 않지만,[3] 현대기술로 인해 야기되는 윤리적 문제들을 그대로 간과하기는 힘들다. 기술과 윤리는 다양한 방식으로 연결되어 논의되는데, 현대

기술문명과 윤리, 개별 기술(특히 신기술)과 관련된 윤리, 공학윤리 정도로 나누어서 생각할 수 있을 것이다. 기술문명에 윤리적 잣대를 적용한 경우로는 고전적 기술철학으로도 불리는 20세기 중반까지의 기술철학을 들 수 있겠고, 개별 기술에 대한 윤리로는 최근 많이 논의되는 생명공학, 나노기술 등에 대한 윤리적 연구들을 생각할 수 있을 것이다. 공학윤리는 최근 공학인증제와 더불어 공학교육에서 주목을 받고 있다. 본 절에서는 이들 각 분야에 대해서 간략하게 살펴보고, 기술철학에서 제기된 여러 가지 문제의식들을 적절하게 수용할 수 있는지를 비판적으로 평가하되, 개별 기술의 윤리에 초점을 맞출 것이다.

(1) 기술문명과 윤리

한스 요나스(Hans Jonas)가 자신의 저서 『기술 의학 윤리』를 시작하면서 한 말은 고전적 기술철학자들이 가진 문제의식을 잘 보여준다.

> 오늘날, 기술은 인간에 관한 모든 문제에 — 삶과 죽음, 사고와 감정, 행위와 고통, 환경과 사물, 욕구와 운명, 현재와 미래에 — 침투해 있다. 다시 말해서 기술은 인간이 지구상에서 영위하는 삶의 핵심일 뿐만 아니라 삶을 위협하는 문제가 되었다. 그렇기 때문에 기술은 철학의 문제이며, 이른바 기술철학이라고 하는 것이 성립하게 된다.[4]

이러한 문제의식을 가지고 고전적 기술철학자들이 제기한 주요 물음은

---

3 Joseph C. Pitt, *Thinking About Technology: Foundations of the Philosophy of Technology*, New York: Seven Bridges, 2000.

4 한스 요나스, 이유택 옮김, 『기술 의학 윤리: 책임 원리의 실천』, 솔, 1987/2005, p.17.

"현대기술이 인류에게 과연 좋은가?" 였다. 이 물음 자체가 현대기술문명에 대해 비판적인 입장을 보여주는 동시에, 그들의 문제의식이 윤리적인 성격을 가진다는 점을 드러낸다. 자크 엘륄(Jacques Ellul)은 현대기술시대가 인간의 자율성을 박탈한다고 보았고,[5] 마르틴 하이데거(Martin Heidegger)는 현대기술이 존재하는 모든 것들을 부품으로 취급하며 닦달한다고 보았다.[6] 이와 같은 비판의 핵심은 인간의 가치가 기술에 의해 왜곡된다는 판단이다.

한스 요나스는 이에서 더 나아가 현대기술로 인해 초래되는 문제들은 기존의 윤리적 가치들로는 해결할 수 없는 종류의 것이라 주장하며 새로운 윤리의 필요를 역설했다.[7] 기존의 윤리는 인간과 인간 사이에 현재 일어나고 있는 일들을 해결하기 위한 기준으로 제시된다. 그러나 현대기술은 지구를 송두리째 없애버릴 수 있는 가능성을 제공함으로써 윤리적 판단의 지평을 인간 이외의 것들로 확장시켰다. 또 생명기술의 결과나 환경 파괴의 영향력에서 볼 수 있듯이 기술의 영향력이 오랫동안 지속되게 되어 아직 존재하지 않는 미래세대까지 윤리적 판단의 고려 대상이 되었다. 요나스의 대안은 이른바 '책임의 윤리'이다.[8]

인류 문명이라는 큰 틀에서 기술의 윤리를 논하는 것은 인류가 나아갈 방

---

5 Jacques Ellul, *The Technological Society*, J. Wilkinson(trans.), New York: Vintage, 1954/1964.

6 마르틴 하이데거, 이기상 옮김, 『기술과 전향』, 서광사, 1962/1993.

7 한스 요나스, 이진우 옮김, 『책임의 원칙: 기술시대의 생태학적 윤리』, 서광사, 1979/1994.

8 요나스는 이 새로운 윤리를 다음과 같이 정리한다.

> 인간 행위의 새로운 유형에 적합하고 새로운 유형의 행위 주체를 지향하는 명법은 대충 다음과 같을 수 있다. "너의 행위의 효과가 지상에서의 진정한 인간적 삶의 지속과 조화될 수 있도록 행위하라." 부정적 형태로 표현하면 다음과 같다. "너의 행위의 효과가 인간 생명의 미래의 가능성에 대해 파괴적이지 않도록 행위하라." 또는 다음과 같이 간단하게 서술할 수 있다. "지상에서 인류의 무한한 존속을 가능하게 하는 제 조건을 위협하지 말아라." 다시 긍정적인 형태로 전환시키면 다음과 같다. "미래의 인간의 불가침성을 너의 의욕의 동반 대상으로서 현재의 선택에 포함하라."(위의 책, pp.40-41)

향에 대한 반성을 시도한다는 점에서 의미가 있다고 할 수 있다. 특히 급격한 기술 발달에 압도된 나머지 기술 발전 자체가 궁극적 목적이 되어 버린 것 같은 현대의 상황에서 이와 같은 지적과 반성은 큰 가치를 가진다. 고전적 기술철학자들 중에는 기술비관론 혹은 기술혐오주의라는 비난을 받은 경우도 많지만, 환경주의의 발전이나 기술의 사회적 영향에 대한 관심의 뿌리에 그들의 통찰이 기여했다는 사실을 부인하기는 어렵다.

그러나 고전적 기술철학자들의 윤리적 접근은 많은 비판을 받아왔다. 구체적인 기술에 관심을 기울이지 않는다거나 뚜렷한 대안을 제시하지 못한다는 지적은 너무 자주 제기되었기 때문에 여기서 논할 필요가 없다. 자주 거론되지 않는 다른 심각한 약점은 고전적 기술철학자들의 분석과 통찰이 더 발전하기 힘들다는 것이다. 현대기술이 자율적이라거나 현대기술이 모든 것을 부품으로 드러나도록 닦달한다는 주장은, 한 번 발하고 나면 그것으로 그만이다. 이 주장은 너무 일반적이기 때문에 세월이 지나서 새로운 기술과 가능성이 생겨나더라도 획기적으로 다른 분석을 내어놓기가 힘들다. 그러다 보니 고전적 기술철학의 입장에서는 20세기 초반이나 21세기 초반이나 현대기술사회가 가진 문제는 별반 다르지 않은 것이 되고, 그 문제를 반복해서 지적하기도, 그만두기도 난감한 상황이 된다. 그 통찰의 적절함과는 무관하게 세월이 지나면서 그 실질적 설득력은 줄어드는 것이다.

(2) 개별 기술의 윤리

제2차 세계대전에서 사용된 원자폭탄은 과학기술의 대표적인 악용 사례로, 과학기술이 인류에게 도움이 될 것으로 생각했던 이들, 특히 과학자들에게 큰 충격이 되었다. 그 결과 기술의 제작과 사용은 구분되어야 한다는 오랜 논변이 흔들리게 되었고, 인류에게 해악을 가져다줄 가능성이 큰 특정 기술 자체를 개발하지 않아야 한다는 주장마저 강력하게 제기되었다. 물론 한 기술의 개발을 통째로 포기하게 될 가능성은 현실적으로 희박하다. 그러나 신기술이 초래할 결과의 여러 가지 측면에 대한 연구들이 어느 때보다도 활발하게 진행되고 있다. 요컨대, 개별 기술들을 개발할 것인지 여부까지는 판단하지는 않더라도, 기술이 개발되었을 때 제기될 가능성이 있는 윤리적 우려들과 그 극복 방안에 대한 관심이 높아지고 있는 것이다. 이를 개별 기술의 윤리라고 부를 수 있을 것이다. 최근 활발히 이루어지고 있는 기술의 윤리적, 법적, 사회적 함의(ELSI)에 대한 연구가 대표적이라 하겠다.[9]

그중에서도 가장 많은 논의가 된 영역이 생명의료윤리 분야이다. 이는 어떻게 보면 당연하다고 할 수도 있는데, 생명의료 관련 기술들로 인해 생겨난 여러 가지 가능성들이 지금까지는 생각할 필요가 없었던 윤리적인 문제들을 제기했기 때문이다. 장기이식의 가능성과 생명연장기술의 발전은 뇌사와 안락사의 문제와 연결되어 있고, 인큐베이터와 비교적 안전한 임신중절기술의 발달은 생명의 시작에 대한 논란들과 이어져 있다. 최근에 주목을 받고 있는 배아줄기세포에 대한 연구는 인간의 복제 가능성과 맞물려 있기 때문에 많은 논란의 대상이 된다.

최근에는 나노기술, 로봇기술, 인간능력 확장 기술의 윤리적 함의에 대한 논의들이 활발하게 진행되고 있다.[10] 나노윤리나 인터넷 정보윤리만을 다루는 국제 학술지가 발간되었으며,[11] 이탈리아에서는 로봇의 윤리 문제를 다루는 다년간 프로젝트가 진행되고 있기도 하다. 2009년 여름 네덜란드에서 열린 기술철학회(Society for Philosophy and Technology)에서는 뇌신경학을 비롯한 여러 가지 과학기술 발달에 힘입은 인간능력 확장(Human Enhancement) 기술을 주요하게 다루었다.

---

9 우리나라에서도 『ELSI 연구』라는 학술지가 2003년부터 2008년까지 발간되었다.

개별 기술의 윤리에 대한 논의는 두 가지 측면에서 그 의의를 찾을 수 있다. 먼저 앞서 생명의료윤리의 경우에서 볼 수 있는 것처럼 신기술로 인해 새롭게 생겨나는 윤리적 문제들에 대한 논의가 필요하다. 예를 들어 시험관 아기의 가능성은 정자와 난자 매매, 대리모 등의 문제를 새로 발생시킨다. 이들에 대한 윤리적 논의는 철학적으로도 의미가 있을 뿐 아니라, 관련된 법규를 제정하는 데 직접적으로 연관된다.

이와는 별도로, 개별 기술의 윤리에 대한 연구는 새로운 기술적 가능성들에 대한 더 조심스럽고도 면밀한 관리와 대처를 가능하게 한다. 신기술이 적용되었을 경우 발생할 수 있는 여러 가지 상황들을 생각해 보고, 부적절한 일이 일어나지 않도록 미리 방지하고, 주어진 상황에서 가장 윤리적인 대처 방법이 무엇인지를 고민하기 때문이다. 개별 기술에 대한 윤리적 논의의 많은 부분이 해당 기술을 어떤 경우에 사용하고 어떤 경우에 금지하며, 그 한계와 조건을 어떻게 정의할 것인가에 집중되어 있다. 예를 들어 인간능력 확장 기술을 치료로 보고 환자에게만 적용해야 할 것인지, 아니면 원하는 이들에게도 적용해야 할 것인지에 대한 논의들이 이루어지고 있다.

그러나 개별 기술에 한정된 연구는 고전적 기술철학의 경우와는 반대의 문

---

10 국내에서의 나노윤리와 로봇윤리 연구는 아직까지 그리 활발하다고 할 수 없다. 2007년 한국과학기술한림원과 유네스코 한국위원회가 "나노기술의 지속가능한 미래: 윤리와 사회적 공감"이라는 주제로 국제 심포지엄을 열었고, 2009년 8월에는 고려대학교 과학기술학 협동과정과 한국과학창의재단 주최한 제5회 STS 아카데미가 "지속가능한 나노기술의 발전"을 주제로 삼았다. 그 외 나노기술에 대해 STS적인 관점으로 접근하거나 나노윤리의 문제를 다룬 글들이 발표되었지만(이상욱, 「아주 작은 것의 위험에 대해서 생각하기: 나노기술의 윤리적 쟁점들」, 이중원 · 홍성욱 외, 『필로테크놀로지를 말한다』, 해나무, 2008 등) 본격적인 학술논문은 아직 많지 않다. 김남준, 「나노생명공학에 대한 윤리적 고찰: 의료분야에 응용된 나노생명공학기술의 윤리적 문제를 중심으로」, 『윤리연구』 제65집, 2007이 그중 하나이다. 로봇윤리의 경우 지식경제부 주관으로 '로봇윤리헌장'을 만들려는 노력을 해오고 있다.

11 *Nanoethics*나 *Ethics and Information Technology* 같은 학술지를 예로 들 수 있겠다.

제를 가진다. 개별 기술에 대한 논의들은 해당 기술이 야기할 수 있는 윤리적 문제들만으로 논의의 한계가 지워지고, 그 극복 방안이 모색된다. 다시 말해서 다른 조건들이 모두 동일한 상황에서 해당 기술이 개발되었을 때 일어나는 문제들만을 다루는 것이다. 따라서 일들에 해당 기술을 포함한 수많은 기술들이 복합적으로 기능하면서 생겨나는 기술사회 전체의 문제, 즉 현대기술 전반이 인간의 의미 체계와 문명 전체에 초래하는 총체적인 문제에까지 도달할 수 없다. 문제는 개별 기술의 윤리적, 법적, 사회적으로 가지는 영향력의 범위를 어디까지 설정할 것인지, 어떤 맥락에서 판단을 내려야 할 것인지가 지극히 불분명하다는 것이다. 개별 기술들의 윤리적 함의에 대한 연구를 따로따로 진행한다 하더라도, 그 기술들이 모두 사용되었을 때에 미칠 윤리적 영향력을 파악할 수 있는 것은 아니다.

개별 기술에 대한 윤리적 논의가 가지는 다른 약점 중 하나는, 해당 기술에 대해 전면적으로 부정적인 결론을 내리기가 힘들기 때문에, 자칫하면 그 기술의 개발을 정당화하는 방편으로 악용될 소지가 있다는 것이다. 위너는 나노기술의 윤리에 대한 미국 의회 청문회에서 생명윤리의 연구들을 예로 들면서, 이들이 결론이 나지 않는 끝없는 지적 논의만 이루어지고 있다고 비판한다. 관련 연구를 통한 결론이 뚜렷하게 나지 않는 사이 윤리적으로 매우 민감한 문제들이 시간과 경제적 이익과 같은 기존 기술사회의 논리에 따라 해결되고 말 것이다. 그는 나노기술의 윤리적 함의에 대한 연구들도 비슷한 결과로 이어지지 않을까 하는 우려를 다음과 같이 표현한다.

> 이런 종류의 연구들은 여러 가지 방식으로 수행될 수 있습니다. … 그러나 제가 여러분에게 조언하는 것은 새로운 직업을 창출하는 '나노윤리학자 완전고용법'을 통과시키는 결과를 초래하지 않아야 한다는 것이다. 물론 이 분야에서 새로운 연구 영역이 생겨나는 것이 가치 있는 일이기는 합니다. 그러

나 새로 등장하는 기술의 윤리적 측면에 대한 연구를 진행하는 이들에게는 갈등을 일으키는 주제를 다루기보다는 더 편안하거나, 심지어 하찮은 문제들을 다루려는 경향이 있습니다. 예를 들어 (나노윤리의 본이 될지도 모르는) 생명윤리 분야에서는 수많은 흥미로운 주제들이 제기되지만, 이 분야에 종사하는 전문가들 중 '아니오'라고 이야기하는 사람들은 드뭅니다.[12]

신기술에 관한 논의가 가지는 불확실성 때문에 해당 기술들이 사용되는 구체적인 맥락보다는 추상적이거나 가정적인 상황을 탐구하게 되는 경우도 문제가 된다. 노르드만(Alfred Nordmann)과 립(Arie Rip)은 최근 나노윤리 연구들이 당장 해결되어야 할 문제들은 도외시한 채 아직 실현되지 않은 미래의 나노기술을 상정하여 윤리적 분석을 하고 있다고 비판한다.[13] 지금은 비현실적인 가정으로 밝혀졌지만 한때 "자기복제 나노봇에 의해 세상이 모두 소비되어 버리는 '회색 죽(Grey Goo)' 시나리오"[14]에 대한 논의가 대표적인 사례이겠고, 최근에도 뇌 기능을 향상시키는 나노 스케일의 삽입물의 윤리적 함의에 대한 연구가 이루어진다. 이런 일이 일어날 가능성이 없다고 할 수는 없지만, 지금의 기술 수준으로 보았을 때에는 추측과 가정의 수준에 머물러 있다. 노르드만과 립이 지적한 대로, 이같이 근시일 내에 일어나지 않을 일을 가정한 윤리적 논의는 지금 당장 문제가 되는 가능성들에 대한 충분한 논의를 막고, 확실하지도 않은 상황에 대한 불필요한 우려를 증폭시키는 결

---

12 Langdon Winner, "Langdon Winner's Testimony to the Committee on Science of the U.S. House of Representatives on the Social Implications of Nano-technology", 2003.

13 Alfred Nordmann and Arie Rip, "Mind the Gap Revisited", *Nature Nanotechnology*, Vol. 4, 2009.

14 이상욱, 앞의 글, p.221.

과를 낳는다.[15]

(3) 공학윤리

공학윤리는 오랫동안 공학자 단체가 스스로 정한 행동강령의 형태로 이어져오다가 최근 들어서는 공학자의 사회적 책임을 강조하는 공학교육의 일환으로 자리 잡고 있다. 우리나라에서도 공학인증제와 더불어 여러 대학에서 많은 강좌들이 개설되어 있다.

공학윤리는 공학의 윤리라기보다는 공학자의 직업윤리이다. 공학자가 처한 특별한 상황 속에서 일어날 수 있는 여러 가지 윤리적 갈등 상황을 어떻게 극복할 것인가가 공학윤리의 쟁점이 된다. 예를 들어 공학자는 주로 피고용자의 위치에 있게 되는데, 이때 자신의 전문 분야와 관련하여 고용주나 의뢰자의 이익을 극대화하기 위해 사회 전체의 이익에 반하는 행위를 하도록 압력을 받게 되는 수가 있다. 조직의 일원으로서 본인의 신념에 어긋나는 행위를 요구받을 수도 있고, 비용의 효율성과 제품의 안전성 사이에서 공학적인 판단이 필요한 경우에도 윤리적인 갈등이 있을 수 있다. 공학윤리는 이런 경우들에 직면했을 때 공학자로서의 전문성과 자신이 소속된 기관에 대한 충성과 개인 및 사회가 요구하는 윤리적 기준들을 동시에 충족시킬 방법들을 모색하는 노력이다. 여기서는 반드시 지켜져야 할 덕목들을 기술(記述)한 윤리강령과 윤리적 판단을 내릴 때 필요한 구체적인 상황에 대한 검토가 그 주요

---

15 그런데 왜 연구자들이 이런 주제들을 선택하는가? 여러 가지 가능성을 생각해 볼 수 있다. 먼저 나노기술이나 로봇기술에 대한 기대를 가진 사람들이 먼 미래의 가능성들을 열거하며 스스로를 정당화하기 때문에 관련된 윤리적 논의도 그에 따라가게 되는 경우가 있을 것이다. 또 미래의 가능성이 내포하는 철학적 문제들의 매력 때문일 수도 있다. 가장 비관적인 분석으로는, 위너가 말한 것처럼 현실적 문제로 고민하기보다는 막연하고도 하찮은 문제로 연구비나 축내는 행태의 하나일 수도 있겠다.

한 내용이 된다.

공학자들이 윤리적 선택을 하는 것은 공학자들 자신뿐 아니라 그들의 활동에 기대고 있는 모든 사람들에게 매우 중요한 일이다. 공학자들이 자신들의 전문성을 오용한다면 엄청난 부작용이 생길 수 있기 때문이다. 따라서 공학윤리에 대한 관심과 교육이 늘어나는 것은 매우 바람직한 일이다.

그러나 공학자의 윤리강령이나 공학윤리교육에서 거시적인 접근보다는 미시적인 접근에 강조점이 주어지는 현실은 지적할 필요가 있다.[16] 특정한 맥락에서 윤리적인 판단을 하는 것도 매우 중요하지만, 윤리적인 의사결정 방식을 통해 만들어진 과학기술도 장기적으로는 인류 전체에 해를 미칠 수 있다는 사실도 알 필요가 있다. 많은 공학윤리강령들이 천명하는 "인류의 안전, 건강, 복지를 가장 중요하게 생각하는"[17] 공학 활동이 구체적으로 어떤 것이어야 하는지에 대한 고민이 필요하다.

3. 기술과 정치

(1) 기술의 윤리에서 기술의 정치로

기술이 중요성을 더해 가는 기술시대에 그 윤리적 측면에 대한 고찰은 불가피하다고까지 할 수 있다. 또 윤리적 담론과 연구들을 통해 기술문화에 실질적인 변화를 가져온 성과도 없지 않다. 그러나 기술의 문제에 대한 윤리적 논의들은 여러 층위에서 이루어질 뿐만 아니라, 기술이 계속해서 변화, 발전

16 손화철 · 송성수, 「공학윤리와 전문직 교육: 미시적 접근에서 거시적 접근으로」, 『철학』 제91집, 2007.

17 이는 미국의 대표적인 공학윤리강령인 National Society of Professional Engineers (NSPE)의 공학자 윤리강령에 나오는 표현이다. www.nspe.org.

함에 따라 새로운 문제와 상황들에 직면하게 된다. 이에 따라 한편으로는 관련 논의가 한정된 범위와 차원에 머물게 되어 기존의 기술문명에 대한 대안을 제시하기 힘들게 되는 경우가 있다. 다른 한편으로는 기술문명의 방향성에 대한 거대 담론이나 아직 일어나지 않은 일을 가정한 탐구가 논의의 현장성을 상실하고 지적인 유희로 변질될 가능성이 있다.

이보다 더 근본적인 문제는 일반적인 윤리이론과 기술의 윤리가 가지는 차이에서 찾을 수 있다. 일반적으로 윤리는 반복적으로 일어나는 관계와 활동들에 관한 문제를 다루기 때문에 특정한 상황에서 윤리적 판단을 제시하면 되고 그에 따른 대안을 제공할 필요는 없다. 반면 기술의 윤리는 계속해서 발전해 가는 기술을 다루기 때문에 윤리적 판단에 따른 대안을 제시해야 하는 부담을 안게 된다. 고전적 기술철학자들의 현대기술문명 비판이 일정 시간이 지난 후 호응을 받지 못하게 된 것은 비판에 따른 구체적인 대안을 마련하지 못했기 때문이다. 이에 대한 반발로 기술에 대한 정치적인 통제의 가능성이 부각되었다. 따라서 기술의 정치는 기술의 윤리에 대한 일종의 대안으로서 제시되었다고 볼 수 있겠다. 고전적 기술철학의 문제의식이 비관적이고 수동적인 형태로만 표출되자, 좀 더 적극적으로 기술사회의 문제를 극복하기 위하여 들고 나온 것이 바로 기술의 정치이다.

기술의 정치를 강조한 이들은 기술의 정치적 특성을 고려하는 것이 매우 중요하다고 본다. 기술을 정치적인 것으로 파악하면, 현대기술의 문제를 운명적으로 받아들이거나 통제 불가능한 것으로 보았던 고전적 기술철학의 한계를 뛰어넘을 수 있다. 또 개별 기술의 윤리나 공학윤리에서와는 달리 개별 기술에 매몰되지 않고 기술이 사회에서 차지하는 영향력에 대해 좀 더 폭넓게 바라볼 수 있게 된다.

기술과 정치를 연결시킨 대표적인 철학자로 위너와 핀버그 등을 들 수 있는데, 이들은 민주적 기술, 혹은 기술의 민주화라는 주제를 들고 나와 기술에 대한 민주적 합의와 통제를 제안하였다. 이러한 개념과 논의들, 그리고 그에 대한 비판은 다른 논문들[18]에서 이미 소개된 바 있기 때문에, 여기서는 앞으로의 논의를 위해 필요한 부분만 간략하게 정리하도록 한다.

(2) 기술에 대한 정치적 이해

위너는 「인공물이 정치적인가」라는 논문[19]에서 기술적 인공물들이 정치적인 특성을 가진다고 볼 수 있는 세 가지 경우를 정리한다. 첫째는 기술적 인공물들이 제작자의 정치적인 의도를 실현하는 데 사용되는 경우이다. 위너가 이 논문에서 제기한 롱아일랜드의 고속도로 위를 지나는 낮은 고가도로가 대표적인 예이다. 1900년대 초중반에 미국 뉴욕주의 공공 건설을 주도한 로버트 모제스(Robert Moses)가 유색인과 빈곤층을 롱아일랜드의 위락 시설로부터 차단하기 위해 버스가 도로를 다닐 수 없도록 고가도로 높이를 낮게 만들었다는 것이다.[20]

그러나 기술 개발의 일반적인 경우를 생각할 때 기술 개발자가 뚜렷한 정치적 의도를 가지는 경우보다는 그렇지 않은 경우가 많다. 따라서 별다른 의도가 없을 때에도 인공물이 정치적 특성을 가지게 되느냐가 중요하다. 즉 기술이 본질적으로 정치적인가 하는 것이 문제의 핵심이다.

이와 관련하여 위너는 다시 두 가지 입장을 구분한다. 하나는(즉 두 번째 경우) 어떤 기술이나 인공물의 개발 및 사용이 한 사회의 특정한 정치적 관계나

18 손화철, 「사회구성주의와 기술의 민주화에 대한 비판적 고찰」, 『철학』 제76집, 2003; 「기술철학에서의 경험으로의 전환: 그 의의와 한계」, 『철학』 제87집, 2006.

19 이 논문은 학술지 *Daedalus* 109(1980, pp.121-136)에 실린 후 Langdon Winner, *The Whale and the Reactor: A Search for Limits in an Age of High Technology*, Chicago: Chicago University Press, 1986의 제2장에 수정본이 수록되었다. 여기서는 이 수정본을 인용한다.

20 위의 책, pp.22-24.

조건을 요구한다는 입장이다. 예를 들어 엥겔스는 철도와 큰 선박을 운영하기 위해서는 반드시 위계적인 질서가 요구된다고 주장했다.[21] 다른 하나(세 번째 경우)는 좀 약한 주장으로, 특정 기술이나 인공물이 어떤 정치적 관계와 양립할 가능성의 정도에 차이가 있다는 것이다. 예를 들어 태양광 발전의 경우 거대한 태양열 발전단지를 만들어 핵발전소처럼 운영할 수도 있지만, 소규모, 지역 중심으로 운영하는 것이 훨씬 더 효율적이기 때문에 민주적인 체계와 양립할 가능성이 더 높다.[22] 위너는 대개의 기술들이 위의 세 가능성 중 마지막에 속한다고 보았다. 따라서 특정 기술의 적절성을 판단함에 있어 우리는 해당 기술이 어떤 정치적 질서와 관계와 양립할 가능성이 큰지를 생각해야 한다.

위너의 분석은 기술과 인공물이 정치적 특성을 가진다는 사실을 설득력 있게 보여준다. 그의 주장은 기술은 중립적인 도구라는 피상적인 기술 이해를 극복할 뿐 아니라 기술결정론이나 비관주의의 비난으로부터도 자유롭다. 기술과 특정한 정치적, 사회적 관계의 '양립 가능성'의 정도를 논하기 때문에 한편으로는 더 바람직한 정치적 관계와 양립 가능성이 높은 기술의 개발을 추구해야 한다는 주장을 할 수 있다. 동시에, 바람직하지 못한 정치적 관계와 양립 가능성이 높은 기술에 대해서도 사람들의 적극적인 노력을 통해 더 바람직한 방향으로 통제할 여지를 남겨두고 있는 것이다.

(3) 기술과 민주주의

기술과 정치의 연관관계가 밝혀진 다음에 바로 이어지는 논의는 다름 아닌

---

21 위의 책, pp.29-32.
22 위의 책, p.32.

기술의 문제에 대한 해결책을 민주주의에서 찾는 것이다.

위너는 민주적인 기술과 권위주의적인 기술을 구분한 루이스 멈포드(Lewis Mumford)의 입장[23]을 따르고 있는데, 위너의 제자인 스클로브는 이를 더욱 구체화시켜 민주적인 기술을 설계하기 위한 기준을 만들어 제시하였다([부록] 참조). 스클로브는 대중이 정치에 직접 참여하는 것을 중요시하는 강한 민주주의(strong democracy)를 추구하기 때문에 대중이 기술의 개발과 사용에 참여할 수 있는지 여부를 중요한 판단의 기준으로 삼는다.

핀버그는 위너와는 달리 사회구성주의에 바탕을 두고 기술의 민주화를 주장하였다.[24] 위너와 스클로브의 기술 민주화가 권위적 기술 대신 민주적 기술을 발전시키는 것을 의미한다면, 핀버그의 기술 민주화는 기술 발전의 과정을 독점적으로 지배하려 하는 전문가들로부터 사회의 영향력을 되찾는 것을 의미한다. 기술의 사회적 구성을 연구한 사회학자들은 기술이 처음 만들어지고 사용될 때에는 해석적 유연성이 있어 관련 사회집단의 해당 기술에 대한 인식과 여러 가지 이해관계에 영향을 받는다는 사실을 밝혀낸 바 있다.[25] 핀버그는 이미 존재하는 이러한 과정들을 더 적극적으로 활용하면 기술 발전에 대한 사회적 영향력, 즉 일반인의 전문가에 대한 민주적 영향력을 키울 수 있다고 본다.

고전적 기술철학자들이 제기한 현대기술의 문제를 민주주의를 통해 해결

---

23 Lewis Mumford, "Authoritarian and Democratic Techincs", *Technology and Culture*, Vol. 5:1, Winter 1964.

24 Andrew Feenberg, *Questioning Technology*, London: Routledge, 1999.

25 Trevor J. Pinch and Wiebe E. Bijker, "The Social Construction of Facts and Artifacts: Or How the Sociology of Science and the Sociology of Technology Might Benefit Each Other", Wiebe E. Bijker et al.(eds.), *The Social Construction of Technological Systems: New Directions in the Sociology and History of Technology*, Cambridge, Mass.: MIT Press, 1987.

하고자 하는 노력은 기술이 중립적인 도구라는 오래된 고정관념의 탈피에서 시작된다. 기술이 인간 삶에 근본적인 영향력을 가지기 때문에 좋은 기술이 개발될 필요가 있으며, 이때 소수의 전문가들만이 아닌 기술의 직간접적 영향을 받는 사람들 모두의 생각이 반영되어야 한다는 주장은 상당한 설득력을 가진다. 논란이 되는 기술에 대한 일반인의 의견을 개발 단계에서 반영하기 위해 고안된 합의회의(consensus conference)는 유럽에서 상당한 반향을 일으켰고, 우리나라에도 도입된 바 있다.

(4) 기술의 민주화 논의 비판

그러나 좀 더 큰 틀에서 생각하면, 기술의 영역에 민주주의를 도입하는 것이 가지는 이론적, 실천적인 난점이 있음을 알게 된다. 하나는 기술의 민주화에서 누가 '민(民)'의 역할을 할 것인가의 문제이다.

핀버그의 이론에서 기술 민주주의의 주체가 되는 것은 관련 사회집단이다.[26] 그러나 그는 누가 관련 사회집단이 될 것이며, 그들이 어떤 방식으로 기술의 민주화에 기여할 수 있는가에 대한 구체적인 방법론은 제시하지 않는다. 다만 기존의 경제질서와 정치질서 안에서도 기술에 대한 시민의 의견이 발현될 수 있는 기회가 있다는 사실을 밝히고, 여러 가지 사례들을 제공할 뿐이다.

그러나 지금까지 기술이 암묵적이나마 관련 사회집단의 동의 하에 발전되어 왔다는 사회구성주의의 입장을 받아들인다면, 이제 와서 기술의 민주화를 추구해야 하는 상황이 왜 발생했는지를 설명해야 한다. 왜 지금까지 관련

---

26 이에 대한 자세한 논의는 손화철, 「사회구성주의와 기술의 민주화에 대한 비판적 고찰」, pp.276-278을 참조하라.

사회집단의 역할이 충분히 반영되지 않았으며, 그러한 현실을 극복하기 위해서는 어떤 대안이 요구되는지를 명시할 필요가 있다. 핀버그의 이론에는 이러한 부분이 결여되어 있다.

위너와 스클로브에게 있어 기술 민주화의 주체는 소규모 공동체의 시민들이다. 그러나 이미 대규모 도시를 중심으로 살아가고 있는 기술사회의 시민들이 어떻게 강한 민주주의가 가능한 단위로 재편될 수 있는지에 대한 설명은 없다. 과연 스클로브의 민주적 기술의 설계 기준에 시민들이 동의할 것인가? 만약 그들이 권위주의적인 기술을 민주적 합의로 채택한다면 어떻게 할 것인가? 설사 민주적인 기술을 목표로 산정한다 하더라도, 그러한 기술을 시민들의 합의로 개발해 나가는 과정은 누가 진행해 갈 것인지에 대해 명확히 밝히고 있지 못하다.

기술과 민주주의를 연관시키는 논의들이 공통적으로 가지는 또 다른 난점은, 현대기술 발전의 결과로 민주주의의 개념과 실천에 생겨난 새로운 문제들을 도외시하고 있다는 사실이다. 현대기술의 복잡다단한 측면들에 대한 기술철학의 자세한 분석만큼, 정치학과 사회학의 영역에서도 세계화의 문제를 다루면서 새로운 시대의 민주주의에 대한 논의들이 활발하게 일어나고 있다. 그런데 기술의 민주화 이론에서 볼 수 있는 민주주의에 대한 이해는 매우 기본적인 수준에 머물러 있다. 그러나 국민통치의 원리나, 소규모 공동체의 강한 민주주의에 대한 이념은 현대기술이 발달된 사회에서는 그대로 적용되기 힘들다. 기술로 인해 국가의 경계가 모호해지고 있는 상황에서 민주화는 어떻게 해석되어야 하는지에 대한 고민이 부족하다.

엘륄은 기술에 대한 사람들의 평가와 담론 자체가 왜곡되어 있다는 것을 지적한다.[27] 기술 발전을 당연시하는 맹목적인 태도가 기술사회의 한 특징으로 자리 잡았다는 것이다. 현대기술사회에서 기술의 신화가 차지하는 영향력이 엄청나게 커졌다고 판단한다면, 스클로브나 핀버그가 제시하는 기술 민주화는 너무 피상적이고 낙관적인 셈이다.

4. 기술의 정치에서 기술담론의 정치로

그렇다면 기술의 정치를 어떻게 실현할 것인가? 지금까지 기술의 윤리만으로는 기술의 문제를 해결하는 데 한계가 있다는 것을 밝혔다. 또 기술의 정치적 특성을 고려해야 한다는 것을 받아들이면서도, 기술의 정치를 논하는 기존의 접근이 불충분하다고 판단하였다. 그렇다면 대안은 무엇인가? 필자는 기술의 민주화가 모든 것을 해결해 줄 것이라는 식의 낙관론이나, 개별 기술에 매몰된 기술의 윤리, 기술의 정치를 넘어 좀 더 적극적이고 포괄적인 기술담론의 정치가 필요하다는 주장을 제기하고자 한다.

(1) 새로운 기술담론

'기술담론(technologie)'은 엘륄이 '기술(technique)'과 구분하여 쓰는 용어이다.[28] 엘륄의 기술 정의는 "모든 인간 활동 영역에서 합리적으로 도달된, 그리고 (주어진 발전 단계에서) 절대적 효율성을 가진 방법들의 총체"[29]이고, 이때의 기술은 현대기술만을 뜻한다. 기술담론은 기술에 대한 담론들을 의

---

27 Jacques Ellul, *The Technological Bluff*, Michigan: Eerdmans, 1988/1990.

28 프랑스어의 'technique'은 영어로는 'technology'라 번역되어 혼란을 가중시킨다. 필자는 프랑스어 'technique'를 영어로는 technology, 한국어로는 '기술'이라 하고, 프랑스어 'technologie'는 영어로는 담론임을 강조하기 위해 'techno-logy', 한국어로는 '기술담론'이라 번역한다. 기술과 기술담론의 구분에 대해서는 Jacques Ellul, *The Technological Bluff*, p.xi의 역자 주와 Willem H. Vanderburg(ed.), *Perspectives on Our Age: Jacques Ellul Speaks on His Life and Work*, Toronto: Ananci, 1981/2004, pp.26-27을 참조하라.

29 Jacques Ellul, *The Technological Society*, p.xxvii.

미하는데, 사람들이 기술에 대해 가지는 막연한 생각부터 기술철학, 기술사회학 등의 이론적 접근들까지를 포괄한다. 엘륄은 현대기술사회가 기술담론의 허세로 가득 차서 기술에 대한 실질적인 비판이 사실상 불가능해졌다고 비판한다.[30]

엘륄의 현대기술담론에 대한 비판을 받아들인다 하더라도, 새로운 기술담론은 불가능한 것인가? 기술이 정치적인 특징을 가진다는 것을 인정하고, 각자가 지향하는 좋은 사회에 대한 이상을 기술의 문제와 연결시켜 포괄적인 하나의 입장을 만들어낼 수는 없는 것인가? 필자는 이와 같은 새로운 기술담론, 기술에 대한 새로운 이야기를 중심으로 뭉쳐진 새로운 집단들이 기술정치의 주체가 될 수 있다는 제안을 제출한다.

엘륄이 비판하는 기술담론의 허세는 기술의 통제 가능성에 대한 확신, 기술 발전에 대한 막연한 기대와 희망, 효율성의 신화 등이 그 핵심을 이룬다. 반면 새로운 기술담론은 기술의 정치적 영향력에 대한 자각을 토대로 기술 발전을 통해 우리가 원하는 것이 구체적으로 어떤 세상인지를 논하게 될 것이다. 다시 말해서, 이 새로운 기술담론은 기술 전반과 개별 기술에 대한 이해와 각자가 이룩하고자 하는 좋은 세상에 대한 생각이 결합한 형태로 드러날 것이다.

(2) 새로운 관련 사회집단

필자의 주장은 간단하게 말해서 기술 관련 사안들에 특별한 입장을 가진 정치적 조직이 마련되어야 한다는 것이다. 이들은 정당의 형태로도 시민운동의 형태로도 구현될 수 있을 것이다. 각종 로비 활동과 선전을 통해 기술과

---

30 Son Wha-Chul, "Reading Jacques Ellul's *The Technological Bluff* in Context", *Bulletin of Science, Technology & Society*, Vol. 24/6, 2004 참조.

관련된 정치적인 입장을 명확히 하고 지지자를 모으는 것이 이러한 모임의 주요한 활동이 될 것이다.

기존의 용어를 빌려 말하자면, 이러한 단체들은 사회구성주의에서 말하는 관련 사회집단(relevant social group)의 일종이라 할 수 있을 것이다. 그러나 이때 '관련되었다'는 것은 특정 기술에 직간접적으로 연결되어 있다기보다는 그에 대해 뚜렷한 입장을 가진 것으로 해석되어야 할 것이다. 또 이런 종류의 관련 사회집단은 사회구성주의의 용법에서처럼 개별 기술 하나를 기준으로 두고 누가 관련되었는가를 알아보는 방식이 아니라, 기술사회 전반에 대한 입장을 기준으로 자발적으로 구성되는 종류의 집단이 된다. 이들이 가진 다양한 입장, 즉 앞서 말한 기술담론들이 공론의 장에서 서로 경쟁하는 것을 '기술담론의 정치'라고 말할 수 있을 것이다.

이러한 주장에 가장 근접하는 형태를 보이는 것으로 환경단체들을 생각할 수 있겠다. 환경단체들은 친환경적인 세상이 어떠해야 하는가에 대한 나름대로의 이상적 모델을 가지고 동조하는 사람들을 모으며 개별적인 사안에 대해서 자신들의 목소리를 낸다.

기술의 문제를 좀 더 중점적으로 다루는 또 다른 예로는 Electronic Frontier Foundation(EFF)[31]을 들 수 있겠다. 이 단체는 전자 네트워크를 이용하여 시민의 자유를 침해하거나 사생활을 감시하는 모든 시도에 저항하는 시민단체이다. 유명한 「사이버스페이스의 독립선언」[32]도 이 단체를 통해 발표되었다. EFF의 활동은 기술의 정치적인 특성을 인식하기만 한다면, 기술담론의 정치가 기존의 정치와 더욱 밀접하게 연결될 수 있음을 잘 보여준다. 환경운동이 자연의 가치와 위상에 대한 이념과 결부되는 경우가 많은 데

31 EEF의 홈페이지는 https://www.eff.org이다.

32 John Perry Barlow, "A Cyber Space Independence Declaration", 1996.

비해 기술의 문제는 지극히 인간 중심적이기 때문이다.

이와 같이 적극적인 기술정치 단체들은 어떤 기준에 의해 자신들의 입장을 정해야 할 것인가? 앞서 언급한 바와 같이, 필자는 '좋은 사회'에 대한 나름대로의 지향점이 그 근거가 될 수 있다고 믿는다. 이때 '좋은 사회'를 규정하는 조건은 좀 더 포괄적일 수도 있고 EFF의 경우처럼 한 가지 주제에 치중한 것일 수도 있다. 어떤 경우이건 각자가 꿈꾸는 이상사회의 모습과 기술의 상관관계를 검토하면, 기술담론들의 정치적 경합에 참여할 수 있을 것이다.

(3) 기술담론에 의거한 개별 기술에 대한 토론

새로운 관련 사회집단들은 자신들의 기술담론에 의거하여 개별 기술에 대한 입장을 정리할 수 있다. 예를 들어 자신들이 정의하는 좋은 세상이 풍족한 에너지 사용을 하면서도 상대적으로 환경오염이 적은 세상이라면 원자력 발전을 찬성할 가능성이 많다. 그 대신 이들은 안전한 핵폐기물 처리에 대한 대책과 원자력 발전이 간접적으로 기여할 수 있는 권위주의적 정치 체계를 어떻게 극복해야 할 것인가의 문제(혹은 받아들일 것인지 여부), 그리고 원자폭탄 제조 가능성으로 인한 부작용에 대한 대안을 제출해야 할 것이다. 에너지 사용을 좀 줄이더라도 지속가능한 에너지 시스템을 갖추기를 원하는 사람들은 태양광 발전을 비롯한 여러 기술적 대안들을 선호할 것이다. 이러한 주장을 옹호하는 사람들은 작금의 과도한 에너지 사용 양식을 어떻게 되돌릴 것인지, 에너지의 제한적 사용으로 초래되는 불편을 감수하자는 제안을 대중에게 설득력 있게 제시할 방법이 있는지를 고민해야 한다.

이 제안의 특징은 민주적인 토의의 절차적 정당성만을 인정하고 그 결과에 대한 평가는 하지 않는다는 것이다. 다시 말해서 민주적인 절차를 통하면 기술사회의 문제가 해결될 것이라거나, 민주적 기술의 모습이 어떠하다는 것에 대한 주장을 기술의 민주화 논의에서 제외한다. 좋은 세상에 대한 견해를 담은 기술담론과 거기에서 도출되는 개별 기술들에 대한 입장이 정치적 토론과 협상의 대상이어야 한다는 점만을 유일한 전제로 가정하는 것이다.

이런 관점에서 보자면 기술에 대한 정치적 논의가 시작되는 것 자체가 정치적인 행위를 통해서 가능하다. 기술과 관련하여 특정한 입장을 가진 시민들이 스스로를 조직하고 정치적 영향력을 발휘하려 노력해야만 논의의 장이 열릴 수 있고, 이런 식으로 자신의 입장을 표명하고자 하는 사람만 기술정치의 주체로 인정받게 된다.

(4) 기술담론의 정치에서 공학자의 역할

기술담론의 정치에서는 공학자의 역할을 강조하게 된다. 사회의 구성원으로서 좋은 사회의 모습을 그려나갈 것을 요구하기 때문이다. 또 전문가와 일반 시민을 대척점에 놓고 논의되는 기술의 정치, 기술의 민주화 이론들과 차별된다. 기존의 기술 민주화 이론에서는 공학자들의 위치가 애매한데, 이러한 접근은 철학적 논의와 대안의 현실성을 떨어뜨리는 결과를 낳게 된다. 점점 복잡해지는 기술 자체를 제대로 파악해야 그 사회적 함의를 알 수 있기 때문이다. 기술담론의 정치에서는 공학자들이 포함된 단체들이 더 유리한 고지를 차지하게 될 것이기 때문에 공학자들의 위상이 더욱 중요해질 것이다.

공학윤리교육은 이런 측면에서 매우 중요하다. 현재의 공학윤리교육은 미시적 접근에 매몰되어 공학자 개인의 윤리성과 판단에 초점을 맞추는 경향이 있다. 그러나 현대기술이 가지는 위력과 의미를 배우고, 그 기술들을 직접 운용하는 전문가로서 기술과 사회의 상관관계를 이해할 필요가 있다. 따라서 공학자의 사회적 책임에 대한 교육이 좀 더 강화되어야 할 뿐 아니라, 자신이 원하는 좋은 사회의 이상을 설정하고, 자신이 수행하는 공학 활동이 그 이상에 부합한다는 사실을 논증할 수 있는 역량을 키워야 한다.[33] 이를 위해 공학윤리 수업의 일부를 할애하여 기술철학적 논의들을 함께 가르치는 것도 생각해 볼 수 있다.

5. 결론

기술담론의 정치가 위에서 살펴본 기술의 윤리, 기술의 민주화를 앞세운 기술의 정치보다 더 나은 대안이 될 수 있는 이유는 무엇인가?

첫째, 고전적 기술철학의 기술문명에 대한 문제 제기와 개별 기술에 대한 윤리적 논의들이 하나로 연결될 수 있다. 고전적 기술철학의 접근은 기술사회를 비판적으로 분석하지만 개별 사안에 대한 구체적인 대안을 제시하지 못한다. 개별 기술의 윤리는 이미 개발 중이거나 개발될 가능성이 많은 기술을 다루다 보니 현실적인 조건들에 매여 제한된 범위 내에서의 분석에 만족하거나 논의 자체를 위한 논의에 그치는 경우가 많다. 기술담론의 정치는 앞으로 인류가 살아가야 할 좋은 사회에 대한 구체적인 모습을 상정하고 그것을 바탕으로 현재의 기술을 평가한다는 점에서 위의 논의들이 가지는 약점들을 보완할 수 있다.

둘째, 기존의 기술철학에서 공학자들을 배제하는 것과는 달리 공학자의 역할이 더욱 강조된다. 고전적 기술철학에서나 경험으로의 전환을 시도한 현대기술철학에서나 공학자는 분석이나 비판의 대상이 되는 경우가 많았다. 그러나 기술의 정치적 특징을 더 적극적으로 해석하면, 공학자가 감당해야 할 책임의 분량이 지금보다 커지게 된다.

셋째, 고전적 기술철학과 경험으로의 전환이 추구한 방법론을 통합하는 효과가 있다. 경험으로의 전환은 고전적 기술철학의 총체적인 접근에 반발하

---

33 손화철 · 송성수, 앞의 글, p.321.

여 개별 기술로부터 철학적 논의를 시작하려 한 시도이다. 그러나 결과적으로는 나무를 보되 숲을 보지 못하는 상황에 처하게 되었다. 기술담론의 정치는 현대기술의 발전에 대한 거시적 접근과 미시적 접근을 한데 묶는 효과를 가질 수 있다.

넷째, 기술철학의 지평이 좀 더 넓어지게 된다. 기술담론이 좋은 사회에 대한 이상을 포함한다면 기술의 문제에만 매여 있을 수 없게 된다. 요나스가 말한 것처럼 현대기술이 인간에 관한 모든 문제에 침투하게 되었다면, 기술철학의 영역 역시 확장되어야 할 것이다.

[부록] 스클로브의 「민주적 기술들의 잠정적인 설계 기준」[34]

민주적 공동체를 지향하며

A. 공동체주의적/협동적 기술, 개인적 기술, 공동체를 초월하는 기술들 사이에서 균형을 추구하라. 권위주의적 사회관계를 세우게 하는 기술들을 피하라.

민주적 작업을 지향하며

B. 시간적 계획을 유연하게 짤 수 있고, 스스로 일하게 하는 다양한 기술 활동을 추구하라. 의미 없고, 전문성을 떨어뜨리고, 자율성을 손상시키는 기술 활동을 피하라.

---

34 E. Richard Sclove, *Democracy and Technology*, New York: Guilford Press, 1995, p.157.

민주정치를 지향하며

C. 이데올로기적으로 왜곡되거나 빈약한 신념을 촉진하는 기술을 피하라.

D. 소외된 개인이나 집단이 사회적, 경제적, 정치적 삶에 완전히 참여할 수 있도록 하는 기술들을 추구하라. 집단, 조직, 정체들 간에 부당한 위계적 권력관계를 만들게 하는 기술들을 피하라.

안전한 민주적 자치를 돕기 위하여

E. 잠재적으로 바람직하지 않은 결과들(예를 들어 환경적으로나 사회적인 피해들)이 지역의 정치적 통제 하에 있도록 하라.

F. 지역의 경제적인 자립이 상대적으로 보장되도록 하라. 지역의 자율성을 해치거나 의존성을 높이는 기술을 피하라.

G. 전 지구적으로 평등한 정치적 분권화 및 연방화와 양립 가능한 기술들(공적 영역의 수립을 비롯한)을 추구하라.

민주적 사회구조의 영속화를 돕기 위하여

H. 생태적 지속가능성을 추구하라.

I. '지역적인' 기술의 유연성과 '전 지구적인' 기술의 다원성을 추구하라.

【참고문헌】

김남준, 「나노생명공학에 대한 윤리적 고찰: 의료분야에 응용된 나노생명공학기술의 윤리적 문제를 중심으로」, 『윤리연구』 제65집, 2007.

손화철, 「사회구성주의와 기술의 민주화에 대한 비판적 고찰」, 『철학』 제76집, 2003.

___, 「기술철학에서의 경험으로의 전환: 그 의의와 한계」, 『철학』 제87집, 2006.

손화철 · 송성수, 「공학윤리와 전문직 교육: 미시적 접근에서 거시적 접근으로」, 『철학』 제91집, 2007.

이상욱, 「아주 작은 것의 위험에 대해서 생각하기: 나노 기술의 윤리적 쟁점들」, 이중원 · 홍성욱 외, 『필로테크놀로지를 말한다』, 해나무, 2008.

___, 「현대기술철학을 읽는 한 방식」, 『철학과 현실』 제80호, 2009.

마르틴 하이데거, 이기상 옮김, 『기술과 전향』, 서광사, 1997.

한스 요나스, 이진우 옮김, 『책임의 원칙: 기술 시대의 생태학적 윤리』, 서광사, 1994.

___, 이유택 옮김, 『기술 의학 윤리: 책임 원리의 실천』, 솔, 2005.

Barlow, John Perry, "A Cyber Space Independence Declaration", 1996. http://www.eff.org/Misc/Publications/John_Perry_Barlow_0296.delcaration

Ellul, Jacques, *The Technological Society*, J. Wilkinson(trans.), New York: Vintage, 1954/1964, 박광덕 옮김, 『기술의 역사』, 한울, 1996.

___, *The Technological Bluff*, Michigan: Eerdmans, 1988/1990.

Feenberg, Andrew, *Questioning Technology*, London: Routledge, 1999.

Mumford, Lewis, "Authoritarian and Democratic Techincs", *Technology and Culture*, Vol. 5:1, Winter 1964.

Nordmann, Alfred and Arie Rip, "Mind the Gap Revisited", *Nature Nanotechnology*, Vol. 4, 2009.

Pinch, Trevor J. and Wiebe E. Bijker, "The Social Construction of Facts and Artifacts: Or How the Sociology of Science and the Sociology of Technology Might Benefit Each Other", *The Social Construction of Technological Systems: New Directions in the Sociology and History of Technology*, Wiebe E. Bijker et al.(eds.), Cambridge, Mass.: MIT Press, 1987.

Pitt, Joseph C., *Thinking About Technology: Foundations of the Philosophy of Technology*, New York: Seven Bridges, 2000.

Sclove, E. Richard, *Democracy and Technology*, New York: Guilford Press, 1995.

Son, Wha-Chul, "Reading Jacques Ellul's *The Technological Bluff* in Context", *Bulletin of Science, Technology & Society*, Vol. 24/6, 2004.

Vanderburg, Willem H.(ed.), *Perspectives on Our Age: Jacques Ellul Speaks on His Life and Work*(revised edition), Toronto: Ananci, 1981/2004.

Winner, Langdon, *The Whale and the Reactor: A Search for Limits in an Age of High Technology*, Chicago: Chicago University Press, 1986.

___, "Langdon Winner' s Testimony to the Committee on Science of the U.S. House of Representatives on the Social Implications of Nanotechnology", 2003. http://www.rpi.edu/~winner/testimony.htm.

간섭주의의 정당화 기준에 대한 고찰*

— 온건 간섭주의를 중심으로 —

변문숙

1.

차량 운행 운전자에게 안전띠 착용을, 오토바이 탑승자에게는 안전모 착용을 의무화하는 법규들은 개인의 자기 관련(self-regarding) 행위에 대한 개입 또는 간섭주의(paternalism)[1]가 선의적 동기, 공적 차원, 소극적 목적에

---

* 이 논문은 필자의 석사 학위 논문 「간섭주의의 정당화에 관한 연구」(서울대학교 철학과, 2003)의 일부 내용(3, 4장)을 토대로 구성되었으며, 『철학논구』 제31집, 서울대 철학과, 2003에 게재된 것임.

1 간섭주의(paternalism)라는 명칭의 사용에 대해 몇 가지 이의가 제기될 수 있다. 우선 간섭자와 피간섭자의 관계가 부모(어원적으로는 부친)와 미성년의 자녀의 관계로 비유된다는 점에서 장성한 자녀에 대한 간섭을 자제하는 것이 상식화된 사회에서는 부정적 어감을 불러일으키므로, 그 용어가 지칭하는 대상의 도덕적 정당성을 논하는 장에서 이러한 어법은 가치 편향적 성격을 드러냄으로써, 파인버그가 지적한 바와 같이 "미결 문제를 근거로 삼아 이론을 펴나가는(question-begging)" 상황이 된다. 또한 어원적으로 부권 중심적인 색채를 강하게 드러내어 성차별적 요소를 함축하고 있다는 점에서도 환영받기 어렵다. 따라서 기존의 이론들을 다룰 때 불필요한 혼동을 초래하지 않기 위해서 간섭주의(paternalism)라는 명칭을 사용하기는 하되, 필자는 기본적으로 개입 또는 관여(intervention)라는 표현을 선호하며 이를 간섭주의라는 용어와 병행하여 사용할 것임을 미리 밝혀둔다.

서, 직접적 형태로 구체화된 예라고 볼 수 있다.[2] 이 같은 법규들을 접할 때, 우리는 개별 법규에 대한 단순한 찬반 논쟁을 넘어서, 타인에게 직접적인 위해를 가하지 않는 사적 행위를 대상으로 하는 국가의 법적, 정책적 관여(또는 공적 관여)가 어떤 접근 방식에 의해 고안되고 시행되어야 하는지에 대한 포괄적 논의의 필요성을 새삼 느끼곤 한다.

이러한 논의의 중심에는 간섭의 필요성을 지지하는 도덕적 근거와 위험성을 경고하는 도덕적 근거가 서로 팽팽한 긴장관계에 있다. 먼저 간섭자의 입장에서 간섭의 필요성은 우리의 이웃이 작은 실수에서 돌이킬 수 없는 불행을 맞는 것을 목격할 때 이를 미연에 방지하기 위한 조치를 취하지 않을 수는 없다는 도덕감으로 확연하게 드러난다. 하지만 이에 못지않게 타인의 인격을 존중한다면 당사자의 선택과 행동 방식 또한 존중해야 한다는 도덕감이 존재하는 것도 사실이다. 한편 피간섭자의 관점에서는 간섭이 자신에게 닥칠 수 있는 위해를 방지하는 데에 도움을 준다는 긍정적인 측면과 타인에게 직접적인 위해를 가하지 않는 범위 내에서 자신의 문제를 스스로 결정할 자유나 권리가 침해받는 부정적인 측면이 병존한다.

이제 논의를 시작함에 있어서, 자유주의 안에 형성된 하나의 강력한 조류

---

2 간섭주의 또는 관여는 다양한 관점에서 세분될 수 있다. 먼저 간섭의 동기가 피간섭자의 안위와 복지에 대한 염려에서 비롯되었는지의 여부에 따라 선의의(benevolent) 간섭과 선의와 무관한(nonbenevolent) 간섭이 구분되며, 관여가 행해지는 관계의 성격에 따라 공적(public) 관여와 사적(private) 관여가 구분될 수 있다. 또한 간섭의 목표가 피간섭자를 단지 신체적, 심리적, 경제적 위해(harm)로부터 보호하는 것에 있는지, 아니면 이를 넘어서 이득이 되는 바람직한 방향으로 인도하려는 것에 있는지에 따라 소극적(negative) 형태와 적극적(positive) 형태의 간섭이 나누어질 수 있고, 관여에 의해 행위의 자유가 제한당하는 대상이 위해 방지 또는 복지 증진의 결과가 돌아갈 당사자인지 아니면 다른 제삼자인지에 따라 직접적(direct) 관여와 간접적(indirect) 관여로 분류될 수 있다. 이 밖에도 간섭자가 피간섭자에게 요구하는 것이 능동적인 행위인지 수동적인 자제인지에 따라 능동적(active) 간섭주의와 수동적(passive) 간섭주의를 구분하기도 한다.

(潮流) — 밀(J. S. Mill)의 자유의 원칙을 계승하면서도 그의 결과론적 정당화 방식 대신 권리론적 접근 방식을 취하는 흐름 — 에 속해 있는 파인버그(J. Feinberg)와 반데베어(D. VanDeVeer)의 온건 간섭주의적 입장에 대한 고찰은 하나의 좋은 출발점을 제공하는 것으로 보인다. 이들의 논변이 공유하는 전제와 접근 방식의 정체를 분석하고, 이들이 강경 간섭주의라고 부르며 거부하는 입장과 비교하는 과정에서 적절한 형태의 공적 관여 원칙을 구성하는 데에 주요한 고려사항이 적지 않게 드러날 것으로 기대되기 때문이다. 이러한 견지에서 필자는 "온건 간섭주의는 무엇인가?", "온건 간섭주의가 공적 관여의 원칙으로 채택되어도 무방한가?"라는 두 가지 물음에 답하는 방식으로 공적 관여의 정당화 기준의 마련이라는 궁극적 목표에 접근하도록 하겠다.

2.

온건 간섭주의(soft or weak paternalism)로 분류될 수 있는 입장들이 공유하는 것, 그리고 이들이 강경 간섭주의(hard or strong paternalism)라고 부르는 입장과 분명한 차이를 보이는 것은 국가의 법적 개입을 정당화하는 조건이다. 즉 온건 간섭주의자들은 자율권을 행사할 수 있는 최소한의 능력을 갖춘 행위자의 범주를 정해 놓고 이에 속한 피간섭자의 의지에 반하는 개입을 원칙적으로 허용하지 않는 입장을 취하고 있으며, 이러한 피간섭자의 의지와 관계없이 개입이 피간섭자의 안위를 보호할 수 있다는 사실에 초점을 맞추는 입장을 강경 간섭주의로 규정하고 있다.[3]

이제부터 필자는 파인버그와 반데베어 각각의 이론 내에서 강경 간섭주의적 입장에 대한 비판 논변과 온건 간섭주의에 대한 옹호 논변을 분리하여 소개하고 이에 대해 논평하도록 하겠다.

(1) 파인버그의 온건 간섭주의

① 비판 논변: 합리성이라는 개념의 주관성

파인버그는 강경 간섭주의를 "비록 자발적인 선택에 의한 것이라도 해로운 결과로부터 (법적 권한을 소유한다는 의미에서) 유능한 성인(competent adults)을 보호할 필요가 있음을, 본인의 의지에 반하는 경우에도, 형법 제정의 근거로 수용할"[4] 입장으로 규정하고 있는데, 이는 강경 간섭주의가 개입의 정당성 여부를 행위나 선택의 성격을 판단하여 결정하는 것을 의미한다. 이를테면 강경 간섭주의자는 차를 운전하거나 차도를 건너는 것과 같이 일상생활을 정상적으로 영위하는 데에 필요한 보통 행위에서 나타나는 "합리적인 위험 감수(reasonable risk-taking)"로부터 "비합리적인 위험 감수(unreasonable risk-taking)"를 구별하는 경향이 있으며, "오직 그리고 모든 비합리적인 위험 감수(all and only unreasonable risk-taking)"만을 금지한다.[5] 이에 대한 파인버그의 비판은 한마디로 이런 식으로 합리성을 논할 때 논자의 주관적 가치 판단이 개입될 소지가 많다는 것이다.

---

3 온건 간섭주의가 그것의 제안자에 의해 불리는 이름인 반면, 강경 간섭주의는 온건 간섭주의를 기준으로 그것의 원칙에서 벗어나는 간섭주의를 한데 묶어 지칭하는 방식이다. 쉽게 말해서 자신이 '강경 간섭주의'를 제안한다고 나선 적극적 옹호자는 실제로 존재하지 않고, 단지 온건 간섭주의의 시각에서 볼 때 자신의 입장이 강경 간섭주의의 범주로 밀려들어가 있음을 어쩔 수 없이 인정하는 경우만이 존재하는 상황인 것이다. 문제는 이러한 분류 방식이 소위 강경 간섭주의 내에서 존재할 수 있는 다양한 형태나 범위의 스펙트럼을 충분히 드러내지 못하고 있다는 점이다. 이를테면 온건 간섭주의 중심의 어법을 수용하는 즉시, 피간섭자 본인의 의사를 반영하지 않는 간섭은 그 간섭 내용의 합리성과 간섭 대상에게 부과하는 부담의 경중을 떠나서 무조건 모두 '강경한(hard)'이라는 수식어를 일률적으로 떠안게 되는 셈이다.

4 Joel Feinberg, *Harm to Self*, New York: Oxford University Press, 1986, p.12.

5 위의 책, p.106.

그러나 이러한 가능성이 합리성이라는 개념 자체를 포기할 이유로 충분한가에 대해 의문이 제기될 수 있다. 파인버그의 비판에서는 비합리적 위험 감수를 방지하려는 개입이 개별 행위가 감수하게 되는 위험의 심각성과 확실성의 객관적 증거를 토대로, 행위자에게 부과되는 경제적, 심리적, 신체적 부담을 최소화하고, 가장 효과적이라고 판단될 경우에 한하여 법적 규제를 채택하는 등의 엄밀한 기준을 따라 시행되는 경우와 그렇지 않은 경우가 제대로 구분되지 않고 있기 때문이다. 따라서 전자의 경우 가치 판단이 개입되었다면, 개인의 생명을 존중해야 할 가치로, 개인의 불행을 방지되어야 할 해악으로 규정하는 것 이상이 아니라는 지적이 가능하다.

② 옹호 논변: 자기 결정권에 대한 직관의 절대화

파인버그가 "타인에게 직접적인 영향을 주지는 않지만 행위 당사자에게 위해를 가하는 사적 행위에 대해, 이것이 상당한 정도까지 비자발적인 성격을 띤 경우이거나 자발성의 여부를 확인하기까지 임시로 간섭이 불가피한 경우에만 국한시켜 국가에게 개입할 수 있는 권리가 있음을 인정"[6]하는 근거는 "우리 대부분이 자신의 존재 내에서 느끼는 침범할 수 없는 신성한 영역"[7]에 대한 자각이 존재하기 때문이다. 그는 이러한 자각을 개인적 자율권이라는 권리 개념으로 구체화하고 있는데, 이것은 국제법상에서 독립국가가 "자기 결정의 주권(the sovereign right of self-determination)"을 소유한다고 할 때의 개념이 개인에게 그대로 적용된 것이다. 개인적 자율권은 성인이 되기까지 다양한 정도의 부분적이며 제한적인 자치권으로 허용되다가 성년에

6 위의 책, p.12.
7 위의 책. p.27.

이르면 전면적이고 완전한 자주권으로 전환된다. 자신이 선택한 가치관에 따라 삶을 살아가는 것은 그리 높은 인지적 능력을 요구하지 않는 과제라는 전제 하에서 개인적 자율권은 심각한 인지적 결함을 보이지 않는 일반 성인 모두에게 부여된다.[8] 또한 이것은 법적으로 보장된 자유(liberty)나 실질적 자유(freedom)를 다른 가치와 교환하거나 때에 따라 전적으로 포기하는 결정을 내릴 수 있을 정도로 절대적이고, 결정의 내용을 불문한다는 의미에서 형식적이며, 전적인 보장 또는 전적인 침해만이 존재하는 '정도차를 인정하지 않는(all or nothing)' 개념이다. 따라서 이러한 자율권을 보장하려면 선의의 간섭 역시 개인의 자기 관련 선택과 행동이 충분히 자발적으로 행해진 것인지를 확인하는 차원에 머물러야 한다는 것이 파인버그의 주장이다.

그렇다면 자발성의 여부는 어떻게 가려지는가? 우리는 이 부분에서 파인버그의 입장이 일종의 조율 과정을 거치고 있음을 엿볼 수 있다. 1971년 그의 논문 「법적 간섭주의(Legal Paternalism)」에서 아리스토텔레스의 '숙고된 선택(deliberate choices)'과 유사한 개념을 자발성의 기준으로 채용하였다가 동료 온건 간섭주의자들에게 지나치게 높은 기준이라는 비판을 받은 이후,[9] 파인버그는 이제까지 자발성에 관해 도덕적, 법적 목적으로 고려된 항목 중에서 어떤 것도 결여하지 않는 완전한 자발성의 모델을 다시 정리한

---

8 파인버그는 위클러의 '문지방 개념(threshold conception)'을 인용하면서 개인적 자율권의 인지적 조건을 이와 같이 설명한다. 이러한 개념이 적용되면 어떤 최소치 이상이면 능력의 정도가 아무리 많은 차이를 보인다고 하더라도 그것을 가지는 모든 이들이 동등하게 간주되고, 최소치 이하에 속하는 사람들의 경우 역시 마찬가지로 다른 차이점들에도 불구하고 동등하게 무능한 것으로 간주된다. 위의 책, p.29; Daniel Wikler, "Paternalism and the Mildly Retarded", *Philosophy and Public Affairs*, Vol. 8, 1979 참조.

9 일례로 반데베어의 비판을 들 수 있다. Donald VanDeVeer, "Autonomy Respecting Paternalism", *Social Theory and Practice*, Vol. 6, No. 2, 1980, pp.199-202; *Paternalistic Intervention*, Princeton: Princeton University Press, 1986, pp.81-86 참조.

다.[10] 이 모델에 의하면 선택자는 법적 권한이 부여된 정상적인(competent) 성인이어야 하고, 선택은 위협이나 강요에 의한 것이 아니며, 암시나 최면과 같은 미묘한 조작에 의한 것이 아니며, 무지나 잘못된 믿음에서 비롯된 것이 아니며, 비정상적 심리 상태나 신체 상태 때문에 일시적으로 왜곡된 상황에서 이루어진 것이 아니어야 자발성을 인정받는다. 하지만 파인버그는 우리가 일상생활 속에서 이 모델에서 열거된 항목 모두를 만족시키는 선택을 하는 예는 매우 드물기 때문에 모든 행위에 이러한 기준을 적용할 필요가 없음을 지적하면서 이러한 항목들을 참고하여 "감수된 해악의 심각성(the gravity of the risked harm)"과 "감수된 해악이 일어날 개연성(the probability of the risked harm occurring)"이 높을수록, 감수된 해악이 변경 불가능한(irrevocable) 것일수록, 요구되는 자발성의 정도가 더 높아진다는 유동적/가변적 기준(variable standards)을 도입한다.[11]

이러한 파인버그의 논변에 대해 몇 가지 비판이 제기될 수 있다. 첫째, 타자에게 직접적인 해를 입히지 않는 한 자신의 삶을 뜻대로 영위할 수 있는 특권에 대한 직관이 넓은 공감대를 형성할 수 있는 것은 그것이 그만큼 추상적인 개념에 머무르고 있음을 입증할 뿐이다. 다시 말해서 이 단계에서는 이견(異見)이 발생할 수 있는 구체적인 쟁점들, 가령 자율권이 보장되는 범위나 선택 또는 판단이 자율적인 것으로 인정되는 근거 등이 아직까지 구체화되지 않은 상태이며, 따라서 개인적 자율권에 대한 일종의 직관이 존재한다는 사실이 모든 사적 결정에 대해 불가침의 권리를 인정해야 한다는 파인버그의 주장과 동일시될 수 없다. 둘째, 파인버그가 열거한 '완전히 자발적인 선택'

10 Joel Feinberg, 앞의 책 p.115.
11 위의 책, pp.118-121.

의 항목들은 개인의 이미 자신 안에 형성된 '안정된 가치와 선호(settled values and preferences)'가 장애 없이 표출되는 조건만을 명시하고 있는데, 이 항목들은 주로 책임 소재를 가릴 때 고려되었던 사항들이라는 점을 주목해야 한다. 말하자면 선의의 간섭을 논할 때 우리의 관심은 선택이 어느 정도까지 당사자의 것으로 간주될 수 있는가에 있으므로 이보다 더 심층적인 접근이 필요하다는 것이다.[12]

(2) 반데베어의 자율성을 존중하는 간섭주의

① 비판 논변: 도덕적 평등의 문제

반데베어는 간섭의 정당화 논변들을 크게 두 가지 종류로 분류하여 각각을 "동의에 호소하는 유형들(appeals to consent)"과 "선행에 호소하는 유형들(appeals to doing good)"로 지칭하는데, 전자는 온건 간섭주의에 후자는 강경 간섭주의에 대응된다. 이때 만약 우리가 후자의 시각을 취하여 개인의 고유한 가치관을 무시하고 그의 안녕을 위한다는 명목으로 그의 유효한(valid) 동의나 그가 동의할 것이라고 추정할 만한 강력한 근거도 없이 간섭을 한다면, 이는 그를 자신의 선택과 행위에 책임을 지는 독립적인 도덕적 행위자로서 기능하는 것을 허용하지 않는 것이고, 그 사람을 단순히 "좋음의 수용체(good receptacle)"나 "효용의 소재지(utility location)"로 간주하는 것을 의미한다는 것이 그의 주장이다. 그의 시각에서 인간은 "자신의 복지의 조정자 또는 판정자"이며 단지 "좋은 상태로 보존되어야 하는, 감성적이고 계산적인 장치"가 아니다.[13] 그럼에도 불구하고 우리 자신은 소유하고 추구하

12 이 점에 대해서는 이하 3절에서 자세히 다뤄질 것이다.

는 가치관을 어떤 이들은 결핍하고 있는 것처럼 취급한다면 이는 그들의 도덕적 평등성을 부인하는 태도라는 것이다.[14]

그러나 반데베어의 주장, 즉 개인을 "자신만의 선에 대한 견해(his own conception of the good)"를 가진 "능동적이고 자율적인 도덕적 행위자"[15]로서 존중해야 한다는 견해에 동의하기 전에, 우리는 모든 사람이 모든 사안에 대해서 같은 정도의 능동성을 가지고 자신의 가치관을 형성하는지에 대해 의문을 제기할 수 있다. 첫째, 자신의 가치관을 형성하는 데에 있어 개인 간에 능동성의 정도차가 존재할 수 있다. 단적인 예로, 사회로부터 고립된 공동체 생활을 하는 어느 종교단체의 신도인 부모에게서 태어나 그 종교의 교리와 가치관만을 학습하며 성장한 30세의 A와 비교적 개방적인 환경에서 의무교육과 고등교육을 받으며 성장한 같은 연령의 B를 가정해 보면, A가 자라온 환경은 A가 선에 대한 견해를 능동적으로 형성할 수 있는 기회를, B의 환경이 B에게 한 것만큼 허용했다고 보기 어려움을 알 수 있다. 다양한 세계관들과 가치관들이 존재할 수 있다는 사실과 그것들이 형성된 역사적, 사회적 배경들에 대한 이해가 부족한 상태에서, 특정한 세계관과 가치관만을 고수하도록 주입받은 사람의 경우는 다양한 세계관을 접해 본 사람에 비해서 자신의 가치관의 선택에 대한 능동성의 정도가 다소 미약할 수 있다는 점은 간과할 수 없는 사실로 보인다.

둘째, 한 개인을 놓고 볼 때 자신의 가치관 안에 포함된 모든 요소들 간에 능동성의 정도차가 존재할 수 있다. 애연가인 가수 C는 현재 흡연과 노래를 모두 즐기는데, 그가 애연가가 된 계기는 중학교 때 친구들을 따라 담배를 배

---

13 Donald VanDeVeer, *Paternalistic Intervention*, p.112.
14 위의 책, p.113.
15 위의 책, p.112.

운 것인 반면 그가 가수로 활동하는 것은 자신의 음악적 재능과 열정을 확인하고 수많은 연습을 거쳐 신인가수 공모에 응모한 끝에 힘겹게 성취한 것이라고 가정해 보자. 이 경우 우리는 그가 현재 애연가라는 사실과 가수라는 사실은 행위자로서 같은 능동성이 발휘되어 결정된 것으로 보기 어려울 것이다. 반데베어가 말하는 개인의 선관(善觀)은 파인버그가 언급한 개인의 "안정된 가치관과 선호"를 포함하면서 동시에 윤리관이나 세계관까지 포괄한다고 볼 수 있는데, 그 안의 구성 요소들이 서로 밀접하게 연결되어 어느 한 부분을 분리해 낼 수 없는 성질의 것처럼 묘사되고 있다. 그러나 개인의 가치관은 개인의 정체성을 중심으로 그것에 근접한 곳에 비교적 능동적으로 형성된 요소가 위치되어 있고, 수동적으로 형성된 요소일수록 그 중심에서 점차 멀어지는 다층적인 구조로 이해되는 것이 우리의 경험을 더욱 충실히 반영할 수 있다는 반론이 충분히 가능하다.

결론적으로 개인마다 가치관을 형성하는 데에 능동성이 발휘된 정도가 다르고 한 개인의 가치관의 여러 요소들이 모두 같은 정도의 능동성이 발휘되어 형성되었다고 보기 어렵다는 관측이 옳다면, 이는 수동적으로 형성된 부분에 대해 능동적으로 형성된 부분만큼의 평등권을 주장할 근거가 없으며 모든 개인에게 도덕적 행위자로서의 평등성을 보장하는 일이 반드시 일률적인 방법으로 적용될 필요가 없다는 주장의 근거가 될 수 있을 것이다.

② 옹호 논변: 개인의 가치관 존중

반데베어가 말하는 도덕적 평등(moral equality)은 개인이 누구나 "자신의 가치관"를 소유하고 있다는 전제에서 출발한다. 이러한 개인적인 "선(善)에 대한 견해"는 다소 포괄적인 개념으로서 "자기 자신에게 본래적 가치가 있는 것(what constitutes his intrinsic good)"에 대한 판단뿐만 아니라, "타자 관련(other-regarding)" 또는 도덕적 선호를 포함하고, 다시 이것에 비교된 "자신의 복지의 상대적 중요성(the relative importance of his own good)"까지 포괄한다. 이러한 견해는 "독립적인 도덕적 행위자로서 자신이 생각하는 이상, 가치, 개인적 원칙에 대한 성실성의 문제, 자존감을 위한 선행조건에 대한 복합적인 믿음 및 판단과, 마땅히 관대하게 처우되어야 할 사람에 대한 견해, 그리고 경험적 추측들의 그물망을 포함하고 반영한다."[16]

그러나 여기에는 "단순한 꿈, 희망사항, 어떤 사람이 되어야겠다는 낭만적 열정, 다른 사람이 된다면 어떻게 살고 싶다"는 등이 포함되지 않는다고 반데베어는 강조한다. 그 사람의 "노력, 분투, 실제적 선택"이 그의 선에 대한 견해의 열쇠이다. 가령 어떤 이가 단지 금연을 희망한다는 의사를 비친다고 해서 그로 하여금 담배를 끊도록 강제하는 것이 그의 가치관에 부합하는 것이라고 판단하기는 아직 이르다는 것이다.[17]

반데베어는 위와 같은 "모종의 특질적인 총체적 조망(a certain idiosyncratic global outlook)"을 당사자 자신은 스스로 잘 의식하고 있지 않을 수도 있으며, 분명하게 표현되지 않거나, 논리정연하지 않거나, 체계적이지 않을 수도 있다는 점을 인정하면서도 이를 문제 삼지 않는다.[18] 그가 강조하는 것은 개인이 자신만의 선에 대한 견해를 반영하여 추구하는 목적들은 그 자신의 안녕(his good)을 보존하거나 최대화하는 것과 반드시 일치하지 않을 수 있음을 주지하는 것이다. 예컨대 종교적 이유로 수혈을 거부하는 환자에게 생명을 존중한다는 명목으로 강제적 수혈을 행할 수 없다는 주장이다.

그러나 이러한 예에서 노출되는 문제점은 종교적 신념을 존중한다는 것 자체에 있는 것이 아니라 이러한 신념을 존중한다는 의도에서 너무 빨리 논의

16 위의 책, p.111.
17 위의 책, p.113.
18 위의 책, p.112.

를 중단한다는 점에 있다. 이 경우 만일 당사자들의 가치관을 인정하는 것으로 논의를 종결짓지 않고, 수혈을 거부하는 이유를 조사하여, 그들의 교리에 비춰 자신의 혈액을 다시 자신에게 투여하는 것을 거부할 논리적 이유가 없음을 찾아낸다면, 그들에게 수혈이 필요한 경우를 대비하여 자신의 혈액을 냉동시켜 보관할 것을 의무화하는 방안을 마련해서라도 신도들의 희생을 방지할 수 있는 가능성이 존재하기 때문이다.

3.

온건 간섭주의자들이 개인적 자율권의 영역을 설정함으로써 보호하려는 대상과 자발성의 기준을 적용하여 확인하려는 대상은 동일한 것이다. 이는 파인버그가 "개인의 안정된 가치관과 선호"라는 명칭으로 부르고, 반데베어는 "개인 자신의 가치관"이라고 지칭하는 어떤 것을 의미한다. 그런데 문제는 이들이 모든 정상적인 성인들이 자신의 가치관에 따라 삶을 영위할 권리를 존중해야 한다는 당위성을 강조하기 위해서, 이것들의 내용이나 기원(起源) 등에 대한 언급을 회피한다는 사실에 있다. 온건 간섭주의는 이러한 전략을 취함으로써 공적 관여의 모델로서의 적합성에 의문을 갖게 하는, 적어도 세 가지 난점들을 드러내고 있다.

(1) '안정된 가치와 선호'의 내부적 부조화 가능성: 클라이닉의 정합성의 논변

온건 간섭주의자들은 개인의 가치관과 선호의 인식 상태, 논리, 체계성, 구체적 내용을 불문에 부치면서 내부적 정합성마저 고려의 대상에서 제외시키고 있다. 하지만 한 개인의 가치관에서 발견되는 다양한 요소들이 상충할 수 있는 가능성은 항상 잠재되어 있기 때문에 각 개인은 관심사들을 핵심적인 것과 주변적인 것으로 나눈다거나 위계질서를 세울 필요가 있다는 주장이 제기되고 있는 것이다. 대표적인 예로 클라이닉(J. Kleinig)은 "우리의 행위나 선택이 우리의 더 영구적이고 고정적이며 핵심적인 계획을 위험에 빠뜨릴 경우"에 선의의 개입은 개인의 정체성(integrity)을 침해하지 않을 뿐만 아니라 그것의 보존을 도울 수 있음을 지적하고 있다.[19] 예컨대 오토바이 탑승 시 안전모를 착용하는 것과 같이 사소한 안전 규정을 따르는 것은 개인의 자율권을 침해하기보다는 오히려 더 중요한 관심사를 실현하는 데에 도움이 된다는 것이다.

이러한 시각에 대응하여 파인버그는 영구적이고 핵심적인 관심사들과 그렇지 않은 것을 나누는 기준이 명확하지 않다는 반론을 제기하고 있다. 자동차 경주나 산악 등반과 같이 위험한 모험을 즐기는 것은 핵심적인 관심사로 규정하면서, 오토바이 탑승자가 안전모를 착용하지 않고 자유와 낭만을 만끽하는 것은 핵심적인 관심사가 아닌 것으로 규정할 근거가 없다는 것이다.[20]

하지만 파인버그의 이러한 주장에 대한 답변은 안전모를 착용하지 않고 자동차 경주에 참가하는 출전자가 없다는 사실에 주목한다면 의외로 쉽게 찾을 수 있다. 이것이 단지 대회 규정을 따르는 것 이상의 의미가 있다는 것은, 안전모를 착용하지 않고 대회에 출전할 권리를 주장한 예가 아직 없다는 사실로 미루어 알 수 있다. 이 사실이 시사하는 바는 특정 개인이 행하는 특정 활동이 그 자신의 삶의 핵심적인 관심사라는 인정을 받기 위해서는 그가 그 활동을 반복해서 할 수 있도록 적절한 주의를 기울여야 함을 전제해야 한다는 것이다. 오토바이를 탈 때 반드시 안전모를 착용하도록 요구하는 것은 안전

19 John Kleinig, *Paternalism*, New Jersey: Rowman & Allanheld, 1983.
20 Joel Feinberg, 앞의 책, p.93.

모의 착용이 그가 그 활동이 일회로 그치지 않고 반복될 수 있도록 기울여야 하는 주의의 일부라는 것을 지적하는 조치의 의미를 가진다. 만약 어떤 사람이 안전모 없이 오토바이를 타는 것이 너무 중요해서 사고를 계기로 그 활동이 일회로 그쳐도 상관없다고 생각한다면, 우리는 그에게서 삶의 핵심적 관심사라는 개념에 선행하는 지속적인 삶이라는 개념 자체를 찾아볼 수 없는 것이다.

(2) 현재 자아의 미래 자아에 대한 전제(專制)의 가능성

온건 간섭주의가 그려내는 자율권의 담지자이며 행사자로서의 자아의 정체성은 타자와 '공간적으로 구분되는(spatially distinct)' 존재로서의 의미에 초점이 맞춰져 있을 뿐, 시간적으로 세분될 수 있는 측면이 충분히 고려되지 않고 있다. 말하자면 온건 간섭주의의 입장은 공간적 비연속체로서의 A와 B가 있을 때, A와 B는 각각 독립적 개체 정체성을 가지므로 B는 자신과 다른 독립적 정체성을 가진 A의 자율권의 행사를 그의 자발적 동의가 없는 한 대신할 수 없다는 것이다.

그러나 간섭주의를 논할 때, 우리는 자아가 '공간적(空間的) 개체(個體)'로서의 측면뿐만 아니라 '시간적(時間的) 지속체(持續體)'로서의 측면도 가지고 있다는 사실, 즉 그것이 과거, 현재, 미래의 시점으로, 또는 더 세분된 시점으로도 구분될 수 있음을 동시에 고려해야 한다. 개체 A가 또 다른 개체 B로부터 구분될 수 있을 뿐만 아니라, 시점 t_1에 존재하는 A인 At_1과 시점 t_2에 존재하는 A인 At_2가 구분될 수 있다는 사실은 시간의 흐름 속에서 자아가 끊임없이 자기 관련 개별 행위들의 작용체(作用體)와 수용체(受容體)의 역할을 번갈아가면서 수행하는 이중적 성격과 연관될 때 시사하는 바가 크기 때문이다.[21] 즉 t_1 시점에서 A에 의해서 행해진 특정 행위 X에 대하여 t_1의 시점의 At1은 작용체의 역할을 담당하지만 X의 구체적인 결과가 나타나는 시점 t_2

의 At_2는 X에 대하여 수용체의 역할을 감당해야 한다. 이때 행위자 At1이 특정 행위 X를 행하면서 At_1의 입장만을 고려하고 At_2의 입장을 고려하지 않는다면, 특히 수용체로서 감당해야 하는 위해의 정도가 심하고 위해의 가능성이 클수록, 현재 시점의 자아가 미래 시점의 자아에 대해 행하는 전제(專制, tyranny)의 심각성이 드러난다. 예컨대 온건 간섭주의의 개인적 자율권의 개념이 철저히 형식적인 것으로 미래의 자신을 노예로 전락시키기는 결정도, 현재의 자아가 다른 사안보다 상향 조정된 자발성의 기준을 통과하기만 한다면 기꺼이 용인한다는 사실은 결국, 선택을 행하는 현재 시점의 자아로 하여금 그러한 결정의 결과를 수용할 수밖에 없는 미래 시점의 자아에 대해 절대적인 결정권을 행사할 수 있도록 허용하는 것이다.

---

21 코간은 손상이나 신체의 일부가 불구가 되는 경험은 개인으로 하여금 삶에 대한 시각이 변하고 자신의 신체적 변화에 더 적합한 가치관이나 목표를 추구하도록 만든다는 의학적, 심리학적 연구 결과를 토대로 그러한 경험 이전의 자아와 이후의 자아의 동일성에 의문을 제기하면서, 자기 관련 행위 중에서 그 결과가 심한 심리적 변화를 초래할 것으로 예상될 만큼 위험한 것이라면 이는 자신에 대한 위해라기보다는 타자에 대한 위해로 해석되어야 한다고 주장한 바 있다. T. S. Kogan, "The Limits of State Intervention: Personal Identity and Ultra-Risky Actions", *The Yale Law Journal* 85, 1976 참조. 이러한 종류의 자아 동일성 이론이 일반화될 경우 계약과 같은 법적 표현을 포함한 약속 이행의 기반이 전반적으로 약화될 우려가 있다는 점이 윌리엄스에 의해 지적되었음에도 불구하고(B. Williams, "Persons, Character and Morality", *The Identities of Persons*, A. O. Rorty(ed.), Berkeley: University of California Press, 1976, p.203) 필자는 코간의 논변을 통해서 간섭주의를 논할 때 간과할 수 없는 측면이 노출되었다고 생각한다. 바로 t_1 시점의 극도로 위험한 행위를 하는 At_1 와 t_2 시점에서 그것의 위해적인 결과를 감당할 수밖에 없는 At_2 사이에 분명한 차이가 존재한다는 것이다. 위험한 행위를 하는 시점의 At_1은 그 결과를 감당해야 하는 시점의 At_2와는 달리 그 결과를 감당하지 않아도 되고, 그 결과를 감당해야 하는 시점의 At_2는 자신이 만약 t_1 시점으로 돌아간다면 결코 그 위험한 행위를 하지 않거나 아니면 적어도 당시에 했던 방식으로 하지 않을 것이라고 생각한다는 사실이다. 만일 우리가 코간과는 달리 밀(J. S. Mill)의 자유의 원칙을 문자 그대로 고수하는 것에 큰 의미를 부여하지 않는다면, 이러한 차이를 코간처럼 무리해서 심리적 특성의 완전한 전환으로 규정할 필요는 없을 것이다. 다만 At_1에게서는 찾아볼 수 없지만 At_2에서는 두드러지는 중대한 심리적 특성, 즉 자신의 위험한 행위에 대한 후회가 그의 정체성에 추가되었음을 간과하지 않는 것으로 충분해 보인다.

이러한 경우 국가는 At_1의 자율권을 존중하는 것과 동일한 비중으로 At_2의 최소한의 행복 추구권을 보호한다는 근거에서 At_1의 자기 관련 행위에 개입할 수 있는 여지가 존재한다. 국가가 법을 제정하고 정책을 결정할 때 공간적으로 구분되는 A와 B의 권익을 동등하게 고려해야 하는 것처럼 시간적으로 구분되는 At_1와 At_2의 권익을 차별 없이 고려해야 한다는 것이다. 이러한 관점에서 보면, 적어도 At_2의 권익이 심하게 침해당할 우려가 있는 사안에 대해서는 현재 시점의 충분한 정도의 자발성 여부를 간섭의 정당화 조건으로 취하는 것은 적절치 않으며, 위해의 심각성과 발생 가능성을 반영한 별도의 기준을 설정하여야 할 것으로 여겨진다.

(3) '안정된 가치와 선호' 형성의 환경적 요인과 공정성의 문제

파인버그가 종합한 '완전하게 자발적인 선택의 모델'의 항목들은 이미 지적한 바와 마찬가지로 개인이 이미 자신 안에 가지고 있는 안정된 가치와 선호가 장애 없이 표출되는 조건만을 명시하고 있다. 이를테면 안정된 가치와 선호를 형성하는 과정에서 외부적 요소가 영향을 미칠 수 있는 부분에 대해서 깊은 논의가 생략된 것인데, 이러한 논의 방식의 문제점은 다음과 같은 경우를 생각해 봄으로써 드러나게 된다.

A는 속도를 즐기려는 욕구를 강하게 느끼며 특히 오토바이를 선호할 만한 생물학적 성향, 즉 유전자들의 조합을 소유하고 출생했다. 그는 생활고를 이기지 못하고 어머니가 가출한 뒤 술만 마시는 아버지 밑에서 방치된 채 자라다가 오토바이를 알게 되고 그것을 타고 싶다는 강한 욕구를 느낀다. 그는 자신과 비슷한 처지의 동네 청소년들이 안전모를 착용하지 않고 오토바이를 타는 모습을 늘 보며 지내다가 어느 운이 좋은 날 처음 오토바이를 빌려 타게 된다. 물론 안전모는 착용하지 않았다. 그는 달리면서 바람이 자신의 얼굴을 때리는 쾌감

을 만끽하며 이것을 오토바이를 타는 재미의 일부로 수용한다.

이제 동일 인물 A에게 성장 환경이 달라지는 계기가 생긴 상황을 가정해 보자.

A의 아버지는 경제적인 어려움 때문에 일찌감치 영아인 A를 다른 부모에게 입양시켰다. A는 안전의 중요성을 강조하는 양부모에게서 유아 시절부터 위험 요소가 존재하는 다양한 경우에 대비하여 반복되는 안전 훈련들을 받으면서 자랐으며 그가 성장한 지역에서는 안전모를 쓰고 오토바이를 타는 것이 상식화되어 있다. 그는 오토바이를 처음 본 순간부터 그것에 매료되었고 마침내 양부모의 허락을 받아냈다. 양부모는 그에게 오토바이를 타는 데에 필요한 여러 안전 수칙을 주지시켰으며 A가 처음 타는 순간부터 안전모를 쓰게 했기 때문에 그의 뇌리에는 안전모를 착용한 느낌과 오토바이를 타고 달리는 느낌이 분리시킬 수 없는 연상(聯想)으로 깊이 각인(刻印)되었다.

왜 우리는 동일 인물인 A가 전자의 상황에서 안전모를 착용하지 않는 것을 선호할 확률이 높고 후자의 상황에서는 안전모를 착용하는 것을 선호할 가능성이 높다고 생각하게 되는 것일까? 개인이 생물학적으로 타고난 소질이 표면화될 때, 그것이 생산적으로 표현될 것인지 아니면 파괴적인 형태로 나타날 것인지, 절도 있게 표출될 것인지 아니면 방만하게 드러날 것인지에 대해서 성장기의 환경과 훈육이 미치는 영향은 무시될 수 없는 문제임을 인식하기 때문이다. 개인의 안정된 가치와 선호를 형성하는 데에 환경적 요소가 개입될 가능성[22]과, 이러한 환경적 요소에 사회적 불평등의 요인이 반영될 가능성을 배제할 수 없다면, 이러한 사실을 고려하지 않는 입장은 사회적 정의의 관점에서 문제를 야기한다. 만일 우리가 자신의 성향을 다듬고 긍정적으로 표출할 수 있도록 이끌어주는 환경에서 자라지 못한 성인들 일부의 안전 불감증과 한탕주의와 말초적 쾌락 추구를 개인적 자율권의 존중이라는 명목으로 방치하여 이들의 복지에 심각한 손상이 초래되는 실례들이 속출한다면, 사회적 정의가 실현되고 있다고 보기 어렵다. 전술된 예에서 우리는 사회정의는 물질의 재분배로만 구현될 수 있는 것이 아니며, 자신을 관리하는 데에 있어 최소한의 합리성도 재분배의 대상에 포함시켜야 한다는 주장의 타당성을 확인하게 되는 것이다.[23]

4.

우리가 고찰한 온건 간섭주의는 공적 관여 기구(器具)에 장착될 수 있는 여러 제동장치 중 하나의 모델로 비유될 수 있다. 우리가 이러한 제동장치에서 앞서 살펴본 문제점들을 찾아내어 이러한 제동장치가 부적합하다는 판단을 내렸다면, 이는 공적 관여 체계에서 제동장치의 완전한 제거를 주장하는 것

22 인격 형성에 유전적 특질과 성장 환경 각각이 미치는 영향과 비중에 대한 연구는 발달심리학 분야의 오래된 과제로서, 'nature vs. nurture 논쟁'으로 널리 알려져 있다. 사회윤리학 분야에서 개인적 자율성을 논하면서 외부적 영향을 잠시 언급한 예는 R. Hardin, "Autonomy, Identity, and Welfare", *The Inner Citadel: Essays on Individual Autonomy*, J. Christman(ed.), London: Oxford University Press, 1989, p.194.

23 합리성의 재분배가 왜 하필이면 법적 강제를 동원해서 이루어져야 하는가에 대해 불만을 나타낼 사람들을 위해서 덧붙이자면, 물론 필자는 이러한 과제가 비강제적 방법들, 가령 교육적 프로그램의 개발과 활용을 통해서 달성되는 것이 바람직하다는 의견을 존중하지 않는 것은 아니다. 그러나 우선 이러한 방법들을 활용함에 있어 비용과 효율이 문제가 될 때 당연히 법적 강제의 방법이 고려될 수 있어야 할 뿐만 아니라, 비강제적 방법과 함께 법적 강제를 병행할 때 또 다른 중대한 효과를 기대할 수 있다는 것이 필자의 생각이다. 즉 법규 제정을 통하여 자기 관련 행위의 특정 방식이 자신에게 위해를 방지하기 위해 지켜야 할 최소한의 지침임이 경험적 증거에 의해 드러났음을 공식적으로 표명함으로써 다른 형태의 안전 교육 프로그램과는 또 다른 차원의 계몽 효과를 기대할 수 있을 것으로 보인다.

이 아니라 제동장치를 다른 종류의 것으로 교체해야 할 필요성을 발견했음을 의미한다. 이때 교체될 제동장치의 유력한 후보로서 적어도 두 가지의 선택지가 존재하는 것으로 보인다. 첫째 후보는 클라이닉의 제안처럼 개인적 자율권의 영역을 개인의 핵심적 관심사들로 한정시켜 적용하는 방식을 채용하는 것이고, 둘째 후보는 결과론적 접근법을 취하면서 밀과 같이 개인적 자유가 개인의 복지에 기여하는 도구적 가치, 그리고 자율적 선택과 행위를 통한 개별성의 성취 등을 존중하는 방식을 따르는 것이다. 양자는 실제로 적용될 때 개인들에게 주요 기본권들을 보장하는 형태로 나타날 것이기 때문에, 둘 중 어느 것을 취하더라도 큰 차이는 없을 것으로 보인다.

클라이닉의 경우는 개인의 정체성에 대한 존중이 개인의 핵심적 관심사와 관련된 것이라는 자신의 주장이 결국 온건 간섭주의의 거부를 의미하며, 온건 간섭주의의 입장에서 강경 간섭주의라고 규정하는 진영에 들어와 있음을 인정하고 선의의 간섭의 남용을 방지하기 위해 다음과 같이 '제한 격률들(limiting maxims)'을 제시하고 있다.[24]

(1) 제한을 최소화하는 대안이 선호되어야 한다.

(2) 피간섭자 자신의 좋음에 대한 견해에 부합하는 간섭이 선호되어야 한다.

(3) 효과가 확실한 방법이 선호되어야 한다.

(4) 사회적 파장이 고려되어야 한다.

우선 (1)이 의미하는 바는 선의의 간섭이 그 자체로 본래적 가치를 인정받

24 John Kleinig, 앞의 책, pp.74-77.

기 어렵다는 사실을 고려하면 이해가 가능하다. (2) 역시 선의의 간섭은 피간섭자의 핵심적 관심사인 삶의 목표나 계획의 달성을 보장하기 위한 것이라는 클라이닉의 기본입장을 숙지한 상태에선 어렵지 않게 이해할 수 있는 부분이다. 이때 피간섭자의 견해를 명확히 아는 것이 쉽지 않고 또한 피간섭자가 확실한 견해를 가지고 있는지 여부도 불투명할 경우를 감안하여 클라이닉은 몇 가지 부차적 조항들을 추가하고 있는데, 주로 피간섭자에게 간섭자의 가치관을 강요하지 않도록 소극적인(negative) 접근을 해야 하며, 의심되는 위해가 심각할수록, 발생의 가능성이 높을수록, 위해로 인한 손상의 복원이 어려울수록 간섭이 정당화된다는 내용을 포함한다. (3)은 간섭이 의도한 목적을 제대로 달성할 수 있는 것이어야 한다는 것으로 불확실한 정보에 기초한 것이나 부작용을 고려하지 않은 간섭이 배제되어야 함을 의미한다. 마지막으로 (4)는 간섭의 부과가 사회적으로 혜택을 창출하기도 하고 비용을 부담시키기도 한다는 점에서 매우 민감한 문제이므로 법적으로 시행이 제안되었을 때 충분한 토의를 거쳐야 하며 수정과 취소의 기회가 보장되어야 한다는 것을 뜻한다.

지금까지 살펴본 클라이닉의 제한 격률들이 권리론적 접근법에 가깝다면, 브록(D. Brock)이 지적하는 유사한 내용은 결과론을 배경으로 삼고 있다.[25] 브록은 결과론적 접근법으로 간섭주의의 적절한 범위를 설정할 수 있다는 주장을 제기하면서 그 근거를 결과론 내에 다양한 좋음의 이론들이 혼재하는 현상 자체에서 찾고 있다. 그에 따르면, 결과론 내에서 병존하는 것으로 알려진 좋음에 대한 욕구론적 이론들과 이상론적 이론들은 각각 가치의 주관성과

25 Dan Brock, "Paternalism and Promoting the Good", *Paternalism*, R. E. Sartorius (ed.), Minneapolice: University of Minnesota Press, 1983 참조.

객관성을 상징하여 양분되는 것처럼 보이지만, 사실은 어느 정도의 설득력을 갖추려면 양측 다 주관적 요소와 객관적 요소를 모두 자신의 이론 내에 포함하고 있어야 한다. 이상론들 가운데 욕구되었다는 사실만으로 개인의 선(good)의 일부가 되는 것이 있다는 것을 부정하는 이론은 없으며, 단지 어떤 것들은 욕구되는가의 여부와는 별도로 선이 된다는 것을 주장할 뿐이라는 것이다. 그러므로 이상론들은 일반적으로 개인의 좋음의 이론 전체를 놓고 볼 때 객관적인 요소뿐만 아니라 주관적인 요소까지 포함하게 된다. 한편 설득력이 있어 보이는 욕구론은 "X는, 비록 지금 A에 의해서 욕구되지만, A에게 이롭지 않다"와 같은 판단을 허용할 것이며, 이는 객관적 요소를 포용하는 것이 된다. 말하자면 좋음에 대한 이론들은 '주관성과 객관성의 스펙트럼' 상에서 어느 지점에 위치한 것으로 이해하는 것이 더 정확하며, 차이점은 단지 어느 쪽 요소를 더 많이 포함하는가에 있다고 볼 수 있는 것이다. 이러한 시각에서 욕구론이건 이상론이건 간에, 어떤 좋음의 이론도 포함하지 않을 수 없는 객관적 요소, 즉 일종의 '기본가치들(primary goods)'에 대한 인식은 간섭주의를 정당화하는 근거의 역할을 할 수 있고(예를 들면, 시력은 어떤 목적을 추구하더라도, 어떤 삶의 계획을 달성하려 하더라도 필요한 일종의 자연적 기본가치라고 인정될 수 있다. 그래서 생명을 구하기 위해 할 수 없이 시력을 희생해야 하는 경우처럼 예외적인 경우가 아닌 한, 누구도 시력을 잃고자 원하는 사람은 없을 것이라고 결론 내릴 수 있는 것이다), 공유하지 않는 나머지 부분은 주관성을 인정하여 간섭주의를 제한하는 근거의 역할을 할 수 있게 된다. 이것은 결국 결과론적 접근 방법 내에서, 적절한 범위의 간섭을 정당화하면서 동시에 그 한계를 설정할 수 있는 이를테면 자체적 조절 역학이 존재할 수 있다는 해석이다.

여기서 브록은 자신이 제안한 접근법이 구체화되는 과정에서 간섭이 남용되는 것을 경계해야 할 필요가 있음을 지적하고 있는데, 이것들이 현재 우리의 관심의 초점이다. 그는 자신이 기본적으로 개인적 자유의 도구적 가치, 개인 스스로가 자신의 좋음에 대한 견해를 형성하고 그것에 의거하여 행위하는 것의 가치 등을 존중해야 한다는 밀의 주장에 동의한다는 것을 먼저 밝힌 후, 몇 가지 유의할 사항을 지적한다. 그에 따르면 첫째, 밀이 강조한 바와 같이 우리가 선에 대한 판단을 내리는 능력은 오직 그것을 사용함으로써 계발된다는 사실을 명심하고 스스로 실수를 통해서 배울 수 있는 기회가 개인에게 허용되어야 한다. (물론 우리는 브록이 말하는 실수가, 배운 것을 활용할 수 있는 기회마저 박탈할 정도의 것이 아니어야 한다는 점을 함축하고 있음을 파악해야 한다.) 둘째, 강제적인 형태의 간섭이 피간섭자에게 좌절감과 같은 악영향을 야기한다는 것이 이러한 성격의 간섭을 제한하는 근거로 작용한다. 셋째, 어떤 활동들은 어떤 목적의 달성을 위한 도구적 가치 이외에 그 자체로 본래적 가치가 있다는 것을 주지해야 한다. 가령 체스와 같은 게임은 승리하는 것도 중요하지만 자신의 능력과 판단을 사용하는 것 자체에 의미가 있기 때문에 더 나은 기술과 판단력을 가진 사람의 간섭이 자제되어야 한다.

이제 전술된 클라이니닉과 브록의 제안들이 공통적으로 함축하는 바를 종합해 보면 아래와 같은 공적 관여의 기본방침이 드러날 수 있을 것으로 보인다.

(1) 어떤 자기 관련 행위가 공적 관여의 대상으로 선정되려면, 그것이 개인이 어떤 목표를 추구하건 기본적으로 요구되어야 할 가치(goods)에 심대한 손상을 미칠 가능성이 높다는 것이 경험과학적 증거에 의해 증명되어야 하며, 특정한 공적 조치로 이러한 위해의 가능성이 감소되거나 제거될 효과가 탁월하다는 것 역시 검증되어야 한다.

(2) (1)의 조건이 만족되더라도, 특정 형태의 개입이 ① 그것을 강제적, 전면적으로 시행함으로써 심각한 사회적 부작용을 초래할 우려가 있다고 판단될 경우에는 비강제적이며 점진적인 대안을 찾도록 하며, ② 특정 개인의 정

체성과 관련된 삶의 계획을 원천적으로 좌절시킬 수 있다고 판단될 경우에는 위해의 심각성을 최소화하는 안전 조치로 대치한다.

위의 첫째 항목은 공적 관여가 정당화되는 기준을 제시하는 역할을 하며, 둘째 항목은 첫째 항목의 정당화 기준을 통과한 것들 중에 논란의 여지가 있는 것을 가려내어 문제의 발생을 최소화하도록 다시 조정하는 기능을 수행한다. 이러한 항목들이 포함하고 있는 주요 개념들, 가령 기본가치, 경험과학적 근거와 같은 것들은 분명한 정의나 정확한 수치를 정하지 않은 채 도입되었는데, 이에 대한 상세한 논의는 간섭주의를 정당화하는 원칙을 정립한 이후에 실제로 정책적, 법적 조치를 취하는 과정에서 전문가들의 의견을 수렴하여 이루어지는 것이 적절하다고 생각된다.

이제 위의 방침들이 실제로 어떻게 적용되는지를 구체적인 예를 통해서 설명할 필요가 있을 것이다. 우선 위의 두 가지 방침을 무리 없이 통과하여 공적 관여가 발휘된 예들 중의 하나로 오토바이 탑승자에게 안전모 착용을 의무화하는 법규를 들 수 있다. 일단 항목 (1)을 만족시키는 자료가 상당히 축적되어 있으며,[26] 항목 (2)의 두 가지 예외 사항에도 해당되지 않는다.

한편 최근 많은 관심을 일으키고 있는 흡연 문제는 비교적 복잡한 양상을 드러내고 있다. 하루에 20개 이상의 담배를 피우는 것은 미국의학협회에서 우리가 일상적으로 행하는 활동 중에서 오토바이 탑승 다음으로 위험한 것으

26 1971년 미국 캘리포니아 주의 의사들이 조사한 바에 따르면 오토바이 사고 관련 사망의 77퍼센트가 다른 신체 부위의 치명적 손상은 없이 단지 두개골 골절에 의한 것이었다. 또한 한 뉴욕 입법 관련 보고서는 오토바이 관련 사고의 89.2퍼센트가 중상이나 사망을 초래하였으며 거의 모든 사망자가 뇌손상에 의한 것이었고 그것의 대부분이 적합한 안전모의 착용으로 면할 수 있었거나 경감될 수 있었다고 전하고 있다. Joel Feinberg, 앞의 책, p.135 참조.

로 지목할 만큼 유해성이 확실시되고 있으므로[27] 담배의 생산과 판매를 금지하는 공적 관여의 가능성을 일단 타진해 볼 만하다. 문제는 우선 첫째 방침이 적용될 대상인가를 판단하는 데에서 시작된다. 오토바이를 타는 것이 50명 중 1명이 사고로 중상을 입거나 사망할 확률이 있는 것에 비하여 하루 20개 이상의 흡연은 200명 중 1명으로 확률이 다소 낮아지는데, 이 점에서 후자의 위해를 전자의 위해와 같은 수준으로 간주하여 개입해야 할 것인가에 대해 이견이 발생할 수 있다. 만일 첫째 방침에 비추어 관여의 대상으로 지목된다고 해도 둘째 방침에 의한 기준으로 적합성이 다시 판단되어야 한다. 이 경우 담배가 오랜 기간 기호품으로 허용되어 온 역사적으로 배경을 고려할 때, 흡연권을 주장하는 흡연가들의 집단적 반발과 외국 담배의 밀수와 밀거래 같은 사회적 부작용이 적지 않게 예상되므로 전면적 금지보다는 지속적인 교육과 홍보에 의지하는 대안을 택하는 쪽으로 기울어질 가능성이 높다. 이때 담배 가격을 인상하는 것은 저소득층에게 경제적 부담을 가하여 또 다른 부작용을 초래할 수 있으므로 대안으로 채택될 때 논란의 여지가 있는 것으로 보인다.

끝으로 위험 부담이 있는 스포츠에 관해서 살펴보면, 치명적인 사고의 위험률이 높을수록 관여의 근거가 확실하지만, 시도하는 사람이 적을수록 그리고 시도된 역사가 짧을수록 사고의 위험률에 대한 정확한 자료를 수집하기 어려우며 관리도 용이하지 않기 때문에 관여의 대상은 자연히 집단 규모의 애호가들 중심으로 한정될 것으로 보인다. 이때 문제의 활동에서 참여자들의 삶의 핵심적 관심사에 근접하다는 증거, 가령 이러한 활동을 주업으로 삼아 경제활동을 한다거나 적어도 사회적으로 그 분야의 전문가로 인정을 받는

27 Ronald Kotulak, "Life in America: Dangerous, but we must risk it", *Chicago Tribune*, Sunday, September 14, 1980. Joel Feinberg, 앞의 책, p.132에서 재인용.

것과 같은 특징이 많이 발견된다면, 이는 (2)의 ②에 해당하는 조치를 취하는 선에서 그치도록 해야 할 근거로 작용할 것이다. 예컨대 만일 프로 복서에게서 심각한 뇌손상의 증후가 많이 발견된다는 증거가 확보된다면 복싱 자체에 대한 금지가 아니라 아마추어 경기 때처럼 머리 보호 장비를 착용하도록 하는 조치가 시행될 수 있다.

5.

이제까지의 고찰에서 드러난 온건 간섭주의와 강경 간섭주의로 분류된 접근법의 근본적인 차이는 자기 관련 행위에 대한 개입의 정당성을 **선택자의 특성에 의해 결정하는 방식**과 **선택의 특성에 의해 결정하는 방식**의 차이로 규정될 수 있다. 전자는 정상적인 (또는 자결 능력이 있는) 성인이라는 범주를 정해 놓고 그 범주 내에 속하는 것으로 판단되는 선택자들과 그 범주 내에 속하지 않는 것으로 판단되는 선택자들을 나누어 개입의 정당성을 결정하고, 후자는 자기 관련 선택들 각각에 대하여, 행위자의 정체성과 관련성, 치명적 결과의 예측 가능성, 예측의 정확도와 같은 특성들을 고려하여 개입의 정당성을 판단한다.

온건 간섭주의의 **'선택자 유형 중심'**의 접근법과 달리, 앞서 공적 관여 모형에 단서를 제공한 입장들이 공유하는 **'선택 유형 중심'**의 접근법은 생물학적 요인과 환경적 요인으로 인하여 개인 간에 존재하는 자기 결정 능력의 차이에도 불구하고 적어도 각 개인이 추구하는 삶에 기본적으로 요구되는 최소한의 합리성을 재분배한다는 취지를 담고 있다. 바꿔 말하면, 온건 간섭주의가 공적 관여의 원칙으로 채택되기 어려운 이유는 그것이 개인적 자율권의 내재적 가치를 표방하고 있다는 사실 자체에 있다기보다는 그것이 취하고 있는 권리론적 논법이 선택이 아닌 선택자에 초점을 맞춤으로써 이 같은 필요에 민감하게 대응하지 못하기 때문이다. 따라서 온건 간섭주의의 의의는 공적 관여 방침으로서의 적합성보다는 법적 간섭주의가 무분별하게 확대되는 것에 대한 강력한 견제책(牽制責)으로서 족적(足跡)을 남긴 사실에 있다는 것이 필자의 생각이다.

결론적으로 필자가 제안하는 공적 관여의 모형은 일종의 천평칭(天平秤)에 비유될 수 있다. 천칭의 양쪽 저울판은 각각 간섭과 불간섭의 근거의 추(錘)들이 놓이는 자리이며, 개입 여부의 심사 대상은 간섭의 저울판에 올려질 추와 불간섭의 저울판에 올려질 추의 묶음으로 전환된 후에 양 저울판에 나눠 놓이게 된다. 이때 가로장이 나타내는 기울기의 방향에 따라 간섭 여부가 가려지고, 기울기의 각도에 따라 간섭 형태의 강도가 결정된다. 이러한 결정 방식을 따르는 것은, 개인의 자율권과 개인의 안녕이라는 가치들 중에서 사전에 어느 한쪽에 원칙적인 우위를 부여한다기보다는 사안마다 필요한 고려 사항들을 신중히 비교하여 계량하는 작업을 거친 후에야 비로소 결과적으로 어느 쪽에 비중이 주어졌는지가 밝혀지는 것을 의미한다.

【참고문헌】

Brock, Dan, "Paternalism and Promoting the Good", *Paternalism*, R. E. Sartorius(ed.), Minneaplice: University of Minnesota Press, 1983.

Feinberg, Joel, "Legal Paternalism", *Canadian Journal of Philosophy* 1, September 1971.

____, *Harm to Self*, New York: Oxford University Press, 1986.

Hardin, Russell, "Autonomy, Identity, and Welfare", *The Inner Citadel: Essays on Individual Autonomy*, J. Christman(ed.), London: Oxford University Press, 1989.

Kleinig, John, *Paternalism*, New Jersey: Rowman & Allanheld, 1983.

Kogan, T. S., "The Limits of State Intervention: Personal Identity and Ultra-Risky Actions", *The Yale Law Journal* 85, 1976.

VanDeVeer, Donald, "Autonomy Respecting Paternalism", *Social Theory and Practice*, Vol. 6, No. 2, Summer 1980.

____, *Paternalistic Intervention*, Princeton: Princeton University Press, 1986.

Wikler, Daniel, "Paternalism and the Mildly Retarded", *Philosophy and Public Affairs*, Vol. 8, 1979.

Williams, Bernard, "Persons, Character and Morality", *The Identities of Persons*, A. O. Rorty(ed.), Berkeley: University of California Press, 1976.

【필자약력】(게재순)

황경식
서울대학교 철학과를 졸업하고 동대학원 철학과에서 석사 및 박사 학위를 받았다. 동국대학교 철학과 교수를 거쳐 현재 서울대 철학과 교수로 재직 중이다. 미국 하버드 대학교 객원연구원을 지냈고 한국윤리학회, 철학연구회, 한국철학회 회장을 역임하였으며, 현재 명경의료재단 꽃마을한방병원 이사장이다. 주요 역서로 존 롤즈의 『정의론』(2003) 등이 있으며, 주요 저서로 『사회정의의 철학적 기초』(1985), 『개방사회의 사회윤리』(1995), 『가슴이 따뜻한 아이로 키워라』(2000), 『이론과 실천(도덕철학적 탐구)』(1998), 『자유주의는 진화하는가』(2006) 등이 있다.

주동률
서울대학교 미학과를 졸업하고 미국 위스콘신 주립대학교(매디슨)에서 철학 박사 학위를 받았다. 샌디에이고 소재 캘리포니아 주립대학교(철학과)와 예일 대학교(정치학과) 방문교수를 지냈으며, 현재 한림대학교 철학과 교수로 재직 중이다. 주요 논문으로 「수반과 윤리적 실재론」, 「좋은 삶이란 어떤 것인가: 개인적 복지에 관한 개념적 역구」, 「결과주의와 우정」, 「평등과 응분」, 「롤즈와 평등주의: 경제적 혜택의 분배에 관한 철학적 논의의 한 사례」, 「예술과 도덕의 관계」등이 있다.

정원섭
서울대학교 철학과를 졸업하고 동대학원에서 철학 박사 학위를 받았다. 미국 퍼듀 대학교의 교환교수를 역임하였다. 주요 저서로 『롤즈의 공적 이성과 입헌민주주의』(2008) 등이 있으며, 논문으로 "Property-Owning Democracy or Democratic Socialism?", "Democratic Consolidation in Digital Environment", 「사이버 공간의 윤리적 함축」, 「디지털 환경에서 지적 재산권」, 「공적 이성과 민주적 의지 형성: 존 롤즈의 정치적 자유주의」, 「영미 윤리학계의 최근 연구 동향과 도덕 교육」 등이 있다.

목광수
서울대학교 철학과를 졸업하고 동대학원에서 석사 학위, 미국 미시간 주립대학교에서 철학 박사 학위를 받았다. 현재 경상대학교 철학과 교수로 재직 중이며, 한국윤리학회 총무이사이다. 주요 논문으로 「장애(인)와 정의의 철학적 기초」, 「홉스의 이성 개념 고찰: 리바이어던의 '어리석은 사람' 논의를 중심으로」, 「나노과학과 관련된 리스크 분석과 윤리적 대응: 환경 문제를 중심으로」, 「아마티아 센의 정의론에 대한 비판적 고찰: 민주주의 논의를 중심으로」, 「이상론과 비이상론의 관계에 대한 고찰: 존 롤즈의 정의론을 중심으로」, 「역량 중심 접근법과 인정의 문제」, 「윤리적인 동물 실험의 철학적 옹호 가능성 검토」, 「존 롤즈의 관용 개념 고찰: 지구촌 사회에서의 정당성을 중심으로」 등이 있다.

박정순

연세대학교 철학과를 졸업하고 동대학원에서 석사 학위, 미국 에모리 대학교에서 철학 박사 학위를 받았다. 미국 프린스턴에 있는 고등학술연구원(The Institute for Advanced Study) 사회과학부 방문연구원을 지냈다. 한국윤리학회 회장을 역임하였으며, 현재 연세대학교 원주캠퍼스 철학과 교수로 재직 중이다. 주요 저서로 *Contractarian Liberal Ethics and The Theory of Rational Choice*(New York: Peter Lang, 1992), 『익명성의 문제와 도덕규범의 구속력』(2004), 『롤즈의 정의론과 그 이후』(공저, 2009) 등이 있고, 역서로 『인간은 만물의 척도인가』(1995), 『자유주의를 넘어서』(공역, 1999) 등이 있으며, 논문으로는 「정치적 자유주의의 철학적 기초」, 「마이클 왈쩌의 정의전쟁론에 대한 비판적 고찰」 등이 있다.

정훈

서울대학교 철학과를 졸업하고 미국 코넬 대학교에서 철학 석사 및 철학 박사 학위를 받았다. 현재 코넬 대학교 교환교수로 재직 중이다. 주요 논문으로 "A Bayesian Game-Theoretic Reconstruction of Hobbes's State of Nature"(2011 Oxford Philosophy Graduate Conference에서 발표), 「페어플레이의 원칙에 대한 재조명과 Richard Arneson에 대한 답변」 등이 있다.

이장희

연세대학교 철학과를 졸업하고 동대학원에서 철학 석사 학위를 받았다. 미국 컬럼비아 대학교 동아시아학과에서 석사 학위를 받았으며, 하와이 대학교 철학과에서 박사 학위를 받았다. 현재 경인교육대학교 윤리교육과 부교수로 재직 중이다. 주요 저서로 *Xunzi and Early Chinese Naturalsim*(SUNY Press, 2005) 등이 있으며, 논문으로 「순자 성악설의 의미」, 「도덕적 운(Moral Luck)과 선진유가의 명」, 「포스트모더니즘과 중국철학」, 「맹자와 순자의 성론 비교 연구」 등이 있다.

권용혁

연세대학교 철학과를 졸업하고 독일 베를린 자유대학교에서 철학 박사 학위를 받았다. 현재 울산대학교 교수로 재직 중이며, 한국 사회와 철학 연구회 회장이다. 전공 분야는 사회철학, 정치철학, 사회윤리학이다. 주요 저서로 『철학과 현실』(울산대학교 출판부, 2004), 『이성과 사회』(철학과현실사, 1998), 『홉스의 개인주의 비판』(프랑크푸르트: Peter Lang, 1991) 등이 있으며, 논문으로 「한국 근대 가족에 대한 철학적 성찰」, 「개인과 가족」, 「민주주의와 소수자」 등이 있다.

김선욱

숭실대학교 철학과 및 동대학원을 졸업하고 미국 뉴욕 주립대학교(버펄로)에서 철학 박사 학위를 받았으며, 뉴스쿨에서 풀브라이트 연구교수를 지냈다. 현재 숭실대 철학과 교수로 재직 중이며, 가치와윤리연구소 소장과 베어드학부대학 학장을 겸하고 있다. 기독교윤리실천운동의 사회정치윤리운동본부장과 한반도평화연구원의 연구위원으로 일하고 있다. 주요 저서로 『정치와 진리』, 『한나 아렌트 정치판단이론』, 『행복의 철학』, 『한나 아렌트가 들려주는 전체주의 이야기』 등이 있고, 역서로 한나 아렌트의 『칸트 정치철학 강의』, 『예루살렘의 아이히만』, 『정치의 약속』, 『공화국의 위기』, 마이클 샌델의 『공동체주의와 공공성』(공역) 등이 있으며, 『마이클 샌델의 하버드 명강의』와 『돈으로 살 수 없는 것들』을 감수하였다.

서유석

서울대학교 철학과를 졸업하고 동대학원에서 철학 박사 학위를 받았다. 스위스 프리부르 대학교 동유럽연구소 객원연구원과 브레멘 대학교 방문교수를 지냈고, 한국철학회 발전위원장, 한국철학사상연구회 회장, 학술단체협의회 상임대표를 역임하였다. 현재 호원대학교 교양학과 교수로 재직 중이다. 주요 저서로 『처음 만나는 진보』(공저), 『철학, 문화를 읽다』(공저) 등이 있고, 역서로 『철학오디세이』(M. Wittschier), 『청년헤겔 II』(G. Lukacs, 공역) 등이 있으며, 주요 논문으로는 「J. Elster의 '개체론적 마르크스주의' 비판」(박사 학위 논문), 「역사철학의 가능성: 칸트 역사철학에 대한 비판적 고찰」, 「'이성의 간지' 개념에 대한 현대적 재조명」 등이 있다.

허란주

서울대학교 법대를 졸업하였고, 미국 뉴욕 주립대학교(버펄로)에서 박사 학위를 받았다. 현재 미국 벤틀리 대학교 부교수로 재직 중이다. 주요 논문으로 "The Possibility of Nationalist Feminism", "Is Confucianism Compatible with Care Ethics?: A Critique", "A Third World Feminist Defense of Multiculturalism", "In Defense of Non-liberal Nationalism", "Liberal Multiculturalism: An Oxymoron?" 등이 있다.

박종준

서울대학교 철학과에서 박사 학위를 받았으며, 현재 서울대와 서울시립대학교에 출강하고 있다. 주요 논문으로 "Social Dilemmas and Solutions: Implications for moral philosophy" (박사 학위 논문) 등이 있다.

김용환

연세대학교 철학과 및 동대학원을 졸업하고 영국 웨일즈 대학교(S.D.U.C.)에서 박사 학위를 받았다. 한남대학교 문과대학장, 부총장, 서양근대철학회 회장, 한국사회윤리학회 회장, 한국철학회 이사 및 생명윤리위원회 위원장을 역임하였으며, 현재 한남대 철학과 교수로 재직 중이다. 주요 저서로 『관용과 열린사회』(철학과현실사), 『홉스의 사회정치철학』(철학과현실사) 등이 있고, 역서로 D. D. 라파엘의 『정치철학의 문제들』(서광사) 등이 있으며, 주요 논문으로는 「홉스의 서간문에 나타난 철학적 논쟁들」 등이 있다.

정연교

성균관대학교 철학과를 졸업하고 미국 로체스터 대학교에서 철학 박사 학위를 받았다. 현재 경희대학교 철학과 교수로 재직 중이며 경희대 후마니타스 칼리지 서울 캠퍼스 학장을 역임하고 있다. 주요 저서로 『인간이란 무엇인가』(공저), 『맥루언을 읽는다』(공저) 등이 있고, 역서로 『철학적 인간학, 이렇게 살아가도 괜찮은가?』 등이 있으며, 주요 논문으로는, "John Locke's Contractarian Theory of Political Obligation", 「로크의 동의 개념에 관한 소고」, 「진화론의 윤리학적 함의」 등이 있다.

장은주

서울대학교 철학과 및 동대학원을 졸업하고 독일 프랑크푸르트 요한 볼프강 괴테 대학교에서 철학 박사 학위를 받았다. 현재 영산대학교 법과대학 교수로 재직 중이며, 『시민과 세계』(참여사회연구소) 편집주간이다. 주요 저서로 『정치의 이동: 분배정의를 넘어 존엄으로 진보를 리프레임하라』(2012), 『생존에서 존엄으로: 비판이론의 민주주의 이론적 전개와 우리 현실』(2007), 『인권의 철학: 자유주의를 넘어, 동서양 이분법을 넘어』(2010) 등이 있고, 역서로 『정의의 타자』(악셀 호네트, 공역, 2009), 『서구의 분열』(위르겐 하버마스, 공역, 2009) 등이 있으며, 주요 논문으로는 「유교적 근대성과 근대적 정체성」, 「한국 근대성의 정당성 위기」, 「민주적 애국주의와 민주적 공화주의」, 「메리토크라시의 발흥과 한국 사회의 교유문제」, 「한국 진보적 자유주의 전통의 민주적-공화주의적 재구성」 등이 있다.

손화철

서울대학교 철학과를 졸업하고 벨기에 루벤 대학교 철학부에서 학사와 석사를 거쳐 기술철학 전공으로 박사 학위를 받았다. 현재 한동대학교 글로벌리더십학부 교수로 재직 중이다. 기술철학, 공학윤리, 연구윤리 분야의 연구를 수행하고 있다. 주요 저서로 『현대기술의 빛과 그림자』, 『과학철학: 흐름과 쟁점, 그리고 확장』(공저), 『필로테크놀로지를 말한다』(공저), 『욕망하는 테크놀로지』(공저) 등이 있으며, 역서로 『길을 묻는 테크놀로지』 등이 있다.

변문숙

서울대학교 철학과 박사 과정을 수료하고 현재 서울대에 출강하고 있다. 주요 논문으로 「간섭주의의 정당화에 관한 연구: 파인버그의 온건 간섭주의를 중심으로」(석사 학위 논문), 「간섭주의의 정당화에 관한 고찰」 등이 있다.

정의론과 사회윤리

지은이 황경식 외

1판 1쇄 인쇄 2012년 8월 5일
1판 1쇄 발행 2012년 8월 10일

발행처 철학과현실사
발행인 전춘호

등록번호 제1-583호
등록일자 1987년 12월 15일

서울특별시 종로구 동숭동 1-45
전화번호 579-5908
팩시밀리 572-2830

ISBN 978-89-7775-755-4 93190
값 25,000원

●지은이와의 협의하에 인지는 생략합니다.
●잘못된 책은 교환해 드립니다.